Christian Michel/Felix Novak

Kleines Psychologisches Wörterbuch

HERDER spektrum

Band 4899

Das Buch

Mit dem Kleinen Psychologischen Wörterbuch erhält man auf einen Blick grundlegende Informationen zu allen Bereichen der Psychologie: über die bedeutenden psychologischen Schulen und Therapiearten, über psychologische Störungen, über naturwissenschaftliche Grundlagen der Psychologie und über die Bereiche, in denen die Psychologie befragt wird. In gut verständlicher Sprache werden in kürzeren Artikeln Fachbegriffe erklärt, in den längeren Artikeln Zusammenhänge aufgezeigt. Ein Verweissystem erschließt die unterschiedlichen Ebenen von Problemen und lädt ein zum Weiterlesen.
Die kompakten Informationen und hilfreichen Anregungen für das Verstehen psychologischer Vorgänge sind hilfreich für den Alltag, für die berufliche Arbeit und das Weiterstudium.

Die Autoren

Christian Michel, geboren 1946, Diplompsychologe, ist Lehrer an einer Fachoberschule im Bereich Sozialwesen und tätig in der Aus- und Fortbildung von Lehrern.
Felix Novak, geboren 1942, Dr. phil., Diplompsychologe, ist Lehrer für Pädagogik, Psychologie und Ethik an der Fachoberschule in Schweinfurt, tätig in der Aus- und Fortbildung von Lehrern, Verfasser von Schulbüchern. In Herder Spektrum: (Zusammen mit Josef A. Keller) Herausgeber von: „Kleines pädagogisches Wörterbuch“ (Band 4898).

Christian Michel
Felix Novak

Kleines Psychologisches Wörterbuch

Erweiterte
und aktualisierte Neuausgabe

Herder
Freiburg · Basel · Wien

Gedruckt auf umweltfreundlichem,
chlorfrei gebleichtem Papier

8. Auflage

Erweitert und aktualisiert 1990
Neuausgabe 1991
Herstellung: Freiburger Graphische Betriebe 2000
Umschlaggestaltung und Konzeption:
R·M·E München / Roland Eschlbeck, Liana Tuchel
Umschlagmotiv: © Erich Buchholz, Sog-Suction, 1920
ISBN 3-451-04899-X

Vorwort zur neubearbeiteten Ausgabe

Nach 15 Jahren und 10 Auflagen des „Kleinen psychologischen Wörterbuches" liegt eine völlig neu bearbeitete Ausgabe vor uns. Nach angestrengter Arbeit können wir erleichtert und mit gutem Gewissen dem Leser gegenübertreten, denn wir haben die Fortschritte der jungen und schnellebigen Wissenschaft Psychologie so gut, wie es die Möglichkeiten eines Taschenbuches erlauben, berücksichtigen können.

Nach Abschluß der Arbeiten fragen wir uns nun, ob das, was wir seinerzeit im Vorwort geschrieben hatten, immer noch gültig ist. Die Aussagen, die sich auf die Zielgruppe, die Konzeption des Wörterbuches und die notwendigen Abstriche hinsichtlich des Kriteriums Wissenschaftlichkeit beziehen, können wir aus der ersten Ausgabe 1975 inhaltlich unverändert übernehmen. Korrigieren wollen wir jedoch die Überlegungen, die wir damals über die Erwartungen, Bedürfnisse und Interessen der potentiellen Leser sowie über deren Umgang mit der Wissenschaft Psychologie angestellt haben.

Was hat sich geändert? Die wissenschaftliche Psychologie wurde um viele Erkenntnisse, insbesondere um solche von großer praktischer Nützlichkeit, bereichert. Der Glaube an die Allmacht naturwissenschaftlicher Psychologie und empirischer Methoden wurde zugunsten geisteswissenschaftlicher Interpretation und tiefenpsychologischer Deutung zurückgedrängt. Das humanistische Menschenbild und die Berücksichtigung typisch menschlicher Wesensmerkmale, die wir im Denken, sinnvollen Handeln und Erwarten künftiger Ereignisse, d. h. in den kognitiven Prozessen, sehen, haben die Psychologie selbst „menschlicher" gemacht. Es war uns sehr wichtig, dies bei der Neubearbeitung zu berücksichtigen.

Das Bedürfnis der Menschen, eigenes und fremdes Erleben und Verhalten zu verstehen und zu erklären, ist zwar nicht geringer geworden, aber wir glauben feststellen zu können, daß die Menschen selbstkritischer, toleranter und möglicherweise auch freier geworden sind im Umgang mit sich und anderen sowie auch in der Verwendung psychologischer Kenntnisse. So orientieren wir uns in diesem Buch bewußt nicht allein an der naturwissenschaftlichen Tradition der Psychologie und wollen den Leser auch nicht belehren. Wir glauben, daß im zwischenmenschlichen Bereich Herz und Gefühl genauso wichtig sind wie Verstand und Logik bei der Lösung vieler Sachfragen.

Zur Konzeption des vorliegenden Nachschlagewerkes:

1. Über die Erklärung der Fachbegriffe (Stichwörter), die in der modernen psychologischen Literatur am häufigsten vorkommen, wird eine Hilfe zum Lesen und zum Verständnis psychologischer Bücher und Zeitschriften angestrebt.
2. Aus pragmatischer Sicht sollte jeder Leser in die Lage versetzt werden, seine eigenen Probleme und Konflikte präziser zu umschreiben und anderen mitzuteilen, wodurch eine Reduktion von Mißverständnissen z. B. in Ehe, Familie, Schule oder am Arbeitsplatz zu erwarten ist. Den Lesern wird ein Überblick über moderne Beratungs- und Therapiemöglichkeiten geboten. In allen größeren Artikeln werden die wichtigsten Erkenntnisse der modernen Psychologie zusammengestellt, die als eine „erste (keineswegs endgültige) Hilfe“ zur Reflexion – und weniger zur Lösung – von Problemen herangezogen werden können.
3. Nicht zuletzt werden im vorliegenden Nachschlagewerk die Bedürfnisse verschiedener berufsbildender Schulen, wie z. B. Fachschulen, Fachakademien, Fachoberschulen, Berufsoberschulen und auch Fachhochschulen, berücksichtigt.

Es ist uns bewußt, daß wir mit dem Bemühen um Verständlichkeit manche Ansprüche an eine streng wissenschaftliche Darstellung verletzen mußten. Manche Vereinfachung, die häufig fehlende Darstellung von Kontroversen, der Verzicht auf das Zitieren von Autoren und oft auch der mangelnde Hinweis auf den Hypothesencharakter von Aussagen lassen manche Darstellung als endgültig gesichertes Ergebnis der Psychologie erscheinen, obwohl es sich, streng wissenschaftlich betrachtet, um Meinungen, Betrachtungen oder um Theorien handelt. Daher wird der Leser von uns ausdrücklich darauf hingewiesen, daß die von uns aufgeführten Erkenntnisse gut gesichert und begründet sind, aber keineswegs Anspruch auf Vollständigkeit oder alleinige Richtigkeit (Wahrheit) erheben. Wir wünschen sehr, daß es dem Leser gelingen möge, in dem Nachschlagewerk die Informationen, Hinweise und Anregungen zu finden, die er für das Verstehen der Vorgänge im Alltag, für die Reflexion seiner professionellen Praxis oder für das Weiterstudium braucht.

A

Aberglaube. Abergläubisches Verhalten, wie verschiedene Bräuche, Regentänze u. a., in primitiven Kulturen und der Glaube an Talisman, Maskottchen, Horoskope usw. in zivilisierten Gesellschaften ist immer dann zu beobachten, wenn bestimmte Ereignisse mit großer Wahrscheinlichkeit auftreten, jedoch nicht vorhersagbar sind. Beispiele: Deutung bestimmter Zeichen für die Voraussage des Geschlechts während der Schwangerschaft, Tragen von Talismanen, der Glaube an glückbringende Maskottchen am Spieltisch, im Wettkampf (Fußballspiel) oder in einer wichtigen Prüfung. Da die so vorausgesagten Ereignisse oft eintreten, wird der Aberglaube verstärkt, gelernt. Eine einzige →Bekräftigung wiegt viele unverstärkte Versuche, d. h. falsche Voraussagen, auf (→Lernen). Das so gelernte Verhalten wird trotz „besserer Einsicht" beibehalten; der Glaube an die Wirksamkeit eines Talismans verringert die Erwartungsangst, z. B. bei Prüfungen, in denen man dann dank der größeren Gelassenheit besser abschneidet.

Abhängige Variable, Bezeichnung für die veränderliche Größe (z. B. Reaktion), die von einer kontrollierten, vom Experimentator eingesetzten Größe (unabhängige Variable, Reiz) als abhängig angenommen wird. →Experiment, →Methoden der Psychologie.

Abnormität →Normen und Normalität.

Abreaktion →Katharsis.

Abwehrmechanismen. Die →Psychoanalyse nimmt an, daß Triebwünsche, deren Befriedigung verboten ist, die aber nicht aufgeschoben werden können, Spannungen und Ängste erzeugen. Diese können – i. d. R. unbewußt – durch Abwehrmechanismen reduziert werden. Als Abwehrmechanismen werden folgende, meist unangepaßte Verhaltensweisen bezeichnet:
1. *Rationalisierung.* Für das Ausbleiben einer Befriedigung oder für eigene unangepaßte Verhaltensweisen wird eine einleuchtende, aber nicht der tatsächlichen Situation entsprechende Erklärung gefunden. Beispiele: Zwanghaftes Kontrollieren, ob das Auto verkehrssicher ist (aus übergroßer Angst vor Verletzung), wird damit begründet, daß die Werkstätten schon viele gravierende Mängel übersehen haben. Häufige Erklärungen sind: die

anderen tun es ja auch, die können ja nicht wissen, daß ich gewichtige Gründe hatte, es gab keine andere Möglichkeit usw. Rationalisierungen sind leicht durchschaubare Rechtfertigungen unangepaßten Verhaltens.
2. *Verkehrung ins Gegenteil.* Sozial abgelehnte und verpönte Triebwünsche werden durch gegenteiliges Verhalten abgewehrt. Der Mechanismus kann mit dem Satz umschrieben werden: „Seht doch, wie ich mich aufopfere" oder „Wie hilfreich und sozial ich bin!" Eine Mutter, die ihr Kind unbewußt oder bewußt ablehnt, ist überbesorgt um das Wohl des Kindes, verzärtelt und verwöhnt es in übertriebenem Maße. Ein Geschäftsmann, der rücksichtslos andere Menschen ausbeutet, versucht sein Verhalten durch großzügige Spenden zu verbergen und seine „soziale" Einstellung zu zeigen. Solche Vorgänge werden selten gezielt gesteuert und bewußt eingesetzt, und der Geschäftsmann ist von seiner sozialen Einstellung überzeugt.
Weitere Abwehrmechanismen sind 3. →Verdrängung (Triebwünsche werden ins Unbewußte verdrängt); 4. →Regression (Zurückgreifen auf längst überwundene Verhaltensweisen); 5. →Projektion; 6. →Sublimierung und →Identifikation.

Achromatisch, farblos, farbloses Sehen; Achromatopsie = →Farbenblindheit.

Adaptation, Anpassung. 1. Soziale Anpassung. 2. Sinnesphysiologische Prozesse, die der Anpassung an veränderte Umweltverhältnisse dienen. Bei der →Gesichtswahrnehmung spricht man von Helladaptation (beim Übergang aus einem dunklen in einen hellen Raum) und Dunkeladaptation (umgekehrt).

Adoleszenz →Jugendalter.

Adoption (Adoptivkinder). Die Adoption (Annahme eines anderen an Kindes Statt; durch einen Adoptivvertrag wird Eltern-Kind-Beziehung hergestellt, die nicht lösbar ist) ist mit vielen psychologischen Problemen verbunden. Vor der Adoption sollten die Motive für die Annahme eines Kindes geklärt werden. Es ist wichtig, daß die Adoption von beiden Elternteilen gewünscht wird. Adoptiveltern müssen wissen, daß der Adoptivvertrag unlösbar ist und daß sie eines Tages das Kind über seine Herkunft aufklären müssen. Die Erziehung von Adoptivkindern – wie auch von *Pflegekindern* – wird oft durch folgende Einstellungen beeinträchtigt:
- Das Kind wird durch einen „Dankbarkeitsanspruch" belastet, die aufopfernde Mühe wird ihm bei jeder Kleinigkeit vorgehalten;
- Es werden zu hohe Ansprüche und Erwartungen gestellt;

- Bei Pflegekindern werden Erziehungsschwierigkeiten mit der Drohung beantwortet: „Dann gebe ich Dich wieder weg!"
- Gelegentlich wird bei Adoptiv- und Pflegekindern ein ausgesprochen negatives Elternbild gezüchtet („Ganz wie der Vater");
- Die Adoptiv- und Pflegeeltern unterliegen einer sogenannten „Erziehungsängstlichkeit": Sie fürchten, etwas falsch zu machen, und stehen den üblichen Eltern-Kind-Krisen (z. B. in der → Pubertät) ratlos gegenüber.;
- Bei den ersten Erziehungsschwierigkeiten kommt es zu dramatisierenden Warnungen seitens der Verwandtschaft (ökonomische Gründe), die eine erhebliche Belastung für Adoptiveltern bedeuten;
- Wird das Kind nach dem 1. Lebensjahr adoptiert, so sind Erziehungsschwierigkeiten zu erwarten, die auf falsche Erziehung im 1. Lebensjahr zurückzuführen sind.

Adrenalin, Hormon des Nebennierenmarks und der Nervenzellen. Überträgersubstanz. → Hormone.

Affekt, Bezeichnung für → Gefühle von besonderer Intensität (Stärke). Umgangssprachlich: starke Erregung, unkontrollierte Handlung. Der Begriff *affektiv* wird häufig für solche Reaktionen verwendet, die durch starke Gefühle (Emotionen) ausgelöst worden sind.

Aggression. Unter dem Begriff Aggression wird jene Verhaltenssequenz verstanden, die darauf ausgerichtet ist, einen Organismus oder Organismusersatz zu schädigen. In der wissenschaftlichen Diskussion besteht eine Kontroverse darüber, ob aggressives Verhalten angeboren, instinktiv ist (→ Triebe) oder ob es sich um erlernte Verhaltensweisen handelt. Für die Vielfalt aggressiver Verhaltensweisen (von roher Gewalt bis hin zu sprachlicher Aggression) ist das Vorhandensein einer einheitlichen Ursache (nur angeboren – nur erlernt) unwahrscheinlich. Insgesamt wird das Entstehen durch drei Theorien erklärt: Aggression als *Trieb- oder → Instinktäußerung,* als Reaktion auf → *Frustration* und als *erlernte Verhaltensweise.*

1. Aggression als Ausdrucksform eines ererbten → Triebes oder → Instinkts. S. Freud postuliert den der → Libido entgegenwirkenden, lebenszerstörenden Todestrieb, der sich z. B. im sadistischen und masochistischen (→ Perversionen) Verhalten des Menschen äußert. Die vergleichende → Verhaltensforschung nimmt ebenso einen angeborenen Trieb an, meint jedoch, daß das aggressive Verhalten primär nicht auf die Zerstörung anderer gerichtet ist. Die Aggression, so meinen verschiedene Verhaltensforscher (z. B. K. Lorenz), dient der Arterhaltung durch eine biologisch ge-

steuerte Auslese. Es ist aber zu bezweifeln, ob dieses aggressive Verhalten instinktgesteuert ist, da es ihm an einem eindeutigen → Schlüsselreiz mangelt und kein angeborener Handlungsablauf festzustellen ist.

2. Aggression als Reaktion auf → Frustration. Die Frustrations-Aggressions-Hypothese wurde von J. Dollard und N. E. Miller 1939 erstmals veröffentlicht und besagt, daß Aggressionen immer als eine Reaktion auf die Störung einer zielgerichteten Aktivität oder einer nicht verarbeiteten Einschränkung (Beispiel: erlittenes Unrecht) zurückzuführen sind und Frustrationen ab einer bestimmten Stärke immer Aggression zur Folge haben. Die Frustrations-Aggressions-Hypothese ist keine echte Alternative gegenüber einer am Trieb oder Instinkt orientierten Forschung, denn zumindest in ihrer frühen Formulierung wird der Eindruck erweckt, als sei die Frustration gleichsam der (angeborene) auslösende Reiz für aggressives Verhalten. Physiologisch ist bei Frustrationen eine Erhöhung des Blutdrucks zu beobachten, der zum Ausgangswert zurückkehrt, wenn das Individuum mit Aggressionen reagiert. Aggressionen wirken hier kathartisch (→ Katharsis) und reduzieren die entstandene Wut oder Furcht. Jedoch hat der Mensch noch andere Möglichkeiten, auf erlittene Frustrationen zu reagieren (→ Frustration). Die Frustrations-Aggressions-Hypothese ist somit zwar nicht falsch, aber ähnlich wie der trieborientierte Ansatz ist sie nicht in der Lage, die Aggression ausreichend zu erklären.

3. Aggression als erlernte Verhaltensweise. Gegenwärtig ist die Auffassung vorherrschend, daß Aggressionen nach denselben Prinzipien gelernt werden wie andere menschliche Verhaltensweisen (→ Lernen). Durch Imitation lernen Kinder das aggressive Verhalten der Personen, die sie akzeptieren und die ihnen imponieren. So werden Erzieher oder Vorbilder aus Fernsehen und Film nachgeahmt, die für ihr aggressives Verhalten belohnt werden. Die Wahrscheinlichkeit eines zukünftigen Auftretens von Aggression wird erhöht, wenn sie zum Erfolg führt. Dies ist häufig in Kindergärten oder im Haushalt zu beobachten, wenn Kinder sich aggressiv fremdes Spielzeug aneignen oder vernachlässigte Kinder Aggressionen einsetzen, um sich Beachtung und Zuwendung zu verschaffen. Auch Schulkinder verhalten sich vielfach aggressiv, um die Aufmerksamkeit des Lehrers auf sich zu lenken. Zeigt ein Kind aggressives Verhalten, so wird es meist stärker beachtet, d. h., Aggression führt oft rascher und wirksamer zum Erfolg (Beachtet-Werden) als andere Verhaltensweisen. Im Erwachsenenalter werden Aggressionen verstärkt, z. B. durch den beruflichen Erfolg, der auf das aggressive Sich-Einsetzen folgt (Ellenbogenmenschen). Hinter den zu beobachtenden erlernten Aggressionen können eine Menge verschiedener Bedürfnisse (→ Motivation) verborgen sein. Man spricht in diesem Zusammenhang von der instrumentellen

Aggression, denn sie kann als Instrument bzw. ein Weg angesehen werden, um ein Ziel zu erreichen. Es ist erwiesen, daß bei strenger Erziehung (die meist aggressives Erzieherverhalten bedeutet) Kinder aggressives Verhalten entwickeln. Die Annahme, daß Aggressionen gelernt sind, kann gegenwärtig am besten begründet werden und erklärt die meisten Aggressionserscheinungen. *Möglichkeiten zur Aggressionsbewältigung*. Die vergleichende → Verhaltensforschung glaubt, daß menschliche Aggressionen abgebaut werden können durch das Beobachten von Gewalt, z. B. im Film und Fernsehen, das Zerstören von Gegenständen und durch das Ausüben von Wettkämpfen (Fußball). Gegen letzteres spricht die Tatsache, daß durch Wahrnehmungen von Aggression diese ebenso erhöht werden kann (Imitationslernen). Wenn Aggressionen nicht auf sozial anerkannte Weise abgebaut werden, kann es nach Ansicht der trieborientierten Forscher zu nicht mehr kontrollierbaren Äußerungen der Aggression kommen. Kinder sollten schon früh lernen, mit Frustrationen konstruktiv umzugehen (wie ein Lebenskünstler, der das Beste aus jeder Situation zu machen versteht), um sich nicht in die Aggression flüchten zu müssen. Ein aggressives Bestrafen von Aggressionen ist falsch, weil dadurch neue Aggressionen gelernt werden. Häufig werden nachträglich Erklärungen für ein aggressives Verhalten erfunden, von dessen Berechtigung man nicht ganz überzeugt ist. Diese Rationalisierungen (→ Abwehrmechanismen) erhöhen die Wahrscheinlichkeit eines zukünftigen Auftretens von Aggressionen (Beispiel: Schüler müssen angetrieben werden, weil sie desinteressiert sind). Obwohl die Lernpsychologen das Entstehen von Aggressionen erklären können, besteht in naher Zukunft kaum die Aussicht auf eine aggressionsfreie Gesellschaft, da es nicht möglich ist, alle Merkmale und Erscheinungen, die das Lernen von Aggressionen begünstigen, auszuschalten. Man denke hier z. B. an die Beziehungen zwischen Eigen- und Fremdgruppen (→ Gruppe; → Politische Psychologie; → Vorurteil).

Agnosie, auch „Seelenblindheit“, „Seelentaubheit“ genannt, ist die Unfähigkeit, Objekte zu erkennen, obwohl die → Sinne und Nervenbahnen funktionstüchtig sind. Eine optische Agnosie wäre z. B. vorhanden, wenn ein Trinkglas zwar gesehen, aber nicht als solches erkannt wird. Das Individuum kann lediglich über den dem Glas eigentümlichen Klang oder durch das Ertasten der Form, also durch den Einsatz anderer Sinnesorgane und Hirnzentren, Aufschluß über den Gegenstand erlangen. Aufgrund dieser Merkmale wird als Ursache eine lokal begrenzte Schädigung der Hirnrinde angenommen (→ Hirnhemisphäre).

Agoraphobie, neurotische Angst vor weiten Plätzen und Straßen.

Ähnlichkeitshemmung → Gedächtnis.

Akinese, Bewegungsunfähigkeit bzw. die Einschränkung der Bewegungsmöglichkeit, die durch Erkrankungen des → Nervensystems verursacht werden.

Akkommodation. 1. Einstellung auf verschieden weit entfernte Gegenstände durch die Veränderung der Krümmung der Augenlinse, so daß die Gegenstände scharf gesehen werden. 2. Änderung der Denkform während der → Intelligenzentwicklung.

Aktionspotential, elektrische Spannung von etwa 30 mV, die z.B. bei Reizung eines → Rezeptors gebildet und dann weitergeleitet wird. → Nervensystem.

Aktivierung. Der Begriff wird in der Psychologie für die physiologische Aktivierung (Aktivation) der Hirnrinde (→ Nervensystem) gebraucht, die durch das „retikuläre aktivierende System" (RAS), auch „aufsteigendes retikuläres aktivierendes System" (ARAS) genannt, gesteuert wird. Die Aktivierung kann durch die Messung von hirnelektrischen Wellen (→ EEG), an der Beschleunigung der Herz- und Atemtätigkeit und anderen körperlichen Vorgängen festgestellt werden. Es wird angenommen, daß der physiologische Mechanismus der Aktivierung für unterschiedliche Erregbarkeit, für psychische Erkrankungen, wie → Psychosen und → Neurosen, und für Gefühlsreaktionen mitverantwortlich ist. Der Aktivierungszustand kann durch → Psychopharmaka beeinflußt und für die Erklärung verschiedener Bewußtseinszustände herangezogen werden: Bewußtlosigkeit, → Schlaf, Munterkeit, → Aufmerksamkeit, Aufregung und Erschrecken.

Aktualneurose → Neurose.

Akzeleration → Jugendalter.

Alexie, die Unfähigkeit zu lesen, die durch Schädigung einer bestimmten Region der Hirnrinde (→ Nervensystem) verursacht wird.

Alkoholismus. Mit Alkoholismus werden die verschiedenen psychischen und körperlichen Zustände umschrieben, die durch den regelmäßigen und umfangreichen Genuß von Alkohol entstehen. Je nach Individuum liegt die tägliche Menge, ab der eine psychische oder organische Schädigung zu erwarten ist, bei 80–100 Gramm Alkohol (ungefähr 4 Flaschen Bier). Bei einem solchen regelmäßigen Konsum wird nach durchschnittlich 15 Jahren eine leichte bis mittlere Leberverfettung festgestellt (W. Bräutigam),

tung sog. „Kleinwarten" (Überwachungs- und Steuerzentralen). Auf möglichst kleinem Raum müssen viele Signalgeber und Steuergeräte untergebracht werden; dabei kommt es darauf an, daß trotz Platzersparnis Übersichtlichkeit gewahrt bleibt. Die stürmische Entwicklung im Bereich „neuer Technologien", insbesondere die Mensch-Computer-Interaktion, wirft eine Fülle psychologischer Probleme auf. Zu nennen sind: Soziale Isolierung, Zwang zu Daueraufmerksamkeit, Monotonie, Leistungsverdichtung infolge des Wegfalls von Routinearbeit, erhebliche Lern- und Anpassungsleistungen, Benutzerfreundlichkeit u.a. Es hat sich herausgestellt, daß die Anlernzeit zum Umgang mit neuen Systemen überraschend lang ist und daß die Kapazität der Systeme nicht genutzt wird. Es wird festgestellt, daß es in diesem Bereich mehr denn je auf die sog. „partizipative Systemgestaltung" ankommt, d.h. eine echte Mitwirkung der betroffenen Arbeitnehmer von Anfang an ist eine wichtige Voraussetzung für den gewünschten Erfolg. Es ist wichtig, daß die Betroffenen die Notwendigkeit und Nützlichkeit neuer Technologien einsehen.
2. Arbeitsplatzgestaltung. Jeder Arbeitsplatzgestaltung geht die Arbeitsanalyse voraus. Durch die *Arbeitsanalyse* werden physische und psychische Anforderungen und die zur Ausführung einer Arbeit notwendigen Fertigkeiten, Fähigkeiten und Erfahrungen festgelegt. Durch Arbeitsanalyse werden ermittelt: organisatorische Merkmale (Abgrenzung der Arbeit gegenüber anderen), Verantwortungsbereich, die direkten Anforderungen, Arbeitsablauf und die Umgebungseinflüsse. Nach K. Pentzlin finden besondere Berücksichtigung: der Mensch, die Maschine, das Werkzeug, das Förderwesen und die Umwelteinflüsse.
Erkenntnisse aus der Arbeitsanalyse finden Berücksichtigung bei der Anpassung des Arbeitsplatzes an den Menschen (auch *human engineering* genannt). Wichtig sind: Arbeitsplatzhöhe, der Griffbereich, der durch geringen Bewegungsumfang der Gelenke und durch die Notwendigkeit des Gleichgewichtshaltens begrenzt wird. Alle Bewegungen , die große Muskelanspannung erfordern und die durch Augen nicht kontrolliert werden können, müssen wegfallen. Bei der Gestaltung des Arbeitsplatzes, von Maschinen und des Werkzeugs sollte man darauf achten, daß die Arbeit hauptsächlich durch Unterarmbewegungen bewältigt werden kann. Durch *Bewegungsstudien* wurden verschiedene Grundsätze der Bewegungsökonomie festgestellt, die gegenwärtig stark kritisiert werden. Einige Beispiele:
- Beide Hände sollen eine Arbeit möglichst zugleich beginnen und gleichzeitig beenden;
  Die Bewegungen beider Hände sollen in entgegengesetzter Richtung symmetrisch verlaufen (Arm-Bein-Bewegung beim Gehen);
- Aufeinanderfolgende Bewegungen sollen so verbunden sein,

daß eine Bewegung leicht in die nachfolgende übergeht (gut gestaltete Treppenhöhe).

3. Umwelteinflüsse am Arbeitsplatz. Ungünstige Umgebungseinflüsse wie Lärm und Hitze können sich nicht nur organisch (verschiedene Krankheiten), sondern auch psychisch schädigend auswirken. Häufigste Folge: Allgemeine Nervosität, Zerfahrenheit, schnelle Ermüdung, Leistungsminderung, Aggressivität, Verstimmtheit, Unzufriedenheit.

a) *Lärm:* Geräusche unter 30 Phon (nach der Phon- bzw. Dezibel-Skala) werden normalerweise noch nicht als Lärm empfunden. Stärkere Geräusche teilt Lehmann in verschiedene Lärmstufen ein.

Lärmstufe I (30 bis 65 Phon) wirkt individuell unangenehm und kann zu psychosomatischen (→ Psychosomatik) Störungen führen.
Lärmstufe II (65 bis 90 Phon; Lärm im Straßenverkehr bei 100 Fahrzeugen pro Minute) führt zu Störungen im vegetativen Nervensystem (→ Nervensystem), zur Verengung peripherer Blutgefäße, kann Schlaf- und Verdauungsstörungen zur Folge haben und bedeutet für jeden Menschen eine nervöse Belastung.
Aufgrund der erschwerten → Kommunikation untereinander klagen Lärmarbeiter über gestörte zwischenmenschliche Beziehungen und Familienschwierigkeiten.
Lärmstufe III (90 bis 120 Phon) führt zu organischen Krankheiten; es treten vor allem vorübergehende Taubheitserscheinungen auf und Schädigungen des Hörvermögens im Bereich von 4000 Hz.
Lärmstufe IV (über 120 Phon) hat direkte Erkrankungen des → Nervensystems zur Folge.
Nach VDI-Richtlinien (Verband Deutscher Ingenieure) wurden folgende Lärmgrenzen für bestimmte Arbeiten festgelegt:
bis 50 Phon bei geistiger Arbeit,
bis 70 Phon bei Büroarbeiten,
bis 90 Phon bei Industriearbeiten.

b) *Klima:* Günstigste Temperatur am Arbeitsplatz liegt bei 16 bis 24 Grad je nach Luftfeuchtigkeit und Körperwärme, die von der Art der Tätigkeit abhängt.
Besondere Schutzmaßnahmen z. B. vor Hitzeeinwirkungen müssen dann getroffen werden, wenn:
- die Pulsfrequenz steigt, obwohl die Leistung des Arbeiters gleichbleibt oder sogar abnimmt,
- die Pulsfrequenz durchschnittlich 120 Schläge pro Minute übersteigt,
- die Pulsfrequenz nach der Beendigung der Arbeit nur langsam zum Ruhewert zurückkehrt.

Bei Hitze gilt: Arbeitszeit verkürzen, viele Pausen einlegen, Getränke oft in kleinen Mengen zu sich nehmen, eiskalte Getränke vermeiden.

die jedoch für die Gegenwart schon fast „normal" ist. In unserer Gesellschaft gibt es viele Anlässe, erlaubterweise, wenn nicht sogar erwünschterweise (wer nicht trinkt, ist Außenseiter) Alkohol zu trinken, z. B. bei fast allen geselligen Zusammenkünften und in manchen Berufen, für die der Alkoholkonsum typisch ist und zum gruppenkonformen Verhalten gehört (Bauarbeiter, Ziegeleiarbeiter, Brauereiangestellte). Eine weitere Ursache übermäßigen Alkoholkonsums ist die eingeschränkte Fähigkeit mancher Menschen, Versagungen, → Konflikte und Mißerfolge zu bewältigen; sie greifen zur Flasche, um zu vergessen.
Man schätzt, daß ca. 4% der Bevölkerung in Deutschland an Alkoholismus leiden. Von psychischen Merkmalen werden mit den Begriffen *Rausch* und *abnormer Rausch* das Betrunkensein bzw. der stark erregte Zustand bezeichnet, der von unkontrollierten Angst- und Wutäußerungen begleitet ist. *Trunksucht* umschreibt das Stadium einer starken psychischen und körperlichen Abhängigkeit (→ Drogenabhängigkeit) vom Alkohol, bei dem jedoch noch keine Dauerschäden aufgetreten sind. Sie werden bei *chronischem* Alkoholismus offensichtlich: Der Mensch ist reizbar, hat Gedächtnis- und Auffassungsstörungen, organisch ist vor allem eine Leberschädigung festzustellen. Nach mehrjährigem Alkoholmißbrauch tritt bei plötzlichem Entzug → Delirium tremens auf (schweißbedecktes Gesicht, zitternde Hände, → Halluzinationen, Schlaflosigkeit). Aus den genannten Störungen kann sich das → Korsakowsyndrom entwickeln.
In den wenigsten Fällen wird der Alkoholiker durch gutgemeinte Ratschläge abstinent. Meist ist eine klinische Betreuung (vielfach werden verschiedene Formen der → Verhaltenstherapie angewandt, z. B. Aversionstherapie) und Entgiftung notwendig. Nach der Entlassung wenden sich viele an die Selbsthilfeorganisation der „Anonymen Alkoholiker". In einer Atmosphäre gegenseitigen Verständnisses, die den einzelnen von seinen starken Schuldgefühlen entlastet, wird im Gespräch versucht, die eigene → Persönlichkeit zu erforschen und die Gründe für die frühere Alkoholabhängigkeit zu erfahren, damit eine endgültige Loslösung vom Alkohol erfolgt. Die Anonymität des einzelnen in dieser Gruppe reduziert seine Furcht, sich zu diskreditieren, und ermöglicht es ihm, frei von sich zu sprechen.

Allergie ist eine krankhafte Überempfindlichkeit (Hypersensibilität) gegenüber bestimmten Objekten (z. B. Waschmittel, Blütenpollen, Hundehaare), die auffallende körperliche Abwehrreaktionen hervorrufen (Schnupfen, Juckreiz, Asthma, Nesselfieber, Migräne usw.). Die Ursachen der Allergien sind noch unklar; man weiß lediglich, daß sie in bestimmten Familien häufiger auftreten und gelegentlich psychogenen Ursprungs sein können.

Alles-oder-Nichts-Gesetz. Nervenzellen arbeiten nach dem Alles-oder-Nichts-Gesetz, d.h., es kommt entweder zur Bildung von →Aktionspotentialen, die dann weitergeleitet werden, oder es kommt zu gar keiner Weiterleitung. Die Reizstärke drückt sich in der Frequenz (Anzahl der Ausschläge pro Sekunde) der Aktionspotentialfolgen aus. →Nervensystem.

Allgemeine Psychologie. Sie ist jene Disziplin der Psychologie, die sich bemüht, grundlegende, für alle Menschen geltende Regelmäßigkeiten im Erleben und Verhalten zu finden. Dabei werden Einflüsse aus der sozialen Umwelt (→Sozialpsychologie) wenig berücksichtigt, und auf die Feststellung von Unterschieden zwischen den Individuen (→Differentielle Psychologie) wird ganz verzichtet. Aus Forschungen innerhalb der Allgemeinen Psychologie resultieren Erkenntnisse der Lern- und Vergessensvorgänge (→Lernen, →Gedächtnis), der Entstehung und des Wirkens von Motiven, vom Verlauf und der Koordination von Bewegungen (→Motorik) sowie der Entstehung und Art der →Gefühle, wobei nicht so sehr auf ihre Darstellung eingegangen wird (→Ausdruckspsychologie), die kulturell sehr unterschiedlich sein kann und innerhalb der Sozialpsychologie näher untersucht wird. Ein weiteres, großes Gebiet in der Allgemeinen Psychologie macht die Erforschung der Wahrnehmungsvorgänge (→Wahrnehmung) aus, wobei insbesondere ihre physiologischen Grundlagen, ihre Beeinflussung durch →Gefühle, Bedürfnisse, →Triebe, die Anwesenheit anderer Menschen (→soziale Wahrnehmung) oder die Umgebung des wahrgenommenen Objektes (→Wahrnehmungstäuschungen) berücksichtigt werden.
Der Begriff Allgemeine Psychologie wird von einigen Psychologen abgelehnt, da eine klare Trennung zwischen dem, was innerhalb der Psychologie grundlegend ist oder einer speziellen Forschungsrichtung (z.B. →Klinische Psychologie, →Sozialpsychologie, →Differentielle Psychologie) zuzuordnen ist, nicht möglich ist. So werden die Ergebnisse aus dem Gebiet der →sozialen Wahrnehmung einmal der Allgemeinen Psychologie zugeordnet und ein anderes Mal der Sozialpsychologie. Deshalb vermeidet man es heute weitgehend, den Begriff Allgemeine Psychologie zu verwenden, und spricht statt dessen lieber im einzelnen von der Wahrnehmung, dem Gedächtnis, Lernen, Denken und →Motivation. Diese Disziplinen sind beim Studium der Psychologie auch Prüfungsfächer. Ein weiterer Grund, die Allgemeine Psychologie nicht als eigenständige Disziplin zu betrachten, ist der Umstand, daß sie nicht, wie oft fälschlicherweise behauptet wird, das →Experiment als wichtigstes methodisches Vorgehen beinhaltet, sondern vielmehr, wie andere Teilgebiete der Psychologie auch, Beobachtung (→Methoden) und →Tests anwendet, um zu ihren Ergebnissen zu gelangen. Innerhalb der Forschungen, die übli-

cherweise zur Allgemeinen Psychologie gezählt werden, kann man ebenso ein idiographisches wie auch ein nomothetisches Vorgehen (→Methoden) feststellen, jedoch müssen idiographisch gewonnene Ergebnisse an einer größeren →Stichprobe auf ihre Gültigkeit überprüft werden.

Alterspsychologie. Die Psychologie des Alters befaßt sich neben der allg. Wissenschaft vom Altern *(Gerontologie)* und der medizinischen Altersforschung *(Geriatrie)* mit den Veränderungen im →Verhalten und Erleben beim alternden Menschen, wobei der „Übergang ins Alter" nur sehr schwierig zu bestimmen ist und viele Jahre umfaßt. Das eigene Altern wird häufig sehr schmerzhaft an Veränderungen wie dem Auftreten von Haarausfall, einem lückenhaften Gebiß, dem Nachlassen der Sehkraft und Hörfähigkeit sowie einer Beeinträchtigung der Beweglichkeit bemerkt. Das Nachlassen der Leistungsfähigkeit fällt dem Menschen besonders im Beruf auf, wenn er z. B. bei Umstellung der Produktion neue Handgriffe nur mit viel Mühe erlernen kann und viel länger braucht als ein jüngerer Kollege. Diese Beeinträchtigungen sind wahrscheinlich auf einen Abbau von Nervenzellen und auf die Verminderung der Leitungsgeschwindigkeit von elektrischen Impulsen in den motorischen und sensorischen Nervenbahnen zurückzuführen (→Nervensystem). Man kann jedoch nicht sagen, daß im Alter ein allgemeiner Abbau von →Fähigkeiten des Menschen stattfindet. So sind z. B. bei der →Intelligenz nur jene Leistungen betroffen, die eine schnelle geistige Umstellungsfähigkeit erfordern und ein Zurechtfinden in wechselnden Situationen verlangen. Leistungen, die durch vermehrte Erfahrung verbessert werden, wie z. B. das Sprachverständnis oder der Umfang des Wortschatzes, können auch im hohen Alter ansteigen. Der Leistungsanstieg oder -abfall hängt ab von der persönlichen Bereitschaft des einzelnen zur Weiterbildung, von seinem Beruf und vom früheren Besuch weiterführender Schulen und allgemein vom Leben in einer anregenden Umwelt, in der man z. B. Zeit und Gelegenheit hat, verschiedenen Interessen nachzugehen (Lesen, Sport treiben, Basteln usw.). Die Lernfähigkeit verringert sich beim alternden Menschen. Einen großen Einfluß auf die Lernfähigkeit im Alter hat auch vorangegangenes Üben, so hat ein alter Schauspieler ganz sicher nicht derartige Schwierigkeiten beim Einprägen eines Textes wie z. B. ein Handwerker. Sensomotorische Leistungen (→Motorik), bei denen man auf ein Signal hin eine Reaktion vollziehen muß, werden vom alten Menschen zwar langsamer, aber dafür genauer durchgeführt (höheres Verantwortungsgefühl), so daß sie z. B. zur Überwachung von Maschinen in Industriebetrieben besser geeignet sind als jüngere. Eine wahrscheinlich entscheidendere Bedeutung als biologische Veränderungen haben für das Altwerden sozialpsychologische Gegebenheiten. Die Wandlung der Familie, der Freizeitgestaltung und der Berufsabbruch weisen dem alten Menschen →Rollen zu, die nur wenig Anerkennung mit sich bringen. Der alte Mensch hat das Gefühl „zu nichts mehr nützlich zu sein" oder „den Angehörigen auf der Tasche zu liegen", was zu einer erheblichen Verringerung des Selbstwertgefühls führt. Deshalb legen viele ältere Menschen Wert darauf, von ihren Angehörigen räumlich getrennt und finanziell unabhängig zu leben, um die gegenseitigen Beziehungen nicht zu belasten. Die Pensionierung bedeutet besonders für den Mann häufig eine große Belastung, da er im Gegensatz zur Frau, die den Haushalt versorgen kann, kaum eine sinnvolle und vor allem gesellschaftlich anerkannte Tätigkeit hat. Zudem sind die Möglichkeiten, sich in einer konsumorientierten Gesellschaft zu unterhalten, meist mit finanziellen Aufwendungen verbunden (Kino, Cafe usw.), die einem aus dem Beruf geschiedenen Menschen oft schwerfallen, was von ihm als Prestigeverlust erlebt wird.

Ambivalenz, Bezeichnung für zweideutige Reize und vor allem für doppelwertige Gefühle, wie Haßliebe.

Amnesie ist das Vergessen von →Gedächtnisinhalten, das durch Verletzungen des Gehirns oder durch Schockerlebnisse verursacht wird. Eine *retrograde* Amnesie, die sich z. B. auf das Geschehen für die Zeit kurz vor dem Unfall und auf das Unfallgeschehen selbst erstreckt, ist besonders häufig zu beobachten. Die verletzten oder unter Schock stehenden Personen sind nicht in der Lage, sich an die Ursache, ihre Reaktionen usw. zu erinnern.

Anale Phase →Psychoanalyse.

Analytische Psychologie. Carl Gustav Jung (1875–1961) begründete die Analytische oder Komplexe Psychologie, eines der drei klassischen Modelle der →Tiefenpsychologie (→Psychoanalyse, →Individualpsychologie). Jung stellt die Selbst-Findung des Menschen in den Mittelpunkt und übernimmt wesentliche Inhalte der beiden anderen Modelle (z. B. das Unbewußte, Schichtung in Es, Ich und Über-Ich). Die Analytische Psychologie versteht sich aber im Gegensatz zu den Systemen von Freud und Adler, die den Menschen auf jeweils ein Grundbedürfnis (Sexualität bzw. Selbstwertgefühl) reduzieren, als eine ganzheitliche Psychologie, in welcher der Mensch im Laufe der Individuation (Entwicklung) seine verschiedenen Seiten, vor allem auch die unbewußten, ungelebten Anteile, zu integrieren versucht. Nach seinem Studium arbeitete Jung an einer Psychiatrischen Klinik und versuchte, Inhalte und Sinn von Wahnvorstellungen zu entschlüsseln. Als geisteswissenschaftlicher Forscher kam er über sein Interesse an Philosophie, Religion, Mythologie und Dichtung zur Entdeckung des kollektiven Unbewußten, das eine zentrale Stellung in seiner Theorie einnimmt.

Persönlichkeitstheorie. Sie umfaßt die Typenlehre, die Struktur des Selbst und den Prozeß der Individuation.

1. *Die Typenlehre.* Jung schließt an die Typenforschung (→Typologie) des 19. Jahrhunderts an und unterscheidet zwei *Einstellungstypen:* → *Extra-* und *Introversion.* Jeder Mensch trägt beide Teile in sich, verkörpert aber im Leben vorzugsweise nur einen Typus. Weiterhin spricht Jung von *Funktionstypen.* Als Grundfunktionen nennt er *Denken, Intuieren, Fühlen* und *Empfinden.* Alle vier Funktionen sind dem Menschen zu eigen, in der Regel verwendet er jedoch nur eine zur Lebensbewältigung. Um gesund leben zu können, gilt es, die unberücksichtigten Selbstanteile bewußt erlebbar zu machen, so daß der Mensch sich als ganzheitliches, aber auch polares, d.h. scheinbar widersprüchliches Wesen akzeptieren kann.

2. *Struktur der Persönlichkeit* (des „Selbst"). Die Spitze des Selbst ist das *Ich,* mit dem wir vor allem die Außenwelt wahrnehmen, aber auch die Innenwelt bewußt erleben können. Das Ich verfügt über die vier Grundfunktionen und den Zugang zum Unbewußten. Dieses umfaßt ebenfalls alle Funktionen und Kräfte des Menschen. Hier sind vor allem – wie in der Psychoanalyse – abgewehrte Triebe, Vergessenes, frühkindliche →Fixierungen, aber auch unterschwellig Wahrgenommenes, Gewohnheiten, schöpferische Fähigkeiten vorhanden. Diese mit der individuellen Geschichte und der Eigenart des Menschen verbundenen Inhalte nennt die Analytische Psychologie das *persönliche Unbewußte.* Dagegen werden jene Faktoren, die bei allen Menschen der unterschiedlichsten Kulturen bestimmte und immer wieder auftretende Verhaltens- und Erlebensweisen bewirken, als das *kollektive Unbewußte* oder *Archetypen* bezeichnet. Sie sind seit dem Anfang der Menschheitsgeschichte entstanden und stellen die Summe der gespeicherten Erfahrungen („geistige Erbmasse") dar, die Menschen in der Auseinandersetzung mit im wesentlichen immer gleichen Problemen gemacht haben (z. B. Frage nach dem Sinn des Lebens, nach Gut und Böse, nach der Beziehung zwischen den Geschlechtern, nach dem Umgang mit Krankheit und Tod). Das kollektive Unbewußte äußert sich z. B. in Mythen, religiösen Bildern und Sagen. So zeugt der Mythos des Helden in allen Kulturen von denselben Erfahrungen und Hoffnungen der Menschen: der armseligen Geburt, den frühen Zeichen seiner übermenschlichen Stärke, dem siegreichen Kampf mit dem Bösen, seinem Tod durch Verrat oder aufgrund eines heldenhaften Opfers. Andere Archetypen oder Urbilder sind z.B. Gott, Hexe, die Große Mutter, der alte Weise, Sonne, Wasser. Der Mensch kann bis in die Tiefe des kollektiven Unbewußten gelangen, die darunterliegende Basis, eine vierte seelische Schicht, entzieht sich jedoch jeglicher Einsicht. Sie ist irra-

tional und bildet den „unergründlichen Grund allen Geschehens, aus dem einst die ‚Einzelpsychen' in die Wirklichkeit unserer Welt aufgestiegen sind" (A. Fahrau, R. Cohn, 1984).
3. *Entwicklung des Menschen.* Entwicklung wird von der Analytischen Psychologie im wesentlichen als Prozeß der *Individuation* angesehen, in dem der Mensch über eine wachsende Differenzierung seine Anlagen entwickelt und sich zum Ziel setzt, sein Selbst bewußt zu erkennen. Im Mutterleib lebt das Kind im Zustand voll-

Das Persönlichkeitsmodell von Jung

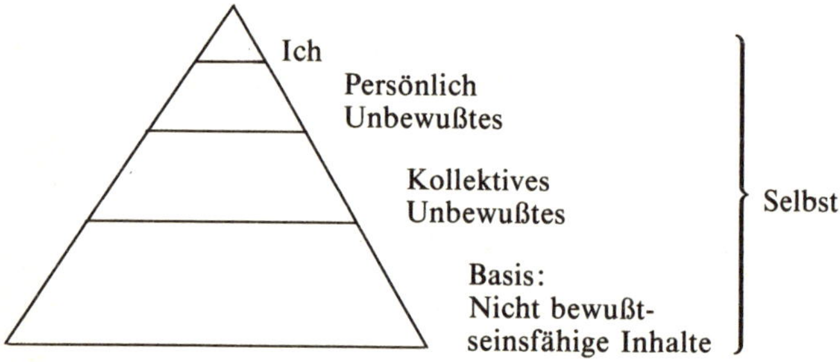

kommener Unbewußtheit, aber im Besitz von Bildern und urtümlichen Vorstellungen (Archetypen), in deren Licht nach der Geburt die Welt und insbesondere die Bezugspersonen gesehen werden. Das Kind erlebt z. B. seine Mutter nicht als individuelle, reale Person, sondern in der archetypischen Form der Großen Mutter. Anfänge einer Entwicklung von *Ich-Bewußtsein* werden von Jung schon im embryonalen Stadium vermutet, aber erst mit der Entwicklung von motorischen Fähigkeiten, Wahrnehmung und dem Sprachvermögen vermag das Kind, sich von dem archetypischen Bild der Mutter zu lösen und sich anderen Personen zuzuwenden, die anfangs auch archetypisch überhöht gesehen werden (z. B. Vater, Geschwister, Großeltern). Nicht alle Inhalte des Selbst finden ihre Entsprechung in der Umwelt. Das Kind lernt bald, richtig und falsch, gut und böse zu unterscheiden, so daß manche Verhaltens- und Erlebensweisen besonders gepflegt oder andere abgelehnt werden müssen. So entstehen wichtige Persönlichkeitsaspekte: Die *Persona* (das konventionelle Ich) ist jener Teil, der sich auf die Erwartungen der gesellschaftlichen Umwelt eingestellt hat und uns durch den Alltag kommen läßt. Eine überstarke Ausprägung oder ein Fehlen führen zu psychischen Störungen. Dies kann bei der Entwicklung der Geschlechtsrolle bedeutsam werden. Der Mensch ist von seinem Selbst her als Ganzheit angelegt, im Mann ist auch die Frau vertreten *(Anima)* und in der Frau der Mann *(Animus).* Für die Entwicklung einer geschlechtlichen Identität ist das

Zurückdrängen der gegengeschlechtlichen Anteile notwendig. Die Anziehung durch das andere Geschlecht wird erlebt, weil man im Partner den eigenen, nicht entwickelten Seelenanteil sieht. Nicht nur im sexuellen Bereich entsteht aufgrund von Verdrängungen gesellschaftlich nicht erwünschter Eigenschaften eine Welt im *Schatten*. Neid, Wut, Mißgunst, Unverträglichkeit, übertriebener Ehrgeiz u.a. abgelehnte Persönlichkeitszüge sind aber – obwohl unbewußt geworden – psychische Realität, die oft zwischenmenschliche Beziehungen erschwert, weil gerne die eigene, verleugnete Seite im anderen gesehen wird. Diese Persönlichkeitsbereiche, mit denen zahlreiche, angstvolle Erfahrungen verbunden sind, verdichten sich im persönlichen Unbewußten zu *Komplexen* und sind in der Lage, Verhalten und Erleben zu steuern (sie lassen z.B. Mißgeschicke, Versprecher, Affektausbrüche und →psychosomatische Reaktionen entstehen).

Neurosenlehre. Jung bestreitet nicht die Entstehung von Neurosen in der Kindheit, betont aber, daß es beliebige Stellen im Lebenslauf geben kann, an denen wichtigen Problemen ausgewichen und eine Scheinlösung gefunden wurde. Das sei der Beginn der Neurose. Um ihr vorzubeugen bzw. sie zu beheben, gibt es nach Ansicht der Analytischen Psychologie nur den Weg der Individuation, das bedeutet

- Auseinandersetzung mit den eigenen Schatten,
- Begegnung mit den Archetypen des Geschlechts (die Frau sucht ihren männlichen Anteil, der Mann seinen weiblichen),
- Auseinandersetzung mit den archetypischen Figuren, die in die Bezugspersonen des eigenen Lebens projiziert werden.

Ein analytischer Psychotherapeut räumt der Analyse von Träumen einen breiten Raum ein. Dazu verfügt er u.a. über folgende *methodische Möglichkeiten:*

- Sammeln von Assoziationen zu bestimmten Traumsituationen.
- Erweiterung (Amplifikation) des Trauminhaltes hinsichtlich seines archetypischen Hintergrundes. Der Klient findet z.B. ähnliche Motive in Sagen und Märchen, aber auch in Redensarten und Witzen.
- Der Klient identifiziert sich mit verschiedenen Objekten oder Personen seines Traumes und nimmt einen Dialog mit ihnen auf.
- Künstlerische Ausgestaltung des Trauminhaltes (z.B. Malen, Modellieren, Schreiben einer Geschichte).
- Realisation der neu gewonnenen Einsichten im Alltag, um über Erkenntnisse aus dem Verhalten zu einer tieferen Problembewältigung zu kommen.
- Deutung der unbewußten Sachverhalte des Traumes als Ergänzung der o.g. emotionalen und intuitiven Vorgehensweisen.

Bewertung der Analytischen Psychologie.

Jung hat mit seiner religiös-wissenschaftlichen Lehre die mittelalterliche Idee, daß die Seele Realität ist, wiederaufgenommen. Er war bis in die 80er Jahre nur in kleinen tiefenpsychologisch orientierten Kreisen geschätzt, weil seine Psychologie mit ihrem geisteswissenschaftlichen Ansatz dem Zeitgeist zuwiderlief. Es ist aber sein Verdienst, schon lange vor Autoren wie z. B. Maslow, die Prozesse der Selbstaktualisierung bzw. Selbstverwirklichung beschrieben und so eine Brücke von der Tiefenpsychologie zur →humanistischen Psychologie geschlagen zu haben.

Anamnese, Bezeichnung für das Sammeln (→Exploration) von Informationen über den Lebenslauf einer Person. Anamnestische Daten unterstützen die Interpretation von →Test-Daten. →Diagnostik.

Anästhesie, Betäubung, Unempfindlichkeit gegenüber Sinnesreizen, hauptsächlich Schmerzen. Anästhetiker wurden von E. Kretschmer gefühlsarme, kalte, unempfindliche Menschen genannt.

Angewandte Psychologie. Ergebnisse psychologischer Forschung und Erkenntnisse, die durch theoretische Überlegungen gewonnen wurden, finden ebenso wie Erkenntnisse aller anderen Wissenschaften vielfache Anwendung bei der Lösung lebenspraktischer Probleme. Ob in Betrieb oder Schule, im Verkehr oder beim Einkauf, ja sogar in der →Familie wird unser Verhalten durch Anwendung psychologischer Erkenntnisse beeinflußt.
Die Bezeichnung Angewandte Psychologie ist mehrdeutig; es handelt sich nicht nur um die Anwendung schon vorhandener psychologischer Kenntnisse und Erkenntnisse, sondern auch um psychologische Forschung. Aus diesem Grund wird in der Literatur folgende Differenzierung vorgeschlagen: Die *Allgemeine Psychologie* ist mit *„psychologischer Grundlagenforschung"* ohne einen fremden Auftrag gleichzusetzen, *Angewandte Psychologie* gilt als Bezeichnung für wissenschaftliche Forschung mit fremdem Auftrag und *Praktische Psychologie* für die reine Anwendung der Kenntnisse, für die Praxis des berufstätigen Psychologen (Beratung, Therapie). Der praktisch tätige Psychologe nutzt das Wissen und die Erkenntnisse, die ihm psychologische Grundlagenforschung und die Angewandte Psychologie bereitstellen. Der im Bereich der Angewandten Psychologie tätige Psychologe verfolgt das Ziel, das Wissen zur Lösung solcher Probleme zu gewinnen, die aus der Praxis kommen, von außen (von Institutionen, Unternehmen, Industrie) an ihn herangetragen werden. Solche Psychologen sind in der Regel nicht nur Forscher, sondern auch an der Durchführung vorgeschlagener Maßnahmen, d.h. an der Anwendung, beteiligt und damit praktisch tätig. Bleibt noch zu ergänzen, daß auch psychologische Grundlagenforschung anwendungsbezogen ist und nicht nur „psychologieinterne Themen" behandelt, son-

dern auch solche, die von den praktisch tätigen Psychologen an sie herangetragen werden. So ergibt sich eine gegenseitige Befruchtung, Wechselwirkung und Überschneidung. Die seit Jahrzehnten anhaltende Diskussion um rechtliche und ethische Bedenken gegenüber der Anwendung psychologischer Erkenntnisse hält unvermindert an. Zu Enttäuschungen kam es, weil psychologisches Wissen weniger zum Zweck der Vorbeugung, sondern eher eingesetzt wurde, um Feuerwehr zu spielen, akute Krisen zu lösen und zu therapieren. Manche Mißbräuche, wie z. B. der Einsatz des „Lügendetektors", führten zu vielen Vorurteilen, die es in der Öffentlichkeit gegenüber der Psychologie ohnehin schon gibt. Wir können festhalten: In der Öffentlichkeit herrschen sowohl unangebrachte Skepsis gegenüber der Anwendung psychologischen Wissens als auch unangebrachte übertriebene Erwartungen an die Allmacht der Psychologie. Es bestehen nicht gerechtfertigte Vorurteile und gerechtfertigte, nicht gelöste ethische Bedenken. Um das verzerrte Bild von der Psychologie zu korrigieren, wird wirkungsvolle Öffentlichkeitsarbeit gefordert.

Anwendungsgebiete psychologischer Erkenntnisse. An den praktisch tätigen Psychologen werden viele Aufgaben gestellt. Er soll z. B. herausfinden, warum das Betriebsklima schlecht ist und wie man die Zusammenarbeit zwischen der Führungsspitze und den Mitarbeitern verbessern könnte. Er soll z. B. zeigen, warum ein Zeuge vor Gericht nicht glaubwürdig ist und wann jemandem kein Führerschein mehr erteilt werden soll. Er soll die falsche Erziehung strenger und sehr ehrgeiziger Eltern korrigieren und dem Kind wieder zur Lust am Lernen und Arbeiten verhelfen und überbehütende Eltern von ihren Ängsten befreien.

Einen Überblick über die Anwendung psychologischer Erkenntnisse in der Praxis vermittelt die Übersicht auf Seite 22 und 23. →Klinische und →Pädagogische Psychologie werden zum Teil zur Angewandten und zum Teil zur →Allgemeinen Psychologie gerechnet. Die Wirtschaftspsychologie und Beratung sind inzwischen besonders gut ausgebaut worden und zählen zu den wichtigsten Gebieten der Angewandten Psychologie. Neben den in der Übersicht aufgeführten weiteren Bereichen der Angewandten Psychologie (→Forensische Psychologie, →Kriminalpsychologie, →Sportpsychologie, →Verkehrspsychologie) werden häufig noch genannt: →Sexualpsychologie, →Psychohygiene, →Kunst-, →Musik-, →Religionspsychologie, →Sprach- und →Politische Psychologie u. a. m.

In der Übersicht auf S. 22 und 23 sind auch die wichtigsten Aufgaben einzelner Teilgebiete aufgeführt. Um diese Aufgaben zu bewältigen, muß der Psychologe eine Vielfalt von Methoden und Techniken beherrschen und Kenntnisse aus verschiedenen Bereichen der Allgemeinen Psychologie besitzen.

Anwendungsgebiete psychologischer Erkenntnisse und die wichtigsten Aufgaben einzelner Teilgebiete

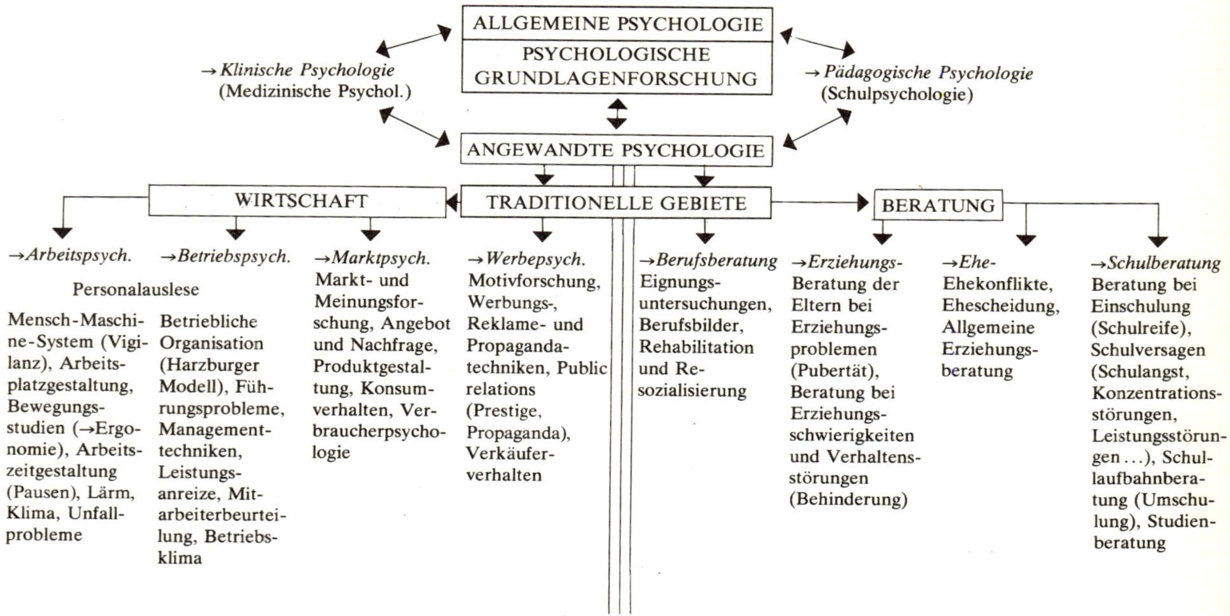

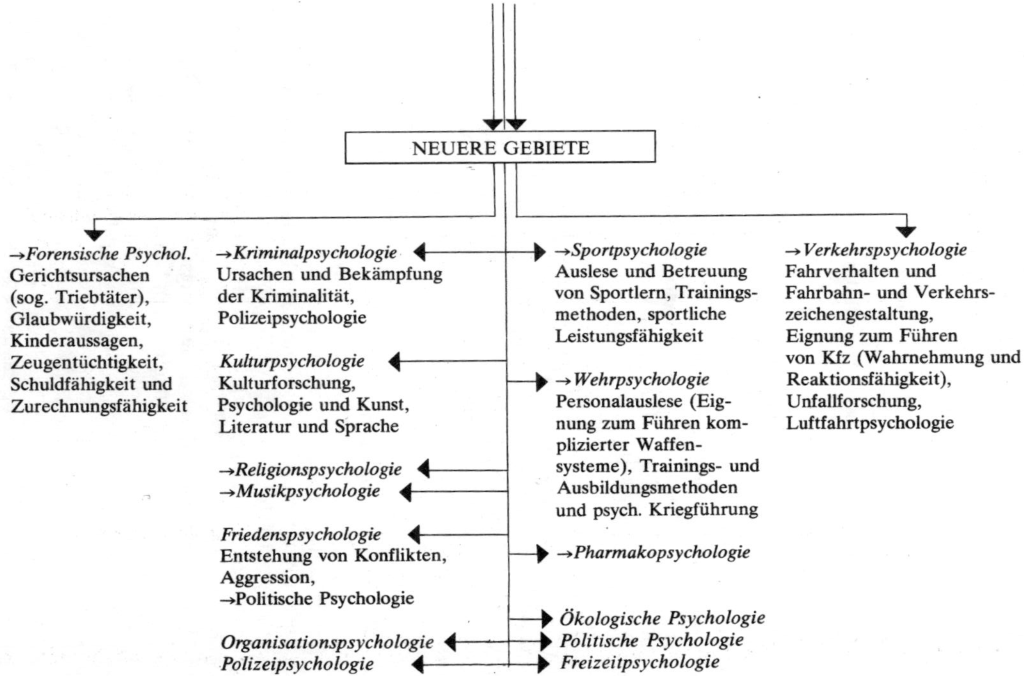

NEUERE GEBIETE
→*Forensische Psychol.*
Gerichtsursachen (sog. Triebtäter), Glaubwürdigkeit, Kinderaussagen, Zeugentüchtigkeit, Schuldfähigkeit und Zurechnungsfähigkeit
→*Kriminalpsychologie*
Ursachen und Bekämpfung der Kriminalität, Polizeipsychologie
Kulturpsychologie
Kulturforschung, Psychologie und Kunst, Literatur und Sprache
→*Religionspsychologie*
→*Musikpsychologie*
Friedenspsychologie
Entstehung von Konflikten, Aggression, →Politische Psychologie
Organisationspsychologie
Polizeipsychologie
→*Sportpsychologie*
Auslese und Betreuung von Sportlern, Trainingsmethoden, sportliche Leistungsfähigkeit
→*Wehrpsychologie*
Personalauslese (Eignung zum Führen komplizierter Waffensysteme), Trainings- und Ausbildungsmethoden und psych. Kriegführung
→*Pharmakopsychologie*
Ökologische Psychologie
Politische Psychologie
Freizeitpsychologie
→*Verkehrspsychologie*
Fahrverhalten und Fahrbahn- und Verkehrszeichengestaltung, Eignung zum Führen von Kfz (Wahrnehmung und Reaktionsfähigkeit), Unfallforschung, Luftfahrtpsychologie

Angst. Mit dem Gefühl der Angst reagieren Menschen auf Situationen, Personen und Objekte, die wirklich gefährlich oder schmerzhaft sind bzw. von denen sie dies annehmen. So lösen ein elektrischer Schlag, ein plötzlicher lauter Knall, das Verlieren des Gleichgewichts oder der Anblick eines wilden Tieres körperliche Reaktionen, wie Zittern, Schwitzen, Trockenheit des Mundes, beschleunigten Herzschlag oder starken Harndrang aus. Sie zeigen an, daß der Mensch Angst erlebt. Solche körperlichen Reaktionen werden durch das autonome → Nervensystem gesteuert und sind in der Regel willentlich nicht beeinflußbar. Weitere Angstreaktionen sind z. B. aktivierte Darmtätigkeit (Einkoten), Pupillenerweiterung und Abnahme des → Hautwiderstandes, Erstarren und Abwehr- oder Fluchtbewegungen. Die Symptome der Angst gleichen den Defensiv- und Schreckreaktionen bzw. Notfallreaktionen im Tierreich.
Ängstlichkeit, in der Fachsprache *Angstneigung* genannt, wird als Persönlichkeitseigenschaft angesehen und kann mit → Fragebogen festgestellt werden. H. J. Eysenck spricht von → *Neurotizismus* und emotionaler Labilität, wobei er die unterschiedlich ausgeprägte, angeborene Bereitschaft des Menschen meint, auf schädliche und bedrohliche Reize rasch und intensiv zu reagieren. Angstneigung hängt in ihrem Ausmaß, d. h., wie oft, wie stark und in welchen Situationen sie empfunden wird, aber auch von den bisherigen Erfahrungen des Menschen ab. Besonders wichtig sind hierbei *kognitive Bewertungsprozesse,* die sich auf die erwartete Gefahr und die eigenen Bewältigungsmöglichkeiten beziehen.
Angsttheorien. Angst wird in der Psychologie äußerst unterschiedlich gesehen:
1. Die → *Psychoanalyse* unterscheidet *Realangst,* die bei einer tatsächlichen Gefahr entsteht, und *neurotische Angst,* deren Ursprung und Sinn dem Betroffenen nicht zugänglich ist. Freud spricht von einer „Angst vor einer Gefahr, die wir nicht kennen". Diese Angst rührt von unbewußt gebliebenen seelischen Verletzungen (z. B. Trennungsangst/ → Trauma) bzw. von Konflikten zwischen Über-Ich und Triebansprüchen her.
2. Die → *Behavioristen* sagen, daß Angst aufgrund der Konditionierung (→ Lernen) einer angeborenen Schreckreaktion mit einem neutralen Reiz entstanden ist. So lernt ein Kind z. B. gegenüber einem weißen, flauschigen Kaninchen Angst zu empfinden, wenn beim Spielen mit dem Tier unvermittelt schmerzender Lärm auftritt, der das Kind erschreckt (z. B. Durchbrechen der Schallmauer durch einen Düsenjäger). Durch die → Assoziation des Lärms mit dem ursprünglich eher angenehme Gefühle auslösenden Kaninchen wird das Tier zu einem Objekt, vor dem das Kind Angst hat. Man hat beobachtet, daß derart gelernte Angst nur sehr langsam wieder verlernt (gelöscht) wird und außerdem die Gefahr besteht, daß andere, dem Kaninchen ähnliche Objekte (z. B. flauschiger

Teppich, Hunde, Pelzmäntel usw.) auch zu angsterzeugenden Reizen werden (Generalisierung, →Lernen). Dieser Mechanismus ist eine mögliche Erklärung für die besonders störende (quälende) Eigenschaft der Angst, nicht zu wissen, wovor man Angst hat. So wissen Kinder oft nicht, warum sie vor einem Lehrer, der freundlich zu ihnen ist, oder vor harmlosen Tieren Angst haben.

3. Mowrer u.a. Lerntheoretiker sprechen von der *Zwei-Faktoren-Theorie* und betonen, daß zur Angstentstehung durch Konditionierung noch *Vermeidungsreaktionen* hinzukommen, welche die ängstliche Spannung reduzieren, andrerseits aber auch im Sinne einer negativen Verstärkung (→Lernen) die Wahrscheinlichkeit des Wiederauftretens der Angst erhöhen. So wird z.B. ein Hundephobiker (→Phobie), der sich nicht mehr auf die Straße wagt oder andere auffällige Vermeidungs- und Entlastungsreaktionen entwickelt, seine Angst nur vergrößern und vor allem sein Leben erheblich einschränken.

4. In der Weiterentwicklung der lerntheoretischen Ansätze betont die neuere Forschung den *Einfluß kognitiver Prozesse.* Man stellt heraus, daß Angst auf einem Kontinuum mit Neugier anzusiedeln ist und es von der Einschätzung der eigenen Denk- und Handlungsmöglichkeiten abhängt, ob eine gefahrvolle Situation Angst macht oder Neugier hervorruft.

Aus den zahlreichen theoretischen Ansätzen entstanden vor allem lerntheoretisch begründete Techniken zur Reduzierung von Angst (→Verhaltenstherapie). Eine besondere Rolle spielte dabei die →Prüfungsangst.

Da die Auswirkungen der angeborenen Fähigkeit, Angstgefühle zu erleben, von Erfahrungen (vor allem in der frühen Kindheit), d.h. vom →Lernen, abhängig sind, müssen die Erzieher jede angsterzeugende Verhaltensweise vermeiden. Einige Beispiele für angsterzeugende Verhaltensweisen: körperliche Strafe (Schmerz), plötzliche intensive Reize (Knall, Lichtblitz), dunkler Keller, Angstträume (Alleinsein beim Aufwachen, →Pavor nocturnus), Drohungen (z.B. mit Nikolaus) usw. Die Angst schränkt die Entfaltungsmöglichkeiten des Kindes ein (z.B. Leistungen in der Schule, kreatives Denken, Kommunikation); sie führt zu →Aggressionen gegenüber Schwächeren und zu Verhaltensstörungen. Irrationale Ängste, deren Sinn dem Individuum nicht zugänglich ist, sollte das Kind äußern lernen (z.B. „ich habe so Angst, wenn ich alleine im Zimmer bin“), damit es sich von der inneren Spannung befreien kann und die Eltern sie durch liebevolle Zuwendung und Verständnis abbauen können. Erzieher sollten in Angstsituationen ein Beispiel geben, wie durch besonnenes Verhalten Angst vermindert werden kann, indem sie z.B. vor einer Spinne nicht laut aufkreischen, sondern sie verjagen bzw. mit der Zeitung totschlagen, oder mit dem Kind in das Zimmer gehen, in dem es so verdächtig knackt und ihm bei Licht zeigen, daß es nur das Knarren der Schranktüre ist.

Angstneurosen → Neurosen, → Phobien.

Anlage *(Disposition, Erbe, Prädisposition).* Unter Anlage versteht man im biologischen Sinn die im Erbgut (→ Gene) enthaltenen Hinweise (Baupläne) für die spätere Entwicklung von Organen, z. B. von Sinnesorganen, und anderer Merkmale des Organismus, wie Hautfarbe, Augenfarbe, Körpergröße usw. Im Bereich psychischer Erscheinungen wird angenommen, daß die Ausprägung vieler → Fähigkeiten und Verhaltenseigenarten zum Teil im Erbgut (Anlage) festgelegt ist (→ Anlage-Umwelt-Problem). Der Begriff der *Disposition* (Prädisposition) ist weiter gefaßt als die Anlage, da er auch das durchgehende Auftreten von erworbenen Verhaltensweisen im Leben eines Individuums oder die Bereitschaft hierzu einschließt (→ Persönlichkeit).

Anlage-Umwelt-Problem. Der ursprüngliche Streit zwischen „Nativisten" (Vertreter der Dominanz der Vererbung: Plato, Kant und Galton) und „Empiristen" (Vertreter der Umwelt: Hobbes und Locke) über das Verhältnis von anlagebedingten zu umweltbedingten Eigenschaften wurde in den 70er Jahren wiederaufgenommen, als die Frage „Intelligenz: angeboren oder erlernt?" ausdauernd diskutiert wurde.
Es ist ein zentrales Problem in der Entwicklungspsychologie, bei dem nach den Ursachen für das Auftreten bestimmter Leistungen, Fähigkeiten und Persönlichkeitsmerkmale gefragt wird. Die „Präformationstheorie" führte die Entwicklung der → Persönlichkeit auf die Reifung der im Erbgut niedergelegten Anlagen zurück. Noch am Anfang des 20. Jahrhunderts wurde die Entwicklung als eine sich nach „immanenten Gesetzen" vollziehende Veränderung definiert. Erst W. Stern (1914) betonte das Zusammenwirken von endogenen (inneren, Erbgut) und exogenen (Umwelteinflüsse) Faktoren und beschrieb die Entwicklung als das Ergebnis einer Konvergenz (Zusammenwirken) von endogenen und exogenen Faktoren. Die Theorie von Stern hat sich lange nicht durchsetzen können. Die Entwicklungspsychologen, z. B. K. Bühler (1918), hielten an der Anlage-Theorie fest und meinten, daß neben den Anlagen die Entwicklung als Stufengang durch einen im Individuum „angelegten Plan des Werdens" festgelegt ist. Da eine genetische → Manipulation derzeit noch eine wissenschaftliche Utopie darstellt, wird man sich in der pädagogischen Praxis stärker dem milieutheoretischen Standpunkt nähern, solange unbekannt ist, welche Phänomene ausschließlich endogenen und welche exogenen Ursprungs sind.
Anlage-Umwelt-Forschung. Sowohl Anlage- als auch Milieutheo-

retiker haben umfangreiche Untersuchungen durchgeführt, um Beweise für ihre Theorie zu liefern. Die Forschung konzentrierte sich hauptsächlich auf die Frage, ob → Intelligenz angeboren oder eher eine Folge der Umwelteinflüsse (erworben) sei. Als Untersuchungsmethode bot sich die sogenannte Zwillingsforschung an. Wenn die intellektuelle Kapazität eines Individuums durch Erbfaktoren stärker vorausbestimmt ist als durch Umweltfaktoren beeinflußbar, dann müßten z.B. eineiige Zwillinge, die identisches Erbgut besitzen, jedoch in ganz unterschiedlichem Milieu aufwuchsen, trotzdem annähernd gleich intelligent sein. In vielen Untersuchungen wurden die Intelligenztestwerte eineiiger, zweieiiger Zwillinge und Geschwister miteinander verglichen und Korrelationen berechnet; je höher die Korrelation, desto größer sollte der Einfluß der Anlage sein (→ Statistik).
Es ergaben sich folgende Korrelationen:

Kinderpaare	Korrelationskoeffizient (r)
Eineiige Zwillinge, die in gleicher Umgebung aufwuchsen	.92
Eineiige Zwillinge, die in verschiedener Umgebung aufwuchsen	.84
Zweieiige Zwillinge	.63
Geschwister	.53

Die hohe Korrelation bei eineiigen Zwillingen, die in verschiedener Umgebung aufwuchsen, spricht für die Bedeutung der Anlagefaktoren. Aber auch hier können die Einflüsse der Umwelt, vor allem während der Schwangerschaft, bei der Geburt und kurz nach der Geburt nicht ausgeschlossen werden. Die meisten Zwillingsuntersuchungen beschäftigen sich mit Geschwistern, die nicht unmittelbar nach der Geburt, sondern zum Teil erst nach 2 bis 3 Jahren voneinander getrennt aufwuchsen; stellt man die Bedeutung, die das 1. Lebensjahr für die gesamte individuelle Entwicklung hat, dabei in Rechnung, so erweist sich die Höhe der Korrelation zum Teil als ein Artefakt (→ Experiment). In neuerer Literatur werden die Einflüsse während der Schwangerschaft (Krankheiten der Mutter, Ernährung, Verletzungen, Gewohnheiten wie früh oder spät schlafen zu gehen usw.) stark hervorgehoben, die auch in der höheren Korrelation bei zweieiigen Zwillingen als bei Geschwistern zum Ausdruck kommen dürften. Hinsichtlich der → Persönlichkeitsmerkmale gleichen sich eineiige Zwillinge kaum mehr als zweieiige; lediglich für den → Neurotizis-

mus-Faktor ergaben sich bei eineiigen Zwillingen hohe Korrelationen (r = .85).
Als weitere, nach Meinung der Anlage-Theoretiker überzeugende Beweise für die Anlage werden die empirischen Ergebnisse von A. Jensen betrachtet, der beweisen konnte, daß der Durchschnitts-Intelligenzquotient amerikanischer Neger um etwa 15 IQ-Punkte niedriger ist als der der weißen Bevölkerung, und die Feststellung, daß sich für die Intelligenz eine Normalverteilung (→ Statistik) mit einer kleinen Abweichung („Huckel") ergibt (s. Abb.). Die Abweichung von der Normalverteilung wird so erklärt, daß die Anlage die Ausprägung der Intelligenz überzufällig stark beeinflußt. Gegenargumente: Der „Überschuß" an geistig behinderten Menschen ist durch die Berücksichtigung der Faktoren, die → geistige Behinderung verursachen, leicht zu erklären. Es handelt sich häufig um exogene Einflüsse wie Krankheiten während der Schwangerschaft, Vorgänge bei der Geburt (Asphyxie) und um frühkindliche Erkrankungen (z. B. Gehirnhautentzündung) und Verletzungen durch Unfälle.

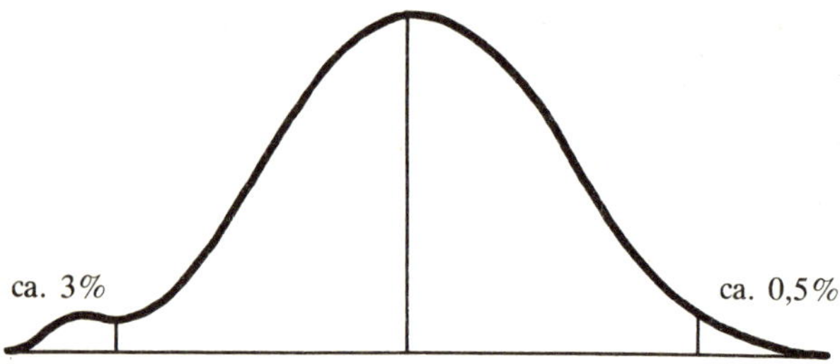

Den Anlagetheoretikern können Milieutheoretiker viele Untersuchungsergebnisse entgegenhalten, die eindeutig die Umwelteinflüsse hervorheben. Einige Beispiele: Die → Sprache, ein wichtiges Indiz für Intelligenz, wird nur bei entsprechender Unterstützung und Förderung gelernt. Insgesamt können die lerntheoretischen Erkenntnisse (→ Lernen) das Entstehen von Bedürfnissen, → Gefühlen, → Aggressionen und anderer Verhaltensweisen erklären. Kinder aus unteren sozialen Schichten weisen einen weit niedrigeren Durchschnitts-IQ-Wert auf als Kinder aus höheren sozialen Schichten. Kinder, die in Heimen aufwachsen, entwickeln sich langsamer als Kinder, die in Familien aufwachsen (→ Hospitalismus). Die große Bedeutung der frühkindlichen Erfahrung für die Entwicklung der Persönlichkeit wird unter → Erziehung, → Familie, → Lernen, → Entwicklung, → Sexualität u. a. abgehandelt.
Gegenwärtig ist die Ansicht vorherrschend, daß die Frage Anlage oder Umwelt falsch gestellt wurde. Man postuliert im Sinne Sterns

c) *Farbe im Betrieb:* Das Arbeitsverhalten, Wohlbefinden und die Sicherheit der Arbeiter kann durch richtig durchdachte Farbgestaltung des Arbeitsplatzes verbessert werden. Farbige Kennzeichnung verbessert die Orientierung, verhindert Verzögerungsmomente durch „Vorsichtshalber-noch-einmal-Nachsehen", vermindert falsche Handgriffe, erhöht die Sicherheit. Farbige Umweltgestaltung ist besonders dann wichtig, wenn „häßliche" Räume zur arbeitshemmenden Unlust führen, Neigung zum Arbeitsplatzwechsel und häufiges Krankmelden zur Folge haben. Es wurde festgestellt, daß farbig gestaltete Maschinen freiwillig besser gepflegt und gewartet werden als „schmutzunempfindliche" graue.
Farbe als Sicherheitsfaktor:
Rot bedeutet: halt, stopp, Gefahr; dient der Kennzeichnung von Feuerlöschern und Feuermeldern.
Grün bedeutet: keine Gefahr, Rettung, Hilfe; dient der Kennzeichnung von Notausgängen, von Einrichtungen für Erste Hilfe (Verbandskasten wird durch das weiße Balkenkreuz auf grünem Grund gekennzeichnet), von Türen zum Arzt oder Sicherheitsingenieur.
Gelb bedeutet: Vorsicht, Achtung, Gefahr in der Nähe; dient der Kennzeichnung von Gefahrenstellen und gefährlichen Stoffen.
Blau ist die Farbe für innerbetriebliche Anordnungen, Hinweise, Informationen und allgemeine Sicherheitsgebote.
4. Ermüdung und Pausengestaltung. Es ist keineswegs ausreichend, *Ermüdung* als einen Zustand zu definieren, der nach getaner schwerer Arbeit, nach vorhergehender Beanspruchung auftritt und verminderte Arbeitsfreudigkeit sowie gesteigerte Anstrengungsgefühl zur Folge hat. Auch *Monotonie* infolge einförmiger Arbeit oder gedrückte Stimmung aufgrund des Versagens oder eines Familienstreits führen zu Ermüdungsgefühlen und zum Absinken der Leistung. Ein Leistungsabfall kann auch ein Zeichen der beginnenden Krankheit sein. So stellte H. G. Bartenwerfer fest, daß die psychischen, physiologischen (organischen) und leistungsmäßigen Merkmale der Ermüdung unabhängig voneinander auftreten können bzw. nur schwach miteinander korrelieren.
Körperliche Ermüdung führt nach Schmidtke zu folgenden Erscheinungen: Veränderung der Muskelkraft, Veränderung der Atmung und des Blutbildes, der Herz- und Kreislauftätigkeit. Es kommt zu Störungen der Bewegungskoordination.
Auf *psychische* Ermüdung, die unabhängig von der körperlichen auftreten kann, folgen: verminderte Aufmerksamkeit und Konzentration, Störungen der Wahrnehmung und des Denkens, allgemeines Absinken der Aktivität und Abschwächung der Bedürfnisse, ein Ziel zu erreichen; Störungen von sozialen Beziehungen.
Es wird angenommen, daß die Monotonie als ein der Ermüdung ähnlicher Zustand stärkeren Leistungsabfall bewirkt als die Ermüdung infolge körperlicher oder geistiger Beanspruchung. Die

Schwankungen zwischen Absinken und Ansteigen der psychischen Aktivität und Leistung werden auf Einengung der psychischen Wachheit und Spannung zurückgeführt, die durch stete Wiederholung, Gleichförmigkeit und Reizmangel hervorgerufen wird. Ein bewußtes Ankämpfen gegen den Monotoniezustand ist wertlos und führt um so schneller zur „Ermüdung", da man sich bemüht, sich auf eine einförmige Tätigkeit zu konzentrieren. Man denke hier an die Einschlafhilfe; je mehr man sich bemüht, sich auf etwas zu konzentrieren (Schafe zählen), um so schneller schläft man ein. Die Monotonie wird hauptsächlich durch Musik am Arbeitsplatz, Bewegung, Unterhaltung, Tätigkeitswechsel bekämpft, die Ermüdung vorwiegend durch optimale Pausengestaltung. Es gibt keine allgemeingültige Gesetzmäßigkeiten der *Pausenregelung*, da in jedem Betrieb die Arbeitsbedingungen verschieden sind. Es gilt:

- Die Betriebspausen (Essenspausen) sollen minimal 45 Minuten und die Kurzpausen zwischen 5 und 10 Minuten dauern.
- Die ersten Pausenminuten haben den höchsten Erholungsgewinn.
- Die Länge der Kurzpausen bzw. deren Häufigkeit soll im Laufe der Schicht zunehmen, d.h., die Arbeitsintervalle sollen immer kürzer werden.
- Je schwerer die Arbeit, um so häufiger müssen die Kurzpausen eingelegt werden, um einer schnellen Ermüdung vorzubeugen.
- Pause ist ein Bestand der Arbeit und darf nicht durch Nebentätigkeiten und „Pseudoarbeiten" ausgefüllt werden, auch dann nicht, wenn ein Vorgesetzter in der Nähe ist.

Rein psychologisch gesehen, sind vor allem Kurzpausen sehr wichtig, weil sie die in kleine, überschaubare Abschnitte eingeteilte Arbeit leichter erscheinen lassen und in dem Sinne vorauswirken, daß die Leistung schon vor der Pause leicht ansteigt. Bei „verdeckten" Arbeitsunterbrechungen, die zu beobachten sind, wenn keine günstige Pausenregelung getroffen wird, entfällt die Vorauswirkung von Pausen.

Asozial. Unscharfe, abwertende und stark kritisierte Bezeichnung für das von den sozialen → Normen abweichende Verhalten, für gesellschaftsfeindliche kriminelle Handlungen (→ Kriminalität). Da auch kriminelle Handlungen und Verhaltensweisen von Randgruppen gesellschaftlicher Art sind und vielfach durch die Gesellschaft bzw. bestimmte Sozialstrukturen erzeugt werden, können sie im Grunde nicht als „asozial" („nicht-sozial") bezeichnet werden. Dasselbe gilt auch für das abweichende Verhalten infolge körperlicher oder geistiger Schäden. Für den moralisch abwertenden Begriff „asozial" wird der wertfreie Begriff „dissozial" vorgeschlagen.

Assimilation, Bezeichnung für das Angleichen, Anpassen, Ähnlich-Werden mit der sozialen Umgebung, z. B. mit einer →Gruppe, wie auch für das Anpassen von unvollständigen Informationen an die eigene Vorstellung (Gerüchtebildung) und für das Akzeptieren von Informationen, die eigener Meinung entsprechen. H. Hering hat in seiner Vierfarbentheorie (→Farbwahrnehmung) mit dem Begriff den Aufbau von lichtempfindlichen Substanzen auf der →Netzhaut bezeichnet, der Farberlebnisse Grün, Blau und Schwarz vermittelt. Piaget verwendet den Begriff für die Anpassung der Umwelt an das Denkschema im Rahmen der →Intelligenzentwicklung.

Assoziation. Schon Aristoteles nahm an, daß zwischen einzelnen Gedanken, Erinnerungen, Vorstellungen Verknüpfungen bzw. Verbindungen nach den Prinzipien der Ähnlichkeit, des Kontrastes und der zeitlichen und räumlichen Nähe (Kontiguität) entstehen. Solche Verknüpfungen wurden Assoziationen genannt und die Prinzipien Assoziationsgesetze. Mit Hilfe der Assoziationen haben schon britische Empiriker (T. Hobbes, J. Locke, D. Hume) versucht, die Gedächtnisvorgänge zu erklären und russische Physiologen (I. Sechenov, I. P. Pawlow) die Verbindungen zwischen Reiz und Reaktionen (→Lernen = zeitweilige nervöse Verknüpfung, Schaltung; →Nervensystem). →Behaviorismus und vor allem Lerntheoretiker (→Lernen) haben darauf hingewiesen, daß viele Ängste, Wünsche aber auch →Perversionen auf Assoziationen zwischen →Schmerz oder angenehmem Zustand und bestimmten Situationen oder Reizen, die sich im Laufe der →Entwicklung gebildet haben, zurückzuführen sind. Zweifellos spielen solche Verknüpfungen beim Lernen von Gefühlen, Bedürfnissen und Verhaltensweisen eine wichtige Rolle. Mit Hilfe sogenannter „freier Assoziation“ während des therapeutischen Gesprächs (→Psychoanalyse) versuchte S. Freud die verborgenen, unbewußten und verdrängten Früherlebnisse aufzudecken.

Astheniker sind Menschen mit zartem und dünnem Körperbau, deren physisch und psychisch wenig belastbare →Persönlichkeit durch emotionale Labilität und Willensschwäche sowie durch die Unfähigkeit, sich zu wehren, beschrieben werden kann.

Ataxie beschreibt die fehlende Koordination von Bewegungen, wie sie oft bei Erkrankungen des →Nervensystems beobachtet werden kann.

Aufmerksamkeit und →Gedächtnis sind eng miteinander verbunden, denn Reize, auf die wir unsere Aufmerksamkeit gerichtet haben, können wir ca. 15 Sekunden lang behalten und dies ist die typische Behaltensdauer des Kurzzeitgedächtnisses. Aufmerksamkeit wird deshalb auch manchmal das unmittelbare Gedächtnis genannt. In der Forschung der letzten Jahre spielte der Vorgang der selektiven Aufmerksamkeit eine wichtige Rolle. Mit der Methode des *dichotischen Zuhörens* wurden Vpn zwei verschiedene Botschaften zugespielt (eine für jedes Ohr), wobei die Vpn die Wahrnehmung der einen Botschaft durch Nachsprechen der anderen „verschattete". Zahlreiche Untersuchungen (dargestellt in Wessels, 1984) zeigten, daß von der „verschatteten" Botschaft nur oberflächliche Informationen (z. B. männliche oder weibliche Stimme) erinnert wurden. Das führte zur Formulierung eines *Filter-Modells* der Aufmerksamkeit (z. B. Cherry, 1953), das hervorhebt, daß nur *eine* Botschaft mit voller Aufmerksamkeit wahrgenommen werden kann. Andrerseits können wir im Alltag zweifellos uns manchmal zwei Aufgaben zuwenden (z. B. Autofahren und Unterhalten), so daß nach einiger Zeit das Filter-Modell durch eine andere Vorstellung, das *Ressourcen-Allokations-Modell* (Kahnemann, 1973) ergänzt wurde. Es besagt, daß unsere Aufmerksamkeit über eine beschränkte Verarbeitungskapazität verfügt, die wir aber flexibel nutzen können. Ist eine Aufgabe sehr anspruchsvoll, wird die Verarbeitungskapazität total beansprucht, und andere Reize werden ausgefiltert. Ist die Aufgabe hingegen einfacher, dann stehen noch genügend Möglichkeiten der Verarbeitung zur Verfügung, und wir können uns noch einer anderen Aufgabe zuwenden. Der Umfang der Verarbeitungskapazität ist mit dem Kurzzeitgedächtnisses identisch (Wiedergabe von 7 Items), so daß die Unterscheidung Aufmerksamkeit – Kurzzeitgedächtnis, die in der Fachliteratur erfolgt, eigentlich überflüssig ist.

Ausdruck. Das Ausdrucksgeschehen ist eine Möglichkeit der → Kommunikation, da feste Erscheinungsform des Gesichts und Körpers *(Physiognomik)*, Bewegungen des Gesichts *(Mimik)*, der Hände und Arme *(Gestik)* und des ganzen Körpers *(Pantomimik)* als nicht verbale Signale viele Informationen über den Ausdrucksträger (Sender) enthalten. Alle möglichen Ausdruckserscheinungen werden mit dem Begriff *Pathognomik* beschrieben, unter dem neben den schon aufgeführten auch der Ausdruck der Sprechstimme und die vegetativen Ausdruckserscheinungen, wie Erröten, Schwitzen, erhöhter → Hautwiderstand und andere verstanden werden. Ausdruckserscheinungen werden aus der Sicht der → Kommunikation als analoge Zeichen eingeordnet (Gegenteil: digitale, d. h. sprachliche Zeichen).
Man nimmt an, daß das menschliche Ausdrucksverhalten bei starken Affekten, wie Wut, Schmerz, Schreck, Furcht, Kummer und Freude, angeboren ist. Diese Ansicht wird unterstützt von ethnologischen Vergleichen, die das entsprechende Ausdrucksverhalten bei jedem Volk zumindest auch in einer allen gemeinsamen Bedeutung festgestellt haben. Neurologische Untersuchungen stellten fest, daß eine Reizung des Zwischenhirns (→ Nervensystem)

von Hunden und Katzen Wut- und Furchtreaktionen auslöst. Eine Reizung der Formatio reticularis (→Nervensystem) hatte ein Aufmerksamkeitsverhalten zur Folge. Die →Entwicklungspsychologie stellte fest, daß kurz nach der Geburt starke Reize bei dem Neugeborenen Schreckreaktionen hervorrufen (Aufreißen der Augen, Seit- und Rückwärtsbewegungen der Arme, Spreizung der Finger). Das Neugeborene produziert mimische Reaktionen bei unangenehmem Geruch, saurem, salzigem oder bitterem Geschmack (Abwenden des Kopfes, Grimassieren). Der Vergleich blinder und sehender Kinder erbrachte keinen Unterschied hinsichtlich des ersten Auftretens von Lachen oder Lächeln. Auch Blinde vermögen einen frohen, verdrießlichen, ängstlichen oder bösen Gesichtsausdruck zu zeigen. Bei Ausdrucksverhaltensweisen, wie dem Grüßen, der Ja- und Neingebärde, dem Lachen und Weinen, fand man zwischen den Kulturen jedoch große Unterschiede. Es ist von →Lernen abhängig, ob und wann bestimmte Gefühle gezeigt werden, unter welchen Bedingungen sie geäußert werden und welche Gegebenheiten ein bestimmtes Ausdrucksverhalten hervorrufen; so lächelt vielleicht ein Chinese, um seine Gefühle zu verbergen, ein Europäer aus Höflichkeit und ein japanischer Diener, wenn er getadelt wird.
Bei Zusammenfassung ethnologischer, neurologischer und entwicklungspsychologischer Befunde ergibt sich die Schlußfolgerung, daß für bestimmte Ausdruckserscheinungen Schaltpläne im →Nervensystem verantwortlich sind, die entsprechende Muskeln innervieren und allen Menschen von Geburt an gemeinsam sind. Das physiologische Funktionieren des menschlichen Organismus erlaubt nur eine begrenzte Anzahl von Ausdruckserscheinungen; diejenigen, die der Lebenserhaltung dienen (Reaktion auf starke Reize; Erschrecken, vor Furcht Augen aufreißen usw.), scheinen schon von Geburt an funktionstüchtig zu sein. Im Laufe der Entwicklung werden immer neue Situationen (Reize) gelernt, die solche Reaktionen auslösen.
Ausdrucksverstehen. Der Empfänger, der Beobachter, hat verschiedene Möglichkeiten, den Informationswert des Ausdrucks zu erkennen:
1. Prinzip der Zustandsvergleichung. Bestimmte Ausdruckserscheinungen treten bei mehreren psychischen Erscheinungen auf; so findet man verlangsamte Bewegungen und Passivität bei Trauer, Ermüdung, Langeweile und Faulheit. Durch Vergleich wird das Gemeinsame der Ausdruckserscheinungen festgestellt und dieser zu deuten versucht (Beispiel: Beim Lachen und Weinen findet beide Male eine Reaktion psychischer Spannung statt).
2. Prinzip der Erlebnisisomorphie. In Ausdruckserscheinungen findet man Ähnlichkeiten mit bestimmten seelischen Zuständen (Beispiel: Spannung im Gesicht deutet auf ein gespanntes Erleben hin).

3. Prinzip der Handlungsanalogie. Ausdruckserscheinungen werden so betrachtet, als wären sie Verhaltensweisen mit einem bestimmten Ziel. Wer ein offenes Auge hat, wird z. B. eingeschätzt, als würde er der Welt offen begegnen, als wäre er ein offener Mensch.

4. Prinzip der Raumsymbolik. Man nimmt insbesondere in der →Graphologie an, daß verschiedene Regionen im Raum (auf dem Schreibpapier) eine bestimmte Bedeutung haben. Vorne ist beispielsweise die weltzugewandte Seite, oben das Freie und Uneingeschränkte, unten die Schwere und Unterwerfung. Das Vorgehen beim Ausdrucksverstehen nach diesen Prinzipien erwies sich als nicht sehr erfolgreich. Es stellte sich heraus, daß gleiche Ausdruckserscheinungen verschiedene Bedeutungen haben können und daß schon die →Wahrnehmung des Ausdrucks durch soziale und emotionale Faktoren verfälscht werden kann. Diese Erkenntnis aus der →sozialen Wahrnehmung wurde auf die Erforschung des Ausdrucksgeschehens übertragen, die sich unter dem neuen Titel *Personwahrnehmung* nunmehr bemüht, die Bedingungen zu erhellen, unter denen der Empfänger einen bestimmten Eindruck vom Sender hat.

So kann ein Lehrer – je nach seiner →Einstellung – einen lachenden Schüler als „lacht freundlich" oder „grinst schadenfroh" einordnen. Das Urteil über eine andere Person hängt u. a. von der momentanen Situation ab; so wird das angespannte Gesicht eines Gewichthebers auf einem Foto ohne Hintergrund als „traurig" und mit Hintergrund als „angespannt" beurteilt. Eine große Anzahl von gleichzeitig wahrgenommenen Personen wird gerne in Richtung der Extremwerte, z. B. intelligent – unintelligent, sympathisch – unsympathisch, eingeschätzt; diese Tendenz wird als Kontrasteffekt bezeichnet. Weiterhin wirken Persönlichkeitsmerkmale des Beurteilers auf die Personwahrnehmung ein: die Fähigkeit, mehrdeutige Eindrücke zu tolerieren und nicht zum Schwarz-Weiß-Denken zu neigen (Ambiguitätstoleranz), objektiviert die Wahrnehmung anderer Personen. Meist jedoch werden um eine vermeintliche Eigenschaft alle anderen so angeordnet, daß für den Beurteiler ein stimmiges Bild entsteht (logischer Fehler). Andere Fehlermöglichkeiten entstehen durch das Wirken eines →Halo-Effektes. Die Bedürfnisse spielen eine wichtige Rolle, so wird die sexuelle Anziehung eines Menschen besonders dann wahrgenommen, wenn man länger sexuell enthaltsam lebte. Weiterhin wird die Personwahrnehmung durch die Gruppenzugehörigkeit beeinflußt: Mitglieder der eigenen →Gruppe, Rasse oder Religionsgemeinschaft werden positiver beurteilt als Mitglieder von Fremdgruppen. Das Alter und vor allem Geschlecht können viele Eindrücke verfälschen. Die Frauen wurden von Frauen ihrem Gesichtsausdruck nach eher als bedrohlich, unsympathisch beurteilt als von Männern.

Auslöser. Die Bezeichnung Auslöser wird in der Verhaltensforschung in Abgrenzung zum →Schlüsselreiz nur für solche Signale gebraucht, die das angeborene Verhalten der Tiere untereinander auslösen und steuern (z. B. Färbung des Schwanzes bei Fischen, Duftsignale, Laute usw.). →Verhaltensforschung.

Außersinnliche Wahrnehmung (ASW) →Parapsychologie.

Autismus beschreibt in der Kindheit auftretende schwere Kontaktstörungen. Das Kind isoliert sich von den anderen, ist verschlossen und für keinen – auch nicht für die Mutter – zugänglich (autistische Isolation); da die Kinder oft mit keinem sprechen, obwohl sie sprechen können, und auf keine Ansprache reagieren, werden sie von den Eltern anfangs fälschlicherweise für stumm, taub oder geistig zurückgeblieben gehalten. Sie beharren auf einer beruhigenden Gleichförmigkeit in ihrer Umgebung und werden ängstlich, wenn z. B. die Essenszeit sich verschiebt, Möbel oder Spielzeuge verändert werden. Ihre →Sprache bleibt kleinkindlich, mit Sätzen, die nur aus wenigen Worten bestehen und oft nur bruchstückhaft sind; das Wort „ich“ wird nie verwendet. Man versucht, das autistische Verhalten eines Kindes meist mit verschiedenen Techniken der →Verhaltenstherapie zu verändern, bei der schrittweise ein dem anderen zugewendetes Verhalten aufgebaut wird (sinnvolles Sprechen, Sich-Anlehnen an die Mutter, Spiel mit anderen Kindern u. a.). Die Erfolgsaussichten einer Therapie werden bei Kindern, die bis zu 6 Jahren alt sind und wenigstens teilweise eine verständliche Sprache sprechen können, mit ungefähr 50% angegeben, bei den anderen Kindern ist die Prognose schlecht. Die Ursachen des Autismus sind unbekannt, häufig wird eine Schädigung des Zentralnervensystems (→Nervensystem) angenommen.

Autogenes Training →Entspannungstechniken.

Autonomes Nervensystem (ANS) →Nervensystem.

Autoritäre Persönlichkeit. Die autoritäre Persönlichkeit oder auch antidemokratische Persönlichkeit wurde von T. W. Adorno u. a. (1950) als eine Persönlichkeit beschrieben, die folgende Hauptmerkmale aufweist: 1. Antisemitismus (Ablehnung von Juden), 2. →Ethnozentrismus (positive Klischeevorstellungen von der eigenen Gruppe), 3. eine konservative →Einstellung zu Werten, wie Besitz, Eigentum, Arbeit, und eine gleichzeitige Bejahung der sozialen Ungleichheit, die als rechtmäßig verstanden wird, da Reichtum als abhängig von der persönlichen Tüchtigkeit des Individuums gesehen wird, 4. mangelnde Flexibilität (→Rigidität) und →Intoleranz in mehrdeutigen Situationen; Neigung zu starren

Kategorienbildungen wie stark–schwach, Führer–Geführter, Herrscher–Beherrschte, 5. Autoritarismus oder Faschismus, die gekennzeichnet sind durch einen starken Konformismus (Übereinstimmung mit Normen und Werten der Majorität; Tendenz, dieses konforme Verhalten auch von anderen zu fordern), durch eine unkritische Unterwerfung unter mächtige Personen der eigenen Gruppe, eine Auffassung der Welt als eine mystische und bedrohliche Gegebenheit und Neigung zur →Verdrängung und →Projektion speziell nicht akzeptierter eigener Impulse. Die Kindheitssituation der autoritären Persönlichkeit ist bestimmt durch einen stark autokratischen Erziehungsstil (strenge Disziplin, hierarchische Familienstruktur). Die Befunde von Adorno werden wegen methodischer Mängel kritisiert.
Der Begriff autoritäre Persönlichkeit darf nicht mit →Autorität verwechselt werden, die eigentlich das Gegenteil darstellt. Unter den Nachfolge-Untersuchungen zur autoritären Persönlichkeit nimmt M. Rokeach (1961) einen besonderen Platz ein. Er fand Einstellungen heraus, für die eine Geschlossenheit im Wahrnehmen und Denken (closed-mindedness) typisch ist. Ihr Gegenteil ist die Offenheit eines →kognitiven Systems (open-mindedness). Das Individuum ist nicht in der Lage, flexibel, d.h. der Umwelt angepaßt, wahrzunehmen und zu denken. Dogmatismus, d.h. ein starres kognitives System, begünstigt Einstellungen wie →Ethnozentrismus und Autoritarismus und wurde von Rokeach sowohl bei Links- als auch bei Rechtsextremisten in ähnlich hohem Maße festgestellt. Es scheint, daß ein starres Festhalten an bestimmten Ideologien und Vorstellungen das objektive Beurteilen der Wirklichkeit mindert und rigides (extremes) Verhalten bewirkt oder auch umgekehrt: Um das eigene Verhalten zu rechtfertigen, wird eine Barriere aufgebaut, die das objektive Beurteilen und Wahrnehmen der Wirklichkeit verhindert. Die Annahme, daß Merkmale einer autoritären Persönlichkeit und des Dogmatismus entwickelt werden, um eigene Schwächen, →Minderwertigkeitskomplexe und Unsicherheiten zu verarbeiten, und die Sicherheit bei einer →Gruppe gesucht wird, die nicht sich selbst, sondern die Umwelt und die Gesellschaft als „schlecht“ ansieht, wurde durch eine Untersuchung an linksextremen Studenten in Deutschland bestätigt.

Autorität kann eine Person, Institution oder Sache haben (Lehrer, Kirche, Wissenschaft); personbezogene Autorität wird z.B. durch Fachwissen, Kooperationsbereitschaft erworben oder durch eine bestimmte soziale Position (Offizier, Pfarrer = Amtsautorität). Ein in der Psychologie häufig in ähnlicher Bedeutung gebrauchter Begriff ist der des →Status. Autorität haben auf jeden Fall Personen, die die Befriedigung der Bedürfnisse anderer Gruppenmitglieder kontrollieren bzw. herbeiführen können (Familienvater,

Mutter, Lehrer in der Grundschule). Personen, die solcherart „Macht“ haben, wird Vertrauen und Anerkennung entgegengebracht, wenn man positive Erfahrungen mit ihnen gemacht hat. Von dem Begriff Autorität müssen → autoritäre Persönlichkeit, autoritäre Erziehung und Autoritarismus unterschieden werden; gelegentlich wird Autorität synonym mit Kompetenz, Charisma, Ausstrahlung und Führerpersönlichkeit gebraucht. Der von der älteren Generation häufig beklagte Autoritätsschwund oder Autoritätskonflikt resultiert z. T. aus der Verlagerung von der Amtsautorität zur personbezogenen Autorität.

Autosuggestion (Selbstbeeinflussung) äußert sich im Gegensatz zur Fremdsuggestion darin, daß Erwartungen, Sorgen, Ängste, Wünsche und Überzeugungen ohne Fremdeinwirkung herbeigeführt werden und eigenes Verhalten und Erleben beeinflussen. Autosuggestionen können sich auch auf den körperlichen Bereich auswirken, was bei der sog. Stigmatisierung der Fall ist, wo Handblutungen durch Selbstbeeinflussung, d. h. durch Vorstellungen, Wünsche usw., herbeigeführt werden können. Alle → Entspannungstechniken bauen auf dem Mechanismus der Autosuggestion auf (→ Leib-Seele-Problem).

Aversion, allg.: Abneigung, Vermeidung, Widerwille; Gegenteil von → Appetenz. Strafe und andere unangenehme Reize werden in der Psychologie aversive Reize genannt. Das Herstellen von Verknüpfungen zwischen aversiven Reizen und deren unangenehmen Folgen und unerwünschten Verhaltensweisen hat sich die *Aversionstherapie* (→ Verhaltenstherapie) zum Ziel gesetzt. Es wird angenommen, daß aus Angst vor unangenehmen Folgen die mit ihnen assoziierte (→ Assoziation) unerwünschte Verhaltensweise ausbleibt. Muß ein Individuum zwischen zwei gleich unangenehmen Situationen wählen, so befindet es sich in einem Aversions-Aversions-Konflikt (nach K. Lewin).

B

Barbiturate (Schlafmittel) → Psychopharmaka.

Basedowsche Krankheit. Sie ist eine Krankheit, die auf einer Überfunktion der Schilddrüse (→ Hormone) beruht und bei der als auffällige sichtbare Symptome ein Hervortreten der Augen (zu großer Augeninnendruck) und eine Vergrößerung der Schilddrüse (Kropf = Struma) auffallen. Psychische Symptome sind Übererregbarkeit und Gefühlslabilität. Zu einer erblichen Disposition für diese Krankheit können auslösende Umweltreize kommen, wie Überbelastung und Streß.

Bedingter Reflex → Lernen (Klassische Konditionierung).

Befragung. Auf dem Gebiet der öffentlichen → Meinungsforschung und der → Marktpsychologie werden oft schriftliche Befragungen *(Umfragen)* zum Zweck der Datensammlung durchgeführt. Mündliche Befragung wird gewöhnlich → Interview genannt. Jede Befragung ist ein sehr unzuverlässiges Instrument der Datenerhebung. Als Vorteile der schriftlichen Befragung gegenüber dem Interview werden genannt: Anonymität des Befragten, Vermeidung der Fehler seitens des Interviewers, Antworten werden besser durchdacht. Als Nachteile werden aufgeführt: Situation bei der Beantwortung kann nicht kontrolliert werden, Befragte sind wenig motiviert, Unvollkommenheiten des Fragebogens können durch den Interviewer nicht ausgeglichen werden. Daher wird besonderes Gewicht auf die Formulierung der Fragen (Alltagssprache, kurze, eindeutige Fragen, keine hypothetischen Fragen usw.) gelegt und auf die Konstruktion der → Fragebogen.

Befriedigung. Beseitigung eines Mangelzustands (z. B. Durst), Erreichen eines Handlungszieles, Herabsetzen einer Triebspannung, angenehmer Zustand bei Lob und Anerkennung, um nur einige Beispiele aufzuführen, werden Befriedigung – genauer Bedürfnisbefriedigung – genannt. Das menschliche Verhalten und Handeln hat Befriedigung der Bedürfnisse zum Ziel (→ Motivation).

Begabung, ein umstrittener und viel diskutierter Begriff mit folgenden Bedeutungen:

1. B. = die Gesamtheit der angeborenen (→Anlage) Fähigkeiten zu qualifizierten Leistungsvollzügen in den verschiedenen Kulturbereichen (W. Arnold);
2. B. = Begaben (von außen her) und Begabtwerden durch Erzieher (H. Roth);
3. B. = spezifische Voraussetzung für Leistungen bestimmten Grades;
4. B. = →Intelligenz und →Kreativität.

Die große Begriffsverwirrung sei an folgendem Beispiel gezeigt: W. Arnold schreibt in seinem Lexikonartikel (1971), daß Begabung mehr als Intelligenz sei, wird mit „Intelligenz identifiziert" (gleichgesetzt), „meint darüber hinaus die selbständige Schöpferkraft (→Kreativität)" und zitiert als Begabungsfaktoren die sieben „Primärfaktoren" der →Intelligenz nach Thurstone. Damit setzt er Begabung wieder mit Intelligenz gleich.

Wenn der Begriff Begabung noch überhaupt sinnvoll verwendet werden kann, dann als Bezeichnung für sog. „besondere Begabung" im Bereich der Musik, Kunst, Mathematik u. a. Kulturgebieten, die aufgrund günstiger Verknüpfungen von Intelligenz, Kreativität und besonders stark ausgeprägten spezifischen Fähigkeiten bei gleichzeitiger Umweltförderung schon in frühen Lebensjahren überdurchschnittliche bis hervorragende Leistungen ermöglicht.

Solche besondere Begabung erkennt man an folgenden Merkmalen:

- Das Kind zeigt schon im Vorschulalter eine auffallende Neigung, bestimmte Aufgaben zu bewältigen.
- Das Kind bewältigt die Aufgaben mit einer gewissen lustbetonten Leichtigkeit und zeigt besonderes Interesse und Anstrengungsbereitschaft, noch bessere Leistungen zu erzielen.
- Die erzielten Leistungen steigern das Selbstvertrauen, das als eine notwendige Voraussetzung für schöpferische Produktivität (→Kreativität) angesehen wird. Begabung wird in frühen Lebensjahren entwickelt, wobei es vor allem auf die Erziehung und Förderung durch die Umwelt ankommt. Die →Anlage spielt nur bei Extremleistungen eine wichtige Rolle.

Bevor man als Lehrer oder Erzieher ein Kind mit niedrigen Leistungen als unbegabt erklärt, sollte man sich fragen, was bisher getan wurde, um bei diesem Kind die notwendigen Fähigkeiten zu fördern.

Begriffe sind Zeichen, Symbole (Wörter), mit denen nicht nur ein einziges Ereignis, sondern eine Ereigniskategorie, die gemeinsame Beziehungen und Merkmale aufweist, bezeichnet werden. Beispiele: Sexualität, Gefühle, Motivation, Gerechtigkeit. Neben der Wörterbuchdefinition (denotative Bedeutung) beinhalten Begriffe auch die konnotative Bedeutung, z. B. rund, impulsiv, schwach, weniger intelligent usw. für den Begriff „weiblich" (→Sprache).

Behalten →Gedächtnis.

Behaviorismus, von J. B. Watson 1913 gegründete psychologische Schule, die der introspektiven (→Selbstbeobachtung) Methode mangelnde Objektivität vorwirft und als Gegenstand der Forschung nur das Verhalten bzw. die Reaktionen auf bestimmte Reize (Reiz-Reaktions-Psychologie) anerkennt. Zur Erklärung komplexer Verhaltensweisen wurden später „innere Prozesse" (intervenierende Variablen), soweit sie aus beobachtbarem Verhalten erschlossen werden können, berücksichtigt. Charakteristisch für die Behavioristen ist die Auffassung, daß →Verhalten und →Eigenschaften des Menschen ausschließlich von der Umwelt abhängen und somit primär Lernmechanismen (→Lernen) erforscht werden müssen. Nicht nur in den USA wurde inzwischen der strenge Behaviorismus von der →kognitiven Psychologie abgelöst. →Geschichte der Psychologie.

Bekräftigung (Verstärkung). Bezeichnung für Reize, die auf eine bestimmte Reaktion folgen und bedürfnisbefriedigend wirken (z. B. Futter beim Tier, Lob beim Menschen). Es wird erwartet, daß „bekräftigte" Reaktionen immer öfter ausgeführt werden. →Lernen.

Belohnung (positive →Bekräftigung), bewußtes Einsetzen von bestimmten Reizen (Süßigkeiten, liebevolle Zuwendung, Lob, Anerkennung) nach erfolgtem Verhalten, um es zu bekräftigen, d. h., um es zu fördern und zu festigen. →Lernen.

Beobachtung. Die Erkenntnisse jeder Wissenschaft und so auch der Psychologie gehen auf Datengewinnung, Faktensammlung zu einer bestimmten Fragestellung zurück. Die Daten (quantitative oder qualitative Beschreibung von Erscheinungen) werden durch systematische, planvolle, zielgerichtete (unter dem Gesichtspunkt der Fragestellung) Beobachtungen gewonnen. Da eine naive Beobachtung fehlerhaft ist, unzuverlässig, von der Voreingenommenheit des Beobachters abhängig (subjektiv) und die sprachliche Beschreibung von beobachteten Merkmalen vieldeutig und ungenau ist, wird durch die →Methoden der Psychologie festgelegt, wie eine Beobachtung durchzuführen ist, damit sie objektiv, zuverlässig, nachprüfbar wird. Nach Gesichtspunkten des Beobachtungsgegenstandes, der -auswahl, Anzahl der beobachteten Merkmale und nach der Art der Variable (quantitativ, qualitativ) werden verschiedene Beobachtungsarten unterschieden (Seite 47). Fehler bei der Beobachtung können durch gut durchdachte Expe-

Kriterium	Beobachtungsart (Bezeichnung)	Mögliche Fehler
1. Gegenstand: Erlebnisse	→Selbstbeobachtung	→Selbstbeobachtung
Verhalten	Fremdbeobachtung	siehe oben
2. Auswahl: Personen- →Stichprobe	Kontrollierte und unkontrollierte	Fehler bei der Auswahl von beobachteten Personen;
Verhaltensstichprobe	Systematische und unsystematische	Fehler bei der Auswahl der beobachteten Merkmale
3. Beteiligung des Beobachters	Teilnehmende und Nicht-Teilnehmende	Das Geschehen wird durch die Teilnahme des Beobachters beeinflußt
4. Zahl der beoachteten Merkmale	Eindimensionale und mehrdimensionale	Wie bei Fremdbeobachtung
5. Art der „Variable"	Messung, Zählen und qualitative Vergleiche	Meßfehler und Fehler bei der Einschätzung von Eigenschaften
6. Willkürlichkeit, Wiederholbarkeit Variierbarkeit	Experimentelle Beobachtung	→Experiment

rimente am besten vermieden werden; daher müssen Behauptungen, Theorien und →Hypothesen in der Psychologie nach Möglichkeit experimentell nachgewiesen und überprüft werden. →Experiment, →Methoden der Psychologie.

Beratung. Die meisten Psychologen üben zur Zeit in Deutschland ihren Beruf in irgendeiner Form der psychologischen Beratung aus. Unter Beratung wird dabei keineswegs das Erteilen von „guten Ratschlägen" seitens der Fachkraft, die Ermutigung, Überredung oder ein Gespräch zwischen dem Ratsuchenden und dem Berater verstanden. Die psychologische Beratung wird vielmehr als umfassende Bezeichnung für einen ganzen Komplex von helfenden Maßnahmen verstanden, die zur Beseitigung persönlicher und sozialer Probleme in verschiedenen Lebensbereichen eingesetzt werden.
Bei jedem Beratungsfall kommen verschiedene Behandlungstechniken zur Anwendung.
Erstes Kontaktgespräch dient der Abgrenzung des Problems, da-

nach folgen Befragung (→Exploration), →Anamnese und Durchführung verschiedener →Tests zur Feststellung von Ursachen (→Diagnostik), die dann spezifische Behandlungstechniken erfordern. Erziehungsschwierigkeiten und Verhaltensstörungen sowie verschiedene Formen des →Schulversagens erfordern intensive Elternberatung (Familientherapie), →Verhaltenstherapie, →Kinderpsychotherapie, Konzentrationstraining und verschiedene Entspannungsübungen sowie Gruppentherapie (→Psychotherapie). Bei Eheproblemen wird z. B. →Kommunikationstherapie, →Gruppentherapie, →Gesprächstherapie usw. angewandt.
Lebensbereiche, in denen psychologische Beratung zur Anwendung kommt:
→Erziehungsberatung, →Berufsberatung, →Eheberatung und →Schulberatung gehören zu den klassischen Feldern der Beratungstätigkeit und werden gesondert abgehandelt. Die *Einzelberatung* umfaßt alle therapeutischen Maßnahmen, die bei neurotisch (→Neurosen) gestörten Personen eingesetzt werden. Unter *Sachberatung* wird Klärung verschiedener sachlicher Probleme vom psychologischen Standpunkt aus verstanden. Am bekanntesten dürften die Sexualaufklärung und Familienplanung sein, Drogenberatung und Beratung von Institutionen (z. B. Jugendamt) zur Ergreifung verschiedener Maßnahmen zum Jugendschutz, Freizeitgestaltung usw.
In diesen Bereich gehört auch die sog. *Supervision* als „eine Methode berufsbezogener Wissensvermittlung". Supervision wird auch als „Kontrolle", „Anleitung" oder „Praxisanleitung" bezeichnet und dient der Weiterbildung im konkreten Berufsfeld. Diese Methode der beruflichen Weiterbildung eignet sich vor allem im Bereich der Sozialarbeit und Sozialpädagogik, wo es neben der Vermittlung von Fachkenntnissen auch auf das Erkennen von Gefühlen, Bedürfnissen, zwischenmenschlichen Beziehungen usw. ankommt, was durch eine „angeleitete" Gruppe am besten erzielt werden kann.
Neben der Beratung im Jugendstrafvollzug und in der Bewährungshilfe (→Resozialisierung) gewinnt die sog. Telefonberatung (Telefonseelsorge) immer mehr an Bedeutung.
Die *Telefonberatung* entstand aus privater Bürgerinitiative und weist einige Vorteile auf: die Anonymität des Anrufers, keiner der Partner besitzt soziale Macht über den anderen, man kann das Gespräch jederzeit unterbrechen, außerdem wird die Entscheidung, jemanden anzurufen, viel leichter und schneller getroffen als die, eine offizielle Beratungsstelle aufzusuchen. Der Nachteil ergibt sich für den Berater, da er Erfolg oder Mißerfolg seiner Tätigkeit selten oder nie kontrollieren kann, was auf die Dauer nur bei einem hohen Maß an Selbstvertrauen und Sicherheit bewältigt werden kann. Die Statistiken beweisen, daß wirtschaftliche Not, religiöse Fragen (Telefonseelsorge!) und auch Erziehungspro-

bleme nur in 3,8% der Fälle als Grund des Anrufes genannt werden; organische und psychische Krankheiten sowie Konflikte in der Ehe und gestörte Partnerbeziehungen jedoch in 72% der Fälle.

Einige Prinzipien der beratenden Gesprächsführung:

1. Die Beratung ist eine → Interaktionsform zwischen dem Berater und dem Beratenden, in der eine Person angeleitet wird, sich in bestimmten Situationen angepaßt zu verhalten. Das bedeutet, daß der Berater das Problem in seinen Ursachen und Ausprägungen so erfassen muß, wie es sich für die ratsuchende Person darstellt und den Klienten in seiner persönlichen Entwicklung und in Richtung der Problembewältigung unterstützen muß (→ Psychotherapie).
2. Das Beratungsgespräch ist keine bloße Konversation (Austausch von Informationen), keine Diskussion (Widerlegen der Argumente, Streitgespräch), keine Befragung (der Befragte ist stark unterlegen, wird verdächtigt), keine Ansprache des Klienten (Klient wird nicht angehört, nicht verstanden; „Immer hat nur er gesprochen" ...).
3. Der Ratsuchende ist in einem Zustand der Angst, Unsicherheit, der Berater akzeptiert ihn, ist natürlich, flexibel, zeigt Verständnis und Einfühlung (→ Kommunikation, → Gesprächspsychotherapie).
4. Der Berater vermeidet im Gespräch wertende Antworten (erzeugen beim Klienten das Gefühl der Minderwertigkeit), deutende Äußerungen (Patient fühlt sich unverstanden), tröstende Aussagen (der Klient begibt sich in Abhängigkeit und arbeitet nicht mehr an der Lösung des Problems), problemlösende Antworten (gute Ratschläge), weil dadurch ein Weg vorgezeichnet wird, den der Ratsuchende schon kennt, aber nicht befolgen kann und dadurch unter seinen Schwierigkeiten noch mehr leidet.

Die gegebenen Möglichkeiten einer psychologischen Beratung werden aus verschiedenen Gründen nicht genutzt:

1. Das → Vorurteil, eine Beratungsstelle aufzusuchen wird gleichgesetzt mit einem Besuch beim Psychiater; d.h., derjenige, der eine Beratungsstelle aufsucht, sei nicht „normal".
2. Man ist der Meinung, es sei sozial unerwünscht (wird von anderen abwertend betrachtet), sich in psychischen Problemen beraten zu lassen.
3. Vielfach hofft man, daß man mit den Problemen selbst fertig wird, und man unternimmt verschiedene Anstrengungen, die das ursprüngliche Problem noch verstärken.
4. Oft wird Hilfe bei Freunden und Bekannten gesucht, was nicht selten dazu führt, daß man Freunde verliert, was die Schwierigkeiten vergrößert.
5. Die Möglichkeit der „Zeitschriften-Ratgeber" wird überbewertet. Durch Zeitschriften können zwar sachliche Informationen gegeben, jedoch keine persönlichen Probleme oder Konflikte gelöst werden.

Berufsberatung. Mit dem Begriff Berufsberatung werden alle Einrichtungen und Tätigkeiten bezeichnet, die Schüler, Jugendliche, Studenten und Erwachsene durch Feststellung der Berufseignung bei der Berufswahl oder Berufsveränderung beraten und unterstützen.
Die Berufsberatung wird von den Arbeitsämtern durchgeführt, die von der Bundesanstalt für Arbeitsvermittlung und Arbeitslosenversicherung eingerichtet werden.
Als Kriterien für die Berufswahl gelten:
1. *Berufseignung.* Durch →Tests festgestellte →Intelligenzhöhe, Fähigkeiten, bestimmte Begabungen und Persönlichkeitseigenschaften, wie Kooperationsbereitschaft, Ausdauer, Einfühlungsvermögen, Kritikfähigkeit usw. werden mit den Anforderungen einzelner Berufe verglichen.
2. *Berufsbild.* Charakteristische geistige und körperliche Anforderungen, die für Bewältigung von Aufgaben eines bestimmten Berufes notwendig sind. Die Aufstellung von Berufsbildern ist die Aufgabe der Berufskunde und Berufspsychologie.
3. *Arbeitspolitische Marktlage,* Nachfrage nach bestimmten Berufen bzw. Prognosen über den künftigen Bedarf an bestimmten Berufen.
4. *Persönliche,* wirtschaftliche und soziale Verhältnisse des Ratsuchenden sind z. B. Körperbehinderung, Familie, Wohnort.

Die Leistungsfähigkeit der Berufsberatung wird durch verschiedene Faktoren stark eingeschränkt:
- Die Anforderungen vieler Berufe (Berufsbilder) sind unbekannt bzw. haben sich aufgrund der wirtschaftlichen Weiterentwicklung geändert.
- Die Nachfrage nach bestimmten Berufen kann kaum vorausgesagt werden.
- Die Feststellung der Berufseignung hat ihre Grenzen. Erfolg im Beruf bzw. in der Berufsausbildung hängt nicht nur von der Intelligenz, Fähigkeiten und von den in der Beratung festgestellten Persönlichkeitseigenschaften ab, sondern auch von anderen Faktoren, die noch weitgehend unbekannt sind.
- Die beschränkten Kapazitäten an Ausbildungsplätzen verhindern häufig eine Berufsausbildung, die für den Ratsuchenden am geeignetsten erscheint.

Die bisherige Praxis der Berufsberatung durch Arbeitsämter, die hauptsächlich aus Empfehlungen und Warnungen und einem aktuellen Überblick über Stellenangebote kurz vor der Schulentlassung besteht, ist unzureichend. Die meisten Jugendlichen, die das Arbeitsamt aufgesucht haben, klagen über mangelhafte Information über bestehende Berufsmöglichkeiten. Untersuchungen über Berufswünsche der Schulabgänger haben gezeigt, daß 1970 26,1% der männlichen und 28,6% der weiblichen Schulabgänger mit mittlerem Bildungsabschluß ohne einen bestimmten Berufswunsch die Schule verlassen haben. Wenn man bedenkt, daß Unzufriedenheit im Beruf sehr oft dauernde →Konflikte und Schwierigkeiten (→Neurosen) verursacht, so erscheint die Forderung nach Berufsberatung während des Unterrichts und nach vermehrtem probeweisen Arbeiten in verschiedenen Tätigkeitsbereichen gerechtfertigt.

Betriebsklima →Betriebspsychologie, →Gruppe.

Betriebspsychologie. Im Gegensatz zur →Arbeitspsychologie, die sich mit der Beziehung Mensch – Arbeit befaßt, untersucht die Betriebspsychologie die Beziehungen der arbeitenden Menschen untereinander. Elton Mayo und seine Mitarbeiter, insbesondere F. J. Roethlisberger und T. N. Whitehead – die eigentlichen Begründer der Betriebspsychologie –, haben ihre berühmten Untersuchungen in den Hawthorne-Werken in Chikago (1927–1932) mit arbeitspsychologischer Zielsetzung durchgeführt. Die Experimente über den Einfluß von Beleuchtung, Arbeitszeit, Ruhepausen, Entlohnung usw. führten zur Entdeckung der *informellen* Arbeitsgruppe und deren Einfluß auf Arbeitsleistung. Es hat sich gezeigt, daß der Mensch am Arbeitsplatz nicht als isoliertes Individuum mit den Maschinen umgeht, sondern sich aus seinen sozialen Kontakten und Gruppenbeziehungen eine eigene soziale Umwelt schafft, die seitens der betrieblichen Organisation berücksichtigt werden muß.
Aufgaben. Die primäre Aufgabe von Betriebspsychologen besteht in der betrieblichen Menschenführung, die auf hauptsächlich sozialpsychologischen (→Sozialpsychologie) Erkenntnissen basiert. Da das Verhalten der Menschen im Betrieb durch viele Faktoren, z.B. durch betriebliche Organisation, Kommunikation, Vorgesetzte, Gruppenbildung, Gewerkschaft, persönliche Eigenarten der Arbeiter usw., bestimmt wird, ergeben sich für den Betriebspsychologen viele Einzelaufgaben, die jedoch alle mit der betrieblichen Menschenführung zusammenhängen.
1. Organisationsprobleme. Seit es Arbeitsteilung gibt, die durch horizontale Spezialisierung (z.B. unter den Arbeitern am Fließband) und vertikale Spezialisierung (Lehrling, Arbeiter, Meister, ... oberster Direktor) immer komplizierter wird, gibt es auch viele rein organisatorische Probleme. Die Organisation im Betrieb soll soziale Spannungen und Konflikte vermeiden, die dann entstehen, wenn sich Entscheidungsbefugnisse verschiedener Funktionsträger überschneiden und zu einem „schlechten Betriebsklima", Verminderung der Leistung und zu Unzufriedenheit führen (→Organisationspsychologie).
Um Spannungen im hierarchischen Aufbau des Betriebes zu vermeiden, wurden von der Akademie für Führungskräfte der Wirtschaft in Bad Harzburg Prinzipien zur „Führung im Mitarbeiterverhältnis" entwickelt *(Harzburger Modell).* Die einzelnen Abtei-

lungen bzw. Filialen erhalten selbständige Aufgabenbereiche, Verantwortung, Dienstaufsicht und unterliegen nur der gesamtbetrieblichen Erfolgskontrolle. Das heißt, solange sie erfolgreich arbeiten, werden sie von „Oben" nicht beeinflußt. Dieses System läßt sich nicht auf jede Betriebsart verallgemeinern. Inzwischen sind viele Management-Systeme entwickelt worden (z. B. management by objectives, by delegation, by exception, by motivation), und die Betriebspsychologen werden als Berater bei Betriebsorganisation und -aufbau eingesetzt. Spannungen in der horizontalen Arbeitsteilung werden hauptsächlich durch die Rivalität unter Mitgliedern einer →Gruppe und durch die Konflikte zwischen formellen und informellen Gruppen verursacht.

Verschiedene Tätigkeiten müssen auf den Betriebszweck hin koordiniert werden, wozu eine formale Organisation und Anweisungs- und Kontrollsystem benötigt wird. Von jedem, der im Betrieb eine bestimmte Tätigkeit ausführt, d.h. eine soziale →Rolle übernimmt, wird ein seiner Rolle entsprechendes Verhalten erwartet. Das Rollenverhalten wird einerseits durch Betriebsnormen (Arbeitsanweisung, Arbeitszeit, Verantwortung usw.) bestimmt und durch innerbetriebliche Sanktionen (Geldbußen, Versetzung, weniger Lohn, Entlassung) erzwungen, andererseits wird das Rollenverhalten durch persönliche Bedürfnisse und Eigenschaften, durch die Zugehörigkeit zu außerbetrieblichen →Gruppen und durch Ziele und Normen von informellen Gruppen mitbestimmt. So kann es zu Rollenkonflikten, zu Unsicherheiten, Rivalität und Leistungsabfall kommen. Spannungen können weitgehend vermieden werden, wenn bei der Bildung von Arbeitsgruppen und -teams unter anderem folgende psychologische Erkenntnisse berücksichtigt werden:

- Jeder Mensch strebt durch seine Rolle am Arbeitsplatz, die Bedürfnisse nach Anerkennung, Ansehen, Selbstachtung und Selbstentfaltung zu befriedigen.
- Rollenkonflikte gefährden persönliches Sicherheitsgefühl und Befriedigung der genannten Bedürfnisse.
- Wird die Befriedigung der genannten Bedürfnisse durch die formale Organisation verhindert, so werden spontan soziale Beziehungen aufgenommen, die zur Bildung von informellen Gruppen führen.

Charakteristisch für beide Gruppenformen ist, daß die Interaktion zwischen Gruppenmitgliedern zur Befriedigung persönlicher Ziele aufgenommen wird, um sich soziale Geltung, Anerkennung, Ansehen (Status) zu verschaffen. Bei entsprechender Zusammenstellung und Führung der Gruppe können die von der Organisation festgelegten Gruppenziele, -normen und Verhaltenskontrollen auch der Befriedigung persönlicher Bedürfnisse dienen und somit mit den Normen der informellen Gruppen zusammenfallen.

Da Mitglieder einer Gruppe ein Wir-Gefühl entwickeln, Kontakte untereinander ausbauen, zusammenhalten und hinsichtlich der Zielsetzung gleiche Aktivitäten entwickeln, ist es besser, Arbeitsgruppen zu entwickeln als ein „Mann-zu-Mann"-System.
Es gilt: Lösungen von Problemen und Entscheidungen sollen der Gruppe übertragen werden, die Gruppe selbst soll die Kontrollsysteme ihrer Arbeit entwickeln und auch anwenden. Neue Normen und Zielsetzungen sollen von der Gruppe entwickelt und auch angewandt werden.
2. Menschenführung. Besondere Bedeutung haben die psychologischen Erkenntnisse für das direkte Einwirken des Vorgesetzten auf die Mitarbeiter, d.h. für das gesamte moderne Management. Die Management-Funktion ergibt sich zwar aus einer Synthese zwischen den betriebswissenschaftlichen, psychologischen und soziologischen Erkenntnissen, jedoch gewinnen in der komplexen Wirtschaftsstruktur der Gegenwart die psychologischen und soziologischen Aspekte immer mehr an Gewicht.
Damit Manager die Führungsfunktion des sog. Management-Kreises (Ziele setzen, planen, entscheiden, realisieren, kontrollieren und je nach Ergebnis von neuem Ziele setzen) erfolgreich realisieren können, wird von Psychologen die sog. Management-Schulung durchgeführt. Es handelt sich vorwiegend um verschiedene Psychotrainings:
- Brain storming fördert → Kreativität, zwanglose Produktion von Ideen, Freimachen von Konventionen und eingefahrenen Denkschematas.
- Verschiedene Gruppentrainings dienen der Selbsterfahrung, der Verbesserung von → Kommunikationstechniken, dem Erlernen der „sozialen Kompetenz".
- Sensitivity-Training dient ähnlich wie die Gruppentechniken dem Abbau von eingefahrenen Reaktionen auf das Verhalten anderer Menschen und dem Aufbau von sozialer Sensitivität (Einfühlung, angepaßte gefühlsmäßige Reaktion, Erkennen von Problemen anderer).
- Am weitesten verbreitet ist jedoch die Schulung des Führungsverhaltens (Führungsstile, Einwirkung auf Mitarbeiter, Kontrolle des Verhaltens und Kritik, Mitarbeiterbeurteilung).

Alle Komponenten des Führungsverhaltens sind eigentlich auf die Mitarbeitermotivierung, d.h. auf das Erzielen höherer Leistung ausgerichtet.
Leistungsanreize: Es werden fünf verschiedene Möglichkeiten genannt. Solange die Aktivität oder Arbeit dem Erreichen eigener Ziele dient, wird sie auch mit Lust bzw. Freude durchgeführt. Das Problem der Motivierung besteht hauptsächlich darin, daß sich persönliche Ziele und betriebliche Zielsetzung nicht decken. Die Arbeit wird mit Unlust durchgeführt, wenn es sich um fremde Ziele handelt. Um die Unlust zu mindern, hat man verschiedene

Leistungsanreize gefunden, die bewirken sollen, daß der Arbeitnehmer betriebliche Ziele intensiver verfolgt, um eigene Ziele zu erreichen. Die wichtigsten persönlichen Ziele bzw. Bedürfnisse, die am Arbeitsplatz befriedigt werden müssen, sind: Bedürfnis nach Selbstentfaltung, Selbstverwirklichung, nach Anerkennung, Ansehen und sozialer Geltung (→ Motivation).
a) Finanzielle Anreize, wie Leistungslohn, Prämienzahlungen und leistungsabhängige Gehaltssteigerungen dienen zwar der Befriedigung persönlicher Wünsche und Interessen, werden jedoch sehr schnell zum „Gewohnheitsrecht“ und verlieren an leistungssteigernder Wirkung. Wichtiger als die tatsächliche Lohnhöhe ist der Glaube, daß man für die gleiche Tätigkeit mehr verdient als die anderen.
b) Anreize aus der Arbeitszeitregelung, wie gleitende Arbeitszeit, verlängerter Urlaub, Verkürzung der Arbeitszeit, dienen auch der Befriedigung persönlicher Wünsche, werden jedoch sehr schnell zur Selbstverständlichkeit. So hat man sich z. B. von der Einführung der „gleitenden Arbeitszeit“ mehr leistungssteigernde Wirkung versprochen als tatsächlich eintrat.
c) Anreize aus Sozialleistungen, wie billige Werkswohnungen, Werkskantinen, Sport und Erholungsmöglichkeiten, Werkskindergarten usw., ermöglichen soziale Kontakte, kommen dem Bedürfnis nach Sicherheit und persönlichen Bedürfnissen der Freizeitgestaltung entgegen, werden jedoch auch schnell zur Selbstverständlichkeit und verlieren an ihrer motivierenden Wirkung. Sie spielen eine bedeutende Rolle beim Anwerben von Arbeitspersonal bei Vollbeschäftigung.
d) Anreize aus zwischenmenschlichen Beziehungen, wie Wettbewerb zwischen einzelnen Abteilungen, Gewähren bestimmter Statussymbole (Arbeitskleidung, größerer Schreibtisch), berücksichtigen den Wunsch der Mitarbeiter nach Anerkennung, verbessern jedoch die Einstellung zur Arbeit selbst nicht.
Bei den bisher erwähnten Leistungsanreizen handelt es sich um → Motivationen aus den Begleitumständen der Arbeit und nicht aus der Arbeit selbst.
Die einzig dauernde Motivierung bieten die Anreize aus der Arbeit selbst.
e) Leistungsanreize aus der Arbeit selbst ergeben sich aus dem ständigen Aufgabenbereich, Entscheidungsbefugnissen und Verantwortung und aus der weitgehenden Selbstkontrolle der eigenen Arbeit.
Ständiger Aufgabenbereich läßt das Gefühl der eigenen Wichtigkeit, Bedeutung, Unentbehrlichkeit aufkommen. Es kommt zur persönlichen Profilierung, Erfahrungsbildung und Anerkennung.
Fällen andere Entscheidungen, die der Arbeiter selbst treffen könnte, so entsteht das Gefühl der Abwertung, des Mißtrauens, der eigenen Unfähigkeit. Durch eigene Entscheidungen wachsen

das Selbstbewußtsein, die Möglichkeiten der Selbstverwirklichung und das Erlebnis der fachlichen Kompetenz.
Darf der Mitarbeiter das Erreichen der gesteckten Ziele selbst kontrollieren, so hat er sich die Aufgabe zur „eigenen Sache" gemacht und ist daran interessiert, daß Fehler möglichst frühzeitig entdeckt werden.
Voraussetzungen für die Wirksamkeit von Leistungsanreizen aus der Arbeit selbst sind betriebliche Organisation (Gruppenbildung) und demokratischer Führungsstil.
3. Führungsstil. Wenn sich Mitarbeiter eine bestimmte niedrige Leistungsnorm zu eigen machen, weil dies das Ziel der informellen Gruppe ist und das Einhalten der Norm durch die →Gruppe belohnt bzw. sanktioniert wird, dann sind Leistungsanreize wirkungslos.
a) Führungsstile standen lange Zeit im Mittelpunkt der betriebspsychologischen Forschung. Es wurden z.B. lange Eigenschaftslisten ausgearbeitet, die für die erfolgreichen Führer charakteristische Eigenschaften enthielten. Besonders wichtig scheinen Intelligenz, sachliches Wissen, Selbstkritik, Beweglichkeit und Ausgeglichenheit zu sein. Es ist richtig, daß das Führungsverhalten von der Persönlichkeit des Vorgesetzten stark mitbestimmt wird. Erfolgreiches Führungsverhalten kann jedoch auch gelernt werden (Management-Schulung).
Bis in die Gegenwart war für das Führungsverhalten die Überzeugung bestimmend, der Arbeitnehmer sei faul, dumm, unbotmäßig und gleichgültig und könne deshalb nur autokratisch geführt werden. Macht, Kontrolle, Kritik, Antreiben, Befehle usw. dienten der Durchsetzung betrieblicher Normen.
Es hat sich herausgestellt, daß der partnerschaftliche Führungsstil bzw. die demokratische Führung der autokratischen überlegen ist, vor allem dann, wenn keine dauernde Überwachung möglich ist. Komponenten des partnerschaftlischen Führungsstils (mitarbeiter- bzw. personorientierte Führung) sind: Wertschätzung des Mitarbeiters, Vertrauen in seine Fähigkeiten, Lob und Anerkennung statt Tadel und Kritik, Übertragen der Verantwortung, sachliche Kritik, Unterstützung und Kooperation.
Wichtig: Jeder Vorgesetzte soll seinem Mitarbeiter zeigen, warum seine Arbeit wichtig ist, was seine Funktion ist und was von ihm erwartet wird, soll den Mitarbeiter durch Delegieren von Funktionen fördern, ihn loben und Anerkennung aussprechen, persönlich am Erreichen der Ziele und am Fortkommen der Mitarbeiter interessiert sein, dem Mitarbeiter Mitspracherecht einräumen und Aufstiegsmöglichkeiten schaffen. Er muß dem Mitarbeiter zuhören können, ihn ermutigen, seine Vorschläge verwirklichen.
b) Einwirkung auf die Mitarbeiter. Auch bei einem mitarbeiterorientierten Führungsstil ist die „Einwirkung auf den Mitarbeiter eine wichtige Funktion" des Vorgesetzten, da er seine Mitarbeiter

immer wieder zur Durchführung von Einzelaufträgen „veranlassen“ muß.

Bei der Einwirkung auf den Mitarbeiter müssen allgemein folgende Grundsätze eingehalten werden:

(1) Kenntnisse und Fertigkeiten des Mitarbeiters prüfen und sich fragen, welche Schwierigkeiten auftreten können.
(2) Anweisungen in einem „umkehrbaren“ Tonfall geben, d.h. in einem Tonfall, den sich der Mitarbeiter gegenüber seinem Vorgesetzten auch erlauben kann.
(3) Bei der Kontrolle von Verständnis und Zustimmung darauf achten, daß vor allem „neue“ Mitarbeiter durch „Bescheidwissen“ imponieren möchten oder aus Befangenheit nicht zu fragen wagen.
(4) Die Mitarbeiter hören um so aufmerksamer zu, je größer das Prestige des Informationsgebers ist und wenn sie die Bedeutung und Wichtigkeit einer Information erkannt haben.
(5) Die Informationen müssen zum richtigen Zeitpunkt erfolgen und nicht dann, wenn der Vorgesetzte gerade „Zeit hat“. Ungeeignet sind die ersten Tage nach der Einstellung (zu viele neue Informationen) und der Zeitpunkt, zu dem der Mitarbeiter schon halb eingearbeitet ist (er glaubt schon alles zu wissen).

c) Kritik und Verhalten bei Beschwerden. Fast alle Menschen sind empfindlich gegenüber Kritik, auch dann, wenn sie berechtigt ist. Die Kritik führt selten zu Einsicht, und wenn, dann ändert die Einsicht das Verhalten kaum. Man findet immer Entschuldigungen, Ausflüchte, Rechtfertigungen (die häufig nicht ausgesprochen werden) und unternimmt alles, um Bloßstellungen zu vermeiden. Kritik führt zu Angst vor dem Verlust der Anerkennung, der Wertschätzung, Angst vor Liebesentzug. Dieses Verhalten resultiert aus der Tatsache, daß wir schon als Kinder von den Eltern, Lehrern, Freunden u.a. viel zu viel kritisiert und zu wenig anerkannt wurden. Das nötige Selbstbewußtsein, um Kritik zu ertragen, fehlt.

Aus diesen Gründen wird in Betrieben zu viel und falsch kritisiert. Ein Kritikgespräch ist nur dann notwendig, wenn der Mitarbeiter sich absichtlich falsch verhält. Bei unbeabsichtigten Fehlern, momentaner Unaufmerksamkeit, bei widrigen Arbeitsbedingungen und bei Fehlern aufgrund mangelnder Kenntnisse oder Fertigkeiten darf nicht kritisiert werden. In solchen Fällen wird Kritik als ungerechtfertigt erlebt, führt zu Angst, Unsicherheit, Unlust, Mißtrauen und vergiftet die Betriebsatmosphäre. Verhaltensregeln für richtig geübte Kritik:

(1) Ursache falschen Verhaltens prüfen;
(2) nie die Person (z.B. „Wie kann man sich so dumm anstellen“), sondern nur die falsche Verhaltensweise kritisieren;
(3) nie einen Mitarbeiter als „warnendes Beispiel“ für andere

bloßstellen und nie einen Mitarbeiter in dessen Abwesenheit bei seinen Kollegen kritisieren;

(4) der Anlaß für Kritik muß aktuell sein.

Verhalten bei Beschwerden und Konflikten. Immer, wenn mehrere Menschen auf einem engen Raum zusammenleben, kommt es zu Konflikten und Meinungsverschiedenheiten. Solche Konflikte werden entweder durch Streit gelöst oder führen zu Beschwerden bei Vorgesetzten.

Jeder Streit und jede Beschwerde beinhalten zwei Aspekte: einen gefühlsmäßigen und einen sachlichen Aspekt. Wegen der Verärgerung wird der Konfliktpartner subjektiv und meist falsch beurteilt, der objektive Tatbestand wird übersteigert gesehen.

Folgende Regeln sollen beim Streit und bei der Behandlung von Beschwerden beachtet werden:

(1) eigene Argumente prüfen und den Beschwerdeführer ernst nehmen;

(2) dem Konfliktpartner oder dem Beschwerdeführer die Möglichkeit geben, seinen Ärger, Aggressionen loszuwerden, den „Dampf abzulassen";

(3) sachlich bleiben, Schimpfwörter vermeiden und zunächst keine persönliche Stellungnahme äußern;

(4) nach Einzelheiten des Konflikts fragen und Standpunkte festhalten, d.h. sich informieren, ob man den Partner richtig verstanden hat;

(5) gemeinsam nach einer Lösung suchen.

4. Mitarbeiterbeurteilung. Durch empirische Untersuchungen konnte festgestellt werden, daß schlechte Leistungen der Mitarbeiter vielfach auf falsche Beurteilung zurückzuführen sind. Gründe für schlechte Leistungen, die mit dem Problem der Mitarbeiterbeurteilung zusammenhängen:

- Der Arbeitnehmer kennt die Normen nicht, weiß nicht, was von ihm erwartet wird.
- Er weiß nicht, wie gut er arbeitet, weiß nicht, ob er die Norm erreicht hat und wird nicht anerkannt.
- Leistungsverbesserungen werden nicht erreicht, wenn bei der Beurteilung Fehler und negative Aspekte der Leistung zu sehr hervorgehoben werden.

Von der Beurteilung sind positive Auswirkungen auf die Leistung zu erwarten, wenn aus der Beobachtung konkreter Aufgabenbereiche Auskunft über erreichte Ziele gegeben wird und aus der Beurteilung neue Ziele, Möglichkeiten der Leistungsverbesserung und Hinweise auf notwendige Fortbildung hervorgehen.

Fehlerquellen bei der Mitarbeiterbeurteilung:

- Häufig wird nach „Faustregeln" vorgegangen, die wahrscheinlich nicht zutreffen. Beispiel: „fester Händedruck – fester Charakter", „der erste Eindruck ist der beste" usw.
- Jeder Beurteiler sieht durch die Brille seiner persönlichen Ei-

genart, seine subjektiven Eigenschaften wirken sich auf die Beurteilung aus.
- Der Beurteilte richtet sich nach Vorbildern, spielt eine Rolle und vermittelt falschen Eindruck.
- Das Urteil wird durch Fehler der Personwahrnehmung verfälscht (→Ausdruck).

Bettnässen →Enuresis.

Bewegungstäuschungen →Wahrnehmungstäuschungen.

Bewußtsein. Innere Vorgänge, die in einem Zustand der Wachheit ablaufen, die wir bemerken und über die wir Auskunft geben können, werden bewußt genannt. Bewußtsein wurde in der →Geschichte der Psychologie als eine spezifische Eigenschaft menschlichen Erlebens, das der Mensch „in sich selbst" beobachten kann (→Selbstbeobachtung) und als das Insgesamt oder auch als Ort aller menschlichen Anstrengungen, Bemühungen, Vorstellungen und des Denkens, die Bewußtseinselemente oder -inhalte (z.B. Wahrnehmungsinhalte) genannt werden, angesehen. Es wird angenommen, daß neben den bewußten auch unbewußte innere Vorgänge, die der Mensch nicht wissentlich beherrscht und auch nicht mitteilen kann, in vielfacher Weise das Verhalten des Menschen bestimmen und steuern. Die Psychologie befaßte sich vor allem mit der Weite bzw. Enge des Bewußtseins und mit verschiedenen Bewußtseinsstörungen. In verschiedenen →Experimenten konnten Wissenschaftler feststellen, daß der Mensch bis zu sieben Merkmale, Objekte auf einen Blick erfassen und bewußt kurzfristig behalten kann (z.B. siebenstellige Telefonnummer, 7 Tage oder 7 Todsünden; →Gedächtnis). Besonders intensives Erleben unter Beeinflussung von →Psychopharmaka oder auch bei Yoga-Übungen (→Entspannungstechniken) wird häufig Bewußtseinserweiterung genannt. Die Ergebnisse physiologischer Messungen (z.B. →EEG) sprechen jedoch dafür, daß es sich um einen Zustand der Bewußtseinsveränderung handelt, da die Aktivität des →Nervensystems von der im normalen Wachzustand stark abweicht. Bewußtseinsstörungen verschiedener Grade können weiterhin durch starke →Affekte, →Angst, Verletzung des Gehirns (→Amnesie), Alkoholkonsum, Hormonstörungen (→Hormone) oder Geisteskrankheiten verursacht werden. In der Rechtsprechung werden solche Bewußtseinstrübungen (Dämmerzustand, Benommenheit) mit der Bezeichnung „verminderte Zurechnungsfähigkeit" zusammengefaßt (→Forensische Psychologie). Bewußtlosigkeit, völlige Ausschaltung bewußter psychischer Vorgänge (Koma), ist der höchste Grad gestörten Bewußtseins.

Bezugssystem. Jede →Wahrnehmung und Beurteilung eines Gegenstandes oder eines Sachverhaltes geht auf einen unbewußten

Vergleich mit früher Erfahrenem zurück. So erkennt man → Eigenschaften wie heftig, warm, wild usw. nur, indem man sie mit einem Bezugssystem vergleicht, das von Mensch zu Mensch und zwischen den einzelnen Gesellschaften unterschiedlich sein kann; ein Eskimo wird z. B. aufgrund seiner Erfahrungen eine Lufttemperatur von 5 Grad eher als warm bezeichnen als ein Mitteleuropäer. Kurzfristige Bezugssysteme entstehen durch die Anpassung der Wahrnehmungsvorgänge an die jeweilige Umgebung des wahrgenommenen Objektes. Auf diese Weise sind optische Täuschungen (→ Wahrnehmungstäuschungen) oder störende Einflüsse bei der Personwahrnehmung (→ Ausdruck) zu erklären. Eine große Zahl gleichzeitig wahrgenommener Personen beeinflußt z. B. das Bezugssystem desjenigen, der eine einzige Person beurteilen will, und führt dazu, daß bevorzugt Extremurteile getroffen werden (sympathisch – unsympathisch, attraktiv – häßlich).

Bioenergetik ist eine von Alexander Lowen (geb. 1910) entwickelte therapeutische Methode, die dem Menschen hilft, wieder Kontakt zu seinem Körper zu finden, Probleme zu lösen und sein Persönlichkeitspotential zu erkennen.
Persönlichkeitstheorie. Grundlage der Bioenergetik ist das *Energiekonzept,* das energetische Prozesse im Körper annimmt. Lowen meint, daß es unerheblich und auch nicht geklärt ist, ob die Energie nun elektrischer, kosmischer oder anderer Natur ist, fest steht, daß bei allen Lebensprozessen wie Bewegen, Fühlen und Denken Energie mitwirkt. Sie wird durch Nahrungsverbrennung gewonnen, aber auch durch Kontaktaufnahme mit positiven Kräften (z. B. ein strahlender Tag, ein glücklicher Mensch) in der Umwelt. Die Energie ist an Körperflüssigkeiten wie Blut, Lymphe, Darm- und Zellflüssigkeiten gebunden und bewegt sich in einem *Prozeß des Fließens* im gesamten Körper. So sind z. B. alle Gefühle mit einem Erregungsfluß verbunden: Wenn sich Körperregionen wie erogene Zonen oder der Bauchraum („Sonnengeflecht", → Entspannungstechniken) mit Blut füllen, spüren wir Wärme und eine angenehme Erregung. Gefühle sind somit Wahrnehmungen innerer Bewegungen. Die Fähigkeit des Körpers, Erregungen zu leiten, Impulse und Schwingungen aufzunehmen, wird *Motilität* genannt. Lowen übernimmt von seinem Lehrer Wilhelm Reich die Erkenntnis, daß der Mensch durch Anspannen einzelner Muskeln oder Muskelgruppen Gefühle unterdrücken kann. Mit *Muskelpanzerung* beschreibt Reich das Gesamtbild chronischer Muskelverspannungen, die im Laufe des Lebens entstehen und einen Menschen vor schmerzhaften Gefühlen schützen. Schon Säuglinge können durch Zusammenziehen der Zwerchfellregion (das wiederum führt zu einer Verflachung der Atmung) Unlust und Trauergefühle vermeiden. Im Laufe seines Lebens „gewöhnt" der Mensch sich oft an Verspannungen und falsches Atmen, er regi-

striert nicht mehr die körperliche Beeinträchtigung, und die Problematik sinkt ins → Unbewußte. So beeinflussen schmerzhafte Erfahrungen, wenn sie über einen längeren Zeitraum wirken können, die gesamte Mimik, Gestik, Körperhaltung und sogar Verhaltensweisen. Aus Angst hochgezogene Schultern, ein aus Kummer gebeugter Gang oder ein vor Wut vorgeschobenes Kinn sind hierfür Beispiele. Die Gesamtzahl von Haltungen und Spannungen ergeben für jede Person eine bestimmte, individuelle *Charakterstruktur*.
Therapeutisches Vorgehen: Mit Körperübungen, Tiefatmung, und Massage werden körperliche Verspannungen gelöst. Die Körperarbeit (→ Körpertherapie) weicht den Charakterpanzer auf, so daß verdrängte, im Körper aber noch vorhandene Konflikte bewußt erlebt und analysiert werden können. Lowen meint, der Mensch „kann nur wachsen, wenn er seine Wurzeln stärkt, die ihn mit der Vergangenheit verbinden. Und die Vergangenheit eines Menschen ist sein Körper." Die *bioenergetischen Übungen* entwickelte Lowen aus eigenen Therapieerfahrungen und Beobachtungen an Patienten. Deutlich erkennbar sind Einflüsse fernöstlicher Anspannungs- und → Entspannungstechniken wie Yoga und Thai Chi. Mit den Übungen des *Groundings* („Erden") soll der Klient wieder gefühlsmäßigen, intensiven Kontakt mit dem Boden erlangen. So werden z. B. durch die Bogenhaltung oder das Stehen mit gebeugtem Knie auf einem Bein eine intensivere, tiefere Atmung erreicht, und die Beine beginnen zu vibrieren. Bei regelmäßiger Durchführung kann sich ein Gefühl der Sicherheit und Verwurzelung entwickeln. Mit den Übungen des *Reaching* („Hingreifen") wird die häufige Unfähigkeit des Klienten angesprochen, körperliche und emotionale Kontakte von sich aus aufzunehmen. Wenn die Arme z. B. längere Zeit bittend vorgestreckt werden, führt dies häufig zu heftigen emotionalen Äußerungen wie Weinen und Wut. Erinnerungen an Alleinsein, das Sehnen nach Wärme und Geborgenheit werden wach. *Aggressionsübungen* lösen chronische Verkrampfungen, die durch ständiges Zurückhalten von Wut und Ärger entstanden sind. *Atemübungen* können den Energiespiegel erhöhen.

Bisexuell → Hermaphroditismus.

Blockierung (umgangssprachlich Mattscheibe, Kurzschluß, Faden-Verlieren) ist die Bezeichnung für Hemmung, Sperre, die infolge der → Prüfungsangst oder des Schocks zu einer Erinnerungs-, Denk-, Reaktionssperre führt. Die Blockierung kann plötzlich eintreten und ebenso schnell wieder verschwinden.

Burnout-Syndrom ist ein Begriff, der das Ausgebrannt-Sein von insbesondere in sozialen Berufen tätigen Personen beschreibt (Überbeanspruchung, Abgestumpftheit, wachsender Zynismus, Gefühle des Versagens). Es fällt auf, daß hiervon vor allem gute, engagierte Leute betroffen sind (→ Streß).

C

Carpenter-Effekt, auch *ideomotorisches Gesetz* oder Reflex genannt, ist die Bezeichnung für die Tatsache, daß emotional vorgestellte oder wahrgenommene Bewegungen eine Tendenz auslösen, sie nachzuvollziehen (z. B. Fußbewegung beim Anschauen eines Fußballspiels).

Charakter beschreibt alle wesentlichen → Verhaltens- und → Einstellungsmerkmale, die die Eigentümlichkeit eines Menschen, Tieres, Volkes oder einer Sache ausmachen. Durch Erfahrungsbildung werden bestimmte Charaktereigenschaften erworben, die dann relativ stabil und überdauernd sind; deshalb wird mit dem Begriff Charakter häufig der Eindruck von etwas Unveränderlichem und Starrem verbunden. Die Beobachtung auffälliger Ähnlichkeiten von Charaktermerkmalen zwischen Eltern und Kindern führte zu der Annahme, Charakter sei weitgehend vererbt; eine andere Hypothese zur Erklärung des Phänomens ist die des Imitationslernens (→ Lernen). Charakterkunde als Teildisziplin der Psychologie beschäftigt sich heute unter der neueren Bezeichnung „Persönlichkeitspsychologie" vorwiegend mit der objektiven Erfassung von Persönlichkeits-(Charakter-)Eigenschaften. → Persönlichkeit.

Chemorezeptoren, → Rezeptoren, die auf chemische Reize ansprechen, z. B. Geruchs- und Geschmackssinn. → Sinne.

Choleriker ist eine der vier von Hippokrates stammenden Temperamentstypen (→ Typologie). Es wird gesagt, der Choleriker sei leicht reizbar und zeichne sich durch impulsives, stark emotionales Verhalten aus.

Chromosomen, stäbchen- oder schleifenförmige Gebilde im Zellkern, die → Gene enthalten und somit als Träger der Erbmerkmale dienen. Die Anzahl der Chromosomen ist artspezifisch und beträgt bei Menschen 46. Dabei handelt es sich um einen *diploiden* (doppelten) Chromosomensatz. Der doppelte Chromosomensatz entsteht bei der Befruchtung aus den einfachen Chromosomensätzen der weiblichen und männlichen Geschlechtszelle. Der einfache *(haploide),* aber vollständige Chromosomensatz entsteht bei der Teilung der Geschlechtszelle. Kommt es bei der Zellteilung zu

Störungen, so daß ein oder mehrere Chromosomenpaare nicht geteilt werden oder wenn ein Paarling fehlt, spricht man von *Chromosomenaberration* oder *Chromosomenanomalie.* Bei zu viel oder zu wenig Chromosomen kommt es zu Störungen des Erbgutes und somit zu körperlichen und psychischen Schäden. Bekannt sind z. B. „Trisomie 21" (Chromosomenpaar Nr. 21 in der weiblichen Geschlechtszelle wurde nicht geteilt) als Ursache des Mongolismus (→geistige Behinderung) und die XXY-Aberration (statt XY beim Paar Nr. 23), die zum Klinefelter Syndrom führt (Männer mit stark entwickelten weiblichen Zügen, Unterentwicklung der sekundären und primären Geschlechtsmerkmale, häufig auch leichter Schwachsinn).

Client-centered-therapy (Klientzentrierte Therapie) →Gesprächstherapie.

Code (Kode), ein Zeichensystem, das durch entsprechende Zuordnung (Kodierung) eine relativ große Anzahl von Merkmalen mit wenigen Zeichen (z. B. mit 1 und 0, oder ja–nein, aus–ein) beschreibt. Die Datenverarbeitung im menschlichen →Nervensystem bedient sich bestimmter Code-Systeme. Ein Kode besteht aus Zeichen (z. B. Worte) und Regeln, die aussagen, wie die Zeichen zu verbinden sind (z. B. Grammatik). →Kommunikation.

Content-Analyse, *Inhaltsanalyse,* ist eine sozialpsychologische und soziologische Forschungsmethode, die der objektiven, systematischen und quantitativen Beschreibung von – hauptsächlich schriftlich fixierten – Kommunikationsinhalten dient. Zeitungsartikel, Texte von Reden, Filme, aber auch verbales Verhalten des Lehrers im Unterricht (Tonbandaufnahmen) werden nach ausgewählten Kategorien, wie Drohungen, Verwendung von Fremdwörtern, Zustimmung, Anerkennung, Appellieren an das Wir-Gefühl, Verwendung von mehrdeutigen Begriffen usw., analysiert, indem Häufigkeiten bzw. deren Relationen bestimmt werden. Die Analyse dient der Erforschung von Abhängigkeiten zwischen einer bestimmten Kommunikationsart und deren Wirkungen und erlaubt verschiedene Aussagen über den Sender, z. B. über einen Politiker.

D

Debilität → Lernbehinderung.

Deduktion, methodisches Schlußfolgern, bei dem aus allgemeinen Gesetzmäßigkeiten oder Theorien spezifische Sachverhalte abgeleitet werden. Bei der *Induktion* werden aus einzelnen anschaulichen (beobachtbaren) Gegebenheiten allgemeine Regeln und Gesetzmäßigkeiten erschlossen, die z. B. dem Leistungsverhalten in verschiedenen Lebensbereichen zugrunde liegen. In der Psychologie überwiegt das induktive Vorgehen.

Definition, Aussagen, mit denen ein → Begriff gegenüber einem anderen klar abgegrenzt wird. In der Psychologie ist es oft sehr schwierig, einen Sachverhalt, z. B. Angst, eindeutig zu definieren, obwohl eindeutige Klärung der Begriffe jedoch unbedingt notwendig ist, um Mißverständnisse auszuschließen. Oft werden sogenannte operationale Definitionen gebraucht. → Methoden der Psychologie.

Déjà-vu, Erinnerungstäuschung, die darin besteht, daß einer Person eine neue Situation oder ein unbekannter Mensch als bereits bekannt vorkommt bzw. als bekannt erlebt wird. Diese Täuschung kommt beim Gesunden manchmal im → Traum vor, häufiger ist sie aber bei Menschen anzutreffen, die unter → Neurosen oder organischen Hirnschäden leiden. Man erklärt diese Täuschungen als Übereinstimmung des aktuellen Erlebens mit vergessenen oder unbewußten Wahrnehmungen.

Delinquenz → Kriminalität.

Delirium. Das Delirium tritt meist nach einer akuten, sich auf das → Nervensystem auswirkenden schweren Krankheit auf und äußert sich als ein psychisch abnormer Zustand der Verwirrtheit, der von → Wahrnehmungstäuschungen, vor allem Halluzinationen und Wahnideen (→ Wahn), begleitet ist. Am bekanntesten ist das *Delirium tremens,* das beim chronischen Alkoholismus auftritt, wenn dem Betreffenden der Alkohol plötzlich entzogen wird (z. B. durch Unfall oder Entziehungskur).

Demenz, hauptsächlich in der Psychiatrie angewandte Bezeichnung für →Intelligenzstörungen (starkes Absinken der Intelligenz), die meist durch fortgeschrittene →Psychosen verursacht werden. Der Intelligenzverlust im hohen Alter wird als *senile* Demenz bezeichnet (umgangssprachlich „verkalkt"). Intelligenzmängel, die auf von Geburt an vorhandenen Hirnschäden beruhen, werden in der Psychologie →geistige Behinderung genannt.

Demographie →Meinungsforschung.

Demoskopie →Meinungsforschung.

Denken. Es ist schwierig, den Vorgang des Denkens zu erforschen, da er wie zahlreiche andere psychische Vorgänge (z. B. →Einstellungen, →Interessen) nicht direkt beobachtbar ist, sondern aus dem intelligenten Verhalten des Menschen erschlossen werden muß. Man schließt aber nicht nur auf den das Handeln begleitenden Denkprozeß, sondern auch auf die als →Fähigkeit zugrundeliegende →Intelligenz, so daß sich folgender Zusammenhang ergibt:

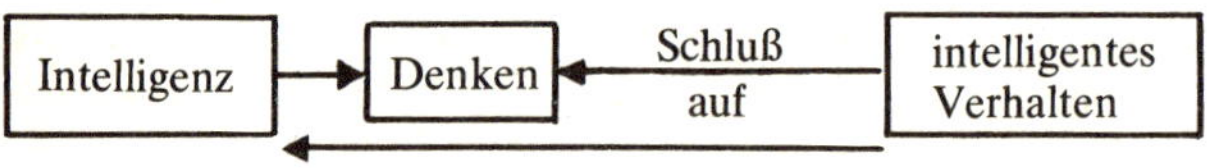

Dies ist eine Unterscheidung vom Denken und Intelligenz, wie sie z. B. W. Schraml vorschlägt, die jedoch sehr schwerfällt, da alle Prozesse ineinander übergehen. In den letzten Jahren wurden von der →kognitiven Psychologie insbesondere das Problemlösen und das Bilden von Begriffen untersucht.

Problemlösen (→Lernen durch Einsicht). Ein Merkmal menschlicher →Intelligenz ist die Fähigkeit zum Problemlösen. Der Vorgang selber kann in vier Stufen gesehen werden: Das Verstehen (Beschreiben) des Problems, Planung einer Strategie, Ausführung der Strategie, und die Bewertung des Erfolges. Die Stufen stehen in enger gegenseitiger Verbindung, so entwickeln sich mit der genauen gut formulierten Fragestellung oft schon erste Ansätze zur Lösung des Problems. Das kann das 9-Punkte-Problem verdeutlichen: Es sind 9 Punkte ohne abzusetzen in vier Zügen miteinander zu verbinden. Solange man das Problem als Quadrat wahrnimmt, gelangt man zu keiner Lösung. Erst wenn man die Punkte auch in anderen Zusammenhängen sehen kann (man geht in Gedanken über die Begrenzungen hinaus), wird eine Lösung möglich. Die Schwierigkeit liegt in der *Funktionsfixierung,* d. h., man folgt in seinem Denken rigiden, starren Mustern, die von vertrauten Lösungen herstammen oder auch angeboren sind (→Gestalt).

Die Bedeutung der richtigen Wahrnehmung und Beschreibung

9-Punkte-Problem

Ausgangssituation Lösung

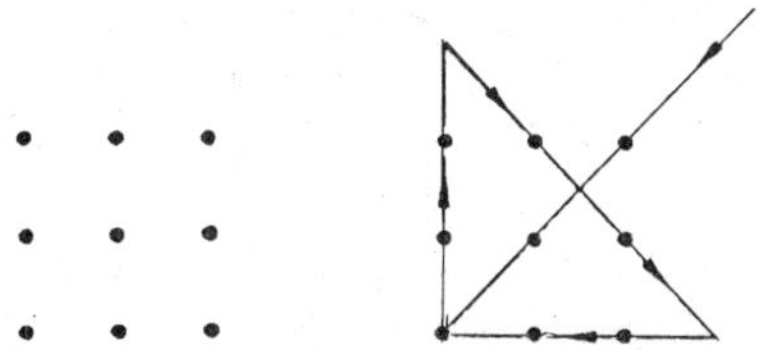

fällt besonders bei der Untersuchung des deduktiven Denkens (Ableiten von Erkenntnissen aus anderen, allgemeineren) auf. Es zeigte sich, daß Menschen die Feststellung „einige A sind B“ meist so wahrnehmen, daß einige A's B's sind, während andere A's keine B's sind. Es sind jedoch noch andere Lösungen möglich, wenn man der Logik folgt (siehe Euler-Diagramm). Die Theorie der *Prämissenkonversion* von Chapman und Chapman stellt deshalb auch fest, daß sich Menschen irren, weil sie Prämissen unangemessen wahrnehmen und umformen. So wird die Aussage „alle A sind B“ umgeformt in „alle B sind A“ (wenn man anschauliche Begriffe einsetzt, z. B. A sind Katzen, B sind Tiere, wird der Irrtum offenbar). Vor allem logisch nicht vorgebildete Personen entwickeln bei eher abstrakten Fragestellungen diese symmetrische Sicht von Prämissen und übersehen dabei andere richtige Schlüsse (siehe Euler-Diagramm).

Euler-Diagramm (nach Herkner, 1986)

mögliche Lösungen

				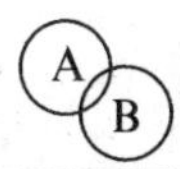
alle A sind B	●	●		
einige A sind B	●	●	●	●

Bei der Entwicklung von Strategien hat es sich als günstig erwiesen, das Problem in Unteraufgaben aufzuteilen. Der Erfolg hängt weiterhin davon ab, ob man den Suchbereich, in dem Lösungen gefunden werden können, sinnvoll einengen kann. Meist denkt man nur an Schritte, die früher schon einmal erfolgreich waren. Auch wird oft lediglich angestrebt, Beweise zu sammeln, welche die eigene Hypothese stützen *(Bestätigungsstrategie)*, oder man orientiert sich nur an augenfälligen, plastischen Einzelereignissen, so daß man zu falschen Schlüssen gelangt.

Begriffsbildung. All unser Wissen ist in Begriffe gefaßt, die wir in Form von Hierarchien im Langzeitgedächtnis (→ Gedächtnis) gespeichert haben. Ein Beispiel einer solchen Taxonomie (hierarchische Anordnung von Kategorien) ist der übergeordnete Begriff „Tier", der sich aufgliedert in „Wirbeltiere" und „Weichtiere", „Wirbeltiere" gliedern sich weiter in „Reptilien", „Fische", „Vögel", „Säugetiere", diese wiederum sind durch „Pferde", „Bären" usw. bestimmt. Die Begriffe der letzten basalen Kategorie können am leichtesten gelernt und verstanden werden, da ihre Mitglieder viele gemeinsame und offensichtliche Merkmale haben. Begriffe werden aufgrund verschiedener Prozesse gebildet. Einmal geschieht das mit Hilfe des *Diskriminationslernens,* wobei Kinder über gezieltes Verstärken (→ Lernen) sich z. B. den Begriff „Hund" aneignen (Verstärken bei richtiger Benennung des Tieres). Das Kind berücksichtigt so Schritt für Schritt immer mehr Merkmale, die einen Hund bestimmen (z. B. Fell, vier Beine, Bellen, scharfe Zähne). Die heute am meisten anerkannte Theorie zur Begriffsbildung von Levine (1966) besagt jedoch, daß Erwachsene ihre Begriffe durch *Testen von Hypothesen* entwickeln. Ihre Vermutung über die Bedeutung eines Begriffs, den sie noch nicht genau kennen, überprüfen sie an der Wirklichkeit und registrieren, ob ihre Vorstellung vom Begriff paßt oder inwieweit ein Bezug zum gesuchten Begriff vorhanden ist (ein Beispiel hierfür könnte das Vorgehen beim „Beruferaten" bzw. „Teekesselspiel" sein).

Eine besondere Beachtung fand die Beziehung zwischen Begriffsbildung und Sprache. Die *Sapir-Whorf-Hypothese* besagt hierbei, daß die → Sprache von Mitgliedern einer Kultur den Rahmen vorgibt, in dem das Denken ablaufen kann (linguistischer Determinismus). Man übernimmt mit dem Erwerb der Sprache eine bestimmte Wahrnehmung von der Welt und entwickelt dazu passende Begriffe. Bekannte Beispiele sind hierfür die Hanoo auf den Philippinen, die über 90 verschiedene Bezeichnungen für Reis kennen, oder die Eskimos, die erheblich mehr Sorten von Schnee unterscheiden als Mitteleuropäer. Auch heute ist diese Ende der 50er Jahre aufgestellte Hypothese noch weitgehend unüberprüft. Sicher lernen wir zahlreiche Begriffe im Zusammenhang mit der Muttersprache, andrerseits sind wir nicht durch die Sprache gefangengenommen. So können kleine Kinder oft schon zwischen Hund und Katze unterscheiden, bevor sie die entsprechenden Wörter kennen, und ein Südeuropäer, der vielleicht nur ein Wort für Schnee kennt, hat dennoch die Möglichkeit, verschiedene Sorten von Schnee zu unterscheiden.

Die Art, wie ein Mensch beständig seine Umwelt auffaßt (→ Wahrnehmung), sie gliedert und ordnet (Denken), bezeichnet man als *kognitiven Stil* (auch kognitive Attitüde oder → Einstellung). Über die Entstehung und den Zusammenhang verschiedener kognitiver

Stile ist bis heute wenig Genaues bekannt; man nimmt an, daß es erlernte →Gewohnheiten sind. Es werden hauptsächlich folgende kognitive Stile unterschieden, die jedoch nicht unabhängig voneinander sind (sie überschneiden sich):

Feldabhängigkeit (bzw. Feldunabhängigkeit): Menschen und Objekte werden weitgehend unabhängig von ihrer jeweiligen Umgebung wahrgenommen, so daß sie schnell und klar auch in unübersichtlichen Situationen erkannt werden können. Im →Test wird diese Fähigkeit anhand von Symbolen (Zahlen, Buchstaben) überprüft, die in einem Wirrwarr von Linien eingebettet sind, und möglichst schnell wahrgenommen werden müssen.
Als kognitiven Stil bezeichnet man weiterhin die Toleranz (Intoleranz) mancher Menschen für mehrdeutige Situationen und Sachverhalte. Diese Fähigkeit, widersprüchliche Merkmale (z. B. bei einem Menschen: Egoismus und Hilfsbereitschaft in ähnlichen Situationen) auffassen zu können, ohne daß eines übersehen oder verfälscht wird, bezeichnet man auch als Ambiguitätstoleranz. Ein anderer allgemeiner Stil des Denkens und Wahrnehmens stellt sich in der Weite der Begriffe oder Kategorien dar, die der einzelne verwendet (Beispiel eines Urteils aufgrund eines weiten, zu allgemeinen Begriffs: alle Langhaarigen sind verwahrlost).

Depersonalisation, Unfähigkeit, sich selbst zu erleben, und die Überzeugung, jemand anderer zu sein (→Schizophrenie).

Depressionen sind gekennzeichnet durch den Zustand extremer Gleichgültigkeit, Passivität, Antriebsschwäche, →Apathie, Melancholie und Traurigkeit, durch Hemmung und Verlangsamung der Bewegungstätigkeit, →Interesselosigkeit, →Angst und oft auftretende Selbstmordgedanken. Die aufgeführten Merkmale beschreiben insbesondere die *reaktive* Depression, die eine Reaktion des Individuums auf belastende Situationen oder nicht gelöste →Konflikte darstellt. Die →endogene Depression ist mit der depressiven Phase beim →manisch-depressiven Irresein vergleichbar, die neben den genannten Merkmalen auch vegetative Störungen wie Gewichtsabnahme, Verstopfung, Schlaflosigkeit aufweist und oft auch von Wahnideen (→Wahn), verarmt zu sein oder sich zu versündigen, begleitet wird. Anders als bei der psychogenen (reaktiven) Depression sollen die Kranken schon am Morgen sehr niedergeschlagen sein. Im Gegensatz zu den beiden erwähnten Formen der Depression, die kaum einwandfrei voneinander abzugrenzen sind (→Psychosen), sind exogen bedingte Depressionen (Schädigungen des →Nervensystems, Vergiftungen, Infektionen, Krankheiten) leicht erkennbar. Bei depressiven Kranken besteht fast immer Selbstmordgefahr, daher ist das Aufsuchen eines Arztes oder Psychologen unbedingt ratsam.

Deprivation. Entzug aller oder nur bestimmter Reize, z. B. Verhinderung jeglichen Kontakts mit Mitmenschen (soziale Isolation, Einzelarrest), wirkt sich sehr negativ auf die →Persönlichkeit aus und kann zu bleibenden psychischen Schäden führen. In der Psychologie wird neben der sozialen Isolation mit Nahrungs-, Schlaf- und →Traumentzug experimentiert. Mit Deprivation wird auch fehlende Bedürfnisbefriedigung bezeichnet. Im 1. Lebensjahr führt soziale Deprivation zu Entwicklungsstörungen, die als →Hospitalismus bekannt sind.

Desensibilisierung (Desensitivierung) →Verhaltenstherapie, →Entspannungstechniken.

Desintegration, Auflösung, Auseinanderfallen verschiedener psychischer Abläufe (z. B. Wahrnehmen, Fühlen, Denken), die nicht mehr aufeinander abgestimmt sind, was häufig bei →Psychosen vorkommt.

Determination. Der Begriff wird in der Psychologie hauptsächlich bei der Frage, welche Faktoren ein Verhalten oder Entwicklung bestimmen (determinieren), gebraucht. Im Zusammenhang mit dem →Anlage-Umwelt-Problem wird z. B. gefragt, welches Verhalten durch die Anlage- und welches durch die Umweltfaktoren determiniert ist.

Diagnostik. Es ist das Ziel der Diagnose, aufgrund weniger, aber verläßlicher und gut ausgewählter Daten ein genaues Bild von der untersuchten Person zu erstellen. Die Diagnostik wird eingesetzt, um bisheriges Verhalten zu erklären und um zukünftiges Verhalten vorauszusagen, z. B. die Art und den Grad einer psychischen Störung festzustellen oder auch um verschiedene wissenschaftliche Fragestellungen zu beantworten. Um die individuelle Ausprägung verschiedener Merkmale, die nicht direkt beobachtbar sind (z. B. →Intelligenz, Gefühlserregbarkeit, →Einstellungen oder →Extraversion), diagnostizieren zu können, werden mit Hilfe psychosomatischer Verfahren (→Statistik), Leistungs-, Fähigkeits- und Persönlichkeitstest (→Tests) und durch →Exploration und →Anamnese verschiedene Persönlichkeitsdaten zusammengetragen. Bei Berufsberatung, Eignungsuntersuchungen und Schulberatung werden meist nur Tests in Gruppen durchgeführt, weil eine individuelle Exploration aus Zeitgründen nicht möglich ist; in Kliniken und psychologischen Beratungsstellen (→Beratung) werden die Testdaten immer durch Anamnese und Exploration ergänzt. Nur durch Rückfragen kann der Diagnostiker feststellen, ob die erhaltenen Testwerte tatsächlich auf überdauernde Persönlichkeitsmerkmale hinweisen oder vielleicht durch aktuelle Ereignisse und situative Bedingungen zustande gekommen sind. Die psychologische Diagnostik (Psychodiagnostik) leistet im Bereich der →Psychotherapie, →Psychiatrie und in der →Beratung nützliche Dienste und wird im Interesse des Klienten durchgeführt. Auch bei der Schul- und Berufsberatung werden Tests im Interesse des Betroffenen durchgeführt, aber nur selten in der innerbetrieblichen Personalauslese, wo sich die Kriterien der Beurteilung nach den Zielen der jeweiligen Institutionen ausrichten. Damit die Interessen des einzelnen bei einer derartigen innerbetrieblichen Verwendung von Tests gewahrt bleiben, sollte der Betreffende die Richtlinien für den Umgang mit Verfahren der psychologischen Diagnostik vor Augen haben, die u.a. von K.-H. Schmidt formuliert wurden:

- In Deutschland ist ein Angehöriger eines Betriebes oder ein Bewerber für eine Stelle nur verpflichtet, sich einer psychologischen Diagnostik zu unterziehen, wenn sie in einem sachlichen Zusammenhang mit der beabsichtigten, neuen Tätigkeit steht. Fragen, die sich z.B. auf die Intimsphäre eines Menschen beziehen, brauchen nicht wahrheitsgemäß beantwortet oder können verweigert werden (z.B. Fragen nach Freizeitgestaltung, Weltanschauung, persönliche Vorlieben).
- Die Untersuchung muß von einem Psychologen und nicht von einer Hilfskraft vorgenommen werden, ansonsten ist man berechtigt, die Durchführung des Tests abzulehnen.
- Für die jeweilige Verwendung der gesamten Testdaten, insbesondere für ihre Weitergabe, ist die Erlaubnis der untersuchten Person einzuholen.
- Mit der Möglichkeit, Testergebnisse in Computern zu speichern, wird die Gefahr, daß sie in unrechte Hände gelangen, größer; deshalb hat z.B. ein abgewiesener Bewerber für eine Stelle das Recht, die Vernichtung seiner Testdaten zu verlangen.

Die Treffsicherheit der Diagnostik hängt von der Güte der verwendeten Tests und der Gewissenhaftigkeit der Interpretation ab. Bei Leistungstests z.B. gelingt die Prognose zukünftigen Verhaltens verhältnismäßig gut, da die Testaufgaben der in der Realität ausgeführten Tätigkeit ähnlich sind. Die Voraussage von Schulleistungen nur mit Hilfe des Intelligenztests ist kaum möglich, da sie noch von anderen Persönlichkeitsmerkmalen als der gemessenen Intelligenz abhängig sind. Das weist darauf hin, daß bei der diagnostischen Beurteilung einer Person stets mehrere Verfahren verwendet werden müssen (Testbatterie) und vor allem die Lebenssituation des Betreffenden zu berücksichtigen ist, um zu einem vertrauenswürdigen Ergebnis zu kommen. Man sollte die Aussagekraft der psychologischen Diagnostik nicht überschätzen; sie stellt aber eine weitaus sicherere Möglichkeit dar als die Beurteilung eines Menschen ohne sie.

Differentielle Psychologie. W. Stern hat schon 1911 für die Teildisziplin der Psychologie, die sich mit der Analyse und Beschreibung von Unterschieden zwischen Individuen und Gruppen befaßt, die Bezeichnung „Differentielle Psychologie“ eingeführt. Sie ist nicht wie die →Allgemeine Psychologie an den Gesetzmäßigkeiten des

Verhaltens, sondern an →inter- und intraindividuellen Abweichungen des Verhaltens interessiert.
Je mehr die Psychologie an Lebensnähe durch ihre Anwendung in Schulen, Kliniken, Arbeitsämtern, vor Gericht, in Betrieben und anderen Orten (→Angewandte Psychologie) gewann, um so größer wurde die Bedeutung der Differentiellen Psychologie. Aufgrund unterschiedlicher Ausprägung von →Fähigkeiten, Bedürfnissen und emotionaler Ansprechbarkeit können sich Menschen in gleichen Situationen ganz unterschiedlich verhalten. Bei der Voraussage des Verhaltens müssen daher allgemeine Gesetzmäßigkeiten und die individuelle Persönlichkeitsstruktur berücksichtigt werden. Daher versucht die Differentielle Psychologie die typische Ausprägung und Wechselwirkung zwischen mehreren psychischen Merkmalen für bestimmte Altersstufen, Geschlechter, Berufe, soziale Schichten und andere Gruppen festzustellen. Unter psychischen Merkmalen werden berücksichtigt: →Intelligenz, motorische →Fähigkeiten, →Gefühle, Bedürfnisse, →Ich-Stärke bzw. Ich-Schwäche usw. Die Arbeit der Differentiellen Psychologie wird erschwert durch Probleme der Messung von psychischen Merkmalen bzw. Eigenschaften und der Zuordnung von festgestellten individuellen Unterschieden zu bestimmten Persönlichkeitstypen (→Typologie).

Differenzierung, 1. →Entwicklung verschiedener Funktionen und Fähigkeiten aus einem globalen Organismus; 2. Unterscheidungsvermögen.

Dimensionen der Persönlichkeit →Persönlichkeit.

Diskriminierung und *Diskrimination,* umgangssprachlich: Trennung, Unterscheidung aber auch soziale Abwertung, Feindseligkeit, Diskriminierung von Fremdgruppen (zum Teil durch →Vorurteile) sind gelernt und dienen der Verminderung von Angst (→Abwehrmechanismen) und der Erhöhung der eigenen Sicherheit (→Einstellung). Eine Diskriminierung ist vor allem zwischen verschiedenen Rassen und sozialen Schichten zu beobachten. In der Lernpsychologie wird mit Diskrimination das Lernen von Bedeutungen einzelner Reize für das Verhalten bezeichnet.

Disparation (Streuung, Ungleichheit), Bezeichnung für ungleiche (voneinander gering abweichende) Abbildung eines Gegenstandes beim beidäugigen (binokularen) Sehen. Beim „normalen“ beidäugigen Sehen weichen die beiden Bilder nicht so weit voneinander ab, daß ein Doppelbild gesehen wird, sondern sie verschmelzen zu einem räumlichen Eindruck. Die Disparation in der horizontalen Ebene (Querdisparation) ist wichtig für das räumliche Sehen, für die Tiefenwahrnehmung und auch Entfernungsschätzung (bei zunehmender Entfernung geht der räumliche Eindruck verloren) in der →Gesichtswahrnehmung.

Disposition →Anlage.

Dissonanz, kognitive *(Konsonanz).* Kognitive Dissonanz ist der wesentliche Begriff in Festingers Theorie der →Einstellung, in der er versucht, Einstellungsänderungen durch das Bestreben des Individuums zu erklären, ein kognitives Gleichgewicht zu erhalten bzw. herzustellen; d.h., jeder Mensch ist bestrebt, sein Handeln und Verhalten auch „logisch" stimmig erklären zu können. Ein kognitives Ungleichgewicht bzw. eine kognitive *Dissonanz* besteht, wenn zwei oder mehr kognitive Elemente (das Wissen, die Wahrnehmung, das Denken in bezug auf Objekte, sich selbst oder andere) als widersprüchlich erlebt werden (Beispiel: Ich weiß, daß mein Auto zu kostspielig ist und ich sehr wenig Geld habe).

Divergentes Denken →Intelligenz, →Kreativität.

Dogmatismus →Autoritäre Persönlichkeit.

Dominanz äußert sich in der Tendenz, andere zu bevormunden und deren Verhalten zu kontrollieren. Als Persönlichkeitsfaktor (→Persönlichkeit) wird die Dominanz mit →Fragebogen erfaßt und trifft häufig mit dem Persönlichkeitsmerkmal →Extraversion zusammen. Große Bedeutung für den Menschen hat das Dominanzstreben, wenn dieses zu →Konflikten führt, weil sich der Partner unterordnen müßte (z.B. Ehestreit). Als Verhaltensmerkmal der Dominanz werden u.a. genannt: bestimmend, gebieterisch, hart, dirigierend, selbstüberzeugt. Gegenteil: Unterwerfung (Submission).

Doppelmoral bezeichnet eine Einstellung, wonach moralische Maßstäbe nicht auf alle in gleicher Weise anwendbar sind, so wird z.B. dem Mann mehr sexuelle Freiheit eingeräumt als der Frau. Einerseits wurde bzw. wird von der Frau „Keuschheit" erwartet, andererseits sollte sie dem Mann zur Verfügung stehen, damit er seine Vorrechte realisieren kann. Diese Doppelmoral dürfte eine Ursache der Prostitution sein.

Drogen, Sammelbegriff für Stoffe natürlicher (pflanzlicher) Herkunft, die die Funktionen des →Nervensystems beeinflussen, im Unterschied zu den synthetisch (künstlich) hergestellten Substanzen, die trotz ähnlicher Wirkung →Psychopharmaka genannt werden.

Drogenabhängigkeit. Die unterschiedliche Bedeutung der Begriffe Drogenabhängigkeit und Sucht ist kaum bekannt. Der Vorschlag der Weltgesundheitsorganisation (WHO) von 1964, den bekannteren und älteren Begriff *Sucht* als Bezeichnung für *psychische Abhängigkeit* zu verwenden und den umfassenderen Begriff Drogenabhängigkeit für psychische und physische (physiologische) Abhängigkeit von der Droge, hat sich nicht durchgesetzt.
1. Psychische Abhängigkeit: Der Mensch meint, ohne Droge (z. B. auch ohne Alkohol, Aufputschmittel, Zigaretten oder andere

Übersicht über Drogen und deren Wirkungen und Folgen

Drogen bzw. Suchtmittel	*Wirkungen und Folgen*
Hanfprodukte (Cannabis), wie Haschisch u. Marihuana; Heu, hash, grass, pot, shit, joint (= Hasch-Zigarette)	Haschisch und Marihuana gelten als „Einstiegsdrogen" (der Übergang zu „harten Drogen" wird erleichtert). Haschisch wirkt etwa fünfmal stärker als Marihuana. Benommenheit, gehobene Stimmung, Konzentrationsstörungen, → Halluzinationen, unkontrolliertes Zuneigungsgefühl, gesteigerte Farb- und Tonempfindung, Angstzustände, Passivität, → Depressionen, unkontrollierte Handlungen.
Halluzinogene (Psychotomimetika), wie LSD, Meskalin und Psilocybin; Trip, Fahrkarte, Reise, acid	→ Psychose-ähnliche Zustände, extrem beschleunigtes und verwirrtes Denken, → Halluzinationen, Töne werden „gefühlt", Farben „geschmeckt", Bewußtseinsstörungen, Angstzustände (horrortrip). Es können während des Rausches Gewalttätigkeiten auftreten, und es besteht Gefahr von Erbschäden (Mißbildungen). Gleichgültigkeit gegenüber Schule, Beruf und sog. Suche nach Wahrheit („Ausflippen").
Stimulantien (Weckamine, Weckmittel u. Amphetamine), z. B. Ritalin, Tradition, Captagon; Pepps, Stimmus, captas, speed	Erhöhte Wachheit, Wohlbehagen, Redebedürfnis, Gefühl erhöhter Leistungsfähigkeit. Starke Abhängigkeit bei Dauergebrauch. Appetitsenkende Wirkung, Unruhe, Angst, Zittern, Herzklopfen, kalte Hände. Bei längerem Gebrauch Leberschäden und Gefahr von Geisteskrankheiten.
Barbiturate (Schlafmittel, die Barbitursäure enthalten) und Beruhigungsmittel (Tranquilizer); Barbs, bombs	Schnelle Gewöhnung und Suchtgefahr. In kleinen Dosen wirken sie als Schlafmittel (→ Psychopharmaka), in höheren Dosen führen sie zu „Rauschzuständen", Vergiftung, Kopfschmerzen, Müdigkeit, vermindertes Orientierungsvermögen, Verwirrtheit. Unvorhersehbare Wirkungen entstehen bei gleichzeitigem Einnehmen von Alkohol und Beruhigungsmitteln.

Drogen bzw. Suchtmittel	Wirkungen und Folgen
Opiate, Morphiate (Opium, Morphium, Heroin); Stoff, Harry, „O“, „M“, „H“	Opium wird wegen der Suchtgefahr nur noch selten als schmerzstillendes Mittel angewandt, Morphium nur noch bei schweren Schmerzzuständen. Die psychische Abhängigkeit entsteht sehr schnell, es werden immer größere Dosen erforderlich, um gleiche wohltuende Wirkung zu erzielen. Nach längerem Gebrauch starke physische Abhängigkeit (Entzugserscheinungen). Abstumpfung, Angst vor Schmerzen, Kriminalität, um zu Drogen zu kommen. Wenig Aussicht auf Entwöhnung.
Kokain; Koks, coke, Schnee. charley	Kokain (weißes, bitter schmeckendes Pulver) gehört zu den klassischen Rauschmitteln. Durch das Kauen der Koka-Blätter erreichten die Indianer große Steigerung ihrer körperlichen Leistungsfähigkeit. Wohlbehagen, lustbetonte, leichte →Halluzinationen, Wachheit werden wegen der kurzen Wirkungsdauer (bis eine Stunde) schnell durch Angstzustände und Wahnvorstellungen abgelöst. Bei Mißbrauch Zerstörung der Persönlichkeit in wenigen Monaten. Wenig Aussicht auf Entwöhnung.
Schnüffelmittel, Lösungsmittel (Farben und Klebstoffe, Äther, Azeton)	Rauschmittel, die vor allem von Kindern bevorzugt werden. Schädigung des Nervensystems, Ohnmacht, Atemlähmung, Desinteresse, Abhängigkeit kann eintreten.

Psychopharmaka) nicht mehr „auszukommen“. Es ist ein starkes, oft unstillbares Verlangen vorhanden, die Droge wegen ihrer psychischen Wirkung (beruhigend, stimmungsanhebend, bewußtseinserweiternd, leistungssteigernd usw.) einzunehmen, um einen unangenehmen Zustand zu vermeiden.

2. *Physische Abhängigkeit:* Bei Einnahme über längere Zeit hat sich der Stoffwechsel des Organismus so weit auf die Droge eingestellt, daß er beim Fehlen der Stoffe mit quälenden Entzugserscheinungen (z.B. Kreislaufstörungen, Zittern, starke Erregung, Schweißausbrüche, Durchfall, Schmerzen) reagiert, die sehr schmerzvoll sind und lebensgefährlich sein können.

Mißbrauch von Hanfprodukten (Haschisch und Marihuana) und von Psychotomimetika (→Psychopharmaka; LSD und Meskalin) erzeugt normalerweise „nur“ psychische Abhängigkeit, führt jedoch zu verschiedenen schädigenden psychischen und körperlichen Folgen.

Physische Abhängigkeit und somit körperliche Entzugserscheinungen beim Abbrechen der Einnahme kommen hauptsächlich

bei Opiaten (Opium, Morphium, Heroin), Barbituraten (Schlaf- und Schmerzmittel), Stimulantien (→ Psychopharmaka; Amphetamine und Weckamine) und schließlich auch bei Alkohol vor.
Ursachen des Drogenmißbrauchs. Die Verbreitung des Drogenmißbrauchs in den westlichen Industrieländern wurde durch soziokulturelle und psychologische Faktoren verursacht.
1. Soziokulturelle Faktoren: Mängel der Wohlstandsgesellschaft, die zur Ablehnung seitens der Jugend geführt haben und zur Suche nach neuen, „besseren“ Lebensmöglichkeiten (Hippies, Kommunen). Es wurde mit den Rauschmitteln (vor allem Haschisch, LSD, Marihuana) experimentiert, um „Bewußtseinserweiterung“, „Glück“, „Freiheit“, → Kreativität zu erreichen. Die Gefahren und negativen Folgen wurden dabei übersehen. Als eine weitere Ursache sind Versprechungen der pharmazeutischen Industrie zu sehen, die zu einem allgemeinen (und erlaubten) Tablettenmißbrauch geführt haben. Leistungszwang, → Streß, Massenmedien spielen auch eine Rolle.
2. Psychologische Ursachen: Unsicherheit der Jugend (→ Jugendalter), Familienkonflikte (→ Familie), Versagen in der Schule oder im Beruf, Unzufriedenheit, falsche Erwartungen an die Droge, Anpassung an die → Gruppe und Persönlichkeitsmerkmale: Labilität der → Gefühle, Kontaktsuche.
Behandlungsmöglichkeiten. Die mit der Drogenabhängigkeit einhergehende Persönlichkeitsänderung (→ Depression, Passivität, verminderte Fähigkeiten, Verwirrtheit, mangelnder Antrieb usw.) macht eine Behandlung fast unmöglich. Wenn ein Drogenabhängiger eine Behandlung wünscht und zur Mitarbeit bereit ist, dann sollte folgendes Verfahren angewandt werden:
1. Entziehungskur und Behandlung organischer Schäden in einer Klinik;
2. therapeutische Hilfe während des Aufenthaltes in der Klinik (z. B. → Gesprächstherapie, → Verhaltenstherapie, → Gruppentherapie);
3. Unterstützung und Therapie nach der Entlassung aus dem Krankenhaus (Betreuung in einer Gruppe und durch die Gruppe), Beratung, Freizeitgestaltung;
4. soziale Hilfsmaßnahmen (Unterkunft, Ausbildung, Arbeit).

Druckempfindung (Drucksinn; → Sinne) vermittelt Informationen über die mechanischen Einwirkungen auf die Haut.

Drüsen, auch Glandulae genannt, sind Organe aus spezialisierten Zellen, die bestimmte Stoffe bilden und ausscheiden. Diejenigen Drüsen, die ihre Sekrete (es handelt sich hauptsächlich um glandotrope → Hormone) direkt in die Blutbahn abgeben, werden *innersekretorische Drüsen* (*endokrine* Drüsen) genannt, während *exkretorische (exokrine) Drüsen* (Schweiß-, Speichel-, Tränendrü-

sen) ihre Säfte in die Umgebung des Körpers abgeben. Hormonproduzierende innersekretorische Drüsen steuern und beeinflussen verschiedene Funktionen und Leistungen des menschlichen Organismus. → Hormone.
Störungen der Drüsentätigkeit (Über- oder Unterproduktion) bewirken verschiedene organische und → psychische Störungen.

Dystonie. Die Dystonie ist eine Störung des normalen Spannungszustandes der Muskeln, insbesondere der Gesäßmuskeln. Eine *vegetative Dystonie* beschreibt anormale Reaktionen des sympathischen und parasympathischen → Nervensystems, die sich als Kreislaufschwäche, Störungen der Herztätigkeit, der Atmung äußern und verbunden sind mit Herzklopfen, Unruhe, Schlaflosigkeit, Schweißausbrüchen, Schwindelgefühlen, Magen- und Kopfschmerzen.

E

EEG (Abkürzung für Elektroenzephalogramm). Elektroenzephalogramm werden Aufzeichnungen der Hirnströme genannt, die von der Kopfhaut abgeleitet und durch ein stark verstärkendes Registriergerät (Verstärkung 1:1 000 000) als Kurven aufgezeichnet werden. Die psychische Tätigkeit (z. B. Anspannung, Denken, Schlaf-Wach-Zustand, organische Erkrankungen des Gehirns, Träumen) schlägt sich in den elektrischen Spannungsschwankungen nieder.
Gegenwärtig werden das EEG wie auch die Pneumoencephalographie (röntgenologische Darstellung der Hirnkammern, die vorher mit Luft gefüllt werden) hauptsächlich zur Diagnose von Hirnerkrankungen angewandt.

Effektgesetz. Das Effektgesetz (Erfolgsgesetz) von Thorndike besagt, daß die Verbindung eines Verhaltens mit einem bestimmten Reiz (Situation) vom Effekt des Verhaltens abhängt. Bei Erfolg wird die Verbindung verstärkt (Verhalten gelernt), beim Fehlen des Erfolges oder Strafe wird sie geschwächt. → Lernen.

Effektororgane. Bezeichnung für Organe (z. B. → Drüsen, Muskeln), die Befehle des → Nervensystems ausführen. Nervenleitungen vom Zentrum zur Peripherie werden *effektorische* oder *efferente* Nerven genannt.

Egoismus. Im Alltag wird unter Egoismus das eigennützige, unsoziale Verhalten eines Menschen verstanden. Man übersieht dabei leicht die positive Seite des Egoismus, der es dem Individuum ermöglicht, in Konkurrenzsituationen an sich zu denken und seine berechtigten Interessen durchzusetzen. Das Auftreten eines solchen „gesunden" Egoismus ist u. a. abhängig vom Aufwachsen in einem Elternhaus, in dem den Kindern eigene Interessen und Wünsche zugestanden werden und ihr oft als Trotz erscheinendes Bemühen, sich durchzusetzen, nicht rücksichtslos gebrochen wird. Das egoistische Verhalten hat mit dem Streben des Menschen nach → Dominanz viele Gemeinsamkeiten. Es darf nicht mit dem egozentrischen Verhalten verwechselt werden. *Egozentrische* Menschen wollen ständig im Mittelpunkt stehen, sind nicht fähig, soziale „Spielregeln" zu beachten, streben nach Aufmerksamkeit und sofortiger Bedürfnisbefriedigung und sind nicht in der Lage, Wünsche anderer zu akzeptieren.

Egozentrisch →Egoismus.

Eheberatung. In den letzten Jahrzehnten sind in Deutschland viele Eheberatungsstellen, Eheinstitute und Sexualberatungsstellen eingerichtet worden. Eine Eheberatung darf weder die Entscheidung, eine Ehe zu schließen, noch den Entschluß, die Ehe zu lösen, verhindern oder ausschalten. Ehebehandlungen gehören zweifelsohne zu den schwierigsten Problemen der psychologischen Beratung. Ziel der Partnerschaftstherapie ist immer eine optimale beiderseitige paritätische Bedürfnisbefriedigung. Erste Bedingung der befriedigenden Partnerschaft ist ein offener Austausch von Meinungen (→Kommunikation), der auch Mitteilungen peinlicher und aggressiver Inhalte umfaßt. Viele Ehepartner handeln nach der Selbsttäuschung, daß derjenige, der wirklich liebt, die Wünsche des anderen genau kennt. Vorwiegend entstehen Ehekonflikte, weil intime Wünsche, Bedürfnisse und Gefühle dem Partner nicht mitgeteilt werden. Zweitens werden Wünsche zum falschen Zeitpunkt (während des Streits) und so verschlüsselt mitgeteilt, daß sie der Partner nicht „versteht". Weitere Ursachen für Ehekonflikte sind: übertriebene Ansprüche und Fehlerwartungen an den Partner, aktuelle Belastungen (Finanzprobleme, Erziehung der Kinder), übergroße Besitzansprüche (man will den Partner nur für sich haben) und daraus resultierende Eifersuchtszenen (meist verbunden mit Minderwertigkeitsgefühlen des eifersüchtigen Partners) und Sexualansprüche (→Sexualität).
Für das Weiterbestehen jeder Partnerbeziehung ist wichtig, daß Bedürfnisse geäußert und befriedigt werden, unterschiedliche Erwartungen angeglichen und deren Verwirklichung ermöglicht wird und daß sich die Partner gegenseitig bestätigen und anerkennen.
Die aufgezeigten Voraussetzungen für eine gute Partnerbeziehung werden in der Eheberatung durch →Kommunikationstherapie, →Verhaltenstherapie, Gruppentherapie und →Gesprächspsychotherapie angestrebt (→Psychotherapie).

Eichung, Gewinnung von Normwerten für einen neu konstruierten Test an einer großen Eichstichprobe. →Statistik.

Eidetiker werden Personen genannt, die die Fähigkeit besitzen, einmal wahrgenommene Ereignisse oder Situationen sich noch einmal lebhaft und in allen Einzelheiten plastisch vorzustellen bzw. vor einem „geistigen Auge" zu sehen. Diese Fähigkeit, die vor allem bei Kindern und Jugendlichen zu finden ist, wird im Anschauungsunterricht berücksichtigt und spielt eine Rolle bei Zeugenaussagen.

Eigenschaften, aus dem Verhalten erschlossene, relativ überdauernde Merkmale der → Persönlichkeit.

Einfühlung. Das Verstehen, Nachvollziehen (Einfühlen, eigenes „Mitschwingen“) fremden Erlebens, vor allem der Ängste und Konflikte anderer, die nur bruchstückhaft gezeigt werden, spielt in der therapeutischen Situation als die Therapeutenvariable „Empathie“ eine wichtige Rolle. Bei zutreffender Einfühlung fühlen sich Menschen verstanden und sind eher in der Lage, über sich selbst zu erzählen.

Einkoten *(Enkopresis).* Die Enkopresis bezeichnet Einkoten, das nach der erfolgreich abgeschlossenen Sauberkeitserziehung auftritt und nicht auf eine körperlich bedingte Schließmuskelschwäche oder momentanes Schreck- oder Angsterleben zurückgeführt werden kann. Das Einkoten beruht in den meisten Fällen auf der Unfähigkeit des Kindes, sich dem überfordernden Erzieher offen zu widersetzen, der z. B. von ihm ständig striktes Hergeben der eigenen Spielsachen oder übermäßige Selbstlosigkeit verlangt und dabei seinen Wunsch, Besitz zu haben, ihn zu verteidigen und zu behalten, übergeht. Psychoanalytisch wird das Einkoten als eine aggressive Äußerung des Kindes interpretiert, das sich vermeintlich den Anordnungen des Erziehers fügt und etwas hergibt, aber gleichzeitig ihn erheblich ärgert. Die Eltern müssen bereit sein, die Wünsche des Kindes stärker zu respektieren, und ihm vor allem einen Bereich einräumen, über den es alleine verfügen kann (z. B. Spielzeug, das nicht hergegeben werden muß, eigene Spielecke, Sammlungen von Briefmarken, Steinen oder Autos).

Einsicht, umgangssprachlich: Verstehen eines Zusammenhangs, logischen Argumenten zustimmen.
In der Lernpsychologie hat man mit dem Begriff „Einsicht“ die Tatsache zu erklären versucht, daß Menschen (und Tiere) in einer neuen Situation ihre bisherigen Erfahrungen neu organisieren und einen neuen Lösungsweg einschlagen, d. h. ihr Verhalten ohne unmittelbares Training ändern. Durch Einsicht (wahrscheinlich eine Folge des vorausgegangenen Denkens) wird ein neuer Lösungsplan entworfen, der die bisherigen Erfahrungen zielgerichtet einsetzt und steuert. Es wäre verfehlt anzunehmen, daß Menschen durch Einsicht ihre bisherigen → Gewohnheiten und Verhaltensweisen leicht ändern könnten (→ Lernen).

Einstellung, auch *Attitüden* oder *Haltungen* genannt, sind während der Erziehung erworbene Bereitschaften, sich gegenüber Reizen aus der sozialen und physikalischen Umwelt in einer bestimmten und beständigen Weise zu verhalten. Sie dienen dem Menschen zur besseren Orientierung in seiner Umwelt.

Merkmale von Einstellungen. Eine Einstellung besteht aus drei Komponenten: Die *kognitive* umfaßt die Wahrnehmungen, Meinungen, Ansichten und Vorstellungen eines Individuums über das Objekt der Einstellung (Asylanten nehmen uns die Arbeitsplätze weg). Die *affektive* Komponente wird beschrieben durch Reaktionen des Autonomen Nervensystems (→Nervensystem) und sprachliche Äußerungen über →Gefühle, die bei der Konfrontation mit einem Einstellungsobjekt auftreten (Wut, Ärger, erhöhte Puls- und Atemfrequenz, wenn von Asylanten die Rede ist). Die *Verhaltenskomponente* (konative Komponente) beinhaltet das offen zutage tretende Verhalten eines Individuums (Ignorieren, Meiden von Asylanten). Das Verhalten verstärkt die bestehende kognitive und affektive Komponente (Teufelskreis).
Zusammenstellung der Bestimmungsstücke von Einstellungen (nach R. Oerter, 1968):

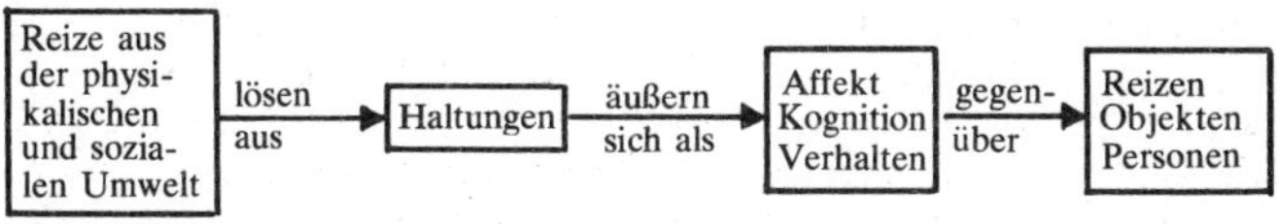

Einstellungen können nicht beobachtet, sondern nur aus dem Verhalten erschlossen werden. Immer dann, wenn Menschen auf bestimmte Objekte, Personen oder politische Probleme mit großer Beständigkeit und Einheitlichkeit reagieren, kann angenommen werden, daß solchem Verhalten eine Verhaltensbereitschaft zugrunde liegt, die sich durch die Übereinstimmung zwischen der kognitiven, affektiven und Verhaltenskomponente auszeichnet. Die Welt ist für solche Individuen „in Ordnung"; weder von der Meinung noch von Gefühlen her besteht ein Grund für eine Verhaltensänderung.
La Piere (1934) verdeutlichte die Wechselwirkung von Ansichten und Gefühlen. Er reiste mit einem chinesischen Paar durch die USA und wurde in allen Hotels und Restaurants immer – bis auf ein einziges Mal – bedient. Nach der Reise befragte er schriftlich die Hoteliers und Gastwirte über ihre Einstellungen gegenüber Chinesen und erfuhr, daß über 90 Prozent der Meinung waren – im Gegensatz zu ihrem tatsächlich erfolgten Verhalten – keine Chinesen bedienen zu wollen. Für diese Diskrepanz zwischen verbal geäußerter Überzeugung und dem tatsächlich gezeigten Verhalten mag es mehrere Gründe geben: 1. Fehlende negative Gefühlsbeziehung (affektive Komponente) gegenüber Chinesen; die Meinung allein reicht nicht aus, um das Verhalten beständig zu machen. 2. Die positive Einstellung der Gastwirte gegenüber dem anwesenden Professor La Piere war so bedeutend, daß das Reizobjekt für die ablehnende Haltung (Chinesen) in Gegenwart des Reizobjektes für die positive Haltung (Professor) an verhaltens-

steuernder Bedeutung verlor. Trotz negativer Einstellungen gegenüber verschiedenen Objekten zeigen Menschen ein zustimmendes Verhalten, weil gleichzeitig Objekte anwesend sind, gegenüber denen positive Einstellungen dominieren. 3. Schließlich hängt das Verhalten in einer konkreten Situation nicht nur von Einstellungen ab, sondern wird auch durch Normen (Gastfreundschaft) und die erwartete Belohnung bzw. Bestrafung bestimmt.

Funktion von Einstellungen

1. *Orientierungsfunktion.* Einstellungen ermöglichen dem Individuum, rational nicht immer erklärbare Umweltgegebenheiten zu verstehen. Der Mensch glaubt, sich genau auszukennen, die Wirklichkeit zu verstehen und z. B. politische Entscheidungen beurteilen zu können, weil er nicht merkt, daß seine Meinung der Realität nicht angemessen, subjektiv ist und seiner Einstellung entspricht. Beispiel: In wirtschaftlichen Krisenzeiten oder bei persönlichen Schwierigkeiten wird deren Ursache willkürlich Angehörigen von Fremdgruppen zugeschoben (z. B. Juden, Asylanten; → Vorurteil). Sie gelten als Verursacher der Probleme, deren eigentlicher Hintergrund oft sehr komplex und für den einzelnen nicht einsehbar ist.

2. *Anpassungsfunktion.* Durch das Zeigen und sich Aneignen bestimmter Einstellungen paßt sich das Individuum an die Eigengruppe (→ Gruppe) an und distanziert sich von den Fremdgruppen. Der Mensch ist bemüht, sich Einstellungen anzueignen, die ihm z. B. die Anerkennung von Familie, Freunden, Parteimitgliedern und Vorgesetzten einbringen. Dieser Anpassungsmechanismus kann an folgendem Beispiel gezeigt werden: Leitende Angestellte und Beamte sind von der Richtigkeit einzelner Aktionen, Anordnungen und Normen des Unternehmens oder der Organisation weit mehr überzeugt als niedriggestellte. Berufserfolg und Anerkennung hängen z. T. vom Grad der Anpassung an bestehende Formen ab, was wiederum Neuerungen im Betrieb oder anderen Organisationen erschwert.

3. *Selbstdarstellungsfunktion.* Das beständige Verhalten aufgrund bestimmter Einstellungen zeigt anderen Gruppenmitgliedern, daß man einen „eigenen" Standpunkt vertritt und nach „eigenen Wertvorstellungen" handelt.

4. *Ich-Verteidigungsfunktion.* Einstellungen schützen vor unerwünschten Erfahrungen, Wünschen und Bedürfnissen. So werden → Aggressionen, die in der eigenen Familie nicht gezeigt werden dürfen oder → Konflikte herbeiführen würden, oft in Form von → Vorurteilen gegenüber Fremdgruppen abgeleitet. Ein anderes Beispiel ist die „alte Jungfer", die sich ihre sexuellen Wünsche nicht eingesteht und die jungen Mädchen für leichtfertig und viel zu freizügig hält.

Entwicklung von Einstellungen. Im Säuglings- und Kleinkindalter setzt die Entwicklung von Einstellungen bei der Verhaltens- und Affektkomponente ein; als letztes wird die kognitive Komponente, meist als nachträgliche Rechtfertigung des Verhaltens, ausgeprägt. So wird die Einstellung des Kindes zur Sauberkeit durch positive Verstärkung (→ Lernen) des erwünschten Verhaltens oder durch die Nachahmung erreicht. Gleichzeitig mit dem Erleben der Verstärkung bildet sich ein angenehmes Gefühl heraus, das mit zukünftigem Verhalten verknüpft wird. Das Kind ist unglücklich und weint, wenn es sich beschmutzt, obwohl es nicht weiß, warum. Dem Kleinkind sind z. B. die rationalen Grundlagen seines Hygieneverhaltens kaum bekannt; sie stellen die kognitive Komponente der Einstellungen dar und werden als letztes ausgebildet. Die drei Komponenten sind jedoch nicht immer bei der Entstehung genau auseinanderzuhalten. Mit dem Unabhängigwerden von den Erziehern und der voranschreitenden Entwicklung der Intelligenz (→ Jugendalter, Erwachsenenalter) hat der Mensch mehr und mehr die Möglichkeit, aus rationalen Gründen seine Einstellungen auszubilden; es ist aber festzustellen, daß auch im Erwachsenenalter entstehende Einstellungen häufig affektiven Ursprungs sind.

Einstellungstheorien. Es gibt zahlreiche Versuche, den Vorgang der Einstellungsbildung und die Struktur von Einstellungen auf allgemein gültige Gesetzmäßigkeiten zurückzuführen. Die bisherigen Ansätze erklären jedoch immer nur einen bestimmten Aspekt der Einstellungsentstehung und -wirkung. Die *Assimilations-Kontrast-Theorie* von M. Sherif und C. I. Hovland (1957) geht davon aus, daß Menschen Bezugspunkte (Ankerreize) ausbilden, auf die Wahrnehmungen entweder hintendieren (Assimilation) oder sich wegbewegen (Kontrast). Bei der Entwicklung von Einstellungen zu einem neuen Schüler bildet der beste Schüler, an den man sich erinnern kann, den Ankerreiz für den neuen Schüler. Mit ihm wird der neue verglichen. Mängel des Ansatzes: es wird nur die vergangene Erfahrung berücksichtigt, die neben dem Wissen auch die affektive Komponente beinhalten kann, nicht jedoch andere Einstellungen und die tatsächlich vorhandene Situation.

Andere Einstellungstheorien nehmen an, daß der Mensch ein Gleichgewicht seiner Einstellungen bzw. aller drei Einstellungskomponenten anstrebe. F. Heider (1946) spricht von der *Balance* und L. Festinger (1957) von der *Konsonanz,* C. E. Osgood und P. H. Tannenbaum (1955) von der *Symmetrie.* Der einfachste Ansatz stammt von Heider: Einstellungen müssen gegenüber verschiedenen Objekten ähnlich sein und zu größeren, stimmigen Konzepten (Gleichgewicht, Balance) zusammengefaßt werden. Zwei Beispiele: Zwei befreundete Personen A und B haben jeweils eine Einstellung gegenüber einem Objekt. Das Einstellungssystem wäre stimmig, wenn A und B sich in ihrer Einstellung gegenüber dem Objekt einig wären (beide positiv oder beide negativ). Ist das

nicht der Fall, dann wäre die positive Einstellung von A zu B gefährdet. Eine positive Einstellung zur Regierungspartei führt nach der Theorie von Heider zur positiven Einstellung gegenüber dem Bundeskanzler und zu Handlungen, die von der Regierung unternommen werden. An diesen beiden Beispielen werden die Schwächen der Theorie von Heider verdeutlicht. Differenzierte Einstellungen, die nicht nur den Aspekt gut – böse oder positiv – negativ, sondern mehrere Beurteilungsgesichtspunkte beinhalten, werden nicht berücksichtigt. Zudem ist es in einer komplexen Situation nicht immer möglich, die wesentlichen Elemente aufzufinden und die Einstellungen gegenüber ihnen in einen Einklang zu bringen.
Die bekannteste aller Einstellungstheorien ist die *Dissonanz-Theorie* von Festinger. Sie hat die Erklärung der Entstehung von Einstellungen und → Neurosen stark beeinflußt. Sie geht davon aus, daß sich der Mensch nur dann wohl fühlt, wenn seine Erklärungen der Objekte und Personen voneinander unabhängig (die Sonne scheint – der Fußball ist rund) oder konsonant sind (weil ich wenig Geld habe, kaufe ich mir ein billiges Auto). Für die Entstehung von Einstellungen ist nach Festinger ein dissonanter (widersprüchlicher) Zustand verantwortlich. Er kann auf einer logischen Inkonsistenz beruhen (ich bin der Überzeugung, daß auf einer bestimmten Insel Wasser zu finden ist, jedoch berichten die Einwohner, daß keines vorhanden ist), einer Diskrepanz zwischen eigenem Verhalten und entsprechenden kulturellen Normen (ich schlage meine Frau, weiß aber, daß dies verpönt ist) oder einem Widerspruch zwischen dem eigenen Wissen und dem Verhalten (ich weiß, daß Rauchen Krebs fördert, rauche aber sehr viel). Ein dissonanter Zustand erzeugt unangenehme psychische Spannungen, die das Individuum verringern möchte. Das kann durch Änderung der bestehenden Einstellung geschehen. Sie ist möglich durch das Zeigen eines neuen Verhaltens (ich schlage meine Frau nicht mehr), eine Veränderung der Umgebung (ich meide die Öffentlichkeit) oder durch Hinzufügen neuer kognitiver Elemente in meine Einstellung (ich stelle fest, daß auch diejenigen, die mein Verhalten verurteilen, ihre Frauen schlagen). Nach der Dissonanztheorie kann durch neue Informationen ein bestehendes Einstellungssystem gestört werden. Um den unangenehmen Zustand zu vermeiden, entwickelt der Mensch verschiedene Mechanismen, die zur Abwertung neuer Informationen und zur Festigung schon bestehender konsonanter Einstellungen führen (→ Massenkommunikation).
Einstellungsänderungen. Die Kommunikationsforschung (→ Kommunikation) hat viel zur Klärung der Einstellungsänderung beigetragen. Aus der Vielfalt von Ergebnissen werden die wichtigsten Erkenntnisse herausgegriffen.
Ein hohes Maß an subjektiv erlebter Glaubwürdigkeit, Attraktivität und Macht einer Person ist geeignet, Einstellungsänderungen

beim Zuhörer herbeizuführen. Als wenig nützlich hat sich ein starkes Appellieren an die Furcht erwiesen; in geringem Maße Angst erzeugende Mitteilungen haben größere Chancen, eine Einstellungsänderung herbeizuführen (Beispiele: Zähneputzen, Rauchen). Einen Einfluß hat ebenso die Reihenfolge, in der Informationen dargeboten werden. Wer als erster oder letzter seine Argumente darlegen kann (z. B. bei politischer Werbung), besitzt eine günstigere Ausgangsbasis zur Beeinflussung von Einstellungen als jemand, der eine mittlere Position einnimmt (primacy-recency-Effekt, → Aufmerksamkeit).
Ein Meinungsaustausch in der → Gruppe wirkt in kürzerer Zeit in stärkerem Maße einstellungsändernd als die → Massenkommunikation oder als Kommunikation zwischen zwei Partnern. Die Suggestibilität (→ Hypnose) eines Menschen, d. h. seine Bereitschaft, sich von anderen in seinen Einstellungen und seinem Verhalten beeinflussen zu lassen, hängt mit dem Gefühl, gesellschaftlich nicht akzeptiert zu werden, und einem geringen Selbstbewußtsein zusammen. Dadurch werden viele veranlaßt, mit einer propagierten Meinung schnell konform zu gehen, um soziale Anerkennung zu erlangen. Die → Intelligenz ist insofern wichtig, als wenig intelligente Personen eine nur geringe Bereitschaft zeigen, sich neuen Informationen auszusetzen. Die Verarbeitung der aufgenommenen Information geschieht → interindividuell unterschiedlich. Personen, die differenziert denken und wahrnehmen können, sind in der Lage, viele unabhängige Gesichtspunkte bei der Beurteilung eines Objektes miteinander zu verbinden; sie sind eher bereit, ihre Einstellungen durch Berücksichtigung neuer Elemente zu modifizieren. Personen, die den entgegengesetzten kognitiven Stil (→ Denken), den der Simplizität, besitzen, halten in starkem Maße an ihren Einstellungen fest. Einstellungen, die den eigenen ähnlich sind, werden eher übernommen als solche, die im Gegensatz zu den eigenen stehen. Sie wirken sogar noch verstärkend auf die schon bestehenden Einstellungen. Eine Einstellungsänderung kann am schnellsten durch Gruppeneinflüsse und durch sogenannte „erzwungene Einwilligung" erreicht werden. Im Rahmen der Anpassungsfunktion wurde darüber berichtet, daß leitende Angestellte und Beamte in ihren Einstellungen mit der Organisationsleitung übereinstimmen. Um beruflich aufzusteigen, wurden sie gezwungen, sich so zu verhalten, daß sie von der Führung akzeptiert werden. Durch das Verhalten wurden auch die Einstellungen geändert, damit ein Widerspruch zwischen Verhalten, Denken und Fühlen (affektive Komponente) vermieden wird. Kurzfristig haben verschiedene Gruppen immer so viel Macht, daß sie ihre Mitglieder dazu zwingen können, ihr Verhalten zu ändern, was zur Änderung von Einstellungen führt (Beispiel: Dorfgemeinschaft und progressiver Lehrer).

EKG, Abkürzung für *Elektrokardiogramm;* Messung und Aufzeichnung der elektrischen Aktionsströme des Herzens ist in der Psychologie bei der Erforschung von →Ermüdung, Erregung, →Streß von Bedeutung.

Ekklesiogene Neurosen. →Neurosen nennt man ekklesiogen, wenn dem Menschen eine Verarbeitung von z. B. sexuellen Erlebnissen aufgrund einer zu starken und intoleranten, an kirchlichen Grundsätzen orientierten Erziehung unmöglich ist.

Ekstase, Bezeichnung für religiöse Verzückung, Glaube, sich mit Gott vereint zu haben, rauschhafter Zustand (Alkohol, →Psychopharmaka), höchstes Lebensgefühl; affektgeladene traumartige psychische Vorgänge mit verminderter Selbstkontrolle.

Elektroenzephalogramm →EEG.

Elektrokardiogramm →EKG.

Elektroretinogramm →ERG.

Elektroschock →Psychotherapie.

Emotional. Bezeichnung für das Verhalten und Erleben, das Gefühlstönung aufweist, von →Gefühlen begleitet oder angetrieben wird und kaum →kognitive Merkmale aufweist.

Emotionen →Gefühle.

Empathie →Einfühlung.

Empfindung. In Abgrenzung zum komplexen psychischen Prozeß der →Wahrnehmung sind Empfindungen einfachere psychische Vorgänge, die durch Umweltveränderungen (Reize) hervorgerufen werden. Voraussetzung für Empfindungen sind sensible Sinnesorgane, die die Reizenergie zu den →Rezeptoren transportieren, wo sie in elektrische Potentiale (Aktionspotentiale) umgewandelt wird (→Nervensystem). Die Intensität der Empfindung hängt von der Reizstärke ab und wird als Anzahl der Aktionspotentiale pro Sek. (Frequenz) und in der Anzahl beteiligter Nervenfasern verschlüsselt. Die Qualität wird durch das Sinnesorgan und die Nervenleitungen, die eine Verbindung zwischen dem betroffenen Sinnesorgan und Hirnzentren aufrechterhalten, bestimmt. Die Tatsache, daß ein Schlag aufs Auge ebenso wie ein Lichtreiz eine Lichtempfindung verursacht und somit die Qualität der Empfin-

dung von der Art des Sinneskanals abhängt, wurde von J. Müller im „Gesetz von der spezifischen Sinnesenergie" formuliert.
Die Beziehungen zwischen objektiven, äußeren Reizen und subjektiven Empfindungen wurden in allen Einzelheiten von der physiologisch ausgerichteten *Psychophysik* untersucht. Da die Messung subjektiver Empfindungen unmöglich erschien, hat G. T. Fechner schon 1860 vorgeschlagen, die „eben merklichen Unterschiede" (EMU bzw. JND = just notable differences) festzustellen, d. h. den Grad des Reizstärkenzuwachses, damit die Reizerhöhung gerade wahrgenommen (bemerkt) wird.
Die eben merklichen Unterschiede werden, bezogen auf den Reizunterschied, auch *Unterschiedsschwellen* und der Reizwert, der gerade wahrgenommen wird, *absolute Reizschwelle* genannt. Unterschwellig sind danach alle Reize, die unterhalb der absoluten Reizschwelle liegen.
Als grundlegendste Erkenntnis der Psychophysik ist das Weber-Fechnersche Gesetz in die Geschichte der Psychologie eingegangen. E. H. Weber und G. T. Fechner haben festgestellt, daß die subjektive Wirkung (E) jeder Reizänderung (dR) von der Ausgangsgröße des Reizes (R) abhängt. Anders ausgedrückt: Die Reizerhöhung (dR), die einen EMU hervorruft, steht in einem konstanten Verhältnis zu dem Ausgangsreiz (R):

$$\frac{dR}{R} = K \text{ (konstant)}$$

Abgesehen von Extremwerten, gilt für alle Sinnesorgane die Beziehung: $E = k \log R$; Empfindung wächst proportional mit dem Logarithmus des Reizes. S. S. Stevens konnte 1953 endgültig nachweisen, daß die subjektive Empfindung proportional mit der mit einem sinnesspezifischen Exponenten potenzierten Reizgröße wächst. Der Exponent für Lautstärke beträgt z. B. 0,67, für Licht 0,33, für Geschmack 1,3 usw. Dieses „psychophysische Grundgesetz" spielt bei der Bestimmung der Informationsleistung einzelner Sinne eine wichtige Rolle.

Empirisch, umfassende Bezeichnung für wissenschaftliches Vorgehen, das auf Erfahrungen, Beobachtungen, dem Messen, → Experiment beruht. Eine empirisch gewonnene Theorie beruht auf vielen beobachtbaren Merkmalen oder Tatsachen (induktives Vorgehen; → Deduktion). → Methoden der Psychologie.

Endogen werden alle psychischen Prozesse sowie psychische Störungen (z. B. → Psychosen) genannt, die nicht durch Einflüsse der Umwelt bedingt werden *(exogen),* sondern von „innen entstehen", ausschließlich anlagebedingt sind (→ Anlage-Umwelt-Problem).

Endogene Psychosen → Psychosen.

Endokrine Drüsen → Drüsen.

Endothym → Persönlichkeit.

Enkopresis → Einkoten

Entfremdung. Die in politischen Diskussionen seit K. Marx zitierte Entfremdung wurde ursprünglich für die Diskrepanz zwischen „Geistigem" (Mensch) und „Wirklichkeit" (Umwelt) gebraucht (z. B. bei Hegel) und im Marxismus definiert als ein Zustand, in dem „die eigene Tat des Menschen (Leistung des Arbeiters) ihm zu einer fremden gegenüberstehenden Macht wird (Kapitalisten), die ihn unterjocht ..." In der Psychologie wird der Begriff Entfremdung im Sinne der Selbst-Entfremdung (E. Fromm) gebraucht, die darin besteht, daß die Person sich selbst als einen Fremden empfindet, entscheidungs- und handlungsunfähig wird und sich lustlos, ohne eigene Initiative und Ziele verhält. Diese Selbst-Entfremdung kann verursacht werden durch:

- die Arbeit (z. B. Fließbandarbeit), in der der Mensch keine Bedürfnisbefriedigung, keine Verantwortung, Anerkennung, Selbstverwirklichung findet und die Arbeit ihm daher „fremd" wird;
- durch das Erleben der eigenen Machtlosigkeit in der Massengesellschaft, in der persönliche Kontakte verlorengehen;
- durch kulturelle und soziale Isolation oder aber auch durch Zwänge der Kultur (z. B. sexuelle Normen), durch Forderungen der Umwelt und Gruppendruck, die eigene Entscheidungsfähigkeit und Identität des Menschen in Frage stellen.

Entscheidung. Die Wahl zwischen zwei oder mehreren Handlungs- und Verhaltensmöglichkeiten (ohne Alternative ist keine Entscheidung möglich) wird für viele Menschen zur „Qual", zu einer Art → Konflikt, wenn die Richtigkeit der Entscheidung nicht vorausgesagt werden kann. Bei Unsicherheit hängt die Entscheidung von der → Persönlichkeit des Entscheidenden, z. B. von seiner → Risikobereitschaft, ab. Das Risiko wird um so geringer, je mehr man in der Lage ist, sich über die Folgen der zur Verfügung stehenden Verhaltensmöglichkeiten zu informieren. Nutzbarmachung von Informationen und die Entscheidungsfähigkeit hängen eng zusammen, da bei denjenigen, die sich besser zu informieren wissen, auch die größere Wahrscheinlichkeit besteht, öfters richtige Entscheidungen zu treffen. Da gegenwärtig in vielen Bereichen der Politik, Wirtschaft und Bildung Entscheidungsgremien die individuelle Entscheidung vorprogrammieren bzw. ganz ersetzen, findet man häufig Entscheidungsunfähigkeit. *Gruppenentscheidungen:* Faktoren, die den Entscheidungsprozeß in Gruppen beeinflussen, sind: Situation (Gruppengröße, Zeitdruck, Art des Problems), Ausgangsposition der Gruppenmitglieder (sind sie dafür, neutral oder dagegen, daß eine Entscheidung herbeigeführt wird), Argumentation (Folgen der Entscheidung, Übereinstimmung mit den Einstellungen der Gruppenmitglieder, Position bestimmter Argumente: Anfang, Mitte, Ende), Persönlichkeit der Sprecher und Zuhörer (Sympathie, sachliche Kompetenz, Einstellungen, Beeinflußbarkeit, Macht, Ängste).

Entscheidungstheorie. Die ursprünglich in der Mathematik und den Wirtschaftswissenschaften angesiedelte Theorie, die von einer Nutzenmaximierung bzw. Risikominimierung ausgeht, spielt seit einigen Jahren auch in der Psychologie eine Rolle. So geht man (z.B. Tedeschi, 1972) davon aus, daß der Mensch, wenn er die Wahl zwischen Möglichkeiten hat, jene wählen wird, die ihm den meisten Nutzen bringen wird. Wichtig ist, alle Ereignisse vorauszusehen, die sich auf den Ausgang der Situation auswirken können, und festzustellen, welchen Beitrag sie zum Gesamtnutzen leisten. Im Laufe der Zeit hat sich deshalb ein eigenes Teilgebiet, die Nutzenmessung entwickelt.

Entspannungstechniken. Der menschliche Organismus besitzt eine Grundspannung (Tonus), die innerhalb einer →interindividuell unterschiedlichen Breite zeitweise vermindert (z.B. im →Schlaf) oder gesteigert werden kann (in Belastungssituationen; →Aktivation). Eine ständige, gesteigerte Anspannung z.B. durch Überlastung im Beruf, familiäre Sorgen, →Konflikte mit Mitarbeitern, führt zu psychischen und organischen Schädigungen (→Neurose, →Streß). Bei solchen Erregungszuständen können Kopfschmerzen, Herzbeschwerden, →Angst, Durchblutungsstörungen, Schweißausbrüche oder Störungen der →Sexualität verursacht werden; zur Erholung reicht der ungestörte Schlaf nicht mehr aus. Man hat daher verschiedene Techniken entwickelt bzw. aus fernöstlichen Kulturen übernommen, mit denen gezielt eine Entspannung herbeigeführt werden kann. Alle Verfahren gehen von der Tatsache aus, daß psychische Vorgänge eng mit körperlichen verknüpft sind (→Leib-Seele-Problem).
Beim *Autogenen Training* richtet das Individuum im angenehmen Ruhezustand seine Vorstellungen auf die normalerweise nicht zu beeinflussenden Vorgänge des vegetativen →Nervensystems. Die Entspannung der Muskeln ist am sogenannten „Schwerer-Werden" des Körpers zu bemerken; etwa gleichzeitig erweitern sich in der Entspannung die Blutgefäße, so daß durch die gesteigerte Durchblutung ein Gefühl der Wärme entsteht. Die ersten Übungen des Autogenen Trainings zielen darauf ab, das Wärme- und

Schwere-Erlebnis mit Hilfe formelhafter Vorsatzbildungen (z. B. der rechte Arm ist ganz schwer) hervorrufen zu können. Dazu müssen die organischen Vorgänge oft und regelmäßig mit den Vorstellungen assoziiert werden (→ Lernen), damit sie später die Entspannungsreaktion prompt auslösen können. Im weiterführenden gezielten Organtraining (Herzübung, Atemübung, Bauchübung, Kopfübung) wird die Entspannung erweitert und ein tiefer erholsamer Zustand der Ruhe erreicht. Da manche psychisch äußerst belasteten Menschen nicht in der Lage sind, irgendeine Äußerung der Entspannung bei sich zu beobachten, wird dem Autogenen Training oft eine Muskelrelaxation (Relaxationstherapie) vorgeschaltet. Es werden sämtliche Muskeln der Reihe nach zuerst angespannt und dann bewußt entspannt (Anweisungsbeispiel: „Beißen Sie die Zähne fest aufeinander ... entspannen Sie jetzt die Gesichtsmuskeln, genießen Sie die Entspannung"). Auf diese Weise wird ein Zustand der Entspannung kennengelernt, wodurch das Individuum in die Lage versetzt wird, zu erkennen, wann bei einem Autogenen Training durch Vorstellungen und bewußte Steuerung die Entspannung bestimmter Körperteile erreicht wird. Die Entspannung kann ebenfalls durch → Meditationen erreicht werden. Auch verschiedene *Yoga-Übungen,* bei denen die Entspannung oft durch anstrengende Körperübungen, wie unbequeme Sitzstellungen, Schulter- und Kopfstand, Dehn-, Beugeübungen usw., aber auch durch Atemübungen und vollständige Ruhe (Savasana) angestrebt wird, sind wieder beliebt geworden. Der Entspannung geht Anstrengung voraus, durch die gleichzeitig – wie durch Meditation – eine Lösung von sämtlichen äußeren und inneren Reizen erreicht wird.

Übersicht über Entspannungstechniken

Die verschiedenen spannungsreduzierenden Techniken setzen jeweils an einer Ebene an und versuchen, dort ein Ruhigwerden zu erreichen. Dieses wirkt sich dann auf die anderen Ebenen und den gesamten Körper aus:

Spannung auf der Ebene ...	*Entspannung durch ...*
der Motorik (z. B. Verkrampfung, Verspannung, Lähmung)	muskelentspannende Techniken (z. B. Muskelrelaxation, Körperreise, Yoga)
des vegetativen → Nervensystems	autogenes Training, → Hypnose
der Wahrnehmung (z. B. Erleben von Beklemmung, Ärger, Angst bzw. immerwährende Beschäftigung damit, → Konzentrations- und → Gedächtnisstörungen)	meditative Verfahren (z. B. → Meditation, Kontemplation)

Entwicklung beschreibt die Veränderung von Organismen (Mensch, Tier, Pflanze), das Entstehen und Abbauen von Fähigkeiten, Verhaltensmerkmalen und Funktionen im Laufe der Zeit. Die Veränderungen sind durch die Merkmale der Differenzierung Integration und Kanalisierung gekennzeichnet und beruhen auf der Wechselwirkung von endogenen, exogenen und autogenen Faktoren.
Die *Entwicklungspsychologie* beschäftigt sich mit den „untereinander zusammenhängenden Änderungen im menschlichen Verhalten und seiner inneren Begründung“ (H. Thomae, 1959). Sie berücksichtigt das gesamte Leben des Menschen von der Zeugung bis zum Tod. Häufig wird jedoch unter dem Thema Entwicklung lediglich die Zeit von der Geburt bis zum →Jugendalter dargestellt.
Modellvorstellungen. Über den Ablauf der menschlichen Ontogenese (Entwicklung des Organismus von der Keimzelle bis zum Tod) bestehen unterschiedliche Modellvorstellungen. A. Gesell sieht sie spiralenförmig verlaufen, wobei vergleichbare Entwicklungsformen auf einer qualitativ höheren Ebene erreicht werden. Nach Ph. Lersch und E. Rothacker werden niedrige Schichten (Affekte, Triebe) von höheren (Denken, Wille) überlagert und umschlossen. Den nachhaltigsten Einfluß auf die Entwicklungspsychologie hatten jene Ansätze, die das menschliche Leben als stufenartigen Ablauf beschrieben (O. Kroh, O. Tumlirz, A. Busemann). Diese Stufenlehren setzen verschiedene Entwicklungsabschnitte an, in denen wesentliche Merkmale längere Zeit für den Entwicklungsstand des Individuums kennzeichnend sind. Länger andauernde Verhaltensmerkmale werden nach Busemann als „Beruhigungsphase“ verstanden, der eine „Erregungsphase“ mit schnellen Veränderungen folgt und den Organismus auf eine neue Stufe führt. Die Stufenreihenfolge muß eingehalten werden, denn der Stufenplan sei durch innere Gesetzmäßigkeiten festgelegt, und eine höhere Stufe folgt erst dann, wenn die Entwicklung der niedrigeren, auf der sie aufbaut, abgeschlossen ist.
Schema einer einfachen Stufenlehre (nach R. Oerter, siehe S. 90: Die durchgezogene Linie veranschaulicht einen kontinuierlichen Verlauf).
Die Einteilung der psychischen und körperlichen Entwicklung des Menschen in Stufen wurde durch die kulturelle, gesetzgebende und pädagogische Einteilung des menschlichen Lebenslaufs in bestimmte Abschnitte begünstigt. Es ist z. B. gesetzlich festgelegt, ab welchem Alter die Kinder in den Kindergarten oder in die Schule kommen und was sie lernen sollen.
Die Stufentheorien werden mehr und mehr von einem Modell abgelöst, das die Kontinuität der Entwicklung herausstellt (R. Oerter). Das menschliche Leben verläuft nicht sprunghaft; die Veränderungen ergeben sich vielmehr allmählich. Selbst den

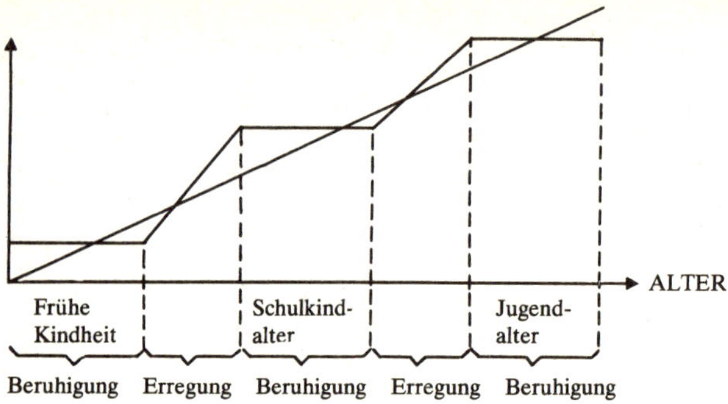

plötzlich auftauchenden Verhaltensweisen wie Laufen-Können liegen kontinuierlich ablaufende physiologische Prozesse zugrunde (→ Säuglingsalter). Ein kontinuierlicher Ablauf steht unter dem Einfluß von Reifungs- (körperliche Reifung) und Lernvorgängen. Ihr Anteil muß bei jeder einzelnen Verhaltensweise eigens ermittelt werden (→ Anlage-Umwelt-Problem). Der kontinuierliche Verlauf der Entwicklung wird durch drei wichtige „Entwicklungsgesetze" näher beschrieben.

Während der *„Differenzierung"* treten aus einem ungegliederten Ganzen immer mehr einzelne Organe und Funktionen hervor. Aus unkontrollierten Bewegungen des Säuglings entwickeln sich kontrollierte, fein abgestufte Bewegungsabfolgen. Die → Wahrnehmung ist ursprünglich in das Fühlen und Handeln des Kleinkindes (→ Kleinkindalter) eingebettet und wird erst im Laufe der Entwicklung davon getrennt. Aus der Gefühlspolarität Lust – Unlust beim Säugling differenziert sich die vielfältige Gefühlswelt des Erwachsenen heraus. Aus wenigen Grundbedürfnissen (Nahrung, Schlaf, Wärme usw.) entstehen zahlreiche sekundäre Bedürfnisse, z. B. nach Zuwendung, Anerkennung, Leistung usw.

In der *„Zentralisation"* (Integration) werden die herausdifferenzierten einzelnen Organe und Funktionen unter eine übergeordnete Instanz gestellt, die ein sinnvolles Zusammenwirken ermöglicht. Wichtige Einstellungen, z. B. gegenüber Sauberkeit, kontrollieren die → Gefühle, das → Denken und das gesamte Verhalten des Individuums in allen Situationen, in denen es auf die Sauberkeit ankommt. Mit dem Vorgang der *„Kanalisierung"* (Selektion) werden die vielen Möglichkeiten, die das Neugeborene besitzt, mit zunehmendem Alter durch eine bestimmte Familienatmosphäre, sozio-ökonomische Situation und kulturelle Umgebung eingeschränkt. Ein Kind hat vielleicht Interessen für Lokomotiven, Autos, Cowboys usw.; später werden seine Vorlieben durch → Lernen eingeengt, und seine Neigungen werden beständiger *(„Verfestigung")*. Oft werden Prozesse der Differenzierung und Selektion den Erregungsphasen (Trotzalter und Vorpubertät) und die Integration und Verfestigung den Beruhigungsphasen (nach dem Trotzalter bis zur Einschulung und im Alter von 8 bis 11 Jahren) zugeordnet. Verschiedene Kräfte sorgen für den Ablauf der Entwicklung beim Menschen. Man spricht von *endogenen Faktoren* und meint jene Kräfte, die aus den Anlagen heraus die Entwicklung beeinflussen. Sie sind vorwiegend verantwortlich für das Auftreten →sensibler Phasen, die Eigenarten menschlichen →Lernens (z.B. Reizassoziation, Streben nach angenehmen Konsequenzen), die Entwicklung von inneren Organen und des Nervensystems. Das Wirksamwerden von endogenen Faktoren wird als Reifung bezeichnet. *Exogene Faktoren* sind die Einflüsse aus der natürlichen, sozialen, ökonomischen und kulturellen Umwelt, die in Verbindung mit den anderen Faktoren auf die Entwicklung einwirken (z.B. Entwicklung von Sprache, Intelligenz, Einstellungen). Kurz gesagt, bestimmen exogene Kräfte, was, wann und in welchem Umfang gelernt wird. Aufgrund des Zusammenwirkens der beiden genannten Faktoren entwickelt sich ein dritter Faktor, die Selbststeuerung, deren Kräfte *autogene Faktoren* genannt werden. Sobald das kleine Kind z.B. mit seiner Umwelt Kontakt aufnimmt, entstehen →Einstellungen und →Gefühle (z.B. Angst, Zuversicht), die wiederum sein zukünftiges Verhalten beeinflussen und Entwicklung voranbringen bzw. stillstehen lassen. Adler (→Individualpsychologie) spricht in diesem Zusammenhang von Leitlinien und meint damit erworbene Grundhaltungen, die ein Leben bestimmen, meist aber unbewußt bleiben (z.B. „ich kann nichts"). Für die Erziehung ergeben sich aus den aufgeführten Entwicklungsgesetzmäßigkeiten folgende Konsequenzen:

1. Prozesse der Differenzierung müssen unterstützt und gefördert werden. Trotzreaktionen des Kindes, die der Findung neuer und erfolgreicherer Verhaltensweisen dienen, dürfen nicht mit Gewalt unterbunden werden.
2. Es ist darauf zu achten, daß keine zu frühe Selektion bzw. Kanalisierung stattfindet, z.B. eine Festlegung auf die Geschlechterrolle, indem nur die vermeintlich erwünschten Verhaltensweisen belohnt werden.
3. Die Ausbildung zentraler Instanzen bedarf gewisser Beständigkeit des Erzieherverhaltens. Unterschiede im erzieherischen Verhalten zwischen Mutter, Vater, Kindergärtnerin, Lehrer usw. bewirken ebenso Unsicherheit wie wechselhafte „Kalt-Warm-Erziehung".
4. Eine zu frühe Verfestigung bestimmter Bedürfnisse, Tätigkeiten, Interessen bedeutet starke Einschränkung des Verhaltens. Das Kind bzw. der Erwachsene hält auch dann an „verfestigten" Verhaltensweisen fest, wenn sie der neuen Situation nicht mehr angepaßt sind.

Methoden. Die Entwicklungspsychologie versucht, sowohl allgemeine Gesetzmäßigkeiten des Verhaltens auf verschiedenen Altersstufen herauszufinden als auch die Gesetzmäßigkeiten der Entwicklung von Verhaltensweisen. Viele Erkenntnisse wurden mit dem idiographischen Vorgehen (→Fallstudie) gewonnen; viele Psychologen haben die Entwicklung ihrer eigenen Kinder peinlichst genau beobachtet und beschrieben. Wichtige Ergebnisse liefern Längs- und Querschnittsuntersuchungen (→Methoden der Psychologie). Eine allgemeine Theorie der Entwicklung, die die Ergebnisse bisheriger Forschung systematisch beschreiben und Hinweise auf weitere Forschung liefern sollte, existiert in der Entwicklungspsychologie im Augenblick nicht. Am ehesten könnte noch die psychoanalytische Theorie genannt werden, die als erste die Bedeutung von frühkindlichen Erfahrungen für das Erwachsenenleben herausstellte und die Erziehungspraktiken stark beeinflußte. Eine größere Bedeutung haben auch die Lerntheorien, die die Gesetzmäßigkeiten des →Lernens neuer Verhaltensweisen, der Gefühle, Bedürfnisse und →Einstellungen beschrieben haben. Die Theorie von Piaget bezieht sich lediglich auf die kognitive Entwicklung (→Intelligenzentwicklung).

Enuresis *(Bettnässen).* Ein normal entwickeltes Kind wird ohne direktes Sauberkeitstraining etwa mit drei bis vier Jahren nicht mehr einnässen. Später handelt es sich um ein krankhaftes Verhalten, das man als *primäre* Enuresis bezeichnet. War das Kind eine Zeitlang trocken und näßt dann wieder ein, spricht man von *sekundärer* Enuresis. Weiterhin unterscheidet man noch das Einnässen am Tag (Enuresis diurna) und nachts (nocturna). In seltenen Fällen geht das Einnässen auf eine organische Mißbildung oder Fehlfunktion (z. B. des Blasenmuskels) zurück, vielmehr tritt es als neurotische (→Neurose) Reaktion in Situationen auf, die das Kind überfordern. Es erlebt, daß sein Wunsch nach Zuneigung und Sicherheit vermeintlich oder wirklich nicht mehr erfüllt wird (z. B. weil die Mutter das neugeborene Geschwisterchen umsorgt, aufgrund ständiger Familienstreitigkeiten, der Belastung beim Schulanfang oder wegen der Vernachlässigung, weil die Eltern berufstätig sind), und versucht unbewußt, durch sein auffälliges Verhalten, die Aufmerksamkeit und Zuwendung der Eltern wieder auf sich zu lenken. Eine fanatische und strenge →Reinlichkeitserziehung begünstigt das Auftreten einer Enuresis. Da das Kind ungewollt und aus Hilflosigkeit einnäßt, ist ein moralisierendes und ermahnendes Verhalten der Eltern bei dieser am häufigsten vorkommenden kindlichen →Verhaltensstörung völlig unangebracht. Auch abwertende verächtlich machende Bemerkungen sollten unterlassen werden, denn nur eine vermehrte Zuwendung (z. B. Einbeziehen des Kindes in die Pflege des Neugeborenen, deutlich machen, daß es eine große Hilfe ist; nur noch halbtägige Berufstätigkeit, im Bett der Eltern schlafen dürfen usw.), die sich kurze Zeit auch als

Verwöhnung äußern kann, vermag den Kindern das Gefühl wiederzugeben, sicher und akzeptiert zu sein. Man versucht auch, durch Medikamente die Schlaftiefe herabzusetzen, damit der Spannungszustand der Blase rechtzeitig bemerkt wird; jedoch ist diese Maßnahme ebenso wie das Wecken des Kindes beim ersten Tropfen Urin m. H. einer Klingelhose für sich alleine – ohne eine vermehrte Hinwendung zum Kind – unnütz, da der das neurotische Verhalten verursachende Konflikt nicht beseitigt wird.

EOG, Abkürzung für Elektrookulogramm. Aufzeichnung der Augenbewegungen; spielt bei der Erforschung der →Aufmerksamkeit und der →Träume eine wichtige Rolle.

Epilepsie (Anfallsleiden) wird auf eine Schädigung des Gehirns zurückgeführt, die ererbt sein kann (genuine Epilepsie) oder auf einer Erkrankung bzw. Verletzung beruht (symptomatische Epilepsie, z. B. durch Hirntumor, Hirnhautentzündung, Alkohol- und Schlafmittelvergiftung). Die genuine Epilepsie tritt meist erst ab dem →Jugendalter auf, sie kann jedoch oft schon vorher anhand eines typischen →EEG-Bildes identifiziert werden. Die Epilepsie äußert sich in verschiedenen Arten von Anfällen, die beim sogenannten grand mal plötzlich einsetzen, wobei der Kranke zu Boden stürzt, sich krampfartig streckt, rhythmisch zuckt, Urin abläßt und häufig blutigen Schaum vor dem Mund hat, weil der Epileptiker im Anfall die Zunge schnell hin- und herbewegt. Er bemerkt von seinem Anfall nichts und kann sich auch an ihn nicht erinnern, wenn er aus dem Schlaf- oder Dämmerzustand erwacht. Es besteht manchmal die Gefahr, daß Anfälle in einer Serie bis zum Tode des Kranken verlaufen, da das Gehirn durch Sauerstoffmangel zu sehr geschädigt wird. Eine mildere Form der Epilepsie ist der sogenannte petit-mal-Anfall, der oft nicht als Krankheit erkannt wird und von dem verschiedene Formen schon im Säuglings- oder Schulalter auftreten können. Das Kind führt z. B. krampfartige Vorwärtsbewegungen des Kopfes bzw. des Körpers aus oder ist plötzlich mit starrem Blick abwesend. Bei ungefähr der Hälfte der Epileptiker tritt mit der Krankheit eine Wesensveränderung ein: das Denken wird langsamer, es treten häufig Wiederholungen beim Sprechen auf, und der Kranke bleibt an einem Gedanken oder einer Vorstellung lange haften. Aufgrund medikamentöser, medizinischer Behandlung erreicht man bei 50% der Kranken eine Anfallsfreiheit.

Erfahrung, Bezeichnung für die Gesamtheit der gelernten (erworbenen) Kenntnisse, Informationen, Fähigkeiten, Verhaltensweisen. Erfahrungen werden durch →Empfindungen (heiß, kalt), →Wahrnehmung, Erleben (Schock-, Angsterlebnisse), Verhalten (spielen, etwas umgestalten, arbeiten usw.) gesammelt. Ob jemand viele oder wenige Erfahrungen sammelt, ist sowohl anlage- (geistig behindertes Kind macht nur wenige Erfahrungen) als auch umweltbedingt (ein Arbeiterkind macht weniger Spracherfahrungen als ein Akademikerkind). Die gesamte spätere Entwicklung (→ Intelligenz, Lernen in der Schule, → Gefühle) hängt davon ab, ob das Kind in seinem frühen Lebensalter die Möglichkeit hatte, sich mit der Umwelt in vielfältiger Weise auseinanderzusetzen. Negative Erfahrungen in der frühen Kindheit sind häufig Ursache für spätere neurotische Störungen (→ Neurose). Sog. *Quasi-Erfahrungen,* die auf der Vermittlung von Informationen, fertigen Erklärungen durch Bücher, Lehrer und Fernsehen beruhen, beeinflussen das Verhalten des Menschen kaum und spielen bei der Entwicklung der Intelligenz, → Einstellungen, → Gefühle u.a. nur eine geringe Rolle.

Erfolgsgesetz → Effektgesetz, → Lernen.

ERG, Abkürzung für Elektroretinogramm, Aufzeichnung der elektrischen Aktivität an der Netzhaut.

Ermüdung → Arbeitspsychologie.

Erregbarkeit, 1. als *Irritabilität* Bezeichnung für die Fähigkeit lebender Organismen, auf Umweltveränderungen (Reize) zu reagieren (→ Nervensystem, → Sinne); 2. als *Exzitabilität* Bezeichnung für überstarke emotionale (gefühls- und affektmäßige) Reaktionen bei geringen Anlässen. Entsprechend werden bestimmte Phasen in der menschlichen Entwicklung, z.B. Pubertät, auch Erregungsphasen genannt.

Erregung, Bezeichnung für körperliche Vorgänge, wie Erhöhung des Blutdrucks, Hormonausschüttung (Adrenalin), → Hautwiderstand, sowie für stark affektbezogene → Empfindungen, die vom → Nervensystem gesteuert werden und als Reaktionen des Organismus auf innere oder äußere Reize auftreten. → Erregbarkeit.

Ersatzbefriedigung. Nach S. Freud streben alle verdrängten (→ Verdrängung) Bedürfnisse oder Triebe nach einer Ersatzbefriedigung, d.h., ihre verhaltensaktivierende Energie richtet sich auf ein neues Ziel, Objekt oder Person und führt zu Ersatzhandlungen. → Abwehrmechanismen.

Erster Eindruck. In der Person-Wahrnehmung und -Beurteilung (→ Ausdruck) spielt der erste Eindruck eine wichtige Rolle. Da beim ersten Eindruck besonders markante Merkmale des Fremden ausschlaggebend sind, kommt der Beurteiler oft zu einem falschen „Bild", weil er alle hinzukommenden Merkmale unter dem

Aspekt des ersten Eindruckes entweder zu negativ oder zu positiv beurteilt.

Erwartung. Die „Vorwegnahme" zukünftiger Ereignisse, die auf Erfahrungen beruht, bewirkt Erwartungsspannungen und -gefühle, wie Hoffnung auf Erfolg oder Furcht vor Mißerfolg, Angst oder Freude, die sich auf das Verhalten auswirken und die Erreichbarkeit des Zieles (z. B. Vollbringen einer Leistung) oder das Eintreten zukünftiger Ereignisse stark beeinflussen können. Hoffnung auf Erfolg oder Furcht vor Mißerfolg spielen in der → Leistungsmotivation eine wichtige Rolle.
Mit dem Begriff Erwartung (im Sinne von Rollenerwartung; → Rolle) wird in der Psychologie die Tatsache beschrieben, daß die in der → Interaktion stehenden Menschen erwarten, daß jeder Beteiligte bestimmte soziale → Normen einhält und sein Verhalten zu einem gewissen Grad voraussagbar ist.

Erziehungsberatung. Es ist allgemein bekannt, daß sich mangelhafte, fehlerhafte oder falsche Erziehung im Kindesalter auf das Verhalten im Erwachsenenalter sehr negativ auswirkt. Die Annahme, Mutterinstinkt oder Mutterliebe allein reiche aus, um ein Kind optimal zu erziehen, wurde inzwischen durch umfangreiches Forschungsmaterial widerlegt. Die Erziehung ist aus verschiedenen Gründen zu einem gesamtgesellschaftlichen Problem geworden, das ohne fachmännische Beratung kaum gelöst werden kann. Auf der einen Seite wachsen die Kinder in einer künstlich geschaffenen Umwelt auf, werden von erzieherisch wertlosem Spielzeug umgeben und in ihrem Neugierverhalten durch viele Gefahren eingeengt; auf der anderen Seite wurden die Erzieher (Eltern, Lehrer) durch öffentliche Diskussion über richtige und falsche Erziehung so verunsichert, daß sie in ihrer erzieherischen Wirkung ständigen Schwankungen unterliegen, und eine inkonsequente Erziehung wirkt sich besonders negativ aus. Die Erziehungsberatung umfaßt sowohl die Unterstützung der Eltern durch → Beratung und Hinweise bei sich normal entwickelnden Kindern in einer problemlosen Umgebung als auch intensive erzieherische Hilfe (→ Psychotherapie; → Kinderpsychotherapie) bei Erziehungsschwierigkeiten, → Verhaltensstörungen und Behinderungen. Sie dient der Kooperation zwischen Elternhaus und Schule ebenso wie der Vermittlung von Behandlung durch Heilpädagogen, Logopäden (Sprachheillehrer) und der Einweisung in verschiedene Sonderschulen und heilpädagogische Heime.
Die häufigsten Erziehungsprobleme
1. Erziehungsschwierigkeiten bei Behinderten (→ geistig Behinderte, Körperbehinderte, Sprachgestörte, Seh- und Gehörbehinderte). Bei rechtzeitigem Erkennen der Behinderung und entspre-

chender Behandlung können sekundäre Störungen der Persönlichkeitsentwicklung, wie soziale Fehlanpassung, →Ängste, →Aggressionen, Mißtrauen u.a., vermieden werden.

2. Auffälligkeiten wie Nägelkauen, Haareausreißen, Tics, Einnässen, Eßstörungen, Sprechstörungen.

3. Soziale Störungen: Ungehorsam, Schulschwänzen, Stehlen, Aggressionen, Lügen, ständige Unzufriedenheit und Quengelei, Verwahrlosung, Sucht u.a.

4. Leistungsstörungen: Schulversagen, Konzentrationsstörungen, Verspieltheit, Interessenmangel, Spielstörungen u.a.

5. Störungen der Ich-Gefühle: übergroße Ängstlichkeit, Wehleidigkeit, Weinzustände, Depressionen, Selbstmordversuche u.a.

6. Psychisch verursachte organische Störungen: Asthma, Schwindel, Erröten, Kopfschmerzen, Erbrechen, Durchfälle, Schlaflosigkeit, Magersucht, Nervosität. →Psychische Störungen.

Die häufigsten Ursachen

Mangelnde Pflege, strenge Sauberkeitserziehung, Liebesentzug, Gleichgültigkeit der Eltern, Mißhandlungen, Eifersucht, Neid und Haß auf ein nachgeborenes Geschwisterkind, überstarke Bindung an ein Elternteil und Ablehnung des anderen, übermäßig behütete und versagende Erziehung, Verwöhnung, die Fähigkeit des Kindes übersteigende Anforderungen aus falschem Ehrgeiz, gestörte →Familien, Großelternerziehung, Berufstätigkeit der Mutter, unbeständige, affektiv unreife Mutter.

Ablauf und Methoden der Beratung

1. Feststellen der Erziehungsschwierigkeit, der Abweichung von der Altersnorm. Nicht immer wird das tatsächliche Problem von den Eltern direkt angegeben, das eigentliche Anliegen bleibt häufig verborgen (z.B. Eheprobleme, sexuelle Schwierigkeiten der Eltern.).

2. Feststellen von Ursachen durch →Anamnese aller biographischen Daten, → Exploration der bisherigen Erziehung unter Berücksichtigung von Familien- und Wohnverhältnissen, Erfragen von aktuellen Anlässen (vor allem bei Schulschwierigkeiten). Feststellen des Entwicklungsniveaus z.B. durch psychodiagnostische →Tests, →Spiele, Zeichnungen.

3. Beratung und Therapie: Die größte Schwierigkeit der Erziehungsberater bereitet die Behandlung der Erzieher selbst. Als Ursache für Erziehungsschwierigkeiten werden immer wieder mangelnde Gefühlsbeziehung des Erziehers zum Kind, übertriebene Sorge, Extremhaltungen bei Behinderungen und Verwöhnung sowie übergroße Ansprüche festgestellt. Die Erzieher glauben jedoch, das Beste für ihr Kind zu tun, und lassen sich nicht belehren. Sehr oft wäre eine Therapie der Erwachsenen und nicht der Kinder notwendig. In diesem Sinne reicht die Behandlung von der einfachen Beratung, über →Familien-, Eltern- und →Milieutherapie (Milieuwechsel) bis hin zu der eigentlichen Therapie der vor-

handenen Verhaltensstörung (z. B. → Verhaltenstherapie, Gruppentherapie, Spieltherapie, Leistungstraining, Sprachheilübungen, Heilgymnastik).
Die Vielseitigkeit der Behandlung erfordert Zusammenarbeit mit sozialpädagogischen (Jugendamt, soziale Fürsorge, Heimerziehung) und heilpädagogischen Einrichtungen (Behindertenschulen, heilpädagogische Heime) und verschiedenen Fachkräften (Fachärzte, Logopäden, Psychagogen, spezialisierte Psychotherapeuten u. a.).

Es → Ich, → Tiefenpsychologie, → Psychoanalyse.

Eßstörungen, die psychogener Natur sind, reichen von der Appetitstörung, bei der die Kinder nach dem Urteil der Eltern schlecht essen, über das Erbrechen nach einer meist erzwungenen Nahrungsaufnahme, bis zur *Magersucht* (auch Pubertätsmagersucht, anorexia nervosa, genannt), bei der vor allem Mädchen oft so stark abmagern, daß Gefahr für das Leben besteht. Beim Kind sind für Eßstörungen häufig fehlende Zärtlichkeit sowie mangelndes Akzeptieren des Kindes im Elternhaus und eine starke Einengung seines natürlichen Bewegungsdranges die Ursache. Es fällt auf, daß schlechte Esser meist nur in Familien vorkommen, die eine übermäßige Betonung auf das Essen legen und das Kind oft bedrängen, mehr zu essen. Besonders überängstliche und überbesorgte Mütter neigen zu einem solchen Verhalten. Sie berücksichtigen nicht, daß ein Kind – solange es sich wohlfühlt – von alleine imstande ist, die Menge des Essens zu bestimmen. Ein betont langsames Essen ist ebenso wie das Erbrechen oft Ausdruck einer Opposition gegen die Eltern, die nicht offen geäußert werden kann. Bei derartigen Eßstörungen sollte man das Verhalten des Kindes nicht beachten, um es durch eine Zuwendung nicht noch zu bestärken (→ Lernen).
Die *Magersucht (Anorexie)* kommt meist bei pubertierenden Mädchen vor und wird fast immer von Verstopfung (Obstipation) und Menstruationsstörungen begleitet. Ähnlich wie bei der Appetitstörung steht hinter der Magersucht eine tiefe Niedergeschlagenheit des Individuums, die jedoch nicht immer offen wahrgenommen wird, denn magersüchtige Mädchen erscheinen manchmal besonders betriebsam und munter. Als Ursache der Magersucht nimmt man an, daß die Mädchen unbewußt ihre eigene körperliche Reifung oder zukünftige Rolle als Frau ablehnen. Man trifft dies häufig bei Jugendlichen an, die sich nicht an einem positiven Vorbild der Mutter orientieren können und ihre private und berufliche Situation als ausweglos erleben. Ein Nicht-Beachten wie bei anderen Eßstörungen kann bei der Magersucht zu schweren körperlichen Schädigungen führen. Ein Milieuwechsel, stärkeres Übertragen von Verantwortung, Anerkennung könnten dazu beitragen,

daß der Jugendliche ein positives Bild von sich und seiner Geschlechtsrolle gewinnt.
Erst seit kurzem tritt die *Bulimie* als eigenständige Eßstörung hervor. Auch von ihr sind meist junge Mädchen betroffen; sie leiden unter immer wieder auftretenden Freßanfällen, denen i.d.R. ein selbst herbeigeführtes Erbrechen folgt. Oft werden große Mengen Appetitzügler und Abführmittel eingenommen. Im Gegensatz zur Magersucht ist Bulimie nicht mit Untergewicht verbunden. Die Ursachen dieser Störung sind noch wenig erforscht, man vermutet einen Zusammenhang mit dem weitverbreiteten Ideal extremer Schlankheit.

Ethnozentrismus. Die Struktur, Normen und Werte der Eigengruppe (Wir-Gruppe) werden stark herausgestellt und überbewertet (Nationalismus), während Merkmale der Fremdgruppe entsprechend den Maßstäben der eigenen →Gruppe abgewertet werden. Menschen mit stark ausgeprägtem Ethnozentrismus lehnen Neuerungen ab (Konformismus), neigen zu →Vorurteilen, autoritären und dogmatischen Einstellungen und gehören daher zu den von Adorno und seinen Mitarbeitern beschriebenen →autoritären Persönlichkeiten.

Ethologie →Verhaltensforschung.

Euphorie. Charakteristisch für den Zustand der Euphorie sind: eine der Situation unangemessene, übersteigerte Aktivität, Lebensdrang, äußerst gehobene Stimmung, höchstes Lebensgefühl, Wohlbefinden, Glückseligkeit. Euphorie kann sowohl temperamentsbedingt sein (hypomanisch) oder durch Rauschmittel (→Drogenabhängigkeit, →Psychopharmaka) verursacht werden und ist charakteristisch für die manische Phase des →Manisch-depressiven Irreseins.

Eutonie, ein von Gerda Alexander entwickeltes Verfahren der →Körpertherapie, das beim Klienten aufgrund der sprachlichen Führung durch den Therapeuten ein „Sich-bewußt-werden" des eigenen Körpers und ein aufmerksames Wahrnehmen der Vorgänge, die sich im Körper abspielen, erreicht. Es wird angenommen, daß sich durch die Aufmerksamkeit einzelne Spannungen im Körper lösen und daß die Erfahrung des Körpers einen „integrativen Anteil an Selbsterkenntnis" leistet, die zur psychischen Gesundheit beiträgt.

Exhibitionismus →Perversionen.

Experiment. Systematische Beobachtung von veränderlichen Merkmalen *(Variablen)* unter planmäßig kontrollierten oder künstlich geschaffenen Bedingungen wird als Experiment oder Versuch bezeichnet. Während in natürlichen Situationen viele Variablen gleichzeitig auf Menschen oder Tiere einwirken, werden beim experimentellen Vorgehen möglichst alle Variablen, bis auf eine („univariate"-Experimente) oder mehrere („multivariate"-Experimente) *unabhängige Variablen,* die systematisch verändert (variiert) und eingesetzt werden, konstant gehalten. Solches Vorgehen ermöglicht die Feststellung, daß die beobachteten Änderungen von abhängigen Variablen durch das Einsetzen von unabhängigen Variablen verursacht wurden oder zumindest mit den unabhängigen Variablen in einem bestimmten Zusammenhang stehen.

Viele wichtige Erkenntnisse der Psychologie wurden durch genial konstruierte experimentelle Anordnungen gewonnen, wobei bei bestimmten Fragestellungen aus moralischen Gründen mit Tieren experimentiert wurde. Technische Hilfsmittel und die Entwicklung der induktiven → Statistik haben die Möglichkeiten der experimentellen Forschung stark erweitert. Der experimentelle Ablauf wird durch elektronische Instrumente gesteuert, die nicht nur das Einwirken von unabhängigen Variablen (z. B. verschiedene Reize) kontrollieren, sondern auch die Veränderungen von abhängigen Variablen präzise aufzeichnen und gelegentlich auch gleich auswerten. Um verallgemeinerungswürdige Ergebnisse zu erreichen, wird nicht mehr mit Einzelpersonen oder gar mit Selbstversuchen gearbeitet, sondern mit repräsentativen Stichproben (→ Methoden der Psychologie). Um sicher zu sein, daß die beobachteten Veränderungen der abhängigen Variable mit der systematisch eingesetzten unabhängigen zusammenhängen, wählen Wissenschaftler zwei Zufallsstichproben aus derselben Population und bilden eine *„Experimental-"* und eine *„Kontroll-Gruppe".* Typisches Beispiel: Experimentelle Überprüfung der Auswirkung von → Psychopharmaka auf Lernen:

Population	Gruppen	Vor-Test	Unabhg. V	Test	Auswirkung
Medizin-studenten	Exp. Gruppe	Lernen Aufg. A	Psycho-pharmakon	Lernen Aufg. B	Ergebnis
	Kontroll-Gruppe	Lernen Aufg. A	entfällt o. Placebo	Lernen Aufg. B	Ergebnis

Diese Fragestellung kann durch das geschilderte Experiment eindeutig beantwortet werden. Im Vor-Test wurde der evtl. vorhandene Leistungsunterschied zwischen beiden Gruppen geprüft; nur die Experimental-Gruppe bekommt in der experimentellen Phase ein Psychopharmakon verabreicht, und die evtl. vorhandenen Leistungsunterschiede beim eigentlichen Test (Lernen der Aufgabe B) zwischen den Gruppen und zu den Vor-Test-Ergebnissen geben Aufschluß über die Wirkung des Psychopharmakons. Alle wichti-

gen Bedingungen (z. B. Lernfähigkeit, Gedächtnis) werden während des Experiments konstant gehalten bis auf das systematische Einsetzen des Psychopharmakons in der Experimental-Gruppe.
Bei dieser experimentellen Anordnung ist der Einwand berechtigt, daß der evtl. Leistungsanstieg nicht durch den chemischen Aufbau des Psychopharmakons, sondern durch dessen suggestive Wirkung verursacht wurde. Aus diesem Grund bekommen beide Gruppen gleich aussehende Tabletten verabreicht, mit der Instruktion, es handelt sich um eine lernsteigernde Substanz, wobei die Kontroll-Gruppe ein chemisch unwirksames, harmloses → Placebo erhält.
Merkmale des experimentellen Vorgehens.
1. *Willkürlichkeit:* Ein Vorgang wird durch planvolles Handeln des Wissenschaftlers herbeigeführt.
2. *Wiederholbarkeit:* Experimentelle Untersuchung kann, um z. B. die Befunde zu überprüfen, wiederholt werden.
3. *Variierbarkeit:* Die unabhängige Variable kann unterschiedlich (variiert) eingesetzt werden. In „Plan-Experimenten" werden mehrere unabhängige Variablen kombiniert eingesetzt, damit deren Einzelwirkungen als auch die Wechselwirkungen erfaßt werden können.
4. Nach dem Ziel der experimentellen Untersuchung werden unterschieden: *Erkundungs*-Experiment (pilot study), um zu gezielten Fragestellungen zu kommen, wenn in einem bestimmten Bereich wenig Erkenntnisse vorliegen; *Kontroll*-Experiment, wenn schon bekannte Ergebnisse überprüft werden; *Prüfungs*-Experiment, um eine Theorie (→ Methoden der Psychologie) oder Hypothese durch systematische Beobachtungen zu überprüfen.

Einige praktische Probleme. Die untersuchten und eingesetzten Variablen sind nicht immer eindeutig definierbar. Wie die Instruktion von Vpn aufgefaßt wird, ist objektiv nicht kontrollierbar. Die Erwartungen des Versuchsleiters (Vl) können das Verhalten von Vpn beeinflussen (Rosenthal-Effekt). Um diese Fehlerquelle zu vermeiden, werden *Blind-* (Vpn werden nicht eingeweiht) und *Doppel-Blind*-Versuche (auch der Vl ist „unwissentlich") durchgeführt. In unserem Beispiel würde es sich um Doppel-Blind-Versuch handeln, wenn der Vl nicht weiß, welche Gruppe Psychopharmaka und welche Placebo erhält, und die Vpn über das Ziel der Untersuchung nicht aufgeklärt werden. Als *Hawthorne-Effekt* wird die Tatsache bezeichnet, daß schon bloße Teilnahme an einem psychologischen Experiment die → Einstellungen und das Verhalten von Vpn ändert. Bei den beobachteten Veränderungen von abhängigen Variablen handelt es sich also vielfach um Pseudo-Effekte, die nicht durch die unabhängige Variable, sondern durch die künstlichen Bedingungen verursacht werden; sie werden experimentelle *„Artefakte"* genannt. Weitere Schwierigkeiten und Einschränkungen des experimentellen Vorgehens ergeben sich aus moralischen und rechtlichen Bedenken, weil unerwünschte Auswirkungen entstehen könnten, und aus der Tatsache, daß künstliche Situationen nur annähernd an die natürlichen angeglichen werden können.

Exploration. 1. Exploration heißt soviel wie Erkundung. In diesem Sinn wird der Begriff für das Erkundungsverhalten eines Menschen verwendet, der die nähere Umgebung untersucht. Explorationsverhalten ist zielgerichtet und unterscheidet sich vom → Neugier-Verhalten. 2. Exploration ist eine Methode in der psychologischen → Diagnostik, um persönliche Probleme eines Menschen zu klären. Hierbei werden im Gespräch durch gezielte Fragen insbesondere die aktuellen Lebensumstände geklärt:

- die Gründe, warum der Klient gekommen ist;
- die materiellen Verhältnisse, in denen er lebt; Lebenslauf, → Amnese;
- die familiären und weitergespannten sozialen Beziehungen (Geschwister, Freunde, Umgang mit Arbeitskollegen);
- besondere Probleme bzw. psychische Störungen.

Diese Informationen sind wichtig, um in einer späteren Phase der diagnostischen Untersuchung gewonnene Testdaten richtig, d.h. der persönlichen Situation des Klienten angemessen, beurteilen und Maßnahmen treffen zu können, die auf die individuelle Situation des Betreffenden zugeschnitten sind. So muß der psychologische Berater bei der Aufstellung eines Lernprogramms für einen Schüler z.B. berücksichtigen, ob dieser ein Zimmer für sich hat, ein Einzelgänger oder ein geselliger Mensch ist, der oft Besuch erhält und abgelenkt wird.

Extinktion (Löschung) → Lernen.

Extraversion *(Introversion).* C. G. Jung (1921), zuerst Schüler und später Kritiker S. Freuds, postulierte zwei Persönlichkeitstypen, den Extravertierten und den Introvertierten, deren grundlegende Merkmale seiner Meinung nach angeboren sind. Der introvertierte Mensch grenzt sich nach Jung von seiner Umwelt ab und beschäftigt sich mehr mit sich und Objektbeziehungen. Der extravertierte Mensch ist für seine Umgebung offen und zugänglich und sucht soziale Kontakte. Die faktorenanalytische (→ Faktorenanalyse) Persönlichkeitsforschung (→ Persönlichkeit) hat eine differenzierte Struktur dieser beiden Menschentypen aufgedeckt. Die Dimension Extraversion – Introversion ist bei H. J. Eysenck, zu einem zentralen Begriff seiner Persönlichkeitstheorie und -fragebogen geworden. Introvertierten werden z. B. folgende Verhaltensbereitschaften zugeordnet:

Schnelles → Lernen von Furchtreaktionen, Neigung zu → Neurosen, Überangepaßtheit an soziale → Normen (strenges → Gewissen), sie arbeiten gleichmäßig und neigen stärker zu abstraktem Denken und Formsehen, sind intolerant gegenüber Schmerz.
Extravertierte bauen beim → Lernen schnell Hemmungen auf, d. h. sie brauchen erheblich länger als Introvertierte, ehe eine konditionierte Reaktion ausgebildet ist. Deshalb erwerben sie auch weniger Ängste. Sie arbeiten ungleichmäßig und bevorzugen abwechslungsreiche Arbeit, lieben anregende Gesellschaft und Farben, sind ungeeignet für Vigilanzaufgaben (Daueraufmerksamkeit; → Arbeitspsychologie).
Psychologisch lassen sich beide Typen durch unterschiedliche Aktivationsgrade (→ Aktivierung) bestimmter Teile des → Nervensystems beschreiben.

F

Fähigkeiten. Unter Fähigkeiten werden in der Psychologie all jene personzentrierten Bedingungen beschrieben, die zum Vollzug einer Tätigkeit bzw. für Leistungen in der Schule, im Beruf, beim Sport usw. notwendig sind. Es ist kaum möglich, eine Zahl von Einzelfähigkeiten, die die Leistung des Menschen ermöglichen, zu nennen. Normalerweise wird von einer Tätigkeit, in der eine bestimmte Fähigkeit zum Ausdruck kommt, wiederum auf eine andere komplexere →Begabung geschlossen. Zum Beispiel ist das Behalten eine Fähigkeit auf der Grundlage des →Gedächtnisses, verschiedene schulische Leistungen beruhen auf →Intelligenz. Einige andere, heute weniger häufig und oft auch in unterschiedlichem Sinn gebrauchte Bezeichnungen für Fähigkeiten sind →Begabung, Talent und sehr selten Vermögen. Die Fähigkeiten sind sowohl von angeborenen als auch von erworbenen Faktoren abhängig, die sich gegenseitig beeinflussen. Die Begriffe Fähigkeiten und Eigenschaften werden in der Beschreibung individueller Eigenarten oft synonym verwendet (→Persönlichkeit).

Faktorenanalyse, rechnerisches Verfahren zur Bestimmung von Faktoren, die eine Vielzahl von Verhaltensmerkmalen beschreiben. →Statistik.

Fallstudie ist eine Methode innerhalb der →Diagnostik und Persönlichkeitsforschung (→Persönlichkeit), um die Eigenart und →Entwicklung verschiedener Persönlichkeitsmerkmale oder eine →psychische Störung festzustellen. Es wird vor allem nach dem gesucht, was für diesen Menschen typisch ist (idiographische Methode), und das weniger herausgestellt, was er mit anderen gemeinsam hat (nomothetische Methode). Man beschränkt sich nicht nur auf die Verwendung von →Tests, sondern berücksichtigt ebenso Informationen aus dem persönlichen Gespräch, der →Anamnese und →Exploration. Fallstudien werden häufig in der →Klinischen Psychologie gemacht, um Ausgangsdaten für eine Erforschung des Therapieverlaufs bei einem Klienten zu gewinnen.

Familie. Die wichtigste Funktion der Familie ist die Pflege und Erziehung der Kinder. Auf die Bedeutung der Familie für die gesamte Persönlichkeitsentwicklung und für das Verhalten im Erwachsenenalter haben schon S. Freud und A. Adler hingewiesen. Nach Freud sind die Beziehungen zwischen Kind und Eltern (Mutter- oder Vaterbindung, → Ödipus- bzw. Kastrationskomplex, → Kastration) ausschlaggebend, nach Adler der Machtkampf unter den Familienmitgliedern, vor allem Geschwistern (Familienkonstellation).

Das Erreichen der Erziehungsziele hängt von folgenden Faktoren ab:

1. *Familienatmosphäre.* Sie wird bestimmt durch: bewußte und unbewußte Wünsche der Familienmitglieder, unerfüllte Erwartungen an den Ehepartner und Kinder, Klischee-Vorstellungen über die → Rollenstruktur (falsche Männlichkeits- und Weiblichkeitsideale, Kinder müssen brav, fleißig, gehorsam und dankbar sein), sozio-ökonomische Verhältnisse (Beruf des Vaters, Wohnung etc.) und durch religiöse Einstellungen. Auf die Erziehung und Entwicklung der Kinder wirken sich negativ aus:

Gespannte Atmosphäre, viele Konflikte zwischen den Ehepartnern, Unsicherheit hinsichtlich der Erziehung, übertriebene Ansprüche an Kinder, fehlende Zufriedenheit und „Wir-Gefühl" (Geborgenheit, man ist gern zu Hause), bloßes Nebeneinander (Isolierung, Verlassenheit in Notsituationen), Sündenbockrolle eines Familienmitglieds, strenge geschlechtsspezifische Rollenerwartungen (→ Rolle).

2. *Familienkonstellation.* Die Entwicklung der Kinder wird hauptsächlich durch Unvollständigkeit (mutterlose, vaterlose Familie) und durch den Machtkampf der Geschwister um bestimmte Personen beeinflußt.

a) Fehlen einer → Bezugsperson (meist die Mutter) wirkt sich besonders in den ersten Lebensjahren sehr negativ aus. Wenn Bedürfnisse des Kindes nach Geborgenheit, emotionaler Wärme, Körperkontakt, Sicherheit durch eine Person, die für das Kind „da ist", nicht befriedigt werden, kommt es zu → Hospitalismus-Schäden. Auch der Stiefmutter gelingt es selten (Eifersucht, Rivalität), die leibliche Mutter zu ersetzen.

b) Fehlen des Vaters. Vorurteile gegenüber der unehelichen Mutter und dem unehelichen Kind, Berufstätigkeit der Mutter, Benachteiligung unter Gleichaltrigen, die mit ihrem Vater prahlen, und fehlende Vater-Figur, an der der Junge das klischeehafte Männlichkeitsideal unserer Gesellschaft nachahmen könnte, beeinträchtigen sehr die Entwicklung und Erziehung der Kinder.

c) Stellung in der *Geschwisterreihe.* Über die Auswirkungen der Stellung innerhalb der Geschwisterreihe wird in der Literatur sehr viel geschrieben. Manche Autoren glauben aufgrund der Geschwisterposition Prognosen über eine gute Ehe aufstellen zu können (z.B. W. Toman). Es wird z.B. behauptet, daß der ältere Bruder einer Schwester und die jüngere Schwester eines Bruders besonders gut zusammenpassen und sich ergänzen. Die Gültigkeit solcher Erkenntnisse muß bezweifelt werden, da sich neben der Geschwisterposition auch andere Faktoren, wie Altersabstand, Erziehungsstil, Wohnverhältnisse u.a., auf die →Entwicklung auswirken.

Einige, zum Teil empirisch belegte Ausnahmen:

(1) Einzelkind: gute Intelligenz, Sprachfähigkeit, körperliche Entwicklung, aber geringes Einfühlungsvermögen, wenig Kooperationsbereitschaft, Überheblichkeit und Egoismus, Kindergartenbesuch ist besonders wichtig.

(2) Älteste Kinder: Es besteht Ähnlichkeit zu Einzelkindern. Jüngere Geschwister werden leicht als unnütze Rivalen erlebt, und es können Erziehungsschwierigkeiten auftreten (→Einnässen, →Nägelkauen, →Aggressionen und →Depressionen).

(3) Zweitältestes Kind: Mütter sind beim zweiten Kind ruhiger, ausgeglichener, zeigen weniger Ängstlichkeit und Unsicherheit, was sich sehr positiv auswirkt. Die Konkurrenz zum älteren Kind kann zu organischen Krankheiten, Wehleidigkeit und Ruhelosigkeit führen. Die Benachteiligung gegenüber dem verwöhnten jüngeren Kind scheint keine Auswirkungen zu haben. Dem zweitältesten Kind werden vor allem gute soziale Eigenschaften zugeschrieben.

(4) Jüngstes Kind: Falls das jüngste Kind durch Eltern und Geschwister verwöhnt wird, kann dies leicht zu Unselbständigkeit, Mangel an Durchsetzungsvermögen, Versagen in schwierigen Situationen führen oder aber auch zu Ehrgeiz, Aggression gegenüber schwächeren und übertriebenen Machtansprüchen.

Familienkonstellation →Familie.

Familientherapie. Der Schritt von der Einzeltherapie zur „gemeinsamen Therapie", zur „Familientherapie" oder Ehetherapie hatte u.a. folgende Gründe: Viele Patienten erleiden zu Hause (in der Ehe oder Familie) wieder einen Rückfall. In einigen Untersuchungen wurde der Zusammenhang zwischen →Schizophrenie und gestörter →Kommunikation in der Familie festgestellt (Doppelbindung), die Familie scheint besonders anfällig für das Austragen von Konflikten verschiedener Art (Kompetenzkonflikte, Rollenkonflikte, Geschwisterkonflikte). Es wird angenommen, daß John Bell 1975 das erste allgemeine Konzept zur Familientherapie veröffentlicht hat. In der Familientherapie werden nicht einzelne psychische Störungen oder Einzelsymptome behandelt, sondern die pathologischen (krankmachenden) Familienprozesse. Als Ziele der Familientherapie werden genannt: Verbesserte Kommunikation, verbesserte Autonomie, Verringerung von Konflikten, Verbesserung der Einfühlung und der emotionalen Prozesse, Veränderung der Familien- und Beziehungsstruktur. Der Familientherapie muß eine „Familiendiagnose", d.h. die Feststellung der

emotionalen, sozialen und geistigen Verfassung der Familie, vorangehen. Drei Aspekte sind in der Familiendiagnose besonders zu beachten: Die Familienkonstellation (Beziehungsstrukturen, z. B. Geburtsreihe, Machtverhältnisse, Interessen- und Rollenkonflikte), die Familienatmosphäre (Wir-Gefühl, Auflösungsprozeß, gespannte, weinerliche, feindselige, distanzierte oder herzliche, freundliche, gelöste Stimmung) und die Familiennormierung (Erwartungen an das Familienleben, z. B. Außenkontakte, Erziehungsstil, Anschaffungs- und Verteilungsprobleme).
Gegenwärtig gibt es eine Vielzahl von therapeutischen Konzepten, die sich zwei großen theoretischen Richtungen zuordnen lassen: Die Systemtheoretiker gehen vom „System Familie" aus, d. h. die Familie ist ein in sich geschlossenes Gebilde, das versucht, im Gleichgewicht zu bleiben (Homöostase). Bestimmte Ereignisse führen zum Ungleichgewicht in der Familie, und ein Familienmitglied wird zum Symptomträger, um wieder Gleichgewicht herzustellen. Die gestörte Kommunikation oder einzelne psychische Störungen dienen der Erhaltung der familiären Homöostase. Die Gruppe um M. Selvini-Palazzoli (Mailand) hat diesen Ansatz am weitesten fortgeführt und viele kommunikative Paradoxien in der Familie aufgedeckt sowie Vorschläge zur Veränderung pathologischer Beziehungen erarbeitet. Zu den psychoanalytisch ausgerichteten Familientherapeuten gehören z. B. H. Stierlin und H. E. Richter. Sie gehen davon aus, daß Erwartungen, Projektionen, Übertragungen über Generationen fortgeschrieben werden und daher auch Großeltern in die Therapie einzubeziehen sind. H. E. Richter hat Familientypologien beschrieben: Aus den Übertragungen und Projektionen der Eltern auf ihre Kinder ergeben sich „familiäre Symptomneurosen" (ein Familienmitglied wird neurotisch krank), „familiäre Charakterneurosen" (der Patient ist die Familie), die er in „angstneurotische Familie" (Sanatorium), „paranoide Familie" (Festung) und „hysterische Familie" (Theater) untergliedert. Weitere familientherapeutische Konzepte stammen von Virgina Satir (Umwandlung des familiären Zwangsverhaltens in offene, kreative, frei gewählte Verhaltensmuster), von F. Perls (Gestaltfamilientherapie), von T. Gordon (Familienkonferenz) und von anderen klinisch tätigen Psychologen.

Fanatismus. Mit Fanatismus beschreibt man das blinde, unkritische und übereifrige Verbreiten einer Idee. Fanatische Handlungen findet man häufig bei selbstunsicheren Menschen, Vertretern extremer religiöser Ideen und politischer Richtungen. Fanatisches Verhalten kann auch im Rahmen einer → Psychose auftreten, bei der der Kranke von einer für ihn überwertigen Idee „besessen" ist (er ist z. B. der Weltenlenker, der auf ein moralisch einwandfreies Verhalten seiner Mitmenschen achten muß).

Farbenblindheit. Die Bezeichnung Farbenblindheit wurde inzwischen durch den genaueren Begriff *Farbenfehlsichtigkeit* ersetzt *(Achromatopsie)*. Es handelt sich um eine meist angeborene Störung der Farbensichtigkeit bei normalem Formsehen. Farbenblindheit kommt bei etwa 8% der Männer und 0,4% der Frauen vor.
Verschiedene Farbenfehlsichtigkeiten werden nach dem Ausfall des farbempfindlichen Stoffes für Rot, Grün und Blauviolett (Dreikomponententheorie der →Farbwahrnehmung) als Prot-, Deuter- und Tritanopie genannt, wenn die betreffenden Farben überhaupt nicht wahrgenommen werden, und Prot-, Deuter- und Tritanomalie, wenn die entsprechenden Farben verändert bzw. nur schwach wahrgenommen werden.
Farbenblindheit spielt eine wichtige Rolle im Verkehr und in verschiedenen Berufen. Leichte Anomalien werden meist zu spät erkannt. Farbenblindheit wird mit Hilfe der Farbtafeln nach Ishihara oder Stilling diagnostiziert.

Farbsymbolik →Farbwahrnehmung.

Farbwahrnehmung. 1. *Physiologische Vorgänge.* Dem subjektiven Erleben von Farben entsprechen auf der physikalischen Ebene (Reize) verschiedene Wellenlängen des Lichts (elektromagnetische Wellen), die von Gegenständen reflektiert (zurückgeworfen) werden. →Rezeptorzellen auf der Netzhaut des Auges (Zapfen und Stäbchen) reagieren vor allem auf Lichtstrahlen von ca. 350 bis 750 nm (Nanometer) Wellenlänge. Die physiologischen Prozesse, die bei Auftreffen eines Lichtreizes in den Rezeptorzellen und im →Nervensystem ablaufen, sind nicht restlos geklärt.
Nach der *Dreifarbentheorie* von H. Helmholtz und Th. Young sind auf der Netzhaut drei Arten von Lichtrezeptoren vorhanden, die besonders empfindlich sind für die Wellenlängen für Rot (650–750 nm), Grün (550–530 nm) und Blau (520–480 nm). Durch die Mischung der drei „Hauptfarben“ können sämtliche Farbtöne dargestellt werden.
Die *Vierfarbentheorie* nach E. Hering nimmt ebenso drei farbempfindliche Sehsubstanzen an, die jedoch für vier Farben (Gegenfarben Rot–Grün und Gelb–Blau) und für Gegensatz Schwarz–Weiß besonders empfindlich sind. Beide Theorien stützen sich u.a. auf Beobachtungen über Farbenfehlsichtigkeit und auf inzwischen isolierte Sehsubstanzen, wie Rhodopsin, Jodopsin, Cyanopsin und Porphyropsin, auf Nachbilder, die in Komplementärfarben erscheinen. Durch Abbau (Zersetzung, *Dissimilation*) der Sehsubstanzen entsteht das Farberlebnis Rot, Gelb und Weiß, durch Aufbau *(Assimilation)* erleben wir Grün, Blau und Schwarz. In neuerer Zeit wurde festgestellt, daß bestimmte lichtempfindliche Nervenzellen auf der Netzhaut nur beim Einsetzen des Lichtreizes reagieren (On-Fasern), andere nur beim Aussetzen (Off-Fasern) und

einige beim Ein- und Aussetzen (On-Off-Fasern). Diese Erkenntnis unterstützt die Theorie von E. Hering: On-Antworten sind für das Farberlebnis Rot, Gelb und Weiß verantwortlich (Zersetzung der Sehsubstanz beim Einsetzen des Lichtreizes), Off-Antworten für Grün, Blau und Schwarz (Aufbau nach dem Aussetzen des Reizes).

2. *Psychologische Erkenntnisse.* Unabhängig von den noch ungeklärten physiologischen Vorgängen ist die Farbwahrnehmung für das Verhalten des Menschen von großer Bedeutung. Die psychologische Forschung interessiert sich für folgende Fragen:

a) Wie lassen sich unsere Farbeindrücke (insgesamt etwa 350000) hinsichtlich des Farbtons, der Helligkeit und der Sättigung (Stärke, Lebendigkeit einer Farbe, Abhebung vom Grau) sinnvoll einordnen?

b) Welche Beziehung besteht zwischen einzelnen Farbeindrücken und dem Erleben, Verhalten des Menschen (Farbsymbolik)? Wir wissen, daß durch Farben und deren Anordnung → Gefühle, Stimmung und Reaktionen des Menschen beeinflußt werden. Gegenwärtig wird den einzelnen Farben folgender *symbolischer* Gehalt zugeschrieben:

Rot = Aktivität, Erregung, Leidenschaft, Mut; Gefahr, stopp, verboten.
Grün = Freude, Hoffnung, Gefühlsoffenheit; Rettung, Hilfe, Sicherheit.
Blau = Treue, Gefühlskälte, Wahrheit; Information, Hinweis, Anordnung.
Gelb = Beweglichkeit, Befreiung, Glaube; Vorsicht, Gefahr in der Nähe, gefährliche Stoffe.
Weiß = Reinheit, Jungfräulichkeit.
Schwarz = Trauer, Macht.

Entsprechend ihrem symbolischen Gehalt und der Fähigkeit, das Erleben und Verhalten des Menschen zu beeinflussen, werden Farben in der Raumgestaltung, im Verkehr, im Unterricht (→ Kommunikation), in Werbung zur Kennzeichnung von → Einstellungen (Parteien) usw. eingesetzt.

c) Welche Beziehung besteht zwischen sogenannten „Lieblingsfarben“ und Charaktermerkmalen? Auf der Tatsache, daß bestimmte Farben von einzelnen Personen bevorzugt werden, beruhen verschiedene Farb- → Tests. Am bekanntesten sind Farbpyramiden-Test und Lüscher-Test. Die Zuverlässigkeit von Farbtests ist sehr gering.

Fechnersches Gesetz → Empfindung.

Feed-back *(Rückmeldung).* Das Erleben und Verhalten des Menschen wird durch verschiedene Rückmeldungssysteme kontrolliert.
1. Nach dem Prinzip der Rückmeldung über den vorhandenen Zustand (Ist-Wert) werden physiologische Reaktionen des Körpers

gesteuert (Sauerstoff, Muskeltätigkeit, Energie). 2. Die Koordination zwischen organischen und psychischen Prozessen wird mit verschiedenen Rückmeldungen erreicht (→Leib-Seele-Problem). 3. Das Individuum erhält Rückmeldungen aus seiner Umgebung (z.B. in der →Gruppe) über die Angemessenheit oder Angepaßtheit seines Verhaltens (Anerkennung, Strafe, Lächeln usw.).

Fehlanpassung →Anpassung; →Normen und Normalität.

Fehlleistung. S. Freud nahm an, daß unpassende Worte („Versprecher") bzw. das Vergessen bestimmter Worte durch verdrängte Wünsche hinsichtlich der Personen oder des Sachverhalts, auf die sie gerichtet sind, verursacht werden. Beispiele: „Da sind einige Tatsachen zum ‚Vorschwein' (statt ‚Vorschein') gekommen..." „Ich bin nicht ‚geneigt' (statt ‚geeignet'), die Verdienste meines Vorgängers zu würdigen!" „Unter den Anwesenden bemerkte man auch seine Hoheit, den ‚Kornprinzen" (statt ‚Kronprinzen')." „Darauf bin ich bereit, jeden ‚Meineid' zu leisten (Eid wäre ein Meineid)."

Feldstudie wird methodisches Vorgehen genannt, bei dem die Datenerhebung in der natürlichen Umgebung des Menschen vollzogen wird (z.B. in der Schulklasse, Fußballplatz, Fabrik, Familie) im Gegensatz zu einer künstlich hergestellten Versuchsanordnung etwa im Labor. →Methoden der Psychologie.

Feminität. Als typisch geltende „weibliche" Merkmale und Eigenarten, wie Gefühlsbetontheit, Intuition, Anpassung und Nachgiebigkeit, werden in dem Begriff Feminität zusammengefaßt. Analog werden typisch „männliche" Eigenarten (Durchsetzungsvermögen, Aktivität) in dem Begriff der *„Maskulinität"* zusammengefaßt.

Fetischismus →Perversionen.

Figur-Grund-Effekt. Bei manchen visuellen Reizfeldern kann sowohl der Hintergrund als auch die Mitte als Figur gesehen werden. In der Regel werden die Teile des Feldes als Figur gesehen, denen besondere Beachtung (Aufmerksamkeit) geschenkt wird. Siehe Abb. c) S. 408 unter →Wahrnehmungstäuschungen.

Film und Fernsehen →Massenkommunikation.

Fingerlutschen ist, falls es nach dem 4. Lebensjahr auftritt, häufig eine →Ersatzbefriedigung und wird durch Mangel an Zärtlichkeit, Geborgenheit und durch Angst verursacht. Behandlung: Die Angewohnheit nicht beachten und sich mehr mit dem Kind beschäftigen.

Fixierung, ein aus der →Psychoanalyse stammender Begriff, mit dem S. Freud das Festhalten an Verhaltensweisen bezeichnete, die einer früheren Stufe der Libidoentwicklung entstammen (→Psychoanalyse). Unabhängig von der Psychoanalyse wird Fixierung als verstärkte Tendenz des Individuums beschrieben, bestimmte Erinnerungen hervorzurufen, gleiche Lösungsschemata anzuwenden (→Rigidität) oder bestimmte Handlungen zu vollziehen (→Zwang).

Flexibilität, Bezeichnung für Anpassungsfähigkeit an neue Situationen. Menschen, die sich neuen Situationen schnell anpassen, nicht starr an bisher eingeübten Verhaltensweisen festhalten, neue Lösungsmöglichkeiten ausprobieren, um zu Erfolg zu kommen, werden als flexibel bezeichnet. Flexibilität ist somit eine allgemeine Fähigkeit, z. B. bei Denkvorgängen von einem Lösungsprinzip zum andern zu wechseln, wenn es die Aufgabenstellung erfordert, und ist eine wichtige Bedingung für →Kreativität (Gegensatz: →Rigidität).

Flucht in die Krankheit ist ein neurotisches Verhalten (→Neurose), das in Situationen auftritt, die nicht mehr übersehen oder bewältigt werden können. Die Flucht in die Krankheit stellt ein unbewußtes Ausweichen in einen Zustand dar, in dem man berechtigterweise untätig sein kann und Hilfe erwarten darf. Meist bleibt es nicht bei einer solchen Flucht, sondern es kommen Minderwertigkeitsgefühle und Resignation hinzu, da der Neurotiker nie Bestätigung aus einer selbst bewältigten Situation erhält.

Forensische Psychologie *(gerichtliche* Psychologie, *Psychologie in der Rechtsprechung)* ist die Bezeichnung für die Anwendung psychologischer Erkenntnisse auf Fragestellungen, die in der Praxis der Rechtsprechung anstehen.
In der geschichtlichen Entwicklung der Forensischen Psychologie spielte auch die sogenannte *Tatbestandsdiagnostik* eine wichtige Rolle. Es wurden verschiedene Methoden entwickelt zur Registrierung körperlicher Begleiterscheinungen (→Hautwiderstand, Muskelaktivität, Atemfrequenz usw.), um verbale Äußerungen zu Sachverhalten auf deren Wahrheitsgehalt hin zu prüfen und den leugnenden Beschuldigten zu überführen (Lügendetektor). Tatbestandsdiagnostikmethoden sind in Deutschland als Beweismittel nicht zugelassen.
Das Hauptproblem der psychologischen Forschung im Bereich der Forensischen Psychologie ist das Herausfinden von eindeutigen Kriterien zur Beurteilung z. B. der *Glaubhaftigkeit, Schuldfähigkeit, Fahrtauglichkeit.* Es ist zu erwarten, daß sich in Zukunft der Schwerpunkt der psychologischen Begutachtung vom Vergeltungsstrafrecht auf Täterstrafrecht verlegen wird, wobei indivi-

dualkriminologische Beurteilung, Vorbeugung, Prognose und Anordnung der Maßnahmen zur →Resozialisierung die Hauptrolle spielen. Siehe Übersicht S. 112/113.

Formatio Reticularis →Nervensystem.

Fragebogen. Nach bestimmten methodischen Regeln zusammengestellte und vorgedruckte Fragen bzw. →Items, die meist nach vorgegebenen Antwortmöglichkeiten wie „ja", „nein" oder „unentschieden" zu beantworten sind, werden oft als →Tests eingesetzt. In der Markt- und →Meinungsforschung werden auch Fragen verwendet, die freie Antworten zulassen. Sie erheben aber nicht den Anspruch, ein →Test zu sein, da sie den Gütekriterien eines Tests nicht genügen. Fragebogen wurden ursprünglich zusammengestellt, um psychische Störungen bei Patienten in psychiatrischen Kliniken zu erkennen und voneinander abzugrenzen (z.B. der MMPI in den USA). Sie wurden weiterentwickelt und werden heute auch zur Messung der →Persönlichkeit im Normalbereich und bei speziellen Problemlagen eingesetzt.
Die meisten Fragebogen besitzen eine sogenannte Lügenskala, deren Feststellungen vom einzelnen unangenehm empfunden werden, die er aber im allgemeinen bejahend beantworten muß (z.B. „Manchmal halte ich es nicht genau mit der Wahrheit" oder „Ab und zu verliere ich die Geduld"). Verneint der Befragte viele solche Fragestellungen, um in einem „guten Licht" (soziale Erwünschtheit) zu erscheinen, ist der Fragebogen ungültig.
Im deutschen Sprachraum wird häufig das „Freiburger-Persönlichkeits-Inventar" (FPI) benutzt. Seine Skalen messen:

- Nervosität und →psychosomatische Störungen. Ein Item würde lauten: „Ich kann mich fast nie richtig entspannen."
- Aggressivität. Ein Item würde lauten: „Manchmal könnte ich grundlos dreinschlagen."
- Depressivität. Ein Item würde lauten: „Wenn ich manchmal morgens aufwache, bin ich schon richtig niedergeschlagen."
- Erregbarkeit. Ein Item würde lauten: „Schon geringe Anlässe bringen mich schnell aus der Ruhe."
- Geselligkeit. Ein Item würde lauten: „Wenn ich in ein Lokal gehe, setze ich mich meist an einen Tisch, an dem schon Leute sind."
- Gelassenheit. Ein Item würde lauten: „Wenn ich mit einer Arbeit nicht rechtzeitig fertig werde, regt mich das nicht sonderlich auf."
- Dominanzstreben. Ein Item würde lauten: „Ich glaube, meine Ansichten sind der Zeit voraus."
- Gehemmtheit. Ein Item würde lauten: „Ich spreche nicht gern vor vielen Leuten."
- Offenheit. Sie hat auch die Funktion einer Lügenskala. Ein Item würde lauten: „Manchmal gebe ich an und stelle mich in ein günstiges Licht."
- Extraversion. Ein Item würde lauten: „Ich bleibe selten jemanden eine Antwort schuldig."

Übersicht über die Aufgaben der forensischen Psychologie

Gegenstand der Begutachtung durch psychol. Sachverständige	*Fragestellung*	*Beispiel*	*Methode*
Beurteilung von Zeugenaussagen 1. *Zeugentüchtigkeit (Glaubwürdigkeit)*	Ist der Zeuge (Kinder, psychisch Kranke) aufgrund seiner psychischen Reife (Fähigkeiten) und Charaktereigenschaften in der Lage, eine wahrheitsgemäße Aussage über wichtige Tatumstände zu geben?	Eine leicht psychisch gestörte Frau wirkt als einziger Zeuge; *Kinderaussagen* usw.	→Persönlichkeits-→Diagnostik, Beurteilung der psychischen Reife durch Verschiedene Tests, →Exploration.
2. *Glaubhaftigkeit*	Ist die Schilderung des Tathergangs durch den Zeugen glaubhaftig; konnte er im Zustand des Schocks die angegebenen Einzelheiten beobachten und im →Gedächtnis behalten?	Ein 8jähriger Junge schildert die Vergewaltigung seiner Schwester; Schilderung einer Tat, die bei Zeugen starke Schockerlebnisse bewirkte.	Beurteilung der Wahrnehmung, der Gedächtnisfähigkeit unter Berücksichtigung der jeweiligen Tatumstände.
Beurteilung der *Verantwortungsreife* Jugendlicher (14–18) und Heranwachsender (18–21 J.)	Konnte der Jugendliche zur Tatzeit das Unrecht und die Folgen seiner Tat einsehen; ist der Heranwachsende aufgrund seiner „geistigen und sittlichen Reife“ noch als Jugendlicher zu bestrafen?	Kindesmißhandlung durch Jugendliche, Sittlichkeitsdelikte.	→Persönlichkeits-→Diagnostik, Prüfung der sozialen und sittlichen Reife durch →Exploration, →Tests usw.

Schuldfähigkeit (Zurechnungsfähigkeit, Verantwortungsfähigkeit)	Konnte der Täter aufgrund seiner geistig-seelischen Verfassung zur Zeit der Tat verantwortungsbewußt handeln oder wegen der psychischen Störung das Unrecht der Tat einsehen?	Affekttäter, Straftaten unter Alkohol- oder Drogeneinfluß, Triebtäter, strafbare Handlungen Geistesgestörter.	→Persönlichkeits- →Diagnostik, Analyse des Geisteszustandes zur Zeit der strafbaren Handlung.
Begutachtung der Eignung zum Führen von Kfz *(Fahrtauglichkeit)*	Es wird geprüft, ob ältere Führerscheininhaber, die einen Unfall verursachten, oder sog. Unfäller aufgrund ihrer Fähigkeiten in der Lage sind, sich verkehrsangepaßt zu verhalten.	Kraftfahrer, die immer wieder Unfälle verursachen, Berufskraftfahrer, die oft unter Alkohol fahren, ältere Personen,	Prüfung der Reaktionsfähigkeit, Wahrnehmungsfähigkeit, Persönlichkeitsdiagnostik.
Beratung bei Fragen aus dem *Familienrecht* (Sorgerecht, Verkehrsregelung)	Wem soll bei Ehescheidung oder bei straffällig gewordenen Eltern das Sorgerecht für Kinder über-übertragen werden? Wie wird sich voraussichtlich eine bestimmte Verkehrsregelung auf die Erziehung und weitere Entwicklung der Kinder auswirken?	Geschiedene Eltern streiten vor Gericht um das Sorgerecht, das sorgeberechtigte Elternteil bestreitet das Verkehrsrecht des nicht sorgeberechtigten Elternteils.	Prüfung der Erziehungsfähigkeit, Untersuchung der Frage, wie sich die Verkehrsregelung auf die Erziehung und Entwicklung der Kinder auswirkt, welche psychischen Schädigungen zu erwarten sind.

- Emotionale Labilität. Ein Item würde lauten: „Keiner kann meine ständigen Befürchtungen so recht verstehen."
- Männlichkeit–Weiblichkeit. Sie mißt das, was in unserer Kultur bzw. von den Testautoren als typisch männlich oder weiblich angesehen wird. Ein Item würde lauten: „Wenn ich mir einmal etwas genau überlegt habe, setze ich es auch durch." Eine Bejahung wäre hier eine „männliche" Antwort.

Freizeit. Die psychologischen Probleme der Freizeit rücken in den letzten Jahren im Zusammenhang mit Arbeitslosigkeit, frühzeitigem Ruhestand, Sport, Tourismus und neuen Medien immer mehr in den Vordergrund. Immer wieder wird die besondere Bedeutung der „zur freien Verfügung stehenden" oder „verhaltensbeliebigen" Zeit betont, die neben der Sicherung des Lebensunterhaltes, Schlaf, Körperpflege, Haushalt, Essen u.a. übrigbleibt.
Funktionen der Freizeit: Kaplan (1980) betont, daß Freizeit a) das Gefühl vermitteln muß, zu irgend etwas oder irgendwem dazuzugehören; b) beitragen soll, ein Gefühl der eigenen Individualität zu entwickeln; c) zwischen den verschiedenen Aufgaben und Belastungen des Menschen (z.B. in der Arbeit, im Haushalt) vermitteln und einen Ausgleich herbeiführen; d) positive Erlebnisse ermöglichen und e) die schöpferischen Kräfte ansprechen soll. Grundsätzlich dient Freizeit der Erhaltung der körperlichen Gesundheit (z.B. durch Sport) und der Erhaltung des psychischen Wohlbefindens (z.B. Entspannung, Erleben von Kontakt, Sicherheit, Unabhängigkeit). Die Verwirklichung der Freizeitfunktionen wird erschwert durch Klischeevorstellungen (Stereotype) und durch die Kommerzialisierung der Freizeit (z.B. Konsumzwang in Freizeitindustrie), die der individuellen Gestaltung wenig Raum läßt. So wundert es nicht, daß in den letzten Jahren ein neuer Bereich, die Freizeitberatung, entstanden ist, die Menschen über Freizeitmöglichkeiten informiert, ihnen hilft, ihre Wünsche abzuklären oder auch therapeutisch berät, damit Freizeit auch tatsächlich dem Wohl des Menschen dient.

Friedensforschung. Im Rahmen der →Politischen Psychologie werden auch psychologische Probleme nationaler und internationaler Konflikte und deren Lösungsmöglichkeiten untersucht. Wichtig sind folgende Erkenntnisse:
1. Wegen der psychologischen Spannung zwischen den eigenen und den Fremdgruppen, die immer als potentieller Feind angesehen und mit →Vorurteilen belegt werden (→Politische Psychologie), kann der Friede nicht als ein Zustand ohne Konflikte (Kriege), sondern als aktives Bemühen um Kooperation innerhalb der Eigen-Gruppe und um Freundschaft zu Außengruppen definiert werden.
2. Gewaltanwendung und kriegerische Konflikte erfolgen nicht aus bloßer →Aggression, Angriffslust oder aus Machtstreben, son-

dern aus einer Gruppenatmosphäre des Mißtrauens (man fürchtet, daß die Fremdgruppe ihre eigenen Ziele verbirgt), aus Angst, Gefühlen der Bedrohung. Rational kann ein Krieg nicht begründet werden, sondern durch die Mechanismen der → Gruppendynamik (z. B. Gehorsam, Identifikationsbereitschaft), die unabhängig von der menschlichen Vernunft wirken. → Politische Psychologie.

Frigidität, Bezeichnung für geringe oder ganz fehlende psychisch bedingte Orgasmusfähigkeit bei der Frau (analog der männlichen Impotenz).

Frustration. Wollte man jede Versagung der Bedürfnisbefriedigung als Frustration bezeichnen, so gäbe es keine Gesellschaft, Kultur oder Gruppe, die nicht frustrierend ist, und keinen Menschen, der nicht schon oft frustriert war. In den letzten Jahren wurde in privaten und öffentlichen Diskussionen viel Mißbrauch mit dem „Modebegriff" Frustration betrieben, sowohl hinsichtlich des Auftretens eines Frustrationszustandes als auch hinsichtlich der Folgen einer Frustration. Geht man davon aus, daß auf eine Versagung der Belohnung oder Bedürfnisbefriedigung ein Frustrationszustand folgt, der unweigerlich → Aggression (Frustrations-Aggressions-Hypothese), → Regression oder → Fixierung bewirkt, so gibt es nur noch wenige von der → Norm abweichende Verhaltenserscheinungen, die durch diesen Mechanismus nicht erklärt werden könnten.
Das Auftreten eines Frustrationszustandes, für den bestimmte körperliche Reaktionen, wie z. B. erhöhte Ausschüttung bestimmter → Hormone, → Hautwiderstand, Muskelspannung, psychische Anspannung, Vermeidungsreaktionen (Furcht), charakteristisch sind, hängt sehr stark von der individuellen Fähigkeit ab, eine frustrierende Situation zu ertragen (Frustrationstoleranz). Als frustrierende Situation werden angesehen: länger andauerndes Versagen einer Bedürfnisbefriedigung, Versagen bei vorweggenommenem Erfolg, häufige als unangemessen empfundene Strafen und unlösbare Situationen, die ein stark motiviertes Individuum weder vermeiden noch lösen kann.
Ob auf den Frustrationszustand aggressives Verhalten, das Zurückfallen auf eine frühere Entwicklungsstufe (→ Regression) oder ein stereotypes, unangepaßtes Verhalten (→ Fixierung) auftritt, hängt wiederum von der individuellen Lerngeschichte (→ Lernen) ab. Es spricht vieles dafür, daß Menschen in ausweglosen Situationen auf die Verhaltensweisen zurückgreifen, die sie am besten eingeübt haben und die sich in ihrer Lerngeschichte als die erfolgreichsten erwiesen haben.

Führungsstile → Betriebspsychologie.

Funktion. 1. Beziehung zwischen zwei oder mehreren Variablen, die voneinander abhängig sind. So kann z. B. eine schulische Leistung als Funktion der Intelligenzhöhe, der Unterrichtsgestaltung usw. bezeichnet werden. Das Verhalten wird insgesamt als Funktion der Reize und des Organismus bezeichnet: V = f (R, O) 2. Als psychische Funktionen werden die auf einen bestimmten Zweck ausgerichteten Tätigkeiten, wie → Wahrnehmung, → Denken, aber auch Bedürfnisse, → Triebe und → Fähigkeiten, bezeichnet. Das Verhalten ist funktionell abhängig von den vorhandenen innerpsychischen, körperlichen und sozialen Gegebenheiten.

Furcht tritt im Gegensatz zu → Angst als eine intensive emotionale Reaktion auf, wenn eine objekt- oder subjektbezogene direkte Gefahr oder Drohung bemerkt wird. Sie ist mit dem Vermeidungsverhalten (Flucht, Ausweichen, Verstecken) gekoppelt.

G

Galvanische Hautreaktion →Hautreaktion.

Ganzheit, von F. Krüger in die Psychologie eingeführter Grundbegriff der Ganzheitspsychologie (Leipziger Schule; →Geschichte der Psychologie) dient als Bezeichnung für Erlebnisganzheiten, deren Komplexqualität nicht auf einzelne Elemente zurückgeführt werden kann (diffuse Erlebnisqualitäten sind →Gefühle, gegliederte werden zu →Gestalten), und für Strukturganzheiten als überdauernde Grundlagen für die Entstehung von Erlebnisganzheiten. Solche Grundlagen sind →Eigenschaften, →Fähigkeiten, Bedürfnisse und andere psychische Funktionen. Anstatt Strukturganzheit wird oft nur die Bezeichnung *Struktur* gebraucht.

Gaussche Kurve (Glockenkurve, Normalverteilung), Bezeichnung für symmetrische, eingipflige und glockenförmige Verteilung von Häufigkeiten bestimmter biologischer und psychologischer Merkmale. →Statistik.

Geburtstrauma. Psychoanalytisch orientierte Psychologen sprechen von der Urangst des Menschen, die durch den Geburtsvorgang entsteht, wenn das Kind aus dem Zustand angenehmer ständiger Bedürfnisbefriedigung (Wärme, Ernährung und Sauerstoffversorgung durch den Kreislauf der Mutter, weiches Berührt-Werden) in eine Situation überwechselt, in der es fast ständigen Mangel leidet (Kälte, Gepreßt-Werden, Atemnot, Hunger). Es wurde nie systematisch untersucht, inwiefern verschiedene Auswirkungen dieses Geburtstraumas (Trauma: Wunde, Beeinträchtigung) bei Kindern auftreten, die unter verschiedenen Bedingungen geboren wurden (schwere oder leichte Geburt, Kaiserschnitt). Außerdem spielt es eine Rolle, ob die Mutter das Kind freudig erwartet, sie in ihrer Ehe zufrieden ist usw., so daß man nicht von einem einheitlichen Geburtstrauma sprechen kann.

Gedächtnis (Mneme) ist die Fähigkeit eines Organismus, Informationen zu speichern *(Behalten)* und sie auf Abruf hin wieder verfügbar zu haben (Reproduktion, Erinnern, Wiedererkennen). →Vorstellungen, Phantasie und →Perseverationen werden nicht unmittelbar den Gedächtniserscheinungen zugeordnet, stehen aber mit ihnen in einer Wechselbeziehung.

Die Gedächtnisforschung unterscheidet drei verschiedene Speicher, das *Ultrakurzzeit-*, *Kurzzeit-* und *Langzeitgedächtnis*. Eingehende Informationen müssen die ersten zwei Speicher durchlaufen, um im Langzeitgedächtnis dauerhaft behalten zu werden. Merkmale der einzelnen Speicher:

1. Ultrakurzzeitgedächtnis oder Gegenwartsbewußtsein: Nimmt viel auf, behält es aber nur kurz. Beispiele: Merken von Verkehrsschildern bei Autofahrt – Vergessen nach wenigen Sekunden; Nachzählen der Glockenschläge, nachdem die Uhr geschlagen hat. Dieser Speicher heißt oft auch sensorisches Gedächtnis, denn er funktioniert ähnlich wie ein Nachbild, das auf der Netzhaut entsteht, wenn z. B. der Fernseher ausgeschaltet wurde (→ Aufmerksamkeit).
2. Kurzzeitgedächtnis: Nimmt weniger auf (ca. 7 Einheiten wie z. B. Worte oder Zahlen), behält es etwas länger (bis zu 15 Sekunden). Beispiele: Wählen einer Telefonnummer, die nicht auswendig gelernt wurde; Erinnern einiger Inhalte einer Nachrichtenmeldung.
3. Langzeitgedächtnis: Braucht i. d. R. sehr lange, um Inhalte aufzunehmen, behält sie aber praktisch lebenslang und besitzt eine sehr große Kapazität. Beispiele: Vokabeln der Muttersprache, Lieder.

Um das Zusammenwirken der Gedächtnisspeicher zu verdeutlichen, kann folgendes Modell gebraucht werden: Für das Ultrakurzzeitgedächtnis sind bestimmte Bereiche im Gehirn (→ Nervensystem) verantwortlich, die man anschaulich als die Eingangsstelle eines großen und gut durchorganisierten Betriebes darstellen könnte. Diese Eingangsstelle erreichen ständig neue Informationen, von denen nur einige weitergeleitet und andere abgewiesen werden. Sie werden kurzfristig auf ihre Bedeutung hin überprüft, und wenn sie wichtig sind, werden sie mit verschiedenen Organisationsstellen des Betriebes bekannt gemacht. Unwichtige Informationen werden nur kurzfristig behalten und von wichtigeren abgedrängt bzw. überdeckt. Beispiel: Intensive Erlebnisse, wie z. B. Unfallschock, können ein vollständiges Vergessen der kurz zuvor abgelaufenen Vorgänge bewirken. Die einzelnen Speicher unterscheiden sich nicht nur hinsichtlich der Schnelligkeit und der Art des Vergessens, sondern auch hinsichtlich der biochemischen Vorgänge, die für das Speichern von Informationen verantwortlich sind. Es ist inzwischen bekannt, daß das langfristige Behalten von Informationen durch Ausbildung bestimmter Muster der Desoxyribonucleinsäure (DNS) bewirkt wird. Die Veränderung der Molekularstruktur, die einer Codierung gleichkommt, wird erst erreicht, wenn die Informationen mehrere Male hintereinander dieselben Nervenzellgruppen (Abteilungen im Betrieb) durchlaufen und dadurch die zur Umwandlung der DNS notwendige Energie bereitgestellt wird. Je bekannter die Informationen, desto schneller wird eine Umwandlung der DNS erreicht, weil die neue Information an die schon vorhandenen Erfahrungen bzw. Gedächtnisinhalte angeknüpft werden kann. Die Kenntnisse der biochemischen Vorgänge im Nervensystem ermöglichen, verschiedene Gedächtniserscheinungen zu erklären, z. B. das Vergessen bei Schockerlebnissen, das Lernen von sinnlosen Inhalten oder die Behinderung des Behaltens bei kurz aufeinanderfolgenden Informationen mittlerer Ähnlichkeit.

Lernen und Behalten. Individuelle Gedächtnisleistungen werden aus dem Zeitaufwand erschlossen, der benötigt wird, um eine bestimmte Anzahl von Informationen fehlerfrei reproduzieren zu können. Es hat sich herausgestellt, daß das Lernen bzw. der Behaltenszuwachs nicht gleichmäßig konstant, sondern in Schüben verläuft. Der Verlauf einer Lernkurve kann in der Regel in vier Abschnitte unterteilt werden; der Ausprägungsgrad der einzelnen Lernphase ist individuell und je nach Lernmaterial verschieden.

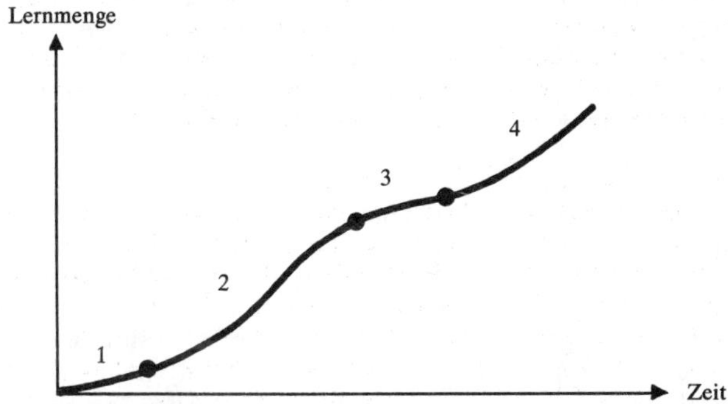

Ablauf eines Lernvorgangs

Je nach Art der Tätigkeit und Verfassung des Lernenden können mehrere erneute Anstiege vollzogen werden bis zu einer individuellen oberen Grenze (siehe Abb.).

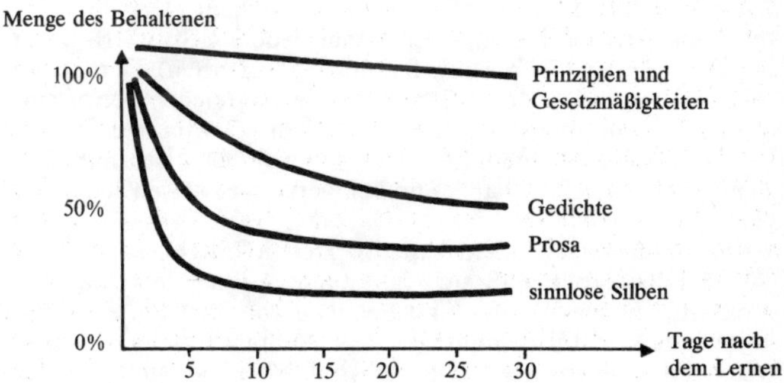

Der typische Verlauf der Vergessenskurve für sinnlose und sinnvolle Inhalte ist auf S. 119 dargestellt.
Die Tatsache, daß sich Gefühle, Bedürfnisse und andere Bedingungen stark auf das Behalten bzw. Vergessen auswirken, zeigt, daß das Vergessen nicht als ein reines Verblassen von im Gehirn entstandenen Spuren angesehen werden kann. Gegenwärtig wird das Vergessen als ein aktiver psychischer Vorgang betrachtet, der von vielen individuellen Erlebnissen gesteuert und beeinflußt wird. Es kommt nun darauf an, die Bedingungen herauszufinden, die das Vergessen beschleunigen oder eine Veränderung (Modifikation) von Gedächtnisinhalten bewirken. Es scheint, daß die Gedächtnisinhalte nicht vergessen, d. h. ausgelöscht werden, sondern daß der Zugang zu ihnen „versperrt" wird. Leider sind die biochemischen Vorgänge des Abrufens von Informationen noch lange nicht vollständig erforscht. Die Tatsache, daß in den → Träumen Gedächtnisinhalte erscheinen können, an die man sich im Wachzustand nicht erinnern kann, und daß in der → Hypnose Informationen abgerufen werden können, die scheinbar längst vergessen worden sind, deutet darauf hin, daß das Vergessen keinen Prozeß der Informationslöschung darstellt. Pointiert könnte man sagen, daß eigentlich nichts vergessen, nur unterschiedlich gut wiedererinnert wird.
Seit dem Bekanntwerden von biochemischen Vorgängen im → Nervensystem beim Speichern von Informationen rücken sogenannte gedächtnisfördernde → Psychopharmaka in den Mittelpunkt des Forschungsinteresses. Vor der Einnahme verschiedener „Gedächtnismittel" wurde schon in den Ausführungen über → Psychopharmaka gewarnt. Neben den Gedächtnisstörungen, die auf Vergiftungen, Hirnverletzungen oder Altersabbauerscheinungen (→ Demenz) zurückzuführen sind, leiden Schüler und Studenten öfters unter psychisch bedingten → Lernstörungen. Trotz intensiver Bemühungen und stundenlangen Einpaukens gelingt es ihnen nicht, auch nur die wichtigsten Informationen zu behalten. Als erfolgreich haben sich in solchen Fällen Techniken erwiesen, die die → Motivation und Selbstdisziplin steigern. Der Stoff wird in kleine Lernschritte unterteilt, nach jedem Schritt erfolgt die Kontrolle und bei Erfolg eine Belohnung (→ Lernen). Dem schrittweisen Aufbau der Motivation und der erfolgreichen Lerntechnik muß eine Verhaltensanalyse vorausgehen: Gewohnheiten, Zeitaufwand und Zeiteinteilung usw. werden systematisch mit einem sog. Arbeitsbuch festgestellt und Fehlverhaltensweisen abzubauen versucht.
Gedächtnishemmungen. In experimentellen Untersuchungen hat sich herausgestellt, daß sich bestimmte Aufnahmebedingungen ungünstig auf das Lernen und Behalten von Inhalten auswirken können. Gedächtnishemmungen, die den Speichervorgang stören, treten auf: 1. Bei Stoffen mittlerer Ähnlichkeit, die hintereinander

gelernt werden *(Ähnlichkeits- oder Ranschburgsche Hemmung)*. 2. Bei Lernvorgängen, die hintereinander ablaufen. Wenn der zuerst gelernte Stoff die Speicherung des später gelernten behindert, spricht man von einer *proaktiven* (vorauswirkenden) Hemmung, und wenn der später gelernte Stoff die Spuren des zuerst gelernten zerstört oder überlagert, von einer *retroaktiven* Hemmung (rückwirkende Hemmung). Ob eine pro- oder retroaktive Hemmung auftritt, hängt anscheinend von der Wichtigkeit des Stoffes ab. Die als bedeutend erlebten Inhalte überdecken die weniger bedeutenden. Um die gegenseitige Behinderung des Speicherns von Informationen zu vermeiden, müssen Pausen eingelegt werden. Wichtiger als die Länge der Pause ist die Art der Tätigkeit während der Pause. Eine angenehme, aber anregende (bedeutende) Unterhaltung während der Pause dürfte sich genauso, wenn nicht noch stärker störend auswirken, als wenn ohne Pause weiter gelernt wird. Es hat sich herausgestellt, daß der →Schlaf das Behalten von Informationen fördert.

Die aufgeführten *Interferenzphänomene* (gegenseitige Behinderung) können durch die Erkenntnisse über die Bildung von Gedächtnisspuren, d.h. Umstrukturierung der Molekularstruktur, gut erklärt werden.

Gefühle wie Angst, Leistungsdruck, das Ausmaß der →Leistungsmotivation und auch das körperliche Befinden (Müdigkeit, Abgespanntheit) beeinflussen die Gedächtnisleistung. Unerledigte Handlungen werden z.B. über kurze Zeitspannen besser behalten als erledigte *(Zeigarnik-Effekt)*. Es wird angenommen, daß sich das Engagement und somit die Gefühlsbeteiligung günstig auf Gedächtnisleistung auswirken.

Lerntechniken. Unter Berücksichtigung psychologischer Erkenntnisse (→Motivation, →Lernen und Gedächtnis), der Ergebnisse langjähriger Untersuchungen und Erfahrungen aus dem Alltag hat R. Naef Ratschläge zusammengestellt, die das Lernen von Informationen erleichtern und die Effektivität erhöhen.

1. Beim Lesen geht man nach der 5-Punkt-Methode vor, die das Aufnehmen und Behalten erhöht.

- Überblick gewinnen; durch das Lesen von Zusammenfassungen, des Inhaltsverzeichnisses, von Titeln und Untertiteln usw. gewinnt man einen Überblick über das Wesentliche, man macht sich mit dem Text vertraut und weiß, worauf es ankommt.
- Hat man sich den Überblick verschafft, sollte man sich Fragen stellen, was man von dem Text erwartet.
- Die Fragen und der Überblick dienen dem kritischen Lesen, man liest gezielt und sucht Antworten auf die gestellten Fragen; keine Zeit mit Unwichtigem verlieren, aber stets darauf achten, daß das Gelesene verstanden wird (z.B. Fachausdrücke).
- Wichtige Aussagen sich immer wieder vergegenwärtigen, in Erinnerung rufen, rekapitulieren; die wesentlichen Aussagen aus

der Erinnerung in Stichpunkten aufschreiben (nicht abschreiben!).
- Wiederholen, nochmals die Überschriften überfliegen, das Wissen auffrischen - aber nicht erst kurz vor einer Prüfung.

2. Lernmethode; die Behaltensleistung hängt von der Beschaffenheit des Lernmaterials und von den Bedingungen beim Lernen ab.
- Stoff gliedern, Zusammenhänge und Gesetzmäßigkeiten gut einprägen. Neues mit schon Bekanntem in Beziehung setzen (Eselsbrücken, mnemotechnische Hilfen, Gedächtnisstützen), neue Informationen an schon bekannten verankern.
- Stoff verstehen; sinnvolles Material wird besser behalten als sinnloses; wichtige Informationen am Anfang und am Ende lernen (Positionseffekt).
- Je nach Art des Stoffes öfters oder weniger oft Pausen einlegen, in den Pausen sich entspannen. Verteiltes Lernen (Stoff wird auf mehrere Tage oder Wochen verteilt) ist vorteilhafter als massiertes Lernen (umfangreicher Stoff wird hintereinander gelernt). Gedächtnishemmungen, Unlustgefühle und Ermüdung werden dadurch vermieden.
- Mit allen Sinnesorganen lernen, d.h. das Gelesene laut sprechen und Stichworte gleichzeitig notieren, verbessert die Behaltensleistung.

3. Die Behaltensleistung hängt sehr stark von der →Motivation ab.
- Über die Motive, warum man lernt, sollte man sich Klarheit verschaffen.
- Motivationskonflikte vermeiden; nicht dann lernen, wenn alle anderen beim Sport, im Kino oder bei einer anderen angenehmen Beschäftigung sind.
- Sich Aufgaben selbst stellen; über die erzielten Erfolge nachdenken, sie aufzeichnen. Erfolg motiviert!
- Aus den Fächern, die einem schwerfallen, Teilgebiete wählen, die noch am interessantesten erscheinen, und versuchen, mit anderen darüber zu diskutieren.
- Über Probleme sprechen, sich nicht mit selbstquälerischen Gedanken beschäftigen, nicht an die unbewältigte Arbeit denken, sondern anfangen, anderen zu helfen, und nicht zu kritisieren.

4. Planung und Zeiteinteilung. Stellen Sie fest, wieviel Zeit Sie unnütz verschwenden, wieviel mit Lernen und mit anderen Arbeiten. Stellen Sie einen langfristigen Plan und einen Tagesablaufplan auf. Kontrollieren Sie, ob Sie die aufgestellten Teilziele erreicht haben.

5. Umgebung und Gruppenarbeit. Plötzliche Geräusche, Nachrichten im Radio lenken ab, gleichmäßige Musik kann bei geringer Lautstärke und bei manchen Personen anregend wirken. Die Gruppenarbeit ist erst dann sinnvoll, wenn Sie den Stoff schon gelernt haben und wollen über das Gelernte mit Gruppenmitglie-

dern diskutieren, es verarbeiten. In der →Gruppe ist die Motivation größer, sie steigert Zufriedenheit und Produktivität, wenn die Arbeit gut verteilt ist.

Gefühle *(Emotionen).* Es ist fast unmöglich, Gefühle von anderen psychischen Erscheinungen, wie z. B. von Bedürfnissen, abzugrenzen. Es handelt sich um bestimmte Erfahrungen des Menschen wie Angst, Eifersucht, Ärger, Stolz und Liebe. Es sind Befindlichkeiten (Ich-Zustände), die den Körper, das Erleben und Verhalten umfassen. Sie intensivieren oder schwächen die →Wahrnehmung ab, verändern die physiologischen Prozesse und steuern das Verhalten; bestimmte Objekte, Personen oder Situationen werden aufgrund der Gefühle, die sie hervorrufen, vermieden, andere angestrebt, aufgesucht. An Gefühlen können drei Aspekte unterschieden werden:

- *Intensität.* Die Gefühlsintensität reicht von der milden, kaum bemerkbaren Form der Anmutung über den →Affekt, der kurz und meist heftig auftritt, bis hin zur „blind machenden" mächtigen Leidenschaft.
- *Spannung.* Dieses Gefühlsmerkmal äußert sich als Handlungsdruck, wenn sich der Mensch zu einem anderen hingezogen fühlt vor der Gefahr fliehen möchte oder vor Freude aufspringt, und als Lähmung jeder Aktivität, wie z. B. die Traurigkeit oder Zufriedenheit, bei denen der Mensch ruhig oder apathisch ist und sich zu keiner Aktivität aufraffen kann.
- *Lust–Unlust.* Gefühle werden als unangenehm, unlustbetont, z. B. Furcht, Ärger, Enttäuschung und Kummer, oder als angenehm, lustbetont, wie Freude, Glück, Liebe, erlebt. Manche Gefühle sind nur schwer auf dieser Dimension einzuordnen (Mitleid, Überraschung), und es ist fraglich, ob die Dimension Lust–Unlust im Gefühlsbereich wirklich von einer allgemeinen Bedeutung ist.

Messung von Gefühlen. Durch die Aufzeichnung von gefühlsbegleitenden, physiologischen Vorgängen, wie Pulsbeschleunigung oder -verlangsamung, Veränderung des Atemrhythmus, Schweißbildung, Blaßwerden, Erröten, →Hautwiderstand und Blutdruck, kann man feststellen, ob jemand beim Hören einer bestimmten Feststellung oder beim Sehen von Bildern Reaktionen des autonomen →Nervensystems zeigt, d. h. Gefühle entwickelt. Man kann jedoch nicht erkennen, welche Gefühle es im einzelnen sind. Deshalb muß man sich bei der psychologischen Untersuchung von Gefühlen auch auf die verbalen Mitteilungen des Menschen stützen (z. B. →Fragebogen, →Interviews) und seinen →Ausdruck (Mimik, Gestik, Körperhaltung) einbeziehen. Da Gefühle eine Reaktion des Menschen auf die Umwelt (Reize) darstellen, muß bei der Beschreibung von Gefühlen die gesamte Situation berücksichtigt werden; denn Furcht vor einer Prüfung ist etwas anderes als die vor einem geladenen Revolver. S. Schachter und J. Singer konnten nachweisen, daß die körperlichen Vorgänge (Ich-Zustand) je nach der Meinung über die Ursache und der Wahrnehmung der Situation, als Gefühle der Angst, Furcht, Wut, Ärger,

Freude usw. gedeutet werden (kognitive Theorie der Gefühle). Gefühle hängen andererseits auch von der individuellen Eigenart (Gefühlserregbarkeit) der Person ab; so sind ängstliche (→ Angst) und introvertierte (→ Extraversion) Menschen eher und länger bereit, auf erschreckende Situationen mit Angstgefühlen zu reagieren. Ebenso beeinflußt der aktuelle Körperzustand das Erleben von Emotionen. Man hat beobachtet, daß Wutreaktionen bei Kindern doppelt so häufig auftreten, wenn sie hungrig sind, und man weiß, daß Gefühlsäußerungen einer Frau sich mit dem Ablauf der Menstruation verändern. Dieser körperliche Einfluß auf Gefühle wird besonders deutlich bei Krankheiten (z. B. auffallende Reizbarkeit bei einer Überfunktion der Schilddrüse).

Entstehung von Gefühlen. Beobachtet man das Verhalten im → Säuglings- und → Kleinkindalter, so stellt man fest, daß Gefühle sich immer mehr aus einer unspezifischen angeborenen Erregung herausdifferenzieren. Kurz nach der Geburt führt jede Einwirkung von außen zu einer einheitlichen Gefühlsreaktion, die man lediglich als Erregung bezeichnen kann. In den folgenden ersten Lebenswochen lassen sich schon Lust und Unlust unterscheiden, z. B. wenn das Kind zu trinken bekommt oder wenn es wund ist. Eine Ausbildung weiterer Gefühle geschieht dann mit Hilfe der → Wahrnehmung, die immer mehr Situationen zu unterscheiden imstande ist, in denen das Kind nur bestimmte Gefühle zeigt (z. B. offene Freude im Zusammensein mit den Eltern, verborgene Schadenfreude bei Spielkameraden, Zuversicht in der Schule). Es ist von den sozio-kulturellen Normen abhängig, wann und wo man Gefühle zeigt; so lächelt ein japanischer Diener, wenn er getadelt wird, was bei uns als Frechheit angesehen wird. Die Ausdifferenzierung der Gefühle, bis hin zu den vielfältigen Emotionen eines Erwachsenen, wird weiterhin beeinflußt von den sich entwickelnden motorischen Fähigkeiten des Kindes. Konnte es anfangs ein Unwohlsein nur im Weinen ausdrücken, ist es im 1. Lebensmonat schon in der Lage, den Ton und die Stärke des Schreiens zu regulieren, so daß der Erzieher meint, Traurigkeit, Wut oder Einsamkeit feststellen zu können. Die Vielfalt der Gefühle, die Art ihrer Äußerung und vor allem ihre Ursachen sind sicherlich erlernt (→ Lernen). Die Grundlage der Gefühle stellen jedoch weitgehend angeborene hirnphysiologische Prozesse dar, die durch Einwirkungen von außen (z. B. Wahrnehmung eines Unglücks, Verlassen-Werden von der Freundin) in Gang gesetzt werden. Eine zentrale Rolle spielt hier die Region des Hypothalamus (→ Nervensystem). So konnten bei Katzen durch elektrische Reizung bestimmter Stellen des Hypothalamus Angst, aber auch angenehme Gefühle ausgelöst werden. Die Hirnrinde hat u. a. eine hemmende Funktion gegenüber den Gefühlen; man stellte fest, daß Tiere, denen die Hirnrinde entfernt wurde, sehr viel schneller als zuvor Wutreaktionen zeigten.

Störungen der Gefühle. Psychosomatische (z. B. Asthma, Magenbeschwerden; →Psychosomatik) und neurotische Störungen (z. B. Konversionsneurosen; →Neurose) sind auf starke Gefühlserregbarkeit (→Persönlichkeit) und auf Gefühlszustände, die der Situation nicht angemessen sind, zurückzuführen. Eine der auffälligsten Veränderungen von Gefühlen ist die →Depression, eine übersteigerte Form des Erlebens von Leid und Traurigkeit, die in ihrer stärksten Ausprägung für den Außenstehenden nicht mehr verständlich ist.

Gehirn, neben dem Rückenmark der wichtigste Teil des Zentral-→Nervensystems. Das Gehirn wird aufgegliedert in Großhirn (mit Hirnrinde), in Zwischenhirn (Thalamus und Hypothalamus), in Mittelhirn (Retikularsystem), Kleinhirn und Nachhirn (mit autonomen Reflexzentren). Siehe Abb. S. 266 unter →Nervensystem.

Gehirntrauma. Gehirntraumata sind Verletzungen und Beeinträchtigungen des Gehirns, wie sie z. B. durch Erschütterungen beim Sturz, Unfallverletzungen oder inneren Druck durch Ansammeln von Flüssigkeit im Gehirn (Wasserkopf) vorkommen können. Solche Gehirnschädigungen führen meist zu exogenen →Psychosen mit Merkfähigkeits- und Auffassungsstörungen, allgemein verlangsamtem Denken und Wahrnehmen sowie emotionalen Verstimmungen.

Gehörswahrnehmung. Die zentralnervöse Verarbeitung von Schallwellen (adäquate Reize), die über das Trommelfell und die drei Gehörknöchelchen des Mittelohrs zum Innenohr übertragen und gleichzeitig u. a. wegen Druckflächenunterschieden um das 22fache verstärkt werden, damit sie die Flüssigkeit in der Schnecke (Innenohr) in Bewegung versetzen können, wodurch die →Rezeptoren (Sinneshaare) verbogen werden, vermittelt uns wichtige Informationen über die Vorgänge in der Umwelt. Mit dem akustischen Organ können Wellenfrequenzen von 16 (tiefe Töne) bis 15 000 und 20 000 Hz (höchste Töne) empfangen und in elektrische Impulse umgewandelt werden. Der verstärkende Apparat im Mittelohr ist besonders empfindlich für die Frequenzen von 80 bis 600 Hz. In diesem Frequenzbereich, der auch die menschliche Sprache umfaßt, ist die Trennschärfe, d. h. die Differenzierung von Tonhöhen und Lautstärkenunterschieden, am größten.
Die Verarbeitungsprozesse von Schallwellen ermöglichen neben den subjektiven Erlebnissen der Tonhöhe und Lautstärke je nach Erfahrung, Gedächtnis, Aufmerksamkeit und Übung viele feine Differenzierungen und Urteile über die Umwelt wie Schätzung der Entfernung und Richtung der Schallquelle. Erkennen von Personen an der Stimme, Auseinanderhalten von mehreren, gleichzeitig

wirkenden Schallreizen. Weitere subjektive Wahrnehmungsinhalte sind Klang, Geräusch, Lärm und Klangfarbe, die weitgehend von der Zusammensetzung der Schallschwingungen abhängig sind.
Die Klänge (Konsonanzen und Dissonanzen; → Musikpsychologie), die Gefühlscharakter haben und als angenehm oder unangenehm empfunden werden, und die Sprache als Kommunikationsmittel sind zwei wichtige Möglichkeiten, das menschliche Verhalten über die Gehörswahrnehmung zu beeinflussen.

Geisteskrankheiten, umgangssprachliche Bezeichnung für → Psychosen.

Geistige Behinderung. Als geistig behindert werden jene Menschen bezeichnet, deren → Entwicklung – vor allem im Leistungsbereich – äußerst starke Rückstände gegenüber der Altersgruppe aufweist und die einen IQ zwischen 20 und 60 haben. Ihr Abstraktionsvermögen ist sehr begrenzt, sie bleiben an das konkret-anschauliche Denken gebunden (→ Intelligenzentwicklung nach Piaget) und erreichen maximal ein Intelligenzalter von 8 Jahren. Sensibilität und soziale Verhaltensweisen (z. B. Unterstützen, Ermutigen) sind bei ihnen oft in stärkerem Maße als bei Nicht-Behinderten entwickelt. Die angegebenen IQ-Werte sind grobe Orientierungswerte, denn die verwendeten → Intelligenztests wurden meist für Nicht-Behinderte entwickelt und die Leistungen Behinderter lassen sich – vor allem qualitativ – nicht exakt mit denen Nicht-Behinderter vergleichen. Synonym mit geistiger Behinderung werden noch die Begriffe *Imbezillität, Oligophrenie, Debilität* oder *Idiotie* (Bildungsunfähigkeit) verwendet. Diese sollten jedoch vermieden werden, da sie aus der älteren Psychiatrie stammen, nicht viel aussagen und insbesondere einen stark negativen Bedeutungsgehalt haben.
Ursachen. Eine geistige Behinderung beruht immer auf einer hirnorganischen Schädigung (→ Gehirn). Sie kann zurückgeführt werden auf:
1. Erbkrankheiten oder → Chromosomenverteilungsfehler (sog. Chromosomenaberrationen).
2. Erworbene Ursachen (z. B. Sauerstoffmangel während der Geburt). Unter dem zeitlichen Gesichtspunkt kann man unterscheiden:
a) Vorgeburtliche Schädigungen (pränatal): z. B. → Chromosomenschädigung, Infektionen der Mutter (Röteln), Vergiftungen, Viruserkrankungen (Lues), Röntgenschäden.
b) Schädigungen im Zusammenhang mit der Geburt (perinatal): z. B. Hirnblutungen, Schädeldeformationen, Sauerstoffmangel aufgrund einer Strangulation durch die Nabelschnur.
c) Nachgeburtliche Schädigungen (postnatal): z. B. frühkindliche

Hirnschäden aufgrund von Hirnhautentzündung, Impfschäden und Stoffwechselerkrankungen oder Beeinträchtigungen durch Verkehrsunfälle.
Geistige Behinderung wird nur zu einem geringen Prozentsatz vererbt. Oft führt das Zusammenspiel mehrerer Ursachengruppen zur Entstehung der Behinderung.
Erscheinungsbild. Häufig setzt man das typische Aussehen mongoloider Menschen (z. B. breite Nasenwurzel, Übergröße des Kopfes, Speichelfluß, Bewegungsunsicherheit) mit dem geistig Behinderter gleich. Diese zeigen aber keineswegs ein einheitliches Erscheinungsbild. Der Einfluß des familiären Lebens, die individuelle Körpergestalt, unterschiedliche erworbene Verhaltensmuster führen zu einer unverwechselbaren Persönlichkeit des einzelnen Behinderten.
Pädagogische Möglichkeiten. Das Schicksal geistig behinderter Menschen könnte stark gemildert werden, wenn die Hirnschädigung frühzeitig erkannt würde. Wenn das Kind z. B. mit 4 Monaten den Kopf nicht heben, mit 6 Monaten nicht frei sitzen kann oder beständig nur mit einer Hand greift, besteht die Gefahr einer Hirnschädigung. Bei Verdachtsmomenten sollte das Kind unbedingt von einem Facharzt gründlich untersucht werden. Die Einführung der Schulpflicht 1965 löste eine Sicht ab, die geistig Behinderte als „Pflegefall“ oder „unerziehbar“ ansah. Nach den „Empfehlungen für den Unterricht für geistig Behinderte (1980)“ sind Selbstverwirklichung und soziale Integration anzustrebende Erziehungsziele. Der geistig Behinderte lernt z. B.:

- sich mit anderen sprachlich und nichtsprachlich zu verständigen,
- mit anderen Beziehungen einzugehen und mit ihnen zusammenzuarbeiten,
- seine täglichen Bedürfnisse zu versorgen,
- Lebensfreude und Selbstvertrauen zu entwickeln,
- sich in wichtigen Bereichen des öffentlichen Lebens auszukennen,
- eine Arbeit bzw. Tätigkeit auszuüben,
- seine Freizeit sinnvoll zu gestalten,
- sich als Junge oder Mädchen, Mann oder Frau zu sehen und zu akzeptieren.

Nicht all diese Ziele werden von jedem geistig Behinderten erreicht, es sind viele Abstufungen möglich.
Die pädagogische Förderung muß sofort nach Erkennen der Behinderung einsetzen und erfolgt deshalb schon im Rahmen der Familie unter Mithilfe von Fachleuten (Hausfrühförderung). Eine Erziehung in Sonderkindergärten und -schulen schließt sich an. Trainingskurse in der Werkstatt für Behinderte bereiten auf die Arbeit hier oder in seltenen Fällen auf den öffentlichen Arbeitsmarkt vor. In der letzten Zeit wird häufig eine mit der Erziehung

der Nicht-Behinderten integrierte Förderung geistig Behinderter gefordert. Dies würde ohne Zweifel zu einer größeren Akzeptanz der Behinderten beitragen, es müßte aber vor allem gesichert sein, daß die Erzieher auf das langsame Lerntempo und das rein anschauliche Denken Rücksicht nehmen sowie mit den z. T. auffallenden Verhaltensweisen umgehen können. Eine Integration des geistig Behinderten während der Schulzeit ist besonders wichtig, weil sie derzeit noch im Leben außerhalb von Schule oder Werkstatt oft alleine gelassen und ohne Anschluß sind.

Geltungsstreben → Macht, Machtstreben.

Gemeinschaft. Als Gemeinschaft bezeichnet man → Gruppen, bei denen eine besonders enge Bindung der Mitglieder untereinander besteht und emotional gefärbte Ziele gemeinsam angestrebt werden (z. B. Mitglieder einer Kirchengemeinde).

Gemüt, ungenaue – hauptsächlich in der älteren Psychologie und Psychiatrie (Gemütskrankheiten) verwendete – Bezeichnung für gefühlsmäßiges → Erleben (Gefühle, Stimmungen, Antrieb). In der Vergangenheit wurde Gemüt (vor allem in der geisteswissenschaftlich ausgerichteten Pädagogik) als das Insgesamt der Werthaltungen, als die Fähigkeit zu helfen, mitzufühlen, zärtlich und warmherzig zu sein, betrachtet. Diese Fähigkeit sollte vorrangig vor dem Verstand gebildet werden. Begriffe wie gemütsflach, gemütskühl, gemütsstumpf werden in der Psychologie wegen ihrer Ungenauigkeit und der darin enthaltenen Wertung nicht mehr verwendet.

Gene, Hauptbestandteile der → Chromosomen, die als Riesenmoleküle der Desoxyribonukleinsäure (DNS) für die Vererbung (Erbanlagen) verantwortlich sind. Durch Gene wird die Ausbildung einzelner Merkmale bei Menschen oder Tieren gesteuert (→ Genotypus). Die DNS besitzt die Fähigkeit, viele Informationen zu speichern.

Generalisierung beschreibt die Tatsache, daß die auf bestimmte Reize hin gelernten Reaktionen auch auf ähnliche Reize erfolgen können, generalisiert, übertragen, verallgemeinert werden (Reizgeneralisation). Dieser Effekt ist vor allem beim Übertragen der Wünsche und der → Angst auf ähnliche Objekte oder Personen zu beobachten. Die Generalisierung des Übungseffektes (Transfer) auf ähnliche Tätigkeiten scheint auf motorische Fähigkeiten begrenzt zu sein und ist inzwischen bei Tätigkeiten wie Rechnen, eine Sprache lernen usw. stark umstritten.

Genetik = Vererbungsforschung. Sie untersucht, welche Merkmale durch Vererbung (→Gene) und welche auf andere Art und Weise entstanden sind. →Anlage-Umwelt-Problem.

Genitale Phase →Psychoanalyse.

Genotypus. Der Genotypus bezeichnet die Gesamtheit aller Erbanlagen (→Anlage) eines Individuums. Lebewesen mit gleichem Genotypus können sich aufgrund von Umwelteinflüssen innerhalb einer genetisch vorgeschriebenen Breite in ihrer Merkmalsausprägung unterscheiden. →Phänotypus.

Geruchs- und Geschmackswahrnehmung. Geschmack- und Riechstoffe (chemische Reize) werden von Geschmacksknospen auf der Zunge und von Riechzellen im Gebiet des sog. Nasendachs in elektrische Impulse umgeformt, die subjektiv als Geruch- bzw. Geschmacksempfindungen erlebt werden. Geschmack und Geruch sind beim Menschen eng miteinander verbunden; bei Geruchsausfall werden die Speisen oder Getränke geschmacklos. Geruchs- und Geschmackserlebnisse können ebenso wie andere Sinnesempfindungen das Gefühl beeinflussen; auch die rasche Anpassung (→Adaptation) an verschiedene Gerüche ist psychologisch bedeutsam.

Geschichte der Psychologie. Wollte man die Geschichte der Psychologie vollständig aufzeigen, so müßte man mit der Schilderung des psychologischen Denkens in vorchristlichen Hochkulturen anfangen, die Abhandlung psychologischer Fragen durch griechische Philosophen verfolgen und selbstverständlich auch die Beiträge der Scholastiker (christliche Philosophen wie Albertus Magnus, Thomas von Aquin) mitberücksichtigen. Einen Einschnitt in die Geschichte der Psychologie bilden die Arbeiten des französischen Philosophen René Descartes, der als Sitz des Geistes oder der Seele das menschliche Gehirn annimmt (→Nervensystem) und psychische Erscheinungen den Eigenschaften des →Bewußtseins zuschreibt; ebenso zu erwähnen sind die Gedanken der englischen Philosophen John Locke (1632–1704), David Hume (1711–1776), James und John Stuart Mill u.a., die psychische Prozesse auf →Erfahrung (Empiriker) und →Assoziationen (Verbindungen, Verknüpfungen einzelner Elemente nach bestimmten Gesetzen) zurückführen und daher als Vorläufer der späteren Assoziationspsychologie, →Gestaltpsychologie und der Psychologie als Erfahrungswissenschaft genannt werden. Obwohl die philosophischen Beiträge zur Erklärung psychischer Erscheinungen nicht uninteressant sind, kann die „lange Vergangenheit" der Psychologie in diesem Artikel nicht dargestellt werden.
Mit der Gründung des ersten psychologischen Laboratoriums von

Überblick über die Entwicklung der modernen Psychologie

Ungefähre Zeitangabe	*Gegenstand der Forschung*	*Methode*	*Schulen und Vertreter*	*Bedeutung in der gegenwärtigen Psychologie*
1850 bis heute	Nervenaktivität, Reflexe, Beziehung zwischen Reiz und Empfindung (→Psychophysik), →Sinne	Beobachtung, Messung, physikalisch-physiologische Methoden	H. v. Helmholtz, G. Th. Fechner, I. M. Sechenow, J. Müller u. a.	Gesetze: Spez. Sinnesenergien, Weber-Fechnersches Gesetz, Psychophysik (→Empfindung)
1879	Bewußtseinselemente, Elemente der →Empfindung und →Wahrnehmung, Völkerpsychologie	Introspektion (→Selbstbeobachtung)	Elementenpsychologie, Leipziger Schule; W. Wundt, E. B. Titschener u. a.	Allgemeiner Einfluß auf Wahrnehmungspsychologie und →Sozialpsychologie
Seit 1880	→Gedächtnis	Experimente mit sinnlosen Silben	H. Ebbinghaus	Gedächtnis- bzw. Vergessenskurve
1896	→Bewußtsein: Denken, Erinnern, Urteilen	Introspektion, Ausfrageexperimente	O. Külpe als Gründer der Würzburger Schule, K. Bühler, K. Marbe, N. Aach u. a.	Assoziationsgesetze des →Denkens
Seit 1900	Unbewußtes	→Psychoanalyse („Seelenzergliederung“), Traumdeutung	S. Freud, A. Adler, C. G. Jung u. a.	→Tiefenpsychologie, psychoanalytische Therapie
Noch vor 1900	Reflextätigkeit, Lernen	Experimente mit Tieren	I. P. Pawlow, W. Bechterew, J. B. Watson	Grundregeln des →Lernens (klassische Konditionierung)

Vor und nach 1900	Entwicklung, Charakter, individuelle Unterschiede, Fähigkeiten, erste Tests	Beobachten, Vergleich, Messen, Tests, Psychometrische Untersuchungen	F. Galton, J. McK. Catell, A. Binet, Th. Simon u. a.	→ Differentielle Psychologie, → Diagnostik, → Tests
Seit 1910	→ Verhalten (beobachtbares)	→ Beobachtung, → Experiment, Messen, Labyrinthversuche	J. B. Watson als Gründer des → Behaviorismus, C. B. Hull, E. C. Tolman, B. F. Skinner u. a.	→ Lernen, Erziehung, → Verhaltenstherapie, Programmierter Unterricht, → Lehrmaschinen
Seit 1915	→ Wahrnehmung, Erleben, → Verhalten, → Bewußtsein	Von Selbstbeobachtung bis zu Experiment	Gestaltpsychologie bzw. Berliner Schule: K. Wertheimer, W. Köhler, K. Koffka; Ganzheitspsychologie bzw. Leipziger Schule: F. Krüger, F. Sander u. a.	Bewußtseinsprozesse sind mehr als Summe der Elemente → Wahrnehmung, Gedächtnis, Denken, Psychophysische Struktur
Nach 1920	Verhalten, Erleben, Bewußtsein und Unbewußtes von Mensch und Tier	Verfeinerte Techniken der Beobachtung, des Experimentierens und auch → Statistik	Weiterwirken der genannten Schulen; hinzu kommen Psychotechnik, Persönlichkeitspsychologie, Sozialpsychologie u. a.	Grundlagen der gegenwärtigen psychologischen Erkenntnisse
Seit 1970	Selbstverwirklichung, Sinnorientierung	Verstehen, Einfühlung	A. Maslow, C. Rogers, Ch. Bühler, R. Cohn u. a.	Entwicklung therapeutischer und pädagogischer Methoden
Seit 1970	Prozesse zwischen Reizaufnahme und Verhalten	Experimente, Entwicklung von Modellen, Computersimulation	M. G. Wessels, G. H. Bower u. a.	Grundlagen der Informationsverarbeitung (z. B. Begriffsbildung, Verstehen, Problemlösen)

Wilhelm Wundt 1879 in Leipzig fängt die „kurze Geschichte" (E. G. Boring) der Psychologie an, die als Entwicklung der *modernen, experimentellen* Psychologie bezeichnet werden könnte. Charakteristisch für die Entwicklung der Psychologie als selbständige Wissenschaft (Trennung von der Philosophie) von 1879 bis etwa 1930 ist eine Vielzahl untereinander zerstrittener Schulen und große Fortschritte der Psychologie, die sie zweifellos der Anlehnung an Naturwissenschaften und den Ergebnissen der physiologischen Forschung zu verdanken hat. Die Entwicklung vieler psychologischer Schulen und Theorien (→Methoden der Psychologie) ist auf das Ringen der Wissenschaftler um die Bestimmung des *Gegenstandes* psychologischer Forschung und auf die Suche nach *methodischen* Zugängen zum Psychischen zurückzuführen. L. J. Pongratz schildert in seiner „Problemgeschichte der Psychologie" sechs Gegenstandsbestimmungen der Psychologie: Seelenwesen, Seelenleben, Bewußtsein, Unbewußtes, Erleben und Verhalten. Der Methodenstreit wird von Vertretern der Introspektion (→Selbstbeobachtung), Fremdbeobachtung, Befragung, Assoziation, Beschreibung, Beobachtung und Messung und des experimentellen Vorgehens geführt (→Methoden der Psychologie).
Für die Entwicklung der Psychologie nach 1920 sind kennzeichnend:

1. Eine Fülle von psychologischen →Tests und deren Anwendung in der →Berufsberatung;
2. Anwendung der psychologischen Erkenntnisse in der Arbeitswelt (→Arbeitspsychologie, Psychotechnik, →Betriebspsychologie),
3. Entwicklung von →Persönlichkeitsmodellen und damit verbundene Erforschung der Bedürfnisse, →Gefühle, →Eigenschaften usw. und
4. das Aufkommen der →Sozialpsychologie, die in der gegenwärtigen Psychologie die beherrschende Stellung einnimmt.
5. Entwicklung der →humanistischen Psychologie, die zahlreiche Verfahren der →Psychotherapie hervorgebracht hat.
6. Entstehen der → kognitiven Psychologie, die den Behaviorismus weitergeführt hat.

Schon vor dem Zweiten Weltkrieg hat sich gezeigt, daß alle psychologischen Schulen, Theorien und auch Methoden etwas „Wahres" bzw. „Brauchbares" enthielten und einzelne Teilaspekte des Psychischen und des Verhaltens näher erklärten. Der Vorwurf, Psychologie sei keine bzw. eine höchst zweifelhafte Wissenschaft, weil es so viele unterschiedliche Ansichten, Theorien und Richtungen gab und noch gibt, ist unberechtigt. Der gegenwärtige Wissenstand und die enorme Verbreitung und Anerkennung der Psychologie in einer sehr kurzen Zeit, sind zweifellos auf die Anstrengungen einzelner psychologischer Schulen zurückzuführen, deren Erkenntnisse vollständig oder nur teilweise noch heute gültig sind (siehe letzte Spalte der Übersicht auf S. 130, 131 „Bedeutung in der gegenwärtigen Psychologie").

Geschlechterrollen, oft auch ungenau Geschlechtsrollen genannt, werden spezifisch weibliche und männliche Verhaltensmuster genannt, die entsprechend den jeweiligen sozio-kulturellen Normen gelernt wurden und weniger durch die biologischen Geschlechtsunterschiede bedingt sind. Kritische Perioden, in denen der Aufbau von Geschlechterrollen durch die Erziehung oder andere Umwelteinflüsse stark beeinflußt wird, sind →Kleinkindalter (von 2 bis 6 Jahre) und das →Jugendalter. Es wird angenommen, daß Kinder durch eine strenge Mutter und einen ängstlichen Vater „feminisiert" (Vorherrschen weiblicher Eigenschaften) werden.
Es wäre zu bedenken, daß die Spannung, die durch typisch männliche und weibliche Verhaltensmuster zwischen den Geschlechtern herrscht, in vielerlei Hinsicht wichtig und sinnvoll ist und daher nur der Abbau sexueller Vorrechte des Mannes und die berufliche Gleichstellung der Frau gefordert werden sollten.

Geschlechtserziehung →Sexualerziehung.

Geschwisterreihe →Familie.

Gesellschaft. Der Begriff Gesellschaft bezeichnet das Zusammensein von in Gruppen wie Familie, Vereine, Partei, Kirche, u.a. lebenden Menschen, die verschiedene wesentliche Merkmale miteinander gemeinsam haben, die die Struktur einer Gesellschaft ausmachen:

- Ein bestimmter geographischer Raum und ein Zeitalter, in denen man zusammen lebt.
- Beweggründe des sozialen Handelns (→Motivation), wie z.B. persönlicher Ehrgeiz, Sich-Einsetzen zum Ruhm des Vaterlandes.
- Normen, Gebote und Werte (sie sind in der BRD z.B. im Grundgesetz, Bürgerlichen Gesetzbuch und an anderen Stellen festgelegt).
- Die Art und Weise, wie man sich verhält (z.B. temperamentvoll, überlegt, kontrolliert).
- Formen der Kontrolle, damit die Normen eingehalten werden (z.B. Freiheitsstrafen, Strafversetzung, Mißbilligung durch andere Gruppenmitglieder).

Viele Psychologen und Soziologen sind der Meinung, daß es unnütz ist, von einer Gesellschaft zu sprechen, da der einzelne in ihr lebende Mensch nicht von ihr, sondern von kleineren →Gruppen beeinflußt wird und es oft der Wirklichkeit unangemessen ist, wenn man allen Mitgliedern eines Volks von z.B. 60 Millionen Menschen gleiche Werte unterstellt.

Gesichtswahrnehmung. Die visuelle, optische Wahrnehmung, einfach das Sehen genannt, ist für den Menschen eine der wichtigsten Informationsquellen über die Beschaffenheit und die Veränderungen der Umwelt. Das Auge als Sinnesorgan nimmt die von den Gegenständen zurückgeworfenen (reflektierten) Lichtstrahlen auf und vereinigt sie auf der → Netzhaut, wo die → Rezeptoren (Stäbchen und Zapfen) die Lichtenergie in elektrische Potentiale umwandeln. Die Augenmuskulatur, die für das Dehnen und Krümmen der Linse und für die Bewegungen des Augapfels verantwortlich ist, sorgt für das „scharfe Sehen", d.h. für die Anpassung an verschiedene Entfernungen *(→ Akkommodation)* und für die *Konvergenz* beim beidäugigen Sehen, damit keine Doppelbilder entstehen; die Pupille reguliert als Blende die Menge des einfallenden Lichtes. Die Erweiterung oder Verengung der Pupille ist erster Schritt der → Adaptation (Hell-, Dunkelanpassung).
Trotz der Anpassung an die Entfernung und Helligkeit ist das menschliche Auge nicht mit einem Photoapparat und die Gesichtswahrnehmung nicht mit Fotos vergleichbar. Wir sehen nicht mit den Augen, sondern mit dem Gehirn (→ Nervensystem); Lichtreize werden nicht abgebildet, sondern verarbeitet. Die Verarbeitung beginnt schon auf der Netzhaut, wo Wechselwirkung zwischen Erregungs- und → Hemmungsprozessen wahrscheinlich für Hell-Dunkel-Kontraste (weiße Schrift auf einer dunkelgrünen Tafel) und scharfe Abbildung von Figuren (Abheben vom Hintergrund) verantwortlich ist. Erster Schritt der Weiterverarbeitung erfolgt schon im Sehnerv, wo bestimmte Informationen durch bestimmte Nervenfasern weitergeleitet werden. Nach verschiedenen Umschaltungen gelangen die Informationen zur „Sehrinde", wo sie zu dem Abbild und zur bewußten Wahrnehmung der Außenwelt beitragen (→ Wahrnehmung). Die Verarbeitungsprozesse, bei denen Erfahrung, → Gedächtnis, → Aufmerksamkeit u.a. Faktoren eine wichtige Rolle spielen, bewirken einige interessante psychologische Erscheinungen, die alle hauptsächlich der besseren Orientierung in der Umwelt dienen.
1. Wahrnehmungskonstanzen: Trotz verschiedener Entfernung werden Objekte, Personen, Tiere, Figuren usw. subjektiv in ihrer „natürlichen" Größe (Größenkonstanz), die uns aus verschiedenen Erfahrungen bekannt ist, gesehen und nicht entsprechend der Größe des Abbildes auf der Netzhaut.
2. Figuren werden abgehoben vom Hintergrund gesehen, das Wahrnehmungsfeld wird nach → Gestalt-Gesetzen organisiert. → Figur-Grund-Effekt, → Kontrastphänomen.
3. Beidäugiges Sehen, Erfahrung und Figur-Grund-Kontraste ermöglichen Tiefenwahrnehmung, Entfernungsschätzung und das dreidimensionale Sehen (→ Disparation).
4. Erfahrung und Änderung des Bezugsrahmens (Hintergrund) spielen eine wichtige Rolle bei der Bewegungswahrnehmung und

Geschwindigkeitsschätzung, da bewegte Objekte fixiert und somit auf der Netzhaut als unbewegt abgebildete Gegenstände erscheinen.

5. Großes psychologisches Interesse fanden auch die unter →Wahrnehmungstäuschungen beschriebenen Erscheinungen, die →Farbwahrnehmung und →Nachempfindungen.

Gesprächspsychotherapie (auch: nicht-direktive Therapie, klientenzentrierte Therapie) ist eine der klassischen Behandlungsmethoden der →Humanistischen Psychologie für psychisch beeinträchtigte Menschen. Sie wurde in den 40er Jahren in den USA von C. Rogers entwickelt und vom Ehepaar Tausch Mitte der 60er Jahre im deutschen Sprachraum eingeführt. Die Gesprächspsychotherapie, oft GT genannt, geht von der Tatsache aus, daß die Handlungen eines Menschen von dem Bild bestimmt werden, das er von sich entwickelt hat. Übergeht oder vernachlässigt dieses Bild wesentliche Gegebenheiten der sozialen Realität, wird der Betreffende oft anecken, das Gefühl haben, sich nicht mehr auszukennen, oder als krank bezeichnet werden.

Die *Persönlichkeitstheorie* von Rogers macht im wesentlichen Aussagen zur *Natur des Menschen* und zum Aufbau seines *Selbstkonzeptes.* Rogers ist wie alle humanistischen Psychologen der Meinung, daß der Mensch grundsätzlich die *Fähigkeit zur Selbsthilfe* besitzt, der Therapeut kann deshalb nur Begleiter sein. Er ist behilflich, die dem Menschen innewohnenden *Wachstumskräfte* zu aktivieren. Das Selbstkonzept besteht aus dem *Realselbst* eines Menschen, das alles umfaßt, was er an Möglichkeiten und tatsächlichem Verhalten bei sich wahrnimmt und erlebt (z.B. ich bin allein, ein schlechter Student). Davon wird das *Idealselbst* unterschieden, das jenes Bild darstellt, wie der Mensch sich gerne wahrnehmen und erleben würde (z.B. ich bin mit vielen befreundet, ein erfolgreicher Student). Konflikte entstehen, wenn Ideal- und Realselbst stark auseinanderklaffen. Sie können verstärkt werden, wenn das sog. *Fremdbild,* also die Erwartungen, die andere an den Menschen haben, ebenfalls mit dem Realselbst kollidiert. Der einzelne versucht, diesen Konflikten zu entgehen, indem er die Gegebenheiten seiner Umwelt nur verzerrt wahrnimmt oder sie ignoriert. Das kann zu Problemen führen, die nur durch eine Auseinandersetzung mit der Wirklichkeit und einen Abbau der überhöhten Idealvorstellungen zu überwinden sind.

Das *therapeutische Vorgehen* der GT versucht, die Wachstumskräfte des Menschen zum Tragen zu bringen und jenes Umfeld zu schaffen, das dem Klienten ermöglicht, sich selbst zu helfen. Dabei sind vom Therapeuten einige *Basismerkmale der GT* zu verwirklichen:

- *Echtheit.* Ein Therapeut wird als echt und kongruent erlebt, wenn seine Äußerungen mit dem, was er – im Kontakt mit dem

Klienten – fühlt und denkt, übereinstimmen. Der Therapeut zeigt keine Fassade und versteckt nichts von seinem Wahrnehmen und Erleben.

- *Akzeptanz.* Der Klient muß vorbehaltlos in seiner Person wertgeschätzt werden, damit er wieder an seine eigenen Kräfte glauben lernt und sich annehmen kann, wie er ist. Wertschätzung ohne Vorbedingungen heißt aber nicht, alles Verhalten des Klienten gutzuheißen.
- *Empathie.* Wenn der Therapeut den Klienten annehmen kann, kann er auch mehr und mehr sich in ihn hineinversetzen. Er fühlt sich verstanden, wenn der Therapeut sensibel wird und „mitschwingt". Auf keinen Fall sollte das vom Klienten Gesagte „nachgeplappert" werden, vielmehr muß der Therapeut auf alle Mitteilungen, also auf Sprache, Sprechausdruck, Körperhaltung und aktuelle Verhaltensweisen des Klienten achten, und dann das von ihm Gespürte dem Klienten mitteilen. So gelangt dieser schrittweise zu einem tieferen Verständnis der eigenen Person.

Die *Wirkung des therapeutischen Gesprächs* kann lerntheoretisch und psychoanalytisch begründet werden. In einer entspannten und warmen Atmosphäre, in der der Therapeut nicht urteilt und Ratschläge gibt, kann der Klient ehrlich sein, braucht keine Fassade aufrechtzuerhalten und kann sich trotz seiner „schlimmen" Seiten akzeptieren. Das Verbalisieren der Gefühle und Erlebnisse durch den Therapeuten ermutigt den Klienten, von seinem Leiden zu sprechen. Dies wiederum hat eine entlastende Wirkung (→Katharsis). Das empathische Verhalten des Therapeuten regt den Klienten an, seine Probleme zu formulieren und sie zu begreifen. Er erfährt in steigendem Maße, wie er wirklich denkt, fühlt und wertet. Sein Selbstbild (Realselbst) wird wirklichkeitsnäher, und er gewinnt größere Unabhängigkeit von den Erwartungen anderer.

Gesprächspsychotherapie setzt beim Hilfesuchenden die Bereitschaft voraus, sich mit sich selber auseinanderzusetzen. Wie bei allen Psychotherapien kann ihm nicht gegen seinen Willen geholfen werden. GT wird vorzugsweise bei folgenden Beeinträchtigungen durchgeführt: geringes Selbstwertgefühl, Angst vor bestimmten Personen, →psychosomatische Beschwerden, sexuelle Schwierigkeiten und Probleme im Beruf.

Gestalt. M. Wertheimer gilt zusammen mit W. Köhler und K. Koffka als Begründer der *Gestaltpsychologie* (Berliner Schule; →Geschichte der Psychologie), die das Konzept der Verbindung (Assoziation) von Elementen (W. Wundt) in der →Wahrnehmung kritisierten und Schwerpunkt auf Organisationsprozesse und gestalthafte Strukturierung der Wahrnehmung legten. Die Gestalt, d.h. die von ihrer Umgebung abgehobene Einheit oder Ganzheit, die „mehr ist als die Summe ihrer Teile“, und die Gestaltqualität ist nicht in den einzelnen Teilen (Elementen) zu finden und bleibt erhalten, wenn alle Teile ausgetauscht werden (z. B. Noten einer Melodie), wenn nur die Beziehung zwischen den einzelnen Teilen, die *Struktur*, erhalten bleibt. Aufgrund der dynamischen Wechselwirkung zwischen einzelnen Teilen und zwischen Reizmustern und inneren Prozessen (Hirnprozesse sind physiologische Gestalten) zeichnen sich die Wahrnehmung und auch andere psychische Prozesse, wie z. B. Denken, durch die Tendenz zur Ordnung, Organisation, Regelmäßigkeit und Einfachheit und durch die Neigung zu „guten Gestalten“ (Prägnanztendenz) aus.

Die Entdeckung der Organisationsprinzipien führte zu der Auffassung, daß zwischen lokalen Sinnesreizen und erlebten Eindrücken keine direkte Zuordnung besteht (Widerlegen der Konstanzannahme), und zu der Auffassung, daß zwischen subjektiven Erlebnissen und den dazugehörigen Hirnprozessen eine Gestaltgleichheit besteht (Annahme des Isomorphismus). Nach dieser Auffassung erhofften die Gestaltpsychologen, durch die Erforschung der Organisationsgesetze nicht nur Wahrnehmung, Lernen, Denken u. a. psychische Prozesse zu erklären, sondern auch einen Einblick in die dazugehörigen Nervenprozesse zu gewinnen. Die an visuellen Reizmustern (Figuren) nachgewiesenen Organisationsprinzipien wurden *Gestaltgesetze* genannt: die gestalthafte Organisation erfolgt z. B. nach dem Gesetz der Nähe (räumliche Nachbarschaft), der Gleichheit oder Ähnlichkeit (gleiche Elemente werden zur Gestalt zusammengefaßt), nach dem Gesetz der Geschlossenheit (Kontur), Kontinuierlichkeit. Insgesamt läßt sich die Gestalttheorie auf folgende Grundsätze reduzieren:

1. Zwischen den Reizen und der Wahrnehmung besteht keine konstante Beziehung (Subjektivität der → Wahrnehmung);
2. Wahrnehmung und andere psychische Prozesse unterliegen einer spontanen Tendenz zur gestalthaften Organisation nach den Gestaltgesetzen:
3. Gestalten heben sich als gut umgrenzte, gegliederte und bedeutungsvolle Bereiche vom unstrukturierten Hintergrund ab (Figur-Grund-Differenzierung);
4. Unvollkommen wahrgenommene Reizmuster tendieren zur „Vervollkommnung“ (Gerüchtebildung);
5. Leistungen des Denkens sind Umstrukturierungen nach den Organisationsprinzipien (Lösung = gute Gestalt); (→ Einsicht);
6. Gestalten werden als bedeutungsvoll erlebt, besitzen Aufforderungs- oder Vermeidungscharakter. Die Erkenntnisse der Gestaltpsychologie beherrschten lange Zeit die Praxis der Werbung und sind der erste eindeutige Nachweis der Subjektivität der Wahrnehmung, die so schnelle und angepaßte Reaktionen ermöglichte.

Gestalttherapie, eine aus der →humanistischen Psychologie kommende Therapie, die von Fritz Perls begründet wurde, ist seit den 50er Jahren in Amerika populär und hat auch in Deutschland viele Anhänger, z.B. H. G. Petzold, gefunden. Theoretische Grundlagen der Gestalttherapie bilden einige Grundannahmen der →Psychoanalyse, Erkenntnisse der →Gestaltpsychologie (Prägnanztendenz, Ganzheitlichkeit von Körper und Seele, Figur-Grund-Problem) und humanistisches Gedankengut (Selbstverwirklichung, Sinnorientierung, Ganzheitlichkeit). Für die Gestalttherapie sind Neurosen Entwicklungs- und Wachstumsstörungen, wobei vor allem die Wahrnehmung des Neurotikers gestört ist. Er ist weder in der Lage, seine eigenen Interessen und Bedürfnisse zu organisieren und wahrzunehmen noch mit der äußeren Umwelt in „Kontakt" zu treten. Es werden folgende Kontaktstörungen unterschieden: Fehlende Grenzziehung oder Konfluenz ist gegeben, wenn der Neurotiker zwischen eigenen Bedürfnissen und den Interessen der Umwelt nicht unterscheiden kann. In der „Introjektion" übernimmt der Neurotiker kritiklos die Bedürfnisse der Umwelt. Werden die Bedürfnisse der eigenen Person der Umwelt zugeschrieben, so handelt es sich um „Projektion". Richtet der Neurotiker seine Aktivität gegen sich selbst, so handelt es sich um „Retroflektion". Um dem Klienten zu helfen, seine Kontaktstörungen zu überwinden, arbeitet die Gestalttherapie nach folgenden Prinzipien: Hier-und-jetzt-Prinzip besagt, daß sich der Therapeut auf die Gefühle und Gedanken in der Gegenwart konzentriert und dem Klienten Rückmeldungen gibt, welche Gefühle seine vergangenen Kontaktversuche jetzt auslösen. Der Therapeut schlägt Verhaltensexperimente vor, damit dem Klienten seine Vermeidungsprozesse bewußt werden. Häufig wird die „hot-seat-Technik" (Heißer-Stuhl) angewandt (der Klient setzt sich in die Mitte, die Gruppe konzentriert sich auf ihn), Körperarbeit, Traumarbeit, psychodramatische Inszenierungen, erlebnisaktivierende Übungen und andere den Kontakt fördernde Verfahren unterstützen die schon erwähnten Methoden.
Seine Lebensphilosophie faßte F. Perls mit poetischen Worten, die als „Gestaltgebet" bekannt sind, zusammen:
„Ich tue das Meine, du tust das Deine.
Ich bin nicht auf der Welt, um deinen Erwartungen gemäß zu leben. Und du bist nicht auf der Welt, um meinen Erwartungen gemäß zu leben. Du bist du, und ich bin ich. Und wenn wir einander zufällig finden, ist das schön. Wenn nicht, dann eben nicht."

Gestik →Ausdruck.

Gewissen. Unter Gewissen versteht man die →kognitiven und emotionalen Steuerungen, die das menschliche Verhalten hin-

sichtlich seiner Übereinstimmung mit anerzogenen moralischen und sozialen → Normen einer Gesellschaft beurteilen (→ Moral).
In der psychoanalytischen Theorie S. Freuds wird das Gewissen weitgehend mit dem *Über-Ich* gleichgesetzt. Das Kind lernt durch das erzieherische Verhalten der Eltern die Verhaltensweisen und → Einstellungen, die in einer Gesellschaft bzw. Kultur erstrebenswert sind, d.h. von den Gruppenmitgliedern als solche anerkannt werden. Durch die Erziehung bildet das Kind das Gewissen, das die Basis für das Ideal-Ich (wie ich sein möchte) bildet. Ist das Über-Ich ausgebildet, empfindet das Kind Angst, wenn es eine Handlung ausführen will, die schon einmal bestraft wurde (→ Lernen). Verhaltensweisen, die von Eltern anerkannt und belohnt wurden, werden angestrebt, weil Lustgewinn erwartet wird, d.h., das Über-Ich wird als zufriedengestellt erlebt.

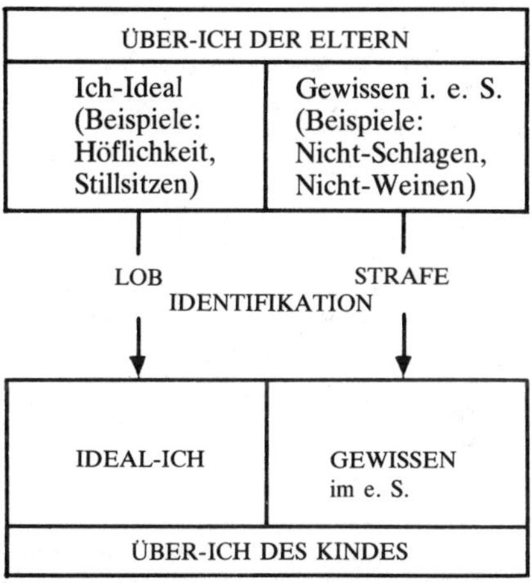

Ein mangelhaft ausgebildetes Gewissen, das die Konfliktmöglichkeit zwischen Über-Ich und Es (→ Psychoanalyse) verringert, kann sich in der eingeschränkten Fähigkeit des Kindes, Angst vor bestimmten Verhaltensweisen auszubilden, zeigen.
In der individuellen Entwicklung kann jede Verhaltensweise, jedes Objekt oder jede Person mit dem Anstrich des „Verbotenen" belegt werden. Die Verhaltensmöglichkeiten von Personen mit „strengem Gewissen" sind stark eingeschränkt, weil auch solche Situationen, Wünsche und Verhaltensweisen mit Angst belegt werden, die einer angepaßten Auseinandersetzung mit der Umwelt im Weg stehen: z.B. die Angst vor sexueller Aktivität im Erwachsenenalter (→ Psychoanalyse).

Glandotrope Hormone → Hormone.

Glaubwürdigkeit → Forensische Psychologie.

Gleichgewichtssinn. Das im Innenohr liegende Gleichgewichtsorgan registriert und steuert – ohne Beteiligung des → Bewußtseins – Körperverlagerungen wie Neigung und Beschleunigung. Zusammen mit dem Muskelsinn (→ Kinästhesie) liefert es Informationen über die Lage unserer Arme, Füße, des Kopfes und anderer beweglicher Teile. Gleichgewichtsstörungen deuten auf Erkrankungen des Gleichgewichtsorgans oder des Zentralnervensystems hin, vor allem des Kleinhirns.

Gonadotrope Hormone → Hormone.

Gradient. In der Psychologie wird die Abnahme (Gefälle) oder Zunahme (Steigerung) einer Reaktionstendenz (z. B. des Annäherungs- und Vermeidungsverhaltens) als „Gradient" graphisch dargestellt. Mit solchen, meistens kurvenförmigen Linien werden verschiedene Abhängigkeiten (z. B. zwischen Zielnähe und Bedürfnisstärke) anschaulich dargestellt.

Graphologie, selten auch Schriftpsychologie genannt, ist ein Vorgehen, das die Beurteilung von Persönlichkeitsmerkmalen aus der Analyse der Handschrift anstrebt. Die Annahme, die Handschrift sei → Ausdruck der → Persönlichkeit, die daher aus verschiedenen Merkmalen der Schrift erschlossen werden kann, ist stark umstritten. Viele Untersuchungen ergaben, daß zwischen Merkmalen der Handschrift und der Persönlichkeit zwar Zusammenhänge bestehen, sie aber zu gering sind, um die Graphologie alleine als nützliche Methode in der Persönlichkeitsdiagnostik (→ Diagnostik) verwenden zu können. Das einzige Merkmal, das man mit großer Sicherheit aus der Handschrift bestimmen kann, ist das Geschlecht (in 60% bis 75% aller Fälle stimmt das Urteil des Graphologen). Die Gültigkeit graphologischer Aussagen wird manchmal überschätzt, da eine große Übereinstimmung bei der Beurteilung des Ausdruckgehaltes (→ Ausdruck) von Schriftmerkmalen herrscht, d. h., es sind sich viele Personen darin einig, ob eine Schrift z. B. zügig, spielerisch oder ruhig ist. Solche Urteile sagen aber noch nichts über die → Persönlichkeit des Schreibers aus, höchstens etwas über die Gleichförmigkeit der Wahrnehmung der Beobachter. Unabhängig von der aufgeführten Problematik wird die Graphologie – hauptsächlich wegen der Leichtigkeit, an Schriftproben heranzukommen – vor allem bei der Personalauslese bevorzugt angewandt. Erfolgreicher ist die Graphologie bei der Erstellung von Schriftexpertisen *(Schriftvergleiche),* in denen z. B. die Echtheit von Kaufverträgen, Testamenten und Unterschriften untersucht wird. Es werden Formähnlichkeit der Schriftzüge, das Schriftbild (z. B. teigig, scharf), der Schreibdruck, der

Zeilenverlauf (steigend, fallend, wellig), die Verteilung der Schrift auf dem Blatt u.a. bei der als falsch verdächtigten Schrift (Tatschrift) und möglichst mehreren Originalen miteinander verglichen. Unauffällige Übereinstimmungen spielen bei der Beurteilung der Echtheit eine wichtigere Rolle als offensichtliche Ähnlichkeiten, wie sie vom Fälscher beabsichtigt sind, wenn er eine echte Unterschrift nachahmt oder sie abpaust.

Größenwahn →Wahn.

Großhirn →Gehirn, →Nervensystem.

Gruppe. „Gruppe“ bezeichnet eine Gesamtheit von Personen, die durch aufeinander bezogene →Interaktionen verbunden sind, sowie gemeinsame Ziele (Lösen einer Aufgabe, Erstellen einer Arbeit, Gestalten der Freizeit usw.) und darauf ausgerichtete Normen haben. Eine Gruppe entwickelt eine spezifische Struktur, die das →Rollen-Verhalten der einzelnen Mitglieder aufeinander abstimmt. Durch die gemeinsame Zielsetzung wird die Gruppe zusammengehalten und läßt ein Gefühl der Solidarität, das sog. „Wir-Gefühl“, entstehen.
Gruppenarten. Gruppen werden nach Größe in Groß- und Kleingruppen, nach Art der Entstehung in formelle (absichtlich organisierte) und informelle Gruppen (spontan entstandene), nach der Zugehörigkeit in Eigen- und Fremdgruppen, nach der Funktion in Primär- und Sekundärgruppen klassifiziert. Jede der aufgeführten Gruppenarten weist eine eigene innere Dynamik aus (z.B. Art der Beeinflussung von Gruppenmitgliedern, →Kommunikation, Anpassung an Gruppennormen und Bestrafung bei Abweichungen usw.) und bestimmt in eigener Weise die Beziehungen zu anderen Gruppenarten (Dynamik zwischen den Gruppen). *Formelle* Gruppen entstehen planmäßig, sind organisiert und haben in der Regel eine Satzung, die das Gruppenziel, die darauf ausgerichteten Rollen und Normen genau beschreibt, während *informelle* Gruppen sich spontan ergeben und stärker auf die Befriedigung der emotionalen Bedürfnisse ihrer Mitglieder ausgerichtet sind. Deshalb gibt es auch häufig innerhalb formeller Gruppen, die das Bedürfnis des einzelnen nach persönlichen Kontakten nicht befriedigen können (z.B. Schulklasse, Büroabteilung; →Betriebspsychologie), informelle Zusammenschlüsse. Für eine *Kleingruppe* werden Zahlen von zwei bis 24 Mitgliedern genannt. Es ist günstig, sich an der Möglichkeit der Individuen zu orientieren, untereinander unmittelbar (face-to-face) zu interagieren. So sind für Diskussionsgruppen 5 bis 8 Mitglieder optimal. *Großgruppen* sind z.B. Institutionen, Schulen, Betriebe, Parteien; ihnen fehlen die Merkmale der Kleingruppe. *Primärgruppen* beeinflussen stark die Entwicklung der →Persönlichkeit des Menschen (z.B. →Familie, Gruppe der

Gleichaltrigen). In ihnen erlebt der Mensch seine ersten Beziehungen zu anderen, die seine →Einstellungen und seinen Bezug zur Welt entscheidend beeinflussen (→Erziehung). Diese Gruppen sind auch in der Hinsicht primär, als sie zeitlich die ersten sind, in denen der Mensch lebt. Die einzelnen Klassifizierungen schließen einander nicht aus, so ist z. B. die Familie zugleich Klein-, Primär- und formelle Gruppe.

Eigengruppe (ingroup) ist die Gruppe, in der man selbst Gruppenmitglied ist. Das Zugehörigkeitsgefühl bewirkt, daß man sich von der *Fremdgruppe* (outgroup) abzusetzen versucht (→Vorurteil). Meistens vermittelt die Gruppe, der man sich angehörig fühlt, die Maßstäbe des Verhaltens und die Einstellungen. Gewöhnlich geschieht dies auf dem Weg der →Identifikation des Individuums mit den Zielen einer Gruppe.

Funktion der Gruppe: Die Zugehörigkeit zu verschiedenen Gruppen ist für den Menschen lebensnotwendig. Sie vermittelt soziale und kulturelle Normen, Werte, Einstellungen und Verhaltensweisen, sie befriedigt die grundlegenden Bedürfnisse des Individuums nach Anerkennung, Zuwendung, Selbstverwirklichung und vermittelt ihm das Gefühl der Sicherheit und Nützlichkeit, sie gibt ihm Gelegenheit, Status und Macht zu erlangen, und hebt sein Selbstgefühl, sie ermöglicht es, daß Gruppenmitglieder ihre Ziele erreichen und gute Leistungen vollbringen. Das Gruppenmitglied wird andererseits gezwungen, sich den Zielen und Normen der Gruppe anzupassen (→Konformität), dadurch entsteht eine gewisse Stabilität der Gesellschaft, der Weltanschauung (→Religionspsychologie) und der politischen Einstellung (Partei als Gruppe, Fraktionszwang).

Formelle Gruppen erfordern von einer bestimmten Mitgliederzahl an (mittlere und größere Betriebe) einen Organisationsplan (→Betriebspsychologie), in dem folgende Faktoren berücksichtigt werden müssen: Bedürfnisse des Menschen nach Anerkennung, Selbstbestimmung, Verantwortung, Unabhängigkeit; Funktionsteilung, aus Rationalisierungsgründen u.a., damit Kompetenzstreitigkeiten vermieden werden; Formen des Informationsaustausches, die sowohl eine vertikale (Chef – Untergebener) als auch horizontale (z. B. Arbeiter mit Arbeiter) Kommunikation ermöglichen; der Führungsstil, d. h. die Art der Beeinflussung durch Vorgesetzte; Formen der Leistungskontrolle, der Entlohnung und Anerkennung. In verschiedenen Untersuchungen wurde festgestellt, daß hohe Zufriedenheit der Mitarbeiter bzw. Gruppenmitglieder in Gruppen zu beobachten ist, in denen folgende Bedingungen verwirklicht wurden: Den Gruppenmitgliedern wird Vertrauen entgegengebracht, Schwierigkeiten werden gemeinsam mit dem Vorgesetzten beraten, die Bedeutung einer Aufgabe für den Funktionszusammenhang wird erklärt, Ziele werden sachlich begründet. Gruppenmitglieder können Einfluß auf die Gestaltung

des Arbeitsplatzes und Arbeitsmethoden nehmen, bestimmen ihren Arbeitsrhythmus und arbeiten selbständig, sie haben die Möglichkeit, Kontakte mit Kollegen aufzunehmen, wodurch sie anerkannt und beachtet werden und sich verstanden fühlen. Hohe Unzufriedenheit ist vor allem in solchen Gruppen zu beobachten, die durch Drohung, Imponiergehabe, Berufung auf Statussymbole und Vorgesetzteneigenschaften, Tadel und unsachliche Kritik geführt werden. Die Beziehungen zwischen verschiedenen Gruppen *(Gruppendynamik)* wirken sich auch auf das Verhalten der Gruppenmitglieder in der eigenen Gruppe zueinander aus. Besteht die Gefahr, daß eine Gruppe auseinanderfällt, kann durch den Wettbewerb mit fremden Gruppen der Zusammenhalt von Gruppenmitgliedern wieder gesteigert werden. Auch Konflikte, Spannungen und Streitigkeiten in einer Gruppe können durch den „gemeinsamen Gegner" beseitigt werden. Befindet sich eine Gruppe im Wettbewerb mit einer anderen Gruppe, so werden individuelle Wünsche zurückgestellt, um das gemeinsame Ziel zu erreichen; die Zustimmung zu den Gruppenzielen wächst, abweichende Meinungen werden in der Gruppe nicht geduldet. Eventuelle Mißerfolge werden dem „böswilligen" Verhalten der fremden Gruppe zugeschrieben. Solche Sündenbock-Mechanismen führen dazu, daß Fremdgruppen als feindselig erlebt und mit Vorurteilen belegt werden.
Entstehung von Gruppen. Räumliche Nähe ist eine grundlegende Bedingung, um soziale Kontakte entstehen zu lassen und ein Kennenlernen zu ermöglichen. Personen, die in ihren Werten, Vorstellungen, Normen und Persönlichkeitseigenschaften übereinstimmen, finden sich bevorzugt zu Gruppen zusammen, weil sie ihre eigenen Standpunkte durch die Zustimmung anderer bestätigt haben wollen (Freundschaften, Sportvereine, Spielgruppen von Kindern, Ehe). Man beobachtet jedoch auch eine Gruppenbildung von Individuen mit gegensätzlichen Merkmalen. So vermag eine Person mit stark ausgeprägtem Bedürfnis nach → Dominanz Kontakt mit einem Partner aufzunehmen, bei dem das Bedürfnis nach Unterordnung vorherrscht; die Partner ergänzen sich und befriedigen ihre Bedürfnisse gegenseitig. Eine weitere Bedingung, die sehr stark gruppenbildend wirkt, ist das gemeinsame Erleben einer → Frustration. Personen, die sich in gleichen bedrohlichen Situationen erleben, schließen sich meist zu Gruppen zusammen, um ein Gefühl der Sicherheit zu erfahren.

Gruppentherapie. Die Aufforderung von J. L. Moreno: „Heilung durch die Begegnung" führte zum verstärkten Einsatz von Gruppen zu therapeutischen Zwecken. Seit den 50er Jahren sind viele verschiedene Gruppenverfahren entwickelt worden. Während in den 50er und 60er Jahren → Gruppe und Gruppendynamik die beherrschenden Themen der Sozialpsychologie waren, hat sich in

den 70er und 80er Jahren der Akzent zugunsten der Gruppentherapie verschoben. Die Tatsache, daß viele psychische Störungen aus der gestörten Wahrnehmung und Kommunikation in Gruppen resultieren, konnte ebensowenig beiseite geschoben werden wie das Angebot, daß in den Gruppen vorhandene Veränderungspotential zugunsten der Behandlung von psychischen Problemen zu nutzen.
Nach ihrem theoretischen Hintergrund lassen sich die verschiedenen gruppentherapeutischen Methoden der analytischen (→ Psychoanalyse), der verhaltenstherapeutischen (→ Verhaltenstherapie) und der klientenzentrierten (→ Gesprächspsychotherapie) Gruppenarbeit zuordnen. Hinzu kommen noch verschiedene Trainingsgruppen, z. B. Sensitivity-Training, das auf die Verbesserung → sozialer Wahrnehmung abzielt, Encounter-Gruppen, die Verbesserung sozialer Beziehungen durch intensive Selbsterfahrung anstreben, Gestaltgruppen (→ Gestalttherapie), → Psychodrama-Gruppen, → TZI-Gruppen u. a. Die analytischen Gruppentherapien nutzen die Gruppe als Medium, um → Projektionen, Übertragungsphänomene, Widerstände und Abwehr, bedingt durch unbewußte Konflikte, bewußt zu machen. Die Zielsetzung solcher Gruppen besteht in einer Neustrukturierung der Es-Ich-Über-Ich-Dynamik (→ Psychoanalyse). Dies geschieht über die Konfrontation (Rückmeldung), über die Klärung statt Vermeidung und Abwehr, über Deutung von Übertragungen und Gegenübertragungen sowie über das „Durcharbeiten" von Widerständen mit Hilfe therapeutischer Interventionen (z. B. Anregung zur Aufnahme einer Beziehung, kreative Überwindung der Abwehr).
Verhaltenstherapeutisch orientierte Gruppentherapeuten, z. B. A. A. Lazarus und M. A. Lieberman sehen die Gruppe als soziales Erfahrungsfeld (wie im Alltag), in dem der Patient sein Verhalten sozusagen „lebensecht" – aber unter geschützten Bedingungen – verändern, üben kann. Dabei tritt der Therapeut als Experte zurück und die Gruppenmitglieder übernehmen einen größeren Anteil an der Zielfindung, an der Kontrolle des Verhaltens (z. B. über die → Verstärkung), an der Auswahl geeigneter Übungsmethoden und an der Durchführung von Übungen (z. B. zur Selbstbehauptung). Klientenzentrierte Gruppentherapeuten handeln nach der Überzeugung, daß die Menschen zur Selbstverwirklichung, Selbstfindung, Eigenverantwortlichkeit fähig sind, wenn sie soziale Situationen vorfinden, die sie entsprechend herausfordern. Solche herausfordernden Elemente sind: Konzentration auf das Hier-und-Jetzt-Prinzip, Ermutigung zu Offenheit, Ehrlichkeit, zu zwischenmenschlicher Konfrontation, die anfängliche „Nicht-Struktur" (der Therapeut hält sich anfänglich zurück und fördert den Prozeß der Gruppenentwicklung), Aufforderung zum Ausleben negativer Gefühle u. a. m.
Zusammenfassend läßt sich sagen, daß trotz des Schadens, den

manche Gruppentherapeuten angerichtet haben, wenn sie Patienten mit mangelnden zwischenmenschlichen Fertigkeiten zu schonungsloser Offenheit und Selbstenthüllung („Seelen-Striptease") oder zu intensiven Körperkontakten drängten, die Therapie in Gruppen ein ausbaufähiges und ausbaubedürftiges Gebiet der klinischen Psychologie ist. Das Potential und die Qualitäten einer Gruppe wie z. B. Gruppenzusammenhalt (Wir-Gefühl), Gruppenatmosphäre, Gruppenkreativität, Übungsfeld zur Autonomie und Kontrolle, das Erleben der Intimität und Distanz u. a. können bei umsichtiger Führung effektiv zur Beseitigung von psychischen Störungen eingesetzt werden.

H

Habit →Gewohnheit; →Lernen.

Haftpsychose. Bei längerem Aufenthalt unter den Bewegungs- und Entscheidungsfreiheit sehr einschränkenden Bedingungen (→Deprivation), wie sie in einer Haft üblich sind, entwickelt der Mensch anormale Verhaltensweisen, die sein Überfordertsein durch diese Reizarmut anzeigen. Diese abnormen Haftreaktionen sind z.B. →Depression, →Angst, Wahnvorstellungen (→Wahn), unschuldig zu sein oder begnadigt zu werden. Mit der unwillkürlich auftretenden Haftpsychose dürfen nicht die Simulationspsychosen verwechselt werden, die vorgetäuschte psychische Störungen darstellen.

Halluzination, lebhafte Wahrnehmung nicht vorhandener Reize oder Objekte. →Wahrnehmungstäuschungen.

Halo-Effekt (Hof-Effekt). Darunter versteht man eine subjektiv verfälschte Wahrnehmung in der Beurteilung von Menschen (→Ausdruck) und Objekten; man orientiert sich an einem vermeintlich zentralen Merkmal und stimmt andere Persönlichkeitszüge darauf ab.

Haltung. 1. Umgangssprachliche Bezeichnung für körperliches Erscheinungsbild eines Menschen (z.B. aufrechter Gang), das oft als Hinweis auf den psychischen Zustand bewertet wird (→Ausdruck). 2. In der Psychologie wird der Begriff Haltung oder auch Werthaltung synonym für →Einstellung verwendet.

Handlung. Neben dem Erleben und Verhalten wird in den letzten Jahrzehnten auch das Handeln als Gegenstand psychologischer Forschung und psychologischer Theorien genannt. Das Erleben wird als „psychischer Akt“, als ein Akt des Bewußtseins, als innere Erfahrung und als Abbild der Wirklichkeit im Bewußtsein definiert. Das Verhalten wird gesehen als in der Regel beobachtbare Reaktion auf einen Reiz (Reiz-Reaktion), und mit dem Begriff Handlung bzw. Handeln werden alle intentionalen, zielgerichteten, bewußt (willentlich) gewählten (Entscheidung) und eingesetzten Aktivitäten eines Menschen zusammengefaßt. Nach W. Herzog ist der Mensch ein „aktives Wesen, das sich zielgerichtet und

absichtlich verhält, das sich Alternativen überlegt, seine Ziele wählen und sich entscheiden kann. Eine Handlung, die so zustande kommt, ist begründbar und (damit) rational." Schon die →humanistische Psychologie, die →kognitive Psychologie und die kritische Psychologie geben dem Menschen die Verantwortung für sein Handeln zurück. Danach wird das menschliche Verhalten nicht nur durch Ursachen („weil") bestimmt, sondern auch durch Motive, Ziele, Absichten („damit", „um zu") geleitet. Die Handlungen der Menschen kann man „verstehen", wenn man die Entscheidungen für das Ausführen oder Unterlassen einer Handlung nachvollziehen kann. Der Nachvollzug geschieht über die Ermittlung der Ziele, Absichten, Motive und der subjektiven Erwartungen der Handlungsergebnisse sowie über die Ermittlung der subjektiven Bewertung von Handlungsfolgen. „Erwartung", „Bewertung", „Entscheidung" sind rationale Akte, sind Bestandteile der menschlichen Kognition und werden über die Sprache und andere Symbole sowohl zum Gegenstand der → Kommunikation und zum Gegenstand der Forschung.
Von der Handlungsforschung und von den Handlungsmodellen verspricht man sich die Aufhebung der Trennung zwischen Theorie und Praxis, zwischen der „reinen" Forschung und Anwendung. Methodisch gesehen läßt sich das menschliche Handeln nicht nach dem Modell der experimentellen Psychologie erforschen. Die Wissenschaftler sind keine neutralen Beobachter, sondern Mitglieder eines „Handlungssystems" (z.B. Schule, Familie, Betrieb) und damit „teilnehmende Beobachter", sind Lehrer und Lernende, engagieren sich im sozialen System und werden direkt praktisch wirksam. Handlungsforschungsprojekte sind stark vom Aufklärungsanspruch geleitet (z.B. Gemeinwesenarbeit in der Sozialpädagogik, Modellversuche im schulischen Bereich, →Organisationsentwicklung in Institutionen).

Haschisch →Drogenabhängigkeit.

Häufigkeitsverteilung →Statistik.

Hautgalvanische Reaktion →Hautreaktion.

Hautreaktion. Die Änderung des Widerstandes gegenüber dem Fließen von elektrischem Strom durch die Haut infolge der Reizung, Erregung, Schweißausbruch usw. wird Hautreaktion genannt. Die kurzfristigen Senkungen des Hautwiderstandes bzw. Schwankungen des Hautpotentials zwischen verschiedenen Punkten an der Hautoberfläche werden auch *hautgalvanische* (HGR) oder *psychogalvanische* Reaktion (PGR) genannt. Aufgrund der gemessenen Hautpotential- und Widerstandsänderungen Aussagen über den psychischen Zustand (Denken, Anstrengung, Gefühle) der betreffenden Person zu machen ist sehr fragwürdig, da eine Widerstandsänderung bei verschiedenen Personen aus unterschiedlichen Gründen zustande kommen kann.

Hautsinne. Die in der Haut liegenden →Rezeptoren für Druck, Berührung, Kälte, Wärme und Schmerz werden Hautsinne genannt. Es handelt sich um Tastsinn, Temperatursinn und Schmerzsinn. →Sinne.

Hautwiderstand →Hautreaktion.

Hawthorne Studien →Betriebspsychologie.

Helladaption →Adaption.

Hellsehen →Parapsychologie.

Hemmungen. Allg.: Unterdrückung, Verhinderung, Beeinträchtigung eines Bedürfnisses oder Verhaltens. Der Begriff Hemmung *(Inhibition)* spielt in der Lernpsychologie eine wichtige Rolle. Je nach der Eigenart des →Nervensystems (→Extraversion) würden nach I. P. Pawlow (Überlastungshemmung) und nach C. L. Hull (reaktive Hemmung) während des Lernprozesses (→Lernen) Hemmungen auftreten, die den Organismus vor Überbelastungen schützen. Um sich angepaßt zu verhalten, muß der Mensch Hemmungen ausbilden, die der Reaktionsunterdrückung auf bestimmte Reize dienen (gelernte Hemmungen).
Neben den „inneren Hemmungen“, die durch Bedürfnisse, Gefühle wie Angst, Ermüdung oder Medikamente verursacht werden, sind auch neuro-psychologische Hemmungen bekannt, die z. B. in der →Gesichtswahrnehmung der Kontrastbildung dienen oder die Koordination zwischen einzelnen Muskeln steuern.
Als „gehemmt“ i. S. zu stark ausgeprägter Hemmungsmechanismen werden passive, ängstliche, schüchterne oder kontaktschwache (soziale Hemmung) Menschen bezeichnet. Das gehemmte Verhalten kann durch viele verschiedene Bedingungen verursacht werden: überstrenge oder überbehütende Erziehung, mangelndes Selbstbewußtsein, häufige Strafen u. a.

Hermaphroditismus, Bezeichnung für Intersexualität (Zwischengeschlecht), wobei echtes Zwittertum (H. verus), bei dem beide Keimdrüsengeschlechter (Hoden und Eierstöcke) vorhanden sind, vom Scheinzwittertum (Pseudohermaphroditismus) unterschieden wird, bei dem Keimdrüsengeschlecht nur männlich oder weiblich ist, die äußeren Geschlechtsorgane jedoch zwittrig, unvollständig ausgebildet, oder dem anderen Geschlecht zugehörig erscheinen. Ursachen: →Hormonstörungen oder Vererbung.

Psychologische Probleme ergeben sich, wenn Hermaphroditismus zu spät diagnostiziert wird und sich in der Pubertät äußere Geschlechtsmerkmale entwickeln, die mit der anerzogenen →Geschlechtsrolle nicht übereinstimmen.
Hermaphroditismus ist zu unterscheiden von →Transsexualismus und von der künstlichen Geschlechtsumwandlung, die durch chirurgische Eingriffe und Hormonbehandlung vorgenommen wird.

Heroin →Drogenabhängigkeit.

Heterogen (Gegensatz: homogen). Bestimmungswörter „hetero ..." (ungleich, verschieden, fremd) und „homo ..." (gleichartig, einheitlich) werden in der Psychologie vielfach in zusammengesetzten Begriffen gebraucht, um die Gleich- oder Fremdartigkeit verschiedener Merkmale zu kennzeichnen.
Beispiele: heterogen – aus verschiedenen Bedingungen entstanden (heterogene Entwicklung; heterogene Varianz) oder aus verschiedenen Komponenten zusammengesetzt; heterosexuell – anders- bzw. gegengeschlechtlich; Heterostereotyp – klischeehafte Vorstellung über fremde Personen.
Homogen – aus gleichen Bedingungen entstanden, gleicher Population entnommen (→Statistik); ein Test ist z. B. homogen, wenn er nur eine Dimension mißt; homosexuell – gleichgeschlechtlich.

Heterostereotyp. Unter dem Begriff Heterostereotyp wird die vereinfachende, schwer zu ändernde Klischeevorstellung über Eigenschaften einer Außengruppe oder deren Mitglieder (→Gruppe) im Sinne eines →Vorurteils verstanden (Beispiel: die trägen Schüler). *Autostereotyp* ist der Begriff einer entsprechenden Klischeevorstellung über Eigenschaften der Eigengruppe oder ihrer Mitglieder (Beispiele: geplagte Lehrer, fleißige Deutsche). Klischeevorstellungen von der eigenen Gruppe wie von Fremdgruppen führen zu →Konflikten.

Hirnhemisphäre. Das menschliche Gehirn besitzt zwei Hälften, die rechte und die linke Hemisphäre. Beide sind für unterschiedliche Arten der Auseinandersetzung mit der Umwelt ausgelegt. Mit der linken Hemisphäre, sie dominiert beim Rechtshänder, wird Wahrgenommenes logisch analysiert und sprachlich erfaßt, zu ihren Funktionen gehören daher u. a. Lesen, Schreiben, Rechnen und Schlußfolgern. Sie ist mit Eigenschaften wie rational, konvergent, digital, intellektuell, objektiv, abstrakt und gerichtet näher zu beschreiben. Die rechte Hirnhälfte arbeitet hingegen ganzheitlich und intuitiv. So kann man mit ihrer Hilfe z. B. musizieren, aber auch ein Musikstück manchmal nur an einem einzigen Takt erkennen. Sie ist mit Eigenschaften wie divergent, analog, sinnlich, sub-

jektiv und konkret näher zu kennzeichnen. Die Tatsache der beiden Hirnhemisphären wird auch in der fernöstlichen Philosophie berücksichtigt. Die Zen- →Meditation spricht vom Yang und vom Yin und beschreibt damit u. a. die Qualitäten der linken bzw. rechten Hirnhälfte.
Zahlreiche Untersuchungen und Experimente bestätigen die unterschiedlichen Qualitäten der beiden Hirnhemisphären (Watzlawick, 1982). So konnte z. B. bei Trennung der beiden Hirnhälften ein Gegenstand, der nicht gesehen wurde, nur richtig benannt werden, wenn er mit der rechten (linkshemisphärischen) Hand betastet wurde. Der Patient irrte sich, wenn er die linke Hand gebrauchte. Gerüche, die Versuchspersonen durch das linke Nasenloch (rechtshemisphärisch) wahrnahmen, konnten nicht benannt, aber als angenehm oder unangenehm eingestuft werden. Im Rahmen einer →humanistischen Psychologie und Pädagogik versuchen viele Methoden und Vorgehensweisen, die Fähigkeiten der rechten vernachlässigten Hirnhälfte zu erschließen. →Entspannungsübungen, Yoga, →Meditation sind hier z. B. im Rahmen therapeutischer oder beratender Tätigkeit zu nennen und auch in wissenschaftlichen Fächern werden Musik, Malen, Phantasiereisen u. a. zur Unterrichtsgestaltung eingesetzt. Wichtige Impulse gaben hierzu die →Themenzentrierte Interaktion und die Gestaltpädagogik. (→Nervensystem)

Hirnrinde →Nervensystem.

Hof-Effekt →Halo-Effekt.

Homöostase, Bezeichnung für alle Prozesse, die der Gleichgewichtsregulation oder der Konstanthaltung bestimmter organischer Größen (z. B. Blutzuckerspiegel, Sauerstoff, Körpertemperatur) dienen. Die Homöostase ist beim Menschen mehr als automatische Aufrechterhaltung des physiologischen Gleichgewichts nach dem Regelkreissystem in der Technik (Rückmeldung über die Abweichung des Ist-Wertes vom Soll-Wert), weil der Organismus in der Lage ist, sein inneres Milieu entsprechend den physischen und sozialen Umweltgegebenheiten neu zu organisieren, d.h. neue Soll-Werte als Norm (Orientierung für andere Funktionen) aufzustellen. →Leib-Seele-Problem.

Homosexualität. Sexuelle Anziehung und Ausrichtung sexueller Aktivität auf Personen eigenen Geschlechts wird in westlichen Gesellschaften moralisch und sozial abgelehnt, in verschiedenen Stammeskulturen akzeptiert. Nach dem →Kinsey-Report und auch nach verschiedenen deutschen Untersuchungen pflegen ca. 4% der Männer ausschließlich homosexuelle Kontakte, in der Pubertät und im →Jugendalter hatten ca. 37% mindestens eine homo-

sexuelle Beziehung. Auch die *lesbische* Liebe unter Frauen ist weit verbreitet, wird jedoch stillschweigend toleriert und weniger diskriminiert als männliche Homosexualität.
Psychologische Probleme Homosexueller ergeben sich aus der gesellschaftlichen Ablehnung ihrer Neigung zum gleichen Geschlecht, aus Angst, entdeckt zu werden und vor sozialer →Diskriminierung, aus den →Vorurteilen gegenüber Homosexuellen (weich, triebhaft, schwach, Versager, Schwein usw.) und aus mangelnder Gelegenheit, Kontakte zu Gleichgesinnten aufzunehmen. Nach moderner Auffassung ist Homosexualität eine normale Variante der Sexualität, beruht auf Erfahrungen (gelernt) und sollte von der Gesellschaft toleriert werden. In der →Psychotherapie werden nur bei nicht ausgeprägter Homosexualität Umpolungsversuche zum Gegengeschlecht unternommen und häufiger das fehlende Selbstwertgefühl, die Akzeptierung der eigenen →Rolle, vermittelt.

Hormone. Neben dem →Nervensystem verfügt der Mensch über ein zweites System, das die Funktionen einzelner Organsysteme koordiniert und einen tiefgreifenden Einfluß auf psychische Prozesse ausübt: das System der Hormone.
Hormone sind Substanzen, die in den innersekretorischen →Drüsen (glandotrope Hormone) im Gewebe oder bestimmten Zellen des ZNS oder VNS (*neuronale* Hormone wie Acetylcholin und Noradrenalin) gebildet werden. Zwischen einzelnen Hormonen und Hormon-Systemen besteht enge Wechselwirkung, die sich unter anderem auch in Form von Regelkreisen oder Rückkoppelungssystemen vollzieht. Die Wechselwirkung zwischen dem →Nervensystem (vor allem VNS) und den Hormonen ist nur z.T. aufgeklärt. Fest steht, daß die Hormonproduktion in der →Hypophyse (s. Abb.) unter anderem auch durch den Hypothalamus (→Nervensystem) gesteuert wird und daß andererseits das Nervensystem über afferente Nerven Informationen über die Tätigkeit einzelner Drüsen und über den Hormonhaushalt empfängt.
Hormone, die in den Nervenzellen gebildet werden (Neuronale Hormone). An die Erforschung der Wirkungsweise von Neurohormonen werden von der Medizin, Psychiatrie, Psychologie und Pharmakologie zahlreiche Erwartungen geknüpft. Es sind inzwischen gut belegte Theorien aufgestellt worden, wonach verschiedene Geisteskrankheiten (→Psychosen wie →Schizophrenie, →Depression) und andere →psychische Störungen auf Überschuß oder Mangel bestimmter Neurohormone zurückzuführen sind. Zu den *Neurohormonen* werden Acetylcholin (Überträgersubstanz) mit *cholinerger* (erregender) Wirkung, Katecholamine, Adrenalin und Noradrenalin (*adrenerge* Wirkung als Überträgersubstanz im ZNS und VNS; →Nervensystem) und biogene Amine gezählt.

Zu den *biogenen Aminen* zählen Serotonin (Regulation der Stimmungslage), Histamin (als Folge der Überproduktion werden Müdigkeit, Übelkeit, Schmerz angenommen), Tryptamin und Tyramin (die bei → Depression und Rauschzuständen eine Rolle spielen) und Dopamin als Zwischensubstanz bei der Bildung von Noradrenalin.
Neurohormone entwickeln ihre Wirkung an den Synapsen (Schaltstellen im → Nervensystem). Ihre Wirkung läßt sich durch Medikamente (→ Psychopharmaka) beeinflussen.
Wenn die Wirkung der Hormone und Neurohormone auch noch nicht vollständig geklärt ist, so steht fest, daß Störungen im Hormonsystem zu schwerwiegenden Verhaltensänderungen führen und Ursache für verschiedene körperliche und psychische Krankheiten sind. Die Wirkung der körpereigenen (im Körper gebildeten Hormone) kann durch die Hormonzufuhr von außen (Spritzen oder Medikamente) nur zum Teil ersetzt werden, da die meisten von außen zugeführten Hormone die *Blut-Hirn-Schranke* (ein System, das den Übergang der im Blut befindlichen Stoffe ins Gehirn regelt) nicht passieren. Es kommt auf die richtige Ernährung an, wobei Vitamin B und hochwertige tierische Eiweiße besonders wichtig sind. Bei → Psychosen (vor allem im höheren Alter), Ner-

I. Übersicht über die wichtigsten hormonproduzierenden Drüsen und deren Hormone

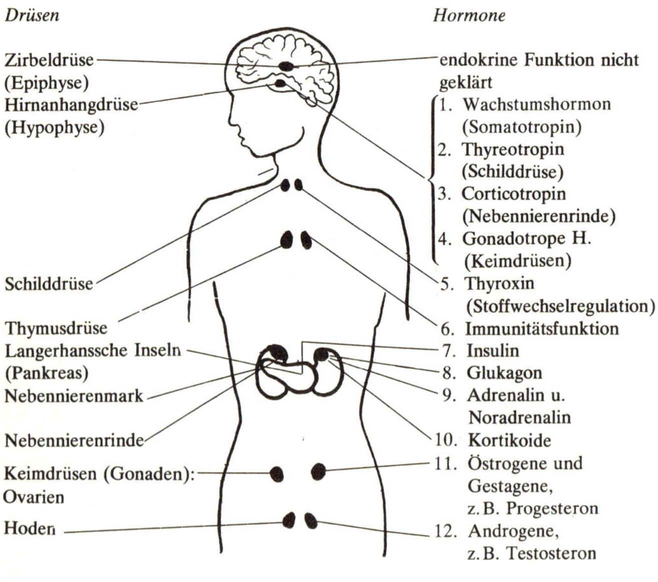

II. Übersicht über die Wirkung einzelner Hormone

Hormon	*Wichtigste Funktion*	*Psychische Wirkungen und krankhafte Veränderungen*
1. Somatotropin	Steuerung des Wachstums zusammen mit dem Thyroxin und Insulin	Steigerung der Aktivität, Zwergwuchs bei Mangel, Riesenwuchs bei Überproduktion
2. Thyreotropin	Wachstum der Schilddrüse und Anregung der Ausschüttung von Schilddrüsenhormonen	Bei angeborenen oder früh erworbenen Unterfunktion entsteht Kretinismus, bei Überproduktion →Basedowsche Krankheit, nervöse Erregbarkeit.
3. Corticotropin (ACTH)	Regulierung der Nebennierenrinde	Folgen wie bei Nebennierenrindenhormonen (Kortikoide).
4. Gonadotrope Hormone	Anregung und Steuerung der Bildung von Keimdrüsenhormonen	Bei Unterfunktion kommt es zur Amenorrhoe (Ausbleiben der Monatsblutung der Frau) und zum Ausbleiben der Spermienbildung beim Mann.
5. Thyroxin	Stoffwechselregulation, Regulation des Grundumsatzes	Wie bei Thyreotropin (2)
6. Nicht geklärt		
7. Insulin	Senkung des Blutzuckerspiegels, Beeinflussung des Wachstums	Zuckerkrankheit bei Unterproduktion; Müdigkeit, Hunger, Schwindel, Leistungsrückgang.
8. Glukagon	Erhöhung des Blutzuckerspiegels	Herabsetzung von Hunger
9. Adrenalin u. Noradrenalin	Überträgersubstanz im vegetativen →Nervensystem (Sympathikus)	Aktivierung
10. Kortikoide	Regulieren Mineral- und Kohlenhydratstoffwechsel. Wachstum der Mädchen in der →Pubertät	Bei Mangel an Kortison entsteht Muskelschwäche, Schlaflosigkeit, Impotenz und Müdigkeit bei Streß; bei Überproduktion Fettsucht, Durst, Ausbleiben der Monatsblutung, Interessenlosigkeit.
11. Östrogene	Reifung der Geschlechtsmerkmale der Frau, Zyklussteuerung, Schwangerschaft	Zyklusstörungen. Progesteron bewirkt gewisse Müdigkeit, Beeinträchtigung der Leistung.
12. Androgene	Wachstum der primären und sekundären Geschlechtsmerkmale	Bei Mangel verspätete Pubertät, Hypogonadismus

venentzündungen, Krämpfen (bei Kindern) wurde Vitamin-B_6-Mangel beobachtet. Es liegt nahe, daß viele schwere →psychische Störungen und Geisteskrankheiten auf Stoffwechselstörungen zurückzuführen sind.

Hospitalismus. Unter Hospitalismus werden alle psychischen und körperlichen →Symptome verstanden, die bei den Kindern entstehen, wenn sie in den ersten 18 Lebensmonaten in einem krankenhausähnlichen Milieu ohne Kontakt mit der Mutter oder einer sie ersetzenden Bezugsperson aufwuchsen. Kennzeichnend für eine solche Umwelt ist eine zwar einwandfreie materielle und hygienische Versorgung des Kindes, es fehlt jedoch eine längere affektiv-emotionale Beziehung des Erziehers zum Kind. R. Spitz spricht deshalb auch von einer Gefühlsmangelkrankheit (→Deprivation). Hospitalismus äußert sich in Symptomen wie Weinerlichkeit, →Apathie, Ersatzbefriedigungen, wie z. B. →Jaktationen (Schaukelbewegungen des Kopfes, aber auch des ganzen Körpers), Daumenlutschen und Nägelbeißen; weiterhin werden →Retardationen der körperlichen (Stehen, Laufen) und geistigen Entwicklung (Sprechen, Denken, Wahrnehmen) sowie eine erhöhte Anfälligkeit für Krankheiten beobachtet. Nach R. Spitz trifft man bei hospitalisierten Kindern eine erhöhte Sterblichkeitsziffer an. Die Symptome des Hospitalismus können irreversibel sein, d. h. nicht mehr rückgängig gemacht werden. Familiärer Hospitalismus entsteht auch in einer beeinträchtigten Erzieher-Kind-Beziehung (eventuell Berufstätigkeit der Eltern, Aufenthalt im Tageshort, längere Krankheit der Mutter). Als wichtige Maßnahme gegen Hospitalismus ist die Schaffung kleiner, familienähnlicher Gruppen in Heimen zu nennen, wodurch eine enge Bindung zwischen dem Kind und dem Erzieher entsteht. Das Kind braucht eine Bezugsperson, die ständig da ist, mit dem Kind z. B. spricht, es auf den Arm nimmt und ihm Sicherheit vermittelt.

Human engineering →Arbeitspsychologie.

Humanistische Psychologie. Sie stellt neben der →Psychoanalyse und dem →Behaviorismus die dritte Hauptrichtung in der Psychologie dar. Ihre Vertreter orientieren sich an wachstumsorientierten Grundkräften des Menschen und sind meist beratend oder therapeutisch tätig. Es sind u. a. C. Rogers, Ch. Bühler und A. Maslow zu nennen, die es Anfang der 70er Jahre leid waren, den Menschen „als größere weiße Ratte oder langsameren Computer" (Bugental) zu betrachten und auch das biologisch-mechanistische Denken der Psychoanalyse ablehnten. Die humanistische Psychologie stellt keine völlig neue Richtung dar. Ihre philosophischen Wurzeln finden sich beim Existentialismus von Heidegger und Sartre aber auch im Humanismus der italienischen Renaissance. Psychologische Väter der humanistischen Psychologie sind u. a. S. Freud, A. Adler, O. Rank und C. G. Jung. Typisch für alle Vertreter der humanistischen Psychologie ist die Orientierung an einem *Menschenbild,* das nicht Triebbestimmtheit und Reizabhängigkeit ins Zentrum stellt, sondern menschliche Freiheit und das Streben nach Selbstverwirklichung. Nur wenige Ansätze wurden im Sinne einer Theorie explizit formuliert (am ehesten sind noch C. Rogers oder R. Cohn zu nennen), alle haben jedoch einige gemeinsame Grundannahmen (nach Völker, 1980):

– Streben nach *Autonomie.* Jeder Mensch strebt von der totalen Abhängigkeit des Neugeborenen weg zu persönlicher Freiheit und Unabhängigkeit. Diese kann jedoch nur erfahren werden, wenn gleichermaßen die soziale Interdependenz, die notwendige Einbettung in die Gemeinschaft erlebt wird.

– Streben nach *Selbstverwirklichung.* Wenn Defizitbedürfnisse befriedigt sind, können Wachstumsbedürfnisse wirksam werden (→ Motivation, Maslow). In diesem Prozeß können dann die persönlichen Fähigkeiten und Möglichkeiten zutage treten. Die Befriedigung von Wachstumsbedürfnissen wird als Bereicherung und Selbstverwirklichung erlebt.

– *Ziel-* und *Sinnorientierung.* Der Ablauf des menschlichen Lebens ereignet sich nicht zufällig, sondern ist zielgerichtet. Der Mensch strebt nach einem erfüllten und sinnvollen Dasein, vorausgesetzt, seine elementaren körperlichen Bedürfnisse und jene nach Sicherheit, Zuwendung und Anerkennung (Defizitbedürfnisse) werden angemessen befriedigt. Der Verlust der Sinnorientierung ist eine häufige Ursache für das Entstehen von psychischen Störungen. Von dieser Gegebenheit geht die → Logotherapie (Logos, griech. = Sinn) V. E. Frankels aus.

– *Ganzheit.* Von der Gestaltpsychologie (→ Gestalt) hat die humanistische Psychologie die Idee der Ganzheit übernommen und betont, daß der Mensch mit seinen psychischen Prozessen (z. B. Wahrnehmen, Denken, Fühlen) und körperlichen Vorgängen eine Einheit bildet. Wird sie zerstört, indem z. B. bestimmte Gedanken nicht mehr zur Kenntnis genommen werden, entstehen psychische oder körperliche Störungen.

Zahlreiche Vertreter der humanistischen Psychologie sind durch eigene *Therapiemethoden* bekannt geworden. Ein älterer Ansatz ist z. B. die → Logotherapie von V. Frankl, die als eigentliche Dimension des Menschseins das Geistige ansieht. Aufgrund der ganzheitlichen Sicht des Menschen gewannen die körperorientierten Therapien (z. B. → Bioenergetik, → Primärtherapie) an Bedeutung, die meistens auf die Orgontherapie von W. Reich zurückgehen. Neuere Therapieformen betonen besonders das einfühlende Verstehen (z. B. Rogers: → Gesprächspsychotherapie), das die verschüttete Fähigkeit des Menschen, selbst zu entscheiden und Verantwortung zu übernehmen, wieder fördern soll. Einige Psy-

chologen wie z. B. F. Perls (→Gestalttherapie) und J. R. Moreno (→Psychodrama) wurden aufgrund der von ihnen vertretenen Ideen posthum der humanistischen Psychologie zugerechnet. R. C. Cohn hat mit der von ihr entwickelten Methode der →themenzentrierten Interaktion vor allem im Bereich der Pädagogik für eine Bereicherung gesorgt.
Die humanistische Psychologie steht oft im Zentrum der *Kritik*. Ihre Gegner stellen sie häufig in die Nähe von philosophischen und religiösen Lehren und stellen fest, daß ihre kritischen Anmerkungen gegenüber Psychoanalyse und Behaviorismus nicht mehr gültig sind, da sich in diesen Richtungen während der letzten Jahre viel geändert hat. So haben z. B. in der Lernpsychologie kognitive Prozesse an Bedeutung gewonnen (→kognitive Psychologie), und in der Psychoanalyse steht die Icherweiterung an zentraler Stelle. Festzuhalten ist, daß die humanistische Psychologie für die Entwicklung zahlreicher heute verwendeter, verläßlicher Therapieverfahren (z. B. →Gesprächspsychotherapie, →Gestalttherapie, →Logotherapie) verantwortlich ist. Außerdem hat sie Fragestellungen thematisiert, welche die Menschen bewegen, und hat so auch zu einer Verlebendigung von Pädagogik und Experimentalpsychologie beigetragen.

Hyperästhesie ist die Überempfindlichkeit der →Sinne, insbesondere des Tastsinnes, die auf einer Erkrankung des →Nervensystems beruht.

Hypermnesie. Hervorragende Fähigkeit ungeklärter Ursache, bestimmte Inhalte im →Gedächtnis zu speichern und zu reproduzieren. Die Hypermnesie ist unabhängig von der →Intelligenz; zahlreiche debile „Zählkünstler" sind z. B. in der Lage, aus dem Stegreif den Wochentag eines mehrere Jahre zurückliegenden Datums zu nennen oder eine für den normalen Menschen unübersehbar scheinende Reihe von Zahlen zu behalten.

Hypnose (griechisch: Schlaf). Im Zustand der Hypnose ist das →Bewußtsein eingeengt, und Außenweltreize könne nur noch über den Kontakt mit dem Hypnotiseur aufgenommen werden. Es besteht eine große Ähnlichkeit zur *Trance*, die z. B. in der →Meditation erreicht wird. Alle →Funktionen sind eingeschränkt tätig, bis auf eine, die weiterhin hellwach und gerichtet ist. Hypnotische Trance unterscheidet sich auch kaum von jenem Bewußtseinszustand eines Menschen, der in eine intensive Aktivität, wie z. B. Musizieren, Langlaufen, versunken ist. Man spricht hier von Alltagstrancen. Die lange Zeit vorherrschende Annahme, bei der Hypnose handele es sich um einen schlafähnlichen Zustand, wurde aufgrund physiologischer Messungen (→EEG, Sauerstoffverbrauch, Muskelspannungen u. a.) während des Schlafes und der Hypnose widerlegt. Vor allem die Vorgänge im Zentral-→ Nervensystem (EEG) sprechen dafür, daß es sich bei der Hypnose eher um einen Wachzustand handelt. Sie wird durch den Kontakt *(Rapport)* mit einem Hypnotiseur erreicht, der in der *direkten Hypnose* durch →*Suggestionen* („Einreden") den Klienten bestimmte Erfahrungen erleben oder Verhaltensweisen vollziehen läßt. Bei der *indirekten Hypnose* hat der Klient die Möglichkeit, die Inhalte selbst zu bestimmen, die er erleben oder vollziehen möchte. Stets beginnt eine Hypnose mit monoton, einschläfernd vorgetragenen Suggestionen, die dazu führen, daß der Klient sich entspannt fühlt. Dabei ist die Aufmerksamkeit auf den Hypnotiseur gerichtet, der ihm dann (in der indirekten Hypnose) suggeriert, müde zu sein und die Augen zu schließen (Beispiel: „... Ihre Augen werden müde, ganz müde und fallen von selbst zu ... Sie sind in einem erquickenden Schlaf, hören aber noch meine Stimme ..."). Schrittweise wird die Hypnose immer tiefer. Eine sehr intensive Stufe ist erreicht, wenn der Klient z. B. nicht mehr in der Lage ist, Suggestionen zu folgen, die ihn auffordern, die Augen zu öffnen oder die Hand zu heben, obwohl er es will. Das Aufwecken geschieht ähnlich wie beim autogenen Training (→Entspannungstechniken), indem alle Suggestionen einzeln zurückgenommen werden (Beispiel: „... die Arme werden ganz leicht ..., der Kopf ist frei und leicht" bis „machen Sie die Augen wieder auf").

Beeinflussungsmöglichkeiten durch Hypnose.
- Erreichen von Schmerzunempfindlichkeit z. B. bei Operationen.
- Steigerung des Erinnerungsvermögens. Es treten Erinnerungen an Kindheitserlebnisse oder besonders beeindruckende emotionale Vorgänge auf. Dies kann bis zu einem Zurückversetzen (→Regression) in die frühe Kindheit gehen, so daß sogar manchmal Reflexe gezeigt werden, die nur beim Neugeborenen zu finden sind (Babinskyreflex). Erinnerte Konflikte können zum Ausgang einer weiteren therapeutischen Arbeit gemacht werden.
- Während der Hypnose kann dem Klienten ein Auftrag erteilt werden, der nach dem Erwachen ausgeführt wird *(posthypnotische Suggestion)*, wie z. B. „Wenn Sie morgen früh aufstehen, beginnen Sie sofort mit der Arbeit". Die Aufträge des Hypnotiseurs werden jedoch nicht hemmungslos erfüllt, posthypnotische Ausführungen von Verbrechen können wissenschaftlich nicht belegt werden.
- Im Leistungssport können leistungshemmende Ängste abgebaut und Reserven mobilisiert werden. Ebenso kann es zu einer besseren Konzentration kommen (weniger Ablenkung durch störende Gedanken oder Zuschauer), Verletzungsanfälligkeit kann verringert und der Heilungsprozeß bei bestimmten Verletzungen beschleunigt werden.

Hypnose ist sicher das älteste bekannte psychotherapeutische Verfahren. Sigmund Freud arbeitete ursprünglich mit ihr und entwickelte dann die → Psychoanalyse. Einige ihrer Anhänger entwickelten in Amerika die *Hypoanalyse* zur Aufdeckung frühkindlicher → Traumata. Nach Freud geriet die Hypnose in den deutschsprachigen Ländern immer mehr in Vergessenheit oder wurde z. T. abgelehnt, da man mißverständlich glaubte, sie würde grundsätzlich den neurotischen Konflikt unberücksichtigt lassen und nur das Symptom „weghypnotisieren". Erst in den 70er Jahren wurde sie wieder häufiger auch im Rahmen von → Verhaltenstherapie und → kognitiven Therapien zur Behandlung von psychosomatischen Störungen (→ Psychosomatik; z. B. Asthma, nervöse Magenbeschwerden), Suchtkrankheiten und verschiedenen Verhaltensstörungen (z. B. → Stottern, → Impotenz, Kopfschmerzen) eingesetzt.

Hypochondrie, neurotische Verhaltensweise, die in einer krankhaften Überbesorgtheit und -ängstlichkeit um die eigene körperliche Gesundheit besteht (Hypochonder).

Hypomanie bezeichnet den geringen Ausprägungsgrad der → Manie, in dem der Patient sehr beweglich, unternehmungslustig und voller durchaus guter Einfälle ist. Durch seinen übersteigerten Aktivitätsdrang kann jedoch der betreffende Mensch in Konflikte mit seiner Umgebung geraten.

Hypophyse, wichtigste innersekretorische → Drüse, auch Hirnanhangdrüse genannt, die in enger Wechselwirkung mit dem → Nervensystem steht und deren → Hormone die Tätigkeit verschiedener anderer Drüsen steuern.

Hypothalamus → Nervensystem.

Hypothese. Theoretisch wohlbegründete, naheliegende, aber unbewiesene Erklärung eines Phänomens. In der Psychologie werden vor jeder Untersuchung einer Erscheinung Arbeitshypothesen gebildet (mögliche Antworten auf die Fragestellung), deren Richtigkeit dann experimentell (→ Experiment) überprüft wird. Durch die Ergebnisse werden Hypothesen entweder *verifiziert* (bestätigt) oder *falsifiziert* (verworfen). Die Hypothesen dienen sowohl der logischen Gliederung einer komplexen Situation (Klassifikation von Variablen) als auch der Festlegung und Entdeckung von Forschungsaufgaben. → Methoden der Psychologie.

I

Ich *(Ego, Selbst, Selbstkonzept).* In der philosophisch orientierten Psychologie wurde das Ich-Bewußtsein als das wesentlichste Erlebnis einer menschlichen Person eingestuft. Ebenso sehen die Schichtenlehren (→ Persönlichkeit) im Ich den Kern der Persönlichkeit. Das Ich wurde als die psychische Wesenheit beschrieben, die in der Lage ist, um sich selbst zu wissen. „Ich weiß, was ich tue, erlebe, denke, leiste; ich bin mir meiner Leistungen bewußt; ich kann mich von anderen abgrenzen." Eigentlich handelt es sich hier um das Erkennen des eigenen Selbst. Das „Ich" ist die Personebene, auf der Selbsterkenntnis stattfindet.
Nach S. Freud ist das Ich die psychische „Instanz", die die Dynamik zwischen den aus dem Es hervordrängenden Wünschen und den vom Über-Ich ausgehenden Triebregulierungen bewerkstelligen muß. Das Ich sorgt für die Befriedigung der Wünsche, indem es sie an die Realität anpaßt (Realitätsprinzip) und ist somit eine Organisationsstelle menschlichen Erlebens und Handelns. Je nach den Fähigkeiten dieser Organisationsstelle wird von der *„Ich-Stärke"* (in etwa Durchsetzungsvermögen, aktive Gestaltung der Umwelt, damit die Bedürfnisse des Es befriedigt werden, aber auch kompromißlose Zurückweisung der Wünsche, wenn sie das Erreichen gesteckter Ziele behindern) bzw. von der *„Ich-Schwäche"* gesprochen. In der neueren Persönlichkeitsforschung wird der Begriff „Ich" durch den des *„Selbst"* verdrängt, mit dem vorwiegend → Einstellungen über die eigene Person, die einem ständigen Wandel des Selbst von der Erziehung, vom Verhalten aller Mitmenschen, mit denen man Kontakt aufnimmt, von → Gruppen, denen man angehört, abhängig. Das eigene Selbst wird im Verhalten anderer – wie in einem Spiegel – beobachtet und erlebt. Neben diesem *„Spiegel-Selbst"* kann der Mensch nach G. W. Allport sein körperliches Selbst (proprium), z. B. im Schmerz erleben. Es ist wichtig, daß man sich – zeitlich gesehen – als mit sich selbst identisch erlebt. Verlust der Selbst-Identität, z. B. infolge einer → Entfremdung, führt zu schwerwiegenden psychischen Störungen, wie → Depressionen, Selbstmordgefahr, Apathie u. a. Das Ich- bzw. Selbst-Erleben ist auffällig bei verschiedenen Formen von Geisteskrankheiten (→ Psychosen). Bei der → Schizophrenie kann die in räumlicher und zeitlicher Hinsicht erlebte Selbstidentität stark beeinträchtigt oder gänzlich aufgehoben sein. Der Kranke erlebt sich nacheinander oder auch gleichzeitig in verschiedenen Personen,

d.h., er ist überzeugt, jemand anderer zu sein, dessen → Rolle er zu spielen hat. Ich-Identität, Selbsterkenntnis und -bewußtsein vermitteln dem Individuum das Selbstwertgefühl, das bei → Neurosen gestört ist. Die → Gesprächstherapie versucht, die bei Neurotikern auffallende Diskrepanz zwischen der Art, wie sich das Individuum selbst sieht (Realselbst) und wie es idealerweise sein möchte (Idealselbst), zu vermindern. Das „Reflektieren" der Gefühle, Anteilnahme und verständnisvolle Haltung des Therapeuten sollen dem Klienten helfen, über sich selbst ein neues Verständnis zu entwickeln und die eigene Person so, wie sie erlebt wird, zu akzeptieren. Im Alltag kann das menschliche Streben nach *Selbstverwirklichung* sich in vielen Formen äußern. Neben der Aufmachung der äußeren Erscheinung (Kleidung, Frisur, Schminke usw.), dem Besitz von Statussymbolen, wie größeres Auto, Eigenheim usw., dienen das Erzählen über individuelle sensationelle Erlebnisse und das direkte oder indirekte Verweisen auf eigene Leistungen dazu, ein *Selbstkonzept* zu entwickeln, das vor dem eigenen Urteil, das sich nach sozialen → Normen und kulturellen Werten richtet, bestehen kann und von den anderen akzeptiert wird. Den Einfluß sozialer und kultureller Faktoren auf die Bildung des Selbstbildes haben vor allem Soziologen nachgewiesen. Mittelschichtsangehörige legen Wert darauf, sich selbst als treu, strebsam, pünktlich, zuverlässig und ehrlich einstufen zu können; einfache Industriearbeiter betonen dagegen ihre robuste Männlichkeit, starke Bindung an einen kleinen Kreis von „Kameraden" und betrachten sich als Fundament des Staates. Die verhaltenssteuernde Wirkung des Selbstkonzeptes kann vor allem in der Erziehung und schulischen Weiterbildung beobachtet werden.

Idealtypus, in Wirklichkeit kaum vorhandene gedankliche Konstruktion von Eigenschaften einer Person oder Sache, die als Beurteilungsmaßstab (→ Norm) verwendet wird (Gegensatz: Realtypus).

Ideenflucht, sprunghaftes, befremdend wirkendes Denken, das oft bei manchen → Psychosen beobachtet wird.

Identifikation, ein meist unbewußter Prozeß der Übernahme von → Eigenschaften und Bedürfnissen einer Person. Man identifiziert sich vorzugsweise mit Individuen, die sozial erwünschte Eigenschaften besitzen. Die → Psychoanalyse hebt die Identifikation mit dem Aggressor hervor, bei der das Individuum sich die Eigenschaften des Angreifers zu eigen macht, um sich wehren und die Angst reduzieren zu können (→ Abwehrmechanismus). Die Identifikation mit einer sympathischen Person wird von Lerntheoretikern als „Selbstverstärkung" (→ Lernen) erklärt (ich finde es angenehm, so zu sein wie der andere, der erfolgreich ist). Von der Identifikation ist die Imitation (Nachahmung; →Lernen) zu unterscheiden.

Ideologie, Bezeichnung für ein System von Überzeugungen, Zielvorstellungen und Wünschen einer Person oder einer Gruppe (z.B. Partei), die oft Anspruch auf Wahrheit erheben und zur Erklärung komplexer Zusammenhänge herangezogen werden. Eine akzeptierte Ideologie (vor allem links- oder rechtsextreme) kann das individuelle oder das Verhalten einer ganzen Gesellschaft stark beeinflussen. Ideologische Beeinflussung äußert sich in →Einstellungen, in der Wahl von Gruppenbeziehungen, von Erziehungszielen und in der Haltung gegenüber Fremdgruppen.

Ideomotorik →Carpenter-Effekt.

Idiosynkrasie, Bezeichnung für solche hochgradige Abneigung gegenüber bestimmten Tieren, Personen, Objekten, Speisen, die durch psychologische Erkenntnisse und Gesetzmäßigkeiten nicht erklärbar ist. Auch nicht weiter erklärbare Überempfindlichkeit gegenüber bestimmten Stoffen (→Allergie) gehört im weitesten Sinne zu den Idiosynkrasien.

Idiotie →Geistige Behinderung.

Image →Marktpsychologie; →Werbepsychologie.

Imago. In der →Psychoanalyse versteht man unter Imago das von der Wirklichkeit abweichende Bild des Therapeuten beim Klienten. Im Prozeß der →Übertragung wird der Therapeut idealisiert oder abgewertet (Beispiel: Im Therapeuten wird der Vater gesehen). C. G. Jung verwendet den Begriff Imago allgemeiner und versteht darunter den nachwirkenden Einfluß einer Beziehungsperson auf das Individuum und spricht z. B. von einem Mutterimago, Vaterimago (→analytische Psychologie).

Imbezillität →Geistige Behinderung.

Imitation, Nachahmung von Verhaltensweisen, die bei einem Modell (Lernen am Modell) beobachtet wurden. →Lernen.

Impotenz →Sexualstörungen.

Impulsive Handlung, umfassende Bezeichnung für spontane, unüberlegte, unwillkürliche, aufgrund einer emotionalen Erregung durchgeführte Handlung. Impuls = spontaner Antrieb, Wunsch.

Individualpsychologie. Begründer dieser →tiefenpsychologischen Richtung ist Alfred Adler, der 1870 in Wien geboren wurde, dort um die Jahrhundertwende als Arzt tätig war und mit S. Freud (→ Psychoanalyse) zusammenarbeitete. Wie er, wechselte Adler, er war Jude, während des 3. Reichs ins Exil. Er starb 1937 auf einer Vortragsreise in Aberdeen.
Persönlichkeitsmodell. Von Anfang an stimmte Adler in vielen Punkten nicht mit Freud überein. Im Gegensatz zur Psychoanalyse geht die Individualpsychologie davon aus, daß das menschliche Leben zielgerichtet ist. Diese *finale* Betrachtungsweise berücksichtigt zwar auch die Ursachen, die zu einem bestimmten Verhalten oder Erleben geführt haben (*kausale* Sicht der Psychoanalyse), wichtiger ist jedoch die Frage, was der Mensch aus seinen Erfahrungen macht, welche Ziele er entwickelt. Das Ergebnis ist immer ein einmaliger, einzigartiger *Lebensstil* (daher der Begriff Individualpsychologie), der sich vor allem in der frühen Kindheit entwickelt. Adler betont das Prinzip der Einheit der Persönlichkeit, das es nicht zuläßt, menschliche Funktionen und Kräfte wie Denken, Fühlen, Handeln, Bewußtes und Unbewußtes isoliert zu betrachten. Am Anfang der menschlichen Entwicklung steht das → *Minderwertigkeitsgefühl,* das jenen Zustand beschreibt, den das Kind erlebt, wenn es sich nach der Geburt zwangsläufig als unzulänglich und unterlegen erlebt, weil es über die meisten Fähigkeiten zur Bewältigung des Lebens noch nicht verfügt. Dieses Erleben kann sich aufgrund bestimmter Erfahrungen zu einem hoffnungsvollen Gefühl des „Noch-Nicht-Könnens" oder zu einem hoffnungslosen (neurotischen) Gefühl des grundsätzlichen „Nicht-Könnens" entwickeln. Der Mensch trachtet stets danach, dieses Minderwertigkeitsgefühl mit Hilfe der → *Kompensation* zu reduzieren. Sie kann grundsätzlich in zwei Richtungen erfolgen. Einmal wird dem angeborenen, auf Entfaltung durch Erziehung angewiesenen *Gemeinschaftsgefühl* (Bewußtsein der Zusammengehörigkeit, Kooperation, Engagement für das gemeinsame Wohl) Raum gegeben, ein anderes Mal entwickeln sich in neurotischer Weise gemeinschaftsschädliche, egoistische Verhaltensweisen.
Neurosenlehre. Der Mensch, dessen Gemeinschaftsgefühl sich nicht entfaltet hat, kann nur unzulänglich auf die Realität eingehen. Trotz der Kompensation bleibt das Minderwertigkeitsgefühl übermächtig. In der Folge baut der neurotisch-kranke Mensch eine *private Logik* auf, die ihm z.B. suggeriert, überlegen und mächtig zu sein, und ihn vor Wahrnehmungen schützt, die sein Minderwertigkeitsgefühl ansprechen. Da sein geringes Selbstwertgefühl ihm wenig Sicherheit verschafft, muß er *Sicherungen* entwickeln, die ihn vor den Anforderungen der Außenwelt schützen. Diese Vorgänge sind weitgehend unbewußt und entsprechen ungefähr den →Abwehrmechanismen in der Psychoanalyse. Sicherung kann erreicht werden (s. auch H. Hobmair, 1989) durch

aggressives Streben nach → Macht (z. B. Entwertung des nicht erreichten Zieles, Überbewertung der eigenen Leistung, Herabsetzen oder Ausschalten des anderen, Schuldzuweisungen, Selbstvorwürfe) oder regressive Verhaltensweisen (z. B. Rückzug; Konstruktion von Hindernissen, wie Ausreden, Müdigkeit, Kopfweh u. a.).
Mehr als die Therapie hat die Pädagogik vom individualpsychologischen Ansatz profitiert. Adler gründete Erziehungs- und Berufsberatungsstellen und machte soziale Arbeit in weiten Kreisen populär. Weder Strenge noch Zärtlichkeit, sondern einzig *Ermutigung* versetzt den Menschen in die Lage, seine Hauptaufgaben im Leben (Einfügen in den eigenen Lebenskreis, in den Lebensberuf und eine zufriedenstellende erotische Beziehung zu Partnern) zu lösen. So sind in der Erziehung Zuneigung, Warmherzigkeit, Wertschätzung und Verständnis besonders wichtig, wobei Erzogener und Erzieher in einem gleichwertigen, partnerschaftlichen Verhältnis zueinander stehen. Lob und Belohnung treten in den Hintergrund – sie sind zu sehr von der Wertung des Erziehers abhängig – zugunsten des *Arrangierens von Erfolgserlebnissen.* Strafen sind nur als sinnvolle Folge von der verbotenen Handlung zulässig.

Individualtherapie. Die Therapie der → Individualpsychologie (A. Adler) ist zu unterscheiden von der Individualtherapie, die von K. I. Leonhard entwickelt wurde und zu den Konfrontationsverfahren der → Verhaltenstherapie zählt. Das Verfahren wird auch Individualtherapie genannt, weil es aus zwei Teilen besteht: Aus der Lebenslaufanalyse und aus der „Stop-Intervention“ des Therapeuten. Der Klient wird nachhaltig und suggestiv angehalten, negative Gedanken unterbrechen zu lernen und durch angenehme zu ersetzen.
Die Individualtherapie von A. Adler wird zur *„therapeutischen Erziehungslehre“* gerechnet. Sie besteht aus dem Aufdecken des neurotischen Lebensplans und aus der erzieherischen Arbeit mit dem Klienten. Der Therapeut macht ihm seine „Lebenspläne“ verstehbar und zeigt, daß sie verändert werden sollen und können. Der Therapeut bemüht sich um Ermutigung, Wohlwollen, Nachsicht, Güte, Offenheit, Anstrengungsbereitschaft und Gerechtigkeitssinn. Damit ist er ein Vorbild für den Klienten.

Individuum. In der Psychologie wird der Begriff Individuum für die menschliche Einzelperson verwendet, wobei die Betonung auf „individuellen“ (auf die betreffende Person bezogen) Merkmalen, Eigenarten, Fähigkeiten liegt. In diesem Sinne spricht man vom individuellen Verhalten, von einer individuellen Leistungsfähigkeit oder von Individuen, die sich nicht nach den sozialen → Normen richten.

Industriepsychologie, zusammenfassende Bezeichnung für die →Arbeits- und →Betriebspsychologie.

Infantilismus beschreibt den Körperbau und/oder die Persönlichkeitsausprägung eines Erwachsenen, die ganz oder teilweise auf kindlichem Niveau stehengeblieben ist (→Retardation).

Informationspsychologie. Mit Informationspsychologie werden alle Versuche bezeichnet, psychische Vorgänge mit Hilfe kybernetischer und informationstheoretischer Modelle darzustellen.
Klärung der wichtigsten Begriffe:
1. *Kybernetik.* Eine von N. Wiener begründete wissenschaftliche Disziplin, die mit Hilfe mathematischer Modelle (Informationstheorie, Regelungstheorie, Automatentheorie) die →Struktur (Anordnung und Wechselwirkung von Einzelfunktionen, z.B. im Organismus) und Regelungsvorgänge komplexer, hochorganisierter Systeme zu erklären versucht. Der Mensch wird oft, weil er Informationen aufnimmt und verarbeitet und sich unter Einwirkungen verändert, als „offenes System" bezeichnet.
2. *Informationstheorie.* Die von C. E. Shannon entwickelte Teiltheorie der Kybernetik beschreibt mit Hilfe mathematischer Modelle und statistischer Begriffe die Informationsaufnahme und den Informationsaustausch zwischen einem Sender und Empfänger über einen bestimmten Kanal (z.B. Telefonleitung, Nervenfaser, →Rezeptoren usw.). Grundbegriffe der Informationstheorie sind *Information,* die als Maßeinheit für die übertragbare Informations- oder Nachrichtenmenge verwendet wird, und die *Kanalkapazität,* als maximale Informationsmenge, die pro Zeiteinheit (z.B. eine Sekunde) über einen bestimmten Kanal übertragen werden kann. Die Informationseinheit – 1 bit – ist die Informationsmenge, die wir benötigen, um z.B an einer Weggabelung den richtigen von zwei Wegen wählen zu können. Um aus dem Alphabet einen bestimmten Buchstaben unmißverständlich zu erkennen, benötigen wir zwischen 4 und 5 bit Informationsmenge. In der Informationstheorie wird mit bit immer die Ungewißheit bzw. der Neuigkeits- oder Überraschungswert eines Zeichens, z.B. eines Wortes, angegeben. Je höher die bit-Zahl, desto größer der Neuigkeitswert. Aus der Anzahl möglicher Alternativen bzw. aus der Auftretenswahrscheinlichkeit (Häufigkeit der Verwendung) eines Ereignisses können die Maßgrößen für die Information berechnet werden. Von praktischer Bedeutung ist die Informationstheorie bei der Beschreibung von Kodierungsvorgängen (Verschlüsselungsvorgängen). Eine Nachricht ist optimal kodiert, wenn nur die unbedingt notwendige Anzahl von Zeichen bzw. Informationseinheiten verwendet wird. In der →Kommunikation werden Nachrichten weitschweifig kodiert; es werden überflüssige Informationen verwendet. Der Informationsüberschuß wird als *Redundanz*

bezeichnet. Sender (z. B. Menschen), die sich „umständlich" ausdrücken, lange reden und wenig aussagen, kodieren „redundant". Durch die Redundanz wird eine höhere Störungssicherheit von Nachrichten erreicht (im Sinne des Sprichworts: „doppelt genäht hält besser"). Mit Hilfe der Kybernetik, die als „Steuerungstheorie" komplizierte und hierarchisch organisierte Regelkreise beschreibt und mit Hilfe der Informationstheorie, die die Informationsverarbeitung analysiert und beschreibt, werden in der Psychologie Modelle entwickelt, um z. B. die Gesetze des Informationsaustausches zwischen Organismus und Umgebung (→ Wahrnehmung), → Lernen, Denken und vor allem die → Kommunikation zu beschreiben.
Vielfach werden sog. „lernende Automaten" entwickelt, mit deren Hilfe psychische Vorgänge simuliert, d. h. künstlich nachvollzogen werden, um die Gesetzmäßigkeiten und Leistungseigenarten psychischer Vorgänge zu erforschen. Praktische Auswirkungen haben Simulatoren auf die Gestaltung des programmierten Unterrichts.

Informelle Gruppe → Gruppe; → Betriebspsychologie.

Inhaltsanalyse → Content-Analyse.

Inhibition → Hemmung.

Innervation, Bezeichnung für das Aktivieren, Erregen von → Drüsen und Muskeln durch das → Nervensystem bzw. durch die elektrischen Impulse efferenter Nervenleitungen.

Input. Als Input werden alle Reize, Informationen oder Energien, die von außen in ein System bzw. einen Organismus aufgenommen werden, bezeichnet. Input wird im System verarbeitet und führt meist zu einem Output (Reaktion).

Instinkt, Bezeichnung für die im Laufe der Stammesgeschichte erworbenen und artspezifisch angeborenen Handlungs- oder Verhaltenstendenzen, die der Anpassung und dem zweckgerichteten Verhalten bei Tieren dienen. Instinktverhalten wird aufgegliedert in die Appetenzphase, für die ein durch innere Energie ausgelöstes, zielorientiertes, suchendes Verhalten charakteristisch ist, und in die Endhandlung, die durch Schlüsselreize ausgelöst wird. → Verhaltensforschung.

Instrumentales Konditionieren. Von B. F. Skinner eingeführte Bezeichnung für das Lernen von Verhaltensweisen, bei dem die Art der → Bekräftigung darüber entscheidet, ob eine Reaktion in Zukunft häufiger oder seltener auftritt. → Lernen.

Intellekt bedeutet soviel wie Denkvermögen, Erkenntnis- und Einsichtsfähigkeit, Vernunft und Verstand.

Intelligenz. Die Intelligenz ist eine in unserem Kulturkreis besonders hoch eingeschätzte → Fähigkeit, die nur sehr ungenau bestimmt und von anderen Fähigkeiten, z. B. dem → Denken und → Gedächtnis, abgegrenzt werden kann. Nach einer pauschalen Intelligenzdefinition ist Intelligenz eine der Bedingungen für das Überwinden von Schwierigkeiten in neuartigen Situationen. Intelligenz wird als die Fähigkeit, zu denken, zu schlußfolgern, zu erkennen oder eine Situation schnell zu erfassen, näher beschrieben.
Da sich die Intelligenz selbst nicht unmittelbar beobachten läßt, deshalb also ein hypothetisches Konstrukt (→ Methoden der Psychologie) ist, wird sie immer von ihren Auswirkungen her definiert; diese sind so vielgestaltig, daß sie bis heute noch nicht hinreichend beschrieben werden konnten, so daß manche Psychologen die Intelligenz als „das, was der Intelligenztest mißt", bezeichnen. Diese operationale Definition (→ Methoden der Psychologie) ist für den wissenschaftlichen Forschungsansatz brauchbar, sagt jedoch den Menschen, die noch nie einen Intelligenztest gesehen haben, wenig. Die Definition besagt, daß derjenige, der verschiedenartige Aufgaben aller Schwierigkeitsgrade löst, intelligent sei bzw. eine Fähigkeit besitzt, die es ihm ermöglicht, die in einem Intelligenztest zusammengestellten Aufgaben zu bewältigen. Die Testaufgaben sind dabei als Modell für reale Problemlösungssituationen gedacht und erfassen, ob jemand die Möglichkeit hat, sich intelligent zu verhalten, d. h. jedoch nicht, daß ein Proband mit einem überdurchschnittlich hohen Intelligenztestwert sich auch in Alltagssituationen „intelligent" verhalten muß.
Zur Intelligenztestentwicklung: Das erste Testsystem zur Feststellung bzw. Messung der Intelligenz wurde von A. Binet und T. Simon (1905) entwickelt, die für jede Altersstufe in der Kindheit eine bestimmte Anzahl von Aufgaben aus dem schulischen und häuslichen Bereich zusammenstellten, die erfahrungsgemäß die für jede Altersstufe „typischen" Probleme darstellen. Mit solchen Testsystemen wollten die Autoren Aufschluß über die individuelle Entwicklung gewinnen. Ein Kind, das neben den Aufgaben der eigenen Altersstufe auch Aufgaben der nächsthöheren löst, hat sich intellektuell rascher entwickelt als die Mehrzahl seiner Alterskameraden.
Große Fortschritte machte die Intelligenzforschung mit Hilfe der Faktorenanalyse (→ Statistik), die es den Wissenschaftlern ermöglicht, die zahlreichen isoliert nebeneinander stehenden Testleistungen auf ihre gegenseitige Abhängigkeit hin zu untersuchen und zu Faktoren zusammenzufassen. C. Spearmann stellte schon

1927 eine „Zwei-Faktoren-Theorie“ der Intelligenz auf, die aber nach dem heutigen Stand der Forschung nur noch eingeschränkt gültig ist. Er meinte, daß allen Intelligenzleistungen ein gemeinsamer Faktor (g-Faktor) zugrunde liegt und die erreichte Leistung in verschiedenen Problembereichen von je einem spezifischen Faktor (s-Faktor) beeinflußt wird. Ein g-Faktor wurde von Jäger (1984) bestätigt. Er stellte fest, daß die Aufgaben aller Intelligenztests zumindest in geringem Maße untereinander korrelieren. Die einzelne Testleistung wird aber nicht nur von einem Spezialfaktor, sondern auch von ziemlich umfangreichen Hauptfaktoren beeinflußt, die jeweils für mehrere Aufgabenarten zuständig sind. Thurstone postulierte 1938 sieben „Primärfaktoren“, die den gesamten Bereich der Intelligenz erfassen sollen. Die sieben Primärfaktoren, von L. L. Thurstone „primary mental abilities“ (Primärfähigkeiten) genannt, sind: Sprachbeherrschung (Verbalvermögen), Rechenfähigkeit, Wahrnehmungs- oder Auffassungsgeschwindigkeit, räumliches Vorstellungsvermögen, schlußfolgerndes oder logisches Denken, Gedächtnis und Wortflüssigkeit. Es stellte sich heraus, daß auch zwischen diesen Primärfaktoren Korrelationen (Abhängigkeiten) bestehen. Dies könnte darauf hindeuten, daß es einen gemeinsamen Faktor gibt, der an allen Leistungen beteiligt ist, oder daß es in Wirklichkeit viel mehr Faktoren gibt, für die wiederum spezielle Aufgabenreihen zusammengestellt werden müßten, um sie isoliert messen zu können. Diese Tatsache spricht für das umfassendere Modell von J. P. Guilford, der alle Intelligenzleistungen auf zwei grundlegende Wirkungsweisen der Intelligenz, nämlich auf das Speichern von Erfahrungen (→ Gedächtnis) und auf die Denkfähigkeit, die das bisher Gelernte zum Herausfinden einer einzig richtigen Lösung (konvergentes Denken) oder zum Produzieren neuer Lösungsmöglichkeiten (divergentes Denken) einsetzt. Die Erkenntnisse bzw. Lösungen werden durch das bewertende Denken (= Urteilsfunktion) auf ihre Brauchbarkeit und Richtigkeit hin überprüft. In Anbetracht der vielen Intelligenzfaktoren ist die Forderung von A. O. Jäger berechtigt, daß das Individuum genauer erfaßt bzw. beschrieben wäre, ginge man von mehreren Intelligenzen aus. Demnach sollten die Menschen nicht hinsichtlich einer Intelligenz, sondern hinsichtlich mehrere Fähigkeiten beurteilt werden.

Es gibt heute kaum noch einen Bereich des schulischen oder wirtschaftlichen Lebens, in dem nicht vorrangig die Intelligenz getestet wird. Die Bestimmung intellektueller Fähigkeiten bringt jedoch nur wenige Vorteile (z. B. bei der Auslese von Bewerbern) und viele Ungerechtigkeiten. Die Fragwürdigkeit von Entscheidungen, die auf Intelligenzmessungen beruhen, ergibt sich aus folgenden Gründen:

1. Die tatsächlich gezeigten Leistungen in der Schule, im Beruf und in anderen Bereichen des täglichen Lebens hängen nur zu

einem nicht exakt zu bestimmenden Teil von den Fähigkeiten ab, die durch Intelligenztests erfaßt werden.

2. Viele Intelligenztests werden oft zum falschen Zeitpunkt und zu falschem Zweck eingesetzt. Obwohl emotionale Reife, Angst, Kontaktfähigkeit u.a. zur Bewältigung von Alltagssituationen äußerst wichtig sind, werden sie testpsychologisch kaum erfaßt; diese Eigenschaften sind zwar wie die meisten intelligenzabhängig, ohne sich jedoch parallel zur Intelligenz entwickeln zu müssen. In der Praxis kommen häufig Intelligenztests zur Anwendung, ohne daß berücksichtigt wird, daß es sich dabei um kein isoliertes Persönlichkeitsmerkmal handelt. Intelligenz wirkt sich in vielen menschlichen Bereichen aus, ohne daß dort der exakte Intelligenzanteil bestimmt werden könnte. So ist zwar die Bedeutung der Intelligenzmessung im Rahmen der Testpsychologie verständlich; sie täuscht aber nur zu leicht über die methodische Unzulänglichkeit hinweg.

3. Der Intelligenzmessung wird der Durchschnittswert der jeweiligen Altersgruppe als Maßstab zugrunde gelegt. Bei der Standardisierung und Eichung (→Statistik) von →Tests werden hauptsächlich Durchschnittswerte der mittleren Schicht berücksichtigt und nicht auch die der unteren sozialen Schicht (z.B. einfache Arbeiter- und Bauernkinder). Damit werden viele Kinder, Jugendliche und auch Erwachsene mit einem Maßstab gemessen, der zu einer ungerechten Beurteilung und Benachteiligung führt. Die Intelligenzmessung führt, insgesamt gesehen, nicht zu der Feststellung des tatsächlich vorhandenen Leistungsvermögens oder zu einer objektiven Beschreibung derjenigen Persönlichkeitsmerkmale, die gute Leistungen erwarten lassen, sondern zu einer Zuweisung von Intelligenzquotienten, die kaum etwas über die vorhandene Leistungsfähigkeit aussagen (→Normen).

Entwicklung der Intelligenz. Wie für Entwicklungsabläufe typisch, ist auch bei der Intelligenz in frühen Lebensjahren ein steiler Anstieg und etwa ab dem 9. Lebensjahr eine allmähliche Verflachung der Entwicklungskurve zu beobachten (s. Abb.).

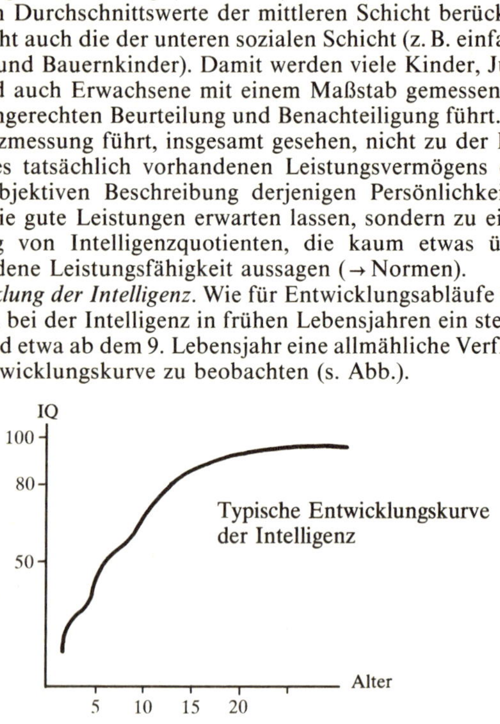

Im Alter von zwei bis neun Jahren entwickelt sich die Intelligenz am schnellsten. Bloom glaubt nachweisen zu können, daß schon im Alter von 4 Jahren die endgültige Ausprägung der Intelligenz im Alter von 18 Jahren zu 50% festgelegt ist.
Vergleiche zwischen der Intelligenzhöhe bei der Einschulung (7 Jahre) und im Alter von 17 Jahren erbrachten eine Korrelation von .68 (→Statistik). Das bedeutet, daß unter Berücksichtigung der Umweltbedingungen (Milieu) schon vor der Einschulung prognostiziert werden könnte, welche Leistungen in der Schule und später im Beruf möglich sind. Aufgrund dieser Tatsache kommt der vorschulischen Erziehung eine besondere Bedeutung zu. Es wurde häufig behauptet, die Intelligenzentwicklung sei zwischen 18 und 25 Jahren abgeschlossen. Ebenso wurde angenommen, daß ab dem 50. Lebensjahr ein Abbau der Intelligenz eintritt. Beide Behauptungen hat die neuere Forschung widerlegt: Es hängt z.B. von der Art der Tätigkeit, von der Aktivität, Gruppenzugehörigkeit ab, ob schon mit dem 20. Lebensjahr die Entwicklung der Intelligenz zum Stillstand kommt, was eine →Regression bedeutet, oder ob noch nach dem 50. Lebensjahr ein weiterer – wenn auch geringer – Anstieg der Intelligenz auftritt.
Die Frage nach der Vererbung der Intelligenz (→Anlage-Umwelt-Problem) wird häufig stark weltanschaulich orientiert geführt, wobei mit dem umstrittenen Begriff der →Begabung operiert wird. Gegenwärtig geht man ganz allgemein davon aus, daß durch die Vererbung eine untere und obere Grenze der Intelligenz festgelegt wird (s. Abb.).

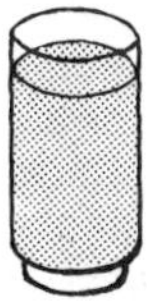

Die genetisch festgelegte obere Grenze der Intelligenz wurde in diesem Fall durch optimale Umweltförderung fast vollständig erreicht.

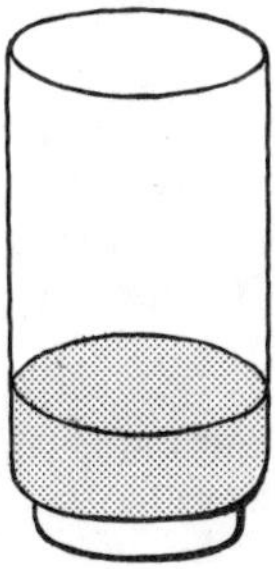

Die durch die Anlage vorgegebenen Möglichkeiten bleiben in diesem Fall weitgehend ungenutzt.

Mögliche Ursachen: Vernachlässigung in den ersten Lebensjahren, mangelnde Förderung der →Sprachentwicklung, mangelnde Spielmöglichkeiten, Einschränkung der Aktivität des Kindes durch einen verbotsorientierten Erziehungsstil.
Sicherlich kann nicht jedes Individuum zu außerordentlichen Intelligenzleistungen erzogen werden, es ist jedoch sicher möglich, jedem Neugeborenen, das keine hirnorganischen Schäden aufweist (→Geistige Behinderung), intellektuelle Verhaltensweisen anzuerziehen, die für eine befriedigende Lebensbewältigung ausreichen.

Intelligenzentwicklung (nach Piaget). Die Intelligenz ist neben der →Wahrnehmung, der →Sprache und dem →Gedächtnis die wichtigste Fähigkeit des Menschen, sich mit der Umwelt auseinanderzusetzen und Probleme in neuartigen Situationen zu bewältigen. Die Intelligenz kann kaum isoliert betrachtet werden, denn die Intelligenzentwicklung ist mit der Entwicklung der Wahrnehmung, der Sprache und des Gedächtnisses eng verbunden.
Die Beschreibung der Entwicklung der Intelligenz, eigentlich des →Denkens, wie sie weitgehend von J. Piaget übernommen wird, setzt die Kenntnis von drei Prozessen der Denkentwicklung voraus. Im Zustand der *Assimilation* gleicht das Individuum die Umweltgegebenheiten an seine jeweilige Stufe des Denkens an. Es richtet sich nicht nach den Qualitäten des Gegenstandes, sondern die Dinge werden seinem Verhalten und seinem Denkschema angepaßt (ein sechs Monate altes Kind greift nach einem Bauklotz in genau derselben Weise wie nach einer Blume). Genügt die Assimilation als Möglichkeit der Problembewältigung nicht mehr, weil das Kind z. B. aufgrund der differenzierten Wahrnehmung merkt, daß es die Umwelt unangepaßt behandelt, setzt ein zweiter Prozeß ein, die *Akkommodation*. In ihr wird die Denkform entsprechend den Erfordernissen des Problems abgeändert und führt auf einer höheren, anspruchsvolleren Stufe zur Auseinandersetzung mit der Umwelt (das Kind lernt, z. B. eine Blume vorsichtiger anzufassen). Beide Vorgänge lassen den Denkprozeß des Kindes stufenweise voranschreiten. Die Möglichkeit des Individuums, nicht angemessene Denkvorgänge rückgängig zu machen und neue Vorgehensweisen anzusetzen, letztlich immer wieder von der Assimilation zur Akkommodation vorzugehen, führt Piaget auf ein Streben des Menschen nach *Gleichgewicht* zurück.
Die Intelligenzentwicklung nach J. Piaget wird auch hier kurz beschrieben, weil es einen Einblick in das Denken des Kindes vermittelt und von pädagogischem Interesse ist.
Die erste Stufe des kindlichen Denkens wurde von Piaget *sensomotorische* Intelligenz genannt, die eine Verbindung von Sinnesleistungen und Bewegungen des Kindes darstellt. Das ungefähr 4 Monate alte Kind lernt die Koordination zwischen dem Sehen

und Greifen, indem es z. B. mit einer am Bett hängenden Rassel spielt. Das Kind ist in der Lage, Handlungen zu wiederholen. Es bildet aktiv Gewohnheiten aus, wenn es z. B. immer wieder eine an einem Gummizug befestigte Puppe ergreift und losläßt. Ende des 1. Lebensjahres hat das Kind sich schon viele Gewohnheiten (Verhaltensmuster) angeeignet, und es beginnt, sie miteinander zu verbinden und auf neue Situationen zu übertragen. Kann es einen Ball nicht erreichen, weil die Hand der Mutter dazwischen ist, so wird es z. B. erst versuchen, die Hand wegzuziehen und dann den Ball zu nehmen. L. Schenk-Danzinger berichtet von 10 Monate alten Kindern, die ein Spielzeug, das sich außerhalb ihrer Reichweite auf der Bettdecke befand, dadurch heranholen, daß sie die Decke heranziehen. Sie benutzen die Decke als „Werkzeug", um ihr Ziel zu erreichen *(Werkzeugdenken)*. Der sensomotorischen Intelligenz folgt zwischen 1,6 und 4 Jahren das *symbolische* und *vorbegriffliche* Denken, bei dem das Kind vorzugsweise vorstellungsgebunden denkt. Es geht mit Symbolen um, die Objekte aus seinem Lebensbereich repräsentieren. Ein Karton kann die Wohnung sein, er kann aber auch im nächsten Moment als Tisch benutzt werden. Das Kind nimmt an, daß ein auf das Papier gemalter Vogel wirklich fliegen könne. Es verfügt jedoch lediglich über „Vorbegriffe", denn die Symbole sind noch nicht endgültig und fest den Gegenständen zugeordnet. Es wird auch noch kein Unterschied zwischen Symbol und dem realen Gegenstand selbst gemacht. Mit dem zunehmenden Spracherwerb hat das Kind weitere Möglichkeiten, sich vorbeigriffliche Symbole anzueignen. In diesem Alter sind alle Dinge, mit denen das Kind umgeht, belebt, emotional getönt, d. h., auch ein Tisch ist böse, traurig oder froh *(physiognomisches Sehen)*. Im *magischen Denken* äußert sich ein ähnliches Verhalten; das Kind hat keine Einsicht in die wirklichen Zusammenhänge seiner Umwelt, es versucht, durch einfache Verbindung der Dinge untereinander Erklärungen zu finden (der Fluß fließt, damit die Schiffe vorangetrieben werden), wobei es oft glaubt, die magischen Kräfte, die für Wärme, Regen, Wachstum von Pflanzen u. a. sorgen, durch eigene Wünsche beeinflussen zu können. In diesem Zusammenhang spricht man auch vom *anthropomorphen* (alle Dinge sind dem Menschen ähnlich) Weltbild des Kindes (→ Säuglingsalter). Es ist zu fragen, inwiefern eine solche Haltung durch Erzählen von Märchen oder andere entsprechende Verhaltensweisen der Erwachsenen vorgegeben oder gefördert wird.

Zwischen dem 4. und 7. Lebensjahr befindet sich das Kind auf der Stufe des *anschaulichen* Denkens. Es ist in der Lage, mit Hilfe der Sprache zu denken, allerdings nur mit solchen Begriffen, die etwas Anschauliches darstellen. Auf die Frage, was ein Teller sei, wird ein Siebenjähriger antworten: „Zum Essen". Er ist noch nicht in der Lage, den Oberbegriff „Geschirr" zu bilden. Schenk-Danzinger schreibt von einem Sechsjährigen, der die Aufgabe lösen soll: „Wer schlechte Augen hat, soll eine Brille tragen. Mein Bruder trägt eine Brille, was kannst Du über ihn erraten?“ Die Fähigkeit des Kindes, dieses Aufgabe zu lösen, hängt ganz davon ab, ob es einen Bruder hat, der eine Brille trägt oder nicht. Die Autorin spricht vom *naiven Realismus* des Kindes. Piaget bezeichnet dieses Denken als anschaulich, da es sich einzig am tatsächlichen Ablauf des Geschehnisses orientiert.

Um das 7. Lebensjahr löst sich das Kind mit dem *konkreten* Denken von der Eingleisigkeit des anschaulichen Denkens. Es kann sich nun vom momentanen Geschehen distanzieren. Es nimmt nicht mehr an, daß die Masse der Plastilinkugel sich vermehrt, wenn man sie zerteilt, da mehr Einzelteile vorhanden sind; es begreift die Konstanz der Masse. Auch glaubt das Kind nicht, daß Wasser, das von einem schmalen, hohen Glas in ein breites, niedriges umgeschüttet wird, weniger wird. Es kann sich nun vorstellen, daß das Wasser beim Zurückschütten die gleiche Menge ergeben würde. Das Kind hat die Reversibilität von Denkoperationen erkannt. Erst wenn diese Vorgänge vollzogen werden können, ist es möglich zu rechnen. Geschichts- oder Geographieunterricht kann nun einsetzen, da das Kind in der Lage ist, vom egozentrischen Erleben abzurücken und sich gedanklich mit fiktiven Situationen auseinanderzusetzen. Der Übergang vom konkreten zum *formalen* oder *abstrakten* Denken vollzieht sich um das 11. Lebensjahr und wird gekennzeichnet durch die Fähigkeit des Jugendlichen, sich ganz vom Wahrgenommenen oder dessen Wiedergabe zu lösen und über Beziehungen nachzudenken. Nun können logische Schlüsse vollzogen werden (Erlernen der Algebra), und aus anschaulich erlebten Gegebenheiten werden Regeln erschlossen (induktives Denken), oder aus allgemeinen Gesetzen wird auf den einzelnen Sachverhalt geschlossen (deduktives Denken). Schenk-Danzinger bezeichnet das konkrete und formale Denken als *kritischen Realismus*. Piagets Modell wurde vielfach kritisiert. Es gibt Hinweise, daß die Ergebnisse durch die Aufgabenstellung stark beeinflußt wurden (experimentelles Artefakt; →Experiment). Es ist anzunehmen, daß durch die veränderte Erziehung (vorschulische Förderung) die angegebenen Altersgrenzen nach unten verschoben werden. Ebenso können viele Vorgänge aus der Technik, die in der nächsten Umgebung und im täglichen Umgang des Kindes auftauchen, zu einem früheren Verständnis der Kausalität führen als von Piaget angegeben.

Intelligenzquotient (IQ) wird als Maß für die intellektuelle Leistungsfähigkeit eines Menschen verwendet, die auf →Intelligenz zurückgeführt und mit Intelligenztests gemessen wird. In der Mehrzahl der heute üblichen →Intelligenztests wird IQ mit Hilfe von Standardskalen (→Statistik) errechnet, die aus großen Stichproben für bestimmte Altersstufen gewonnen wurden. Die Standardskalen besitzen einen Mittelwert von 100 und eine Standardabweichung von 15. Unter Berücksichtigung dieser Bestimmungsmerkmale liegt die durchschnittlich gemessene intellektuelle Leistungsfähigkeit zwischen 85 und 115 IQ-Punkten.

Intelligenztests. Die Intelligenztests wurden zuerst hauptsächlich mit einer pädagogischen Zielsetzung entwickelt. Es ging darum, die Leistungsmöglichkeiten eines Kindes festzustellen, um die Erziehung und Bildung (Schule) der individuellen Eigenart anzupassen. Gegenwärtig sind die Intelligenztests die am besten entwickelten Testverfahren und werden in allen Bereichen des öffentlichen und auch privaten Lebens (viele betrachten es für wichtig zu wissen, welchen Intelligenzquotienten sie haben) eingesetzt.
In den in Deutschland gebräuchlichen Intelligenztests (Intelligenz-Struktur-Test = IST; Hamburger-Wechsler-Intelligenz-Test für Kinder = HAWIK und für Erwachsene = HAWIE: Leistungs-Prüfsystem = LPS und Prüfsystem für Schul- und Berufsberatung = PSB und Binet-Simon-Kramer-Test) nimmt die →Sprache eine Schlüsselposition ein. Ausnahme: CFT = „culture free"-Test.
Alle Intelligenztests sind so konstruiert, daß einzelne Intelligenzfaktoren, z. B. Sprachverständnis, logisches Denken, Raumvorstellung, Wahrnehmungsgeschwindigkeit, Rechenfähigkeit, Gedächtnis durch eine Reihe von Aufgaben verschiedener Schwierigkeitsgrade gemessen werden. Je mehr Aufgaben in einer bestimmten Zeit gelöst werden, desto höher ist die Ausprägung des betreffenden Intelligenzfaktors. Auf diese Weise wird nicht nur der Gesamtintelligenzquotient festgestellt, der angibt, welchen Rangplatz der Proband innerhalb der Vergleichsgruppe (Alter, Bildung, Beruf usw.) einnimmt, sondern auch ein Intelligenzprofil, das einzelne Stärken und Schwächen der Intelligenz erkennen läßt.

Interaktion. Der Begriff Interaktion beschreibt die wechselseitige Steuerung des Verhaltens, wenn Menschen miteinander zu tun haben. Eine Steuerung geschieht durch Beeinflussung und Kontrolle der Reize sowie der Verhaltenskonsequenzen, die der andere erlebt (→Lernen). Interaktion kann von sozialer →Kommunikation kaum getrennt werden, da bei jeder Interaktion Informationen dem anderen mitgeteilt werden und eine soziale Kommunikation nur aufgrund einer Interaktion ablaufen kann. Deshalb werden beide Begriffe in der neueren Literatur synonym (gleichbedeutend) verwendet.
Klassifikation der Interaktion. Jones und Gerard (1967) haben Merkmale und Ablauf verschiedener Interaktionsformen in vier Interaktionstypen zusammengefaßt:
In der *Pseudointeraktion* findet zwar ein Zusammensein zweier

Menschen statt, und ihr Verhalten ist aufeinander abgestimmt, jedoch haben weder A noch B die Möglichkeit, auf das Verhalten des anderen einzuwirken, beide spielen ohne Rücksicht aufeinander ihre Rollen (Beispiele: Schauspieler im Theater, oberflächliche Begrüßung auf der Straße). Bei der *asymmetrischen* Interaktion kann nur einer der beiden Partner das Verhalten des anderen beeinflussen (Beispiele: Befehlserteilung bei Militär, Polizei; Chefarzt weist Krankenschwester an; siehe auch komplementäre →Kommunikation). In einer *reaktiven* Interaktion werden beide Partner allein durch das Verhalten des anderen gesteuert; sie reagieren aufeinander, ohne eigene Vorstellungen oder Verhaltensentwürfe zu verwirklichen. Zwei schlechte Tennisspieler werden z. B. nur versuchen, den Ball zu treffen und ihn über das Netz zu schlagen. Bei einer *wechselseitigen* Interaktion sucht jeder Partner, seine Absichten und Wünsche zu verwirklichen und ist gleichzeitig in der Lage, auf das Verhalten des anderen einzugehen. So werden zwei gute Tennisspieler oder gleichwertige Verhandlungspartner versuchen, ihre Taktik durchzusetzen, berücksichtigen aber ebenso die „Spielzüge" des Gegners.
Die hier dargestellte Analyse der Interaktion läßt die Beeinflussung und Einschränkung der Interaktion durch soziale →Normen und durch die während der Erziehung übernommenen →Rollen außer acht.
Mit Anerkennung, Belohnung oder Bestrafung ist es möglich, die Interaktionen in eine bestimmte Richtung zu lenken und das Verhalten des Partners zu kontrollieren. Je nach Erfolg oder Mißerfolg wird eine bestimmte Verhaltensweise während der Interaktion geändert. Wenn beim Tennisspielen A bemerkt, daß B am Netz stärker ist, wird A sein Verhalten entsprechend ändern, um ständige Mißerfolge zu vermeiden. Ein junger Mann grollt seiner Freundin, wenn sie abends mieser Stimmung ist; sie wird versuchen, ihr Verhalten zu ändern, wenn er ihr etwas bedeutet. Um durch die Vermittlung von Erfolgen ein Verhalten beeinflussen zu können, muß man die spezifischen Verstärker des anderen erkennen und über sie verfügen können. Die Freundin ändert ihr Verhalten nicht, wenn es ihr nichts ausmacht, daß der Partner eingeschnappt ist (Strafe). Sie ändert jedoch ihr Verhalten, wenn der Partner immer dann besonders nett ist, wenn sie zu Hause den Abend verbringt (Belohnung). Es ist oft der Fall, daß bei den schnell ablaufenden Interaktionen die Partner nicht merken, welche Verhaltensweisen sie beim anderen verstärken. So erhalten z. B. Schüler, die den Unterricht stören, vom Lehrer unwillkürlich mehr Beachtung und werden ungewollt für ihr Verhalten verstärkt. Ebenso sind wir uns in vielen Fällen nicht der Wirkung unseres Verhaltens auf andere bewußt. Wir können unser Verhalten nicht gezielt zur Beeinflussung des Partners einsetzen, weil wir nicht wissen, welche Reize (Signale) wir übermitteln (Beispiele: unwill-

kürliches Hochziehen der Augenbrauen, häufiges Unterbrechen des Partners im Gespräch) und welche Bedeutung die Reize für den Partner haben. Ein junges Mädchen, das sich attraktiv zurechtmacht, um auf sich aufmerksam zu machen, zeigt, wie man bestimmte Signale gezielt einsetzen kann. Große Firmen und Banken trainieren ihr Personal, damit sie sich dem Kunden gegenüber nur so verhalten, daß der Kunde zwangsläufig den Eindruck gewinnt, er sei wichtig und werde geschätzt.

Systematisches Beobachten von Interaktionen. Im Rahmen der Sozialpsychologie wurden verschiedene Verfahren entwickelt, um vor allem die Interaktionen in Gruppen zu erfassen. Die →Soziometrie wird z. B. in Schulklassen und Kindergärten als das Verfahren zur Feststellung von wichtigen Positionen und ihnen zugeordneten Interaktionsweisen eingesetzt. R. F. Bales hat in vielen Untersuchungen festgestellt, daß Interaktionen in Diskussionsgruppen mit 12 Kategorien erfaßt werden können. Sein System gewann an Bedeutung, als er nachweisen konnte, daß ein bestimmtes Verhalten oft ein genau festgelegtes Verhalten des Partners hervorruft. Er stellte eine gewisse Gesetzmäßigkeit des Interaktionsverhaltens fest. Auf die Verhaltenskategorie „macht Vorschläge“ folgt in 46% der Fälle eine „Zustimmung“, auf „äußert Meinung“ in 49% der Fälle „Zustimmung“, auf „entspannte Atmosphäre“ folgt mit 68% eine entspannende Reaktion des Partners.

Interaktionsmitglieder zeigen in ihrem Verhalten eine gewisse Abstimmung von Reaktionen: eine Handlung von A ruft eine ähnliche Handlung von B hervor (Imitation); wenn A für B etwas tut, dann reagiert B meist mit einer gleichwertigen Handlung, z. B. Geschenk (Reziprozität). Verdoppelt oder verkürzt der Gesprächspartner seine Äußerungen, dann tut der andere das gleiche. Werden Redner unterbrochen, so neigen auch sie dazu, andere zu unterbrechen. Werden Redner für ihre Äußerungen mit Lächeln oder Kopfnicken belohnt, so neigen auch sie dazu, andere durch Lächeln oder Kopfnicken zu belohnen. Es hat sich erwiesen, daß nichtverbale Bekräftigung wie Kopfnicken, Lächeln, freundlich Anschauen usw. wirksamer sind als verbale Zustimmung wie „richtig“, „gut“ oder „mhmm“. Es scheint, daß ähnliche Abstimmungen auch hinsichtlich gezeigter →Gefühle und der Körperkontakte stattfinden. Als bedeutungsvoll für Beratungsgespräche hat sich die Tatsache erwiesen, daß die Interaktionspartner mehr über sich selbst erzählen, wenn dies auch der Berater tut. Jede Partnerschaft und jede →Gruppe weist eigene Interaktionsmerkmale auf. Für Familie und Kleingruppen sind größere Intimität, heftige Gefühlsäußerungen, Körperkontakte und kaum Selbstdarstellung charakteristisch.

Rein theoretisch kann man viele psychische Störungen aus der Unfähigkeit zur Interaktion bzw. →Kommunikation erklären.

Ausgangspunkt sind sog. „Interaktionsstile“ verschiedener Personen: das Interaktionsverhalten wird auf den Dimensionen „Dominanz-Unterwürfigkeit“ und „hohe gegenüber geringe Affiliation“ eingeordnet. Unter Affiliation wird in etwa die Fähigkeit, den Partner zu belohnen, ihm zuzustimmen, Augenkontakt aufzunehmen, sich ihm zuzuwenden usw. verstanden. Menschen, die in ihrem Interaktionsstil geringe Affiliation (ausweichen, sich zurückziehen, ängstliches Verhalten) und Unsicherheit zeigen, unfähig sind, sich in die Rolle des anderen zu versetzen und das eigene Selbst (→ Ich) nicht darstellen können, werden von den Partnern nicht akzeptiert, nicht anerkannt. Die fehlenden Erfolgserlebnisse führen zu einem minderwertigen Selbstbild, zu → Abwehrmechanismen und zu unangepaßten Verhaltensweisen, um zu Erfolg zu kommen (Ersatzbefriedigung).
Verschiedene therapeutische (→ Psychotherapie) Techniken wenden sich gezielt dem Interaktionsverhalten zu und versuchen, den erfolgreicheren Interaktionsstil mit hoher Affiliation und Dominanz (Abbau der Unterwürfigkeit) zu erreichen (→ Kommunikationstherapie, → Gruppentherapie).

Interesse. Mit dem Begriff Interesse werden die Vorlieben für bestimmte Handlungen, Objekte oder Erlebnisse bezeichnet. Interessenrichtungen werden aus dem Verhalten erschlossen oder durch → Fragebogen erfaßt und lassen nur unzureichend objektive Voraussagen über Persönlichkeitseigenschaften (→ Persönlichkeit), insbesondere über → Intelligenz, zu.

Interferenz, 1. Bezeichnung für die gegenseitige Behinderung der Informationsspeicherung (Gedächtnishemmungen), wenn zwei Inhalte hintereinander gelernt werden (→ Gedächtnis). 2. Mit Interferenzneigung wird die individuell unterschiedlich stark ausgeprägte Reaktionsverzögerung bezeichnet, die in Situationen auftritt, in denen einige Elemente sich zu widersprechen scheinen. Zum Beispiel rot-gedruckte Pik-Karten werden leicht als Herz-Karten wahrgenommen, die Benennung der Farbe des Wortes „grün“ ist schwieriger, wenn das Wort rot statt grün gedruckt ist (Elemente des Stroop-Interferenztests). Interferenzneigung ist stark konzentrationsabhängig.

Interindividuell bedeutet soviel wie „zwischen verschiedenen Individuen“, Bestimmungswort für Unterschiede zwischen mehreren Individuen (Beispiel: interindividuelle Unterschiede im Längenwachstum). *Intraindividuell* meint „innerhalb eines Individuums“ (Beispiel: der intraindividuelle Unterschied zwischen intellektueller und körperlicher Entwicklung).

Interpretation → Methoden der Psychologie.

Intervenierende Variable, Bezeichnung für eine nicht direkt beobachtbare, sondern aus ihrer Wirkung erschlossene Variable. → Methoden der Psychologie.

Interview wird als mündliche, persönliche → Befragung und als Instrument der Datenerhebung vor allem in der → Meinungsforschung, Personalauslese (Einstellungsinterview), → Marktpsychologie und in der → Klinischen Psychologie eingesetzt; hier wird auch die Bezeichnung → Exploration gebraucht. Mündliche (persönliche) Befragung stellt ein Kommunikations- und Interaktionsprozeß zwischen dem Befragten (dem Interviewten) und dem Befrager (Interviewer) dar, wobei die Sprache als Medium dient. Um Fehler bei der Datenerhebung zu vermeiden und hohe Zuverlässigkeit und Gültigkeit von Daten zu erreichen, muß die Interviewerforschung folgende Aspekte näher untersuchen:
1. die Art des Kommunikationsprozesses (Interviewer-Formen), 2. die Rolle des Interviewers, 3. die der Interviewten oder Befragten, 4. das Kommunikationsmittel (die Sprache).
1. Es werden folgende *Interviewformen* unterschieden:
a) *Psychoanalytisches* Interview wird in der psychoanalytischen Therapie praktiziert (→ Psychoanalyse), wobei der „Patient" dem Therapeuten durch „freie → Assoziationen" seine biographischen Daten liefert.
b) *Tiefen*-Interview (auch offenes, unstrukturiertes oder intensives Interview genannt) verläuft als freies Gespräch, bei dem sich der Interviewer eines Leitfadens bedient, in dem die wichtigsten Fragen oder Themen festgehalten sind (→ Exploration).
c) Beim *halbstandardisierten* (halbstrukturierten) Interview sind die Fragen und das Verhalten des Interviewers festgelegt.
d) Das *standardisierte* (strukturierte) Interview liefert vergleichbare Daten, weil die Fragen, Reihenfolge der Fragen, Antwortmöglichkeiten (Wahlantworten; der Befragte kann zwischen vorgegebenen Antwortmöglichkeiten wählen) und das Verhalten des Interviewers genau festgelegt sind.
2. *Sprachlicher Aspekt.* Mißverständliche Fragen führen oft zu falschen Angaben. Beim Erstellen des Interview-Leitfadens und bei der Frageformulierung ist besonders darauf zu achten, daß alle Befragten die Bedeutung von gestellten Fragen gleich erfassen (Bedeutungsäquivalenz); die Sprache muß sich nach dem Bildungsniveau und dem vorausgesetzten Wissen von Befragten richten. Für Interviews über persönliche Angelegenheiten und Tatbestände, über die erfahrungsgemäß falsche oder nur sozial erwünschte Antworten gegeben werden, empfehlen sich indirekte Fragen, die das Ziel der Befragung verschleiern.
3. *Die Befragten.* Eine systematische Untersuchung des Verhaltens von Befragten fehlt noch. Es wird angenommen, daß meistens eine positive, aber neutral-unverbindliche Einstellung zum Inter-

view besteht (Scheuch), wobei der „Auftraggeber-Effekt" eine Rolle spielt, d. h., der Befragte richtet seine Antworten nach seiner persönlichen Meinung über den jeweiligen Auftraggeber der Untersuchung. Die Bereitwilligkeit des Befragten, richtige Antworten zu geben, ist sicher von seiner Schicht- und Gruppenzugehörigkeit, von seiner Stellung und seinem Bildungsniveau, von Stimmungen, der Situation und seinem Ausdrucksvermögen abhängig. Wird sein Wissen überschätzt, so neigt der Befragte zu unsachgemäßen, falschen Antworten. Auch Antworten wie „Keine Meinung" können Anhaltspunkte über die Wirkung der gestellten Frage liefern.
4. *Die Interviewer* und „richtiges" Interviewerverhalten. Weil die Interviewer durch ihr Verhalten die Interviewergebnisse stark beeinflussen und verfälschen können, werden während der „Interviewer-Schulung" bestimmte Verhaltensregeln eingeübt. Aber auch durch solche Schulung können die Fehler, die Befrager verursachen, nicht ganz behoben werden. Fehlerquellen sind : →Vorurteile und Überzeugungen der Interviewer selbst beeinflussen die Antworten von Befragten, oder die Antworten werden entsprechend der eigenen Meinung verzerrt wahrgenommen. Alter, Aussehen und Geschlecht des Interviewers können ebenso zu veränderten Angaben führen. Eine weitere methodische Fehlerquelle ergibt sich aus der Auswahl der →Stichprobe.

Intoleranz ist eine Einstellung, die zur Ablehnung oder gar Bekämpfung von Meinungen, Vorstellungen oder Einstellungen anderer Personen führt, wenn diese von den eigenen oder denen der Majorität abweichen. Als intolerant bezeichnete Personen beharren auf eigener Meinung, sind nicht fähig, Situationen differenziert wahrzunehmen und zu beurteilen, sondern verhalten sich im Sinne von Klischeevorstellungen und →Vorurteilen und berufen sich auf →Autoritäten.

Introspektion →Selbstbeobachtung.

Introversion →Extraversion; →Persönlichkeit.

Inzest. Der Begriff taucht meist im Zusammenhang mit dem Inzesttabu auf, das den Geschlechtsverkehr zwischen Blutsverwandten untersagt, so z. B. zwischen Vater und Tochter, Mutter und Sohn, Bruder und Schwester, jedoch häufig auch zwischen den entfernteren Verwandten (z. B. Onkel und Nichte). Das Inzesttabu soll u. a. die Verteilung der →Rollen innerhalb der Familie sichern, denn wenn z. B. ein Kind aus der Vater-Tochter-Verbindung entstehen würde, wäre der Mann gleichzeitig Vater und Gatte der Tochter sowie Vater und Großvater des Kindes, was vielleicht noch nicht zu so starken Konflikten führen würde wie die geschlechtliche Rivalität zwischen der Frau und der Tochter. Weiterhin soll das Inzesttabu für eine Erweiterung der menschlichen Beziehung (andere kennenlernen) sorgen und den manchmal schädlichen biologischen Folgen eines Inzests bei den Nachkommen vorbeugen, die auftreten, wenn rezessive, d.h. allein nicht auftretende Erbmerkmale sich kombinieren und es zu einem Auftreten z.B. von Taubheit kommt.

IQ → Intelligenzquotient.

Irritabilität → Erregbarkeit.

Isolation → Deprivation, → Hospitalismus, → Haftpsychose.

Ist-Wert, Bezeichnung für einen, in einem Regelkreis oder der → Homöostase tatsächlich vorhandenen Wert, der z.B. von dem vorgegebenen Soll-Wert abweicht.

Item. Aus dem Englischen übernommene Bezeichnung für eine einzelne Testaufgabe oder Feststellung, die mit richtig – falsch, stimmt – stimmt nicht, ja – nein usw. beantwortet werden kann. Beispiel: Frauen sind intelligenter als Männer. Ja – nein. Für ein Item können auch mehrere Antworten vorgegeben sein, von denen die richtige Antwort angekreuzt werden muß. So konstruierte Items werden *„multiple choice“* oder *„Mehrfach-Wahl-Aufgaben“* genannt. Bei der Zusammenstellung mehrerer Items oder Testaufgaben werden neben Reliabilität (→ Statistik) auch Schwierigkeits-, Trennschärfe- und Homogenitätsindex berechnet. Der *Schwierigkeitsindex* drückt den Prozentsatz der Pbn aus, die eine Aufgabe lösen oder ein Item mit Ja oder Nein beantworten. *Trennschärfe* bedeutet, wie gut ein Item in der Lage ist, zwischen Individuen mit verschiedener Ausprägung eines Merkmals zu unterscheiden. Eine Aufgabe ist nicht trennscharf, wenn sie auch von solchen Personen gelöst wird, die die Fähigkeit, die gemessen wird, nur in geringer Ausprägung besitzen, oder wenn eine Feststellung von allen Personen mit Ja beantwortet wird. Mit *Homogenitätsindex* wird angegeben, in welchem Maße die zusammengestellten Items nur eine Dimension oder ein Persönlichkeitsmerkmal, z.B. konservative → Einstellung, messen.

J

Jaktationen sind rhythmische Schaukelbewegungen des Körpers oder des Kopfes (iactatio capitis), die meist bei Kindern beobachtet werden, die zu wenig Zuwendung von ihren Erziehern bekommen (→ Hospitalismus). Als Verhaltensstörungen stellen sie Ersatzbefriedigungen dar, denn beim Hin- und Herwiegen erlebt das Kind angenehme Gefühle, die seine Vereinsamung und Isolierung reduzieren.

Ja-Sage-Tendenz beschreibt die allgemein verbreitete Neigung, in → Fragebögen, unabhängig von ihrem Inhalt, lieber mit „ja", „stimmt" oder „richtig" zu antworten als mit dem für den Probanden wahrscheinlich zutreffenderen Gegenteil. Diese Antworttendenz kann zu einer Verfälschung des Ergebnisses bzw. der Datenerhebung führen. Zur Ja-Sage-Tendenz oder *Akquieszenz* neigen besonders → autoritäre Persönlichkeiten, ängstliche Menschen und konservative Personen, die der Meinung sind, sich dadurch ins bessere Licht rücken zu können (sozial erwünschtes Verhalten). Ja-Sage-Tendenz kann auch als Ausdruck der → Konformität gewertet werden.

Jugendalter. Das Jugendalter wird beschrieben durch bestimmte Veränderungen biologischen und psycho-sozialen Ursprungs beim Jugendlichen, wobei die biologischen früher einsetzen (bei Mädchen ab 10 Jahren, bei Jungen ab 12 Jahren), während die psychologischen sowie die Auswirkungen der veränderten Erwartungen der Gesellschaft an den Jugendlichen sich weit bis in das zweite Lebensjahrzehnt erstrecken können. In der Psychologie wird das Jugendalter in *Vorpubertät* (bis zur Geschlechtsreife), *Pubertät* (Selbstorientierung und -findung) und *Adoleszenz* (Übergang ins Erwachsenenalter) unterteilt.
Biologischer Aspekt des Jugendalters. Die körperlichen Veränderungen beim Jugendlichen werden durch eine verstärkte Aktivierung der → Hormone des Hypophysenvorderlappens (→ Drüsen) ausgelöst. Er ist das übergeordnete hormonelle Steuerungszentrum für die mit der Sexualreifung verbundenen organischen Vorgänge. Sein Wirken verdeutlicht vereinfacht ein Schema (nach Ausubel 1968).
Die auffälligste Erscheinung in der Vorpubertät ist das rasche und plötzlich einsetzende Längenwachstum, von dem am stärksten

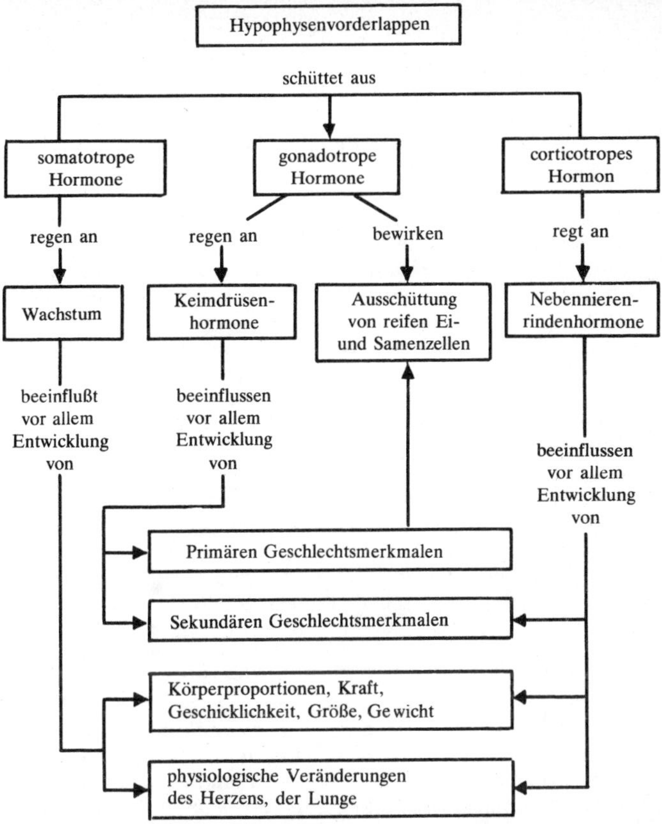

Arme, Beine und Hände betroffen sind. Während dieses sogenannten zweiten Gestaltwandels (erster Gestaltwandel geschieht beim Übergang der Kleinkindform zur Schulkindform) läuft das Längenwachstum unverhältnismäßig viel schneller ab als das Breitenwachstum, so daß häufig der Eindruck eines unproportionierten Körperbaus entsteht. Die Bewegungen verlaufen oft *„eckig"*, der Jugendliche scheint mit seinem *„neuen"* Körper noch nichts Rechtes anfangen zu können. Der Wachstumsschub bringt ein vermehrtes Bewegungsbedürfnis mit sich (motorische Unruhe). Gerade männlichen Jugendlichen macht es während dieser Zeit Spaß, sich körperlich miteinander zu messen. Noch in der Vorpubertät entwickeln sich die primären Geschlechtsmerkmale weiter (Penis und Hoden beim Jungen; Scheide, Gebärmutter, Eierstöcke beim Mädchen) und die sekundären Geschlechtsmerkmale

(z. B. Bartwuchs, Körperbehaarung beim Jungen; Brüste, Hüftrundung beim Mädchen) treten hervor. Verglichen mit den vorausgegangenen Generationen, ist eine deutliche *Akzeleration* der körperlichen Entwicklung des Jugendlichen festzustellen, die ungefähr zwei bis drei Jahre früher einsetzt. Dieses beschleunigte körperliche Wachstum versucht man durch veränderte Umwelteinflüsse zu erklären, die zu einer vermehrten Hormonproduktion des Hypophysenvorderlappens führen. Im einzelnen werden als Ursachen genannt: bessere Nahrung (z.B. tierisches Eiweiß, erhöhte Vitaminzufuhr), Reizüberflutung, freierer Umgang mit der Sexualität. Die Akzeleration läßt sich wesentlich häufiger in der Stadt und bei Angehörigen der Mittelschicht als auf dem Lande und in der Unterschicht beobachten. Das Erreichen der Geschlechtsreife kann nicht auf einen bestimmten Zeitpunkt festgelegt werden, da sie in einem Prozeß verläuft. Aus pädagogisch-praktischen Gründen setzt man sie jedoch bei Mädchen mit dem Eintritt der ersten Menstruation (zwischen 10 und 13 Jahren) und bei Jungen mit dem ersten Samenerguß (zwischen 12 und 14 Jahren) an.

Entwicklung von Gefühlen und Intelligenz. Das zunehmende Wachstum bringt ein gesteigertes Bewegungsbedürfnis und eine starke Kraftzunahme mit sich. Das Äußere wird sehr wichtig. Kamm, Make-up bzw. ihre offensichtliche Ablehnung und die richtige Kleidung werden bedeutungsvoll. Die Gefühle sind sehr labil. In der Kindheit wurde ihre Kontrolle gelernt, jetzt geht sie z.T. wieder verloren. Unerwartete, nicht zu steuernde Gefühlsschwankungen treten auf. Tiefe Niedergeschlagenheit wird oftmals von übertriebener Ausgelassenheit abgelöst. Schwärmerei für einen Lehrer kann in Haß umschlagen. Nach Widmer „ergibt sich das Bild des Flegelalters mit Maßlosigkeiten, Übertreibungen, mit unvermittelter Ablehnung oder Apathie, mit Ansprechbarkeit im Wechsel mit Unansprechbarkeit". In der späteren Jugend werden die Gefühle stabiler, sie werden länger erlebt, wechseln weniger, sind aber immer noch sehr intensiv (z. B. Einsamkeitsgefühle, Tagträume). Auch Sinneseindrücke werden nachhaltig erlebt (z.B. Lichteffekte, Gerüche). Die für die Vorpubertät typische Angst, Unsicherheit, aber auch Neugier ist einerseits durch die neu erlebte Geschlechtlichkeit bedingt. Andrerseits sieht der Jugendliche, daß er nicht mehr zu den Kindern gehört, aber auch noch nicht mit den Erwachsenen mithalten kann (kein Einkommen, Abhängigkeit bei Entscheidungen, sexuelle Ersatzbefriedigung u.a.). Im Jugendalter erreicht der → Intelligenzquotient seinen Höhepunkt. Aber vor allem qualitativ besteht ein großer Unterschied zur Kindheit: Man kann jetzt formal oder abstrakt denken (→ Intelligenzentwicklung nach Piaget). In der Schule wird nun Algebra gelernt, im Alltag werden gerne Theorien herangezogen, um die Welt zu deuten („Kapitalismus", „Umwelttheorie" u.a.). Der finale Aspekt tritt beim Denken deutlich hervor. Es wird nicht mehr so sehr gefragt, warum etwas geschieht (kausales Denken), sondern eher: was geschieht, wenn ... z. B. immer mehr Menschen hungern. Es wird in Möglichkeiten gedacht sowie nach Zielen und Zwecken gefragt. Es kommt zu einem Reflektieren über sich selbst und zu einem Nachdenken über die Sinnhaftigkeit traditioneller Rollen und Institutionen (z. B. Elternrolle, Ehe, Staat).

Ablösung von der Familie. Die familiäre Situation des Jugendlichen ist durch ein Gegenüberstehen von Bindung und Lösung gekennzeichnet. Einerseits nimmt er eine Protesthaltung ein (z. B. kein Rechtfertigen, wenn man fortbleibt), andrerseits ist die Familie gleichzeitig, wenn auch oft nicht bewußt wahrgenommen, der Platz, an dem man sich zu Hause fühlt. Viele Jugendliche wünschen sich bei allem Protest noch, mit Mutter oder Vater reden zu können. Diese Bindung und der gleichzeitige Wunsch, sich abzulösen, verstärkt oft noch die Unsicherheit und hat Schuldgefühle zur Folge. Die Vorstellungen vom freien Leben sind nicht selten noch von Fernweh und den Gedanken, nie mehr Prüfungen ablegen zu müssen, verklärt. Auch die Eltern werden belastet. Sie erleben manchmal, wie ihre Kinder wichtige Werte wie Selbständigkeit oder Mündigkeit anders verstehen und sie z. B. nicht für das Berufsleben gelten lassen wollen.

Der Jugendliche in der Gesellschaft. Das Jugendalter stellt einen Übergang dar zwischen der Kindheit, in der dem Individuum keine soziale Reife zugesprochen wird, und dem Erwachsenenalter. Der Mensch wird nicht zu einem genau festgelegten Zeitpunkt von der Gesellschaft als erwachsen akzeptiert, er wird es vielmehr in „kleinen Schritten". Am frühesten erlangt er die Geschlechtsreife, dann die berufliche Mündigkeit (z. B. Gesellenprüfung), dann die Ehemündigkeit usw. Diese lange Übergangszeit, in welcher der Jugendliche einerseits schon als erwachsen angesehen wird, gleichzeitig in anderen Lebensbereichen nur die Möglichkeiten eines Kindes hat (er kann sich z. B. in keiner gesellschaftlich anerkannten Weise sexuell befriedigen), wird gekennzeichnet durch eine extreme → Rollen- und Statusunsicherheit. Im Zusammensein in der → Gruppe von Gleichaltrigen (Peer-Groups) versucht der Jugendliche, sich einen → Status zu erwerben, der auf seiner eigenen Leistung beruht und nicht von dem der Eltern abgeleitet wird. Obwohl sich die Jugendlichen oft in radikalen, sozial auffallenden Cliquen, Banden oder politischen Gruppen zusammenfinden, tritt meist kein genereller Bruch mit den elterlichen Werthaltungen ein, wenn auch die Ziele in idealistischer Weise von den Jugendlichen sehr hoch angesetzt werden, da sie nur mangelnde Erfahrung im Umgang mit der Realität haben.

Die Ergebnisse der Psychologie und Soziologie des Jugendalters sind teilweise mit Vorsicht aufzunehmen, da sie oft stark schichtspezifisch orientiert sind. So wird z. B. der Jugendliche aus der

Mittelschicht seine Probleme vorzugsweise in Tagebuchform ausdrücken, oder man bezieht sich hauptsächlich auf die amerikanische Gesellschaft, wenn der Zusammenschluß der Jugendlichen in Gruppen herausgestellt wird.
Erziehung im Jugendalter. Das augenfälligste Problem ist die Vermittlung einer angstfreien →Sexualität. Die häufigen Forderungen der Erzieher nach einer Unterdrückung des Sexualtriebes sind unsinnig, da der Trieb, wenn er einmal erlebt wurde, nicht mehr unterdrückt werden kann und dem Jugendlichen anfangs nur die Möglichkeit bleibt, zu Ersatzbefriedigungen zu greifen. Der weitaus größte Teil der Jugendlichen befriedigt sich selbst, und es treten keine Schädigungen auf. Der Erwachsene darf das →Onanieren nicht bestrafen oder verteufeln.
Das Kind und der Jugendliche brauchen schon frühzeitig Gelegenheit, außerhalb des Elternhauses Anerkennung zu finden (z. B. bei Nachbarn, Freunden, Großeltern), das erleichtert den Ablösungsprozeß. Es ist günstig, wenn die Eltern trotz aller Widersprüchlichkeiten beim Jugendlichen gesprächsbereit bleiben. Man sollte nicht alles tolerieren oder entschuldigen, aber am nächsten Morgen wieder neu miteinander beginnen können. Der Jugendliche muß als Partner respektiert werden. Man öffnet nicht seine Briefe, klopft an der Türe an und sortiert nicht seine Freunde aus. Es sollte auch nicht ständig eingegriffen werden, wenn etwas schiefgelaufen ist, vielmehr ist Ermutigung angebracht, wenn etwas Neues versucht und unternommen wird. Weitere Probleme tauchen mit der Berufswahl auf, deren Konsequenzen der Jugendliche mit 15 Jahren nur schwer überblicken kann. Besonders belastet sind arbeitslose Jugendliche. Sie erleben sich oft als minderwertig oder persönliche Versager.

Jugendgerichtshilfe ist eine Einrichtung des Jugendamtes mit der Aufgabe, beschuldigte Jugendliche vor Gericht zu vertreten. Jugendgerichtshelfer ermitteln die Ursachen der Straftat (Ermittlungshilfe), erstellen ein Persönlichkeitsbild unter Berücksichtigung der Umweltbedingungen und berichten dem Jugendrichter über das zu erwartende künftige Verhalten und die sozialpädagogischen und fürsorgerischen Maßnahmen. Wegen der Überlastung der Sozialarbeiter, wegen unzureichender Ausbildung und nicht zuletzt wegen der Ablehnung und der →Vorurteile beschuldigter Jugendlicher und deren Angehörigen amtlichen Helfern gegenüber wird diese Aufgabe nur unzureichend wahrgenommen.

Jugendkriminalität. Der Anstieg der Kriminalität von Kindern, Jugendlichen und Heranwachsenden stellte die Psychologie vor neue Probleme. Es gilt, Ursachen, Bedingungen und Folgen der Jugendkriminalität zu erforschen. Jeder dritte ermittelte Straftäter ist heute unter 21 Jahre alt, wobei in letzter Zeit vor allem Gewaltkriminalität und Rauschgiftdelikte zunehmen. Der in der Sozialpolitik geforderten Vorbeugung müssen Untersuchungen über die Ursachen vorausgehen.

Hypothesen und Untersuchungsergebnisse über die Ursachen und Bedingungen der Jugendkriminalität:

1. Wohlstandsgesellschaft und Konsumzwang. Kinder erliegen eher den Verlockungen eines Warenhauses, Jugendliche können sich gegen die Faszination eines Motorrads oder Autos nicht wehren, weil es die Gesellschaft zum Fetisch gemacht hat, es werden Fäuste gebraucht, weil wir von Gewalt umgeben sind. In Fernsehen und Film wird → Aggression, Gewalt und Kriminalität vorgelebt und zur Nachahmung empfohlen. Solche Erklärungen sind zu vordergründig, wenn man bedenkt, daß alle Kinder und Jugendlichen solchen Einflüssen ausgesetzt sind und nur wenige davon asoziales oder kriminelles Verhalten zeigen.
2. Ursachen der Jugendkriminalität sind Angst, Unsicherheit und mangelnde Erfolgserlebnisse. Damit wäre die tieferliegende Ursache in der Erziehung zu suchen.
3. Es wird heute ganz allgemein anerkannt, daß das abweichende Verhalten durch Zusammenspiel vieler Bedingungen verursacht wird. Es werden genannt:

- gestörte oder zerstörte Familie (Ehekonflikte, Scheidung, Fehlen eines Elternteils, uneheliche Kinder u.a.);
- Umwelt (z.B. unzureichende Wohnverhältnisse, Armut, Mißhandlung, soziale Benachteiligung);
- Heimerziehung (Massenpflege: → Hospitalismus, Verwaltung statt Erziehung);
- Erziehungsfehler (strenge Erziehung, Unerwünschtheit des Kindes und Gefühlskälte der Mutter, wechselhafte Erziehung).
- Die hier genannten Faktoren schaffen günstige Bedingungen für eine verstärkende Wirkung durch Massenmedien und außerfamiliäre Gruppen. Emotional unsichere und weniger intelligente (Folge der Erziehung und Heimerziehung) wenden sich am stärksten dem Fernsehen und Filmen zu (→ Massenkommunikation). Da sie kaum Kontakt zu sozial angepaßten Kindern haben, werden ihre Fernseherlebnisse in der Gruppe verstärkt. Jugendliche, die schon vorbestraft sind, bevorzugen Filme und Videos mit aggressiven und gewalttätigen Inhalten (Teufelskreis).

Aufgaben: Vorbeugemaßnahmen schon vor der Geburt des Kindes, Verbesserung der Säuglings- und Kleinkinderziehung (keine Massenpflege in Säuglingsheimen und Kinderkrippen, Kindergartenerziehung für alle), Verbesserung der schulischen Erziehung und Bildung (kleinere Schulklassen in der Grundschule), Verbesserung der Heimerziehung, Jugendhilfe (Wohngemeinschaften und Freizeitheime), Reform des Strafvollzugs (→ Resozialisierung).

K

Kastration. Operatives Entfernen der Hoden beim Mann wird gelegentlich als therapeutische Maßnahme bei Sexualtriebtätern erfolgreich angewandt. Der von S. Freud stammende Begriff der Kastrationsangst (Kastrationskomplex) bezeichnet die Angst des Jungen vor dem „mächtigen" Vater, er könnte ihm sein Geschlechtsorgan abschneiden, weil er die Mutter begehrt (→Ödipuskomplex; →Psychoanalyse), oder die Angst, die entsteht, wenn Eltern beim Spielen des Jungen mit den Geschlechtsteilen drohen, sie abzuschneiden.

Katathymes Bilderleben *(Symboldrama)* beschreibt ein psychotherapeutisches Vorgehen, das mit Hilfe standardisierter Motive beim Klienten Vorstellungen bzw. Phantasien auslöst und bearbeitet. H. Leuner entwickelte diese Technik in den 50er Jahren und geht in seinem *Persönlichkeitsmodell* im wesentlichen von den Annahmen der →Psychoanalyse aus (z. B. unbewußte Triebe und Konflikte, →Abwehrmechanismen, Techniken der Traumarbeit wie Verdichtung, Verschiebung und Symbolisierung, →Übertragung und Gegenübertragung).
Therapeutisches Vorgehen: Zu Beginn der Therapiesitzung wird mit Hilfe einer beliebigen →Entspannungstechnik der Klient in einen Ruhezustand versetzt und dann aufgefordert, sich eines der Motive vorzustellen und über seine Erlebnisse dabei zu berichten. Der Therapeut fragt nach, gibt Anregungen für weitere Vorstellungen, läßt den Klienten in seiner Phantasie bestimmte Handlungen ausführen oder teilt dem Klienten die während des Zuhörens bei ihm entstandenen Bilder und Phantasien mit. Bei den Motiven werden ihren Möglichkeiten entsprechend, unterschiedlich intensive psychische Prozesse auszulösen, Grund-, Mittel- und Oberstufe unterschieden.

Motive der Grundstufe:
Die Wiese: Einleitung der therapeutischen Arbeit. Stark neurotisch beeinträchtigte Menschen projizieren aber schon hier ihre Probleme (z. B. ist das Gras verbrannt, die Wiese sauer).
Der Bach: Man folgt seinem Lauf, begegnet Hindernissen, trifft auf einen See oder findet die Quelle, aus der er entspringt.
Der Berg: Er steht als Symbol für den Leistungsbereich, für Autoritäts- und Rivalitätsprobleme.
Das Haus: Dies ist das verschlüsselte Bild für die eigene Person. Es wird von

außen beschrieben, die Zimmer werden genau angeschaut usw. Nach Leuner sollen sich hierbei Hinweise auf Partnerbeziehungen und Abhängigkeiten von wichtigen Personen (z. B. Eltern, Großeltern) ergeben.
Der Waldrand: Der Wald ist das Symbol für das →Unbewußte. Man schaut in den Wald hinein, sieht Tiere und Menschengestalten ..., man begegnet seinen Wünschen und Ängsten.
In Mittel- und Oberstufe kommen noch eine Reihe von Motiven hinzu: Begegnung mit wichtigen Personen wie Vater, Mutter u. a., die Höhle, das Sumpfloch u. a.

Die Aufforderungen des Therapeuten, imaginativ zu handeln, richten sich nach bestimmten *Prinzipien*. Auf der Grundstufe wird oft ein Versöhnen (Näherung an die Angst), ein Nähren oder Anreichern (Besänftigen feindlich erlebter Gestalten), ein Sich-Anvertrauen (Prinzip des inneren Schrittmachers) oder Konfrontation (den Bedrohungen standhalten) vorgeschlagen.

Katatonie ist eine besondere Form der →Schizophrenie, bei der motorische Symptome vorherrschen, wie Katalepsie (der Kranke verbleibt wie eine Puppe in jeder ihm zugefügten Stellung), Starrheit des gesamten Körpers, Negativismus (der Kranke tut beständig das Gegenteil dessen, was ihm gesagt wird), Echolalie (ständiges Wiederholen des Gehörten) oder eine Verselbständigung von Bewegungen (z. B. wird der Fuß immerfort in derselben Weise gehoben).

Katharsis, die Annahme, unterdrückte Gefühle und Wünsche (z. B. Wut auf die Mutter) verlieren ihre störende Wirkung, wenn sie frei geäußert und abreagiert werden dürfen. Ein verschüchtertes, gehemmtes Kind reagiert z. B. im Laufe des →Spiels seine unterdrückten Wünsche, die Mutter zu schädigen, ab, indem die ältere weibliche Puppe immer in der Ecke sitzen muß und nicht mitspielen darf (→Projektion). K. Lorenz nimmt an, daß →Aggressionen gegenüber Menschen durch „Holzhacken" oder durch das Anschauen eines Fußballspiels abreagiert werden können; diese These ist sehr umstritten.

Kausalität. Wenn das vorausgehende Ereignis als Ursache und das nachfolgende als Wirkung bezeichnet werden kann, so spricht man von einer kausalen Beziehung. In der Psychologie ist es oft schwer, eindeutig festzustellen, ob zwischen aufeinanderfolgenden psychischen Prozessen eine Kausalbeziehung besteht (→Leib-Seele-Problem). Bei den in der populärwissenschaftlichen Psychologie häufig angeführten Plausibilitätserklärungen wird häufig nur eine Ursache zur Erklärung komplexer psychischer Phänomene herangezogen (monokausale Erklärungen).

Keimdrüsenhormone →Hormone.

Kinästhesie, umfassende Bezeichnung für die →Wahrnehmung von Bewegungen, die durch die →Rezeptoren in den Gelenken, Muskeln und Sehnen vermittelt wird. →Gleichgewichtssinn.

Kindchenschema, Bezeichnung aus der →Verhaltensforschung für jene Reize (z. B. pausbackiges, rundes Gesicht), die Pflegeverhalten (z. B. Zärtlichkeit) auslösen.

Kinderaussagen →Forensische Psychologie.

Kinderpsychotherapie. Falsches Erziehungsverhalten während wichtiger Entwicklungsphasen des Kindes kann zu massiven psychischen Störungen beim Kind führen (z. B. →Mutismus), die eine spezielle Kinderpsychotherapie erfordern. Aufgrund der noch unzureichend entwickelten kognitiven Fähigkeiten können einige der therapeutischen Methoden (z. B. →Gesprächspsychotherapie, Traumanalyse) kaum angewandt werden; deshalb bevorzugt man eine dem Kind eigentümlichere Äußerungsweise, um Zugang zu seinen Problemen zu finden – das →Spiel (→Spieltherapie). Es stehen Spielsachen zur Verfügung (z. B. Puppen, die als Mutter, Pfarrer oder Arzt deutlich erkennbar sind), die besonders geeignet sind zur Darstellung der →Konflikte, die das Kind in Gesprächen nicht äußern kann (Sceno-Test). Es stehen auch Gegenstände zur Verfügung, die im Leben des Kindes mit unangenehmen Erlebnissen verbunden sein können (Teppichklopfer, Toilette), sowie angstbesetzte Tiere (z. B. Krokodil). Das Kind stellt im Spiel nicht nur seine Probleme dar, sondern reagiert auch die unterdrückten Spannungen ab (z. B. seinen Ärger über die Mutter) und verschafft sich Erleichterung (→Katharsis). Ein Abreagieren der verdrängten →Gefühle und Wünsche geschieht vor allem auch im Umgang mit Materialien, wie Knetmasse, Ton oder Fingerfarben, an denen Kinder, die z. B. eine zu strenge →Reinlichkeitserziehung erlebt haben, gleichsam ihren „Nachholbedarf" am Sich-Beschmutzen decken können. Psychische Störungen, wie Vereinsamung, Isolierung oder allgemeine →Kontaktstörungen und übermäßige →Aggressionen, können nur innerhalb einer →Gruppe behandelt werden, in der das einzige Kind bei Sportübungen, Spielen, beim Basteln oder Wandern zu den anderen Zugang findet oder sich zurückhalten lernt, da die anderen nicht bereit sind, auf die Dauer z. B. seinen Launen nachzugeben (bei einem verwöhnten Kind), das Kind aber auf die Anerkennung durch andere Gruppenmitglieder angewiesen ist.
Sehr häufig werden bei kindlichen Verhaltensstörungen, wie →Tics, →Jaktationen (Hin- und Herwerfen des Körpers, Schaukeln), übermäßigen →Aggressionen oder starker →Angst, Techniken der →Verhaltenstherapie eingesetzt, um das Verhalten zu ändern und dem Kind Erleichterung zu verschaffen. Man geht da-

bei meist nach dem Prinzip des operanten Konditionierens (→ Lernen) vor und unterbindet jene Verhaltensweisen der Erzieher, die das unerwünschte Verhalten des Kindes verstärken (z. B. die unwillkürliche Zuwendung, wenn ein Kind einen Wutanfall hat) oder belohnt (verstärkt) das ängstliche Kind beispielsweise mit einem Bonbon oder Bild, wenn es sich nur kurzzeitig von der Mutter entfernt hat. Ebenso kann man nach dem Prinzip der Unvereinbarkeit eines ängstlichen mit einem freudig-entspannten Verhalten vorgehen. Ein Kind, das Angst vor einem Hund hat, läßt man z. B. mit seinem Lieblingsspielzeug spielen, während das Tier weit entfernt ist. Im Laufe dieser für das Kind angenehmen Situation kann man den Hund immer näher heranbringen, wobei darauf zu achten ist, daß stets die Freude am Spielen überwiegt. Nach einiger Zeit hat das Kind keine Angst mehr vor dem Hund, weil er durch die Verknüpfung mit dem Spielzeug einen angenehmen Charakter angenommen hat.
Für die Eltern ist es oft sehr schwierig – besonders wenn sie für die Therapie des Kindes viel Geld bezahlen und damit glauben, die Bewältigung der Erziehungsprobleme delegiert zu haben – zu erfahren, daß es nicht mit dem Erreichen der Symptomfreiheit durch entsprechende Maßnahmen des Psychotherapeuten getan ist, sondern wesentliche Momente in ihrem eigenen Verhalten sich ändern müssen, damit das Kind sich auf die Dauer zu einer harmonischen Persönlichkeit entwickeln kann. Deshalb ist jede Therapie mit einem Kind zugleich eine Familientherapie. Dies gilt vor allem für jene Familien, die das Kind unbewußt ablehnen, es überfordern oder seine Wünsche und → Gefühle ignorieren.

Kinsey-Report. Der Bericht von A. C. Kinsey und seinen Mitarbeitern über das Sexualverhalten verschiedener Altersstufen, Bildungsgruppen, sozialer Schichten u. a. wird Kinsey-Report genannt. Die Befunde zeigten, daß das tatsächliche Sexualverhalten hinsichtlich seiner Form (→ Onanie, vorehelicher Geschlechtsverkehr, → Koitus, → Homosexualität) und Häufigkeit von den in der amerikanischen Gesellschaft herrschenden sexuellen Normen stark abweicht. Es ist sicher, daß diese Befunde zum Abbau der → Vorurteile gegenüber → Homosexualität, → Onanie und anderen sexuellen Betätigungen beigetragen haben.

Klassifikation. Ordnen von Merkmalen oder Elementen hinsichtlich einer gemeinsamen Eigenschaft. Die grobste Klassifizierung ist z. B. die Einteilung des Verhaltens in emotionale (gefühlsmäßige) und → kognitive Reaktionen. Die Klassifizierung ist wegen der großen Variabilität psychischer Vorgänge sehr wichtig, aber auch problematisch, da es schwer ist, festzustellen, welchen Prozessen oder Merkmalen eine gemeinsame Eigenschaft zugrunde liegt.

Kleinhirn → Nervensystem.

Kleinkindalter. Zwischen dem ersten Lebensjahr und der Einschulung werden dem Kind in der Familie, bei Verwandten, Nachbarn und bei über der Hälfte aller Kinder in Deutschland auch im Kindergarten grundlegende soziale Verhaltensmuster (Sozialisation = Lernen von sozialen Regeln, → Rollen) vermittelt. Sie können jedoch nur umfassend und ohne Schwierigkeiten angenommen werden, wenn beim Säugling (→ Säuglingsalter) eine offene und bejahende Haltung zur Umwelt (Urvertrauen) durch genügend gefühlsmäßige Zuwendung und Wärme entstanden ist.
Im Umgang mit Eltern und Geschwistern lernt das Kleinkind, sauber zu werden (→ Reinlichkeitserziehung) und sich bestimmte, erwünschte Gewohnheiten, wie z. B. Hilfsbereitschaft, Aufräumen und Eßmanieren, anzueignen. Es identifiziert sich (→ Identifikation) mit seinen Eltern und lernt, die Welt so zu sehen, wie sie es tun; es übernimmt z. B. die elterlichen Wertungen von „Gut" und „Böse" (→ Gewissen) und entwickelt → Einstellungen, die bei den Eltern üblich sind. Es ahmt ihre Ablehnung von Fremden nach, indem es z. B. die Kinder von Türken verspottet (→ Vorurteile). Das ungefähr drei Jahre alte Kleinkind versucht im Trotzalter das erste Mal, sich augenfällig vom ständigen Einfluß der Eltern zu lösen und selbständiges Verhalten zu zeigen; es verhält sich oft unverständlich und der Wirklichkeit nur wenig angepaßt, was sich in verstocktem Schweigen, Schimpfen, Strampeln oder Um-sich-Schlagen äußern kann. Werden diese Bestrebungen, das eigene → Ich aufzubauen, uneinsichtig durch strenge Strafen unterdrückt, entwickelt sich das Kind je nach Veranlagung (→ Angst, → Introversion, → Neurotizismus) zum schnell resignierenden, passiven, gehemmten Menschen oder zum aggressiven, immerwährenden Neinsager. Ebenso falsch ist ein übertrieben verwöhnendes Verhalten der Erzieher, das beim Kind keinen Widerstand herausfordert und es ihm unmöglich macht, ein Durchsetzungsverhalten zu üben (→ Konflikt). Mit drei bis vier Jahren wird das Kind in unserer Gesellschaft bevorzugt mit Erwartungen konfrontiert, die sich auf seine Geschlechtsrolle beziehen. Dabei haben es Jungen und Mädchen schwerer als in früheren Jahren, da die Geschlechtsrollen nicht mehr eindeutig definiert sind (→ Rolle). Welche Rolle das Kleinkind annimmt, hängt weiterhin von seinem Platz in der Geschwisterreihe (→ Familie) ab; so wird das erste Kind leicht zum ständigen Betreuer der anderen, das jüngste Kind zum hilfesuchenden Nesthäkchen. Das Fehlen des gleichgeschlechtlichen Elternteils und die damit zusammenhängende ungenügende Möglichkeit, sich am anderen Geschlecht zu orientieren, hat z. B. bei Jungen häufig starke Abhängigkeitsgefühle von der Mutter und Schwierigkeiten beim Umgang mit gleichaltrigen Kame raden zur Folge (Muttersöhnchen). Die Entwicklung be-

stimmter Gewohnheiten im zwischenmenschlichen Verhalten hängt eng mit der steigenden Beherrschung der → Sprache zusammen. Die engsten Bezugspersonen vermitteln dem Kind die ersten Worte, was ihm den Kontakt zu anderen Menschen erleichtert, der wiederum die Sprachentwicklung des Kindes fördert. Die meisten der in einer Sprache vorkommenden Laute tauchen spontan schon im Lallen des Säuglings auf. Sprachliche Äußerungen werden vom Säugling schon lange verstanden, bevor das erste Wort von ihm gesprochen wird, das meist ein Wunsch oder ein Gefühl ausdrückt. Mit einem Jahr verfügt das Kind über einige Worte, die es in Einwortsätzen verwendet, um anderen eigene Vorstellungen mitzuteilen. So kann die Äußerung „Ball" bedeuten: „der Ball ist schön", „ich will den Ball", oder „wo ist der Ball". Ende des zweiten Lebensjahres tauchen Zweiwortsätze auf („Ball haben"), die bald darauf von den Mehrwortsätzen abgelöst werden. Die Beugung und Steigerung von Wörtern geschieht erstmals ungefähr im dritten Lebensjahr, wobei oft auffällt, daß das Kind entsprechend dem Gehörten eigene Formen bildet (z. B. „guter" statt „besser").
Oft werden in der individuellen Sprachentwicklung erhebliche Abweichungen von den genannten Daten festgestellt. Die Ausbildung der Sprache hängt ab vom anlagebedingten, von der Umwelt kaum zu beeinflussenden Entwicklungstempo des Organismus, der → Intelligenz des Kindes und den Lernangeboten der Umwelt. Schon sechs Monate alte Säuglinge bringen häufig vielfältige Laute hervor, wenn mit ihnen gesprochen und gespielt wird. Kinder, die unter ungünstigen Bedingungen (Heim, vernachlässigende Erziehung) aufwachsen, sprechen die ersten Worte oft nicht vor dem vierten Lebensjahr. B. Bernstein wies als erster auf den eingeschränkten Sprachkode (→ Sprache) der Unterschicht hin, der u. a. gekennzeichnet ist durch einen geringen Wortschatz sowie durch den Gebrauch von kurzen und grammatikalisch einfachen Sätzen. Dies wirkt sich besonders auf die sprachabhängigen Schulleistungen (Deutsch, Fremdsprachen, Geschichte, Sozialkunde u. a.) negativ aus. Die Funktion der Sprache ist für das Kind nur zum Teil mitteilender Art (→ Kommunikation) und wird besonders vom jüngeren Kleinkind überwiegend egozentrisch, d. h. zur Kommentierung eigenen Verhaltens, verwendet (z. B. das Reden eines Kindes, wenn es ganz allein im Kinderzimmer ist). Mit der Beherrschung der Sprache ist dem Kind eine Möglichkeit gegeben, sein Verhalten zu steuern; so sprechen Kinder sich ebenso wie Erwachsene oft schwierige Handlungsabläufe vor (z. B. beim Schaukeln: „Beine vor ... und zurück ... vor ..." usw.).
Im Kleinkindalter ist das → Spiel die wichtigste Auseinandersetzung mit der Umwelt und die liebste Beschäftigung der Kinder. In der frühen Kinderzeit ist es vor allem das Fiktionsspiel, bei dem mit dem Spielzeug entsprechend dem magischen Denken (→ Intelligenzentwicklung der) in einer sehr wechselhaften Weise

umgegangen wird. Ein Blatt Papier ist z.B. der Teller für die Puppe, ein anderes Mal eine Decke; Bausteine stellen das Essen dar, wobei deutlich festzustellen ist, daß das Kind das Spiel ernst nimmt, es ist für es „Quasi-Realität". Später kommen vor allem Rollen- und Konstruktionsspiele hinzu, bei denen es wichtig ist, daß die Kinder genügend Material und Bewegungsfreiheit haben, damit sie beim Nachahmen von Personen, beim Gestalten, Malen, Schneiden und Kleben Erfahrungen sammeln können.

Zusammenfassung psychologischer und pädagogischer Probleme im Kleinkindalter:

1. Eine zu strenge und zu frühe →Reinlichkeitserziehung kann die gesamte spätere Entwicklung des Kindes negativ beeinflussen.
2. Das Kind braucht eine entspannte Familienatmosphäre (→Familie).
3. Die →Sprache, →Wahrnehmung, →Motorik und vor allem die →Intelligenz kann sich optimal entwickeln, wenn das Kind die Möglichkeit hat, sich aktiv (im →Spiel) mit der Umwelt auseinanderzusetzen.
4. Im Trotzalter lernt das Kind, sich durchzusetzen; die kindlichen Wünsche nicht unterdrücken, Entscheidungsfreiheit gewähren und Orientierungshilfen geben.
5. Eine zu frühe Verfestigung von Geschlechterrollen ist zu vermeiden; die Ausbildung des →Gewissens nicht durch Bestrafung unerwünschter, sondern durch Bekräftigung erwünschter Verhaltensweisen fördern (→Lernen); bei der Sexualerziehung (→Sexualität) jede Drohung, Angst und Strafe vermeiden.
6. Viele Verhaltensweisen werden im Umgang mit Gleichaltrigen gelernt; Besuch des Kindergartens und Spiel mit Gleichaltrigen ermöglichen.

Kleptomanie ist das zwanghafte (→Neurose) Stehlen von Dingen, die oft nur von geringem Wert sind. Der Diebstahl stellt nach Ansicht der →Psychoanalyse eine Ersatzbefriedigung für unterdrückte Wünsche dar. Sie nimmt an, daß die gestohlenen Objekte einen Symbolwert haben und auf das Verdrängte hindeuten. Jedoch sind diese symbolhaften Diebstähle sehr selten (z.B. stiehlt eine sexuell enttäuschte alte Jungfer Unterwäsche für Männer). Andere sehen die Kleptomanie als eine versteckte Form des Sich-Widersetzens gegen die Gesellschaft an oder stellen das angenehm erregende Gefühl beim Stehlen als Motiv für die Diebstähle heraus.

Klinische Psychologie. Bezeichnung für eine Teildisziplin der Psychologie, die eine Zwischenstellung zwischen der →Angewandten und der →Allgemeinen Psychologie einnimmt und sich mit der

Diagnose von →psychischen Störungen, der →Beratung und Behandlung (→Psychotherapie) von Menschen, die sich in →Konflikten und persönlichen Krisen befinden, beschäftigt. Im Gegensatz zur →Psychiatrie befaßt sich die Klinische Psychologie nur mit den Störungen, die in erster Linie auf dem falschen Verarbeiten von Erlebnissen beruhen, also psychogen sind (→Neurosen). Die umfassende Bezeichnung Klinische Psychologie beinhaltet keineswegs nur die Anwendung psychologischer Erkenntnisse in Kliniken. Sie erforscht mit wissenschaftlichen Methoden die Gesetzmäßigkeiten des gestörten Erlebens und unangepaßten Verhaltens und entwickelt mögliche Behandlungstechniken und Vorbeugungsmöglichkeiten.
Die Anfänge der Klinischen Psychologie sind eindeutig psychoanalytischer und tiefenpsychologischer Prägung. Heute spielen die tiefenpsychologischen Annahmen, z. B. über das Unbewußte (→Tiefenpsychologie) und die psychoanalytische Therapietechnik (→Psychoanalyse), in der klinisch-psychologischen Forschung und Praxis nur noch eine geringe Rolle. Am ehesten kann man den Gegenstand der Klinischen Psychologie darstellen, wenn man zwischen ihren Forschungsaufgaben und ihren praktischen Funktionen trennt (L. J. Pongratz).
Forschungsaufgaben:
1. *Symptomatologie,* die die Erscheinungsformen (→Symptome) psychischer Störungen beschreibt und mit dem Problem der →Norm bzw. Normalität konfrontiert wird.
2. *Neurosenlehre,* die sich mit der Entstehung und dem Vorkommen verschiedener Neuroseformen (→Neurosen) befaßt. Bis in die Gegenwart waren die sogenannten klassischen Neurosen (Hysterie, Phobien, Zwangsneurosen und Depressionen) Hauptgegenstand der Neurosenlehre.
3. *Ätiologie* befaßt sich mit somatologischen (organischen), psychologischen (z. B. Schockerlebnisse, →Familie) und soziokulturellen (Leistungsdruck, soziale Schicht, →Entfremdung) Ursachen von psychischen Störungen.
Funktionen der Klinischen Psychologie in der Praxis:
1. →*Diagnostik,* die mit zahlreichen psychologischen Testverfahren und mit Hilfe der Erkenntnisse über die menschliche →Persönlichkeit die Ausprägung, Ursachen und die Form psychischer Störungen festzustellen versucht.
2. Auf die diagnostische Klassifikation folgt eine →Psychotherapie bzw. →*Beratung.*
3. Eine wichtige Funktion der angewandten Klinischen Psychologie ist die *Prophylaxe,* Vorbeugung von Störungen, die weitgehend unter →Psychohygiene beschrieben wurde.
Da viele psychogene Störungen mit körperlichen Beschwerden verbunden sind oder sich als organische Krankheiten äußern (z. B. Magengeschwür, Schwitzen, Zittern, rasendes Herzklopfen), ist

eine Zusammenarbeit mit Medizinern und der Medizinischen Psychologie dringend notwendig.

Kode, Kodierung →Code, →Informationspsychologie, →Nervensystem.

Körpertherapie. Die ältesten therapeutischen Behandlungen waren Massagen (Reflexzonentherapien), Gymnastik und Bewegungstherapien wie Tai Chi bei den Chinesen, Yoga bei den Indern und Judo, Aikido bei den Japanern. Es gibt zahlreiche →Entspannungstechniken, die sich ebenso wie →Bioenergetik, Atemtherapie und Biofeedback-Verfahren (mit Hilfe medizinischer Aufzeichnungsgeräte erhält der Patient eine direkte Rückmeldung über Vorgänge im Körper und kann so z.B. die Entspannung schneller erlernen), alle auf die Grundannahme stützen, daß über den Körper psychische Vorgänge beeinflußt werden können und umgekehrt. Es wird davon ausgegangen, daß jede →Neurose eine körperliche Seite hat. Bei vielen Neurosen handelt es sich um Störungen der Gefühle, die auf einen gut funktionierenden Körper angewiesen sind. Viele Patienten gewinnen wieder Energien und ändern ihre Gedanken, wenn sie einen besseren Kontakt zum eigenen Körper herstellen. Die Effektivität verschiedener Körpertherapien ist unumstritten.
Bewegungsübungen allein sind allerdings noch keine Therapie. Erst durch die Interventionen eines erfahrenen Therapeuten kann es gelingen, Körperhaltung, Muskelverspannungen, verzerrte Bewegungen mit unbewältigten Konflikten aus der Kindheit und der Gegenwart in Zusammenhang zu bringen, unbewußte Vorgänge bewußtzumachen und die Einheit zwischen körperlichen und psychischen Vorgängen zu bewirken.

Kognitiv. Mit dem Bestimmungswort „kognitiv" werden in der Psychologie all jene psychischen Vorgänge bezeichnet, durch die das Individuum bewußte Kenntnis von seiner Umwelt oder sich selbst erhält. Zu den kognitiven Vorgängen, Fähigkeiten oder Funktionen werden die bewußte →Wahrnehmung, das Erkennen, Vorstellen, Urteilen, →Denken, aber auch das →Gedächtnis, →Lernen und →Sprache gerechnet. In der Psychologie wird zwischen *kognitivem* und *emotionalem* Verhalten unterschieden; manche Menschen sind eher in der Lage, ihr Verhalten durch die sogenannte „kognitive Kontrolle" zu steuern, andere werden stärker durch →Gefühle (emotionale Faktoren) bestimmt.

Kognitive Psychologie. In den letzten 20 Jahren entwickelte sich innerhalb der traditionellen Forschungsgebiete der →Allgemeinen Psychologie ein Ansatz, dessen Gegenstand jene Zustände und Prozesse beim Menschen sind, die zwischen der Reizaufnahme und dem resultierenden Verhalten anzusiedeln sind. Diese Richtung nennt sich kognitive Psychologie und ist wesentlich beeinflußt durch die Informationstheorie sowie kybernetische Modellvorstellungen. Sie hat teilweise beachtliche Fortschritte bei der Erforschung des →Gedächtnisses, →Lernens und →Denkens gebracht.

Koitus, allgemeine Bezeichnung für den hetero-sexuellen Geschlechtsverkehr (Beischlaf, Sexualakt, Kohabitation), der vor allem dann mit vielen Problemen verbunden ist, wenn die Partner „sexualfeindlich" erzogen wurden, wenn Scham-, Schuldgefühle oder Ekel auftreten, wenn die Erwartungen der Partner hinsichtlich der Koitushäufigkeit stark unterschiedlich sind und wenn Impotenz des Mannes vorliegt. →Sexualstörungen.

Koma →Bewußtsein.

Kommunikation. Unter Kommunikation versteht man den Austausch bzw. die Weitergabe von Informationen. Soziale Kommunikation geschieht zwangsläufig, wenn zwei oder mehrere Personen zusammenkommen, und sie ist von dem Begriff der sozialen →Interaktion kaum zu trennen, da Menschen, die miteinander kommunizieren, sich stets auch in ihrem Verhalten beeinflussen. Wenn ich mit jemandem rede, bringe ich ihn z. B. mit lautem oder leisem Sprechen, durch Anschauen oder Gestik dazu, daß er sich mir zuwendet, ich beeinflusse sein Verhalten. In der älteren Psychologie wurden die Begriffe Kommunikation und Interaktion säuberlich voneinander getrennt, heutzutage werden sie synonym verwendet.
Modellvorstellungen. Bis zu Beginn der 60er Jahre war das von der Technik übernommene Sender-Empfänger-Modell die einzige theoretische Vorstellung, mit deren Hilfe man Kommunikationsprozesse analysieren konnte. Watzlawick und andere Angehörige der Palo-Alto-Gruppe haben dann Axiome formuliert, die zwar keine vollständige Theorie ergaben, aber einen fundamental neuen und sehr produktiven Ansatz zum Verständnis von Kommunikation bildeten.
Das Sender-Empfänger-Modell. Der Sender verschlüsselt (kodiert) seine Absicht, Gedanken, Gefühle u. a. mit Hilfe bestimmter Zeichen (z. B. Wörter), die er nach bestimmten Regeln (z. B. Grammatik) miteinander verknüpft. Ein *Kode* besteht also aus Zeichen und Regeln. Die Sendestelle (z. B. Sprechwerkzeuge) leitet die Signale über einen Kanal, das sind bei der sprachlichen Kommunikation die Schallwellen, dem Empfänger zu. Die wahrgenommene Botschaft muß vom Empfänger entschlüsselt werden, damit die vom Sender beabsichtigte Mitteilung verstanden werden kann. Jedoch kann der Empfänger das nur, wenn er über einen mit dem Sender

gemeinsamen Zeichenvorrat (→Sprache, Semantik) und über die Kenntnis der Verknüpfungsregeln verfügt; der Kode des Senders muß mit dem des Empfängers übereinstimmen. Das gilt auch, wenn wir nicht über Sprache oder Schrift (*digitale* Zeichen), sondern nonverbal mit Hilfe von Gestik, Mimik, Pantomimik (→Ausdruck) oder über Blick- und Hautkontakt (*analoge* Zeichen) miteinander kommunizieren. Da der individuelle Kode sich während der Erziehung aufgrund von Lernvorgängen (→Lernen) entwickelt, gibt es kaum Menschen, deren Zeichenvorrat identisch ist. Ein vollständiges Verstehen einer Mitteilung ist deshalb grundsätzlich nicht möglich, da die Erfahrungen der Kommunikationsteilnehmer jeweils unterschiedlich sind (Beispiel: Der Vater spricht mit seinem Sohn über Toleranz und Rücksichtnahme; beide verstehen darunter etwas Verschiedenes). In der sozialen Kommunikation ruft jede Mitteilung beim Empfänger eine Reaktion hervor, die dem Sender mitteilt, ob und wie die Nachricht angekommen ist. Es findet eine Rückmeldung (feed-back) statt. Auf diese Weise wechseln in einem Kommunikationsablauf die Rollen ständig. Wie besonders Watzlawick u.a. betonen, bleibt das Kommunikationssystem durch die Rückmeldung als Regelkreis aufrechterhalten, deshalb ist in einer Kommunikation (z.B. Streit) oft kein Anfang mehr zu finden.

Kommunikationsstörungen aus der Sicht des Sender-Empfänger-Modells:

1. *Störungen beim Sender.* Der Sender muß in der Lage sein, Gedanken, Absichten und Gefühle in Zeichen umzusetzen. Er kann daran gehindert sein, wenn er nicht über entsprechende Zeichen verfügt (tabuisierte Gefühle, eingeschränkter Sprachkode, →Sprache) und wenn sich seine Sprache von der des Empfängers unterscheidet. Der Sender kann aufgrund fehlender Sachkompetenz, Erfahrung oder Intelligenz nicht fähig sein, über ein Objekt die Informationen zu übermitteln, die von ihm erwartet werden. Die →Einstellungen, die Intention (was er bezwecken will), Gefühle und Bedürfnisse (z.B. Angst des Schülers vor dem Lehrer) machen es dem Sender unmöglich, seine Meinung mitzuteilen. Soziale Normen wirken sich störend aus, z.B. im Bereich der →Sexualität. Vor allem in westlichen Kulturkreisen wird viel zu sehr auf Konventionen geachtet, die eine echte Kommunikation verhindern. Die Menschen trauen sich nicht oder sind unfähig, über ihre eigenen Gefühle, Bedürfnisse usw. zu sprechen. Eine Diskrepanz zwischen verbalen und nicht-verbalen Signalen („ich liebe Dich", aber abweisender Gesichtsausdruck) verunsichert. Der Sender ist nicht in der Lage, die Rückmeldungen des Empfängers richtig zu deuten.

2. *Störungen beim Empfänger.* Auf der Empfängerseite wird die Kommunikation zu einem Wahrnehmungsproblem. Eine Kommunikation ist nur eingeschränkt möglich, wenn auf der Empfän-

gerseite die Sinnesorgane nur eingeschränkt funktionstüchtig sind (Taubheit, Schläfrigkeit) oder dies nur vorgetäuscht wird, damit man sich der vom Sender beabsichtigten Kommunikation entziehen kann. Es ist durchaus möglich, daß die Person, welche auf solche Art und Weise einer Kommunikation, z. B. mit nahestehenden Personen, aus dem Wege geht, das Künstliche der Störung nicht mehr bemerkt. Man spricht dann von einem neurotischen Symptom (→ Neurose). Der Empfänger nimmt Mitteilungen nur selektiv auf; er setzt sich häufig nur solchen Sendern aus, von denen er annimmt, sie könnten seine kognitiven → Dissonanzen lösen oder deren Mitteilungen seinen Interessen und Bedürfnissen, seiner → Einstellung oder der seiner Bezugsgruppe (→ Gruppe) entsprechen. Störend wirken sich Bedürfnisse und Gefühle aus (→ Wahrnehmung) und andere Faktoren, die die → soziale Wahrnehmung und Personenwahrnehmung erschweren (→ Ausdruck). Eine weitere Schwierigkeit ergibt sich aus den Sprachbarrieren (→ Sprache).

3. *Störungen, die durch Kommunikationsmittel* verursacht werden. Die sprachlichen Zeichen sind mehrdeutig, moralisch wertend (z. B. Faulheit), enthalten viele Nebenbedeutungen (z. B. weiblich, Freiheit, Liebe) oder werden für Gegenstände gebraucht, die nicht existieren (das Wort „das Sein" suggeriert die Existenz einer erhabenen Wesenheit); Zeichnungen, Bilder, Schautafeln können so ausgewählt und so angeordnet werden, daß sie den falschen Eindruck vermitteln (→ Wahrnehmungstäuschungen). Dies wird in der Werbung und in ideologisch festgelegten Zeitschriften oft praktiziert.

Axiome zur Kommunikation. Watzlawick hat mit anderen Mitarbeitern des Mental Research Institutes in Palo-Alto (Kalifornien), einer der ersten Einrichtungen, an denen die Psychotherapie ganzer Familien praktiziert wurde, Annahmen zur Kommunikation formuliert. Sie sind einfach und selbstverständlich, haben sich aber als sehr nützlich für Therapie und Kommunikationsverbesserung im Alltag erwiesen. Die ursprünglich fünf Axiome reduzierten Watzlawick u. a. 1980 auf die drei wesentlichen Annahmen.

1. *Axiom: In Gegenwart von anderen ist alles Verhalten kommunikativ* („Man kann nicht nicht kommunizieren"). Selbst ein Mensch, der mir stumm gegenübersitzt und auf den Boden schaut, teilt mit, daß er müde ist oder nicht gestört werden möchte. Der *Wunsch, nicht kommunizieren zu wollen,* ist menschlich sehr verständlich, führt aber, wenn ich ihn in einer sozialen Situation zu realisieren versuche, immer zu Problemen (z. B. betontes Schweigen). Neurotische Symptome, wie z. B. Kopfschmerzen, stellen für den einzelnen oft eine Notlösung dar, aufgrund deren Hilfe er sich nicht mehr mit den anderen auseinandersetzen muß. Auch das Bemühen des anderen, eine stattgefundene *Kommunikation ungeschehen* zu *machen,* läßt zumindest Ärger entstehen (z. B. „war nicht so wichtig",

„habe nichts gesagt"). 2. *Axiom: Jede Kommunikation hat einen Inhalts- und einen Beziehungsaspekt.* Der Inhaltsaspekt stellt den rein sachlichen Gehalt der Mitteilung dar, der Beziehungsaspekt beschreibt die emotionale Beziehung zwischen den Kommunikationspartnern. Es gibt Kommunikationen, in denen der eine oder andere Aspekt das größere Gewicht haben kann, unmöglich sind aber Kommunikationen, in denen nur der eine oder nur der andere Aspekt vorkommt. Wenn beispielsweise eine Frau A auf das Halsband einer Frau B hinweist und fragt: „Sind das echte Perlen"?, so ist der Inhalt ihrer Frage eine Bitte um Information über die Perlen. Aber gleichzeitig gibt sie, und das kann sie nicht vermeiden, ihrer Kommunikationspartnerin eine Beschreibung ihrer gegenseitigen Beziehung. Die Art, wie sie fragt (z. B. Ton und Stärke der Stimme, Mimik und Kopfhaltung) signalisiert Freundschaft, Neid oder Konkurrenz. Probleme entstehen vor allem dann, wenn zwischen den Partnern *keine klare oder eine negative Beziehung* besteht und diese sich dann bestimmend auf den Inhalt der Mitteilung auswirkt. Auf der Inhaltsebene ergibt sich zwischen den Kommunizierenden entweder Übereinstimmung oder Widerspruch; auf der Beziehungsebene ergibt es zwischen ihnen Verständnis oder Mißverstehen. Es ist also für Kommunikationspartner möglich, über ein Objekt verschiedener Meinung zu sein, als Menschen aber einander zu verstehen, und inhaltlich einer Meinung zu sein, menschlich sich aber mißzuverstehen bzw. sich abzulehnen. Nur selten tritt der Idealfall auf, daß Partner sich über Inhalts- und Beziehungsaspekt ihrer Kommunikation einig sind. Uneinigkeit im Beziehungsaspekt wird auch deutlich, wenn manche Eltern über die Schulprobleme ihres Kindes kommunizieren und vom Inhalt her sich einig sind, dabei aber – da sie so in Anspruch genommen sind – den Beziehungsaspekt vernachlässigen. Wenn das Kind nun in der Schule besser wird und das Einverständnis auf der Inhaltsstufe wegfällt, wird die Beziehung der Eltern zueinander äußerst belastet. P. Watzlawick u. a. erinnern, daß viele Ehen erst dann zerbrechen, wenn äußere Schwierigkeiten überwunden sind. Besonders schwierig ist das Zusammenleben, wenn ein *Beziehungskonflikt im Inhalt von Mitteilungen* ausgetragen wird (z. B. ist A von B enttäuscht; A spricht das nicht an, diskutiert aber oft lange mit B sehr spitzfindig und aggressiv). Versuche, den *Beziehungsaspekt aus der Kommunikation heraushalten* zu wollen, führen i. d. R. zu noch mehr Problemen (z. B. A zu B: „Jetzt rede ich mit dir nur noch über die sachlichen Notwendigkeiten in unserem Haushalt". Oder ein Lehrer: „Wir machen nun nur noch Physik"). 3. *Axiom: Im Fluß kommunikativer Vorgänge ist das Verhalten des einzelnen gleichzeitig Reiz und Verstärkung für das Verhalten als auch Reaktion auf das Verhalten des anderen.* Das wird besonders deutlich, wenn man Auseinandersetzungen unter Kindern beobachtet (z. B. beim Spiel mit Autos):

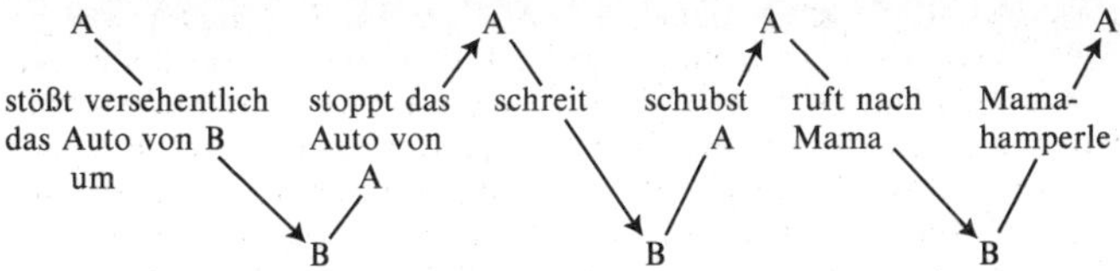

B reagiert hierbei auf das Verhalten von A, ist aber gleichzeitig der Reiz für ein erneutes Verhalten von A und verstärkt durch sein Reagieren das zuvor auftretende Verhalten von A. Gleiches kann man vom Verhalten des A sagen. Probleme treten vor allem auf, wenn Beobachter den Ablauf der Vorgänge in der Kommunikation eindeutig gliedern und z. B. das Verhalten des einen lediglich als Reaktion auf das Verhalten des anderen ansehen. Tun dies beide Partner, entsteht ein *Teufelskreis,* wie er in manchen Ehestreitigkeiten zu beobachten ist: A: Warum gehst du soviel in die Wirtschaft? B: Weil du zu Hause nur nörgelst. A: Ich muß auch soviel meckern, weil du immer in die Kneipe gehst. Im Alltag ist auch die *selbsterfüllende Prophezeiung* als Störung anzutreffen. Es wird von einer Person eine Feststellung getroffen, die nicht der Wahrheit entsprechen muß (z. B. Schüler A ist faul), und verhält sich dann ungewollt so, daß das prophezeite Verhalten eintreffen muß (z. B. erhält der Schüler A die schwierigeren Hausaufgaben und wird öfter angesprochen).
Formale Beschreibung der Kommunikation. Meist wird unter Kommunikation ein Informationsaustausch zwischen zwei oder mehr Personen verstanden, der als *interpersonale* oder *soziale* Kommunikation bezeichnet wird. Demgegenüber könnte das Selbstgespräch und das Denken als *intrapersonale* Kommunikation aufgefaßt werden. Eine wichtige Form ist die → Massenkommunikation, die sich der Massenmedien (z. B. Film, Funk, Fernsehen, Zeitungen, Bücher) bedient. Die Wirkungen der Massenkommunikation werden oftmals überschätzt; einerseits fehlt die gegenseitige Beeinflussung wie bei der sozialen Kommunikation, andrerseits unterliegt die Massenkommunikation vielen Störungen, weil jede Rückmeldung fehlt und verschiedene Gesellschaftsgruppen angesprochen werden, die eigene Zeichensysteme entwickelt haben. Der Begriff *Metakommunikation* beschreibt i. d. R. nur den Beziehungsaspekt einer Mitteilung. Es handelt sich nicht um den Inhalt einer Mitteilung, sondern um deren Bedeutung, um das, was der Sender gemeint hat. Beispielsweise sagt ein Verkäufer: „Sie suchen bestimmt ein preiswertes Gerät.“ Er meint: „So wie du aussiehst, kannst du dir nichts Teures leisten“. Metakommunikation meint manchmal auch das Kommunizieren über Kommunikation (z. B. „Was hast du gesagt?“) oder das Kommunizieren mit nonverbalen (analogen) Zeichen.

Störungen bei verschiedenen Kommunikationsformen. Wenn die Kommunikation mit Hilfe der →Sprache versagt, bedient man sich häufig analoger Zeichen (z.B. Mimik, Musik, Fahnen), die weniger mißverständlich sind. Es ist zu beobachten, daß Symbolbildungen als analoge Kommunikationsmittel oft dann auftreten, wenn Menschen nicht mehr in der Lage sind, sich sprachlich zu verständigen. Wenn z.B. diplomatisches Verhandeln versagt, werden Truppen zur Demonstration der Stärke zusammengezogen; wenn die Ehefrau dem Mann beim Streit sprachlich überlegen ist, knallt der Ehemann die Tür zu.
Als besondere Form einer Kommunikationsstörung können die *Paradoxien* angesehen werden. Eine Paradoxie ist eine folgerichtig aus Prämissen hergeleitete Schlußfolgerung, die jedoch vom Empfänger als Widerspruch erlebt wird. Im Bereich der sprachlichen Kommunikation sind die paradoxen Definitionen von Interesse, die auf wenig ins Auge fallenden Widersprüchlichkeiten der Sprachstruktur beruhen. P. Watzlawick (1972) u.a. bringen das Beispiel eines Mannes, der von sich behauptet, daß er immer lüge. Eine größere Bedeutung haben die pragmatischen Paradoxien, die widersprüchliche Handlungsaufforderungen darstellen und den Empfänger in eine unlösbare Situation bringen können (z.B. sei einmal lustig, lach doch einmal, sei nicht so verkrampft). Es sind alles Aufforderungen zu einem Verhalten, das nur spontan, also nicht aufgrund der geäußerten Mitteilung, entstehen kann. Paradoxe Kommunikationen tauchen im menschlichen Verhalten nicht selten auf, werden jedoch in der Regel als nicht besonders störend empfunden. Eine besondere Bedeutung gewinnen sie jedoch, wenn der Empfänger es sich nicht erlauben kann, auf sie nicht zu reagieren oder den Widerspruch aufzuzeigen. Das ist bei einer engen, lebenswichtigen emotionalen Beziehung des Empfängers zum Sender der Fall (Familie, Ehe, Freundschaft) und kann zu psychischen Störungen (→Neurosen) führen. Die Wirkung der Kommunikation auf Meinungswechsel und Einstellungsänderung wird unter →Einstellung und →Massenkommunikation beschrieben.
Günstige Möglichkeiten der Kommunikation. Bei der Klärung von Streitigkeiten und Konflikten haben sich einige Vorgehensweisen bewährt:
1. Grundsätzlich förderlich ist *Metakommunikation.* Hier spricht man über die abgelaufene Kommunikation, insbesondere über die Beziehung, die hierbei deutlich geworden ist. Dazu gehört einiger Mut, denn metakommunizieren heißt, sich ein Stück öffnen und von sich sprechen.
2. Bei der Verbesserung von Kommunikation muß nicht nur die eigene, sondern auch die Angst des Partners reduziert werden. Bei *Ich-Botschaften* spreche ich deshalb, anstatt dem anderen etwas vorzuwerfen, von meinem Erleben (z.B. statt: „Du bist unausste h-

lich", „ich habe das Gefühl, überhaupt nicht fertig zu werden, wenn ich Deine Sachen immer wegräumen muß"). Beim *aktiven Zuhören* versucht man, die hinter den Worten des anderen sich verbergenden Empfindungen und Bedürfnisse zu verbalisieren. Wenn dies ehrlich geschieht, fühlt der Partner sich verstanden, und oft bemerkt er erst jetzt, wie es ihm eigentlich geht.
3. Jede Kommunikation (z. B. Gespräch) braucht *günstige Rahmenbedingungen.* Häufig sind ganz einfache Gegebenheiten wichtig, um die Beziehung, in der ein Gespräch stattfindet, günstig zu gestalten. So sollte z. B. genügend Zeit zur Verfügung stehen, man den anderen ausreden lassen, Blickkontakte zu ihm halten (aber nicht ständig) und eine zugewandte Haltung haben.

Kommunikationstherapie(n). P. Watzlawick und seine Mitarbeiter haben die →Kommunikation der Menschen zum Angriffspunkt der Therapie gemacht und aus ihrer Kommunikationstheorie „Regeln" und „Paradoxien" (Doppelbindungen) abgeleitet. Mit deren Hilfe können ihrer Meinung nach krankmachende Kommunikationssysteme geändert werden. Es kommt darauf an, daß die Klienten erfolgreich dazu verpflichtet werden, die vom Therapeuten erfundenen Paradoxien und Rituale auch wirklich in die Praxis umzusetzen. Es wird davon ausgegangen, daß es in der Kommunikationstherapie – wie in anderen Therapien auch – nicht genügt, daß die Klienten Einsicht und Verständnis für ihre gestörte Kommunikation entwickeln. Sie müssen sie „durcharbeiten" und paradox verstärken und damit bewußt durchleben. Zu den Kommunikationstherapien gehört auch die von E. Berne entwickelte →Transaktionsanalyse.

Kompensation. Der Mensch benötigt, um sich wohlzufühlen, unbedingt Anerkennung und Geltung. Deshalb neigt er nach A. Adler (→Individualpsychologie) dazu, seine vermeintlichen und wirklich vorhandenen Schwächen, die er als „Minderwertigkeitsgefühle" erlebt, durch vermehrte Aktivität auf Gebieten, die ihm mehr entsprechen, auszugleichen (zu kompensieren), um sich Anerkennung zu verschaffen. So kann ein wenig hübsches Mädchen zum Ausgleich sehr viel Schlagfertigkeit und Witz entwickeln, ein schmächtiger, schwächlicher Junge in der Schule hervorragende Leistungen bringen. Adler sieht die Gefahr der Kompensation in der einseitigen und übertriebenen (neurotischen) Ausrichtung des Menschen auf Erlangung von Geltung und Anerkennung, die sich in rücksichtslosem und sozial störendem Verhalten äußern kann.

Komplex, von C. G. Jung (→Analytische Psychologie) geprägter, nur ungenau definierter Begriff für verdrängte Vorstellungen, Gedanken und Erlebnisse (→Verdrängung), die Energie besitzen und damit, vom Individuum nicht bemerkt, sein Verhalten beeinflussen (→Neurosen). So stellen z. B. →Vorurteile häufig eine Entladungsmöglichkeit verdrängter aggressiver Wünsche dar (→Autoritäre Persönlichkeit).

Konditionierung, von Anhängern des →Behaviorismus geprägte Bezeichnung für das Ausbilden von bedingten Reflexen (→Lernen) nach der Methode von I. P. Pawlow. Inzwischen wird mit dem Begriff Konditionieren jede Art des Lernens bezeichnet, die zur Ausbildung von bestimmten Reiz-Reaktions-Verbindungen führt. Verschiedene Formen des Konditionierens werden unter →Lernen erklärt.

Konflikt. a) In der →Psychoanalyse werden Auseinandersetzungen zwischen den Triebwünschen des Es und dem hemmenden normorientierten Über-Ich, die das realitätsorientierte →Ich austragen muß, Konflikte genannt. Die Forderungen von Es und Über-Ich können wegen der notwendigen Anpassung an die Wirklichkeit nicht immer miteinander vereinbart werden. Eine Lösung der Konflikte gelingt „Ich-starken" Personen (→Ich) durch sozial akzeptiertes Ausagieren der →Triebe und „Ich-schwachen" durch Zurückweisung (→Abwehrmechanismen) oder durch Ausbildung von →Neurosen.
b) Andere Ansätze orientieren sich stärker am Verhalten. Lewin analysiert die Beziehungen eines Individuums zu seiner Umwelt und nennt drei prinzipiell mögliche Konfliktsituationen: 1. *Annäherungs-Annäherungs-Konflikt* (→Appetenz): Zwei Ziele erscheinen als gleich lohnend, aber es kann nur eines erreicht werden (z. B. ist eine Freundin genauso begehrenswert wie die andere, und man kann nur eine heiraten). 2. *Vermeidungs-Vermeidungs-Konflikt* (→Aversion): Zwei Ziele sind gleich abstoßend, können jedoch beide nicht vermieden werden (z. B. hat das Kind die Möglichkeit, bestraft zu werden oder eine unangenehme Aufgabe zu erledigen). 3. Der *Annäherungs-Vermeidungs-Konflikt:* Ein Zielobjekt ist mit gleicher Intensität zugleich abstoßend und anziehend (z. B. eine Prüfung führt zum erstrebten Beruf, erzeugt aber auch Angst). Der Erklärungswert dieser Konflikttypen ist gering, weil weder Lösungsmöglichkeiten noch psychische Vorgänge, die zu ihrer Entstehung führen, aufgezeigt werden. Entscheidungsfähige Menschen werden z. B. kaum unter einem Annäherungs-Annäherungs-Konflikt leiden.
Bei der Erzeugung von experimentellen →Neurosen (bei Hunden) wurden gezielt Konflikte herbeigeführt, indem z. B. zwei Reize mit einer gegensätzlichen Signalwirkung (Beispiel: Ein Kreis bedeutet „Fressen", eine Ellipse „Nicht-Fressen") einander so ähnlich gemacht wurden, daß sie nicht mehr zu unterscheiden waren und das Versuchstier unsicher wurde, was zu tun sei. In solchen Konfliktsituationen zeigt ein Hund neurotische Verhaltensweisen, wie Win-

seln, Beißen, motorische Unruhe usw. Das Auftreten solcher unangepaßter Verhaltungsweisen wurde als Hinweis ausgelegt, daß starke Konflikte zur Ausbildung von →Neurosen führen.
Pädagogischer Aspekt. Da Verzicht auf Befriedigung und somit Konflikte unvermeidbar sind, führt das Erziehungsverhalten zu Konflikten beim Kind. Während früher die Ansicht vertreten wurde, viele Entbehrungen, Verzichtleistungen und somit Konflikte würden zur Festigung der →Persönlichkeit beitragen, war die beherrschende Ansicht der späten 60er Jahre, daß Verzichtleistungen im Kindesalter vermieden werden müssen, weil Konflikte gestörte, ängstliche, neurotische Persönlichkeiten zur Folge hätten. Beide Auffassungen sind falsch. Konfliktsituationen können in der Erziehung nicht vermieden werden, jedoch müssen sie überwindbar sein, d.h., das Kind muß lernen, Konflikte zu ertragen und sie zu lösen. Bei einer extrem verwöhnenden Erziehung werden die Konflikte vermieden, aber gleichzeitig auch keine Verhaltensweisen gelernt, die zur Lösung späterer (im Jugend- und Erwachsenenalter) unvermeidbarer Konflikte beitragen. Bei zu strenger Erziehung werden sehr viele Konflikte hervorgerufen, aber gleichzeitig den Kindern jede Möglichkeit verwehrt, Verhaltensweisen zu lernen, die zur Lösung von Konflikten notwendig sind.
Abgesehen von der innerpsychischen Verarbeitung der Konflikte, hat die Sozialpsychologie die meisten Beiträge über das Entstehen und Lösen von sozialen Konflikten geliefert. Die Mechanismen sozialer Konflikte wurden im einzelnen unter den Stichworten →Gruppe, →Betriebspsychologie, →Politische Psychologie, →Eheberatung, →Familie, →Einstellung beschrieben. Es ist zu erwähnen, daß →Vorurteile, Klischeevorstellungen, subjektive →Wahrnehmung, extrem progressive oder konservative Einstellungen (→autoritäre Persönlichkeit), veraltete Normen und Wertvorstellungen sowie Organisationen, die menschliche Bedürfnisse zu wenig berücksichtigen, hauptsächlich für das Entstehen von sozialen Konflikten verantwortlich sind. Werden Menschen über längere Zeit Konfliktspannungen ausgesetzt (→Streß), so treten negative Folgen auf, wie →Aggressionen, →Kriminalität, →Neurosen und auch organische Erkrankungen (→Psychosomatik).

Konformität, Bezeichnung für Verhaltensweisen und Einstellungen, die sich eng an den Normen einer →Gruppe orientieren. Die →autoritäre Persönlichkeit zeigt meist eine auffallende Konformität mit mächtigen Personen und Gruppen. Von der Konformität sind zu unterscheiden das Nachahmen (→Lernen) von Verhaltensweisen sowie das gezwungene Sich-Richten nach einem anderen, der Macht besitzt (Konformitätsdruck). Ängstliche Menschen neigen eher zur Konformität als selbstbewußte und kreative.

Konsonanz → Dissonanz, kognitive; → Einstellung.

Konstanz. Allg.: Begriff für Merkmale, die länger gleich (konstant) bleiben, z.B. ein → Persönlichkeitsmerkmal. Konstanzerscheinungen (Größen-, Farbkonstanz) treten in der → Gesichtswahrnehmung auf; trotz objektiver Veränderung der Beleuchtung und der Entfernung behalten die Objekte in der Wahrnehmung ihre Größe und Farbe. → Wahrnehmungstäuschungen.

Konstitution (Verfassung), zusammenfassende Bezeichnung für körperliche und psychische Merkmale (z.B. asthenischer Körperbau, Ängstlichkeit).

Kontaktstörungen äußern sich in zahlreichen Lebensbereichen des Menschen (Beruf, Schule, Universität, Freizeit usw.) als Schüchternheit, Gehemmtheit, Erleben von Einsamkeit und Isolation und führen zu Lebensanschauungen wie: „Jeder ist sich selbst der Nächste", „Leben heißt einsam sein."
Viele Menschen trauen sich nicht, Kontakte mit anderen aufzunehmen, weil sie aufgrund ihrer Kindheitserfahrungen (meist eine sehr strenge oder wechselhafte „Warm-Kalt-Erziehung") Angst vor neuen Situationen haben, kein Vertrauen zu unbekannten Personen entwickelt haben und ständig bemüht sind, sich zu verteidigen und keine Blöße zu geben. Mit einer solchen Haltung ist oft auch die Ansicht verbunden, man müßte, um mit anderen in Kontakt zu kommen, etwas Besonderes bieten; daher treten Kontaktgestörte oft ausgesprochen männlich-kraftmeierisch oder neckisch und kratzbürstig auf. Man verkennt, daß es eine Selbstverständlichkeit ist, mit anderen zusammen zu sein. Um aus einer Isolation herauszukommen, sollte man prüfen, in welchen Bereichen man bevorzugt mit anderen Kontakt haben möchte (Arbeit, Sport, künstlerische oder handwerkliche Freizeitinteressen, politische Arbeit, Sexualität u.a.), und dann die Möglichkeiten aussuchen, die größte Chancen beinhalten, jemanden kennenzulernen. Hinderlich für eine Kontaktaufnahme sind zu hohe Ansprüche und Erwartungen an den Partner (überragende Intelligenz, hervorragendes Aussehen, Charme usw.), die nur wenige erfüllen und die bevorzugt entstehen, wenn man sehr zurückgezogen lebt. Schwer unter ihrer Einsamkeit leidende, psychisch gestörte Menschen können in der Regel nicht von alleine ihre Isolation überwinden. Sie haben die Möglichkeit, befriedigende Kommunikationstechniken und Kontaktmöglichkeiten durch verschiedene psychotherapeutische Techniken zu erlernen (→ Kommunikationstherapie, → Gesprächspsychotherapie, → Verhaltenstherapie) und ihre Hemmungen abzulegen.

Kontiguität. Verschiedene Lerntheoretiker (z. B. E. R. Guthrie) nehmen an, daß räumliches oder zeitliches Zusammentreffen von Erlebnissen, Reizen und Reaktionen eine Voraussetzung für das →Lernen ist.

Kontrastphänomene. Die Leistung der →Gesichtswahrnehmung wird durch Kontrasterscheinungen verbessert; benachbarte Objekte oder Flächen unterschiedlicher Helligkeit oder Farbe beeinflussen sich gegenseitig zugunsten einer Verstärkung des Unterschieds. →Wahrnehmungstäuschungen.

Konzentration. Das Lösen von Aufgaben, Erbringen von Leistungen und auch das Lernen von Informationen erfordert oft eine Einengung der →Aufmerksamkeit und bewußte Anstrengung (Anspannung), um die gewünschte Leistung zu erbringen. Die von der →Intelligenz relativ unabhängige Konzentration wird durch physische (Ermüdung, Psychopharmaka) und psychische Faktoren, wie Bedürfnisse, Interessen, →Gefühle, und situative Umstände (Lärm, Ablenkung) beeinflußt. Die Konzentrationsfähigkeit wird durch einfache zeitgebundene Aufgaben, wie Sortieren von Karten, Addieren einfacher Zahlen, Durchstreichen bestimmter Zeichen, gemessen (Konzentrationstests).

Körperbautypen. E. Kretschmer (→Typologie) wurde in seiner psychiatrischen Klinik immer wieder mit der Erfahrung konfrontiert, daß bei verschiedenen endogenen →Psychosen bestimme Körperbauformen unterschiedlich häufig vertreten sind. Aufgrund dieser Beobachtungen glaubte er, daß die Menschen mit einem bestimmten Körperbau entweder zu der „Schizothymie", „Zyklothymie" oder zu einem „viskösen" Charaktertyp neigen und diese Tendenz vom Körperbau abhängig ist.
Merkmale von Körperbautypen:

1. *Pykniker:* breites Gesicht, dicker Hals, weiche Muskulatur, Fettansatz; als *zyklothymer* Typ ist er gutmütig, weich, wenig zielstrebig, gesellig, anpassungsfähig.
2. *Leptosomer* Körperbau: hagere Gestalt, schlank, langer Hals, flacher Brustkorb, schmale Hände; als *schizothymer* Typ weist er folgende Verhaltensmerkmale auf: sensibel, nervös, zielstrebig, nüchtern, verschlossen, abstrakter Denker.
3. *Athletiker:* kräftige Gestalt, breite Schultern, kräftige Brust; als *visköser* Charaktertyp ist er gleichmütig, gelassen, widerstandsfähig, jedoch auch schwer umstellfähig.

Die Körperbau- bzw. Konstitutionstypologien von Kretschmer zeigten bei W. Sheldons empirischen Nachprüfungen viele Ungereimtheiten. Zwischen den Merkmalen des Körperbaus und den konstanten Verhaltensbereitschaften konnten nur sehr geringe Abhängigkeiten festgestellt werden, die keinen individuellen Vorhersagewert besitzen.

Korrelation, Bezeichnung für den Zusammenhang zwischen Körpergröße und Gewicht, zwischen →Intelligenz und Schulnoten, zwischen der Intelligenz von Eltern und ihren Kindern oder zwischen anderen Merkmalen, die nichts über einen Ursache-Wirkungs-Zusammenhang aussagt. →Statistik.

Korsakowsches Syndrom beschreibt ursprünglich das durch eine besondere Merkschwäche auffallende Verhalten von Alkoholikern (→Alkoholismus). Heute wird der Begriff für die Folgen von verschiedenen Hirnstörungen gebraucht, wenn sie eine Gedächtnisstörung und die Neigung des Kranken, bei Erinnerungslücken frei zu assoziieren, bewirken.

Kortex (Großhirn) →Gehirn, →Nervensystem.

Kreativität oder *schöpferisches Denken* wird als die Fähigkeit, originelle neue Lösungsmöglichkeiten und ungewöhnliche, aber sinnvolle Ideen in verschiedenen Lebensbereichen, wie z.B. in der Technik, Verwaltung und im Haushalt, zu produzieren, beschrieben. Kreative Lösungen sind keine Zufallsprodukte, sondern basieren auf Erfahrungen, zuvor gelernten Informationen und vor allem auf der Fähigkeit, Probleme zu erkennen. Das selbständige Finden eines Problems ist typisch für kreatives Denken und unterscheidet sich wesentlich von sonstigen Problemlösetechniken (z.B. konvergentes Denken, →Intelligenz). Als nächster Schritt werden beim schöpferischen Denken verschiedene Einfälle und Gedanken versuchsweise in unterschiedliche Ordnungen gebracht, die zum Teil nicht vollständig sind und zu denen man sich dann wieder „etwas einfallen lassen muß“. Hierbei zeichnen sich kreative Menschen durch die Fähigkeit aus, verschiedene, auf den ersten Blick nicht zueinander gehörende Zusammenhänge zu verbinden und in der Zeit des Probierens und Versuchens, in der keine offensichtlichen Fortschritte gemacht werden, nicht aufzugeben (Frustrationstoleranz). Oft fällt dann die Lösung ein, die bei praktischen Problemen auf ihre Brauchbarkeit und Neuigkeit überprüft wird, ansonsten könnte sie daran gemessen werden, ob sie logisch ist.
Persönlichkeitsmerkmale kreativer Menschen:

- Um neuartige Lösungen zu finden, muß eine grundlegende offene Haltung gegenüber der Umwelt und eine realitätsgerechte Beurteilung der Objekte vorhanden sein.
- Häufig beobachtet man eine Vorliebe für unstrukturierte, mehrdeutige Situationen; zumindest fühlt sich ein kreativer Mensch in mehrdeutigen Situationen nicht unwohl (Ambiguitätstoleranz).

- Kreative Personen sind in erster Linie an der Aufgabe bzw. am Problem interessiert und nicht so sehr am eigenen beruflichen Fortkommen oder am Erlangen sozialer Anerkennung. Da sie häufig nur wenig Rücksicht auf erprobte Lösungsmöglichkeiten nehmen, werden sie von anderen oft als unkonventionell, wenn nicht sogar als asozial beurteilt. Deshalb fällt ein kreativer Schüler in der Schule meist nur unangenehm auf, steht häufig mit seinen Ansichten im Gegensatz zum Lehrer; sein Verhalten wird als störend beurteilt.
- Als wichtigstes Merkmal kreativer Personen ist ihre Fähigkeit, sich von Konventionen freizumachen und den Gruppendruck zu ignorieren, zu nennen.

Es wäre verfehlt, anzunehmen, die Kreativität sei ein einheitliches Persönlichkeitsmerkmal oder eine Fähigkeit, die allein auf Erbgrundlagen aufbaut, sie ist vielmehr durch Förderung und günstige Erziehung beeinflußbar. Eine Erziehung zur Kreativität ist im Rahmen der Vorschulbewegung fast zu einem Schlagwort geworden und in starkem Maße der Gefahr ausgesetzt, daß sie mit Leistungs-und Konkurrenzfähigkeit verwechselt wird. Einige Möglichkeiten der Kreativitätsförderung:

- Tolerieren, in manchen Fällen sogar ein Ermutigen zu unkonventionellem (unüblichem) Verhalten. Man könnte es z. B. dem Kind gestatten, überhaupt nicht zueinander passende Kleidungsstücke anzuziehen, wenn es das unbedingt will, oder respektieren, wenn das Kind sagt, es hätte keinen Hunger mehr, auch wenn der Teller noch nicht leer gegessen ist.
- Die angeborene →Neugier des Kindes darf nicht eingeschränkt werden, und es sollte die Möglichkeit haben, die eigenen Ideen zu bewerten. Es braucht Gelegenheit, Spielzeuge zerlegen zu können, Werkzeuge auszuprobieren, ohne daß es gegängelt wird.
- Keine Erziehung zum Brav-Sein. Auffallendes, aufgabenorientiertes, aber oft als aggressiv empfundenes Verhalten sollte toleriert werden. Das wäre z. B. bei einem Schüler möglich, der an der Tafel eine Mathematikaufgabe auf einem unüblichen Weg lösen will und sich darin verbohrt, aber wahrscheinlich zur Lösung gelangt.
- In der Schule sollte das Lernmaterial in größeren Zusammenhängen dargeboten werden, damit ein einsichtiges Lernen (→Gedächtnis) gefördert wird und der Schüler die Möglichkeit hat, aus einer Übersicht eigene Ansätze zu entwikkeln.
- Ein Erzieher sollte vermeiden, ständig die kulturellen „Selbstverständlichkeiten“ zu betonen und vom Kind die Leistungen zu erwarten, die nach dem Erwachsenenmaßstab „richtig“ sind, und von den Kindern je nach Alter und Geschlecht bestimmte Verhaltensweisen erwarten („Mädchen wünschen sich Puppen und keine Eisenbahn“, „für das Basteln eines Modellflugzeuges bist du zu jung“ usw.), die kulturellen und sozialen Normen entsprechen.

Kretinismus (Hypothyreose). Der Kretinismus ist eine angeborene Form der extremsten Ausprägung einer →geistigen Behinderung, die einhergeht mit Taubheit und Schwerhörigkeit und auf eine mangelhafte bzw. fehlende Tätigkeit der Schilddrüse zurückgeht (→Hormone). Durch diese Unterfunktion entstehen Stoffwechselstörungen, die sich auf die Entwicklung der Knochen und das gesamte Körperwachstum auswirken (Zwergwuchs). Kretinismus ist nicht mit dem „hypophysären" Zwergwuchs gleichzusetzen, für den Kleinwuchs (100–140 cm im Erwachsenenalter) bei normaler oder überdurchschnittlicher Intelligenz charakteristisch ist.

Kriegführung, psychologische. Die Erkenntnis, daß bei vielen Naturvölkern und in verschiedenen Kulturen nicht die Waffen, sondern die psychische „Aufrüstung" (Kriegstänze, rituelle Vorbereitungen, Kriegsfarben, planmäßiger Aufbau von Haßgefühlen und andere Zeremonien) in der Kriegführung die entscheidende Rolle spielen, führte im zweiten Weltkrieg zum systematischen Aufbau der sogenannten „psychologischen Kriegführung". Mit Hilfe technischer Hilfsmittel und psychologischer Erkenntnisse wird die Moral und der Kampfwille, Angriffslust und Einsatz der eigenen Gruppe gesteigert und der Gegner durch Imponiergehabe, Propaganda usw. eingeschüchtert, verketzert und verunsichert.

Kriminalität. Eine eindeutige Definition der Kriminalität gibt es nicht, da nicht jedes von der → Norm abweichende und von der Gesellschaft mißbilligte Verhalten kriminell ist (z. B. „Nonkonformismus"). Daher wird Kriminalität *(Delinquenz)* als das im Gegensatz zum Strafrecht stehende Verhalten definiert, obwohl das Strafrecht von Land zu Land verschieden ist und einem ständigen Wandel unterliegt, wodurch Handlungen, die gegenwärtig kriminell sind, in naher Zukunft erlaubt sein können (Beispiel: Sexualstrafrecht). Aus der Erkenntnis, daß normabweichendes Verhalten viel zur Dynamik und zum Wandel der → Moral beiträgt, hat der Soziologe É. Durkheim die Kriminalität als die „Vorwegnahme der künftigen Moral" bezeichnet. Da es jedoch viele kriminelle Handlungen gibt, die zum Wandel der Moral nichts beitragen, hat diese Aussage nur beschränkte Gültigkeit. Die nicht eindeutige Definition der Kriminalität erschwert systematische Untersuchungen und Erklärungen des abweichenden oder dissozialen Verhaltens, da Handlungen, die als Vorwegnahme der künftigen Moral bezeichnet werden können, andere Ursachen zugrunde liegen als etwa Taten, die gegen das Naturrecht des Menschen verstoßen (Recht auf Leben, Freiheit usw.).

Theorien der Kriminalität.

1. Sogenannte kriminobiologische Schulen nehmen an, daß die Kriminalität (vor allem bei Berufsverbrechern) anlagebedingt sei (→ Anlage-Umwelt-Problem), d. h. durch → Chromosomen-Aberrationen verursacht wird. Diese Annahme konnte empirisch nicht bewiesen werden.
2. In Anlehnung an die → Psychoanalyse von S. Freud wird die Kriminalität als „fehlgeschlagene → Kompensation einer mißlungenen → Identifikation" bezeichnet, wobei nicht erfüllte elementare Bedürfnisse (nach Zuwendung, Geborgenheit, Anerkennung u. a.), traumatische Erlebnisse und Konflikte in der frühen Eltern-

Kind-Beziehung als Ursache einer mißlungenen Identifikation genannt werden.
3. Gegenwärtig liegt die Betonung auf dem Nicht-Erlernen sozialer Normen, der →Angst vor Bestrafung und dem →Lernen des abweichenden Verhaltens. O. H. Mowrer nimmt an, daß bei bestimmten Menschen – nach H. J. Eysenck handelt es sich um stark extravertierte (→Extraversion), die mit einer angeborenen Hemmung gegen die →Konditionierung ausgestattet sind – die Vermeidungskonditionierung erfolglos bleibt. Dies bedeutet: die Strafen für verbotene Handlungen in der Kindheit führen nicht zur Ausbildung eines unangenehmen Zustands bzw. zur Angst, wenn man sich später eine solche Handlung vorstellt oder plant (Erwartungsangst).
Diese Theorie wird heute am stärksten beachtet, wobei die Sozialisierung, d.h. das Lernen und Verinnerlichen von sozialen Normen, durch folgende Faktoren erschwert wird: Nachteile einer Wohlstandgesellschaft (Konsumzwang – Eigentumsdelikte); Gewalt und Brutalität im Film, Fernsehen, Diskriminierung (→Vorurteile) bestimmter gesellschaftlicher Gruppen und gestörte →Familien.
Eine nicht zu unterschätzende Rolle spielt die →Diskriminierung und Behandlung von Vorbestraften, die Gefangenenbehandlung (→Resozialisierung) und die Unzulänglichkeit der Umsetzung der Intention des Gesetzgebers oder der Gesetze in die Praxis. In diesem Sinne spricht R. König von der sogenannten „iatrogenen Delinquenz“, die sich aus der „Behandlung“ der Jugendlichen oder Erwachsenen ergibt, weil die an und für sich richtigen Gesetze schlecht und unzureichend verwaltet bzw. angewandt werden. Damit werden Probleme der Exekutive, der Ämter, Kriminal- und Polizeibeamten angesprochen, die bei der Auslegung der Gesetze eigenen Bedürfnissen, Klischeevorstellungen (über die Person eines Verbrechers), Wertorientierungen und Ideologien unterliegen.

Kriminalpsychologie untersucht Ursachen der →Kriminalität, fragt nach typischen Persönlichkeitsfaktoren der Verbrecher, befaßt sich mit der Vorhersage von Kriminalität und Rückfallkriminalität, erwägt mögliche psychische Schäden der Opfer (vor allem bei Sexualdelikten und nach Flugzeugentführungen) und beschäftigt sich darüber hinaus mit den Möglichkeiten der Vorbeugung und Bekämpfung der Kriminalität und zum Teil auch mit der Gefangenenbetreuung (→Resozialisierung).

Kunstpsychologie befaßt sich ganz allgemein mit den psychologischen Fragen ästhetischer Werke, die unabhängig vom Inhalt durch ihre Form einen Kommunikationswert besitzen und das Verhalten des Menschen beeinflussen können. Neben den bilden-

den Künsten gehören in diesen Bereich auch literarische (→ Literaturpsychologie) und musikalische Werke (→ Musikpsychologie).
Obwohl es hauptsächlich von Lesern, Hörern und Betrachtern abhängt, was sie beim „Genießen" eines Kunstwerks erleben, fühlen, denken, so können doch gewisse Aspekte herausgestellt und untersucht werden.
1. Symbolischer Gehalt von Farbe, Linien, Formen, der Töne, Wortfolgen und Materialien, mit denen eine bestimmte Aussage gemacht werden soll, Gefühle, Bedürfnisse, soziale Einstellungen und tiefes menschliches Empfinden ausgedrückt werden.
2. Untersuchung von Künstlerpersönlichkeiten. Es wurden verschiedene Theorien über die künstlerische → Begabung, besondere Beobachtungsgabe, bildhaftes Denken, starkes Gefühlsleben und unbewußte Kräfte der Künstler aufgestellt. Besondere Beachtung wurde auch den Produkten psychisch gestörter Menschen (z. B. der Kunst → Schizophrener oder → Wahn-Kranker) und derer unter Drogeneinfluß (→ Drogenabhängigkeit) geschenkt.
3. Erforschung des ästhetischen Erlebens beim Publikum und der Verhaltensbeeinflussung durch die Kunst. Hier handelt es sich um die „Geschmacksfrage" (Was „wahre" Kunst ist, bestimmten die sogenannten Kunstkenner und die Reichen, was Unvermögenden und Ungebildeten gefällt, wird als „Kitsch" bezeichnet!), um das Verhalten der Kunstbetrachter (→ Rolle, Befriedigung des Bedürfnisses nach Anerkennung, Prestigedenken), um Erklärungen, warum ein bestimmter Kunststil gerade „in" ist (z. B. Nostalgiewelle), und um die kommunikative Wirkung der Kunst (Beeinflussung der Gefühle, Einstellungen, Bedürfnisse usw.).
4. Entwicklung künstlerischer Fähigkeiten (psychologische Analyse von Kinderzeichnungen) und darauf aufbauende Kunsterziehung (→ Kreativität).

Kurztherapie → Psychoanalyse.

Kybernetik → Informationspsychologie.

L

Labeling-Perspektive, bekannt auch als Etikettierungstheorie abweichenden Verhaltens, macht darauf aufmerksam (Perspektive = Problemsicht, keine Theorie), daß die bisherigen Theorien zur Entstehung abweichenden Verhaltens (→ Neurose, → psychische Störungen) die Bedeutung gesellschaftlicher Reaktionsmuster zu wenig beachtet haben. Im Alltag gibt es eine Vielzahl möglicher Regelverletzungen (= primäre Abweichung), die unterschiedlich verursacht sein können (z. B. durch Krankheit oder Alkohol). Die Reaktionsmuster der Mitmenschen, sowohl der Experten als auch der Laien, gelten nun als Etikettierung und führen vor allem dann, wenn sie vom Betroffenen angenommen werden, zu einer „abweichenden Karriere" und zur Ausbildung der „sekundären Devianz". Die Etikettierung definiert den Betroffenen neu, weist ihm eine neue Rolle und einen sozialen Status zu, die der Betroffene nur über die Ausbildung eines dauerhaft abweichenden Verhaltens bewältigen kann.
Die Labeling-Perspektive stellt deutlich heraus, daß die Entwicklung psychischer Störungen als Interaktionsprozeß aufzufassen ist und durch gesellschaftliche Reaktionsmuster begünstigt und/oder verstärkt wird.

Labilität (labil), → Persönlichkeitsmerkmal im Sinne der Gefühlslabilität (→ Gefühle) und → Ich-Schwäche.

Längsschnittuntersuchung. Systematische → Beobachtung eines oder mehrerer Merkmale, z. B. Entwicklung der → Intelligenz an vielen Personen über längere Zeiträume, z. B. über 20 Jahre. → Methoden der Psychologie.

Lärm → Arbeitspsychologie.

Lebendiges Lernen → Themenzentrierte Interaktion.

Legasthenie, Verzögerung bzw. Schwierigkeiten beim Erlernen des Lesens und Schreibens bei Schülern, die in anderen Fächern gute bis durchschnittliche Leistungen zeigen.
Charakteristische Merkmale der Legasthenie auf verschiedenen Altersstufen:

Alter	*Klasse*	*Charakteristische Merkmale*
7–9	1–2	*Unspezifische Frühphase.* Unfähigkeit, dem Lautzeichen den richtigen Laut zuzuordnen. Verwechslung von ähnlichen Buchstaben und von „harten" und „weichen" Lauten. Lesen der Buchstaben in falscher Reihenfolge (am – ma; ei – ie). Beim Rechtschreiben zeigt sich Umkehrung von Buchstaben (d–b; g–p), Auslassen der Buchstaben beim Diktat, Verwechslung von „harten" und „weichen" Konsonanten.
8–13	2–6	*Spezifische Hauptphase.* Lesen: Erfindungen von Buchstaben, Auslassungen von meist kurzen Wörtern, Zusätze (Wörter werden frei erfunden). Pausen (Satzzeichen) werden kaum gemacht, langsames Lesetempo, Reste der Frühphase. Rechtschreiben: Verwechslungen von Zwielauten (au – eu; eu – ö; ei – eu), insgesamt mehr Fehler als bei „normalen" Kindern.
12–15	ab 6	*Unspezifische Restsymptomatik.* Völliges Verschwinden der Legasthenie wird selten erreicht. Es bleiben: beim Lesen keine Rücksicht auf Betonung oder Pausen, viele Fehler in der Groß- und Kleinschreibung.

Ursachen:
1. R. Daniels führt als Ursache die Unfähigkeit des Kindes auf, während des Lesens seine Augen auf einer geraden Linie fortzubewegen und die nächste Zeile zu finden. Ursache: Hirnerkrankungen (Tumor) oder sehr frühes und „gieriges" Ansehen von Comic-Heften.
2. Linksdominanz. Unsere „Rechtskultur" erfordert große Umstellungen von Kindern, die ihre linke Hand und das linke Auge bevorzugen. Die rechte Großhirnhälfte ist bei ihnen besser ausgebildet als die linke. Eine Umstellung im Alter von 5 bis 7 Jahren ist nicht mehr möglich. Legasthenische Erscheinungen treten vor allem bei Kindern auf, die keine Dominanz aufweisen bzw. gewaltsam auf die rechte Hand umgeschult wurden.
3. →Intelligenz-Schwäche, Gedächtnisschwäche für bestimmte Zeichen und mangelnde Gliederungsfähigkeit. Auch Konzentrationsstörungen, →infantiles Verhalten infolge einer versagenden Erziehung und der negative „erste Eindruck" des Kindes von der Schule und vom Lehrer werden als Ursachen der Legasthenie genannt. Ob das Auftreten der Legasthenie durch die sogenannte „Ganzwortmethode" des Lesenlernens begünstigt wird, ist noch nicht ganz geklärt.
Behandlung:
1. Früherkennung: Wenn erste Anzeichen einer Legasthenie auftreten, sollte das Kind durch Diktate, Lese- und Schreibproben, Gliederungstests usw. genau untersucht werden.
2. Lese- und rechtschreibschwache Kinder sollten in kleinen

Gruppen (6 bis 8 Kinder) intensiv betreut werden. In sogenannten Lesekliniken werden rasche Erfolge erzielt, allerdings bereitet die Wiedereingliederung in die Normalschulklasse erhebliche Schwierigkeiten.
3. Legasthenie ist fast immer mit Konzentrationsstörungen, langsamem Arbeitstempo, schneller Ermüdung, →Angst und →Depressionen verbunden, die teilweise auf falsches Verhalten der Eltern und Lehrer zurückzuführen sind. Ein Lese- und Schreibtraining allein ist daher wertlos. Legasthenische Kinder brauchen Erfolgserlebnisse, Verständnis, emotionale Zuwendung, ein abwechslungsreiches Angebot an Übungsmethoden u.a. Eine regelmäßige Erziehungsberatung der Eltern scheint unbedingt notwendig. Während der Betreuung sollten Legastheniker im Fach Deutsch nicht benotet werden.

Lehr- und Lernmaschinen. Lehrmaschinen (auch Lehrautomaten genannt) sind Geräte, die auf optische und akustische Weise einem Lernenden ein Lehrprogramm vermitteln. Der Vorteil der Lehrmaschine gegenüber programmierten Lehrbüchern – die in Deutschland am meisten verbreitet sind – liegt darin, daß sie das „Spicken" bzw. „Mogeln" verhindern. Nächster Lernschritt erfolgt erst auf vorhergehende richtige Reaktion.
Der Vorteil der *Lehrprogramme* und *Lernprogramme* besteht darin, daß der Lernstoff in kleine Schritte aufgeteilt ist, das Lerntempo individuell bestimmt werden kann, dem Lernenden Mitarbeit vorgeschrieben ist (Aktivität) und er auf seine Reaktionen sofortige Rückmeldung bekommt. Da Lehrprogramme auch Denkanstöße enthalten und so aufgebaut sind, daß der Lernende meist richtige Antworten gibt, löst die Rückmeldung ein persönliches Erfolgserlebnis aus, wodurch er zu weiterem Lernen angespornt wird. Bei falschen Antworten erhält der Lernende zusätzliche Informationen, oder er wird auf nicht völlig verarbeitete und behaltene Informationen zurückverwiesen. Dies sind die wichtigsten Prinzipien des sog. *Programmierten Lernens* oder des *Programmierten Unterrichts*. Durch Lehrmaschinen können Fakten und Kenntnisse (Wissensstoff) erfolgreicher als durch den bisher üblichen Unterricht vermittelt werden. →Kreativität, künstlerische Fähigkeiten, individuelle Eigenschaften können nicht programmiert werden, und so werden Lehrmaschinen den Lehrer nie ersetzten. Bei den *Lernmaschinen* handelt es sich um Geräte, die der Ausbildung von bedingten Reflexen dienen (→Konditionierung) oder das →Lernen durch Versuch und Irrtum ermöglichen. Lernmaschinen werden hauptsächlich in der Konditionierung von Tieren eingesetzt.

Leib-Seele-Problem. Das viel diskutierte Verhältnis zwischen dem Physischen (Leib, Körper, Organismus = Materie) und dem Psychischen (Seele, Geist, Bewußtsein = Unkörperlichkeit) wurde und wird noch immer als philosophische Frage nach dem *Wesen des Psychischen* aufgefaßt.

Im Laufe der → Geschichte der Psychologie und Philosophie wurden folgende Spekulationen über das Leib-Seele-Problem angestellt:

1. *Psychophysischer Parallelismus* (Geist und Körper sind zwei voneinander unabhängige Gegebenheiten), Identitäts- und Zwei-Seiten-Theorie (Geist und Körper sind zwei Äußerungsformen der gleichen Substanz; Einheit in der Substanz, Zweiheit in der Funktion).

2. *Psychophysischer Dualismus* oder Wechselwirkungstheorie (physisches und psychisches Geschehen beeinflussen sich wechselseitig). Die Wechselwirkungstheorie erklärt zwar den Funktionszusammenhang, jedoch nur einseitig den Kausalzusammenhang: körperliche Vorgänge, vor allen Nerventätigkeit (→ Nervensystem, → Hormone) *bewirken* psychisches Geschehen, sind also Ursache des Psychischen, das die körperlichen Vorgänge rückwirkend beeinflussen kann, jedoch nicht *verursachen,* weil dann die psychischen Prozesse zumindest kurzfristig unabhängig vom Nervensystem entstehen müßten.

3. In neueren Theorien wird das Gehirn als das Werkzeug für psychische Prozesse betont *(Werkzeughypothese),* werden Gehirnvorgänge als die unerläßliche Ursache des bewußten Erlebens angenommen; zusätzlich wird jedoch noch eine weitere Naturkraft postuliert, die solche Nervenprozesse in Gang setzt.

Die hier aufgeführten Hypothesen und Spekulationen über das Leib-Seele-Problem sind nicht uninteressant, jedoch für eine Psychologie, die als Wissenschaft versucht, das menschliche Verhalten zu erklären und vorauszusagen und deshalb auf Spekulationen verzichten muß, derzeit noch nicht lösbar.

Nach dem gegenwärtigen Stand der Erkenntnisse sind das Körperliche und Psychische aufs engste miteinander verbunden; wenn das Nervensystem funktionsunfähig ist, gibt es keine psychischen Prozesse mehr, kein Erleben, kein Verhalten, kein → Bewußtsein. Das Ursache-Wirkung-Denken, die Suche nach eindeutigen Kausalzusammenhängen wurde in der Psychologie – wie auch in anderen Naturwissenschaften – zugunsten der Annahme eines *integralen Zusammenhanges* zwischen Körper und Psyche aufgegeben. Leib und Seele ergänzen, vervollständigen sich, sind untrennbar, ergeben zusammen ein *selbstregulierendes System,* das nicht nur nach einem Regelkreisprinzip funktioniert, sondern als „offenes System" ständig neuen Anpassungen unterliegt (→ Lernen). Die Aufgabe der Psychologie ist es, nicht nur die psychischen Vorgänge oder Zustände und die dazugehörigen neurophysiologischen Grundlagen zu beschreiben, zu analysieren und zu erklären, sondern auch die Anpassungsmechanismen des selbstregulierenden Systems und die Möglichkeiten der Systemänderung, z. B. durch →Psychotherapie.

Leistung ist, psychologisch gesehen, Bezeichnung für den beobachtbaren Einsatz der dem Menschen zur Verfügung stehenden Fähigkeiten und Kräfte. Die Leistung kann aufgefaßt werden als eine Funktion der Fähigkeiten, der Situation und der →Leistungsmotivation. Die Leistung ist das Resultat einer geistigen oder körperlichen Tätigkeit und abhängig von der individuellen Ausprägung einzelner →Fähigkeiten. Gesellschaftliche →Normen regeln, was als Leistung gilt. Die betriebliche Leistung, d. h. Leistung in Organisationen oder in einer →Gruppe, wird zusätzlich zu den persönlichen Fähigkeiten auch durch das Verhalten des Führers, den Informationsaustausch, das Betriebsklima usw. stark beeinflußt. Hierzu siehe →Gruppe und →Betriebspsychologie.
In der Psychologie werden große Anstrengungen unternommen, um die individuellen Leistungen bzw. Leistungsfähigkeiten objektiv zu bestimmen. In verschiedenen Leistungstests (performancetests) ist Leistung gleich Anzahl der in einer bestimmten Zeit richtig gelösten Aufgaben.

Leistungsmotivation wird nach H. Heckhausen definiert als „das Bestreben, die eigene Tüchtigkeit in allen jenen Tätigkeiten zu steigern oder möglichst hochzuhalten, in denen man einen Gütemaßstab für verbindlich hält und deren Ausführung daher gelingen oder mißlingen kann". Da in unserem Kulturbereich großer Wert auf Leistung gelegt wird und Schüler, Studenten und Berufstätige häufig Angst haben, die an sie gestellten Anforderungen nicht erfüllen zu können, ist die Leistungsmotivation von besonderem psychologischem Interesse. Das individuelle Leistungsverhalten bestimmt das „Anspruchsniveau" (Anspruch auf eine bestimmte Leistungsgüte) und die Erwartungshaltung, die als „Hoffnung auf Erfolg" (erfolgsmotiviert) oder als „Furcht vor Mißerfolg" (mißerfolgsmotiviert) beschrieben wird. Diese Variablen werden als relativ überdauernde Persönlichkeitsmerkmale betrachtet, die weitgehend von früheren Erfahrungen (→Lernen) abhängig sind. Individuen, die Erfolg bzw. das Erreichen des Zieles erwarten, setzen ihre Fähigkeiten entsprechend realistische Ziele und wählen Aufgaben mittlerer Schwierigkeit; Mißerfolgsorientierte, die Angst haben zu versagen, wählen entweder zu schwere oder zu leichte Aufgaben und geben – sobald Schwierigkeiten auftreten – leicht auf.
Neben den überdauernden Persönlichkeitsmerkmalen wird das Leistungsverhalten durch situative und soziale Bindungen bestimmt. H. Heckhasen stellte für die *Lernmotivation* (Motl) folgenden Beziehungszusammenhang auf:
Motl = (LM · E · Ae) + AS + N + (bIb + BZust + bAbh +

bGelt +bStrafv). „Leistungsmotivation („LM)“, „sachbezogener Anreiz“, in etwa Bewertung, Schätzen des Stoffes (As) und alle Variablen in der zweiten Klammer sind situationsunabhängige, unterschiedlich ausgeprägte Persönlichkeitsmerkmale: das „Bedürfnis nach der Identifikation mit dem Erwachsenenvorbild“ (bId), das Bedürfnis, „Zustimmung zu erhalten (bZust)“, das Bedürfnis nach „Abhängigkeit von Erwachsenen (bAbh)“, nach „Geltung und Anerkennung (bGelt)“ und das Bedürfnis nach „Strafvermeidung (bStrafv)“. Von den situativen Aufforderungsvariablen, Erreichbarkeitsgrad (E), Anreiz von Aufgaben (Ae) und Neuigkeitsgehalt (N) sind E und Ae für das konkrete Leistungsverhalten besonders bedeutend. Erscheint z. B. eine Aufgabe nicht lösbar (E) oder schwindet der Zielanreiz wegen zu leichter Aufgabenstellung oder tritt jemand mit dem Bestreben, Mißerfolg zu vermeiden, an die Aufgabe heran, ist der gesamte Klammerausdruck gleich Null. Daraus folgt, daß es sehr bedenklich wäre, die Kinder oder Schüler nicht sachbezogen (intrinsisch), sondern personbezogen (extrinsisch), durch die Androhung einer Strafe, durch Versprechen der Anerkennung, der Zustimmung (Variablen des zweiten Klammerausdrucks) zu motivieren. Aus der Formel wird ebenso ersichtlich, daß es wichtig ist, den Kindern die Möglichkeit zur abwechslungsreichen Betätigung mittlerer Schwierigkeit zu verschaffen, sie zu unterstützen, damit sie zum Erfolg kommen, und die vollbrachte Leistung anzuerkennen. Von pädagogischer und arbeitspsychologischer Bedeutung sind auch Erkenntnisse, die mit dem Begriff → „Attribuierung“ zusammengefaßt werden. Es ist wichtig, ob ein Schüler oder ein Arbeiter den erzielten Leistungen/Erfolgen bzw. Mißerfolgen interne oder externe Ursachen zuschreibt. Es ist z. B. bekannt, daß „Erfolgsmotivierte“ die Ursache für die erzielten Leistungen eher in den eigenen Fähigkeiten sehen (interne Ursache) und „Mißerfolgsmotivierte“ das Versagen auf äußere Bedingungen zurückführen (externe Ursache).

Leistungsstörungen → Lernstörungen.

Leptosom → Körperbautypen.

Lernbehinderung *(Debilität)* ist ein Intelligenzmangel, der Personen zugeschrieben wird, die einen Intelligenzquotienten von 50–70 besitzen. Sie muß von der → Geistigen Behinderung (Imbezillität) und Idiotie unterschieden werden, die von einem IQ von 20–49 bzw. 0–19 reichen. Die genannten IQ-Werte sind sehr vorsichtige, eher nach unten orientierte Angaben, in der Auslesepraxis für Sonderschulen werden z. B. 10–20 Punkte höhere Grenzen angesetzt. Der genaue Grad des IQ ist bei den verschiedenen Formen des Intelligenzmangels von untergeordneter Bedeutung, da es im Moment kaum → Intelligenztests gibt, die im unteren Bereich

der Intelligenz zuverlässig messen können. Die Einteilung der intellektuellen Behinderungen nach dem IQ ist deshalb von geringem Wert, besser wäre eine Klassifizierung, die sich nach den Ursachen der Behinderung richtet und Hinweise auf die pädagogischen Möglichkeiten enthält.
In diesem Sinne werden oft Lernbehinderungen, die infolge organischer Mängel, Krankheiten und körperlicher Schäden (z. B. Störungen der Sinnesorgane) entstehen, von den *Lernstörungen* unterschieden, die als Milieuschäden und als Folge von Erziehungsfehlern auftreten können.
Ursachen. Als Grund für eine Lernbehinderung nimmt man Anlagemängel an, wenn ein organisch gesundes Kind, das in einem günstigen Milieu aufwächst, intellektuelle Leistungsschwierigkeiten zeigt. Kinder mit einer durchschnittlichen Begabung können eine Lernbehinderung entwickeln, wenn sie in einem gestörten Milieu groß werden. Man spricht dann auch von →Pseudodebilität. Dies ist z. B. bei einer vernachlässigenden Erziehung der Fall, die ähnliche Auswirkungen zeigen kann, wie sie beim →Hospitalismus beobachtet werden. Ursachen der Vernachlässigung können zurückgeführt werden auf ein Desinteresse der Eltern am Kind und vor allem auf wirtschaftliche Überforderungen der Eltern (geringes Einkommen des Vaters, Berufstätigkeit der Mutter, zahlreiche Kinder, wenig Wohnraum).
Pädagogische Möglichkeiten. Erste Hinweise auf eine Lernbehinderung könnte ein sehr spätes Einsetzen der Sauberkeit und der Sprachentwicklung sein. Ein eindeutiges Erkennen ist jedoch erst in der Schule möglich, da dort ein intensiver Leistungsvergleich mit anderen stattfindet. Eine speziell auf den Lernbehinderten abgestimmte Erziehung findet hauptsächlich in Sonderschulen (L) statt. In größeren Städten gibt es auch Sonderschulkindergärten. In beiden Institutionen sollte ein enger Kontakt mit normal entwickelten Kindern möglich sein, damit die Behinderten nicht isoliert werden und →Minderwertigkeitsgefühle entwickeln. Nach dem erfolgreichen Besuch der Sonderschule ist das Kind in der Lage, Leistungen zu erbringen, die mit denen in der 6. Klasse Hauptschule vergleichbar sind.

Lernen. In der Umgangssprache wird unter dem Begriff Lernen hauptsächlich das „schulische Lernen" verstanden, d. h. der Erwerb von Kenntnissen, Fertigkeiten, wie Schreiben und Lesen, das Auswendiglernen von Gedichten, einer Fremdsprache usw. Das schulische Lernen hängt weitgehend von der Fähigkeit unseres Gehirns ab, Informationen zu speichern, und wird unter →Gedächtnis abgehandelt.
Mit den psychologischen Begriff „Lernen" wird jede Verhaltensänderung bezeichnet, die nicht durch Reifung, sondern →Erfahrung bewirkt wird und länger andauert. Weitgehend vom Lernen

abhängig sind auch verschiedene Bedingungen und Voraussetzungen des Verhaltens, wie die Entwicklung von Fähigkeiten (z. B. die Entwicklung der → Intelligenz), die Ausprägung von Bedürfnissen (z. B. das Streben nach überdurchschnittlich guten Leistungen), das Wachsen der Bereitschaft, Gefühle zu erleben und zu zeigen, sowie die Übernahme solcher → Einstellungen, die in einer Gruppe oder Kultur dominierend sind. Mit dem Erwerb genannter Persönlichkeitsmerkmale werden Voraussetzungen und Bedingungen des Verhaltens in verschiedenen Situationen „gelernt" oder verinnerlicht. → Verhaltenstherapie geht davon aus, daß auch psychische Störungen (→ Neurosen) Folge von Lernprozessen sind. Trotz der enormen Fortschritte ist die Lernpsychologie noch immer nicht in der Lage, schlüssig zu erklären, wie im Einzelfall bestimmte Verhaltensänderungen zustande gekommen sind. Im Laufe seiner → Entwicklung unterliegt ein Individuum so vielen unkontrollierbaren Umwelteinflüssen, die Lernprozesse bewirken, die sich gegenseitig behindern, unterstützen oder ergänzen, daß die Folge des Lernens kaum vorausgesagt werden kann. Verhaltensänderungen werden nicht nur durch Lernen, sondern auch durch Reifung (→ Entwicklung), Krankheiten (z. B. durch Überproduktion bestimmter → Hormone), Verletzungen und kurzfristig durch Ermüdung bewirkt. Weiterhin spielen → Anlage, Schockerlebnisse und Erziehung eine wichtige Rolle. Auch wenn wir annehmen, daß es keinen → Aggressionstrieb gibt, sind wir nicht in der Lage, das Lernen aggressiver Verhaltensweisen zu verhindern. In diesem Sinne bleiben die Ausführungen von B. F. Skinner (Futurum Zwei, Jenseits von Freiheit und Würde) über die restlose Steuerung des Menschen mit Hilfe lerntheoretischer Erkenntnisse eine Zukunftsvision.

Gesetzmäßigkeiten des Lernens (Lerntheorien). Systematische Erklärungen von Lernprozessen werden *Lerntheorien* und neuerdings auch *Verhaltenstheorien* genannt.

I. Klassische Konditionierung. Der russische Psychologe I. P. Pawlow hat in seinen berühmt gewordenen Hundeversuchen gezeigt, daß wiederholtes gleichzeitiges Auftreten von neutralen Reizen (Glockenton) und unbedingten Reizen (Fleisch) zur Ausbildung von bedingten Reflexen führt.

Erklärung der Begriffe:

Unbedingter Reiz (UCS) werden Reize genannt, die ohne vorangegangenes Lernen eine Reflex-Reaktion auslösen (angeborene, natürliche Reize). Die Fähigkeit, eine Reaktion ohne vorangegangenes Lernen auszulösen, haben alle Reize, die direkt der Befriedigung primärer → Triebe (Bedürfnis nach Nahrung, Schlaf, Atmung, Selbsterhaltungstrieb; Schmerz, Bedrohung, Angst) dienen. Beispiele: Fleisch bei Tieren, Mutterbrust beim Säugling, plötzliche starke Geräusche oder Lichtblitze, Elektroschocks, Schmerz verursachende Reize usw.

Unbedingter Reflex oder Reaktion (UCR) werden alle Reaktionen genannt, die durch den unbedingten Reiz ausgelöst werden. Beispiele: Speichelreflex beim Hund, Saugen des Säuglings, → Angst bei plötzlichen starken Geräuschen, verschiedene Reaktionen auf Schmerz auslösende Reize.
Neutraler Reiz (NS) sind alle Reize, die keine sichtbare Reaktion auslösen und für den Organismus in einer bestimmten Situation keinen informativen Bedeutungsinhalt haben. Beispiele: Glockenton, schwache Lichtsignale, Farben, sprachliche Symbole, Schmutz usw.
Bedingter Reiz (CS) sind alle Reize, die ursprünglich neutral waren, inzwischen jedoch aufgrund des Lernens, d. h. der wiederholten zeitlichen oder räumlichen Verknüpfungen mit einem unbedingten Reiz, die Fähigkeit besitzen, eine Reaktion auszulösen.
Bedingter Reflex oder *Reaktion* (CR) werden alle Reaktionen genannt, die auf bedingte Reize folgen. Beispiele für das Lernen von Verhaltensweisen nach dem Prinzip des klassischen Konditionierens: Die Befriedigung der Bedürfnisse des Säuglings durch Füttern, Beruhigen, Stillen wird mit der Zeit mit dem ursprünglich neutralen Reiz „Mutter" verknüpft. Allein das Erscheinen der Mutter oder einer anderen Pflegeperson, das Hochheben des Säuglings, die Stimme, bestimmte Vorbereitungen zum Stillen usw. werden nun angenehm erlebt und lösen dieselben Reaktionen aus (Gefühl der Sicherheit, Entspannung, Saugreflex) wie ursprünglich der unbedingte Reiz, das Berühren des Mundes durch Schnuller oder Mutterbrust. Werden einem Kind vom Arzt im weißen Kittel Schmerzen zugefügt (Blutabnahme, Spritze, Zahnbehandlung), so kann später der ursprünglich neutrale weiße Kittel heftige Angstreaktionen auslösen. Auf ähnliche Art kann man sich auch das Erlernen der Bedeutung sprachlicher Signale (Wörter) vorstellen. Sagen die Eltern immer wieder „heiß", wenn sich das Kind dem Fernseher nähert oder ihn anfaßt, so zeigt später das Kind auf den Fernseher und sagt „heiß". Spielt das Kind mit seinen Geschlechtsorganen und die Eltern schreien „pfui", „böse" usw. oder schlagen dem Kind auf die Finger, so kann das Kind später Angst vor Geschlechtsorganen empfinden, denn sie sind „pfui" und „böse." Folge dieser frühkindlichen Lernprozesse sind Sexualstörungen im Erwachsenenalter (→ Sexualerziehung).
Die Bedeutung sprachlicher Zeichen, die so gelernt wird, steuert unser Verhalten und unsere Handlungen. Weil sprachliche Zeichen das Verhalten aktivieren, wurden sie von Pawlow als „Signale zweiter Ordnung" bezeichnet (→ Sprache).
Der Lernprozeß kann auch durch die Beobachtung von Reaktionen anderer Personen ausgelöst werden (Imitation). Beobachtet ein kleines Kind, wie ein anderes Kind durch den Arzt im weißen Kittel Schmerzen und Angst erleidet, so kann auch beim Beobach-

ter die Verknüpfung zwischen Angst und weißem Kittel entstehen. Beobachten kleine Kinder Geschlechtsverkehr zwischen Erwachsenen, so werden die Lustreaktionen als Angstreaktion gedeutet bzw. gesehen, und das Kind kann im Erwachsenenalter Angst vor Geschlechtsverkehr zeigen.
Tritt ein bedingter Reiz und die bedingte Reaktion öfters auf, ohne daß eine Bedürfnisbefriedigung folgt, so wird die Verknüpfung wieder gelöscht. Extinktion oder Löschung der Signalwirkung eines bedingten Reizes findet statt, wenn der bedingte Reiz konsequent ohne den unbedingten Reiz auftritt. Der bedingte Reiz verliert seine verhaltensaktivierende Wirkung, er wird wieder zum neutralen Reiz. Tritt der bedingte Reiz eine Zeitlang nicht auf, so erholt sich in dieser Zeit, d.h. in der Phase des Nichtauftretens, die Signalwirkung des bedingten Reizes. Dieser Vorgang wird *Spontanerholung* genannt. Die Verknüpfung von neutralen Reizen und Angstreaktionen zeigt sich gegenüber der Löschung als besonders widerstandsfähig.

Übersicht über die Theorien des Bekräftigungslernens

Vertreter und Bezeichnung	*Lernmechanismus*	*Besonderheiten*
E. L. Thorndike Versuch-Irrtum-Lernen (trial-and-error) S-R-Verbindung: Reiz-Reaktion-Verbindung	Eingesperrte Tiere probierten verschiedene Verhaltensweisen aus, um zu entkommen: Kratzen, Herumlaufen, Hebeldrücken usw. Diejenige Verhaltensweise, die zu Erfolg führte (Türe öffnen, Belohnung durch Futter), wurde immer häufiger ausgeführt, sie wurde bekräftigt und gelernt. Bestrafungen haben nur wenig oder gar keinen Einfluß auf das Verhalten.	*Effektgesetz:* Handlungen, auf die ein befriedigender Zustand folgt (Erfolg), werden behalten, erfolglose vergessen. *Gesetz der Bereitschaft:* Der Organismus muß bereit sein, bestimmte Schaltungen im → Nervensystem herzustellen. *Gesetz der Übung:* Durch Übung werden Reiz-Reaktionsverbindungen gestärkt, ohne Übung geschwächt. In bestimmten Situationen werden infolge der Übung bestimmte Reaktionen „automatisch“ ausgeführt.
B. F. Skinner Operantes Konditionieren R-C-Verbindung: Reaktions-Konsequenz (positive oder negative Verstärker)	Jedes Verhalten (Operant), auf das positive Verstärker folgen, wird in Zukunft häufiger ausgeführt, es wird ein *Handlungspotential* gebildet. Durch die gezielte Verstärkung einzelner Verhaltensweisen können komplexe Verhaltensmuster gelernt werden.	Das Verhalten kann unabhängig von den Reizen geformt werden, indem die gewünschte Verhaltensweise belohnt und die unerwünschten ohne positive Konsequenzen bleiben.

Vertreter und Bezeichnung	*Lernmechanismus*	*Besonderheiten*
E. R. Guthrie Assoziations- bzw. Kontiguitätslernen	Reiz und Reaktion, die zeitlich oder räumlich zusammenfallen *(Kontiguität),* werden so verbunden, daß erneutes Auftreten des Reizes dieselbe Reaktion hervorruft. Die Verstärkung schützt lediglich solche Verbindungen vor Abschwächung.	Die Bedeutung der Verstärkung wird stark herabgesetzt. Es kommt darauf an, die Umwelt so zu gestalten, daß störende, negative Reize ausgeschaltet sind.
C. L. Hull Systematische Verhaltenstheorie R-O-R-Theorie Reiz-Organismus-Reaktion	Verbindungen zwischen Reiz und Reaktion werden verstärkt, wenn auf die Reaktion die Verminderung der Triebspannung folgt. Von der Anzahl der verstärkten Versuche hängt die Stärke des Gewohnheitspotentials ab *(Habitstärke)* und von der Bedürfnisspannung (Trieb), der Reizstärke und der zu erwartenden Verstärkung (Anreiz) das *Reaktionspotential* (Bereitschaft, auf einen Reiz zu reagieren). Der Reaktionsbereitschaft wirkt ein *Hemmungspotential* entgegen, das sich aus der reaktiven Hemmung nach Beendigung der Reaktion (Schutz vor erneuter Reaktion und Ermüdung) und der daraus gelernten (konditionierten) Hemmung ergibt.	Betonung der primären und sekundären Verstärker und der *Zwischenprozesse* im Organismus (Trieb, Reaktions- und Hemmungspotential).
E. C. Tolman Kognitive Lerntheorie	Das Verhalten ist *zielgerichtet,* und das Individuum lernt nicht Reaktionen, sondern Erwartungen, Bedeutungen einer Situation bzw. verschiedener Zeichen. Wird eine Erwartung dadurch „bestätigt", daß sie zum Ziel führt, wird auch die Verhaltensweise immer häufiger auftreten. So entsteht eine *kognitive Karte* der Bedeutungen, die das Verhalten steuert.	Es werden Zwischenprozesse eingeführt: Erwartung, Einsicht. Anstelle der Verstärkung einer Reaktion tritt die „Bestätigung" der Erwartung.

II. Das Bekräftigungslernen (Lernen am Erfolg, operantes Konditionieren). Zweifelsohne werden die meisten Verhaltensweisen gelernt, weil sie erfolgreich sind, eine Bedürfnisbefriedigung zur Folge haben, was identisch ist mit einem angenehmen Gefühlszustand. Durch den Erfolg wird die ausgeführte Verhaltensweise bekräftigt *(→ Bekräftigung),* verstärkt, d.h., die Wahrscheinlichkeit, daß die Verhaltensweise erneut auftritt, wird größer, bzw. es entsteht ein Bedürfnis, die Verhaltensweise erneut auszuführen. Voraussetzung für das Bekräftigungslernen ist die Aktivität eines Organismus, d.h., bevor eine Verhaltensweise bekräftigt werden kann, muß sie ausgeführt werden. Die verschiedenen Theorien über das Bekräftigungslernen unterscheiden sich hauptsächlich hinsichtlich der Ursache der Aktivität und der Bedeutung der Bekräftigung (siehe die Übersicht auf S. 220 und 221).

Praktische Folgerungen: Alle Theorien halten Bekräftigung, Belohnung, Erfolg für wichtig, es gibt aber noch zusätzliche Faktoren, die das Lernen von Verhaltensweisen beeinflussen können und z.B. in der Erziehung kontrolliert werden müssen.

1. Die Folgen auf bestimmte Verhaltensweisen: Unerwünschte Verhaltensweisen wie Weinen, Schreien, → Aggression, unsoziales Verhalten usw. dürfen nicht (weder positiv noch negativ) bekräftigt werden.

2. Umweltreize als Auslöser von Verhaltensweisen und Reiz-Reaktionsverbindungen: Angstauslösende Reize, wie z.B. plötzliche Geräusche, Drohungen, Reize, deren Bedeutung das Kind nicht unterscheiden kann, wie z.B. Demonstration übertriebener Gefühle, müssen vermieden werden.

3. Zwischenprozesse, nicht beobachtbare Faktoren wie Bedürfnisse (Triebe), die auch gelernt werden, oder aber das „Lernen durch Einsicht" spielen eine Rolle. Einmal gelernte Bedürfnisse können die Bildung neuer Verhaltensweisen oder Abschwächung (Extinktion) bestimmter Verhaltenstendenzen verhindern.

4. Bei der *Bekräftigung* spielt die Häufigkeit, Größe und die Art der Belohnung, des Erfolgs eine Rolle. Während beim Aufbau neuer Verhaltensweisen jeder richtige Versuch zunächst bekräftigt werden soll, sollten Verhaltensweisen, die schon mit einer bestimmten Häufigkeit auftreten, unregelmäßig (intermittierend) bekräftigt werden, z.B. nach jedem fünften Auftreten *(Quotenverstärkung)* oder alle 5 Minuten *(Intervallverstärkung).* Charakteristisch für so gelernte Verhaltensweisen ist ihre Stabilität, Widerstand gegen Abschwächung, das Verhalten wird nur schwer verlernt. Typische Beispiele für so gelerntes Verhalten sind Spielleidenschaft, → Aberglaube und → Aggression (unregelmäßige Bekräftigung).

Die Verstärkung muß sofort nach der ausgeführten Verhaltensweise erfolgen. Ist dies nicht möglich, so ist es besser, sie zu unterlassen, als sie nachträglich anzuwenden (was in der Erziehung oft geschieht). Die Höhe der Belohnung soll gesteigert werden und nicht in vorhersagbarer Weise erfolgen, da sie sonst ihre Wirksamkeit verliert.

Hinsichtlich der Art der Bekräftigung werden primäre und sekundäre, positive und negative Verstärker unterschieden. *Primäre Verstärker* sind alle Reize, die primäre Bedürfnisse (→Triebe) befriedigen (Milch, Süßigkeiten, Futter); *sekundäre Verstärker* sind Reize, die häufig mit primären Verstärkern zeitlich oder räumlich zusammenfielen und inzwischen selbst verstärkende Wirkung zeigen (Sprache, Zärtlichkeit, Zuwendung, Symbole u. a.). Im Laufe der →Entwicklung nehmen sekundäre Verstärker, wie Lob, Anerkennung, Lächeln, verbale Belohnung, an Bedeutung zu.

Strafen, wie Prügel, Liebesentzug, Elektroschocks, starke Geräusche usw., die eine Verhaltensweise abschwächen sollen, werden in der Literatur häufig irrtümlich *negative Verstärker* genannt. Negative Verstärkung liegt dann vor, wenn ein Verhalten deswegen häufiger auftritt, weil es die Intensität unangenehm, schmerzhaft wirkender Reize verringern konnte. Die Konsequenz des Verhaltens ist also angenehm; das Angenehme kommt über die Verringerung oder Aufhebung des Unangenehmen zustande.

Solche Verstärkung des Verhaltens wird also negative Verstärkung genannt. Strafe führt nicht zum Verlernen, sondern nur zu zeitweiliger Unterdrückung des bestraften Verhaltens. Der Bestrafte lernt kein neues Verhalten, sondern nur, wie er der Strafe entgeht *(Vermeidungslernen),* indem er das bestrafte Verhalten z. B. in Gegenwart des Erziehers nicht mehr zeigt.

5. Das erwünschte Verhalten kann erst bekräftigt werden, wenn es ausgeführt wird. Eltern, Lehrer, Sozialpädagogen und auch Psychologen sind oft hilflos, wenn sie ein Kind mit →Lernstörungen, aggressivem, störendem Verhalten (Faulheit) dazu bewegen müssen, die ersten erwünschten Reaktionen zu zeigen, die dann bekräftigt werden können. „Moralpredigten", Drohungen, Bestrafungen und Zwänge (z. B. Hausaufgaben unter Zwang bei gleichzeitigem Spielverbot) sind zwar nicht immer, aber meistens wirkungslos, weil sie weder die Lernmotivation erhöhen noch das Kind zur Ausführung der erwünschten Reaktionen lenken. Dieses Problem ist noch wenig systematisch erforscht worden. Einige Möglichkeiten: Verhaltensanalyse und Abbau früherer gelernter Reaktionen (Gewohnheiten), Gestaltung der Umwelt (die Umgebung wird so verändert, daß nur noch erwünschte Reaktionen möglich sind), Förderung der Nachahmung, Erhöhung der Motivation, sprachliche Anweisungen, stufenweise Annäherung an das richtige Verhaltensmuster, in dem schon Ansätze der erwünschten Reaktion und Teile des Verhaltensmusters (Nahziele) bekräftigt werden (sukzessive Approximation).

Die praktische Bedeutung des Bekräftigungslernens kann nicht hoch genug angesetzt werden. Der Großteil menschlicher Verhaltensweisen, →Einstellungen, →Gefühle und Bedürfnisse wird nach dem Prinzip des Lernens am Erfolg übernommen. Nicht nur in der →Familie und Schule, sondern auch in allen anderen →Gruppen (z. B. Gleichaltrigengruppen) werden alle Verhaltensweisen, die angepaßt, sozial erwünscht sind, bekräftigt. Auf diese Art und Weise wird das soziale Verhalten gelernt und kulturelle Werte und Normen übernommen. Während in der Kindheit die Bekräftigung, Belohnung, der Erfolg von der äußeren Kontrolle, von Erziehern abhängt, wirkt das Verhalten später selbst verstärkend, da erfolgreiche Reaktionen das Bedürfnis nach Selbstwertschätzung, nach Kompetenz, Nützlichkeit befriedigen. Wir sind zufrieden, wenn wir als erfolgreiche, aktive, fähige Menschen angesehen werden und uns selbst so einschätzen. Die Selbsterziehung, Selbstbestätigung ist jedoch nicht nur bei erwünschten Verhaltensweisen, sondern auch bei abweichendem, kriminellem Verhalten (→Kriminalität) wirksam. Auch kriminelle Handlungen bringen zunächst den gewünschten Erfolg und werden beibehalten, weil kein Alternativverhalten gelernt wurde. Das Ausbrechen aus solchen „selbstregulierenden Systemen" (Teufelskreis) ist sehr schwierig, und es kommt darauf an, durch ausreichende Vermittlung der Erfolgserlebnisse und sozialer Anerkennung sie gar nicht aufkommen zu lassen.

III. Nachahmungslernen (Imitationslernen, Lernen am Modell). Schon S. Freud hat angenommen, daß Kinder nicht nur die sichtbaren, beobachtbaren Verhaltensweisen der Erwachsenen nachahmen, sondern auch deren Beweggründe (Bedürfnisse), Gefühle und Wertungen. Durch diese Art der →Identifikation entsteht das Über-Ich bzw. das →Gewissen. A. Bandura und F. H. Walters konnten Anfang der 60er Jahre nachweisen, daß Kinder sehr schnell die Meinungen und moralischen Urteile des beobachteten Modells übernehmen. Besonders intensiv wurde das Nachahmen des aggressiven Verhaltens erforscht. Bandura und seine Mitarbeiter stellten fest, daß aggressives Verhalten Erwachsener vor allem dann von Kindern nachgeahmt wird, wenn die Modelle für ihr Verhalten belohnt werden, Erfolg haben. Die beobachtete Bekräftigung war genau so wirksam, als wenn die Kinder die Belohnung selbst erlebt hätten. Diese Art der Bekräftigung wurde *„stellvertretende"* (vicarious oder vikariierende) Verstärkung genannt. Es wird angenommen, daß das Beobachten von Verhaltensweisen und deren Folgen (Erfolg oder Mißerfolg) im Lernenden selbst ähnliche innere Prozesse auslöst, wie sie beim Modell ablaufen. Es wurde weiterhin festgestellt, daß bevorzugt Modelle (Personen) nachgeahmt werden, die soziale Macht (z. B. Lehrer), Prestige (bestimmte Berufe) besitzen, attraktiv und sympathisch sind (Personen gleichen Geschlechts, Alters und Herkunft), und Personen, die Bedürfnisse der Lernenden befriedigen (Eltern).

Die Imitationsvorgänge spielen in der Erziehung deshalb eine so wichtige Rolle, weil sie den umständlichen Weg des Versuchs- und Irrtum-Verhaltens ersparen. Komplizierte Bewegungsmuster (Tanzen, Skifahren), Kommunikationsmuster (z. B. Sprache, Ausdruck) und andere komplexe Verhaltensweisen können nur durch Nachahmung in der kurzen Zeit gelernt werden. Durch Imitation werden aber nicht nur neue Verhaltensweisen gelernt, sondern auch bereits erlernte durch die Beobachtung, daß sie auch andere erfolgreich anwenden, verstärkt (z. B. Rauchen, aggressives Verhalten und Überqueren der Straße bei Rot). Auch hier sind bald „Teufelskreise" zu beobachten, so bevorzugen z. B. aggressive Kinder Filme mit gewalttätigen Inhalten, wodurch ihr Verhalten verstärkt wird. Derselbe Mechanismus wird auch durch die Tatsache bestätigt, daß Menschen besonders im Zustand der emotionalen Erregung (Unsicherheit, Angst) dazu neigen, andere Personen zu imitieren, ihr Verhalten mitzuerleben, sich mit ihnen zu identifizieren. Auf diese Weise könnte der von S. Freud postulierte Vorgang der → Identifikation in den Erregungsphasen der → Entwicklung (Trotzalter, Vorpubertät und Pubertät) lerntheoretisch erklärt werden.

Das *Lernen am Modell* wird in der psychologischen Literatur häufig auch als *soziales Lernen* (soziale Lerntheorie) bezeichnet. Die Erklärung der Verhaltensänderung über Beobachtung dessen, was andere tun, zählt inzwischen zu der Gruppe der sog. kognitiven Lerntheorien. Diese Lerntheorien heben die Bedeutung von kognitiven Prozessen für die Änderung des menschlichen Verhaltens hervor. Als wichtige kognitive Prozesse und innerpsychische Vorgänge, die das Lernen stark beeinflussen, werden aufgeführt:

- Wahrnehmungs-, Aufmerksamkeitsprozesse, das Behalten im Gedächtnis und Reproduktionsprozesse;
- verbale und symbolische Kodierungen;
- Geschicklichkeit, Funktionslust und Kreativität;
- selbsterzeugte Anreize und Regeln des Verhaltens;
- Nachdenken, problemlösendes Denken, Umstrukturieren der Wahrnehmung, Gewinnen neuer Sicht (= Einsicht).

IV. Das Lernen durch Einsicht. Es wird in der psychologischen Literatur selten als eine eigenständige Lerntheorie aufgeführt. Gestaltpsychologen, insbesondere Wolfgang Köhler und Max Wertheimer, haben die Bezeichnung „Lernen durch Einsicht" für solche Verhaltensänderungen eingeführt, die in der Regel dann eintreten, wenn es einem Menschen (oder Affen) gelingt, eine Situation „neu" zu sehen, neue Beziehungen zwischen den einzelnen Elementen einer Situation zu erkennen, die „Gesamtsituation zu überblicken" und gegebenenfalls umzustrukturieren.

Manche Wissenschaftler sind der Meinung, daß das Lernen durch Einsicht eher „produktives Denken" oder „problemlösendes Denken" genannt werden soll (W. Metzger), weil bei der Änderung des

Verhaltens das Denken die entscheidende Rolle spielt. Ursprünglich haben die Gestaltpsychologen die „Gewinnung der neuen Sicht", also die Prozesse und Bedingungen der Wahrnehmung, als das Moment der Verhaltensänderung angesehen. Auf der Grundlage der Erkenntnisse der Gestaltpsychologie werden heute dem Praktiker (z. B. dem Erzieher) viele Hinweise angeboten, wie man das Lernen durch Einsicht fördern könnte.
Entscheidend sind:
- Das Erleben eines Problems, d. h., in der „Gestalt" müssen „Lücken" wahrgenommen werden, die geschlossen werden wollen.
- Es ist wichtig, daß die Gesamtsituation wahrgenommen wird, weil erst durch das Ganze die einzelnen Teile, z. B. einzelne Verhaltensweisen, ihren Sinn bekommen. Das ICH, d. h. die innere Welt des Erziehers oder Kindes, ist genauso wichtig wie das WIR, d. h. die innere Welt des anderen und die Beziehungen untereinander. Durch die Beachtung objektiver und sachlicher Gegebenheiten (UMWELT) wird die Ganzheit erfaßt.
- Nach dem Gestaltgesetz der Prägnanz erfolgt die Umstrukturierung der Wahrnehmung und die Schließung der Lücken auf eine „gute" Gestalt hin. Werden nur negative (unerwünschte, böse, aggressive) Aspekte einer Situation erfaßt, so besteht die Gefahr, daß eine neue negative, unerwünschte Verhaltensweise zur Bildung einer „guten" Gestalt beiträgt.

Daraus ergeben sich folgenden Anregungen:
- Über Informieren, Argumentieren, über Ich-Botschaften, über Aktives Zuhören, über Verbalisieren von Gefühlen und durch konstruktives Feed-back kann Problembewußtsein gefördert werden.
- Durch Ermutigung zu ungewöhnlichen Lösungen, zu kreativem, selbständigem Handeln, durch Erklären der Zusammenhänge, durch Aufzeigen von Alternativen, durch anschauliche logische Darstellung wird Erfassen der Ganzheit unterstützt.
- Der Prozeß des Umstrukturierens wird nach W. Metzger erschwert durch Befehle, Anordnungen, Strafen, Zeitdruck, Manipulation, Ablenken, Themawechsel. Besonders hinderlich wirken sich aus: Gewohnheitstorheit (Mittel und Wege, die bisher zum Ziel geführt haben, werden „blindlings" angewandt), Funktionswechsel (Mittel zum Zweck werden zum Selbstzweck) und funktionsentleerte Erinnerungen („So ging es doch!").

Die Ergebnisse der Lernforschung haben also für die Erziehungspraxis und vor allem für die → Verhaltenstherapie konkrete Konsequenzen.

Lernstörungen. Wenn gut bzw. durchschnittlich intelligente Schüler in der Schule versagen bzw. unterdurchschnittliche Leistungen erreichen, liegen *Lern-* bzw. *Leistungsstörungen* vor. Wenn unter-

durchschnittlich intelligente Schüler durch bestimmte schulische Anforderungen überfordert werden, vieles nicht verstehen, in allen Fächern oder nur in einem bestimmten Fach (häufig Mathematik) schlechte Leistungen erbringen, spricht man von *Lernschwierigkeiten*. Lernschwierigkeiten sind oft eine Vorstufe von Lernstörungen, weil viele Mißerfolgserlebnisse zu Angst, Resignation und Konzentrationsstörungen führen. Ursachen von Lernstörungen: übermäßiger Ehrgeiz der Eltern, ungerechtfertigte Kritik, Drohungen, häufiger Tadel und Strafen, zynische Bemerkungen, Zwang, Berufstätigkeit der Mutter, schlechte Wohnverhältnisse und zum Teil auch vorpubertäre Probleme (→Jugendalter). Auf der schulischen Seite werden Lernstörungen verursacht durch Überforderung, autokratischen Führungsstil des Lehrers, →Prüfungsangst (wegen Numerus clausus besonders groß), Außenseiterposition in der Klasse, mangelnde fachliche und pädagogische Kenntnisse der Lehrer.
Neben dem Versagen in der Schule zeigen sich folgende →Symptome: Schuleschwänzen, Unaufmerksamkeit, Konzentrationsstörungen, schnelle Ermüdung, Schlafstörungen, Appetitlosigkeit, Ohrenschmerzen, Kopfweh.
Behandlung: sogenannte „Moralpredigten", der Rat, sich endlich einen „Schwung" zu geben, sind nicht nur erfolglos, sondern verstärken sogar die Probleme und die Angst der Schüler. Versprechen von „Belohnungen" bei guten Noten ist ebenso wertlos. In den meisten Fällen ist eine Schulberatung bzw. →Erziehungsberatung notwendig. Allgemein sollten Eltern und Lehrer zuerst die Ursache klären, das Kind akzeptieren, schon bei geringen Leistungen anerkennen (Anspruchsniveau der Eltern herabsetzen) und es unterstützen.

Lerntechniken →Gedächtnis.

Lese- und Rechtschreibschwäche →Legasthenie.

Libido. Mit Libido bezeichnete S. Freud die dem Geschlechtstrieb innewohnende Energie (→Psychoanalyse). Freud betrachtet die Libido als wesentlichen Grundantrieb im menschlichen Leben, erst später fügte er den →Todestrieb hinzu, der aggressives, zerstörendes Verhalten erklären soll. C. G. Jung sieht vom sexuellen Inhalt ab und betrachtet die Libido als psychische Energie überhaupt.

Life-Event-Forschung. Die Psychiater Th. H. Holmes und R. H. Rahe haben 1967 eine Liste von 43 belastenden lebensverändernden Ereignissen, z. B. Tod des Ehegatten, Ehescheidung, Heirat, berufliche Veränderung, Aufnahme einer Hypothek, zusammengestellt, um den kurzfristigen Zusammenhang zwischen dem „Lebensstreß" und dem Ausbruch einer – vor allem – körperlichen

Krankheit zu untersuchen. Seitdem sind mit der von Holmes und Rahe zusammengestellten Skala und mit anderen Meßinstrumenten sowie Methoden viele Untersuchungen durchgeführt worden, um nachzuweisen, daß sich vor dem Ausbruch einer Krankheit lebensverändernde Ereignisse häufen. In mehreren Untersuchungen konnte ein enger Zusammenhang zwischen Lebenskrisen und Gesundheitsproblemen (Infektionskrankheiten, Allergien, Knochenbrüchen, Herzanfällen, fieberhaften Erkrankungen) nachgewiesen werden. Kritiker der Life-Event-Forschung weisen auf zwei Schwachpunkte hin: Erstens bleiben sog. „Vulnerabilitätsfaktoren" (Verletzbarkeit, Neigung zu Krankheit, fehlende Widerstandskraft) als intervenierende Variable unberücksichtigt, zweitens weisen die Meßinstrumente erhebliche Schwächen auf. Interessante Aspekte der Life-Event-Forschung sind: Sie untersucht, wie sich Veränderungen der Lebenssituation und nicht die Lebenssituation an sich auf die Entstehung der Krankheit auswirken, sie befaßt sich mit dem Menschen im Alltag; im Mittelpunkt des Interesses stehen nicht traumatische Erlebnisse und Katastrophen, sondern häufige alltägliche Ereignisse, die wir alle durchlaufen, sie untersucht die Wirkung solcher Ereignisse, die „kurz vorher" das Leben des kranken Menschen belasteten.

Linkshändigkeit. Die Bevorzugung der linken Hand beim Verrichten von verschiedenen Kulturtechniken (Schreiben, Essen, Grüßen) ist hirnorganisch bedingt (rechte Großhirnhälfte ist stärker ausdifferenziert) und bei „Rechtsdressur" mit der Gefahr verbunden, daß verschiedene Störungen (→Sprachstörungen, →Legasthenie) auftreten.

Literaturpsychologie. Die Literarturpsychologie umfaßt drei verschiedene Fragenkomplexe:

1. Auswertung literarischer Werke nach ihrer psychologischen Aussage, d. h., inwiefern es sich bei literarischen Werken um psychologisch sachverständige Darstellung individueller oder sozialer Probleme handelt. Es ist sicher, daß viele Schriftsteller über beträchtliche psychologische Kenntnisse verfügen und daß deren Verhaltensanalyse, Beschreibung menschlicher Konflikte, Gefühle, Motive wie auch psychologischer Störungen und Ursachen den Erkenntnissen der modernen Psychologie standhält. Literarische Werke haben viel zur Dynamik und zum Wandel des moralischen Bewußtseins beigetragen, indem sie auf eine eindringliche und bestechende Art die Verlogenheit der →Moral, die Wirkung von →Diskriminierung und →Vorurteilen, die psychologischen Mechanismen der Unterdrückung u. a. aufgezeigt haben.
2. Erforschung der literarischen →Begabung, der Schriftstellerpersönlichkeit, seiner Motive und Eigenarten des sprachlichen Ausdrucks und Denkstils. Die Erkenntnisse und Annahmen in

diesem Bereich gehen weit auseinander: Es werden ebenso pauschale Weisheiten verbreitet, denen man entnehmen kann, daß Dichter über eine lebhafte Phantasie, gute Beobachtungsgabe, großen Sprachschatz, überdurchschnittliche →Intelligenz usw. verfügen, wie auch tiefenpsychologische Deutungen (→Psychoanalyse), nach denen der literarische Inhalt in frühen Kindheitserfahrungen, sexuellen Nöten und unbewußten Antrieben seinen Ursprung hat.
3. Auswirkung der Literatur. Während über Wirkung verschiedener „Comic"-Heftchen und anderer Kinder- und Jugendliteratur die ersten Untersuchungen durchgeführt wurden und deren erzieherische Bedeutung herausgestellt wurde (Beeinflussung der Intelligenzentwicklung, Steigerung des sprachlichen Ausdrucks, Übernahme sozialer Rollen und Normen u. a.), gibt es kaum gesicherte Erkenntnisse über das Konsumverhalten von Erwachsenen (Bevorzugung bestimmter literarischer Werke) und über die Wirkung der Literatur auf das Verhalten.

Logotherapie. Viktor E. Frankl (geb. 1905) geht von der Erkenntnis aus, daß im Menschen ein Bedürfnis nach *Sinnfindung* angelegt ist. In der →Neurose sieht er das „Leiden am sinnlosen Leben". Die Neurose ist nach Frankl eine „sture Selbst-Zentriertheit", die auch durch den Geist (noogen) verursacht wird. Frankl strebt in der von ihm begründeten Logotherapie „Heilung durch Sinnfindung" und Heilung durch den Geist an. Die Mittel, die er dazu anwendet, sind zwei „Kunstgriffe": die *„paradoxe Intention"* und die *„Dereflexion"*. Da der Neurotiker in der Regel zu viel grübelt, nachdenkt, nach Erklärungen, Rechtfertigungen sucht, statt zu handeln, käme es in der Therapie nach Frankl darauf an, die Symptome zu ignorieren, sich nicht den Symptomen, sondern der Welt zuzuwenden, nicht zu grübeln, sondern zu handeln. Diesen Teil der Therapie nennt Frankl Dereflexion. Da sich die Patienten schon im voraus vor den Symptomen ängstigen, wird dem Klienten „paradoxerweise" befohlen, Angst zu haben, schlaflose Nächte zu verbringen, zu stottern. Wenn sich der Patient vornimmt, Angst zu haben, hat er das Symptom seinem Willen unterworfen. Es verliert die Macht über ihn. Darin sieht Frankl die Wirkweise der paradoxen Intention, die inzwischen auch in der →Kommunikationstherapie praktiziert wird (mit anderer Begründung).

Lokalisation psychischer Funktionen. Die Auffassung, bestimmte Bereiche der Hirnrinde (→Nervensystem) seien für bestimmte psychische Funktionen, wie z. B. Sprechen, Hören, Schreiben, →Gedächtnis, verantwortlich und könnten „lokalisiert" werden, wurde durch die hirnpsychologische Forschung nur zum Teil bestätigt. Für bestimmte Funktionen sind neben begrenzten Bereichen der Hirnrinde, die sozusagen „Hauptverantwortung“ tragen und bei Ausfall (Verletzungen) zu bestimmten psychischen Störungen führen, viele weitere Teilsysteme des Gehirns bzw. Nervensystems verantwortlich.

Löschung → Lernen.

LSD → Drogenabhängigkeit.

Luftfahrtpsychologie, ein Zweig der → Verkehrspsychologie, wirkt vornehmlich bei der Auslese und Ausbildung des Flugpersonals und Entwicklung geeigneter Instrumente und Flughilfen mit und untersucht ganz allgemeine psychologische Probleme des menschlichen Verhaltens beim Fliegen.

Lust. Während der Begriff Lust in der Alltagssprache häufig als Bezeichnung für Bedürfnisse, Verlangen nach etwas dient (Lust haben, etwas zu tun, zu essen, zu trinken, nach Vergnügen, Feiern usw.), ist seine Bedeutung in der Psychologie streng auf die angenehme Erregung (→ Gefühle) bei Befriedigung eines Bedürfnisses – vor allem sexueller Bedürfnisse – begrenzt (Lustgefühl). Das Streben nach Bedürfnisbefriedigung nennt S. Freud das *Lustprinzip* und die Anstrengung, Leistung, die in der Realität vollbracht werden muß, um zu der Befriedigung der Wünsche zu gelangen, das *Realitätsprinzip.* Es scheint, daß körperliche Erregung (→ Orgasmus) und damit verbundene Lust für den Menschen und seine Selbstverwirklichung (→ Motivation) relativ bedeutungslos ist, wenn sie ohne vorausgehende Leistung, Anstrengung, Werbung um den Partner usw. erreicht wurde.

M

Macht, Machtstreben. Macht kann in Beziehungen zwischen Personen als die Fähigkeit angesehen werden, das Verhalten des Partners zu beeinflussen. Die Beeinflussung von Menschen ist nach der →Lerntheorie dann möglich, wenn eine Person über Belohnungen für erwünschtes und über Bestrafungen für unerwünschtes Verhalten verfügt. Nach der Austauschtheorie des sozialen Verhaltens gewinnt eine Person Macht über den Partner, wenn die Person A belohnen und/oder bestrafen kann, Person B aber keine attraktiven Alternativen hat. In solchen Fällen wird sich die Person B solange den Wünschen der Person A unterordnen, bis der Ausgleich vollzogen ist.

In der psychologischen Literatur werden folgende Arten von Machtbeziehungen näher beschrieben:

- Macht durch Belohnung oder Bestrafung;
- Macht durch Legitimation (eine Person kann aufgrund der Position oder der geltenden Rechte und Normen Befehle erteilen);
- Macht durch Identifikation ist gegeben, wenn eine Person die andere als Vorbild oder Bezugsperson ansieht;
- Macht durch Sachkenntnis, durch Information;
- Macht durch situative Kontrolle (eine Person kann über die Gestaltung räumlicher, zeitlicher und sozialer Bedingungen das Verhalten der anderen steuern).

M. Mulder hat in der „Theorie der Machtdistanzreduktion" die Behauptung aufgestellt und begründet, daß Menschen gerne Macht ausüben, dadurch Befriedigung erleben und daß sie um so mehr danach streben, die Machtdistanz zu verringern, je geringer der Abstand zwischen Machtinhabern ist. Einfach ausgedrückt: Wer sich am Ende einer Hierarchieleiter befindet, der strebt kaum nach höheren Positionen.

Weitere interessante Erkenntnisse der Forschung sind:

- Wahrgenommene Machtgleichheit führt zu angenehmen sozialen Beziehungen und zur Bereitschaft zur Kooperation. Überlegene Partner zeigen eher die Bereitschaft zum Machtverzicht, die unterlegenen streben nach Machtzuwachs. Macht besitzt eine korrumpierende Wirkung, weil Machtinhaber häufig zu der Überzeugung gelangen, sie seien anderen Menschen in ihren Fähigkeiten und Fertigkeiten überlegen. Diese korrumpierende Wirkung zeigt sich auf der anderen Seite darin, daß sich unterlegene oder abhängige Personen bei positiven Ereignissen selbst als Urheber sehen, bei negativen Ereignissen wird aber dem Machtinhaber die Ursache zugeschrieben (Machtattribution).

Machtstreben oder das „Streben nach einem Überwertigkeitsgefühl" entsteht nach A. Adler infolge einer strengen, entmutigenden Erziehung und aus der Erfahrung der Machtlosigkeit. In der → Individualpsychologie nimmt das Machtstreben die Stelle eines wichtigen Antriebes des menschlichen Verhaltens ein und dient insbesondere der → Kompensation des verstärkten Minderwertigkeitsgefühls.

Magersucht → Eßstörungen.

Magisches Denken → Intelligenzentwicklung (nach Piaget).

Manie ist gekennzeichnet durch eine umfassende Enthemmung und Überschätzung der eigenen Persönlichkeit. Damit verbunden ist eine auffallende Antriebsvermehrung (→ Euphorie), die sich in Hyperaktivität äußern kann. Im allgemeinen wird die Manie als eine Phase des manisch-depressiven Irreseins betrachtet, die von der depressiven Phase (→ Depression) periodisch abgelöst wird, aber auch isoliert auftreten kann.

Manierismus (Manieriertheit). Der Begriff beschreibt gekünsteltes, unechtes Verhalten eines Menschen, wie es auch bei manchen → Schizophrenen vorkommt, die einem z. B. in immer der gleichen affektierten Pose die Hand drücken.

Manipulation beschreibt die Steuerung und Beeinflussung des Menschen auf wirtschaftliche, politische, wissenschaftliche oder soziale Ziele hin, die weder seinem Interesse noch seinen Fähigkeiten entsprechen. Häufig wird jede Beeinflussung von Mitmenschen Manipulation (z. B. Erziehung, ein bestimmter Führungsstil, → Interaktion) genannt, die aber meist den Bedürfnissen und Fähigkeiten des Manipulierten entspricht und vermeidbar ist. Bekannte Manipulationsmöglichkeiten sind:

- Ausnützen der innerhalb von vorhandenen → Einstellungen, → Gefühle und Meinungen möglichen verschiedenen Verhaltensweisen. So kann durch den einseitigen und wiederholten Einsatz von Propaganda und Reklame (→ Werbepsychologie) der Mensch ein engagierter Verfechter der Ziele einer Partei werden, für die er vorher nur eine leichte Sympathie empfand. Durch den systematischen Entzug sämtlicher Reize (sensorische → Deprivation), wie es z. B. bei Einzelhaft oder ständiger Dunkelhaft möglich ist, wird der Mensch so weit gebracht, daß er gleichsam nach Beachtung und Ansprache „süchtig" wird und dafür alles macht, was man von ihm verlangt.
- Denkbar wäre auch eine Manipulation in den ersten Lebensmonaten des Kindes (→ Säuglingsalter), während der es Vertrauen in seine Umwelt entwickelt.

Enthält man ihm in dieser Zeit jeglichen emotionalen Kontakt mit einem Menschen vor, kann das bis zum Tode, zumindest aber zu irreparablen Störungen führen (→Hospitalismus).

- In der Eugenik (→Psychohygiene) kann man die Auswirkungen der Erbsubstanz durch Sterilisation eines Menschen beeinflussen, wie man es z. B. bei der Veranlagung zu bestimmten Formen der →geistigen Behinderung oder →Psychosen macht. Vorstellbar wäre auch eine künstliche Besamung, um eine erwünschte Kombination der →Gene zu erreichen. Gegen dieses Vorgehen können insbesondere ethische Gründe (die Freiheit und Würde des Menschen soll gewahrt bleiben) angeführt werden, die auch für ein evtl. bei einem Fortschreiten der Biologie möglichen Ändern der Erbanlagen durch gezielte biochemische Einflüsse gelten würden.
- Eine chemische Manipulation geschieht ebenso durch die Einnahme bestimmter →Psychopharmaka, die zu einem momentan angenehmen Leben führen, die Leistungsfähigkeit erhöhen, Schmerzunempfindlichkeit bringen oder den Menschen in Ekstase versetzen. Sie werden aber auch verwendet, um dem Individuum Informationen zu entlocken, die es unter gewöhnlichen Umständen nicht preisgeben würde.

Manisch-depressives Irresein, eine endogene →Psychose, bei der kurzandauernde manische Phasen (→Manie) und länger andauernde depressive Phasen (→Depression) periodisch wechseln.

Marihuana →Drogenabhängigkeit.

Marktpsychologie. Seit der Ablösung der Bedarfswirtschaft durch die Überflußgesellschaft mußten die Sozialökonomen ihre Vorstellung revidieren, daß Angebot und Nachfrage nach rein rational-ökonomischen Prinzipien verlaufen. Man stellte fest, daß das Konsumverhalten nicht allein rationales, sondern vielmehr auch irrationales Handeln darstellt und daß Kauf oder Nicht-Kauf von verschiedenen psychologischen und sozialen Faktoren abhängen (B. Spiegel). Die einzelnen Teilbereiche des „Marketing" (Marktforschung, Produktforschung, Absatzplanung, Werbung, Public Relations und Verkauf) machten sich psychologische Erkenntnisse zunutze. Marktpsychologie befaßt sich somit mit den psychologischen Problemen und Fragen des Marketing, wobei die →Werbepsychologie mit ihrer Aufgabe zu informieren und zu motivieren noch immer den größten Umfang einnimmt.
Aufgaben der Marktpsychologie. Nachdem sich herausgestellt hat, daß das „Problem der totalen Sättigung" in einer Wohlstandsgesellschaft nicht auftritt, weil anstelle der befriedigten elementaren Bedürfnisse sofort andere „höhere" Bedürfnisse treten, mußten die Marktforscher und die Unternehmungsplaner umdenken. Die Konsumgüter (Gebrauchsgüter, Verbrauchsgüter und Dienstleistungen) dienen nicht mehr der bloßen Lebenserhaltung, sondern auch der →Kommunikation und →Interaktion sowie der →Befriedigung vieler sekundärer (gelernter) Bedürfnisse. Daraus ergaben sich für die Marktpsychologie folgende Aufgabenbereiche:

1. Erforschung und Berücksichtigung psychologischer Faktoren bei der Produktherstellung. Bei der Produktherstellung müssen Ergebnisse von Umfragen berücksichtigt werden etwa hinsichtlich der Qualität (man will keine Schuhe, die 30 Jahre halten), der Kombination von einzelnen Funktionsmerkmalen (leichte Bedienung, Design, Aussehen, Bequemlichkeit usw.), der Aussage von Verpackungen (gelb verpackte Waschmittel werden als „zu scharf" beurteilt, blau als zu „schwach"), des Preises (Produkte mittlerer Preisklasse werden bevorzugt).
2. Erforschung des Konsumverhaltens und der Möglichkeiten, Änderungen herbeizuführen. Der Begriff Konsumverhalten wird neuerdings ersetzt durch den Begriff „Konsumentscheidung", denn der Verbraucher steht in der Regel vor mehreren Alternativen und muß sich entscheiden. Vielfach wird in der Forschung nicht mehr vom Verbraucherverhalten, sondern vom Handeln der Käufer gesprochen und nach dem Modell der Handlungstheorien analysiert. Die Nachfrage ist sowohl eine Funktion des Einkommens als auch der Gefühle, Bedürfnisse, Vorstellungen, wie etwa über den eigenen sozialen Rangplatz, und des Gruppendrucks, sowie Ausdruck überlieferter Klischeevorstellungen im Konsumverhalten (→ Vorurteil), geschlechtsspezifischer Rollendifferenzierung (Einkaufsdomäne der Frau bzw. des Mannes) und der → Einstellungen und Erwartungen hinsichtlich der ökonomischen Zukunft, die einen Verbraucheroptimismus bez. -pessimismus bewirken (psychologische Mechanismen der Konjunkturbeeinflussung). Die Marktpsychologie versucht in diesem Bereich Prognosen über das zu erwartende Konsumverhalten, über die Änderung von Erwartungen und über die Entstehung neuer Bedürfnisse aufzustellen.
Einige exemplarisch ausgewählte Ergebnisse aus diesem Bereich der Forschung: Das Konsumverhalten hängt stark von der persönlichen Biographie ab, das von Jugendlichen ist stark von Klischeevorstellungen ihrer Eltern abhängig und je nach Marke, Produkt oder Produktgruppe unterschiedlich (kein allgemeines Teenager-Konsumverhalten); bei der Ablösung vom Elternhaus wird das Konsumverhalten von den Mitgliedschafts- und Bezugsgruppen stark beeinflußt (→ Gruppe). Beim Kauf von technischen Gebrauchsartikeln orientiert sich das Konsumverhalten an folgenden typisch männlichen und typisch weiblichen Stereotypen:

typisch männlich	*typisch weiblich*
Betonung der Rationalität und technischer Interessen, stark, energisch, aktiv, selbständig, kämpferisch	Betonung der Emotionalität und sozialer Interessen, passiv, hingebungsvoll, zurückhaltend, anlehnungsbedürftig

Die geschlechtsspezifischen Unterschiede zeigen sich auch bei der Entwicklung des Kaufverhaltens. Während Männer starkes Interesse für Neuanschaffungen zeigen, entwickeln sie wenig Initiative für die Beschaffung von Informationen, und Frauen verhalten sich umgekehrt. Männer orientieren sich hauptsächlich an der Werbung und dominanten Meinungsbildern und Frauen am Aussehen, an der Form und Handlichkeit.
3. Produkt-Untersuchungen. Gemeint ist die Erforschung derjenigen Faktoren, die Anziehungskraft, Aufforderungscharakter und Image eines Produktes und dessen Herstellungsfirma ausmachen. Unter *Image* werden Erwartungen, Gefühle und Vorstellungen verstanden, die mit einem Produkt bzw. mit einer Produktmarke oder Firma assoziiert sind. Es kommt darauf an, daß die Imagefaktoren entsprechend den persönlichen Erwartungen des Käufers und seinen Bedürfnissen erlebt werden. Image des Produkts und des Geschäfts, in dem das Produkt verkauft wird, müssen übereinstimmen. An Kaufhäuser werden andere Erwartungen und Vorstellungen geknüpft als an Spezialgeschäfte.
Methoden der Marktpsychologie. Es kommen hauptsächlich Methoden der →Meinungsforschung zur Anwendung (Umfragen, →Interviews, →Fragebögen, Einstellungsskalen), spezielle Methoden für die Image-Untersuchungen (→Polaritätenprofil) der Motivforschung (→projektive Tests, Persönlichkeitsfragebögen, Untersuchungen über die Persönlichkeitsmerkmale und das tatsächliche Verhalten von Verbrauchern) und Techniken der Überprüfung von Werbewirksamkeit (Befragung der Leserschaft von Anzeigen, Darbietung von Werbespots unter kontrollierten Bedingungen, Umfragen über Markenartikel-Gebrauch, Analyse von Coupon-Rücksendungen und von Verkaufssteigerungen).

Masochismus →Perversionen.

Masse. Massenerscheinungen, wie wilde Streiks, Sportveranstaltungen, Studentendemonstrationen und Revolten, haben den Begriff der Massen, der lange Zeit durch die Gruppenforschung beiseite gedrängt war, wieder mehr in das Gesichtsfeld der →Sozialpsychologie gerückt. Hauptmerkmale einer Masse sind:

- Abbau von sozialer Kontrolle, da die Menschen nur vorübergehend zusammen sind und keine engen face-to-face-Beziehungen wie in einer →Gruppe bestehen.
- unorganisiertes Verhalten, da keine festen →Rollen bestehen, die das Verhalten der einzelnen Leute aufeinander abstimmen.
- Entwicklung von Aktivität. Häufig sind →Aggressionen (Lynchjustiz, Aufruhr), Aneignung (Plündern), Flucht bei Bedrohung und freudige Ausgelassenheit (Gesänge im Fußballstadion, Fasching) zu beobachten.

Es ist noch nicht endgültig geklärt, warum in der Masse manchmal Verhaltensweisen gezeigt werden, die ein Individuum für sich alleine oder in seiner Gruppe nicht vollziehen würde (Lynchjustiz). Man versucht, dies mit unbewußten (→Tiefenpsychologie) aggressiven Kräften zu erklären, die in der anonymen Massensituation nicht mehr kontrolliert werden. Der fehlende Kontakt mit den anderen Menschen in der Masse läßt beim einzelnen ein irreales Bild bzw. eine Illusion von der Macht der versammelten Leute entstehen, die noch gesteigert wird durch ein Erregtsein, das entsteht, wenn eine große Anhäufung von Menschen beisammen ist. Dieses mit dem Wir-Gefühl einer Gruppe vergleichbare Zusammengehörigkeitsgefühl der Masse ist ebenso intensiv wie flüchtig, so ist es z. B. nicht mehr vorhanden, wenn 100000 Menschen vom Fußballspiel nach Hause gehen. Der Demokratie wurde manchmal vorgeworfen, daß sie eine Massengesellschaft sei. Das trifft aber keineswegs zu, denn Massenphänomene treten zwar immer wieder auf, das Leben des einzelnen Menschen wird jedoch wesentlich bestimmt durch überschaubare →Gruppen (Familie, Freundeskreis, Arbeitsteam u.a.).

Massenkommunikation. Unter Massenkommunikation werden jene Formen der →Kommunikation über Massenkommunikationsmittel und -medien verstanden, die die breite Öffentlichkeit ansprechen. Die wichtigsten Merkmale der Massenkommunikation sind: räumliche und zeitliche Trennung zwischen Sender und Empfänger, einseitiger Fluß von ausgesandten Mitteilungen und fehlende Rückmeldung. Medien der Massenkommunikation sind Rundfunk, Fernsehen, Film, Zeitungen, Zeitschriften, Bücher, Schallplatten, Ton- und Fernsehkassetten sowie Plakate und Wandzeitungen.

Merkmale und Probleme der Massenkommunikation. Der Sender wählt nach bestimmten Kriterien den Stoff aus und gestaltet ihn zu der beabsichtigten Aussage, die dem Empfänger über ein Medium vermittelt wird. Das Verhalten des Senders (vorzugsweise die Stoffauswahl und Gestaltung) wird beeinflußt von seinen und seiner Mitarbeiter Persönlichkeitseigenschaften, durch die Zugehörigkeit zu bestimmten Gruppen, den Umfang und die Art seiner sozialen Beziehungen und von den Einwirkungen der Öffentlichkeit auf ihn. Die Mitarbeiter müssen sich wesentlich nach den Zielen des Kommunikationsträgers ausrichten. Berichte über brisante Themen werden z. B. vom Intendanten manchmal kurz vor der Sendung zurückgezogen. Ferner unterliegt der Sender häufig dem Zwang früherer Aussagen, nach denen er sich in der neuen Mitteilung richten muß, zum anderen muß er auf die technischen Anforderungen und dramaturgischen Besonderheiten des Mediums Rücksicht nehmen. Die Auswahl und die Wirkung von Mitteilungen werden auf der Empfängerseite bestimmt von seinen Persönlichkeitseigenschaften (→Intelligenz, emotionale Unsicherheit, →Einstellung) sowie dem Umfang und der Art seiner sozialen

Beziehungen, z.B. durch die Zugehörigkeit zu bestimmten →Gruppen. Um den Empfänger besser beeinflussen zu können, bedienen sich die Kommunikationsträger häufig der „Meinungsführer“ (opinion-leader, →Werbepsychologie), die der Öffentlichkeit bekannt sind, hohes Ansehen besitzen, als Fachkräfte anerkannt werden und Einfluß haben (z.B. bekannte Fußballspieler als Fußballkommentator, angesehene Professoren kommentieren Wirtschaftsprobleme, Filmschauspieler beeindrucken die Zuhörer durch ihre Beliebtheit usw.).
Beziehung zwischen Sender und Empfänger. Der Sender wendet sich in der Massenkommunikation an eine große Zahl von Empfängern, die ihm unbekannt sind. Um die daraus entstehende Unsicherheit zu reduzieren, entwickelt er ein eigenes Bild (meist eine Klischeevorstellung) vom Empfänger, das sich häufig von der Realität stark unterscheidet. In jüngerer Zeit werden in stärkerem Maße Meinungsumfragen, →Interviews eingesetzt, um Daten über die Empfänger einzuholen (Bildung, Einstellung zum Träger, Freizeitverhalten, Intelligenzniveau, Sprachvermögen, Bedürfnisse, Zustimmung oder Ablehnung einer bestimmten Aussage usw.). Ebenso entwickelt der Empfänger ein Bild aufgrund seiner Erfahrung bezüglich des Massenmediums (Einstellung) und des Senders. Er erwartet z.B. vom ZDF-Programm mehr Unterhaltung, vom ARD-Programm mehr politische Information, vom Spiegel Details, von der Quick mehr spannende Geschichten oder von der „Bild“-Zeitung einfache Sprache und von der Frankfurter Allgemeinen mehr sachliche Informationen. Die Einstellung zum Sender ist weiterhin von den →Interessen und Bedürfnissen des Empfängers bestimmt (der an Weiterbildung Interessierte richtet seine Aufmerksamkeit auf die dritten Fernsehprogramme). Eine Rückkoppelung zwischen Sender und Empfänger ist bei der Massenkommunikation nicht vorgesehen, jedoch sind spontane Rückmeldungen möglich (Anrufe, Leser- und Hörerbriefe). Siehe die Zusammenstellung auf Seite 238.
Zur Wirkung der Massenkommunikation. Lange Zeit schrieb man den Massenmedien die Möglichkeit zu, uneingeschränkt das Publikum zu manipulieren. Man betrachtete den Empfänger als „tabula rasa“ (unbeschriebenes Blatt), der in jeder Hinsicht beeinflußbar sei. Neuere Ergebnisse weisen darauf hin, daß die Massenmedien kaum wesentliche Änderungen der vorhandenen Meinungen, der Einstellungen oder des Verhaltens herbeizuführen vermögen. Ihre Wirkung beschränkt sich vorzugsweise auf die Bekräftigung bestehender Verhaltensmuster und Wertsysteme; je nach der bestehenden Verhaltensbereitschaft werden auch Informationen ausgewählt, so bevorzugen z.B. Strafgefangene Kriminalfilme mit aggressiven Inhalten, Intellektuelle progressive Zeitungen, Arbeiter die „Bild“-Zeitung usw. Das Publikum der Massenkommunikation diskutiert die aufgenommenen Informa-

Modell der Massenkommunikation unter Berücksichtigung psychologischer, soziologischer u.a. Faktoren, die die Objektivität und Wirkung des Informationsaustausches beeinflussen.

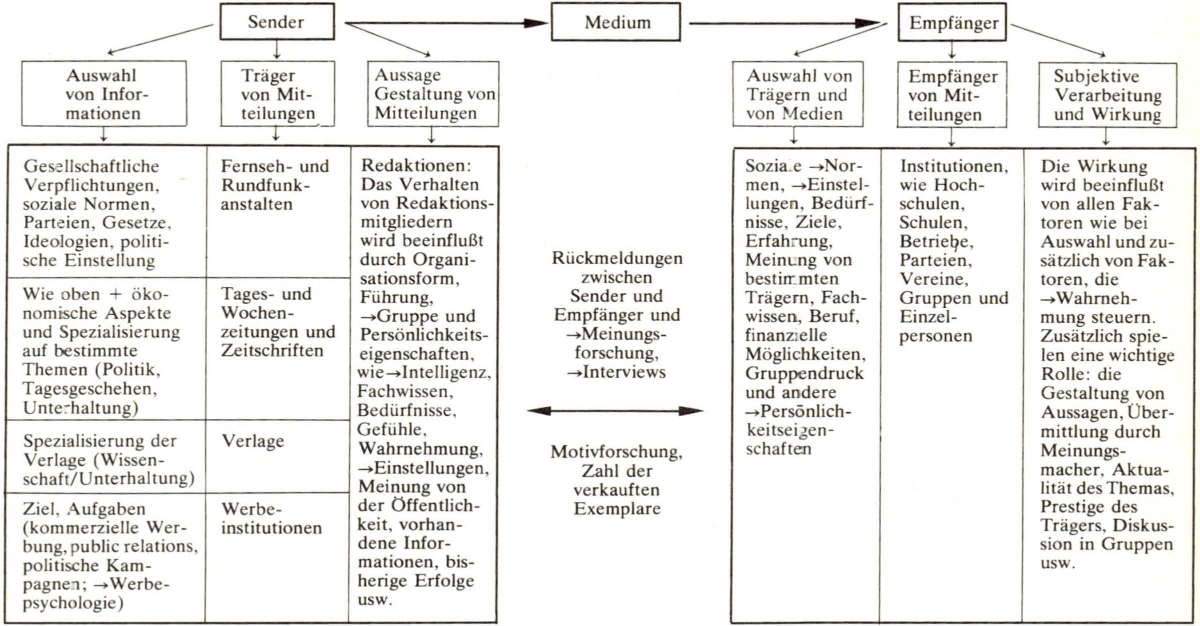

tionen mit seinen Partnern in der Familie, Schule, Betrieb usw., die in stärkerem Maße als die Massenkommunikation in der Lage sind, seine → Einstellungen und Verhaltensweisen zu beeinflussen. Die Wirkung der Massenkommunikation kommt also auf einem Umweg zur Geltung (Zwei-Wege-Kommunikation).
An Einzelergebnissen ist festzuhalten: Die erwünschte Wirkung der Massenkommunikation tritt vorzugsweise ein, wenn beim Empfänger keine feste Einstellung vorliegt oder wenn er aufgrund von persönlicher Unsicherheit oder dem Gefühl der Unterlegenheit für einen Einstellungswandel geeignet ist. Je größer das Interesse des Empfängers an einem bestimmten Objekt, um so lieber setzt er sich einer Propagierung dieses Objektes aus (Parteiangehörige nehmen stärker die Aussagen der eigenen Partei auf). Informationskampagnen, die einzelne Bevölkerungsgruppen über ein bestimmtes Thema aufklären sollen, erreichen diese kaum – weil das Interesse fehlt –, sondern nur die, welche schon Bescheid wissen. Hat eine Person in einer umstrittenen Frage eine Entscheidung getroffen, so wählt sie solches Informationsmaterial aus, das ihren Entschluß unterstützt. Sie versucht, das kognitive Gleichgewicht beizubehalten (Theorie der kognitiven Dissonanz, → Einstellungen). Mit zunehmender Distanz zwischen der eigenen Einstellung und der durch die Massenkommunikation getroffenen Aussage wird diese immer stärker als propagandistisch und unfair eingestuft, und die eigene Einstellung verhärtet sich (Bumerang-Effekt). Massenkommunikationsmittel sind eher in der Lage, in kurzer Zeit dem Publikum die Wichtigkeit eines Themas aufzuzeigen, als die Meinung der Leute zu verändern. Wenn alle Massenmedien ausführlich über ein Thema berichten, erwecken sie den Eindruck der Wichtigkeit, rufen öffentliche und private Diskussionen hervor (z. B. über bestimmte „kriminelle Gruppen", über die Unterdrückung Intellektueller in kommunistischen Ländern), die eher eine Meinungsänderung herbeiführen. Ein erhöhtes Aufnehmen von Mitteilungen der Massenkommunikationsmittel in Krisenzeiten verstärkt die Meinungsbildung innerhalb einer Gruppe derart, daß immer mehr Mitglieder sich der schon bestehenden Gruppenmeinung anschließen. Da dies auch in anderen Gruppen geschieht, wird eine Polarisierung der Meinungen erreicht.
Je höher die Bildung eines Individuums, um so wahrscheinlicher wird es von der Massenkommunikation angesprochen und eignet sich dadurch mehr Wissen an. Eine Ausnahme sind lediglich fernsehende Kinder, die zweifelsohne beim Fernsehen hinzulernen, jedoch dadurch anderen, wichtigeren Informationsquellen ferngehalten werden (z. B. Büchern, Spielkameraden). Weitere Erkenntnisse wurden im Artikel über → Einstellung dargelegt.

Masturbation → Onanie.

Median, in der Mitte einer Rangordnung liegender Wert. →Statistik.

Meditation gilt als Sammelbezeichnung für eine Reihe von Methoden zur Erlangung von Erkenntnissen, Erlebnissen und Erfahrungen, die alle Selbstversenkung, Bewußtseinserweiterung und eine gewisse Distanzierung von der Außenwelt zum Ziel haben. Der Meditierende versucht durch verschiedene Übungen und Techniken wie Konzentration, Intuition, Bildbetrachtung, Kontemplation (willensmäßige Hinwendung zu Gott, Jenseits, mystische Vertiefung), Yoga, Bewegungsritualien, aktive Imagination (Weg des inneren Selbstgesprächs und des Herstellens intensiver innerer Bilder; →katathymes Bilderleben), durch intensives Atmen oder durch die Bewußtwerdung des eigenen Körpers (→Eutonie) zu einem tieferen Erleben zu gelangen, die Grenzen der Wahrnehmung und der Vorstellung zu erweitern, eine vertiefte Selbsterfahrung zu erzielen.
Bei der Meditation handelt es sich um ein in allen Kulturen und zu allen Zeiten verbreitetes Phänomen. In den 80er Jahren ist die Diskussion um die Meditation aus verschiedenen Gründen wiederbelebt worden. Einerseits beobachten wir eine allgemeine Abkehr von der materialistisch ausgerichteten, streng rationalen Lebensweise, andererseits führen wissenschaftliche Erkenntnisse z.B. über die Bedeutung der rechten Gehirnhälfte (Zentrum des räumlich-visuellen-ganzheitlichen Denkens und Erlebens; →Hirnhemisphäre) oder über die Bedeutung der Körperarbeit (Atmung, Massage, Yoga-Übungen, →Bio-Energetik) für die psychische Gesundheit dazu, daß sich immer mehr Menschen für das Erlernen verschiedener meditativer Techniken interessieren.
Die Bewertung der Meditation als eine Methode der →Psychotherapie und der Erkenntnisgewinnung fällt nicht leicht. Die Meditation wird teilweise euphorisch gepriesen und teilweise scharf kritisiert. R. Ornstein vertritt die Auffassung, daß nur durch eine Synthese von allgemein bekannten naturwissenschaftlichen Methoden der Erkenntnisgewinnung mit den esoterischen und mystischen die Grenzen der Erfahrung überschritten werden können. Esoterik gilt dabei als Sammelbegriff für alle Methoden der Erkenntnisgewinnung, die die Welt und seine Erscheinungsformen nicht „von außen her“ (Exoterik), sondern von „innen her“, durch Eindringen in das verborgene Innere, durch die Verschmelzung mit den Dingen in der Welt erfahren wollen. Es wird angenommen, daß durch beständige Übungen in Konzentration, Körperhaltung und „Wendung nach innen“ die Wahrnehmung der Menschen so geschult werden kann, daß sie zu einer „unmittelbaren“ Erkenntnisgewinnung fähig ist. Solche Fähigkeiten sollen z.B. Goethe, R. Steiner; J. Böhme, A. Gowinda, Dalai Lama u.a. entwickelt haben.

In der psychologischen Forschung konnten experimentell in etwa die gleichen Erlebnisse und Erfahrungen hervorgerufen werden, wie sie von erfahrenen Meditationspraktikern geschildert werden. Kritiker der Meditation meinen, daß es sich hier um modische Trends, um paradoxe Gedankenmuster, um eine neue Variante des Psychobooms handelt. Skepsis ist sicherlich dort angebracht, wo für viel Geld in sehr kurzer Zeit umfassende „Heilung" und „Erweiterung" des Bewußtseins versprochen wird.

Meinungsforschung. Die Meinungsforschung ist eher eine Teildisziplin der empirischen Sozialforschung als der Psychologie. Da der Gegenstand der Forschung nur zu einem geringen Teil Meinungen sind und zu einem größeren Teil soziologische Fakten (z. B. Geschlecht, Bildung, Einkommen, Gruppen- und Schichtzugehörigkeit), Handlungsweisen, Wissensstand und nicht Meinung, suchen Wissenschaftler nach besseren Bezeichnungen, wobei sich *Demoskopie* und *Umfrageforschung* schon weitgehend durchgesetzt haben. Sie beinhalten auch das, was man als *Demographie* bezeichnet, nämlich die Beschreibung der Struktur einer Bevölkerung oder einzelner Gruppen nach Geschlecht, Einkommen, Alter und anderen Merkmalen.
Umfragen (→Befragung) über →Einstellungen, Meinungen, Stimmungen, Wirkungen von Werbe- und Wahlkampagnen usw. an einer relativ kleinen, aber statisch repräsentativen →Stichprobe (→Statistik. →Methoden der Psychologie) haben sich seit 1936 weltweit durchgesetzt, als G. Gallup mit einigen tausend Interviews eine weit bessere Wahlprognose erstellte als die Zeitschrift „Literary Digest" mit 10 Millionen Stimmzetteln. An der Richtigkeit von Wahlprognosen und den Abweichungen von amtlichen Wahlergebnissen wird auch heute noch die Zuverlässigkeit und Gültigkeit des methodischen Vorgehens bei der Meinungsforschung gemessen, und es werden immer bessere Konzepte entwikkelt. Neben der Auswahl einer repräsentativen Stichprobe sind die Erstellung des Fragebogens (Standardisierung des mündlichen oder schriftlichen →Interviews), Kontrolle der Befragungssituation, Auswahl und Einsetzen von Interviewern und die Mitarbeit von Befragten die wichtigsten Probleme der Umfrageforschung. Den Markt- und Meinungsforschungsinstituten werden von privaten und öffentlichen Auftraggebern verschiedene Aufgaben übertragen, die mit verschiedenen Untersuchungsmodellen bearbeitet werden. 1. Einmalige *Repräsentativumfragen,* z. B. über Ansehen eines Politikers oder über die Meinung zu aktuellen Fragen. 2. Wiederholung gleicher Umfragen in bestimmten zeitlichen Abständen als *Trendbeobachtung* (Entwicklungstendenz), z. B. über den Abwärts- oder Aufwärtstrend der Popularität einer Regierung oder der Arbeitslosenquote. 3. In der Marktforschung und auch →Werbepsychologie werden *„Mehr-Stufen-Umfragen"* durchge-

führt; die ersten Erhebungsdaten führen zur Verbesserung des Meßinstruments. 4. Die Untersuchungen der sogenannten „Fluktuation", d.h. des sozialen Wandels in bezug auf eine Variable, z.B. Änderung der Vorliebe für eine bestimmte Zigarettenmarke, für einen Wahlkandidaten, ein Fernsehprogramm, eine Zeitschrift, Hobby usw., erfordern sogenannte *Panel-Untersuchungen:* in verschiedenen Zeitabständen werden dieselben Personen über die gleichen Variablen befragt. Durch die Panel-Untersuchungen wird nicht nur festgestellt, daß einige Personen ihre Meinung geändert haben, wie bei Trendbeobachtungen, sondern auch die Einflußfaktoren, die die Änderung bewirkt haben.
Panel-Untersuchungen stellen zweifelsohne die feinste Methode der Analyse vom sozialen Wandel dar und sind weit bedeutender als die Repräsentativumfragen und Trendbeobachtungen der „öffentlichen Meinung". Obwohl es nicht möglich ist, wird von manchen Forschern die Ansicht vertreten, daß die Meinungsumfragen die parlamentarische Demokratie gefährden und nach W. Hennis als Einführung des Plebiszits (Volksabstimmung) durch die Hintertür gewertet werden. Als besonders bedenklich erscheint es, wenn ideologisch festgelegte Institute durch geschickte Auswahl der Befragten Umfrageergebnisse liefern, um so die öffentliche Meinung zu manipulieren.

Melancholiker, Temperamentstyp nach Hippokrates, für den eine Neigung zu Schwermut und schwärmerischem Grübeln über Vergangenes überwiegen und das Verhalten bestimmen.

Menschenführung → Betriebspsychologie

Messung, Bezeichnung für das Abbilden von veränderlichen Merkmalen in Symbolen oder Zahlen, so daß die Darstellung der objektiven Wirklichkeit entspricht. → Statistik und → Methoden der Psychologie.

Metakommunikation → Kommunikation.

Methoden der Psychologie. Da wissenschaftliche Erkenntnis nur dann Gültigkeit besitzt, wenn sie Entstehung (genetischer Aspekt) und die zu erwartenden Konsequenzen (prognostischer Aspekt) eines Phänomens erklären kann, ist wissenschaftliches Vorgehen durch logisch begründete Methoden gekennzeichnet. Dies bedeutet, daß die Methoden auf den Untersuchungsgegenstand abgestimmt sein müssen und deshalb in verschiedenen Wissenschaftsbereichen unterschiedliche Methoden angewandt werden. Sie sind demnach Instrumente der Erkenntnis, und das Niveau einer Wissenschaft ist abhängig von dem des angewandten Erkenntnisinstrumentariums, so daß vereinfachend gesagt werden kann, jede wissenschaftliche Erkenntnis sei so gut wie die Methode, mit der sie gewonnen wurde. Methodische Probleme fangen für die Psychologie schon bei der Bestimmung des Forschungsgegenstandes an, bei der Diskussion um die Natur des „Psychischen" (→Leib-Seele-Problem) und nicht erst bei der Festlegung von speziellen Methoden, die eine wissenschaftliche Erforschung des Gegenstandes ermöglichen sollen. Der Streit um den Gegenstand der Forschung und um die Methoden führte in der →Geschichte der Psychologie zur Gründung verschiedener psychologischer Schulen.

Gegenwärtig wird die Psychologie ganz allgemein als die *Wissenschaft vom Verhalten und Erleben* des Menschen definiert. Das Verhalten als Forschungsgegenstand, das beobachtbar und registrierbar ist, wird jedoch interpretiert als eine →Funktion (abhängig von) von Umweltveränderungen (Reizen), die mit technischen Hilfen ebenso wie das Verhalten beobachtbar sind, und der →Persönlichkeit (Organismus, →Nervensystem, →Fähigkeiten), die nicht ohne weiteres beobachtet werden kann (Erleben). Es mußten also Mittel und Wege gefunden werden, um die dazwischengeschalteten Prozesse, die inneren Vorgänge und Bedingungen beobachten, messen und erforschen zu können. Entsprechend der Zugänglichkeit (beobachtbar oder erschlossen) und der Beziehung (Abhängigkeit oder Unabhängigkeit) von einzelnen Komponenten des Forschungsgegenstandes bzw. verschiedener Variablen im →Experiment werden in der Psychologie folgende Variablen (veränderliche Größen) unterschieden:

1. *Unabhängige Variablen,* deren Größe vom Experimentator willkürlich eingesetzt und kontrolliert werden kann. Es handelt sich hauptsächlich um Reize (Stimulus-Variablen), wie Elektroschocks, →Psychopharmaka, Länge des Lernstoffs, Wörter und Instruktionen, und um einige meßbare und feststellbare Personvariablen, wie Alter, Geschlecht, Augenfarbe usw.

2. *Abhängige Variablen* sind immer irgendein Aspekt des Verhaltens bzw. Teile des Verhaltens. Reaktionen, die beobachtet und gemessen werden können (→Beobachtung). Beispiele: Menge des gelernten Stoffes, falsche und richtige Antworten, Intensität der Reaktionen, Reaktionszeit, aber auch meßbare →Erregung und körperliche Vorgänge, wie →EEG, Atemfrequenz, →Hautwiderstand.

Die Darstellung des Verhaltens anhand von Reiz-Reaktions-Beziehungen bzw. Abhängigkeit wird in Anlehnung an die englische Bezeichnung für Reiz = Stimulus: *S-R-Modell* (Stimulus-response-Modell) genannt.

3. Die Psychologie interessiert sich nicht nur für die Abhängigkeit des Verhaltens von Reizen, sondern auch für Prozesse, die im Or-

ganismus ablaufen, und für die „inneren" Faktoren, die das Verhalten mit beeinflussen. Beispiele für solche zwischenwirkende, *intervenierende Variablen* sind: angeborene Reaktionstendenzen, →Fähigkeiten, Bedürfnisse, Motive, →Gefühle; Beispiele für die inneren Prozesse: Vorgänge im →Nervensystem, →Hormone, Denkprozesse usw. Unter Berücksichtigung von „inneren" Faktoren ergibt sich folgendes Modell des Verhaltens:
Reiz-Organismus-(Persönlichkeits-)Reaktion (Verhalten) oder *S-O(P)-R-Modell* bzw. $V = f(S, P)$. Verhalten wird als eine →Funktion von den auf den Organismus einwirkenden Umweltveränderungen und der →Persönlichkeit angesehen.
Weil bei jedem Individuum die inneren Faktoren unterschiedlich ausgeprägt sind und weil verschiedene Personen in gleichen Situationen und auf dieselben Reize unterschiedlich reagieren, muß die Psychologie auch die inneren Prozesse erfassen und erklären. Da die inneren Faktoren nicht direkt beobachtet werden können, wurden verschiedene Methoden und Verfahren entwickelt und komplizierte Versuchspläne erdacht, um sie aus dem Verhalten zu erschließen. Solche →Testverfahren müssen ihrerseits objektiv, zuverlässig und gültig sein.
Da aus der Verhaltensbeobachtung bei einer einzelnen Person allgemein keine gültigen Schlußfolgerungen auf die zugrunde liegenden Gesetzmäßigkeiten des Verhaltens möglich sind, müssen immer viele Personen (→Stichprobe) und viele einzelne Verhaltensweisen (Verhaltensstichprobe) beobachtet und statistisch ausgewertet werden (→Statistik). Die statistische Auswertung ist jedoch nur bei einer „sinnvollen" (ohne Veränderung der Merkmale) Zuordnung von Zahlen zu den beobachteten veränderlichen Merkmalen möglich. Das methodische Vorgehen beim *Messen* von Variablen in der psychologischen Forschung wird unter dem Stichwort →Statistik erklärt.
Die Aufgliederung des wissenschaftlichen Vorgehens und Forschens in der Psychologie in einzelne Teilvorgänge erfolgt nach bestimmten methodischen Grundsätzen, damit Fehler soweit wie möglich vermieden werden und die gewonnenen Ergebnisse gültig sind.
I. Wissenschaftliche Fragestellung.
Das komplexe menschliche Verhalten, z. B. das Versagen in der Schule, muß in einzelne Teilaspekte unterteilt werden:
1. In welchen Verhaltensmerkmalen zeigt sich das Versagen des Schülers (Verhalten bei Schulaufgaben, mündlichen Prüfungen, d. h. bei jeder Art der Leistungskontrolle; das Versagen muß systematisch beobachtbar sein)? In welchen Verhaltensbereichen versagt der Schüler nicht?
2. Wodurch wird das Versagen verursacht? Mögliche Ursachen sind: Erwartungen und Erziehungsstile der Eltern, des Lehrers, Verhalten der Mitschüler, Fähigkeiten, Krankheiten und Motiva-

tionen des Schülers, Darbietung und didaktische Aufbereitung des Lernstoffes u.a.
3. Nach welchen Kriterien kann man das Versagen bzw. die Leistungen des Schülers objektiv und zutreffend feststellen bzw. beurteilen? Als wissenschaftliche Frage zum Problem des Schulversagens muß die Frage nun so formuliert sein, daß sie auch lösbar ist, d.h. daß sowohl zu den Bedingungen (Ursachen, z.B. Verhalten des Lehrers) als auch zu Folgen (Verhalten des Schülers) des Versagens viele Einzeldaten durch die →Beobachtung gesammelt werden können. Beispiel: Welche Beziehung besteht zwischen der Strenge der Eltern bei der Kontrolle von Hausaufgaben und der Anzahl der Fehler in den Prüfungsaufgaben? Wissenschaftliches Vorgehen erfordert, daß die Strenge der Eltern und die Fehler nach einheitlich festgelegten *(standardisierten)* Kriterien (Methoden) beobachtet bzw. registriert werden.
II. Methodisches Vorgehen bei der Datengewinnung.
Die Untersuchung des Problems Versagen in der Prüfung erfordert es, daß alle *zufälligen* Fehler (z.B. plötzlicher Lärm, Gewitter, Brechreiz) und alle *systematischen* Fehler (attraktive Lehrerin, schlechtes Licht, gleichbleibender Lärm) bei der Durchführung der schriftlichen Arbeit ausgeschaltet sind bzw. die systematischen Fehler in jeder Untersuchung gleich bleiben oder systematisch kontrolliert werden. Dieselben zufälligen und systematischen Fehler müssen auch beim Beobachten des Verhaltens der Eltern ausgeschaltet oder kontrolliert werden. Je nach Art der Datengewinnung wurden verschiedene Regeln entwickelt, um die Fehler zu vermeiden. In *Laboruntersuchungen* (→Experiment, Durchführung von →Tests) müssen folgende Kontrollen angewandt werden:
1. Kontrolle der Umgebung (Zimmertemperatur, Licht, Lärm, usw.).
2. Kontrolle des Verfahrens (gleiche Instruktion, gleiche Reize, die Beobachtung, Messung muß immer gleich, standardisiert sein usw.);
3. Kontrolle von Versuchspersonen, Auswahl der Stichprobe (→Intelligenz der Schüler, Geschlecht, Alter, Dauer des Schulbesuchs usw.). Für die Auswahl von *Stichproben,* d.h. eine bestimmte Anzahl von Personen aus einer großen Menge (Grundgesamtheit, Population), wurden verschiedene Verfahren entwickelt: am häufigsten werden die *Zufallsauswahl* (Randomisierung) oder die *Quotenstichprobe* (repräsentativer Querschnitt) angewandt. Bei der Verallgemeinerung des Ergebnisses auf die Gesamtpopulation kann der dabei auftretende Fehler (Stichprobenfehler) durch statistische Verfahren geschätzt und das Ergebnis entsprechend der Schätzung korrigiert werden.
Um die tatsächliche Wirkung der unabhängigen Variablen (z.B. die Wirkung von →Psychopharmaka beim Lernen) festzustellen,

bildet man zusätzlich zu der *Experimentiergruppe* (Versuchspersonen, die der Wirkung von Psychopharmaka ausgesetzt werden) eine oder mehrere *Kontrollgruppen* (Gruppe, die bis auf das Verabreichen von Psychopharmaka den gleichen Versuchsbedingungen ausgesetzt ist, → Experiment). Das Ergebnis, z. B. die Menge von behaltenen Informationen bei Experimental- und Kontrollgruppe, kann mit statistischen Verfahren verglichen und auf den Zufallscharakter der gefundenen Ergebnisse hin ausgewertet werden.
In den sogenannten *Felduntersuchungen* (→ Befragung, → Meinungsforschung, → Interview, Messung von → Einstellungen, → Marktpsychologie) kann weder die Umgebung noch das Verfahren so zuverlässig wie in Laboruntersuchungen kontrolliert werden. Die methodische Kontrolle bezieht sich hier hauptsächlich auf die Meßinstrumente (→ Fragebögen, Einstellungsskalen, → Interview) und auf die Stichprobenauswahl. Es kommt darauf an, daß durch die Meßinstrumente, mit deren Hilfe z. B. bestimmte → Einstellungen erfaßt werden, systematische Fehler vermieden werden. Solche Meßinstrumente müssen daher nach bestimmten methodischen Regeln entwickelt und die Fehler, die auf das Verfahren zurückzuführen sind, bei der Interpretation der Ergebnisse berücksichtigt werden.
Die Klärung verschiedener psychologischer Probleme, z. B. → Entwicklung von → Eigenschaften und → Fähigkeiten, Auswirkung der Anlage und Umwelt (→ Anlage-Umwelt-Problem), erfordert Beobachtungen über längere Zeiträume. Solche *Längsschnittuntersuchungen* erfordern großen Arbeitsaufwand (z. B. Beobachtungen über 20 Jahre) und sind methodisch problematisch, weil man auf verschiedenen Altersstufen mit verschiedenen Meßinstrumenten dasselbe Merkmal erfassen muß. Besonderer Fall: Auswertung biographischer Daten als eine Art → Fallstudie. Die Auswirkung der Umwelt auf die Entwicklung von psychischen Merkmalen kann man jedoch auch mit sogenannten *Querschnittuntersuchungen* feststellen. Ein Beispiel: Große Gruppen von Kindern verschiedenen Alters aus verschiedenen sozialen Schichten (Auswirkung der Umwelt) werden untersucht (Querschnitt einer Altersgruppe) und die gewonnenen Durchschnittswerte (→ Statistik) miteinander verglichen.
Alle Methoden, die in der Psychologie der Gewinnung quantitativer Daten über psychische Merkmale dienen, sind unter dem Begriff *psychometrische Verfahren* bzw. *Psychometrie* (Persönlichkeitsmessung) zusammengefaßt. Die ersten psychometrischen Verfahren wurden schon Mitte des 19. Jahrhunderts im Rahmen der → Psychophysik angewandt. Gegenwärtig zählen in der Psychologie alle → Tests, → Fragebögen, Einstellungsskalen (→ Einstellung) und Schätzskalen (Schätzverfahren, Ratings), die bestimmte Bedingungen erfüllen (objektiv, zuverlässig, gültig und nützlich sind), zu den psychometrischen Verfahren.

III. Methodisches Vorgehen bei der Datenauswertung und Darstellung von Ergebnissen.
Im allgemeinen will man durch psychologische Untersuchungen solche Daten gewinnen, die statistisch ausgewertet und verarbeitet werden können. Es werden Mittelwerte, Streuungen, Korrelationen und andere Parameter berechnet (→Statistik). Neben der zahlenmäßigen Beschreibung und Auswertung sind auch graphische Darstellungen möglich (Säulen für Häufigkeiten und Prozentangaben, graphische Kurven für die Verteilung von Daten usw.).
IV. Methodisches Vorgehen bei der Interpretation und Beweisführung.
Die meisten Fehler werden bei der Interpretation (Auslegung, Erklärung) der Ergebnisse bzw. der gemachten Beobachtungen, bei der Einführung von „Erklärungsbegriffen" (hypothetisches Konstrukt) und bei der „Theoriebildung" begangen.
Eine *Theorie* wird als ein Gedankengebilde (Hypothesengeflecht) zur Erklärung der Wirklichkeit, als Erklärung des Zusammenhangs zwischen beobachteten Merkmalen (zwischen der unabhängigen und der abhängigen Variablen) und auch als Zusammenfassung der entdeckten Gesetzmäßigkeiten definiert. Als Gedankengebilde ist die Theorie subjektiv und kann nur durch die „Bewährungsprobe" objektiviert werden, d.h. durch die empirische (auf Erfahrungen, Beobachtungen beruhende) Nachprüfung, wieviel der beobachteten Wirklichkeit sie zu erklären vermag und welche Voraussagen, die mit Hilfe der Theorie gemacht werden, sich tatsächlich bestätigen. Ein weiteres Problem stellen die „Erklärungsbegriffe" dar, die in das Theoriengebäude aufgenommen wurden. Die Erklärungsbegriffe, wie →Instinkt, →Rolle, →Einstellung, →Motivation, →Intelligenz, →Normen, Unbewußtes, →Libido usw., werden rein subjektiv gewählt, und es ist fraglich, ob mit ihnen die beobachtete Wirklichkeit oder etwas anderes bezeichnet wird.
Um die Subjektivität soweit wie möglich auszuschließen, müssen die Theorien so formuliert sein, daß sie objektiv nachprüfbar sind; die eingeführten *Erklärungsbegriffe* sollten zumindest operational definiert sein. Durch die *operationale Definition* werden Begriffe auf das Beobachtbare zurückgeführt (so kann man auch die Elektrizität definieren), wobei sich zwei Möglichkeiten ergeben: Einmal wird das Messen, Beobachten des mit dem Begriff Bezeichneten angegeben, z.B. →Intelligenz ist das, was der Intelligenztest mißt, oder mit „Angst" werden bestimmte beobachtbare körperliche Veränderungen und Verhaltensweisen bezeichnet und als operationale Definition für Angst genommen; zum zweiten kann man die experimentelle Manipulation angeben, z.B. der Begriff „Hunger" wird durch die Angabe der Zeit, während der eine Vp nichts zu essen bekam, definiert.
Da durch die Theorie aber auch die Wichtigkeit eines beobachte-

ten Merkmals herausgestellt wird, z. B. die Betonung der Umwelt bei der psychischen Entwicklung (Milieutheoretiker), spielt die Theorie auch bei der Auswahl und Formulierung der Fragestellung eine wichtige Rolle. Auch in diesem Punkt ist die Subjektivität der wissenschaftlichen Forschung erkennbar. Die meisten Fehler werden gemacht durch die Verwendung von unpassenden Analogien (z. B. zwischen Mensch – Tier), bei der doppelten Schlußfolgerung (Fehler 1: Schluß von Mensch auf Tier; Fehler 2: Rückschluß aus diesen Ergebnissen von Tier auf Mensch; →Verhaltensforschung) und durch den Gebrauch von sogenannten „leeren Begriffen" (z. B. die „psychische Substanz" des Menschen), die alles und nichts bezeichnen und von den Autoren nie definiert werden.

Um solche Fehler zu vermeiden, müssen bei der Interpretation von Ergebnissen weitere methodische Regeln beachtet werden. Schon bei der Versuchsplanung müssen *Hypothesen* (Annahmen, Vermutungen) über das zu erwartende Ergebnis der Untersuchung und über die zu erwartende Beziehung zwischen der unabhängigen und der abhängigen Variablen formuliert werden. Die Hypothesen, d. h. die möglichen Antworten auf die Fragestellung im Sinne gedanklicher Konstruktion, müssen präzise formuliert und empirisch überprüfbar sein. Sollte eine Beweisführung durch die unterschiedlichen Merkmale bei der Experimental- und Kontrollgruppe (siehe II.) angestrebt werden, dann muß neben der *„Arbeitshypothese"* (H_1) auch die *„Null-Hypothese"* (H_0), die besagt, daß die beobachteten Unterschiede zwischen den Gruppen rein zufällig sind, formuliert werden. Alle Untersuchungen, die sich mit der Ursache einer Erscheinung befassen (in unserem Beispiel: Ursache des Versagens in der Schule), beginnen mit mehreren *„Alternativ-Hypothesen"*, wobei dann aufgrund objektiver Daten entschieden wird, welche beibehalten wird. Die Interpretation der Ergebnisse beschränkt sich nur auf das Bestätigen *(Verifizieren)* oder Verwerfen *(Falsifizieren)* der Arbeitshypothese. Die statistischen Tests (→Statistik), die zur Prüfung von Hypothesen angewandt werden, liefern nur Wahrscheinlichkeitsangaben darüber, ob die Beziehung zwischen Ursache – Wirkung oder der festgestellte Unterschied zwischen Kontroll- und Experimentalgruppe durch Zufall hätte zustande kommen können. Die Ergebnisse werden nur dann als beweiskräftig bzw. *signifikant,* d. h. bedeutsam, angesehen, wenn die Zufallswahrscheinlichkeit geringer ist als 5%. Das Ergebnis, die Zufallswahrscheinlichkeit ist geringer als 5% besagt, daß dann, wenn die Stichprobe 100mal gezogen bzw. gebildet wird, in 5% der Fälle, d. h. bei 5 Stichproben kein mathematischer Zusammenhang zwischen den untersuchten Variablen berechnet wird. Da das Verhalten von sehr vielen Faktoren beeinflußt wird, die nicht alle erfaßt werden können, können Psychologen nur Wahrscheinlichkeiten darüber aufstellen, daß in einer bestimmten

Situation eine bestimmte Verhaltensweise auftritt. Gewisse methodische Regeln müssen auch bei der Verallgemeinerung der Ergebnisse auf die Gesamtpopulation eingehalten werden.

V. Methodisches Vorgehen bei der Mitteilung von Ergebnissen. Auch die schriftliche oder mündliche Mitteilung von wissenschaftlichen Erkenntnissen unterliegt in der Psychologie ebenso wie in anderen Wissenschaften der methodischen Sorgfalt. Wissenschaftliche Arbeiten unterscheiden sich von den nichtwissenschaftlichen dadurch, daß nicht nur die Erkenntnisse, sondern auch das methodische Vorgehen, z. B. die → Experimente, mit deren Hilfe sie gewonnen wurden, genau beschrieben und alle Quellen genau zitiert werden, so daß der Leser in den Originalarbeiten nachlesen bzw. die Untersuchung zur Nachprüfung wiederholen kann.

Die Methoden der psychologischen Forschung rechtfertigen die Feststellung, daß die Psychologie als eine empirische Wissenschaft das Verhalten und Erleben der Menschen erforscht. In den 80er Jahren hat sich immer mehr die Erkenntnis durchgesetzt, daß empirische Methoden mit den geisteswissenschaftlichen ergänzt werden müssen. Es wird nicht mehr nur die reine erfahrungswissenschaftliche Psychologie, sondern auch die geisteswissenschaftliche akzeptiert.

Milgram-Experimente zum Obrigkeitsgehorsam und zum Austeilen von Elektroschocks auf Befehl, die in den 60er und 70er Jahren durchgeführt wurden, sind berühmt geworden, weil sie zu schokkierenden Erkenntnissen führten.

Der Versuchsleiter gab den Versuchspersonen den Befehl, Teilnehmer eines Lernversuchs bei Fehlern mit Elektroschocks zu bestrafen. Die meisten Vpn gehorchten der Autorität des Wissenschaftlers und teilten „gefährliche“ bis „tödliche“ Elektroschocks trotz „Schmerzreaktionen“ angeblicher „Opfer“. S. Milgram selbst faßte die Ergebnisse seiner Forschung mit folgenden Sätzen zusammen: „Derselbe Mensch, der aus innerster Überzeugung Diebstahl, Tötung und Körperverletzung verabscheut, wird sich vielleicht doch in Akte des Raubens, Tötens und Folterns verstrikken, und zwar ohne nennenswerten inneren Widerstand, sofern eine Autorität ihm den Befehl dazu gibt. Ein Verhalten, das bei einem Menschen, der aus eigener Verantwortung handelt, undenkbar ist, wird vielleicht ohne die geringste Hemmung praktiziert, wenn ein Befehl es verlangt.“ (→ Politische Psychologie)

Milieutherapie. Wird Einfluß auf den Klienten über gezielte Veränderungen seiner Umwelt, über die Beseitigung von schädigenden Einflüssen aus ihr oder durch eine für den Klienten völlig neue Gestaltung der Umwelt angestrebt, so spricht man von Milieutherapie (= Behandlung durch die Umwelt, Umweltbehandlung). Zu den Milieutherapien werden z. B. therapeutische Wohngemeinschaften, Reisetherapien, Reittherapie, stationäre Behandlung mit Arbeits- und Beschäftigungstherapie, Heimverschickung und -unterbringung, Selbsthilfegruppen und Eingriffe in die Freizeitgestaltung gezählt.

Mimik → Ausdruck.

Minderwertigkeitsgefühl. Nach A. Adler ist ein infolge vieler Entmutigungen entstandenes verstärktes Gefühl der Minderwertigkeit die Grundlage einer jeden Neurosenbildung (→ Neurosen). Der Mensch glaubt und ist fest überzeugt, in bestimmten Lebensbereichen anderen gegenüber unterlegen zu sein, und versucht, seine Minderwertigkeit zu überwinden und auszugleichen, indem er sich in anderen Bereichen übermäßig Geltung verschafft (→ Kompensation). Ein körperlich schwacher Junge wird z. B. ein scharfsinniger Denker. Dieses übertriebene Reagieren auf die erlebte Minderwertigkeit betrachtet Adler als neurotisches Verhalten. Unter ständigem Druck des Gefühles, weniger wertvoll als andere zu sein, können sich die Fähigkeiten nicht frei entfalten. Typische Situationen, in denen verstärkte Minderwertigkeitsgefühle entstehen können, sind:

1. Die Kindheit, wenn die Eltern dem Kind zu oft das Gefühl vermitteln, noch zu klein, schwach, hilfsbedürftig zu sein. Das ist besonders in einer verwöhnenden und überbehütenden Erziehung der Fall. Ein Kind hält sich von allein nie für geringwertig, es wird dies lediglich dann tun, wenn es keine Gelegenheit hat, sich zu bestätigen, oder verunsichert wird, z. B. bei zu strenger Erziehung.
2. Der eigene Körper, an dem eine wirklich vorhandene oder eingebildete Organminderwertigkeit festgestellt wird. So kann ein junges Mädchen erleben, daß es einem Schönheitsideal nicht entspricht, weil es sich für zu dick, kurzsichtig oder schmächtig hält.
3. Die materielle Situation, die sich u. a. darin äußert, daß sich jemand ein Auto, einen Urlaub oder ein Eigenheim nicht leisten kann. Sie wirkt sich besonders auf die Selbstsicherheit eines Menschen aus, da in unserer Gesellschaft häufig Vermögen und Besitz mit persönlichem Erfolg gleichgesetzt werden.
4. Die Stellung in der Geschwisterreihe. Adler meint, daß es z. B. ein Einzelkind schwer hat, Anerkennung und Selbstbewußtsein zu finden; es muß sich ständig mit Erwachsenen auseinandersetzen. Häufig erlebt es sich bei der Geburt eines zweiten Kindes zurückgesetzt oder benachteiligt, eine möglicherweise daraus entstehende Verhaltensstörung ist die → Enuresis. → Familie.
5. Situationen, die den Menschen in starkem Maße deprimieren, wie der Tod eines Angehörigen, das Ende einer Freundschaft, Mißlingen einer Prüfung u. a. Unter dem Begriff *Minderwertig-*

keitskomplex versteht man die Gesamtheit der verschiedenen Minderwertigkeitsgefühle, die ein Mensch entwickelt.

Mittelwert, Durchschnitt, arithmetisches Mittel. →Statistik.

Mnemotechniken, häufige Bezeichnung für Lerntechniken (→Gedächtnis), durch die die Behaltensleistung des Gedächtnisses erhöht werden soll. Sogenannte „Gedächtniskünstler“ haben eigene, erlernbare Mnemotechniken.

Mondsucht →Somnambulismus.

Mongolismus, →geistige Behinderung mittleren (Imbezillität) bis schweren Grades, die durch das 3fach vorhandene Chromosom 21 verursacht wird (→Chromosomenaberration). Mongoloide Kinder fallen durch folgende Körpermerkmale auf: Minderwuchs, offener Mund, vermehrter Speichelfluß, vergrößerte Zunge, kleine stumpfe Nase, schräg gestellte Lidspalten, kurze und plumpe Finger und allgemeine Muskelschwäche. Mongolismus wird auch „Langdon-Down“-Krankheit genannt.

Monotonie, psychischer Zustand der Ermüdung, verminderter Reaktions- und Leistungsfähigkeit, tritt bei gleichförmiger Arbeit auf. →Arbeitspsychologie.

Moral, allgemeine und abstrakte Bezeichnung für ein kompliziertes System von Regeln, sittlichen Normen, Werten (ethische Werte), die aus dem konkreten beobachtbaren Verhalten der Menschen untereinander (soziales Verhalten) erschlossen worden sind. Aus Übereinstimmung mit oder Abweichung von diesen erschlossenen Regeln wird beurteilt, ob ein bestimmtes Verhalten moralisch ist oder nicht. Obwohl bestimmte Regeln das menschliche Zusammenleben erst ermöglichen und in gewissem Sinne allgemeingültig sind, gibt es Menschengruppen, die Moral als ein starres, unabänderliches Wertesystem begreifen und bei Veränderungen von der „Krise der Moral“ sprechen.
In verschiedenen psychologischen Untersuchungen wurde nachgewiesen, daß nicht die „moralischen“ Regeln als solche gelernt werden, sondern das Verhalten nach bestimmten Regeln. Die Bereitschaft, solches Verhalten auszuführen, wird als moralische Haltungen, →Einstellungen oder auch Werthaltungen bezeichnet. Durch das →Lernen bestimmter Verhaltensweisen, Einstellungen, Gefühle werden auch die Regeln des Verhaltens „verinnerlicht“, was zur Entstehung des →Gewissens, Über-Ich (S. Freud) führt. J. Piaget hat nachgewiesen, daß Kinder nicht wissen, was bestimmte moralische Regeln bedeuten und sich nach einer sog. *heteronomen* (fremdbestimmten) Moral richten. Andere Autoren

(H. Hartshorne u. M. A. Mas, H. J. Eysenck) konnten nachweisen, daß das moralische Wissen, die Kenntnisse moralischer Regeln so gut wie keinen Einfluß auf das moralische Verhalten haben. Von besonderem Interesse für die psychologische Forschung war die Entwicklung des moralischen Urteils bzw. des moralischen Verhaltens. J. Piaget hat herausgefunden, daß sich die Entwicklung des moralischen Urteils in drei einander ablösenden Stadien vollzieht. Im Vorschulalter entwickelt das Kind die sog. „heteronome" (fremdbestimmte) Moral und übernimmt Auffassungen von Erwachsenen über „richtig", „falsch", „gut" und „böse". Vom 8. bis zum 12. Lebensjahr ist das Kind zu eigenen, unabhängigen „autonomen" moralischen Urteilen fähig, die allerdings einfacher Art sind (Gerechtigkeit ist gleiche Behandlung aller, Bestrafung berücksichtigt keine mildernden Umstände). Nach dem 12. Lebensjahr erreicht die moralische Entwicklung die höchste Stufe, die als „persönliche autonome" Moral mit differenzierenden Prinzipien bezeichnet wird. Das Kind vermag je nach Besonderheit der Bedingungen einer Handlung seine Urteile zu differenzieren.
Noch bekannter als Piagets Stadien der moralischen Entwicklung sind sechs Typen des moralischen Urteils nach L. Kohlberg. Orientierung nach Strafe und Gehorsam (Typ 1) und den naiven instrumentellen Hedonismus (Typ 2) ordnet Kohlberg der vormoralischen Ebene zu. Die „Moral der konventionellen Rollenkonformität" umfaßt nach Kohlberg die „Moral des braven Kindes" (Typ 3), d.h. das moralische Verhalten dient der Herstellung und Aufrechterhaltung guter Beziehungen (vor allem zu den Eltern), und die „Autoritätsmoral" (Typ 4), das Kind richtet sich nach den Autoritäten, um der Kritik und den Schuldgefühlen zu entgehen.
Die „Moral als Folge sozialer Konventionen" (Typ 5) und die „Moral aus Gewissensgrundsätzen" (Typ 6) ordnet Kohlberg der „Moral der selbstakzeptierten Grundsätze" zu. Im ersten Fall verhält sich das Kind normenkonform, weil Normen respektiert werden müssen und dem Allgemeinwohl dienen, im zweiten Fall, damit es sich nicht selbst verurteilen muß.
Das gelernte moralische Verhalten ist nicht nur von Kultur zu Kultur, sondern auch von Situation zu Situation verschieden. Es ist eine grobe Verallgemeinerung und Vereinfachung, von einem „grundehrlichen", „treuen", „herzlosen" usw. Menschen zu sprechen.

Morphium → Drogenabhängigkeit.

Motivation. Die psychologische Motivationsforschung versucht zu klären, was den Menschen dazu bewegt, etwas Bestimmtes zu tun. Wie bringt man einen Schüler dazu, mehr zu lernen? Warum ist ein Kind von zu Hause weggelaufen? Aus welchem Grund hat der Angeklagte einen Menschen umgebracht? Dies alles sind Fragen, die in den Bereich der Motivationspsychologie gehören. Die grundlegende Aufgabe der Motivationspsychologie liegt also darin, die beobachtete Variabilität des Verhaltens, d.h. die Unterschiede in den Reaktionen verschiedener Leute, in gleichen Situationen zu erklären. Man weiß oft nicht, warum eine Person etwas Bestimmtes tut, z.B., warum ein Mann hart und lange arbeitet, um sozusagen „vorwärts zu kommen", und ein anderer sich mit dem nur unbedingt Notwendigen begnügt. Es wird vereinfacht gesagt, der eine sei „ehrgeizig" (leistungsmotiviert) und der andere „bequem". Diese Erklärung ist zwar einleuchtend, aber sehr wahrscheinlich falsch. Wir wußten nichts über die Ursache des beobachteten Verhaltens und haben es einfach durch angenommenen Ehrgeiz erklärt. Das bedeutet, daß die menschliche Motivation nicht beobachtbar ist, sondern als eine sogenannte intervenierende Variable (→ Methoden der Psychologie) aus dem beobachteten Verhalten erschlossen wird. So kann man den Durst eines Menschen nicht beobachten und messen, man könnte jedoch aus der Menge und der Schnelligkeit des Trinkens auf seinen Durst schließen. Menschliche Motivation wird durch drei wesentliche Merkmale charakterisiert: 1. *Aktivierung* und *Stärke*, Motivation setzt Verhaltensweisen in Gang, ist also Ursache für verschiedene Aktivitäten von Organismen; 2. *Steuerung, Richtungs-* und *Zielorientierung*, Motivation steuert die Aktivitäten und Handlungen auf ein bestimmtes Ziel hin; 3. *Bedeutungsumfang, Beharrlichkeit*, Motivation kann nur kurzfristig wirksam sein, wie z.B. Hunger zu einem bestimmten Zeitpunkt, oder das Verhalten dauerhaft beeinflussen, wie z.B. das Streben nach Dominanz, ein ausgeprägtes →Minderwertigkeitsgefühl oder das Bedürfnis nach Anerkennung.

Die Entstehung der Motivation. Die Entstehung der Motivation wird durch zwei umfassende Theorien erklärt:

1. Die *biologischen* Theorien erklären die Motivation als angeborene biologische Mechanismen, die der Aufrechterhaltung des physiologischen Gleichgewichts im Organismus dienen. Es handelt sich um Theorien, die vom Zustand des Mangels, Defizits ausgehen und sich am Prinzip der Homöostase orientieren. Es wird angenommen, daß jeder Organismus große Anstrengungen unternimmt, um sein inneres Milieu konstant zu halten. Dieser Vorgang, auch →Homöostase genannt, verläuft automatisch nach dem Prinzip der Regelkreis-Systeme. Ein Zuwenig oder Zuviel an bestimmten Stoffen führt zu Aktivitäten, um den Mangel wieder auszugleichen. Diese physiologischen oder biologischen Bedürfnisse werden primäre oder biogene (d.h. biologisch bedingte) →Triebe genannt.

In der motivationspsychologischen Literatur werden Trieb- und/oder Homöostasetheorien stark kritisiert. Da der Organismus von Natur aus auf Aktivität ausgerichtet ist und das Gehirn (z. B. das aufsteigende retikuläre aktivierende System) ständig aktiv ist, hätten die Begriffe Trieb und Aktivierung aus Mangel keinen motivationalen Erklärungswert. Außerdem könnten diese Theorien die Aktivität des Menschen erklären, nicht aber die Richtung und Zielgerichtetheit des Verhaltens.

2. Die *allgemein psychologischen Theorien* der Motivation wollen nicht nur die Aktivität schlechthin, sondern insbesondere die *Richtung* und *Intensität* des Verhaltens erklären. Sie untersuchen die motivierende Wirkung verschiedener Situationen (*Anreiz-* oder *Incentive-Lehren*), die aktivierende Rolle, z. B. der *Information,* die aktivierende Wirkung von → *Frustration* und → Streß sowie die Bedeutung der *Ich-Beteiligung* (ego-involvement), von der sicherlich verhaltenssteuernde Tendenzen ausgehen. Mit Ichbeteiligung wird einerseits das Engagement einer Person an bestimmten Objekten und Ereignissen beschrieben (Sachinteresse, intrinsische Motivation) und andererseits die Gefühle, die mit Rolle, Status und Ansehen der eigenen Person verknüpft sind und durch bestimmte Situationen ausgelöst werden.
Weiterhin gehen diese Theorien davon aus, daß soziale (interpersonale) und innerpsychische (intrapersonale, z. B. zwischen Es und Über-Ich; → Psychoanalyse) *Konflikte* verhaltenssteuernde Wirkung haben. Um die Änderung der Intensität des Verhaltens und der Richtung erklären zu können, sind auch verschiedene *Motivformen* bzw. *-arten* näher erforscht worden. Das Verhalten wird sich ändern, wenn sich die Motivform ändert, wenn z. B. aus Liebe Leidenschaft wird, aus Wunsch Begehren, aus Neigung Drang, aus Bedürfnis Sucht.
Zu den spezifisch psychologischen Theorien werden auch *humanistisch* orientierte Motivationstheorien gerechnet. Hier wird davon ausgegangen, daß das menschliche Verhalten und Handeln auf das Wachstum ausgerichtet ist, sich an der Verwirklichung von Sinnwerten orientiert und neben den Grund- und Wachstumsbedürfnissen insbesondere von dem Bedürfnis nach Selbstverwirklichung gesteuert wird (A. H. Maslow, C. Rogers).
3. Die allgemeine Anerkennung kognitiver Prozesse (Denken, Bewerten, Entscheiden, zielgerichtetes Handeln, Urteilen) für das Verhalten führte dazu, daß in der neueren Forschung sog. *kognitivistische Motivationstheorien* tonangebend sind. Den Ausgangspunkt der Überlegungen bildet die Einsicht, daß das Verhalten und Handeln nicht einfache Reaktionen auf objektive Ereignisse sind, sondern als Folge der kognitiven Verarbeitung zu verstehen und zu analysieren sind. Dabei darf man nicht annehmen, daß sich die Steuerung des menschlichen Verhaltens allein durch kognitive Prozesse erklären läßt (z. B. Gedanken steuern unsere Gefühle). Es ist von einer Interaktion zwischen äußeren und inneren Bedingungen des motivierten Handelns auszugehen. Dabei sind → Attribuierung (Ursachenzuschreibung als kognitiver Prozeß)

und Erwartung (ebenso kognitiver Prozeß) genauso von Bedeutung wie Mangelzustände organischer bzw. psychischer Art oder Wachstumsbedürfnisse.
Einige Entwicklungsmodelle der Motivation:
1. Allgemeines Triebmodell. Biologische →Triebe führen zur Spannung, die Reaktion in Gang setzt. Führt die Reaktion zur Reduktion der Triebspannung, wird die Erwartung (Bedürfnis) aufgebaut, daß diese oder ähnliche Reaktion erneut zur Triebreduktion bzw. →Befriedigung (Erfolg) führen wird.
2. Vertreter der →Tiefenpsychologie und →Psychoanalyse gehen von wenigen Grundtrieben aus (S. Freud vom Sexual- und Aggressions- bzw. Selbsterhaltungstrieb, A. Adler postuliert →Machtstreben) und nehmen an, daß diese Triebe zu Objekt- und Personbindungen in der frühen Kindheit führen, bei denen eine Befriedigung gesucht wird, und später autonome Motive bzw. Bedürfnisse durch die →Identifikation, durch das Suchen eigener Identität (→Rolle) und durch das Bestreben, das Lebensziel zu verwirklichen, entstehen.
3. A. Maslow geht von einer angeborenen Bedürfnishierarchie aus. Erst wenn die Bedürfnisse der unteren Stufe (nach der Geburt) befriedigt sind, werden Bedürfnisse der nächsthöheren Stufe entwickelt:
a) die physiologischen Bedürfnisse,
b) das Bedürfnis nach Sicherheit,
c) das Bedürfnis nach mitmenschlicher Zuwendung,
d) das Bedürfnis nach Anerkennung,
e) das Bedürfnis nach Selbstverwirklichung.
Defizitbedürfnisse treten aufgrund eines Mangels auf (z. B. Mangel an Nahrung, Zuwendung) und verschwinden, wenn sie ausreichend befriedigt werden (→Homöostase). Im Gegensatz hierzu steht das Bedürfnis nach Selbstverwirklichung, bei dem nie ein „Sättigungswert“ erreicht und stets weitergestrebt wird.
Begriffsklärung. Für die das menschliche Verhalten aktivierenden und steuernden Kräfte werden oft Begriffe wie Motivation, Trieb, Bedürfnis und Motiv synonym verwendet. In der Beschreibung verschiedener psychischer Erscheinungen, z. B. →Neurose, Erziehung, Verhalten in der →Gruppe, werden die aufgeführten Begriffe jedoch selten gleichbedeutend gebraucht. Eine Unterscheidung scheint daher notwendig:
1. *Motivation:* umfassende Bezeichnung für eine angenommene Antriebsfunktion bzw. für eine intervenierende Variable (→Methoden der Psychologie), die zur Erklärung der Verhaltensvariabilität herangezogen wird.
2. *Trieb:* eng begrenzte Bezeichnung für angeborene biologische Zustände (→Triebe).
3. *Bedürfnis:* Bezeichnung für individuell unterschiedlich stark ausgeprägte Erwartungen hinsichtlich Erfolg, Anerkennung, Zu-

wendung, Macht usw. (psychologische oder soziale Bedürfnisse), aber auch das Streben nach Nahrung, Schlaf usw. (physiologische Bedürfnisse). Die unterschiedliche Ausprägung der Bedürfnisse geht größtenteils auf Erfahrung, → Lernen zurück.
4. *Motiv:* eng begrenzte Bezeichnung für die aus den Trieben und Bedürfnissen hervortretenden Einzelzustände (Wünsche), die individuelle Handlungen aktivieren und auf ein konkretes Ziel hinsteuern. Ein Motiv wird für die Erklärung einer einzelnen Verhaltensweise herangezogen (Tatmotiv, innerer Beweggrund), ein Bedürfnis für die Beständigkeit des Verhaltens in verschiedenen Situationen.
Bedeutung der Motivation. In der Entwicklung eines Menschen sind von Anfang an die primären Triebe vorhanden, die der direkten Lebenserhaltung dienen. Gleichzeitig treten Bedürfnisse nach Sicherheit und liebevoller Zuwendung auf, die indirekt der Lebenserhaltung dienen und unbedingt befriedigt werden müssen. Kinder, die schon im 1. Lebensjahr in einer Atmosphäre der Unsicherheit und Vernachlässigung aufwachsen, entwickeln kein Vertrauen in ihre Umwelt (→ Säuglingsalter) und neigen zu → psychischen Störungen (→ Hospitalismus, → Psychopathie, → Neurose). Neben der weitgehend angeborenen → Vitalität hängt es hauptsächlich von den Erfahrungen im Kindes- und Jugendalter ab, welche Bedürfnisse besonders stark ausgeprägt werden und das Verhalten des Menschen bestimmen. So hängt z. B. die → Leistungsmotivation weitgehend vom Erziehungsstil ab. Weiterhin hängt es von den Umwelteinflüssen ab, ob viele wichtige Wünsche verdrängt und abgewehrt werden (→ Verdrängung, → Abwehrmechanismen) und die Entwicklung → psychischer Störungen und neurotischer Verhaltensweisen begünstigen.

Motorik ist eine umfassende Bezeichnung für alle Bewegungen des Organismus. Man spricht von der *Senso-* (bzw. *Sensu-*)*Motorik,* wenn der Gesichtspunkt der Steuerung und Kontrolle hervorgehoben werden soll. Die Kontrolle erfolgt über visuelle, taktile und auditive Reize (→ Sinn, → Gleichgewichtssinn, → Kinästhesie). Nach einiger → Übung erfolgt die Kontrolle nur noch kinästhetisch, d. h., die Person steuert z. B. beim Autofahren nur noch über die Wahrnehmung der eigenen Bewegungen automatisch ihren Ablauf und wirft höchstens noch einen flüchtigen Blick auf die Stellung des Schalthebels. Die Erforschung der Motorik hat Bedeutung für die Psychologie (z. B. Berufsberatung), den Sport (Entwicklung von Trainingsmethoden), die Musik (erforderliche Fähigkeiten beim Erlernen eines Instruments), die Industrie (Einrichtung von den Menschen angepaßten Arbeitsplätzen, → Arbeitspsychologie) und für den militärischen Bereich (z. B. Piloten- und Panzerfahrerausbildung). J. P. Guilford konnte eine Reihe von motorischen Abläufen auf faktorenanalytischem Wege

(→ Statistik) zusammenstellen. Einige von ihnen, wie z. B. Körperstärke und Reaktionszeit, haben für den menschlichen Organismus eher eine generelle Bedeutung, d. h., sie sind bei sämtlichen Körperteilen und dem Körper selbst gleichmäßig stark ausgeprägt, weshalb man annimmt, daß sie stärker von Erbfaktoren abhängig sind als jene Faktoren, die jeweils für bestimmte Körperregionen mehr als für andere zutreffen (z. B. die Fingerstärke des Pianisten, die Armstärke des Waldarbeiters) und durch Übung entwickelt werden können.
Es gibt noch keine komplette Übersicht über die verschiedenen motorischen Vorgänge beim Menschen. Bis heute wurden u. a. folgende gefunden:

- Allgemeine Körperstärke. Sie beinhaltet die Bein-, Schulter-, Rücken- und Handgelenkstärke.
- Gliederstärke. Sie beinhaltet die Bewegungen bei Kniebeugen, Klimmzügen, Liegestützen und beim Tauklettern.
- Allgemeines Reaktionsvermögen. Es stellt vor allem die Reaktionsfähigkeit auf Licht- und Lautsignale dar. Man vermutet, daß noch speziellere Fähigkeiten bei besonderen Reaktions- und Konzentrationsleistungen, wie dem Starten, beim Kurzstreckenlauf und dem Stabhochsprung, vorhanden sind.
- Koordination des Ablaufs von verschiedenen Muskelgruppen. Sie findet z. B. statt beim Hürdenlauf, Rudern, Seilspringen und der Steuerung von Flugzeugen, wenn Arm- und Beinbewegungen eingesetzt werden müssen.
- Fingergeschicklichkeit. Sie beinhaltet den Umgang mit kleinen Gegenständen (z. B. Einzelteile einer Uhr).

Im Begriff „*Psychomotorik*" kommt die enge Verknüpfung zwischen psychischen und motorischen Vorgängen zum Ausdruck. Der russische Psychologe A. R. Luria hat den ersten Versuch unternommen, durch die Messung feinster motorischer Reaktionen psychische Vorgänge und Persönlichkeitsmerkmale zu beurteilen. Die Äußerung des psychischen Geschehens in motorischen Vorgängen (→ Graphologie) ist besonders deutlich bei Angst- und Schreckreaktionen zu beobachten. So wird ein Teil der Unfälle in der Industrie und im Straßenverkehr auf Angst- und Schreckreaktionen zurückgeführt. Auch das → Stottern, → Tics, Zittern (Tremor) und Haltungsstörungen stellen psychomotorische Besonderheiten dar. Weitere psychomotorische Erscheinungen, die auf Erkrankungen des → Nervensystems zurückgehen, sind: Krämpfe, Muskelzuckungen (z. B. bei → Epilepsie), Hyperkinese (Bewegungsüberschuß) und Hypokinese (Bewegungsarmut), die bei → Psychosen auftreten können.

Multiple Sklerose ist eine Erkrankung des Gehirns und Rückenmarks (→ Nervensystem), die sich über Jahre hinziehen kann und in deren Verlauf es zu Störungen der verschiedenen Funktionen kommen kann (z. B. Seh-, Hör- und Bewegungsstörungen). Das Erleben des Kranken ist durch eine erhöhte Reizbarkeit, häufige

Stimmungsschwankungen (heiter-depressiv) sowie durch Merkfähigkeits- und Auffassungsstörungen gekennzeichnet.

Musikpsychologie. Als Begründer der Musikpsychologie gilt Carl Stumpf (1848–1936), der in seinem zweibändigen Hauptwerk *„Tonpsychologie"* hauptsächlich die Beziehungen zwischen der Wahrnehmung einzelner Töne und dem subjektiven Erleben beschrieben hat. Die Musikpsychologie befaßt sich als wissenschaftliche Teildisziplin der Psychologie mit den Zusammenhängen zwischen den musikalischen Reizen (Melodie, Klänge verschiedener Instrumente, Rhythmus, Orchesterstück usw.) und dem menschlichen Verhalten und Erleben (z. B. Beeinflussung der →Gefühle durch musikalische Reize).
Bis in die Gegenwart begrenzte sich die musikpsychologische Forschung auf folgende Gegenstandsbereiche:
1. Beziehungen zwischen dem subjektiven Erleben und physikalischen Eigenschaften der „Musikreize". Für die Tonhöhe ist die Schwingungsfrequenz verantwortlich. Lautstärke hängt ab von der Intensität der Schwingungen, die Klangfarbe wird auf die Zusammensetzung verschiedener Teilschwingungen zurückgeführt (→Gehörswahrnehmung).
2. Beziehungen zwischen subjektivem Erleben und den Tonverbindungen: Welche Tonverbindungen werden als „konsonant" und welche als „dissonant" erlebt? Gegenwärtig wird die Theorie vertreten, daß es von den Erfahrungen, vom Lernen, d. h. von der jeweiligen Kultur abhängt, welche Tonverbindungen man als konsonant und welche als dissonant empfindet.
3. Das Problem der musikalischen Fähigkeiten: absolutes Gehör (die Fähigkeit, verschiedene Tonhöhen ohne Vergleichsmaßstäbe zu unterscheiden), das selten vorkommt und früher auf Erbfaktoren (C. E. Seashore), gegenwärtig jedoch auf Lernen und Erfahrung zurückgeführt wird; auch für das musikalische Gedächtnis (die Fähigkeit, sich an eine Melodie zu erinnern) und für die musikalische Begabung wurde früher angenommen, daß sie erbbedingt sei, gegenwärtig werden Umweltfaktoren stärker betont.
4. Auch interessiert sich die Musikpsychologie stärker für die Probleme der Verhaltensbeeinflussung durch die Musik (Musiktherapie, →Psychotherapie):
a) Die Abhängigkeit zwischen verschiedenen Merkmalen der Musik und den →Gefühlen. Musik in Dur wird eher als fröhlich, in Moll eher als traurig erlebt; ähnliche Beziehung wurde auch für Rhythmus und Tempo festgestellt.
b) Musik als Kommunikationsmittel: Was wird durch verschiedene Musikstücke mitgeteilt (z. B. Jazz als Protest der Schwarzen gegen Weiße)?
c) Musik am Arbeitsplatz: Obwohl die Musik in vielen Betrieben

eingesetzt wird, konnte bisher keine eindeutige Beziehung zwischen der Musik und Leistungssteigerung festgestellt werden.
d) Musik in der Therapie (Musiktherapie) und in der Erziehung (Schule).

Musiktherapie. Der Einsatz von Musik zu therapeutischen Zwekken hat sich vor allem im Bereich der Heil- und Sonderpädagogik, bei Behandlung von Kommunikationsstörungen (→Autismus) und bei der Rehabilitation Suchtkranker oder hirngeschädigter Patienten bewährt. Von aktiver Musiktherapie spricht man, wenn über musikalische Selbstbetätigung (Improvisation, Musik in Gruppen) Erregung, Beruhigung, Kontaktaufnahme, Freude u.a. Ergebnisse angestrebt werden, von passiver, wenn über das Anhören ausgewählter Musikstücke Entspannung, Phantasieübungen, Vorstellungen, positive Gedanken usw. erzielt werden.

Mutismus ist gekennzeichnet durch Unaussprechbarkeit, ein „Stumm-Bleiben" des Kindes, obwohl die Sprechorgane und entsprechenden Zentren im Gehirn (→Nervensystem) funktionsfähig sind. Diese Störung tritt oft bei sehr sensiblen Kindern auf, wenn ihre grundlegenden Bedürfnisse nach Zuwendung und emotionaler Sicherheit (→Hospitalismus) vernachlässigt werden. Mutismus ist kein absichtliches Trotzen oder Nicht-Wollen, vielmehr bleibt dem Kind selbst unbewußt, warum es nicht sprechen kann. Man unterscheidet den totalen Mutismus, bei dem das Kind mit niemandem sprechen kann, und den selektiven Mutismus, bei dem nur bestimmten Personen gegenüber (z.B. Eltern, Krankenschwester) eine sprachliche Kontaktaufnahme nicht möglich ist. Im Gegensatz zum Mutismus ist der →Autismus eine der →Schizophrenie nahestehende →Psychose und schränkt das Kind in all seinen Möglichkeiten, Kontakt aufzunehmen, ein (z.B. Steifheit des Körpers, wenn es auf den Arm genommen wird, sowie eine teilnahmslose Gestik und Mimik. →Ausdruck). Mutismus ist in den meisten Fällen durch verschiedene Formen der →Psychotherapie zu heilen. Bei Milieuverhältnissen, in denen dem Kind nicht vermehrte Zuwendung entgegengebracht und sein mangelndes Vertrauen deshalb nicht beseitigt werden kann (besonders bei totalem Mutismus), ist eine Aufnahme des Kindes zur stationären psychotherapeutischen Behandlung in einem Krankenhaus bzw. Kinderheim oder die Vermittlung von Pflegeeltern angebracht. In einer Einzeltherapie hat das Kind während des Spiels (→Kinderpsychotherapie) die Möglichkeit, seine Probleme darzustellen und sich so zu entlasten (→Katharsis). Mit verschiedenen Techniken der →Verhaltenstherapie kann dann ähnlich wie bei der Behandlung des →Autismus das Sprechen erlernt werden.

Mutterbindung, extreme Abhängigkeit von der Mutter im Jugend- und Erwachsenenalter, die dazu führt, daß die Söhne die Befriedigung aller Bedürfnisse durch die Mutter erwarten und keine normalen Beziehungen zu Personen weiblichen Geschlechts aufnehmen können. Nach S. Freud wird Mutterbindung durch das stark gehemmte oder verdrängte sexuelle Interesse an der Mutter verursacht.

Mutterinstinkt. Es handelt sich um die weitverbreitete Meinung, daß die Frauen aufgrund eines →Instinktes danach streben, Kinder zu gebären, oder zumindest, daß ihr Pflegeverhalten den eigenen Kindern gegenüber instinktmäßig abläuft. Erkenntnisse über das Mutterverhalten in verschiedenen Kulturen und über das →Lernen von Bedürfnissen sowie immer wieder beobachtete Kindermißhandlungen, Ablehnung der Kinder und auch die Familienplanung legen den Schluß nahe, daß es keinen Mutterinstinkt gibt und die „Mutterliebe" ebenso wie die „Liebe" des Seemanns zum Meer erlernt ist.

Mythos, Erzählungen über die Eigenschaften der Natur und des Menschen, die die Weltanschauung einer Kultur widerspiegeln. Vor allem die griechische Mythologie wurde von der →Psychoanalyse zur Erklärung menschlicher Konflikte und psychologischer Zusammenhänge herangezogen. Auch die →Sexualität und →Träume führten zur Entstehung vieler mythologischer Deutungen.

N

Nachahmungslernen → Lernen.

Nachempfindung, *Nachbilder,* Nach dem Aufhören der Einwirkung visueller Reize entsteht oft ein negatives, der Helligkeit entgegengesetztes oder gegenfarbiges (rotes Objekt – grünes Nachbild) Nachbild bzw. Nachempfindung.

Nägelkauen taucht häufig bei Kindern und Jugendlichen als Ersatzbefriedigung auf (kann aber bis ins Erwachsenenalter andauern), die oft aus unterdrückten aggressiven Impulsen gegenüber sehr strengen Eltern oder aus einer Einengung der Bewegungsfreiheit (zu kleine Wohnung, überängstliche Eltern) herrührt. Das Nägelkauen dient der Abfuhr psychischer Erregung. Ein dem Nägelkauen entsprechendes Verhalten findet man in der Tierwelt: wenn Pferde zu lange im Stall angebunden sind, beginnen sie, am Holz der Krippe einförmig und automatisch zu beißen. Dieses Verhalten kann bei Mensch und Tier nur dann abgestellt werden, wenn eine angemessene Bewegungsfreiheit wiederhergestellt oder dem Kind gestattet wird, seine Kritik, Wut oder Enttäuschung über die Eltern äußern zu können, ohne daß es Angst haben muß, bestraft zu werden.

Naive Verhaltenstheorie, auch Laien-, Alltags-, Populärpsychologie oder *Common-Sense-Psychologie* genannt, befaßt sich mit Hilfe wissenschaftlicher Methoden mit der Erforschung des psychologischen Alltagswissens und mit den alltagspsychologischen Erklärungen des Erlebens und Verhaltens. Die Common-Sense-Psychologie geht davon aus, daß der Mensch sich selbst und seine Mitmenschen zu verstehen versucht und dabei naiv-psychologisches Wissen über → Motivation, → Persönlichkeit und andere Bedingungen des Erlebens und Verhaltens sammelt. Die stärksten Impulse hat die Erforschung der Common-Sense-Psychologie in Amerika von F. Heider und in Deutschland von U. Laucken erhalten.
Laucken teilt das gesamte naiv-psychologische Wissen in „Aktkonstrukta" oder „Prozeßkonstrukta" und in „Dispositionskonstrukta" ein. Aktkonstrukta sind z.B. Prozesse des Abwägens, Denkens, Planens; Dispositionskonstrukta (z.B. intelligent, konzentriert) bestehen im Zuschreiben von überdauernden Verhal-

tensbereitschaften zu der Person, deren Verhalten erklärt werden soll.
Nach F. Heider organisieren Menschen ihr alltagspsychologisches Wissen zu kognitiven Einheiten, und zwar so, daß stimmige, ausbalancierte Konzepte entstehen (Balancetheorie). Das gilt insbesondere für das Wissen über zwischenmenschliche Beziehungen. Heider hat weiterhin herausgefunden, daß Menschen bestrebt sind, Ereignisse in ihrem sozialen Umfeld zu „erklären", d.h. Ursachen zu finden. Die Zuordnung einer Ursache zu einem sozialen Ereignis nennt man „Attributionsprozeß". Alltagspsychologen erklären das Verhalten, Erleben und Handeln entweder über eine „interne" Ursache, indem sie dem Handelnden eine bestimmte Eigenschaft oder Fähigkeit zuschreiben oder über „externe" Ursachen, d.h. über Umweltkräfte und Umwelteinflüsse. Ob eine Person ein Verhalten durch interne oder externe Ursachen, über Eigenschaften der Person oder über situative Bedingungen erklärt, hängt von den Informationen ab, die der Beobachter hat. Die Art der Erklärung beeinflußt das Verhalten des Beobachters. Es hat sich gezeigt, daß Menschen dazu neigen, Erfolge eher durch interne Ursachen zu erklären und Mißerfolge eher über situative Bedingungen (→ Leistungsmotivation).

Nativismus. Vertreter des Nativismus erklären die Gesamtheit der menschlichen Verhaltensweisen, insbesondere die Wahrnehmungsvorgänge, als ererbt und leugnen einen wesentlichen Einfluß von Lernvorgängen. Vertreter des Empirismus betonen die Wirkung der Umwelteinflüsse bei der → Entwicklung psychischer Funktionen und schätzen die Bedeutung der Anlage sehr gering ein. → Anlage-Umwelt-Problem.

Neo-Psychoanalyse. Die Weiterentwicklung der von S. Freud erarbeiteten → Psychoanalyse verdanken wir H. Schultz-Hencke, der auch als Begründer der Neo-Psychoanalyse gilt, K. Horney, E. Fromm und H. S. Sullivan. A. Adler und C.-G. Jung haben eigene Schulen, die → Individualpsychologie und die → Analytische Psychologie, ins Leben gerufen. Die genannten Neo-Psychoanalytiker unterscheiden sich von Freud in folgenden Punkten: Weitgehende Ablehnung der Triebtheorie (Sexualtrieb und Aggressionstrieb), geringe Neigung zur genetischen Theorie der Libidoentwicklung, Betonung der Umwelteinflüsse für die Entstehung von → Neurosen, weitgehende Vernachlässigung der Instanzenlehre, Reduktion der Rolle der Sexualität, stärkere Betonung von Fehlhaltungen und Fehlleistungen.
H. Schultz-Hencke hat versucht, die Gedanken A. Adlers und C. G. Jungs in seine Theorie einzubauen. Er sieht die → Neurose als Folge einer Antriebshemmung, die vor allem dann entsteht, wenn die Entwicklung der Triebe durch Erziehungsfehler gestört

wird. Schultz-Hencke unterscheidet sechs verschiedene Formen des Antriebserlebens: „intentionale Antriebe" (Neugier, Orientierungsverhalten, Streben nach emotionaler Zuwendung); „Oral-kaptatives Haben-Wollen" (Erkundung der Gegenstände, gefühlsmäßige Hinwendung zur Welt); „anal-retentive Antriebe" (Behaltenwollen); „aggressive, geltungsstrebige Antriebe" (zupacken, Selbstbehauptung, Bedürfnisse nach bewegungsmäßiger Entladung); „uretrales Machtgefühl" (entspricht in etwa der ödipalen Phase von Freud); „liebendes-sexuelles" Bedürfnis nach Zärtlichkeit, Liebe und Sexualität. Die sechs Antriebe nach Schultz-Hencke ergeben drei Strebungen: *Besitzstreben, Geltungsstreben, Liebesstreben.*

Die Folge erziehungsbedingter Hemmungen sind Riesenansprüche, Ersatzbefriedigungen, Bequemlichkeit und unrealistische Erwartungen.

Karen Horney hat nach einer gründlichen lehranalytischen und therapeutischen Ausbildung bei mehreren bekannten Psychoanalytikern 1931 mit einer sanften Kritik der Psychoanalyse begonnen. Sie lehnt Penisneid und auch den →Ödipuskomplex weitgehend ab, sieht die Neurose als eine milieubedingte Krankheit, die folgende Symptome aufweist: Gestörte Beziehung des Individuums zur Umwelt und zu sich selbst, Diskrepanz zwischen Potential und Leistung einer Person, emotionale Konflikte (zwischen Wettbewerb und Demut, Erfolg und Liebe, zwischen erlebter Einengung der Freiheit und deren tatsächlichen Grenzen, zwischen Bedürfnisse äußern und gleichzeitig deren Befriedigung verhindern) und fehlende Anpassung an kulturspezifische Erwartungsmuster. Als Hauptmerkmal der Neurose beschreibt Horney das neurotische Bedürfnis nach Liebe, das nicht der Wertschätzung des anderen entspringt, sondern einem selbstsüchtigen Streben nach Verringerung eigener Angst. So kann die Neurose zu Störungen der Sexualität führen, ist aber ihrerseits in ihrer Entstehung nicht durch die Sexualentwicklung determiniert. In der Therapie legte Horney mehr Gewicht auf das Erleben und Verhalten im Hier-und-Jetzt als auf die Aufarbeitung unbewußter Konflikte aus der frühen Kindheit.

H. S. Sullivan lehnt die →Libidotheorie von Freud ab, stellt die →Angst als Ursache für Entwicklungsstillstand heraus, aus dem sich →Neurosen und →Psychosen entwickeln können. Der Neurotiker erlebt sich und die Welt überwiegend aus einer für das Kleinkind typischen Sicht. Neurosen sind demnach Störungen im zwischenmenschlichen und emotionalen Bereich. Nach Sullivan soll der Psychotherapeut Entwicklungshilfe, Erziehungshilfe und Hilfe zur Selbsterkenntnis leisten. Aus der frühen Generation der Neo-Analytiker sei an dieser Stelle – wegen seiner Bekanntheit – noch E. Fromm genannt. Er meint, daß sich der Mensch weitgehend von den biologischen Trieben befreit hat, sich aber auf den

Abweg des „Mehr-haben-Wollens“ und „Noch-mehr-haben-Müssens“ anstelle des wahrhaften Lebens verirren kann. Die Neurose ist ein Ausdruck des Scheiterns auf dem Weg zur persönlichen Reife. Durch Regression, Masochismus, Sadismus, Zerstörungslust und Konformismus kann der Mensch die Befreiung vom Triebleben wieder verlieren und den Weg zur Reife verfehlen. Seelisch gesund ist ein Mensch, wenn er im Bereich des Gefühls durch seine Liebe, im Bereich des Denkens durch seine kritische und phantasiereiche Vernunft und im Bereich des Handelns durch seine schöpferische Arbeit und Kunst die Welt erfassen kann.
Die Psychoanalyse hatte unzählige Anhänger, Nachfolger und auch Kritiker. Hier konnten nur die Anfänge der Weiterentwicklung der Psychoanalyse beschrieben werden. Anna Freud, die Tochter S. Freuds wird als direkte Nachfolgerin von Freud auch zu den Neo-Analytikern gezählt. Mit ihrem Werk „Das Ich und die Abwehrmechanismen“ hat sie die Instanzenlehre ihres Vaters weiterentwickelt und erstmals die Mittel und Mechanismen, mit denen das Ich Peinliches und Angstauslösendes bewältigt, beschrieben (→Abwehrmechanismen). Viele Themenbereiche der Psychologie (z.B. Gruppendynamik, Kommunikation, Entwicklung) wie auch viele Therapieformen (→Familientherapie, →Gestalttherapie, →Psychodrama, →Transaktionsanalyse) kommen ohne psychoanalytisches Gedankengut nicht aus. Sie werden von den Anhängern der Psychoanalyse selbständig entwickelt und z.B. *analytische Familientherapie* (H. E. Richter) oder *analytische Gruppendynamik* genannt.

Nervensystem. 1. Die Aufnahme von Informationen aus der Umwelt und aus dem Inneren des Körpers und deren Beantwortung, alle psychischen und körperlichen Leistungen des Menschen, eigentlich sein gesamtes Erleben und Verhalten hängt von der Gesamtheit aller Nervenzellen und Nervenleitungen ab. Diese Teile des Organismus werden als Nervensystem (NS) bezeichnet.
Bau und Funktionsweise des NS sind dank der enormen Vergrößerungsmöglichkeit durch Elektronenmikroskope weitgehend erforscht worden. Die etwa 15 Milliarden Nervenzellen allein im Gehirn bieten außerordentlich viele Schaltmöglichkeiten, weil jede Nervenzelle über synaptische (Synapse) Kontakte mit Tausenden anderer Nervenzellen Verbindung aufnehmen kann. Der bekannte englische Neurophysiologe Joung hat das menschliche Gehirn mit einem Büro verglichen, das etwa 15 Milliarden Angestellte beschäftigt. Über etwa 10 Millionen Telefondrähte (500000 km Leitungen) werden in dieses Büro Nachrichten aus der Außenwelt vermittelt, die in verschiedenen Abteilungen verarbeitet, koordiniert und pünktlich beantwortet werden. Das *Gehirn* (Betriebsleitung, Aufsichtsrat) wird häufig auch mit einem Computer verglichen, das zum Teil durch die →Anlage und zu einem

größeren Teil durch das →Lernen programmiert wurde und nun dafür sorgt, daß sich der Mensch den Anforderungen der Umwelt oder Gesellschaft entsprechend verhält.

I. Das Nervensystem wird vom *Aufbau* her (1) und nach seinen *Funktionen* (2) gegliedert in:

(1) Nervensystem → Zentrum / Peripherie

Zentrum	Peripherie
Zentralnervensystem (ZNS): Gehirn und Rückenmark	*Peripheres Nervensystem:* Alle afferenten (sensorischen) Nervenfasern (leiten Impulse von der Peripherie zum Zentrum) und efferenten (effektorischen, motorischen) Nerven (vom Zentrum zur Peripherie)

(2) Nervensystem

Zentrales und peripheres *Animalisches Nervensystem*	Zentrales und peripheres *Vegetatives* (VNS) oder *Autonomes* (ANS) *Nervensystem*
a) *Sensorisches* System: Reizaufnahme und -verarbeitung (Empfindung, Wahrnehmung)	a) Alle motorischen und sensorischen Fasern, die nicht zu quergestreiften Muskeln ziehen (Unwillkürmotorik)
b) *Motorisches* System: Steuerung der Willkürmotorik (Bewegung), Reizbeantwortung	b) Steuerung aller inneren Organe (Herz, Atmung, Darm usw.)
c) An *höheren psychischen Funktionen* (z. B. Sprache, Denken) sind beide Systeme beteiligt	c) Steuerung körperlicher Veränderungen, die organische Grundlage für →Gefühle und →Triebe darstellen.

Anatomisch (1) und funktionell (2) wird das Nervensystem gegliedert in:

Animalisches Nervensystem:	*Vegetatives* Nervensystem:
Großhirn mit Hirnrinde, Zwischenhirn mit seinen Abschnitten (Thalamus, Hypothalamus und Hypophyse), Kleinhirn (Cerebellum). Mittelhirn mit formatio reticularis, Nachhirn (medulla oblongata) und Rückenmark (siehe Abb. S. 266).	Zentrale vegetative Zentren im Thalamus, Hypothalamus und Hypophyse, vegetative Reflexzentren (z. B. für Husten) im Nachhirn und Rückenmark und die Teilsysteme: Sympathicus und Parasympathicus.

II. Entstehung, Weiterleitung und Übertragung von Erregung und Verschlüsselung (Kodierung) von Informationen. Nervenzellen (Neuronen) sind selbständige Bauelemente des Organismus, die für Aufnahme (→Rezeptorzellen wandeln mechanische, chemische u.a. Reizenergien in elektrische Potentiale, Impulse um),

Weiterleitung (Nervenfasern, Leitungsbahnen, Nervenfortsätze = Neuriten und Dendriten) und für die Verarbeitung von Informationen verantwortlich sind.

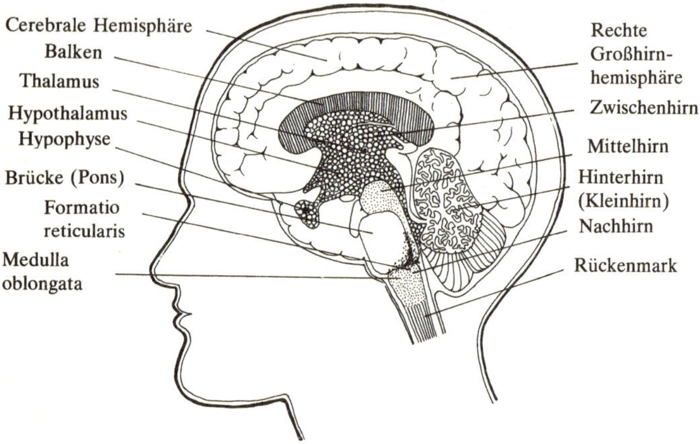

1. Erregungsentstehung und Weiterleitung. Die Nervenzelle ist im Ruhezustand (keine Reizeinwirkung) elektrisch negativ geladen (die elektrische Ladung, auch *Ruhepotential* genannt, beträgt gegenüber dem Zelläußeren etwa −60 mV). Dieses Ruhepotential ist eine Folge der spezifischen Durchlässigkeit der Zellmembran für verschiedene Ionen (elektrisch negativ oder positiv geladene Teilchen). So werden im Zellinneren hauptsächlich negativ geladene Kalium-Ionen (K^-) gefunden und außerhalb der Membran positiv geladene Natrium-Ionen (Na^+). Wird die Nervenzelle gereizt, so ändert sich die Durchlässigkeit der Membran (Permeabilität), Na-Ionen strömen nach innen und K-Ionen nach außen. Ist der Reiz stark genug (wird die Schwelle überschritten; → Empfindung), so kommt es zur Ausbildung eines *Aktionspotentials* (etwa +30 mV), das über die ganze Länge der Nervenfaser weitergeleitet wird. Die Konzentrationsverschiebungen von Ionen werden dann durch eine sogenannte Natrium-Kalium-Pumpe wieder rückgängig gemacht, es wird wieder das Ruhepotential hergestellt. Wenn man berücksichtigt, daß der gesamte Prozeß der Erregungsentstehung etwa 1 msec dauert, können in einer Nervenzelle pro Sekunde bis zu 800 „Impulse" (800 Aktionspotentiale) entstehen und weitergeleitet werden. In den dicken Nervenfasern werden die Aktionspotentiale mit einer Geschwindigkeit von 100 bis 120 Metern in der Sekunde weitergeleitet, in den dünnen bis zu 3 Meter pro Sekunde.

2. Übertragung der Erregung. Die elektrischen Impulse werden von einer Nervenzelle auf die andere über sogenannte *Synapsen*

(Schaltstellen) auf chemischem Wege über bestimmte Überträgersubstanzen (Transmitterstoffe; →Hormone) übertragen. Eine Nervenzelle kann über synaptische Kontakte mit Hunderten anderer Nervenzellen Verbindung aufnehmen. Entscheidend dabei ist, daß je nach Art der Transmittersubstanz (Neurohormone; →Hormone) eine Nervenzelle über Synapsen sowohl erregt (es entstehen Aktionspotentiale, die weitergeleitet werden) als auch gehemmt (das Entstehen von Aktionspotentialen wird verhindert) werden kann. Die Nervenzelle selbst arbeitet dabei gewissermaßen als eine mikroskopisch kleine Rechenmaschine. Sie addiert erregende und hemmende synaptische Potentiale sowohl zeitlich (zeitliche Summation: wie viele Impulse über dieselbe Synapse hintereinander eintreffen) als auch räumlich (örtliche Summation: alle Erregungen oder Hemmungen, die über verschiedene Synapsen auf dieselbe Nervenzelle ankommen).

III. Funktionen einzelner Bereiche des Zentralnervensystems (ZNS). Die psychischen und physischen Leistungen des Menschen sind direkt von den Leistungen und der Funktionsweise des Nervensystems abhängig. Obwohl an den Leistungen immer das gesamte Nervensystem beteiligt ist, konnte doch festgestellt werden, daß bestimmte Formationen (Teilbereiche oder Teilsysteme) des Nervensystems einen spezifischen Beitrag für die Aufrechterhaltung menschlicher Aktivität leisten, wenn auch keine dieser Formationen für irgendeine komplexe Form des Verhaltens allein verantwortlich ist. Die Zuordnung einzelner Aktivitäten zu bestimmten Hirnregionen erfolgte aufgrund vieler Beobachtungen über Ausfälle und psychische Störungen bei Verletzungen des Gehirns, Rückenmarks oder anderer Teile des Nervensystems, durch Ausschaltungsexperimente (bei Tieren werden bestimmte Hirnzentren durch Operationen oder Pharmaka zerstört), durch Reizexperimente (mit Hilfe feinster Elektroden werden bestimmte Hirnzentren gereizt) und nicht zuletzt durch die Ableitung elektrischer Gehirnaktivität (→EEG).

1. Die Funktion der *Hirnrinde* (Kortex): Steuerung der Willkürmotorik, Zentren für →Empfindungen und →Wahrnehmung, →Gedächtnis, → Sprache, Strategie einer Handlung u.a. (siehe Abb.). Sensorische und motorische Projektions- und Assoziationsfelder.

2. *Thalamus* im Zwischenhirn ist eine wichtige Schaltstation für alle sensorischen Eingänge wie auch für Willkürbewegungen. Zwischen Thalamus und Hirnrinde besteht eine wechselseitige Beeinflussung.

3. Die sensorischen Impulse gelangen aber auch über die *Formatio reticularis* im Mittelhirn zur Hirnrinde. Die Formatio reticularis (auch Retikuläres aktivierendes System – RAS – oder Aufsteigendes retikuläres aktivierendes System – ARAS – genannt) stellt eine Schaltzentrale dar, die Verbindungen (wechselseitige Beeinflus-

sung) mit Hirnrinde, allen sensorischen Bahnen (Leitungen), mit Thalamus und Hypothalamus und Kleinhirn unterhält. Je nachdem, welche Informationen die Formatio reticularis aus der Umwelt über sensorische Bahnen aus dem Thalamus oder Kleinhirn empfängt, setzt sie die Hirnrinde in einen mehr oder weniger ausgeprägten Erregungs- oder → Aktivationszustand. Sie erhält dann sofort Rückmeldungen aus der Hirnrinde. Die Formatio reticularis reguliert den Wach- und Schlafzustand des Menschen. Als Schaltzentrale besorgt die Formatio reticularis eine erste Verarbeitung von Informationen und hat durch ihre Verbindungen zum Kleinhirn auch Einfluß auf Tonusverteilung (Muskelspannung) der Muskulatur.

4. *Das Kleinhirn* (Cerebellum) ist mitverantwortlich für die Kontrolle der unwillkürlichen Muskeltätigkeit, sorgt für die Erhaltung des Gleichgewichts, reguliert den Muskeltonus und hat eine wichtige Funktion bei der zeitlichen Koordination von Bewegungen.

5. Das *Nachhirn* (Medulla oblongata) enthält wichtige Reflexzentren (z. B. Husten, Schlucken, Erbrechen, Niesen) und vegetative Zentren (Atemzentrum, Herztätigkeit, Speicheldrüsen, Magen, Leber, Nebenniere, Niere, Dünndarm) und ist Durchgangs- und Schaltstelle aller zwischen Gehirn und Rückenmark verlaufenden Bahnen.

6. *Rückenmark* dient als Steuerorgan der Reflextätigkeit und ist von auf- und absteigenden Bahnen durchzogen, die jedes Segment, das effektorische (motorische) Nerven vorne und sensorische Nerven hinten enthält, mit dem Gehirn verbinden. Weiterhin liegen im Rückenmark einige vegetative Reflexzentren (Dickdarm, Blase, Geschlechtsorgane).

IV. Das *Vegetative* oder *Autonome Nervensystem* versorgt schließlich die inneren Organe (glatte Muskulatur), das Herz und die Drüsen. Weil das VNS vielfach mit dem animalischen Nervensystem verschaltet ist, können Umweltreize oder Impulse aus der Hirnrinde auch vegetative Reaktionen hervorrufen (→ Entspannungstechniken).

Das *periphere* vegetative System besteht aus dem *Sympathikus,* dessen effektorische Nerven erregend, fördernd wirken (z. B. auf Sekretion, Verdauung), und dem *Parasympathikus,* dessen System sich hemmend, drosselnd auswirkt. Beide Systeme wirken also antagonistisch (entgegengesetzt): Sympathikus steigert die Aktivität, Parasympathikus ist auf Entspannung, Erholung ausgerichtet.

Im *zentralen vegetativen* Nervensystem, das die Funktionen des peripheren vegetativen Nervensystems steuert, nimmt der Hypothalamus (im Zwischenhirn) eine besonders wichtige Stellung ein. Durch zahlreiche Schaltsysteme empfängt Hypothalamus Impulse von der Hirnrinde und von der Formatio reticularis und sendet Rückmeldungen. Hypothalamus regelt die Funktion des Sympathikus und Parasympathikus, kontrolliert Wärme- und Wasser-

haushalt, beeinflußt direkt die →Hypophyse (→Hormone), wodurch eine Verbindung zwischen Nerventätigkeit und Hormonsteuerung zustande kommt (→Hormone), und ist verantwortlich für vegetative Erregungsprozesse, die eine organische Grundlage für Trieb- und Gefühlsleben darstellen (→Gefühle; →Triebe).
Die Erforschung des Nervensystems und vor allem des Gehirns hat sich lange Zeit auf die Lokalisation psychischer Funktionen konzentriert. In den letzten 20 Jahren fasziniert eine neue Entdekkung die Wissenschaftler. Seit der Trennung beider Hirnhälften wissen wir, daß die linke Hirnhälfte „nicht versteht, was die rechte fühlt, und die rechte nicht sagen kann, was die linke denkt". Man stellte fest, daß sich die Funktionsweise der linken Hirnhälfte mit Begriffen wie z.B. intelligent, rational, logisch, analytisch, deduktiv, objektiv, linear, gerichtet, konvergent, digital beschreiben läßt. Die rechte Hirnhälfte arbeitet eher intuitiv, sinnlich, analog, divergent, imaginativ, subjektiv, zeitlos, kreativ, nicht linear und einfühlend. Es wird gesagt, daß in der westlichen Kulturwelt die linke Hirnhälfte mit nüchternem Denken und in fernöstlicher Welt die rechte Hirnhälfte mit dem einfühlenden, ganzheitlichen Problemlösen überwiegt. Das Zusammenspiel zwischen den beiden Hirnhälften steht zur Zeit im Mittelpunkt des psychologischen und physiologischen Interesses (→Hirnhemisphären).

Neugier. Bei Menschen und bei Tieren werden Aktivitäten beobachtet, die sinnlos, d.h. mit keinem konkreten Ziel oder zu einem bestimmten Zweck erscheinen und als Explorations-, Erkundungs- oder als Neugierverhalten bezeichnet werden. Es wird angenommen, daß dem „Reizhunger" und dem „ Wissensdurst" ein angeborener Neugier- bzw. Explorationstrieb zugrunde liegt, weil das Verhalten zur Befriedigung keines der sonst bekannten Bedürfnisse dient. Das Erkundungsverhalten, das der Orientierung in der Umwelt und der Sicherheit dient, darf mit dem „zwecklosen" Neugierverhalten nicht verwechselt werden. Es ist möglich, daß das Neugierverhalten mit dem → Nervensystem, das ständig „beschäftigt" werden will, zusammenhängt. Experimente mit sozialer →Deprivation haben erwiesen, daß psychische Störungen auftreten, wenn Menschen über längere Zeit soziale Reize entzogen werden.
Als Reize, die besonders geeignet sind, Neugierverhalten auszulösen, werden von D. E. Berlyne aufgeführt: Intensive Farben und Kontraste, Bewegung, isoliert stehende Wörter (z.B. auf einer Zeitungsseite), Informationen mit sensationellem Neuigkeits- und Überraschungseffekt und Reize, die aktuelle Bedürfnisse ansprechen (Nahrung bei Hunger, sexuelle Reize).

Neuralgie ist ein plötzlich auftretender „Nervenschmerz" (Gesichtsschmerzen, Ischias u.a.), bei dem keine organischen Veränderungen, wie z. B. eine Entzündung, festgestellt werden können. Eine Neuralgie ist häufig verbunden mit unangenehmen Empfindungen wie Hitze- und Spannungsgefühlen oder „Ameisenlaufen". Die Ursachen sind nicht eindeutig geklärt; man nimmt aber an, daß es noch nicht zum Ausbruch gekommene Infektionen, Stoffwechselstörungen, Vergiftungen u. a. sind.

Neurasthenie. Neurasthenische Erscheinungen, wie große Ermüdbarkeit, geringe Bereitschaft, sich zu irgend etwas aufzuraffen (Antriebslosigkeit), Kopfschmerzen, Schwindel, Schwitzen und Schlafstörungen, treten meist aufgrund von nicht verarbeiteten Erlebnissen oder als Folge überstandener, schwerer Erkrankungen auf. → Psychastheniker.

Neurose. Der vielfach verwendete Begriff Neurose bereitet erhebliche Definitionsprobleme, insbesondere hinsichtlich der Frage, ob jemand schon „neurotisch krank" ist oder noch gesund. In der Literatur zur → Klinischen Psychologie wird der Begriff Neurose gemieden, und es werden andere Bezeichnungen mit engerer Bedeutung, z. B. Persönlichkeitsstörungen, psychosoziale Störungen, psychophysiologische Störungen, affektive Störungen, psychosexuelle Störungen u. a. m. verwendet. Häufig wird der Begriff Neurose nur noch für die vier klassischen Formen des gestörten Erlebens und Verhaltens nach S. Freud verwendet: Phobie, Zwangsneurose, Hysterie und Depression.
Nach C. Kraiker kann man von Neurose sprechen, wenn folgende acht Charakteristika gegeben sind:
- länger andauernde, nachteilige Verhaltensdisposition
- keine unmittelbare organische Schädigung als Ursache
- Entstehen im Verlauf von Entwicklung durch Erfahrungen
- den Betroffenen ist die Störung bewußt
- die Betroffenen leiden unter der Störung
- dem Betroffenen ist die Störung nicht erklärbar
- sie führen nicht zu Realitätsverlust und Desorientierung
- die Betroffenen können sich nicht selbst helfen und das Verhalten und Erleben (z. B. Gefühle) ausreichend kontrollieren.

Das entscheidende Bestimmungsstück der Neurose ist das unangepaßte Verhalten (→ Anpassung), das sich darin äußert, daß der Neurotiker mit übergroßem Aufwand und Beständigkeit Verhaltensweisen entwickelt und beibehält, die von Mitmenschen als „dumm" bezeichnet werden. Solange der Betroffene unter seinem Verhalten nicht leidet, und z. B. in einer Gruppe nicht belächelt wird, handelt es sich um keine Neurose. Ein schüchterner junger Mann ist nicht neurotisch, solange er seine Gehemmtheit nicht als leidvolle Einschränkung empfindet.
Entstehung von Neurosen. Die vielen psychologischen Schulen und → Psychotherapie-Richtungen haben jeweils ihr eigenes Mo-

dell zur Entstehung von Neurosen entwickelt. Die physiologisch/medizinisch orientierten Schulen sehen in der Neurose ein gestörtes physiologisches Gleichgewicht, das sich durch mehrere gestörte physiologische Vorgänge (z. B. → Hormone) erklären läßt. Die → Psychoanalyse und die aus ihr entwachsenen Schulen übernehmen die Auffassung von S. Freud.
S. Freud nahm an, daß eine Neurose auf einer fehlerhaften Sexualentwicklung beruhe (→ Sexualität), während der das Kind seine Triebwünsche (→ Motivation) und → Gefühle unterdrücken mußte. Die Triebwünsche wurden in das Unbewußte verdrängt (→ Verdrängung). Sie sind energiegeladen, und weil sie vom Individuum nicht kontrollierbar sind (unbewußt), weichen sie vom ursprünglichen Ziel ab und führen zur Ausbildung von neurotischen Verhaltensweisen. Eine Behandlung kann demnach nur durch ein Bewußtmachen und Durcharbeiten des Verdrängten erfolgen.
Die → Verhaltenstherapie stützt sich auf Erkenntnisse der Lerntheorien und geht davon aus, daß gestörtes Erleben und Verhalten genauso Folge des → Lernens ist wie das angepaßte Verhalten.
Anhänger kognitiver Theorien sehen die Neurose als Ausdruck „irrationaler Überzeugungen" (A. Ellis), als Folge fehlgeleiteter Informationsverarbeitung und -speicherung, als Wechselspiel von Meinungen, Erwartungen, Überzeugungen, Wahrnehmungen und Einstellungen, insbesondere bezogen auf das eigene Selbst.
In der → humanistischen Psychologie wird die Neurose als Unfähigkeit, freien Willen auszuüben, sich zu entscheiden und sich zu verwirklichen (= Existenzneurose) gesehen. Nach C. Rogers sind neurotische Entwicklungen insbesondere dann zu erwarten, wenn Menschen negative, rigide, engstirnige Einstellungen gegenüber sich selbst einnehmen und sich dann – ungeachtet dessen, was sie für die Mitmenschen und für die Gemeinschaft leisten – leer, unfähig und unerfüllt (sinnlos) fühlen.
In neuerer Zeit setzt sich immer mehr das sog. *„Diathese-Streß-Modell"* durch. In diesem Modell wird die Tatsache berücksichtigt, daß manche Menschen bei geringen Umweltbelastungen zusammenbrechen, während andere schwere Traumata und Krankheiten anscheinend unbeschadet überstehen. Belastende Umwelt- und Lebensereignisse (= → Streß) führen bei konstitutioneller Neigung für eine körperliche Krankheit (= Diathese) zur Entstehung von Neurosen. Der Mensch ist nur in begrenztem Maße in der Lage, Einschränkungen seiner Grundbedürfnisse zu ertragen; das gilt besonders für die Bedürfnisse nach emotionaler Zuwendung, Anerkennung und Selbstsicherheit. Die kritische Phase für das spätere Entstehen von Neurosen ist das Kindesalter. Bei langandauernden Einschränkungen, wie z. B. durch Gefühlskälte der Mutter oder die Abwesenheit von Bezugspersonen, wird das Kind überfordert und sucht Ersatzbefriedigungen, vornehmlich Sicherheit und angenehme körperliche Empfindungen, wie

z. B. gleichmäßiges Schaukeln mit dem Kopf oder Oberkörper (→ Jaktationen). Eine Überforderung kann beim Kind ebenso durch einen Wechsel der Umwelt eintreten, vor allem dann, wenn Erziehungsfehler begangen wurden. So hat ein überbehütetes Kind zu Hause keine Schwierigkeiten, im Kindergarten wird es sich aber leicht als ständig zurückgesetzt oder angegriffen erleben, und es reagiert mit Resignation oder ausdauernder Streitlust. Erwartungen, die das Individuum nicht erfüllen kann, sind ein weiterer, häufiger Grund für das Auftreten von Neurosen. Das gilt z. B. für ein Kind, das für die von ihrem sozialen Status enttäuschten Eltern einen Teil ihrer eigenen Persönlichkeit ersetzt und von dem deshalb unter allen Umständen hervorragende, von den Eltern selbst nie erbrachte Schulleistungen erwartet werden, die das Kind aufgrund seiner Fähigkeit jedoch nicht bringen kann. Der neurotische Mensch ist nach H. Schultz-Hencke in einer auffallenden Weise gehemmt, kann sich zu nichts aufraffen und zieht sich zurück, sobald Schwierigkeiten auftreten. Da er wenig Kontakt zu seiner Umwelt hat, weiß er nicht, wie angemessen seine Wünsche sind, und es kommt häufig vor, daß er sich selbst und anderen gegenüber Riesenansprüche entwickelt (z. B. muß er unbedingt der Beste im Studium sein, obwohl er nur durchschnittlich intelligent ist, oder er erwartet, daß alle Mädchen auf ihn „fliegen").

Arten und Formen von Neurosen. Der Neurosenschlüssel der Weltgesundheitsbehörde (WHO) unterscheidet folgende verschiedene Formen von psychischen Störungen: Zwangsneurosen, Angstneurosen, Phobien, hysterische Neurosen, depressive Neurosen, Neurasthenien, neurotische Depersonalisation (gewisser Verlust der Identität durch Störungen der Einheit von Wahrnehmung, Denken, Gefühlen, Motiven und Handlungen), Konversionsneurosen (Umwandlung von Wünschen, Gefühlen, Triebansprüchen in körperliche Symptome), → Hypochondrien und nicht näher bezeichnete Neurosen, wie z. B. Schreibkrampf, psychovegetative Erschöpfungszustände, paranoide und psychopathische Störungen (antisoziale, unberechenbare Verhaltensweisen).

Die Ausführungen von S. Freud über die verschiedenen Neuroseformen sind immer noch aktuell. Unter *Aktualneurosen* versteht S. Freud jene Reaktionen des vegetativen → Nervensystems, die in starken Belastungssituationen erfolgen, z. B. Kopfschmerzen, Rückenschmerzen, Verdauungsstörungen (= Neurasthenie), Zittern, Schweißausbrüche, Herz- und Atmungsstörungen (= Angstneurose), Neuralgien, Migräne, Todesängste. Verdrängte Gefühls- und Triebregungen, die abweichendes Verhalten verursachen, sind nach ihm für *Psychoneurosen* charakteristisch. Sie sind für das Individuum ungewollte Kompromißlösungen: der Trieb kann sich nicht uneingeschränkt oder offen äußern, er ist jedoch weiter verhaltenswirksam und führt zu einer Ersatzbefriedigung. Das ist beispielsweise bei der *Zwangsneurose* der Fall, bei der sich der

Mensch nicht lösen kann von den ihn ständig bedrängenden Ideen (z. B. Vorstellungen, es könnte durch eigene Schuld einem Angehörigen etwas zustoßen), oder wenn er andauernd bestimmte Handlungen ausführen muß (Waschen; Papier auseinanderreißen; Kontrollieren, ob alle Wäschestücke im Schrank sind). Eine Zwangsneurose kann sich auch darin äußern, daß der Mensch im Moment einen starken Drang verspürt, eine Handlung zu vollziehen, die gesellschaftlich verpönt ist (im Lokal auf den Boden spukken, einen Säugling fallenlassen); man spricht hier von Zwangsimpulsen. Diese Zwänge sind Äußerungsformen der verdrängten Inhalte, deren Energie nicht mehr unterdrückt werden konnte, sondern nur das Objekt bzw. Ziel, das sie anstreben. So kommt es, daß der Neurotiker die Triebenergie nicht auf das ursprünglich gemeinte Objekt oder die Person richtet (evtl. als Aggression gegen den autokratischen Vater), sondern anscheinend sinnloses Verhalten entwickelt. Eine weitere Äußerungsform der Psychoneurosen ist die *Hysterie*, die von Freud auch Konversionsneurose genannt wurde, da hier die verdrängten Inhalte unmittelbar in den körperlichen Bereich überwechseln (konvertieren). Der Ärger, der ständig hinuntergeschluckt werden muß, hat z. B. häufig Magengeschwüre zur Folge. Die dritte große Gruppe von Psychoneurosen sind die *Phobien*, die gekennzeichnet sind durch eine auffallend große, den Gegebenheiten völlig unangemessene Angst des Menschen. Die → Angst kann sich äußern in eng umrissenen Situationen, wie z. B. die Angst, auf weite Plätze zu gehen (auch Agoraphobie genannt), die Angst, in kleinen Zimmern zu stark eingeengt zu werden (im Alltag auch Platzangst genannt oder Klaustrophobie). Ebenso taucht die phobische Angst gegenüber Objekten auf, wie es z. B. bei der Eisenbahnphobie und der Brükkenphobie der Fall ist, oder gegenüber Tieren, wie z. B. Pferde-, Spinnen- und Schlangenphobie. In der psychol. Literatur werden über 100 verschiedene Phobien aufgezählt. Freud hat Phobie auch Angsthysterie genannt und sie von der Angstneurose abgegrenzt. Ein Phobiker schränkt zwar seine Angst auf einen bestimmten Bereich ein, jedoch bringt ihm das meist nicht viel Erleichterung, denn er muß ständig damit rechnen, seinem Angstobjekt zu begegnen. Die Phobie dehnt sich so mehr und mehr aus, und es ist verständlich, daß eine Frau mit einer Katzenphobie ihren Lebenskreis immer mehr einschränkt und sich bald nicht mehr aus dem Hause traut. Das wird noch deutlicher bei einem Menschen, der unter einer Brückenphobie leidet und unter Umständen einen Umweg von über 100 km in Kauf nimmt, damit er nicht über eine Brücke fahren muß. Die angstbesetzten Objekte haben nach Freud einen symbolischen Sinn, denn sie sind als Ersatzobjekt meist dem eigentlichen Ziel des unterdrückten Triebes ähnlich. So kann das Pferd als Symbol für den Vater stehen und die Angst, sich auf weite Plätze zu begeben, die Furcht vor dem Angesprochen-Werden, repräsentieren. Mit Angstneurose wird eine allgemeine, immer wiederkehrende Ängstlichkeit bezeichnet. Die Angst ist allgegenwärtig, „freiflottierend“ (nicht faßbar) und hat plötzliche somatische Beschwerden wie Herzjagen, Schwitzen, Hitze- oder Kältewellen, trockenen Mund, Kloß im Hals, Muskelspannung und Zittern zur Folge. Solche Angst wird als Ausdruck eines unbewußten Konfliktes gedeutet.

In der →Psychiatrie unterscheidet man häufig von den Psychoneurosen die *Organneurosen,* die mit den psychosomatischen Störungen (→Psychosomatik) identisch sind und unmittelbare Reaktionen des Körpers auf belastende Situationen darstellen. Sie können sich beispielsweise äußern als Magenschmerzen, Herzschmerzen – man spricht dann auch von einer Herzneurose –, Asthma, Magengeschwür oder Menstruationsstörungen. Man nimmt an, daß vorzugsweise das beim einzelnen Menschen jeweils anfälligste Organ erkrankt (Organminderwertigkeit). Die Organneurose ist ein Zeichen der Überforderung des Individuums und seiner Unfähigkeit, die belastende Situation zu überwinden. Eine sichere Unterscheidung gegenüber der Konversionsneurose ist nicht möglich.

Die verhaltenstherapeutisch orientierte Psychologie betrachtet im Gegensatz zu Freud die Neurose lediglich als falsch erlernte Verhaltensweisen (Gewohnheiten oder habits). Sie verzichtet auf eine dahinterstehende unbewußte Problematik als Erklärungshypothese. „Das Symptom selbst ist die Neurose.“ Ausgangspunkt dieser Theorie war die Beobachtung, daß neurotisches Verhalten experimentell durch Konditionieren hervorgerufen werden kann. Ein Kind hat eine Katzenphobie, weil es vielleicht einmal mit einer Katze spielte und dabei stark erschreckt wurde. Durch Generalisation überträgt sich die Angst auf die dem ursprünglichen Objekt ähnlichen Gegenstände (Hase, weicher Teppich u.a.; →Lernen, →Angst). Die Angst tritt jedoch nicht immer offen zutage. Der neurotische Mensch versucht, sie zu vermindern und entwikkelt deshalb häufig Beschwerden, die Ausweichreaktionen darstellen. Eine Frau, die das sexuelle Verhalten ihres Mannes abstoßend findet und Angst vor dem Geschlechtsverkehr hat, dies ihm aber nicht mitteilen kann, sucht dem Geschlechtsverkehr auszuweichen und wird frigide (→Frigidität). Ähnlich sind Störungen wie →Impotenz, →Homosexualität, →Stottern, →Tics u.a. zu verstehen.

Gemäß ihrem Ansatz, daß neurotische Verhaltensweisen fehlerhaft angeeignete Handlungen sind, versucht die →Verhaltenstherapie, dem neurotischen Menschen Bedingungen zu vermitteln, unter denen er umlernen kann.

Die Verbreitung der Neurosen ist nicht so leicht festzustellen wie die der sogenannten Geisteskrankheiten (→Psychosen), die in Kliniken behandelt werden und deshalb ohne Mühe statistisch zu erfassen sind. Für psychogene Krankheiten, die auf ein gestörtes

Erleben und Verhalten der Person zurückgehen (→Psychosomatik), gibt es unterschiedliche Zahlenangaben. Es wird angenommen, daß zwischen 50 und 90% der Bevölkerung unter irgendeiner Neurose leiden. Diese auffallend hohe Häufigkeit kann nicht darauf zurückgeführt werden, daß viele Menschen zu sensibel und zu irritierbar sind, vielmehr stellen sich die Lebensbedingungen oft so ungünstig für menschliche Bedürfnisse und →Gefühle dar, daß der Mensch z.B. die dauernde Einschränkung seines Wunsches nach Abwechslung, Erholung, Zärtlichkeit und Entspannung als Arbeiter, Manager, Hausfrau oder Ehepartner nicht länger ertragen kann und psychogene Störungen entwickelt. Das deutete sich auch in einem →Interview an, in dem fast 60% aller Befragten erklärten, daß sie sich nicht glücklich fühlen, manchmal das Gefühl haben, einen Nervenzusammenbruch zu erleiden oder schon einmal Probleme hatten, bei denen sie gerne psychotherapeutische Hilfe in Anspruch genommen hätten. Jedoch haben viele Menschen Angst vor einer solchen Behandlung (→Psychotherapie), weil es oft als sozial anrüchig gilt, neurotisch zu sein, und die große Verbreitung von Neurosen nicht bekannt ist. Häufig besteht auch noch große Unkenntnis darüber, daß solch auffälliges und manchmal „verrücktes" Verhalten in verschiedenen Institutionen wie bei niedergelassenen Psychotherapeuten, in Ehe- und Erziehungsberatungsstellen oder über die Vermittlung der Telefonseelsorge geheilt werden können, wobei in vielen Fällen die Krankenkassen die Kosten übernehmen.

Neurotizismus. Disposition zu Neurosen, auch neurotische Tendenz oder emotionale Labilität genannt, wurde von H. J. Eysenck als eine erbbedingte Neurosebereitschaft beschrieben. Neurotizismus ist nicht der einzige Faktor, der die Ausbildung einer →Neurose begünstigt. Es müssen auch die Umweltbelastungen, denen das Individuum ausgesetzt ist, berücksichtigt werden. So kann es geschehen, daß jemand mit hohem Neurotizismuswert kein neurotisches Verhalten erkennen läßt, weil ihn die Anforderungen der Umwelt nicht übermäßig belasten. Andererseits kann ein emotional durchaus stabiler Mensch bei länger andauernder Belastung sich zum Neurotiker entwickeln.
Obwohl die Anlagebedingtheit des Neurotizismus stark betont wird, sprechen viele Tatsachen dafür, daß die beobachtete organismische Überempfindlichkeit zum Teil eine Folge der Lernprozesse ist, d.h. von der Erziehung in frühen Lebensjahren abhängt.

Nicht-direktive Therapie →Gesprächspsychotherapie.

Nonverbale Kommunikation →Kommunikation.

Normalverteilung → Statistik; → Gaussche Kurve.

Normen und Normalität. a) *Psychische Abnormität.* Normen als Maßstäbe für die Zuordnung zu den Kategorien „krank“ und „behandlungsbedürftig“ und „gesund“ und „arbeitsfähig“ spielen in der Psychologie eine wichtige Rolle (mit ihrer Hilfe wird z. B. entschieden, ob jemand als „abnorm“ beurteilt und in eine psychiatrische Klinik eingewiesen wird) und konnten bisher jedoch nicht eindeutig definiert bzw. festgelegt werden. Während körperliche Krankheiten nie als persönliches Versagen angesehen wurden, sind bei Neurotikern (→ Neurose) und Geisteskranken (→ Psychosen) die Mitmenschen allzu gerne bereit, die Kranken für ihr Versagen verantwortlich zu machen. „Du bist selbst schuld, faul, willenlos!“ „Du bist dumm, willst du dich denn für verrückt erklären lassen!“ „Reiß dich zusammen, und zeige es den Leuten, daß du es kannst!“ Solche gutgemeinten Ratschläge, die nicht nur von Freunden, sondern auch von Lehrern, Ärzten und Polizisten oft voreilig geäußert werden, zeigen uns, daß (1) bestimmtes Verhalten von Mitmenschen als „abweichend“, nicht „normal“ bezeichnet wird, (2) moralisch abgewertet und als schädlich, unerwünscht, minderwertig betrachtet wird und daß (3) der so abgewertete Mensch für sein Verhalten verantwortlich gemacht wird – weil die eigentliche Ursache unbekannt ist –, als würde er es aus eigenem Antrieb absichtlich und gewollt tun. In der Vergangenheit haben klinische Psychologen mit dem Begriff „krank“ operiert und der Einordnung abweichenden Verhaltens das medizinische Modell der Krankheit zugrunde gelegt. Es hat sich jedoch herausgestellt, daß Merkmale des medizinischen Modells wie genaue Beschreibung von Krankheiten (Nosologie), deren Ursachen und Entstehungsgeschichte (Ätiologie), Diagnose, Behandlung von Ursachen, Prognose, Patientenrolle (der Kranke wird für sein Verhalten nicht verantwortlich gemacht) auf Verhaltensstörungen nicht anwendbar sind. In der Medizin kann zwischen gesund und krank eher differenziert werden, in der Psychologie stellt normal und abweichend ein Kontinuum dar. In der Medizin können die Ursachen und die Entstehung bestimmter Krankheiten mehr oder weniger genau festgestellt und beseitigt werden, in der Psychologie ist die Ursache des abweichenden Verhaltens, das → Lernen, nicht einfach auszuschalten.

b) *Norm = statistischer Durchschnittswert.* Auch die später aufgekommene „statistische Norm“, die sich danach richtet, was die meisten Menschen tun oder tun sollten, und einen Vergleichswert für das „durchschnittliche“ Verhalten angibt, hat sich als fragwürdig erwiesen. Das, was die meisten Leute tun, als „normal“ zu akzeptieren, scheint aus folgenden Gründen nicht praktizierbar zu sein:

1. Durchschnittsverhalten unterliegt schnellem Wandel. → Homo-

sexualität, Heiratsabsichten katholischer Priester, rauchende Frauen in der Öffentlichkeit, Wehrdienstverweigerung, selbstbewußtes Auftreten von Kindern und Jugendlichen (im Gegensatz zu Schüchternheit, die gegenwärtig als unerwünscht gilt) sind alles Verhaltensweisen, die vor nicht langer Zeit als „anormal" angesehen wurden.

2. Durchschnittsverhalten ist von Kultur zu Kultur und von Gesellschaft zu Gesellschaft und je nach sozialer Schicht unterschiedlich. Nachweislich gibt es keine Geisteskrankheit, die in allen Kulturen als solche angesehen wird. Unterschichtsangehörige werden vornehmlich als geisteskrank eingestuft und in psychiatrische Kliniken eingewiesen, für Angehörige höherer Schichten ist es „normal", sich freiwillig in psychotherapeutische Behandlung zu begeben. Bei Zuni-Indianern werden Personen, die Aktivität, Initiative entwickeln und viel leisten, als Hexen oder Zauberer am Daumen aufgehängt.

3. Durchschnittsverhalten kann nicht immer als normal gelten. Wenn sich die meisten Menschen einer Gruppe dazu entschließen würden, → Drogen einzunehmen, könnte man dieses Verhalten kaum als normal bezeichnen und mitmachen. Mit welchem Recht wurde früher das gesundheitsschädliche Rauchen als normal bezeichnet?

4. Meistens wird nur das von der statistischen Norm nach „unten" abweichende Verhalten als abnorm bezeichnet und nicht auch die Abweichung nach „oben". Ein Schüler, der zu wenig leistet, ist „leistungs- und verhaltensgestört" und derjenige, der zu viel leistet (Abweichung vom Durchschnitt nach oben) ist normal. Kinder bei einem → IQ unter 70 werden als „minderbegabt" und „geistig behindert" (verhaltens- und psychisch gestört) bezeichnet und Kinder mit einem IQ von 135, obwohl die Abweichung von 100 größer ist, als normal angesehen.

c) *Verhaltensnorm.* Gegenwärtig liegt die Betonung auf *sozialen Normen,* d. h. auf Erwartungen, daß eine bestimmte Leistung gezeigt oder ein bestimmtes Verhalten auftreten wird, die gleichzeitig als Handlungsanweisungen verstanden werden. Tritt ein Verhalten auf, das in einer → Gruppe nicht erwartet wird, ist es „außergewöhnlich" und somit abnorm, abweichend, anormal. Da soziale Normen auch als Handlungsanweisungen gelten, übt die jeweilige Gruppe über ihre Mitglieder eine soziale Kontrolle aus und schreibt denjenigen, die außergewöhnliches Verhalten zeigen, eine Krankenrolle zu.

Um die Entstehung einer psychischen Störung durch Etikettierung zu vermeiden, dürften vorläufige Abweichungen keineswegs mit Aufmerksamkeit der Mitmenschen (Ratschläge, Mitleid, Belächeln usw.) belegt werden. Die Etikettierung seitens der Ärzte, Psychologen, Psychiater, Lehrer, Pfarrer u. a. scheint jedoch unausweichlich, obwohl auch ihnen oft eine klare und eindeutig festgelegte Norm fehlt.

d) *Idealnorm.* Bei der Klassifizierung oder Diagnostizierung des Verhaltens nach abweichend und normal spielt häufig auch die sog. Idealnorm eine bedeutende Rolle. Das Verhalten wird entsprechend den vorherrschenden Wertvorstellungen, Idealen und Zielsetzungen der Bezugsgruppe als normal oder abweichend eingestuft. Dieses Vorgehen ist problematisch, weil die Idealnormen ideologieanfällig sind (z. B. NS-Zeit) und dafür Menschen aus anderen Kulturkreisen leicht zu Außenseitern abstempeln.
e) *Funktionsnorm.* Geht man davon aus, daß einzelne Verhaltensweisen des Menschen im Dienste eines Bedürfnisses stehen oder die Bewältigung einer - evtl. von außen gestellten - Aufgabe zum Ziel haben, so wird man einen Menschen als „krank" bezeichnen, der nicht oder nicht mehr „funktioniert". Als krank gelten hier Menschen, die bei der Lösung von Alltagsaufgaben in eine „Sackgasse geraten sind", die leiden, deren Verhalten nicht mehr *angepaßt* ist. Es stellt sich die Frage, wer feststellen kann, wann ein Mensch noch funktioniert. Mediziner können die Funktion eines Organes überprüfen, die Psychologen entwickeln verschiedene Diagnosesysteme, die mit medizinischen nicht vergleichbar sind, und die Gefahr der Etikettierung ist daher groß.

Nymphomanie. Der Begriff wird von den griechischen Halbgöttinnen, den Nymphen, abgeleitet, die im geschlechtlichen Umgang mit Männern nie genug bekommen konnten, und bezeichnet heute das wahllose geschlechtliche Zusammensein der Frau mit verschiedenen Partnern, ohne eine feste Bindung einzugehen (Promiskuität). Als Don-Juanismus ist ein solches Verhalten auch bei Männern bekannt. In unserer Gesellschaft wird jemand mit vielen sexuellen Erfahrungen als interessanter Geschlechtspartner angesehen, wobei für die Frau eher als für den Mann die Gefahr besteht, moralisch abqualifiziert zu werden. Personen mit häufig wechselndem Geschlechtsverkehr leiden oft an ihrem Verhalten, da es nicht in erster Linie aus Freude am sexuellen Verkehr mit dem anderen, sondern aus Angst vor einer tieferen Bindung entsteht.

O

Objektbesetzung, Objektfixierung ist nach S. Freud dann gegeben, wenn bei Menschen infolge wiederholter Befriedigung bestimmter Triebwünsche viel libidinöse (→ Libido) Energie an ein bestimmtes Objekt gebunden oder fixiert ist. Diese Energie fehlt dann für andere Aktivitäten, und es kann zu einem unangepaßten Verhalten kommen.

Objektivität. Allgemein: Sachlichkeit. Die Tendenz bzw. ein Persönlichkeitsmerkmal, die Wirklichkeit „sachlich" und nicht überempfindlich und subjektiv zu beurteilen. → Tests sind dann „objektiv", wenn das Ergebnis während der Durchführung, Auswertung und Interpretation vom Testleiter nicht beeinflußt werden kann bzw. wenn mehrere Auswerter zu übereinstimmenden Ergebnissen kommen. → Methoden der Psychologie.

Ödipale Phase → Psychoanalyse.

Ödipuskomplex entsteht dann, wenn in der ödipalen Phase die Angst vor Strafen (vor „Kastration" bei Jungen) des gleichgeschlechtlichen Elternteils (Vater) nicht bewältigt wird bzw. das Kind in schwere innerpsychische Konflikte stürzt. Diese Angst entsteht, weil das Kind das gegengeschlechtliche Elternteil (Junge die Mutter) begehrt bzw. liebt, der Vater dies aber unterbindet.

Ökologische Psychologie. Der Mensch bezieht wesentliche Elemente seiner Selbsterfahrung und Selbsterhaltung aus der sozialen und natürlichen Umwelt. Dabei stellt sich die Frage, wie können immer mehr Menschen die immer weniger werdenden natürlichen Reserven und sozialen Freiräume so gestalten und kontrollieren, daß diese für die Zukunft erhalten bleiben bzw. damit ihre Reproduktionsgrundlage erhalten bleibt? Das geschilderte Problem wird in der psychologischen Literatur unter dem Stichwort *„Allmende-Klemme"* oder *„soziale Falle"* beschrieben. Das, was für den einzelnen kurzfristig gut ist, für den Konsumenten bzw. den Verbraucher Bedürfnisbefriedigung bedeutet, ist langfristig für die Gruppe von Nachteil.
Die Erschöpfung der Ressourcen muß verhindert werden. Wie das zu erreichen ist, ist auch ein psychologisches Problem. Die ökolo-

gische Psychologie ist eine junge Teildisziplin der Psychologie, die sich insbesondere mit folgenden Fragen auseinandersetzt:
1. Wie können bestimmte Umwelten (Wohnungen, Städteteile, Produktionsstätten, Straßen) so gestaltet werden, daß sie den individuellen Bedürfnissen ebenso gerecht werden wie den Interessen der Gruppen und für die Zukunft Perspektiven eröffnen?
2. Wie ist das Entsorgungsproblem zu lösen, wenn sich die Abfallmenge nicht über die Reduktion des Konsums verringern läßt, und wie kann das Recyclingverhalten, das Verhalten bei der Abfallbeseitigung, erfolgreich beeinflußt werden?
3. Wenn das Problem des Energiesparens über finanzielle Anreize oder über Preiserhöhungen nicht zu lösen ist, welche Rolle spielen Einstellungen und Werte beim täglichen Umgang mit Energie? Mit welchen Methoden kann das Verhalten von Energieverbrauchern geändert werden?
4. Das Verkehrsverhalten ist zunächst der Gegenstand der → Verkehrspsychologie. Aus der Sicht der ökologischen Psychologie stellt sich die Frage, wie das Verkehrsverhalten zugunsten des Umweltschutzes verändert werden kann, wie die Verkehrsmittelwahl beeinflußt werden könnte, welche Ursachen für die Verkehrsgefährdung von Kindern bekannt sind und wie Verkehrswege umweltschonender gestaltet werden können.

Okkultismus. Ältere Bezeichnung für den Glauben an und vorwissenschaftliche Beschäftigung mit den parapsychologischen Erscheinungen bzw. mit den „geheimnisvollen“ Kräften der Natur und des Menschen. → Parapsychologie.

Oligophrenie → Geistige Behinderung.

Onanie, synonym *Masturbation* (sexuelle Selbstbefriedigung). Die Onanie ist im → Jugendalter weit verbreitet (etwa 97% der Jugendlichen) und wird zu einem psychologischen Problem aufgrund falschen Erzieher-Verhaltens, das Schuldgefühle, Onanieskrupel und -ängste fördert.

Ontogenese. Individualentwicklung – in Abhebung zur Stammesentwicklung (→ Phylogenese).

Operational → Methoden der Psychologie.

Opium → Drogenabhängigkeit.

Optische Täuschungen → Wahrnehmungstäuschungen.

Orale Phase → Psychoanalyse.

Organisationspsychologie. Soziale Gebilde oder Systeme, in denen durch die rationelle Koordination von Aktivitäten einer Anzahl von Menschen, durch die Arbeits- und Funktionsteilung sowie durch die Bereitstellung bestimmter Mittel (Technologien, Kapital) Ziele und Zwecke angestrebt werden, die sich häufig von den individuellen unterscheiden, werden Organisationen genannt. Betriebe, Schulen, Krankenhäuser, Stadtverwaltungen, Regierungen u. a. sind soziale Gebilde bzw. Organisationen.
Der Bedarf an optimal strukturierten und funktionierenden Organisationen infolge des technischen Fortschritts führte in den 60er Jahren dazu, daß sich aus der allgemeinen → Betriebspsychologie eine selbständige Disziplin der Psychologie, die Organisationspsychologie, herausgegliedert hat. Das zentrale Interesse der Organisationspsychologie gilt der Frage, wie individuelle Motive und Bedürfnisse mit den Zielen der Organisation in Einklang gebracht werden können. Zu diesem Zweck untersucht die Organisationspsychologie Zusammenhänge zwischen Arbeitszufriedenheit, Arbeitsklima, Streß, Arbeitsplatzwechsel, Führungsstil, Motivationen der Mitarbeiter, Fähigkeiten von Personen und den Strukturen der Organisation. Erkenntnisse der Organisationspsychologie finden unter anderem Berücksichtigung bei Personaleinstellung (Gewinnung, Auslese), Personaltraining und -weiterbildung, bei der Bildung von Arbeitsgruppen (Gruppengröße, Kommunikation, Konfliktlösung), bei der Verbesserung von Führung, bei der Gestaltung von Arbeitszufriedenheit und bei der Lösung von Fragen der Motivierung von Mitarbeitern.
In den beiden letzten Jahrzehnten hat sich gezeigt, daß die von der Human-Relations-Bewegung, die Humanisierung der Arbeit, Arbeitszufriedenheit und insbesondere positive Beziehungen zwischen Organisationsmitgliedern anstrebte, entwickelten Organisationsprinzipien, Managementtechniken, Führungsstile sowie Empfehlungen zur Menschenführung (→ Betriebspsychologie) die Probleme innerhalb der Organisationen nicht mehr lösen können. Pflichten und Vorschriften werden immer zahlreicher, formaljuristische Zwänge ausgeklügelter, der technologische Wandel immer schneller, der Leistungsdruck höher. Das sind einige Gründe, die dazu führen, daß Führungskräfte zunehmend ratloser werden und mit Führungsunwilligkeit oder Verunsicherung reagieren. Als ein erfolgversprechender Weg aus dem Dilemma wird die *Organisationsentwicklung* (OE) angeboten.
Organisationsentwicklung ist ein ganzheitlicher Ansatz, der sich z. B. von der Ausschließlichkeit des „Psychologisierens", von Beziehungsklärungen, gruppendynamischen Übungen und Managementtrainings distanziert. Er geht davon aus, daß jede Innovation in der Organisation die Vernetzung zwischen dem sozialen System (Menschen mit ihren Bedürfnissen, Rollen, Fähigkeiten), dem technischen System (Maschinen, technische Abläufe), dem ökono-

mischen System (Kapital, Bedarf, Preise, Rentabilität) und dem Leistungs-System (Produkt-Markt-Beziehung, Produkt und Nachfrage, Dienstleistungen, Marketing) berücksichtigen und ganzheitlich denken muß. Eine weitere Grundannahme ist, daß in jeder Organisation viele kreative Kräfte und Kapazitäten brachliegen. Sie können ohne eine ausgeklügelte Motivationsstrategie und Manipulation von außen aktiviert werden.

Ziele der Organisationsentwicklung sind:
- das interne Problemlösungs- und Steuerungspotential zu verstärken,
- die Qualität des Arbeitslebens durch die Verbesserung der Rahmenbedingungen der Arbeit zu steigern,
- die persönlich-beruflichen Entwicklungsmöglichkeiten der Mitarbeiter zu berücksichtigen und
- die Leistungsfähigkeit der Organisation zu steigern.

Die Arbeit der OE verläuft prinzipiell in fünf Schritten:
- Aktivierung der Mitglieder und Durchführung einer problemexplorierenden Untersuchung zum Zwecke der genauen Diagnose der Probleme;
- Vorbereitung und Durchführung einer Tiefenuntersuchung zum Zwecke der vertieften und genauen Bestimmung von Ursachen und Hintergründen;
- Verarbeiten von Diagnose-Ergebnissen und Erarbeiten von Lösungen;
- Umsetzen der gefundenen Lösungen, Arbeit in Projektgruppen;
- Auswertung, Ergebniskontrolle und Erfolgssicherung.

OE legt großen Wert auf die Gestaltung positiver Prozesse während der Innovationsarbeit: Es wird auf die Transparenz der Prozesse für alle Beteiligten geachtet, gesammelte Informationen werden allen zugänglich gemacht, Interessen, Ziele und Wünsche der Beteiligten werden offen verhandelt (Verzicht auf Manipulation), Gefühle, Beziehungen und Verhaltensweisen sind nur so weit Gegenstand der Diskussion, soweit dies für die Erarbeitung der Lösung notwendig ist.

Die wichtigsten OE-Grundsätze sind:
- Ganzheitliches Denken und Handeln: Individuum, Gruppe und die Struktur sind gleich wichtig;
- Keine Maßnahmen ohne Diagnose: genaue Ermittlung des Ist-Zustandes ist Voraussetzung und kein einmaliger Akt;
- Hilfe zur Selbsthilfe: Es geht um Einrichtung und Einübung dauerhafter Problemlösungs- und Konfliktregulierungsmechanismen;
- Beteiligung der Betroffenen: Es gilt die Mitwirkungsmöglichkeiten aller zu organisieren (in allen Phasen);
- Rollende Planung: Wichtig sind regelmäßige, gemeinsame Zwischenbilanz und kleine Schritte.

Viele Organisationen verschiedener Art, Produktionsbetriebe

ebenso wie Schulen, Krankenhäuser und Dienstleistungsbetriebe greifen inzwischen zur „Hilfe durch Selbsthilfe", um die Anforderungen der modernen Industriegesellschaft zu bewältigen.

Organminderwertigkeit → Minderwertigkeitsgefühl.

Organneurosen → Neurose.

Orgasmus. Höhepunkt der körperlichen Erregung nach einer sexuellen Stimulation (Reizung), die sich in unwillkürlichen Muskelzuckungen, erhöhter Herzschlag- und Atemfrequenz und erhöhtem Blutdruck äußert und von angenehmen Empfindungen bzw. Gefühlen (→ Lust) begleitet wird. Obwohl der Ablauf körperlicher Reaktionen und Nervenprozesse willkürlich nicht gesteuert werden kann, hängt deren Auftreten, wie die sexuelle Erregbarkeit überhaupt, sehr stark von Lernprozessen ab. Negativ wirken sich Angst, Scham- und Schuldgefühle, Ermüdung und psychische Spannung aus. Obwohl Frauen in der Regel den Orgasmus intensiver erleben als Männer, nach einem Orgasmus im Gegensatz zum Mann häufig weitere Orgasmen erreichen können, gibt es im Gegensatz zu Männern sehr viele Frauen, die einen Orgasmus selten oder überhaupt nicht erreichen.

Orientierung. Allgemein: Raum-zeitliches Sich-Zurechtfinden, den richtigen Weg finden, rechts – links, oben – unten unterscheiden. Verlust der Orientierungsfähigkeit tritt insbesondere bei Verletzungen des Gehirns auf.
Orientierungsreaktion bzw. *-reflex:* Neue Umweltreize in gewohnter Umgebung rufen eine „Was-ist-das-denn-Reaktion" hervor. Es handelt sich um eine reflexartige Zuwendung der → Aufmerksamkeit auf neue Reize, die wieder erlischt, wenn man sich an den Reiz gewöhnt hat und nicht als Neugierverhalten gedeutet werden darf. Die Orientierungsreaktion, die sich als Erhöhung der Muskelspannung, Bewegung zum Reiz, Pupillenerweiterung, erhöhte → EEG-Aktivität, Herzschlagbeschleunigung, tiefere Atmung und Erweiterung der Kopfblutgefäße äußert, tritt auch bei sich widersprechenden und sehr bedeutenden Reizen auf. Die Aktivierung des gesamten Organismus wird als Voraussetzung für das → Lernen angesehen; bei geistig behinderten Kindern z. B. (→ geistige Behinderung) lösen nur relativ wenig Reize Orientierungsreaktionen hervor.

Östrogene → Hormone.

Output → Input.

P

Pädagogische Psychologie. Nach der Definition von A. Fischer hat sie „die wissenschaftliche Erforschung der psychischen Seite der Erziehung zur Aufgabe“. Unter Einfluß der angloamerikanischen Entwicklung wird Pädagogische Psychologie auch bei uns immer stärker auf die wissenschaftliche Erklärung des schulischen Lernens reduziert (wird oft auch Schulpsychologie genannt). Diese Entwicklung ist sehr bedauerlich, da das schulische Lernen nur einen geringen Anteil an der Erziehung ausmacht und die außerschulischen Erziehungseinflüsse weit wichtiger sind. Einen guten Überblick über die Erkenntnisse der Pädagogischen Psychologie im Bereich des schulischen Lernens bietet das von K. Ingenkamp und E. Parey herausgegebene „Handbuch der Unterrichtsforschung“, Band I bis III.

Da als Gegenstand der Pädagogischen Psychologie „der unter Erziehungseinwirkungen stehende Mensch“ (H. Roth) bezeichnet wird und die Psychologie sich ganz allgemein mit menschlichem Verhalten und Erleben befaßt, ist es leicht erklärbar, daß Erkenntnisse aus anderen Teildisziplinen der Psychologie (→Entwicklungspsychologie, Lernpsychologie, →Sozialpsychologie,

Unterschied zwischen Pädagogik und Pädagogischer Psychologie und deren Aufgaben

Erziehung

→Lernen und Lernhilfe

Pädagogische Psychologie untersucht folgende Probleme

Pädagogik ← Soziologie, Biologie, Philosophie

und liefert Erkenntnisse und Erklärungen für:

1. Gesetzmäßigkeiten des →Lernens von Verhaltensweisen, Bedürfnissen, Gefühlen usw. ⟶ Erziehungsverhalten in Familie, Kindergarten, Schule, Heimen usw. und deren Folgen.
2. →Anlage-Umwelt-Problem →Begabung, Störungen der Anlage, z. B. →geistige Behinderung. ⟶ Förderung von Fähigkeiten; Intensive Lernhilfen heilpädagogische Behandlungsmaßnahmen.

3. Behalten und Vergessen (→Gedächtnis), →Übung, Lernen von Sprachen, →Aufmerksamkeit, →Konzentration, Lernmotivation und Lernstörungen usw.	⟶	Aufbereitung und Darbietung von Informationen durch den Lehrer, Unterrichtsgestaltung, Didaktik verschiedener Fächer, →programmiertes Lernen usw.
4. Entwicklungspsychologische Fragestellungen: →Entwicklung der →Intelligenz, der →Gefühle, Bedürfnisse, der →Motorik, Bedeutung der Mutter-Kind-Beziehung (→Hospitalismus), Entwicklung des →Gewissens usw.	⟶	Verhalten der Erzieher auf verschiedenen Altersstufen, Wichtigkeit der Gefühlszuwendung in der frühen Kindheit, Aufstellen von Lernzielen und Lehrplänen im Kindergarten und in der Schule usw.
5. Untersuchung individueller Leistungsfähigkeit und Charaktereigenschaften (→Differentielle Psychologie, →Diagnostik), Leistungsmotivation usw.	⟶	Prognose von Schulleistungen (Schul- und Berufsberatung), Berücksichtigung individueller Voraussetzungen in der Erziehung, Objektivierung der Leistungsmessung und der Notengebung usw.
6. Sozialpsychologische Fragestellungen: Auswirkung von Gruppenstrukturen und sozialen Beziehungen zwischen Schülern untereinander und zwischen Lehrern und Schülern, Erlernen von →Rollen, →Einstellungen usw.	⟶	Organisation von Gruppen und Gruppenführung (Führungsstile), Gruppenarbeit, Kooperation, Bilden einer Klassengemeinschaft usw.
7. Klinische Psychologie: Ursachen von Verhaltensstörungen, →Neurosen, →Lernstörungen, →Psychopathien, Aufzeigen verschiedener Therapietechniken.	⟶	Anwendung in der →Erziehungsberatung, Heilpädagogik, in der Prophylaxe (um Störungen zu vermeiden) usw.

→Klinische Psychologie, →Differentielle Psychologie usw.) als Grundlage der pädagogisch-psychologischen Forschung dienen. Die Pädagogische Psychologie als selbständige Teildisziplin hat ihre Berechtigung, weil die Übertragung der Erkenntnisse aus einem Bereich in einen anderen ohne wissenschaftliche Überprüfung nicht möglich ist.

Päderastie, auch *Pädophilie* genannt, beschreibt das sexuelle Angezogen-Werden und den geschlechtlichen Verkehr von Erwachsenen mit Kindern. Päderastie geht häufig zurück auf Unsicherheit und Angst gegenüber einem erwachsenen Sexualpartner. Der sexuelle Umgang mit Kindern war nicht immer strafbar. In Griechenland stellte er z. B. im Altertum eine gesellschaftlich anerkannte Beziehung dar, bei der den älteren Partner nicht nur sexuelle Gefühle mit dem jüngeren verbanden, er sorgte für eine angemessene Ausbildung und für sein körperliches Wohlergehen. Die Päderastie ist, wenn sie von Angehörigen des gleichen Geschlechts ausgeübt wird, eine Form der →Homosexualität.

Pantomimik →Ausdruck.

Paradigma ist die Bezeichnung für den begrifflichen Rahmen, innerhalb dessen ein Wissenschaftler arbeitet. Paradigma teilt mit, welche Begriffe legitimerweise verwendet werden dürfen und welche nicht, um Daten zu sammeln und zu interpretieren. Mit dem Paradigma gibt der Wissenschaftler an, welche Fakten er sehen will und welche nicht. Damit könnte Paradigma auch mit dem Begriff „Betrachtungsweise" ersetzt werden. Statt von Paradigma sprechen manche Autoren lieber von Modellen, andere von Theorien. Werden bestimmte Theorien als Rahmenkonzepte für die Forschung, als Annahmenlieferanten für Interpretationen bestimmter Erscheinungen und bestimmter Methoden, z. B. in der Therapie, verwendet, so spricht man in der Regel von dem der jeweiligen Theorie verpflichteten Paradigma, z. B. vom lerntheoretischen Paradigma.

Parameter, statistische Kennwerte, Mittelwert (μ) und Streuung (σ) einer Population. →Statistik.

Paranoia ist eine Form der →Schizophrenie, die durch das Auftreten von Wahnideen (auch paranoide Ideen genannt) und →Halluzinationen gekennzeichnet ist.

Paranoisch, wird im strengen Sinne auf für den Außenstehenden verständliche Wahnentwicklungen bezogen, also nicht auf den schizophrenen Wahn.

Parapsychologie. In den 60er Jahren hat die breite Öffentlichkeit – vor allem über das Fernsehen – erfahren, daß es eine „Parapsychologie" gibt, die den Anspruch auf Wissenschaftlichkeit erhebt und sog. „paranormale" (para = neben), übersinnliche (unseren →Sinnen nicht zugängliche) und „unerklärbare" (die Vorgänge können mit dem gegenwärtigen Erkenntnisstand nicht erklärt werden) Erscheinungen zu erforschen versucht.
Zu den paranormalen bzw. parapsychologischen Erscheinungen zählen:
1. *Außersinnliche Wahrnehmung* (ASW), die Telepathie, Hellsehen und Präkognition umfaßt, und
2. *Psychokinese* (PK), auch *Telekinese* genannt, zu der die auch recht umstrittene Materialisation gerechnet wird.
Bei der ASW handelt es sich um Aufnahme von Informationen, die mit den uns bekannten →Sinnen nicht möglich erscheint.

Die *Telepathie* wird definiert als „Übertragung seelischer Vorgänge – Empfindungen, Gefühle, Bilder, Gedanken – von einer Psyche auf eine andere ohne Vermittlung der uns bekannten Sinnesorgane“ (H. Bender). Es handelt sich um Beeinflussung einer Person durch eine andere ohne die uns bekannten → Kommunikationsmittel. Der Begriff *„Hellsehen“* wird in der Parapsychologie für das Wahrnehmen solcher Ereignisse, von denen niemand Kenntnis hat, verwendet – selbstverständlich unter Ausschluß der Sinnesorgane. Wenn nun z. B. eine Mutter „sieht“ oder erlebt, wie ihr Sohn tausend Kilometer weit weg mit dem Auto verunglückt, so kann es sich um *Telepathie* handeln, wobei telepathische Signale von ihrem Sohn oder von den anwesenden Zeugen gesendet werden.
Werden zukünftige Ereignisse vorausgesagt und kann diese Prophezeiung auf natürlichem Wege nicht erklärt werden, so handelt es sich um *Präkognition* (Vorauswissen des Zukünftigen). Der Parapsychologie sind Fälle bekannt, wo zukünftige Ereignisse über einen Zeitraum von mehr als 30 Jahren präzise vorausgesagt wurden.
Die *Psychokinese* bzw. *Telekinese* umfaßt alle Erscheinungen der „Fernbewegung“, der Bewegung von Gegenständen ohne Berührung und um die Neubildung der Materie = *Materialisation*. Zu dieser Gruppe der paranormalen Erscheinungen zählen auch Wunderheilungen, Annehmen der Körpergestalt (Reinkarnation), *Poltergeist, Spuk,* Zerspringen von Glas bei Tod eines nahen Verwandten, Stehenbleiben von Uhren und das Verbiegen von Metall.
Die größte Schwierigkeit der Parapsychologie: Wann handelt es sich um echte paranormale Erscheinungen, die auch kurz „Psi“ genannt werden, und wann um Schwindel, Tricks, Irreführung.
Täuschung und Betrug können nur schwer ausgeschlossen werden, wenn die Berichte der Bevölkerung über außergewöhnliche Erlebnisse sozusagen im nachhinein untersucht werden. Mit Hellsehen, Telepathie und Präkognition (Zukunft voraussagen) lassen sich auf Jahrmärkten ebenso gute Geschäfte machen wie durch spektakuläre Auftritte im Fernsehen. In solchen Fällen handelt es sich meist um Betrug. Gleichwohl haben die parapsychologischen Institute bisher eindeutig nachgewiesen, daß es Psi-Phänomene (Erscheinungen) gibt. Der Nachweis wurde durch Experimente in Laboratorien geführt, unter Bedingungen und Kontrollen, die jeden Betrug ausschließen.
Einige Beispiele: Spukerscheinungen bzw. Psychokinese in einer Anwaltskanzlei in Rosenheim, untersucht vom Leiter des Parapsychologischen Instituts in Freiburg i. Br., Prof. H. Bender. Versuche mit der Russin Kulagina (seit 1966), die Tassen, Gläser, Streichhölzer, Zigaretten u. a. Gegenstände ohne Berührung hin- und herbewegte, auch dann, wenn die Gegenstände durch eine Plastikhaube gegen elektromagnetische Strahlen abgeschirmt waren.

Psychokinetische Photographien von Ted Serios, von mehreren Professoren und Instituten untersucht (1966–1969). Experimente mit G. Croiset (Holländer), der sowohl hellseherische, telepathische wie auch präkognitive Fähigkeiten zeigte. Telepathie-Experimente über eine Entfernung von 1700 Kilometer (Leningrad-Sewastopol), durch russische Forscher 1959 durchgeführt. Einzelheiten über diese Experimente sind dargestellt in: H. Bender, Unser sechster Sinn, Stuttgart 1971; S. Ostrander u. L. Schroeder, Psi, Scherz Verlag 1973.

Ergebnisse der bisherigen parapsychologischen Forschung:

1. Es besteht kein Zweifel, daß es paranormale Erscheinungen gibt, Erscheinungen, die mit den bisher bekannten Naturgesetzen nicht erklärt werden können.

2. Es wird angenommen, daß jeder Mensch über Psi-Kräfte verfügt, sie jedoch nicht mobilisieren kann, zumindest nicht unter normalen Umständen. Weiterhin wird angenommen, daß das Einsetzen von Psi-Fähigkeiten trainiert, gelernt werden kann.

3. Als Erklärung für die Psi-Phänomene wurde die Theorie von einer „Bioenergie" aufgestellt, die jede lebende Materie bzw. Bioplasma besitzt, inzwischen durch eine bestimmte Hochfrequenztechnik fotografiert werden konnte, jedoch nicht näher bekannt ist. Es handelt sich um keine elektromagnetischen Wellen. In der →Hypnose befragte Medien (Personen mit Psi-Fähigkeiten), wodurch sie denn die Erscheinungen hervorrufen, antworteten übereinstimmend, durch Vibrationen. Die Präkognition kann auf diese Weise nicht erklärt werden. Die Annahme einer Vorausbestimmung des Zukünftigen scheint zweifelhaft.

4. Die Annahme der „übernatürlichen" Kräfte wird ausgeschlossen. Bei erfolgreichen spiritistischen Sitzungen handelt es sich um hellseherische oder telepathische Fähigkeiten des Mediums. Spukerscheinungen und Poltergeist werden nicht durch Verstorbene, sondern durch lebende Personen verursacht, in solchen Fällen handelt es sich um die Psychokinese. Der Teufels- und Hexenglaube beruht mit Sicherheit auf parapsychologischen Erscheinungen. Bei der Besessenheit und Teufelsaustreibung handelt es sich häufig um →Psychosen (Geisteskrankheiten).

5. Auch Tiere besitzen Psi-Fähigkeiten. Bekannt sind vor allem Fälle der Vorausahnung von Gefahren, wobei →Instinkte ausgeschlossen sind.

6. Personen, die Psi-Erscheinungen hervorrufen, unterliegen starken psychischen Spannungen und müssen sich während der Experimente auch körperlich sehr anstrengen, was sich im Ansteigen des Blutdrucks (bis 250 bei Kulagina) und in der Gewichtsabnahme (mehrere Pfunde in wenigen Stunden) ausdrückt. Sie sind auch nur dann in der Lage, ihre Fähigkeiten einzusetzen, wenn sie sich in einer besonderen gefühlsmäßigen Situation (affektgeladenen) befinden. Die Fähigkeit kann plötzlich wieder verschwinden.

Parasympathikus → Nervensystem.

Parkinsonsche Krankheit. Die durch einen Abbau des Gehirns verursachte Krankheit tritt meist zwischen dem 50. und 60. Lebensjahr auf und ist an Bewegungsarmut, Steifheit der Glieder, einer vorgebeugten Haltung und am Zittern der Extremitäten und des Kopfes zu erkennen. Von der Parkinsonschen Krankheit wird der *Parkinsonismus* unterschieden, der ähnliche Symptome aufweist, aber auf Gehirnentzündungen, Vergiftungen zurückgeht oder Folge eines Erhängungsversuchs ist.

Pathognomik → Ausdruck.

Pathologie, allgemeine Lehre von den Krankheiten. Sie beschäftigt sich mit ihren Ursachen (Ätiologie), ihrer Entstehung und Entwicklung (Pathogenese) und ihren verschiedenen Erscheinungsformen (→ Symptomen).

Pathologisch, krankhaft. Bezeichnung für den Krankheitsbefund einer ärztlichen Untersuchung.

Pavor nocturnus („nächtliche Angst"). Eine neurotische (→ Neurose), übersteigerte Angst, die über eine längere Zeitspanne hinweg besonders bei Kindern nachts auftritt und häufig zu einem entsetzten Aufschrecken aus dem Schlaf führt. Oft treten gleichzeitig Alpträume von wilden Tieren, Verbrechern u. a. auf. Wie auch beim Erwachsenen wird der Schlaf des ängstlichen Kindes ständig von Erregungen (Gefühle, Vorstellungen, Erlebnisse) beeinflußt, die tagsüber – wenn man sich unter Kontrolle hat – nicht auftauchen, während der Nacht jedoch besonders intensiv und angstgetönt sind. Sie können verschiedene Ursachen haben:

- Das Kind wird durch eine allgemeine Ängstlichkeit der Mutter „angesteckt". Es imitiert z. B. die Mutter, wenn diese beim Anblick einer Spinne laut schreit, und entwickelt in Zukunft eine ebensolche Angst.
- Das Kind spürt, wie die Mutter sich nicht mit ihm abfinden kann. Sie zeigt bewußt oder unbewußt „Wegläufertendenzen" (A. Dührssen), z. B. häufiges Alleinlassen des Kindes, um Besorgungen zu machen oder sich zu unterhalten (Überbetonung beruflicher oder ehrenamtlicher Pflichten).
- Verunsicherung des Kindes durch jähzorniges, unberechenbares Verhalten der Eltern.
- Eine Erziehung, die den Bewegungsdrang und spontane emotionale Äußerungen des Kindes stark einengt (Erziehung zur Folgsamkeit und Bravheit).

Die Ursachen der nächtlichen Angst weisen schon auf mögliche therapeutische Ansätze hin, die vor allem die Auslöser der Angst (siehe oben) beseitigen müssen. Die Eltern sollten selbstsicher auftreten, das Kind akzeptieren und ihm das Gefühl vermitteln, daß es erwünscht ist. Das Kind braucht weiterhin Bewegungsfreiheit und vor allem die Möglichkeit, sich emotional äußern zu können, ohne daß gleich geschimpft oder bestraft wird. Bevor diese Bedingungen der Angst beseitigt sind, empfiehlt es sich, das verängstigte Kind zu beruhigen, eventuell das Licht nachts brennen zu lassen oder die Tür einen Spalt offenzulassen. Kinder lernen aber sehr schnell, daß durch ängstliches Verhalten starkes Entgegenkommen der Eltern erreicht werden kann und setzen ihre dann gespielte Ängstlichkeit bald ein, um die Mutter herbeizuzwingen. Deshalb ist es günstig, wenn in der Umgebung die wesentlichen Angstsituationen beseitigt werden, die ängstliche Äußerungen des Kindes hervorrufen können.

Perseveration ist das Festhalten an bestimmten Erlebnis- und Gedächtnisinhalten, sprachlichen oder motorischen Abläufen (Bewegungen), die stereotyp wiederkehren, obwohl sie entsprechend der Situation durch neue Verhaltensweisen abgelöst werden müßten. Starke Perseverationstendenzen treten vor allem bei Hirnverletzungen (→ Epilepsie) auf und deuten in Zusammenhang mit anderen → Symptomen auf Funktionsstörungen des → Nervensystems hin.

Person. „Leiblich-seelisch-geistige Einheit" (Hehlmann), „unteilbare Substanz des vernünftigen Wesens" (Boethius) oder „unteilbare Einheit im menschlichen Sein" (W. Arnold) sind einige Beispiele für philosophisch-phänomenologische Definitionen der Person, die auf die operational orientierte Psychologie kaum Einfluß haben. In der modernen Psychologie wird der Begriff Person gleichbedeutend mit dem → Individuum oder mit dem Begriff → Persönlichkeit gebraucht.

Personifizierung, bestimmte Vorstellung bei Kindern (anthropomorphes Weltbild; → Intelligenzentwicklung) und bei manchen Naturvölkern; unbelebten Dingen werden menschliche Eigenschaften zugeschrieben.

Persönlichkeit. Als „Persönlichkeiten" werden umgangssprachlich jene Personen bezeichnet, die einen nachhaltigen Eindruck hinterlassen, hohen Prestigewert besitzen oder eine auffallende Rolle spielen. So spricht man von einer „dynamischen Persönlichkeit" des Managers, der „sensiblen" einer Tänzerin und der „eindrucksvollen Persönlichkeit" eines anerkannten Politikers.
In der Psychologie wird die Persönlichkeit als einzigartige Struktur angesehen, die einige stabile Merkmale aufweist, die durch die Umweltbeeinflussung aus der → Anlage entwickelt werden und weiterhin Veränderungen unterworfen sind. Die die Persönlichkeit eines Menschen bestimmenden relativ konstanten Merkmale sind: Größe, Gewicht, Augenfarbe, Gang u.a. körperliche Merk-

male; →Intelligenz, Denkweisen, Leistungen und ihnen zugrunde liegende Fähigkeiten aus dem →kognitiven Bereich, →Gefühle und Bedürfnisse (→Motivation) aus dem emotionalen Bereich und →Einstellungen, →Interessen, →Vorurteile u.a. aus dem sozialen Bereich.
In der →Persönlichkeitspsychologie sind zwei grundlegend verschiedene Vorgehensweisen festzustellen: Vertreter eines „intuitiven Verstehens", wie z. B. S. Freud, Ph. Lersch u. a., versuchen die Persönlichkeit so zu erklären, daß sie hinter dem Verhalten des Menschen etwas „wirklich Vorhandenes" annehmen und diese dahinterstehenden Kräfte in einem Modell anschaulich darstellen. Besonders bekannt sind sogenannte *Schichtenmodelle,* die die Persönlichkeit als ein System von vertikal und manchmal auch horizontal angeordneten Schichten darstellen. Das erste Schichtenmodell stammt von Plato, der dem Kopf den Verstand, der Brust das →Gemüt (hier: Streben nach Ansehen, Ehre, Mut) und dem Unterleib die Begierde zusprach. Ph. Lersch beschreibt die Persönlichkeit in seinem Buch „Aufbau der Person" als einen Zusammenhang von Schichten. Eine körperliche Schicht, die alle organischen Abläufe und Vorgänge im Körper umfaßt, dient als Basis für den „endothymen Grund". Auf den Gefühlen, Affekten, Trieben, die vom endothymen Grund ausgehen, baut der „personelle Oberbau" auf (Denken und Wollen).
Alle Schichtenmodelle grenzen Gefühle und Bedürfnisse (Vitalität, „Es" bei Freud, Tiefenperson) stark vom Denken und Erkennen (Geist) ab. Diese Trennung ist inhaltlich keineswegs gerechtfertigt. Als Belege für die Richtigkeit ihrer Schichtenmodelle führen die Autoren häufig neurologische (hierarchischer Aufbau des →Nervensystems) und psychopathologische Befunde an: Beim →Alkoholismus kommt es z. B. zuerst zu einem Abbau „höherer Schichten" (Wille, Denken), wodurch die tieferen Schichten ungehemmter zutage treten können. Ebenso werden →Trauminhalte als Beweis aufgeführt. Weil die →kognitive Kontrolle im →Schlaf ausgeschaltet ist, können nicht eingestandene Wünsche und unerlaubte Handlungen der „Tiefenperson" ungehemmt hervortreten. Trotz dieser Belege sind alle Schichtenmodelle stark spekulativ, weltanschaulich bestimmt und objektiv nicht nachprüfbar.
Faktorielle Persönlichkeitspsychologie. Das faktorenanalytische Vorgehen (→Statistik) zielt auf ein mathematisch und psychologisch sinnvolles Klassifizieren von Eigenschaften ab. Man geht von beobachtbaren Verhaltensweisen aus (nicht von komplexen hinter dem Verhalten angenommenen Dispositionen) und reduziert diese mehr und mehr, so daß ein hierarchisches Modell der Persönlichkeit entsteht.
Die grundlegenden Daten einer Persönlichkeitsstruktur sind die spezifischen Handlungen des Menschen (Reaktionen auf →Tests,

4. Ebene des Typs (Fkt. 2. Ordnung)	3. Ebene der Eigenschaft (Faktor 1. Ordnung)	2. Ebene der habituellen Verhaltensweisen (Gewohnheiten)	1. Ebene der spez. Verhaltensweisen (z. B. Test-Reaktionen, Antworten in Persönlichkeitsfragebogen)
Extraversion	Zyklothymie	1) gesellig	lädt oft Leute zu sich ein geht oft aus
		2) warmherzig	setzt sich für einen wohltätigen Zweck ein ist an Problemen anderer interessiert
		3) unbeschwert	ist nicht lange traurig, wenn er von der Freundin versetzt wird macht sich nicht viel Gedanken, wenn etwas mißlungen ist
	Dominanz	4) selbstbehauptend	fühlt sich durch selbstsichere Personen nicht beeinträchtigt glaubt, seine Ansichten seien der Zeit voraus
		5) eigenständige Meinung	ist bei anderen als ideenreich bekannt findet lieber selbst heraus, wie etwas zu machen ist
		6) unbefangen	setzt auch ungewöhnliche Lösungen durch hat schon einmal ein Plakat heruntergerissen
	Beschwingtheit	7) gesprächig	bevorzugt Situationen, in denen man sich mit anderen unterhalten kann andere sagen von ihm, er sei unterhaltsam
		8) heiter	hört lieber Schlager als ernste Musik schildert sich als sorglos
		9) munter	unternimmt gerne verrückte Dinge andere sagen von ihm, er sei begeisterungsfähig
	Vertrauen	10) tolerant	hält nur wenige Leute für eingebildet qualifiziert andere nur selten als Spinner ab
		11) gelassen	es macht ihm wenig aus, wenn er sich einmal ungeschickt benimmt er meint, daß nur wenige Dinge ihn wirklich aufregen
		12) vertrauensvoll	glaubt, daß niemand ihm etwas Böses will glaubt, man sollte generell mehr Lob und Anerkennung gegenüber anderen äußern
	Gruppenbezogenheit	13) bevorzugt Teamwork	hat nur gute Einfälle, wenn er mit anderen zusammen ist würde ein neues Projekt am liebsten nur mit anderen anfangen
		14) konventionell	meint, man solle seine Lebensführung mehr an dem ausrichten, was üblich ist ärgert sich, wenn man ihn für unkonventionell hält
		15) stark anerkennungsbedürftig	läßt sich gerne von anderen wegen seiner Erfolge bewundern möchte, daß man ihn häufig um Rat fragt

Beispiel eines faktorenanalytischen Persönlichkeitsmodells nach H. J. Eysenck und R. B. Cattell

Verhalten in Alltagssituationen). Tauchen sie wieder in ähnlichen Situationen auf, spricht man von habituellem Verhalten (→Gewohnheit). Aus ihrer gegenseitigen Abhängigkeit (Korrelation) werden verschiedene Eigenschaften erschlossen und mit einem mehr oder weniger treffenden Begriff bezeichnet. Im Alltagsleben werden auf ähnliche Weise Eigenschaften gewonnen.
Vertreter des „faktorenanalytischen" Vorgehens (→Statistik), wie R. B. Cattell, H. J. Eysenck u. a., beobachten und messen also zuerst eine Vielfalt von Verhaltensmerkmalen und versuchen dann durch statistische Analyse übergreifende Persönlichkeitsmerkmale (Faktoren) zu isolieren. Das beobachtete Verhalten wird mit Hilfe mathematischer Modelle immer mehr auf nur wenige „Dimensionen" zurückgeführt. Tauchen bestimmte Verhaltensweisen oder Handlungen in ähnlichen Situationen immer wieder auf, so wird angenommen, daß ihnen eine Verhaltensbereitschaft oder →Gewohnheit (habit strength) zugrunde liegt. Aus der statistisch

Die Darstellung von Persönlichkeitsfaktoren nach Cattell:

Extraversion	PA	PB	Introversion
Zyklothymie			Schizothymie
Dominanz			Unterwerfung
Beschwingtheit			Gedrücktheit
Vertrauen			Mißtrauen
Gruppenbezogenheit			Selbständigkeit
Mut			Scheu

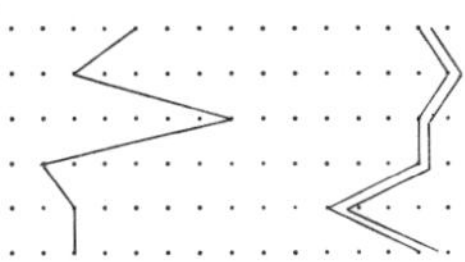

Emotionale Anpassung	PA	PB	Neurotizismus
Ich-Stärke			Ich-Schwäche
Vertrauen			Mißtrauen
Selbstsicherheit			Ängstlichkeit
Hohe Selbstkontrolle			Geringe Selbstkontrolle
Geringe Spannung			Hohe Spannung

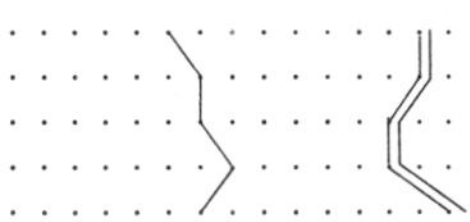

Hohe Gefühlsbestimmtheit	PB	PA	Geringe Gefühlsbestimmtheit
Sensitivität			Realismus
Kreativität			Praktiker
Naivität			Scharfsinn

Weitere Faktoren sind:
Hohe Intelligenz – geistiges Defizit
Positive und negative Auswirkungen des Über-Ich (→Gewissen)
Politischer Radikalismus und Konservativismus

Die durchgezogene Linie (PA) zeigt, daß auch bei einer extravertierten Person nicht alle Faktoren Extremwerte aufweisen müssen. Dasselbe gilt auch für eine introvertierte Person (PB). Da die drei genannten Faktoren zweiter Ordnung voneinander unabhängig sind, sind extravertierte Menschen nicht zwangsläufig emotional angepaßt und stark gefühlsbestimmt.

bestimmten Abhängigkeit oder Verbundenheit zwischen mehreren Dimensionen wird auf eine nicht mehr beobachtbare Eigenschaft der Person geschlossen (s. Abb. S. 292.

Das wissenschaftliche Vorgehen ist hier dem „unwissenschaftlichen" (→ Methoden der Psychologie) im täglichen Leben ähnlich: Wird bei einer Person in verschiedenen Entscheidungssituationen ein umständliches, langsames, ängstliches und zögerndes Verhalten beobachtet, so wird auf die dem Verhalten zugrunde liegende „Eigenschaft" – in etwa „Unentschlossenheit" – geschlossen.

In der Psychologie werden mit dem Begriff Persönlichkeit alle individuellen Verhaltensbereitschaften *(Dispositionen)* beschrieben, die das beobachtete Verhalten ermöglichen bzw. steuern. Es ist erwiesen, daß die individuellen Persönlichkeitsmerkmale sehr stark von der Umwelt beeinflußt werden (→ Lernen). Im Gegensatz zum → „Charakter" ist der Begriff Persönlichkeit eher wertfrei und dient ebenso zur Beschreibung der Persönlichkeit eines angesehenen Politikers wie auch der eines Kriminellen.

Dimensionen der Persönlichkeit. Zur Gewinnung von Persönlichkeitsdimensionen verwendet man Einzeldaten, die mit verschiedenen Techniken gewonnen werden: Beobachten des Verhaltens im Alltag, biographische Daten (→ Fallstudie), Fremdbeurteilungen, z. B. durch die Mutter, Gruppenmitglieder, Lehrer usw. und die mit → Fragebogen und → Tests erfaßten Verhaltensmerkmale. Immer werden von vielen Personen zu einem bestimmten Zeitpunkt Daten über verschiedene Verhaltensmerkmale erhoben und statistisch ausgewertet.

R. B. Cattell kam durch die Auswertung sehr vieler Beobachtungsdaten auf 16 Grunddimensionen der Persönlichkeit. Da mehrere Persönlichkeitsfaktoren nicht unabhängig voneinander sind, wurden sie zu Persönlichkeitsfaktoren „zweiter Ordnung" zusammengefaßt. Es handelt sich um die → Extraversion – Introversion (s. Abb. S. 292), emotionale Stabilität – → Neurotizismus und Gefühlsbestimmtheit.

Vertreter der → humanistischen Psychologie, wie C. Rogers, Ch. Bühler, S. Jourard und A. H. Maslow, betonen die Selbstverwirklichung als das wichtigste Lebensziel des Menschen und interpretieren die Persönlichkeit von dem Bestreben her, alle ihre Möglichkeiten zu entwickeln. Der Mensch wird nicht nur als Organismus betrachtet, der aufgrund seiner Dimensionen und wegen der Triebe tätig ist. Sie sind der Ansicht, daß der Mensch seine eigene Persönlichkeit „verstehen" muß, was durch die von C. Rogers begründete → Gesprächspsychotherapie angestrebt wird.

Persönlichkeitspsychologie (ältere Bezeichnung „Charakterkunde"), psychologische Teildisziplin, die den Aufbau, die

→Struktur (Beziehung zwischen einzelnen Merkmalen), Eigenschaften, →Fähigkeiten und andere Eigenarten der →Persönlichkeit erforscht. Ihre Forschungsergebnisse dienen als Grundlage für die Beschreibung der Unterschiede zwischen verschiedenen Individuen, mit denen sich die →differentielle Psychologie befaßt.

Personwahrnehmung →Ausdruck.

Persuasion. Der Begriff „überreden" taucht in der Psychologie vorwiegend im Zusammenhang mit der heute nicht mehr gebräuchlichen Persuasionstherapie auf, die dem Neurotiker (→Neurose) die Ursachen seines Verhaltens erklären will, um ihn zu einer Änderung zu bewegen bzw. zu überreden. So wird einer jungen Frau, die an neurotischen Herzanfällen leidet, klargemacht, daß sie körperlich gesund ist und ihr erhöhter Pulsschlag auf keiner organischen Krankheit beruhen kann, sondern vielmehr eher auf einer unbegründeten Furcht, den Freund zu verlieren. Es hat sich erwiesen, daß eine Einsicht in Ursache und Ablauf seiner Störung dem Neurotiker nicht weiterhilft.

Perversionen. Mehr oder weniger zwanghaftes Verhalten und Aktivitäten, die zur sexuellen Erregung und zu Lustgefühlen führen, sich jedoch stark von der gesellschaftlichen Sexualnorm abheben.
Die häufigsten Formen des sogenannten „perversen Verhaltens":
1. *Sadomasochismus.* Der Begriff wurde 1907 von Kraft-Ebbing für *Sadismus* (sexuelle Befriedigung wird durch Schmerzzufügung, Erniedrigung und Mißhandlung des Partners erreicht) und *Masochismus* eingeführt, bei dem das Erleiden, Erdulden von Schmerz und Qual Lustgewinn bringen.
2. *Fetischismus.* Sexuelle Erregung und Befriedigung werden durch Betrachten verschiedener Kleidungsstücke, wie Strümpfe, Büstenhalter, Slips, oder Körperteile außerhalb der Genitalregion, wie Beine, Brust, Haare erreicht.
3. *Exhibitionismus.* Das Entblößen bzw. Zur-Schau-Stellen der Genitalien vor anderen Personen führt zur sexuellen Erregung, wobei die Abwehrreaktionen der unfreiwilligen Zuschauer besonders erregend wirken.
4. *Voyeurismus* („Schaulust"). Als Voyeure werden Personen bezeichnet, die durch vorwiegend heimliches Beobachten von sexuellen Objekten, nackten Frauen oder des Geschlechtsverkehrs zur sexuellen Befriedigung gelangen.
5. *Sodomie.* Nach Kinsey haben ca. 8% der Männer u. ca. 3,6% der Frauen irgendwann Sodomie, d. h. die sexuelle Betätigung mit Tieren betrieben. Bis zum jüngsten Wandel sexueller Normen wurden

auch →Homosexualität und →Onanie als Perversionen bezeichnet.

Petting, Bezeichnung für sexuelle Reizung mit der Hand oder dem Mund – vor allem unter Jugendlichen –, die ohne →Koitus zum →Orgasmus führen kann. Petting wird als voreheliche Sexualbeziehung sozial akzeptiert; es gibt keine wissenschaftlichen Beweise für eventuelle negative Folgen solcher Sexualbetätigung. →Sexualität.

PGR, Abk. für →Hautreaktion.

Phänomen, Erscheinung. Erlebens- und Wahrnehmungsinhalte (→Erleben, →Wahrnehmung) werden in der Psychologie oft Phänomene genannt, die der Mensch „erfährt" und beschreiben kann.

Phänotypus ist ein Begriff für die Gesamtheit aller tatsächlich ausgebildeten Merkmale eines Individuums. Der Phänotypus resultiert aus dem →Genotypus und den mit ihm in Wechselwirkung stehenden Umwelteinflüssen (→Anlage-Umwelt-Problem).

Phantasie, Bezeichnung für →Vorstellungen, in denen die bisherigen Erfahrungen (Gedächtnisinhalte) neu kombiniert werden und der Wirklichkeit nicht unbedingt entsprechen müssen. Phantasievorstellungen hängen von aktuellen Bedürfnissen und →Gefühlen ab und werden oft dem Wunschdenken gleichgesetzt.

Pharmakopsychologie →Psychopharmaka.

Phlegmatiker ist einer der vier Temperamentstypen von Hippokrates (→Typologie), der als beständig, schwerfällig und nur schwer aus der Ruhe zu bringen beschrieben wird.

Phobien, →Neurosen, die durch übertriebene unbegründete und das Verhalten stark einschränkende Ängste gekennzeichnet sind. (→Neurose).

Phrenologie. Mit dem Begriff Phrenologie wird die von F. J. Gall vertretene Annahme bzw. Theorie bezeichnet, nach der die Ausprägung wichtiger Fähigkeiten an der Schädelform zu erkennen sei. Die Annahme konnte nicht bestätigt werden.

Phylogenese. Im Unterschied zu der Individualentwicklung (= Ontogenese = Entwicklung eines Individuums von der Keimzelle bis zum Tode) wird die Stammesentwicklung Phylogenese genannt.

Physiognomik →Ausdruck.

Physiologie erforscht und beschreibt Lebensvorgänge in den Organismen (Pflanzen, Tiere, Menschen). Die *vegetative* Physiologie umfaßt Stoffwechsel und Fortpflanzung (Atmung, Ernährung, Verdauung, Blut, Herz, Wasserhaushalt u.a.), die *animalische* beschreibt das Funktionieren von Muskeln, des →Nervensystems und der Sinnesorgane. *Physiologische Psychologie* untersucht die Zusammenhänge zwischen physiologischen und psychischen Vorgängen (→Leib-Seele-Problem). Der Ausdruck Physiologische Psychologie gilt heute als Oberbegriff für folgende Disziplinen: Physiologische Psychologie im engeren Sinn, die Psychophysiologie, Neuropsychologie und Psychopharmakologie. Physiologische Psychologie im engeren Sinn untersucht mit Hilfe von Tierexperimenten und an hirnverletzten Menschen die Zusammenhänge zwischen Gehirn und Verhalten, insbesondere Leistungen des Gehirns beim →Lernen und →Gedächtnis (biochemische Gedächtnismodelle), den Zusammenhang zwischen dem aufsteigenden retikulären aktivierenden System und Aufmerksamkeit sowie →Vigilanz. Weitere Themenschwerpunkte sind: Schlaf-Wach-Regulation, Aktivierung, Emotionen und Motivation.
Psychophysiologie arbeitet mit Versuchspersonen und versucht über psychologische Einflüsse (z.B. Testaufgaben, Belastungen) physiologische Meßwerte zu provozieren und abzuleiten. Es werden vorwiegend Reaktionen des Autonomen Nervensystems, z.B. →PGR, EKG und auch EEG abgeleitet. Hauptprobleme und Anwendungsgebiete der Forschung sind →Streß, psychosomatische Störungen und Biofeedback (Rückmeldung über Reaktionen des Körpers) als eine Möglichkeit zur Unterstützung der →Verhaltenstherapie.
Neuropsychologie findet ihren Ursprung in der Arbeit mit hirngeschädigten Patienten und beschäftigt sich heute durch die Kombinationen von neurologischen Untersuchungen und psychologischen Verfahren insbesondere mit der →Hirnhemisphärendominanz. *Psychopharmakologie* beschäftigt sich mit chemischer Einwirkung jeglicher Art (Pharmaka, Hormone, Drogen) auf psychische Funktionen (→Psychopharmaka).

Placebo, Bezeichnung für „Leerpräparate", „Scheinpräparate", die in Form, Geschmack und Geruch bestimmten Arzneimitteln bzw. → Psychopharmaka gleichen, jedoch wirkungslos sind. Placebo wird Versuchspersonen der Kontrollgruppe (→Experiment) verabreicht, um die tatsächliche Wirkung von bestimmten Arzneimitteln zu untersuchen, da die Verabreichung von →Psychopharmaka immer auch eingebildete (suggerierte) Veränderungen hervorruft.

Polaritätsprofil, von P. Hofstätter und als *semantisches Differential* von C. E. Osgood entwickelte Methode zur Beurteilung des subjektiven Bedeutungsgehalts von Begriffen, Vorstellungen, Gegenständen und auch von Personen. Vpn wird eine Reihe von adjektivischen Gegensatzpaaren (z. B. weich–hart, schwach–stark, passiv–aktiv, freundlich–unfreundlich, angenehm–unangenehm vorgelegt mit der Aufforderung, die „Bedeutung“ eines Begriffes (z. B. Liebe) oder einer Person (z. B. Lehrer, Mutter) mit den vorgegebenen Gegensätzen (Polaritäten) auf einer 7stufigen Skala (weich 3210123 hart) zu beurteilen. Wird die 0 angekreuzt, dann meint die Vp, daß z. B. „weiblich“ weder weich noch hart ist. Verbindet man die angekreuzten Stufen miteinander, so erhält man ein Profil für den beurteilten Begriff. Für verschiedene Gefühle entstehen auf diese Weise unterschiedliche Profile, zwischen denen ein „Ähnlichkeitsmaß“ berechnet werden kann. Aus einer Reihe von Untersuchungen geht hervor, daß die „Bedeutungen“ hauptsächlich drei Dimensionen ergeben: die bewertende Dimension (gut–schlecht), Kraftdimension (stark–schwach) und Aktivitätsdimension (aktiv–passiv). Für Begriffe aus dem → Persönlichkeitsbereich ergeben sich folgende Faktoren: 1. positive Zuwendung nach außen, 2. negative Zuwendung nach außen und 3. Wendung nach innen.

Politische Psychologie ist eine relativ neue Teildisziplin der Psychologie und befaßt sich mit dem Menschen als Träger politischer Prozesse, d. h. mit dem Zusammenhang zwischen psychischen, gesellschaftlichen und politischen Vorgängen.
Als Ausgangspunkt der politisch-psychologischen Forschung werden die Untersuchungen von Theodor W. Adorno und seinen Mitarbeitern an der Universität von Berkley, USA, angeführt, die zum Ziel hatten, psychologische Ursachen des Antisemitismus und der Verfolgung von Minderheiten herauszufinden. Die Ergebnisse ihrer Untersuchungen sind unter dem Begriff → „autoritäre Persönlichkeit“ weltweit bekannt geworden. Sie stellten fest, daß Menschen, die die eigene Kultur und Nation höher bewerten als andere (Ethnozentrismus), auf die Erhaltung der bestehenden Ordnung bedacht und der Tradition verhaftet sind (Konservativismus) und → Aggression, Härte und Gehorsam betonen (Faschismus), besonders dazu neigen, Minderheiten als „Sündenböcke“ abzustempeln und sie zu verfolgen (Antisemitismus). Die Neigung der autoritären Persönlichkeit zu → Vorurteilen resultiert aus der geringen Differenzierungsfähigkeit (Schwarz-Weiß-Denken), Ich-Verteidigung (negative Eigenschaften werden anderen zugeschrieben – Sündenbockmechanismus), die ihrerseits eine Folge der strengen Erziehung sind. Aggressionen richten sich aus Angst vor Strafe nicht gegen

die strengen Eltern, sondern gegen Minderheiten. Die Untersuchungsergebnisse sind wegen methodischer Mängel stark umstritten und außerdem von geringem Wert, weil die Frage nach den Ursachen des Faschismus unbeantwortet bleibt und wir nicht wissen, welche psychologische Faktoren insgesamt zu dem politischen Geschehen in der Ära des Nationalsozialismus geführt haben.

Es ist den Wissenschaftlern bald klargeworden, daß die Untersuchung der Frage, welche Menschen eine autoritäre Führung unterstützen oder welche Eigenschaften jemanden zum „geborenen" Führer erscheinen lassen, das komplexe politische Geschehen nicht erklärt. Der Fortschritt politisch-psychologischer Forschung gründet auf den sozialpsychologischen Erkenntnissen (→Gruppe, →Sozialpsychologie, →Einstellung, →Rolle), die eher in der Lage sind, das Funktionieren komplizierter gesellschaftlicher Systeme zu erklären.

Überblick über die bisherigen Erkenntnisse, die zum besseren Verständnis politischer Vorgänge beitragen:

1. Das Verhalten und die Politik einer ganzen Nation hängt sehr stark von den →Vorurteilen und stereotypen Meinungen über andere Nationen ab. Nationen mit einer anderen Gesellschaftsordnung werden als bedrohlich wahrgenommen und zu Feinden gemacht.

2. Die Mitglieder der eigenen Gruppe werden als besser beurteilt als die der anderen Gruppen oder Nationen; sie sind die „schlechten". Die Bedrohung einer Gruppe von außen stärkt ihren Zusammenhalt und erleichtert das Erreichen von gesteckten Zielen. Gibt es keine Feindgruppe, so wird sie erfunden, wobei Minderheiten bevorzugt zu Feinden mit negativen Eigenschaften abgestempelt werden (Juden, Neger, Gastarbeiter), sie sind dumm, faul und gewalttätig.

3. Diese Mechanismen stabilisieren zwar die eigene Gesellschaftsordnung und die Politik, sind jedoch als ein selbstregulierendes System nach dem Prinzip eines „Teufelskreises" anzusehen. Weil die anderen uns gegenüber feindselig eingestellt sind, werden Grenzen dicht gemacht, meidet man Kontakte mit ihnen, wodurch →Vorurteile und stereotype Meinungen nicht ausgeräumt, sondern verstärkt werden. Vorurteile gegenüber den Minderheiten bestimmen das Verhalten der Mehrheit, welches die Minderheiten dazu zwingt, sich den Vorurteilen entsprechend zu verhalten. Dem angenommenen Feind gegenüber kann man sich nicht freundlich verhalten, er tut es ebenso; eine Annäherung ist nicht möglich. Die Vorurteile werden zu tatsächlichen Eigenschaften, die jedoch erst durch die ihnen aufgezwungenen Lebensbedingungen erzeugt werden. Für den hier aufgezeigten Mechanismus wurde der Ausdruck „Prophezeiung, die sich selbst erfüllt" (self fullfilling prophecy, →Kommunikation) geprägt. So kann

das Bild, das eine Gruppe von der anderen aufgestellt hat oder das eine Gruppe von sich selbst hat, in Erfüllung gehen.
4. Diese Tatsachen können in der Politik verheerende Folgen haben. Der Konflikt zwischen zwei Nationen, der vielleicht durch ökonomische oder ideologische Verschiedenheiten verursacht war, setzt den psychologischen Mechanismus der Feindgruppen in Gang. Nicht nur der Führer, die Regierung oder die herrschende Schicht, sondern das gesamte Volk fühlen sich bedroht, was die Vorurteile gegenüber anderen verstärkt und die →Wahrnehmung des tatsächlichen, objektiven Konfliktes verfälscht. Der Konflikt wird rein psychologisch gesteigert und kann zum Krieg führen. Der Krieg wird nicht vom „Führer“ oder von der Regierung gemacht, sondern vom gesamten Volk. Das Handeln des Volkes wird in solchen Situationen durch die „Macht des Gehorsams“ und durch den Gruppendruck (→Gruppe) begünstigt. S. Milgram hat in mehreren Untersuchungen von 1963 bis 1965 experimentell nachgewiesen (→Milgram-Experiment), daß viele Probanden imstande sind, andere zu foltern, wenn sie eine Autoritätsperson dazu auffordert, wenn die gefolterte Person in der Rangordnung ihnen untergeben ist (z. B. Lehrer–Schüler) und wenn sie glauben, ihr Verhalten mit sozialen Normen rechtfertigen zu können („Es war für das Wohl des Volkes“). Weitere Beispiele sind das Verhalten der Amerikaner und Vietkong im Vietnamkrieg, der Portugiesen in Afrika, der Palästinenser und Israelis und die Terrorakte in Irland. Solches Verhalten durch einen angeborenen Aggressionstrieb (→Aggression) erklären zu wollen ist eine unzulässige Simplifizierung.
Als ein weiteres Beispiel für den Teufelskreis gesellschaftlicher Prozesse lassen sich Wirtschaftskrisen aufführen. Durch objektiv gegebene ökonomische Faktoren bedingte Preissteigerung führt zu Angst vor Inflation, die durch bestimmte Gruppen und Massenmedien noch verstärkt wird. Die Angst selbst bedingt falsches Konsumverhalten, das Konsumverhalten weitere Preissteigerungen.
Die hier aufgezeigte Selbstregulierung politischer Systeme ist keine endgültige Klärung politischer Prozesse, sondern eine stark vereinfachte theoretische Darstellung des komplexen Geschehens. Nach ihr sind die Leistungen der Politiker vor allem darin zu sehen, mit geeigneten Maßnahmen derartige Entwicklungen zu durchbrechen, für verstärkte Kontakte zwischen den Gruppen und Nationen zu sorgen, die zum Abbau von Vorurteilen beitragen und „Verträge mit Leben ausfüllen“. Es ist wichtiger vom Frieden, Annäherung und Freundschaft zu sprechen, statt vom Krieg, Bedrohung und Feindschaft, wenn man den Mechanismus der „Prophezeiung, die sich selbst erfüllt“, berücksichtigt.
Bisher wurde hauptsächlich der Beitrag der Psychologie zur *Frie-*

densforschung geschildert, der psychologische Mechanismus der Konfliktsteigerung zwischen Nationen und zwischen Mehrheit-Minderheit aufgezeigt und weniger Erkenntnisse zur innenpolitischen Szene. Hier werden von der Psychologie Fragen der Chancengleichheit untersucht, die Ursachen der Entstehung von Gruppen, die gegen die bestehende Gesellschaftsordnung kämpfen und Möglichkeiten der Abwehr und Eigenarten des politischen Verhaltens von Bürgern in einer bestimmten Gesellschaftsordnung. Kurze Zusammenfassung der Ergebnisse bisheriger Forschung:

1. Die Wirkung politischer Information im Wahlkampf oder durch Massenmedien ist sehr gering (→Massenkommunikation); Aufklärungsbedürftige sind uninteressiert, Parteizugehörige richten es so ein, daß sie sich nur solchen Informationen aussetzen, die ihre Meinung bzw. politische →Einstellung bestätigen.
2. Zwischen Schulbildung, schulischer Staatsbürgerkunde, politischem Unterricht und politischem Engagement, d.h. der Teilnahme an politischen Entscheidungen, besteht kaum ein Zusammenhang. Das bedeutet, durch die gegenwärtigen schulischen Einrichtungen wird der Demokratisierungsprozeß nicht gefördert.
3. Chancengleichheit und Leistungsprinzip sind in westlichen Demokratien noch kaum verwirklicht. Solange es Gruppen gibt, die mehr Macht besitzen, als ihnen aufgrund ihrer Leistungsfähigkeit zukommt, handelt es sich um eine Wettbewerbsgesellschaft und nicht um eine Gesellschaft, die dem Leistungsprinzip folgt. Gegen Leistungsprinzip werden von der Psychologie keine Einwände erhoben, wohl aber gegen eine Wettbewerbsgesellschaft, die die Menschen Leistungszwängen unterwirft und individuelle Leistungsfähigkeit und Begabungsunterschiede ungleich entlohnt und anerkennt.

Polygraph, Mehrfachschreiber, dient in der Psychologie der gleichzeitigen Aufzeichnung von mehreren Signalen (z.B. →EEG, →EKG, →Hautwiderstand, Reaktionszeit, Intensität einer Reaktion usw.).

Population →Methoden der Psychologie, →Stichprobe, →Statistik.

Pornographie, Bezeichnung für obszöne (unzüchtige, schamlose, perverse, „schmutzige") Darstellungen des Sexualverhaltens in Literatur, Film, Photographie und auch für Striptease, Nackttänze und andere Vorführungen in Nachtbars, die die sogenannte natürliche Schamhaftigkeit des Menschen verletzen und daher gesellschaftlich (gesetzlich) kontrolliert werden. Es gibt keine eindeutigen objektiven Kriterien für die Unterscheidung der Pornographie von erotischer Kunst. Die angenommenen negativen Auswirkungen der Pornographie auf Kinder und Jugendliche konnten nicht eindeutig nachgewiesen werden und sind sehr wahrscheinlich auf Begleiterscheinungen, wie Reiz des Verbotenen, falsche Reaktionen der Erwachsenen, Beeinflussung durch die „Mitbetrachter" u.a., zurückzuführen. Übereifrigkeit mancher Zensoren führt oft zu öffentlichen Diskussionen, die den Wirkmechanismus mancher Darstellungen erst in Gang setzen (Zwei-Weg-; →Massenkommunikation) Kommunikation.

Position. Der Begriff bezeichnet den Platz (Rangplatz), den jemand in der →Gesellschaft oder in einer →Gruppe innehat (Abgeordneter, Minister, Arbeiter, Betriebsleiter, Vater usw.). Wie man sich üblicherweise in einer bestimmten Position verhalten soll, beschreibt die ihr zugeordnete →Rolle. Das Ansehen, das Personen in einer bestimmten Position bei anderen genießen, wird *Status* (Ansehen) oder auch Prestige genannt. So ist der Status eines Arbeiters in den Augen der meisten Gesellschaftsmitglieder geringer als der des Betriebsleiters oder gar Ministers. Kriterien, nach denen man sich bei der Bestimmung des Status richtet, sind die in der jeweiligen Gesellschaft hochgeschätzten Merkmale, wie bei uns z.B. Einkommen, Vermögen, Herkunft, Benehmen und Bildung.

Potenzstörungen (Impotenz) →Sexualstörungen.

Prädisposition →Anlage, →Persönlichkeit.

Prägung ist nach K. Lorenz ein irreversibles (unterliegt nicht der Löschung) →Lernen von *artfremden* Auslösern für angeborene *arteigene* Verhaltensmuster in sogenannten „kritischen Phasen" (meist kurz nach der Geburt). Prägung wurde bei Fischen, Vögeln und bei einigen Säugetieren festgestellt. Prägung im strengen Sinne (gleicher Art wie bei Tieren) konnte beim Menschen bisher nicht beobachtet werden. Es wird jedoch angenommen, daß gewisse →„Fixierungen" und traumatische (Schock) Erlebnisse in der frühesten Kindheit das Verhalten des Menschen erheblich beeinflussen können.

Primärgruppe →Gruppe.

Primärtherapie. A. Janov, der dieses populär auch Urschreitherapie genannte Vorgehen entwickelte, arbeitete lange Jahre als Psychoanalytiker, bevor ihm Ende der 60er Jahre klar wurde, daß jedes →Trauma eine Schmerzensenergie *(Primärschmerz)* im Menschen zurückläßt, die wieder abgeführt werden muß, was z.B. durch Weinen oder Schreien geschieht. Da in der westlichen Gesellschaft die Menschen i.d.R. diese Schmerzen nicht abreagieren können, bleibt die Schmerzensenergie im Körper, verursacht Muskelspannungen, →somatische Schädigungen und macht die wirklichen Gefühle und Empfindungen unbewußt. Die einzige Methode, diesen Urschmerz und die damit verbundenen neurotischen Symptome zu beseitigen, sind nach Janov Gefühlsausbrüche der sog. Urerlebnisse (nach Hemming, 1982). Diese Überlegungen orientieren sich stark an der Auffassung der frühen →Psychoanalyse, die annahm, der Neurotiker leide an Reminiszenzen. Gemeint waren angstvolle, bedrängende Erlebnisse in der Kindheit, die weiterexistieren und sich im neurotischen Symptom äußern.

Methodisches Vorgehen: Der Klient legt sich zu Boden und erzählt von seiner Kindheit. Sobald schmerzliche Erinnerungen auftauchen, wird er aufgefordert, sich in sie zu versenken. Dabei kann es zu *Primärerfahrungen* (Primals) kommen, in denen er unter massiven und sehr intensiven körperlichen Reaktionen den Schmerz der Kindheit erstmals vollständig erlebt. Das kann eine Stunde und länger dauern; es folgt ein Gefühl der Ruhe, die Wahrnehmung ist klar geworden, der Atem geht tiefer und freier. Die Therapie verläuft in zwei Schritten. In den ersten zwei bis drei Wochen trifft der Klient den Therapeuten 10- bis 15mal, solange er will. Nach diesem Abschnitt beginnt die Arbeit in der Gruppe, in welcher der Klient anfangs an sich allein arbeitet, am Ende der Sitzung sich aber alle über ihre Erfahrungen unterhalten. Die Therapie ist beendet, wenn der Klient alleine Zugang zu seinen Primärerfahrungen finden kann.

Die therapeutische Wirksamkeit dieser Methode ist wie bei vielen psychotherapeutischen Verfahren nicht näher untersucht. Sicher ist, daß sie vielen schon geholfen hat, sie also kein esoterischer Schwindel ist. In Deutschland ist jedoch die Zahl der qualifiziert ausgebildeten Therapeuten sehr klein, so daß bei dieser den Körper und die Psyche sehr belastenden Therapie die Gefahr groß ist, an nicht fachgerechte Hilfe zu geraten.

Proband (Abk. Pb). Individuen, mit denen ein →Test oder eine Untersuchung durchgeführt wird, werden in der Psychologie Probanden (Pbn) genannt.

Problemlösen, Bezeichnung für das Bewältigen neuartiger Situationen. Mit Hilfe der →Selbstbeobachtung versuchte die Psychologie, einzelne Schritte des Problemlöseverhaltens, z. B. bei Denksportaufgaben, herauszufinden und die Bedingungen festzustellen, unter denen der Einfall des „richtigen" Lösungsweges stattfindet. Viele Probleme lassen sich nicht mit bereits erprobten Lösungstechniken angehen, daher ist es oft notwendig, den eingeübten Weg aufzugeben und die gemachten Erfahrungen zur Bewältigung des Problems neu einzusetzen (→Denken).

Produktives Denken → Kreativität.

Profil, Bezeichnung für die graphische Darstellung verschieden ausgeprägter → Fähigkeiten oder → Persönlichkeitsfaktoren.

Prognose, Psychologie erforscht Gesetzmäßigkeiten des Verhaltens, um zukünftiges Verhalten vorhersagen zu können. Der Prognose geht meist eine intensive Untersuchung der → Persönlichkeit (→ Diagnostik) und des bisherigen Verhaltens (biographische Daten; → Exploration) voraus. Prognosen spielen eine wichtige Rolle in der → Beratung (z. B. Voraussage des künftigen schulischen oder beruflichen Erfolgs), in der → Klinischen Psychologie (Voraussage des Verlaufs einer → psychischen Störung und des Behandlungserfolges), in der → Forensischen Psychologie (z. B. Voraussage des künftigen Verkehrsverhaltens) und im Bereich der → Kriminalität (Rückfallprognose).

Programmiertes Lernen → Lehrmaschinen.

Projektion ist nach S. Freud einer der von ihm beschriebenen → Abwehrmechanismen, in dem eigene Bedürfnisse oder Gedanken der Außenwelt (Personen, Objekten) zugeschrieben werden. So fühlt sich eine Person ständig von anderen sexuell belästigt und angesprochen, weil sie ihre eigenen sexuellen Wünsche den Mitmenschen zuschreibt (projiziert).
Im Alltag laufen der Projektion ähnliche Vorgänge bei der → sozialen Wahrnehmung und Personwahrnehmung (→ Ausdruck) ab. So werden häufig Objekte und Personen als heiter, bedrohlich oder traurig wahrgenommen, nur weil der Beobachter in einer entsprechenden gefühlsmäßigen Verfassung ist.
In den → projektiven Tests ist der Pb aufgefordert, verschiedene Testmaterialien (Tintenkleckse, Bilder, Geschichten) zu interpretieren; man nimmt an, daß der Pb sein Erleben, seine Gefühle und Phantasien in das Testmaterial hineinprojiziert (→ Wahrnehmung).

Projektive Tests. Der Vorteil projektiver Verfahren gegenüber → Fragebogen liegt in ihrer Nicht-Durchschaubarkeit. Ein argwöhnischer Proband kann nur vermuten, daß er durch seine Antwort auf grau schattierte und farbige Kleckstafeln (beim Rorschach-Test) oder auf Bilder (z. B. beim Thematischen Apperzeptions-Test, auch TAT genannt) etwas von seiner Persönlichkeit preisgibt; er weiß jedoch nicht, welche Antworten für ihn von Vorteil und welche von Nachteil sein könnten. Daher kann er sich nicht betont „sozial erwünscht“ verhalten. Projektive Tests sind in der psychologischen → Diagnostik sehr umstritten, da ihre Zuverlässigkeit, vor allem aber die Objektivität bei der Auswertung der

Antworten im Vergleich z. B. zu → Intelligenztests nicht sehr hoch ist. Projektive Tests bauen auf der Annahme auf, daß ein Mensch, wenn er unstrukturierte, mehrdeutige Vorlagen zur Interpretation erhält, seine persönlichen Gedanken, → Gefühle und → Einstellungen in sie hinein überträgt (projiziert, → Projektion). Einige Psychologen setzen diese Tests nur ein, um die Arbeitsatmosphäre aufzulockern und sich einen ersten Eindruck zu verschaffen. Auf diese Weise wird vor allem der Baum-Test häufig angewendet, bei dem der Proband einen Baum zeichnen muß und die Art des Zeichnens und das Dargestellte symbolhaft auf Persönlichkeitsmerkmale hinweisen sollen. Dieser Ansatz mutet sehr naiv an, seine testtheoretischen Grundlagen (Reliabilität, Validität, Objektivität) sind mangelhaft, und er wird von der wissenschaftlich orientierten Psychologie mit Skepsis betrachtet. Ein bekanntes und durch Untersuchungen gut abgesichertes – aber auch umstrittenes – Verfahren ist der Rorschach-Test, der Aussagen auch über Intelligenz- und Leistungsverhalten, den emotionalen und sozialen Bereich ermöglicht. Dem Probanden werden zehn Kleckstafeln vorgelegt mit der Frage: „Was könnte das sein?" Bei der Auswertung eines Rohrschach-Tests werden z. B. folgende Merkmale der Antworten beachtet:

- Form (Deckung des Umrisses vom Klecks mit dem in der Antwort dargestellten Objekt). Die Form kann Hinweise geben auf: willentliche Kontrolle, Beobachtungsschärfe u. a.
- Farbe (Grad der Beeinflussung der Deutung durch die Farbigkeit des Kleckses; z. B. ein blauer Bär). Die Farbe gibt Hinweise auf die allgemeine Gefühlshaftigkeit, spontanes, affektives oder kontrolliertes Erleben u. a.
- Bewegungen, die in den Klecksen wahrgenommen werden (z. B. tanzende Menschen). Sie geben Hinweise zur Phantasie, Kreativität, zum Triebleben u. a.
- Ganz- oder Detailantworten (der Klecks wird in seiner Ganzheit oder im Detail in der Antwort berücksichtigt). Sie geben z. B. Hinweise auf die Art des Denkens (abstraktes oder mehr praktisches Denken) u. a.

Diese Hinweise sollen nicht die Auswertung eines Rorschach-Testes klären, sondern lediglich verdeutlichen, welche Kriterien unter anderem zur Auswertung herangezogen werden. Die Bilder des Thematischen Apperzeptions-Testes (TAT) werden von Probanden durch „spannende Geschichten" beschrieben. In die Bilderbeschreibungen, die Informationen über das Vorgefallene, das aktuelle Geschehen, über die Beziehungen der Menschen enthalten, projiziert der Proband Bedürfnisse, → Einstellungen, Wertungen und → Interessen. Es ist jedoch bei der Auswertung schwierig, die Bedeutung der angesprochenen Themen für die getestete Person abzuschätzen. So kann es sein, daß sie am Tag zuvor gerade einen spannenden Kriminalfilm gesehen hat und sie deshalb in der Testsituation sehr aggressive Geschichten erzählt und vom Psychologen falsch eingeschätzt wird. Deshalb sollte der TAT ebenso wie andere projektive Tests nur in Kombination mit Verfahren von guter Zuverlässigkeit und Gültigkeit verwendet werden.

Propaganda → Werbepsychologie.

Prophetie → Parapsychologie.

Prophylaxe. Man versteht darunter Maßnahmen, die Krankheiten und psychische Störungen verhindern sollen (Vorsorge, → Psychohygiene). → Klinische Psychologie.

Propriozeptoren. Nervenzellen, die Informationen über die Veränderungen innerhalb des Körpers aufnehmen und weiterleiten (wichtig für Gleichgewicht, Lage des Körpers, Muskelspannung), werden Propriozeptoren genannt. → Sinne, → Kinästhesie.

Prosoziales Verhalten. Das Hilfeverhalten oder Altruismus fand in den letzten Jahren in der → Sozialpsychologie besondere Beachtung. Wobei von altruistischem bzw. prosozialem Verhalten gesprochen wird, wenn die Absicht besteht, anderen zu helfen, ohne irgendeine Belohnung zu erhalten, oder wenn die Hilfe freiwillig gewährt wird, ohne daß man beruflich dazu verpflichtet ist. Man beschäftigt sich vor allem mit Erklärungsansätzen für prosoziales Verhalten und kam zu folgenden Ergebnissen:

a) Altruistischen Verhalten hat instinktive Anteile, es dient dem Überleben der Individuen (Campbell 1965).
b) Altruistisches Verhalten hat an sich belohnenden Charakter (sekundäre Verstärkung, → Lernen; Weiss 1971).
c) Altruismus steht im engen Zusammenhang mit Empathie (→ Gesprächspsychotherapie, Einfühlung). Kann man Erlebnisse und Gedanken anderer nachvollziehen, so leidet man, wenn diese in Not sind, und unternimmt etwas zur Linderung des eigenen und fremden Leidens (Aronfreed 1970).
d) Altruismus beruht auf der Wirksamkeit sozialer → Normen (z. B. soziale Verantwortung, Gegenseitigkeit). Wer sich diesen Normen verpflichtet weiß, hilft z. B. denen, die von ihm abhängig sind oder ihm selber schon einmal Hilfe geleistet haben. Dabei ist u. a. entscheidend, inwieweit die Norm in einer bestimmten Situation bewußt wird. So hielten Autofahrer mit größerer Wahrscheinlichkeit an und halfen einer Frau beim Reifenwechsel, wenn sie gerade bei einer anderen Person vorbeigefahren waren, die jemandem bei einer Reifenpanne half (Byran u. Test 1967).

Prüfungsangst. Vor dem Abitur, Staatsexamen, der Gesellen- oder Meisterprüfung oder der Fahrprüfung → Angst zu haben,

ist eine normale (d.h. meist anzutreffende) Reaktion des Prüflings, da vom Erfolg oder Mißerfolg die Gestaltung weiteren Lebens abhängen kann. Häufig werden jedoch übergroße Ängste beobachtet, die das Verhalten in der Prüfung stark einschränken. Nach Mandler und Sarason (1952) ist in solchen Situationen der Antrieb generell erhöht, was bei wenig Ängstlichen zu einer vermehrten Entwicklung von Lösungsstrategien führt, während beim Hochängstlichen verstärkt Minderwertigkeitsgefühle und Mißerfolgsphantasien auftreten.
Prüfungsängste haben in vielen Fällen ihren Ursprung in der Kindheit. Sarason u.a. (1960, 1971) betonen, daß kleine Kinder noch nicht über ein stabiles und differenziertes Selbstbild verfügen. Wenn sie nun eine auffallend einschränkende und strenge Erziehung erleben, haben sie wenig Möglichkeiten, ihre Fähigkeiten zu erproben, und sie gelangen schnell zu einer Unterschätzung z.B. ihrer Kraft, Geschicklichkeit oder Sprachfertigkeit. Daraus kann sich eine Haltung entwickeln, die den Erwachsenen vor prüfungsartigen Situationen zurückschrecken läßt. Die Untersuchungen zur Prüfungsangst beim Erwachsenen haben festgestellt, daß zwei Faktoren im wesentlichen die Angst bestimmen: Der *Emotionalitätsfaktor* (emotionality) beschreibt die bei jeder ungewissen Situation auftretende Erregung, der Faktor *besorgte Betroffenheit* (worry) hingegen bezieht sich auf das Denken an ein mögliches Versagen, das mangelnde Selbstvertrauen und die Mißerfolgsphantasien.
Der *Abbau von Prüfungsängsten* geschieht somit auf zwei Wegen. Der wesentliche Schritt bezieht sich auf den zweiten Faktor, wenn man Einstellungen des Klienten zu sich und zur Prüfungssituation zu verändern sucht. Das geschieht z.B. über das Aussprechen (Bewußtmachen) von Gedanken, die bei einer Aufgabe ablenken. Diese werden anschließend mit Gegenargumenten entkräftet, und der Klient lernt, sich selber konstruktive Anweisungen zu geben. Wenn eine neue, sachliche Haltung zur Prüfungssituation entstanden ist, wird mit Hilfe der systematischen Desensibilisierung (→Verhaltenstherapie) und ähnlicher Verfahren (→Entspannungstechniken) die Erregung eingedämmt.
Da jede unbekannte Situation Angst bereitet, sollten der Prüfungsablauf und vor allem ihr Inhalt rechtzeitig bekannt sein, so daß man sich ein Bild machen kann und die Prüfung durchsichtig wird. Eine Minderung der Angst findet auch statt, wenn man mit Kollegen eine Prüfung einmal durchspielt (Rollenspiel, →Psychodrama) und die Fragen innerhalb einer bestimmten Zeit zu beantworten versucht, wobei ebenso das Formulieren der eigenen Kenntnisse geübt wird. Die Prüfungsvorbereitungen müssen rechtzeitig begonnen, angemessene Pausen eingelegt (Lerntechniken, →Gedächtnis) und verschiedene Entspannungsmöglichkeiten genutzt werden.

Pseudodebilität, durch körperliche Krankheiten oder negative Umwelteinflüsse verursachte Minderleistungen ähnlich denen bei der →geistigen Behinderung und →Lernbehinderung. Geringe körperliche Belastbarkeit, rasche Ermüdung; Ablehnung, Überbesorgtheit, Strenge und Überforderung der Eltern haben nicht selten einen Pseudoschwachsinn des sonst normal intelligenten Kindes zur Folge. Kinder werden ängstlich, unsicher, neigen zur Selbstisolierung (→Mutismus), zu →Depressionen oder werden aggressiv, jähzornig, hemmungslos, was einen starken Leistungsabfall und Leistungsversagen zur Folge hat.

Pseudoneurosen sind jene Krankheiten, die in ihrer Erscheinungsweise mit einer →Neurose übereinstimmen, jedoch auf eine organische Ursache zurückgeführt werden können. Das ist z. B. bei Kopfschmerzen und Herzklopfen, die auf zu hohem Blutdruck beruhen, der Fall.

Psychagogik. Bezeichnung für das pädagogische und therapeutische Vorgehen bei sozial- und lerngestörten Kindern, die z. B. Konzentrationsstörungen oder auffallendes Sexualverhalten zeigen. Psychagogik kann mit der Anwendung der Psychotherapie bei Kindern gleichgesetzt werden (→Kinderpsychotherapie.

Psychastheniker. Als Psychastheniker werden Menschen bezeichnet, die aufgrund schwacher seelischer und körperlicher Konstitution kaum belastbar sind.

Psychiatrie. Die für psychische Störungen („Krankheiten“) zuständige Disziplin innerhalb der Medizin wird Psychiatrie genannt. Das Selbstverständnis der klassischen Psychiatrie ist durch die 1975 im Deutschen Bundestag diskutierte „Psychiatrie-Enquete“ (Bericht über die Lage der Psychiatrie in der Bundesrepublik Deutschland) sowie seit dem Infragestellen des „biomedizinischen Modells“ der Krankheit stark erschüttert worden. Nach dem medizinischen Modell werden psychische Störungen als Krankheiten definiert und behandelt, obwohl ein Nachweis organischer Erkrankung fehlt. In der Psychiatrie-Enquete wurden schwerwiegende Versorgungsmängel im Bereich der Psychiatrie offengelegt: Unterentwickelte ambulante Versorgung, Mängel im stationären Bereich (z. B. große, unübersichtliche Anstalten mit zu wenig Fachpersonal), besonders ungünstiges Versorgungsangebot für Kinder und Jugendliche, mangelhafte Koordination verschiedener Dienste (stationär – ambulant), fehlende Prävention, Früherkennung und Beratung. Als wichtigster Vorschlag zur Beseitigung „grober inhumaner Mängel“ wird „gemeindenahe Versor-

gung" (Gemeindepsychiatrie) und Gleichstellung psychisch Kranker mit körperlich Kranken gemacht.
Mit dem umstrittenen und teilweise mißverständlichen Begriff *„Antipsychiatrie"* hat R. D. Laing, der in einer Wohngemeinschaft mit diagnostizierten Schizophrenen lebte, deutlich machen wollen, daß „normale" Menschen, die man für gesund hält, „krank" sind und die Schizophrenen sich auf dem Weg zur Normalität, zu dem wahren Selbst befinden.
Der Begriff „Antipsychiatrie" wird mit folgender Bedeutung gebraucht:
- Bezeichnung für alle Maßnahmen und Bemühungen gegen die inhumanen Zwangsmaßnahmen (Ruhigstellung von Patienten) in den psychiatrischen Anstalten;
- Bezeichnung für die Theorien, nach denen die →psychischen Störungen nicht als „abnormal" und „krank", sondern als eine gleichwertige Lebensweise angesehen werden;
- Bezeichnung für alle Organisationen, Selbsthilfegruppen und kritischen Bürger, die sich außerhalb psychiatrischer Anstalten um die Versorgung psychisch Kranker Menschen bemühen (= Sozialpsychiatrie, Gemeindepsychiatrie).

In den psychiatrischen Kliniken werden im wesentlichen nur Symptome behandelt, und zwar mit folgenden Verfahren:
- Anwendung von →Psychopharmaka zur Besserung psychopathologischer Symptome;
- Psychotherapeutische Behandlung (→Psychoanalyse, →Gesprächspsychotherapie, →Verhaltenstherapie, →Gruppentherapien) ist in Einzelfällen recht erfolgreich;
- →Psychohygiene und Soziotherapie wollen den Patienten durch Einübung lebenspraktischer Fähigkeiten und durch die Schaffung günstiger Lebensbedingungen an die Arbeit und das Zusammenleben außerhalb der Psychiatrieanstalten gewöhnen.

Psychisch. Umfassende Bezeichnung für Erscheinungen, wie Verhalten, Erleben, Gefühle, Denken, und für nichtorganische Störungen, die den Gegenstand psychologischer Forschung bilden.

Psychische Störungen sind alle jene Verhaltens- und Erlebensweisen eines Menschen, die von den →Normen abweichen und für das Individuum oder die Gesellschaft mit „leidvollen" Beeinträchtigungen verbunden sind. Die →Psychiatrie befaßt sich besonders mit jenen psychischen Krankheiten, die durch Verletzungen, Erkrankungen oder durch angeborene Schäden des →Nervensystems verursacht werden. Die →Klinische Psychologie beschäftigt sich mit psychischen Störungen, die ihren Ursprung im Erleben und Verhalten des Individuums selbst haben (psychogene, gelernte oder erworbene Störungen).

1. Einteilung psychischer Störungen nach ihrer Entstehung:

Neurosen und Verhaltensstörungen

a) Funktionsstörungen innerhalb der Körpersphäre: wie Enuresis, Enkopresis, Eßstörungen, Tics, Schlafstörungen, Zwang, Nägelbeißen, Haareausreißen, Jaktationen.
b) Störung der Grundstimmung, wie z. B. reaktive Depression.
c) Soziale Störungen, wie Stottern, Autismus, exzessives Masturbieren, Perversionen, Kontaktstörungen, Phobien.
d) Störungen im Leistungsbereich, wie z. B. Konzentrationsstörungen.

Psychogene Störungen (Neurosen und Verhaltensstörungen bis Affektive Psychosen)

Alkohol- und Drogenabhängigkeit
Milieubedingte Minderbegabung
Verwahrlosung
Psychopathien
Autismus
Affektive Psychosen, wie endogene Depression, Manie, manisch-depressives Irresein.

Endogene Störungen (Psychopathien bis Angeborene Minderbegabung)

Vegetative Dystonie
Angeborene Minderbegabung

Exogene Störungen (Epilepsie bis Demenz)

Epilepsie
Intoxikationspsychosen (bedingt durch Vergiftungen)
Stoffwechselpsychosen
Endokrine Psychosen
Hirntraumatische Psychosen
Demenz

Diese Einteilung vermittelt ein klareres Bild, als es in Wirklichkeit existiert, denn oft sind die einzelnen Störungen nicht genau voneinander abzugrenzen (z. B. endogene und psychogene Depression). Funktionsstörungen innerhalb der Körpersphäre können auch durch organische Erkrankungen verursacht werden.
2. Einteilung psychischer Störungen nach dem Gesichtspunkt der Funktion, die von der Störung betroffen ist.

→Wahrnehmung:	Illusion, Halluzination, Ausfall oder Veränderung von Wahrnehmungsvorgängen (z. B. Agnosie, Analgesie, Alexie, Hyperästhesie, Hypersensibilität), Wahnvorstellungen, sensorische Aphasie.
→Gedächtnis:	Hypermnesie, Hypomnesie, Amnesien.
→Denken und Vorstellen:	Konzentrationsstörungen, Zwangsideen, Wahnideen.

→Triebe und Bedürfnisse:	Impotenz, Frigidität, Perversionen, Nymphomanie, Hermaphroditismus, Enthemmung, Psychopathien.
→Gefühle:	Apathie, Euphorie, Depressionen, Minderwertigkeitsgefühle, Kontaktlosigkeit, Phobien.
→Motorik:	Akinese, Katalepsie, Zwangshandlung, Tic, Tremor, Agraphie, Aphrasie, Paraphasie, Ataxie, Dyslalie, Katatonie, Stottern, Nägelkauen, Jaktationen.
→Bewußtsein:	Bewußtlosigkeit, Dämmerzustand, Somnambulismus.

Psychische Störungen erfassen immer die gesamte Persönlichkeit des Menschen; es dient lediglich der besseren Übersicht, wenn sie einzelnen Funktionen, die hauptsächlich von ihnen betroffen sind, zugeordnet werden. Die meisten der Störungen sind unter den aufgeführten Stichwörtern beschrieben.

Psychoanalyse. Sigmund Freud (geb. 1856 in Freiberg, Mähren, † 1939 in London) hat mit der Schrift „Studien über Hysterie" 1895 den Begriff „Psychoanalyse" als Bezeichnung für einen psychotherapeutischen Ansatz, für ein Heilverfahren bei seelischen Störungen (→Neurose) eingeführt. Freud hat den Begriff Psychoanalyse (wörtlich „Seelenzergliederung") auch als Bezeichnung für alle Methoden zur Untersuchung und Erforschung solcher psychischer Vorgänge benutzt, die mit anderen Vorgehensweisen nicht erreicht werden, da sie unbewußt ablaufen (→Tiefenpsychologie). Schließlich werden mit dem Begriff Psychoanalyse alle Annahmen, Erkenntnisse und Meinungen zusammengefaßt, die durch Falldarstellungen und durch die Auswertung therapeutischer Analysen über die gesunden und kranken Formen des psychischen Erlebens gewonnen werden konnten.
Die Psychoanalyse als psychologische Theorie betrachtet das psychische Leben und Verhalten vom dynamischen, ökonomischen und topischen Gesichtspunkt. Das Erleben und Verhalten läßt sich nach Freud als ein „Spiel der Kräfte", die sich fördern und hemmen, miteinander im Konflikt stehen oder sich miteinander verbinden (= der dynamische Aspekt), es läßt sich als ein „Energiehaushalt" (wie wird mit der Energie umgegangen, wie wird die Energie im psychischen Apparat umgesetzt? = der ökonomische Aspekt), und es läßt sich als eine räumliche und örtliche Ordnung (= der topische Aspekt) betrachten.
Die Psychoanalyse als Theorie des Erlebens und Verhaltens besteht aus drei gleichwertigen Teilen: Der Persönlichkeitstheorie (Aufbau der Persönlichkeit, Instanzenmodell), der Triebtheorie (die Theorie der Triebe und der Libidoentwicklung) und der psy-

choanalytischen Neurosenlehre (Theorie der Entstehung von →Neurosen und der Unterscheidung verschiedener Formen von Neurosen).

Das Modell zum Aufbau der Persönlichkeit. Mit seinem topischen Modell versucht Freud zu veranschaulichen, zwischen welchen Teilen des psychischen Apparates Energien umgesetzt werden. Nach Freud sind dies drei Systeme: „*Unbewußt*", „*Vorbewußt*" und „*Bewußt*". Ab 1920 hat Freud die Systeme Unbewußt, Vorbewußt und Bewußt durch die „Instanzen" „Es", „Ich" und „Über-Ich" ergänzt bzw. modifiziert. Das Es repräsentiert die Triebseite der Persönlichkeit, ist unbewußt und strebt nach einer unmittelbaren und vollständigen Abfuhr der Triebenergie (= Lustprinzip). Diese unbewußt ablaufende, ohne die Einschaltung des Denkens und des Ichs gelungene Abfuhr der Triebenergie nennt Freud „Primärvorgang". Im Sinne des „Realitätsprinzips", unter Beachtung von Bedingungen und Anforderungen der Außenwelt, versucht das Ich mit Hilfe des Denkens und anderer Funktionen und Fähigkeiten die noch freie, d.h. durch den Primärvorgang nicht in die Lust umgewandelte Triebenergie umzuwandeln und abzuführen. Diesen Prozeß nennt Freud den „Sekundärvorgang". Das Über-Ich besteht aus verinnerlichten Normen und Werten und hat die Funktion des „Richters" und „Wächters" übernommen. Es läßt sich aufgliedern in das „Moral-Ich" (= in etwa →Gewissen) und „Ideal-Ich" (= in etwa die Erwartungen an das Selbst, Idealvorstellungen, Ziele, Anspruchsniveau an das eigene Handeln). Das Über-Ich läßt sich dem Bewußten, Vorbewußten und Unbewußten zuordnen. Das Ich muß mit seinen Fähigkeiten und Funktionen zwischen Es (Triebansprüche, Wünsche, Luststreben) und Über-Ich vermitteln, Kompromisse finden oder für realitätsgerechte Triebabfuhr sorgen. Notfalls muß das Ich →Abwehrmechanismen einsetzen.

Die Theorie der Triebe. Von 1894 bis 1915 nahm Freud an, daß die Energie, die es umzuwandeln gilt, von den Selbsterhaltungstrieben (Ich-Triebe) und dem Sexualtrieb stammt. Von 1915 bis 1920 stellte Freud den Aggressionstrieb in den Vordergrund, danach sprach er von Lebens- (Sexual- und Ich-Triebe) und Todestrieben (Aggressionstriebe). Bekannter als die Ausführungen Freuds zur Unterscheidung verschiedener Triebe sind seine Annahmen zum Entwicklungsverlauf der „Libido".

S. Freud hat auf die Rolle, die die Sexualentwicklung in der Kindheit für spätere →psychische Störungen und →Neurosen spielt, hingewiesen und betont, daß es keine asexuelle, „unschuldige" Kindheit gibt, sondern daß Kinder schon von Geburt an sexuell getönte Lustempfindungen verspüren. Die Entwicklung der →Libido, d.h. der sexuellen Energie, wurde von Freud in mehrere Phasen aufgeteilt, die charakteristische Quellen der sexuellen Erregung und Lust aufweisen (→Objektbesetzung) und bei Nichtbe-

friedigung zur → Fixierung verschiedener psychischer Störungen führen können.
Es ist sicher, daß z. B. die ödipale Situation (→ Ödipuskomplex) mit ihren Konflikten von Freud überschätzt oder auch falsch interpretiert wurde. Nicht nur die sexuelle Energie, sondern die Erziehung insgesamt ist für spätere Störungen verantwortlich zu machen. Wir wissen, daß gerade um das 5. Lebensjahr in unserer Gesellschaft darauf geachtet wird, daß die Kinder ihre geschlechtsspezifische Rolle übernehmen („Benimm dich wie ein

Psychoanalytisches Schema der Libidoentwicklung

Alter	0–1 ;6	1 ;7–3 ;0	3 ;1–6 ;0	10 ;0 bzw. 12 ;0
Bezeichnung der Phase	*orale Phase*	*anale Phase*	*phallisch-genitale Phase*	*puberal-genitale Phase*
Lustquelle	Reizung des Mundes, Saugen, Streicheln, zärtliches Berühren	Reizung des Afters, Stuhlgang, Spielen mit Ausscheidungsorganen	Reizung der Genitalien, „Doktor"-Spiele, Sich-nackt-Zeigen und -Sehen-Wollen	Sexualorgane: Anteil aller Phasen: Küssen, Streicheln, Sehen-Wollen usw.
Innerpsychische Konflikte	Fehlende Wärme und Zuneigung nach der Geborgenheit im Mutterleib: Angst und Streben nach Sicherheit; Urmißtrauen gegen Urvertrauen	Strenge → Reinlichkeitserziehung führt zu Haß gegen die Mutter und gerät in Konflikt mit der Liebe zur Mutter (Erfahrung aus der oralen Phase); Haß-Liebe-Ambivalenz	→ Ödipuskomplex: das Kind begehrt in erotischer Weise das gegengeschlechtliche Elternteil: Angst vor Kastration beim Jungen	Verbote seitens der Eltern, → Onanie
Mögliche psychische Störungen im Erwachsenenalter	→ Schizophrenie, Angst, → Depression. Süchte	→ Perversionen. → Wahn, → Tics. → Stottern. → Neurosen	Hysterie, → Homosexualität, → Perversionen	Unfähigkeit zu Partnerbeziehungen. → Sexualstörungen

Junge!" „Ein Mädchen tut das nicht!"), was Freud als → Identifikationen mit dem gleichgeschlechtlichen Elternteil bezeichnete, die zur Überwindung der ödipalen Situation führen sollte.
Die Neurosenlehre. Die Ausführungen zur Entstehung von Neurosen haben bis heute kaum an ihrer Aktualität und Erklärungskraft

eingebüßt. An der Entstehung von → Neurosen sind das Es, das Ich und das Über-Ich beteiligt. Es handelt sich um die mißlungene Bewältigung der Konflikte zwischen Es und Über-Ich bzw. zwischen Natur und Kultur (→ Neurose).
Psychoanalyse als therapeutische Methode. Die Psychoanalyse wird von den Krankenkassen als Methode zur Behandlung psychischer Krankheiten akzeptiert und anerkannt. Die Effektivität der Psychoanalyse wird insbesondere deswegen, weil die Behandlung im Einzelfall sehr lange dauern kann (80 Sitzungen), stark bezweifelt. Daher wird diese therapeutische Technik nur kurz dargestellt. Die Psychoanalyse versucht, die verdrängten Inhalte (Komplexe) freizulegen und dem Menschen bewußtzumachen. Der Klient verhält sich wie in einem gewöhnlichen Gespräch, er wird aufgefordert, sich in seinen Vorstellungen gehenzulassen und störende Gedanken sowie scheinbar nicht dazugehörende Einfälle auf keinen Fall zurückzuweisen, sondern sie mitzuteilen, damit die neurotischen Störungen möglichst uneingeschränkt auftauchen und abreagiert (→ Katharsis) werden können. Das Verhalten des Klienten wird häufig mit dem Begriff „freies Assoziieren" (→ Assoziation) bezeichnet. Der Therapeut deutet die vom Klienten geäußerten Gedanken, → Träume und frei assoziierten Vorstellungen. Er macht durch seine Interpretationen unverstandene Zusammenhänge deutlich und bespricht mit dem Klienten seine Widerstände, d.h. sein Unwohlsein und Sich-Sperren beim Offenlegen der Problematik. Häufig überträgt der Klient unkritisch und unangemessen frühere Erfahrungen auf die Therapiesituation (Übertragung); er äußert z.B. Mißtrauen und allgemeine Abneigung gegenüber dem Therapeuten, weil dieser ihn unbewußt an seinen Vater erinnert. Ebenso gibt es positive Übertragungen (z.B. Verehrung, Zuneigung). Aufgabe des Therapeuten ist es, solche Übertragungen mit dem Klienten zu analysieren und aufzuklären. Eine Psychoanalyse ist meist bei langdauernden, schweren → Neurosen angebracht, denen z.B. schwere Konflikte mit den Eltern aus dem Kindesalter zugrunde liegen, die der Klient verdrängt hat (→ Verdrängung). Ein entscheidender Nachteil ist die – manchmal jahrelange – Dauer der Psychoanalyse. Dies umgeht die *analytische Kurztherapie;* der Therapeut gibt die Passivität des Deutens auf und fragt z.B. direkt nach, wenn – wie er meint – zentrale Punkte berührt werden. Oft beschränkt man sich auch auf die Behandlung einiger wichtiger Störungsbereiche (z.B. das Verhältnis zum Ehemann, Schwierigkeiten im Beruf). Diese Form der Therapie mit der festgelegten maximalen Anzahl von Therapiestudenten nennt sich *Fokaltherapie*.

Psychodrama. Es handelt sich um eine Form psychotherapeutischen Vorgehens (→ Psychotherapie), die in die Gruppentherapien eingereiht wird und bei der die Klienten ihre Probleme und

Konflikte in einem Schauspiel darstellen. Lange bevor J. R. Moreno 1914 das Psychodrama konzipierte, wußte man von der erleichternden und spannungslösenden Wirkung des Abreagierens von Gefühlen, wie z. B. Ärger, Traurigkeit, Verzweiflung im → Spiel. Moreno griff u. a. diese Erkenntnis auf und entwickelte das Theaterspiel zu einer psychotherapeutischen Technik, die das spontane, soziale Handeln des Menschen in den Vordergrund stellt und ihn nicht in Passivität beläßt, wie das z. B. in einer → Psychoanalyse geschieht, wenn der Therapeut die → Assoziationen des Klienten deutet. Das Psychodrama ist im Vorgehen nicht festgelegt und ermöglicht auch den Einsatz verhaltenstherapeutischer (→ Verhaltenstherapie), tiefenpsychologischer (→ Psychoanalyse, → Analytische Psychologie, → Individualpsychologie) und körperorientierter (→ Bioenergetik, → Rolfing) Methoden. Das typische Merkmal des Psychodramas ist das Umsetzen von Konflikten und problematischen Situationen in Handlungsszenen, die durchgespielt und verändert werden, so daß der Spieler zu neuen Einsichten und Handlungsmöglichkeiten gelangt.
Der Ablauf des Psychodramas orientiert sich an Freuds Gedanken, daß → traumatische Erlebnisse erinnert, wiederholt und durchgearbeitet werden müssen, damit der Klient gesunden kann:
- In der *Initialphase* („Erinnerung") grenzt der Leiter in Zusammenarbeit mit dem Protagonisten, das ist der Klient, das Problem ein und läßt die Verhaltensweisen bzw. Persönlichkeitszüge der am Spiel beteiligten Personen näher beschreiben. Die Spielsituation wird umrissen, eventuell werden Requisiten bereitgelegt. In dieser Phase sorgt der Leiter u. a. durch sog. Warm-Up-Übungen (z. B. Körperreise; Blitzlicht; Identifikation mit einem Gegenstand, Kleidungsstück, Körperteil) für eine Atmosphäre, in der der einzelne zu seinen persönlichen Problemen vordringen kann, sich traut, sie zu äußern, und Vorschläge für Spielsituationen macht.
In der folgenden *Aktionsphase* („Wiederholung") werden die beschriebenen Szenen in einer zusammenhängenden Handlung gespielt, wobei neue scheinbar vergessene Situationen wieder auftauchen und noch einmal erlebt werden. Das Geschehen kann so intensiv und dicht werden, daß dem Protagonisten die Vergangenheit wie wirkliche Gegenwart erscheint. Als Techniken werden z. B. eingesetzt.
- Das *Doppeln*. Der Leiter, sein Co-Therapeut oder ein erfahrenes Gruppenmitglied stehen als *Hilfs-Ich* oder *Alter-Ego* hinter dem Protagonisten, fühlen sich in ihn ein und sprechen für ihn, wenn er z. B. Empfindungen und Gefühle verspürt, die er im Moment nicht zu artikulieren vermag.
- Das *Spiegeln*. Ein Gruppenmitglied ahmt den Protagonisten in einem Spielabschnitt möglichst genau oder auch auch überzeichnet nach. Es kommt zur tieferen Selbsterkenntnis, ein Hilfs-Ich kann dabei stützend zur Seite stehen.

- Weitere Techniken sind das *Beiseitereden*, der *innere Monolog*, der *Rollentausch* (der Mann spielt die Rolle der Ehefrau, der Professor den Studenten usw.), das Spielen von *Märchen, Träumen* oder ein lebendiges →*Soziogramm*, bei dem die Gruppenmitglieder sich im Raum so zueinander stellen und verteilen, wie es der gegenseitigen Sympathie oder Antipathie entspricht.

In der *Integrationsphase* („Durcharbeiten") haben die Spieler die Möglichkeit mitzuteilen, wie es ihnen in ihren Rollen ergangen ist, die Zuschauer berichten den Spielern, insbesondere dem Protagonisten, welche Erlebnisse und Empfindungen sie während des Spiels hatten, an was es sie vielleicht in ihrem eigenen Leben erinnert hat. Durch dieses *Sharing* gewinnt der Protagonist eine erweiterte Sicht seines Problems.

Das Psychodrama wird bei der Behandlung von →Neurosen, in Erziehung, Rehabilitation und Sozialarbeit eingesetzt. Es beschränkt sich nicht auf die Behebung bzw. Minderung von Störungen, sondern strebt wie alle humanistischen Ansätze (→humanistische Psychologie) eine generelle Förderung der körperlichen, emotionalen, sozialen und →kognitiven Fähigkeiten des Menschen an. Im Bereich von Schule und Ausbildung können mit dem Psychodrama Kenntnisse und Einsichten spielerisch erarbeitet werden. Man lernt z.B. die Schwierigkeiten erkennen, die fremde oder ungewohnte →Rollen enthalten, wenn man sie selber einmal spielt (z.B. Vorgesetzter, Lehrer, Hausfrau). Oft setzen andere Therapietechniken (z.B. →Verhaltenstherapie, →Gesprächspsychotherapie) das Rollenspiel ein, um den Klienten zu einem intensiveren Erleben zu führen.

Das Psychodrama darf nicht als blinder und vordergründiger Aktionismus verstanden werden. Diese Technik bringt bei der Behandlung von psychischen Störungen nur Gewinn, wenn der Therapeut sein Vorgehen auf die jeweiligen Klienten abstimmt und auf eine geduldige, schrittweise und exakte Durcharbeitung der Konflikte achtet. Das Psychodrama ist kein einfaches Rollenspiel, damit es zu einer „gesteigerten Realität" durch das Spiel kommt (Moreno), muß das „Drama" in allen Einzelheiten sorgfältig vorbereitet werden.

Psychogalvanische Reaktion, (PGR) →Hautreaktion.

Psychogen, psychologischen Ursprungs; psychogene Störungen sind →psychische Störungen, z.B. →Neurosen, die ohne organische Ursache entstanden sind.

Psychogene Erkrankungen. Als „psychogen" werden alle →psychischen Störungen und Organkrankheiten, z.B. Magengeschwür, Kopfschmerzen, Zittern, Impotenz, Erbrechen u.a. genannt, die eine psychische Ursache haben und eine psychotherapeutische Behandlung erfordern. → Psychosomatik.

Psychohygiene. Während körperliche Hygiene, Vorbeugung und Schutz der Gesundheit selbstverständlich sind, wird die psychische Hygiene (Psychohygiene genannt) nahezu sträflich vernachlässigt. Trotz Statistiken, die besagen, daß etwa 40 Prozent der Schulkinder psychisch gestört sind, daß bis zu 60 Prozent organischer Krankheiten auf psychische Ursachen zurückzuführen sind und daß ein Großteil der Bevölkerung unter Konflikten, Streß und unter anderen Begleiterscheinungen der hochindustrialisierten Gesellschaft leidet, werden kaum wirkungsvolle Maßnahmen im Sinne der Psychohygiene ergriffen.
Es bedarf keiner düsteren Prognosen der Zukunftsforscher und Kulturkritiker, um auf die Gefahren der künstlichen Umwelt für die psychische Gesundheit hinzuweisen. Hervorzuheben sind: Erziehung unter künstlichen Bedingungen, gestörte Familienbeziehungen (→ Familie), Leistungsanforderungen und auch Leistungszwang im sexuellen Bereich (→ Sexualität), Kontaktarmut und Isolierung, → Angst, Unsicherheit und Konflikte zwischen den Generationen infolge schnellen sozio-kulturellen Wandels, Tablettenkonsum (→ Drogenabhängigkeit) und Genußmittel und andere Mängel und Begleiterscheinungen der Wohlstandsgesellschaft.
Die bisherigen Maßnahmen der UNESCO und UNICEF, der Sozialpsychiatrie (Nachbehandlung und Eingliederung Geisteskranker), der → Resozialisierung und sozialer Fürsorge sowie der → Beratung sind unzureichend. Gefordert werden:
1. Schaffung individueller Entfaltungsmöglichkeiten: Mehr und bessere Erziehungseinrichtungen, Kindergartenerziehung für alle, Kinderspielplätze, kleinere Klassen in der Grundschule u. a.
2. Verbesserung sozialer Beziehungen: → Beratung (Erziehungs- und Eheberatung), Gruppentrainings, mitarbeiterorientierte Führungsstile in Betrieben (→ Betriebspsychologie), Jugendarbeit, Abbau von Konflikten zwischen Generationen u. a.
3. Beruf und Arbeit: Humanisierung des Arbeitsplatzes (negative Auswirkungen sind bei Fließbandarbeit, Akkordarbeit, Lärm, Monotonie usw. zu erwarten; → Arbeitspsychologie), Bildungsurlaub, bessere berufliche Bildung u. a.
4. Allgemeine Vorbeugung und Verantwortung für Geschädigte: Freizeitgestaltung, Hilfen für die Alten, Gleichberechtigung der Frau, Gestaltung der Umwelt, Abbau der → Vorurteile gegenüber Behinderten und psychisch Kranken, → Resozialisierung, Geburtenkontrolle, Maßnahmen gegen Tablettenmißbrauch, Rauchen, Alkoholgenuß u. a.
5. Relativ gut ausgebaut sind:
– Eugenik (Lehre von der erblichen Gesundheit). Fast alle psychi-

schen Störungen werden von Anlage- und Umweltgegebenheiten beeinflußt. Die Eugenik versucht, die Erbkomponente in den Griff zu bekommen, indem man den Partnern rechtzeitig rät, freiwillige Sterilisationen (Unfruchtbarmachung) vorzunehmen oder Schwangerschaftsunterbrechungen (z. B. bei Vergewaltigungen) durchzuführen. Solches Vorgehen könnte z. B. angebracht sein, um manche Formen der Minderbegabung (Mongolismus, → geistige Behinderung) oder der → Psychosen (z. B. → Schizophrenie, → manisch-depressives Irresein) zu verhindern.

- Schwangerschafts- und Mütterberatung. Es wird besonders auf frühe organische Schädigungen des Fötus (ungeborenes Kind ab dem dritten Monat) durch Erkrankungen der Mutter oder Geburtsverletzungen sowie auf Säuglingserkrankungen, eine falsche Ernährung und Betreuung des Neugeborenen geachtet. Damit will man das Entstehen von körperlichen Krankheiten, verschiedenen Formen der → Psychose, Verwahrlosung und unterschiedlichen → Neurosen (→ Hospitalismus, → Jaktationen u. a.) unterbinden.
- Aufklärung. Über Massenmedien (→ Massenkommunikation), wie dem Fernsehen und Illustrierten, versucht man, Prinzipien der Psychohygiene weiten Bevölkerungskreisen zu vermitteln (Kenntnisse über die Entwicklung des Kindes, seine Erziehung, Gesundheitsvorsorge u. a.). Der Nutzen eines solchen Vorgehens muß gering eingeschätzt werden, da vernünftiges Argumentieren bei eingeschliffenen Gewohnheiten und → Einstellungen wenig hilft (→ Massenkommunikation).

Psychologie. Ende der 80er Jahre gab es in der Bundesrepublik Deutschland ca. 20 000 berufstätige Psychologen, in etwa die gleiche Anzahl waren in der Ausbildung. Es ist jedoch immer noch unklar, was Psychologie ist, mit welcher Wissenschaft sich so viele Menschen beschäftigen. Philipp Melanchthon (1497–1560) hat mit dem Begriff Psychologie in seinen Vorlesungen das Wort „Seelenlehre" ersetzt. Nach R. Pauli ist Psychologie heute eine Wissenschaft „von den subjektiven Lebensvorgängen, die gesetzmäßig mit den objektiven verknüpft sind". Psychologie untersucht damit Vorgänge, die von ihrem Träger, dem Subjekt erfahren werden, es handelt sich um das Erleben und Verhalten (Handeln), das mit körperlichen und anderen äußeren (aus der Umwelt) Erscheinungen eng verknüpft ist. Nach Pauli ist die Psychologie eine Erfahrungswissenschaft. Die meisten Psychologen behaupten von sich, Sozialwissenschaftler zu sein, die Erkenntnisse zum individuellen, sozialen, wirtschaftlichen, kulturellen Leben sammeln, in Theorien, Modellen und → Paradigmen ordnen und in verschiedenen Lebensbereichen anwenden. Als komplexe Wissenschaft wird die Psychologie in viele Teilgebiete (z. B. Wahrnehmungspsychologie,

Denkpsychologie, Religionspsychologie, Lernpsychologie), in viele Teildisziplinen (z. B. →Angewandte Psychologie, →klinische Psychologie, →Allgemeine Psychologie, →Sozialpsychologie, →Pädagogische Psychologie) aufgegliedert. In der kurzen →Geschichte der Psychologie wurden verschiedene Richtungen und Schulen der Psychologie entwickelt. Einige Richtungen der Psychologie, z. B. hormische Psychologie, Verstehende Psychologie, Elementenpsychologie sind in Vergessenheit geraten, andere sind noch immer sehr aktuell, z. B. →Gestaltpsychologie (und Gestalttherapie), →Humanistische Psychologie, →Psychoanalyse, →Kognitive Psychologie.

Psychologie des Alterns →Alterspsychologie

Psychologismus erhebt den Anspruch, daß sich alle menschlichen Sachverhalte auf die psychischen Vorgänge zurückführen lassen. Damit wird die Psychologie zu der bedeutendsten Wissenschaft. Konkret führt diese Auffassung dazu, daß viele Erscheinungen aus dem Alltag „psychologisiert" werden, d. h., sie werden mit psychologischen Begriffen beschrieben, durch psychologische Annahmen, Hypothesen und Theorien erklärt, und es wird angenommen, mit Hilfe der Psychologie und →Psychotherapie könnten alle Probleme des Alltags gelöst werden. Dabei werden viele Erscheinungen auf Alltagspsychologie (→Naive Verhaltenstheorie), auf Allgemeinverständliches, auf überholte Fachpsychologien (z. B. Instinktlehren), auf Personalisierungen (Politik als Charakterkunde) „reduziert", vereinfacht und verfälscht.

Psychometrie →Methoden der Psychologie.

Psychomotorik →Motorik.

Psychoneurose →Neurose.

Psychopathie. Der Begriff ist heute noch umstritten, weil viele Autoren sich einseitig auf eine „Vererbung" der Psychopathie bzw. eine Entstehung durch gesellschaftliche Einflüsse festlegen. Die letzteren sprechen, um den Aspekt des „Erworbenen" herauszustreichen, häufig von *Soziopathie.* Einigkeit besteht in der Auffassung der Psychopathie als einem auffälligen Verhalten (→Normen), unter dem der Betreffende selbst in der Regel nicht leidet, wie es z. B. bei der →Neurose der Fall ist, sondern unter der vielmehr seine Mitmenschen zu leiden haben. In der Psychiatrie unterscheidet man verschiedene Formen der psychopathischen Persönlichkeit (reizbare, fanatische, selbstunsichere, gemütlose, haltlose u. a.); ihnen allen ist die Unfähigkeit gemeinsam, dauerhafte und tiefe zwischenmenschliche Beziehungen aufzubauen, da der Psychopath nur in geringem Maße Gefühle wie Sympathie und Zuneigung entwickeln kann. Häufig spiegelt er anderen Gefühle vor und setzt sie ein, um seine Interessen durchzusetzen. Dabei ist er meist gar nicht in der Lage, die für die anderen negativen Konsequenzen seines Verhaltens einzusehen oder den Sinn von grundlegenden moralischen Normen (z. B. Aufrichtigkeit, andere nicht zu verletzen, zu quälen, zu betrügen) zu erkennen, und übertritt deshalb oft auch Gesetze. Nach außen zeigt der Psychopath manchmal Reue oder verspricht, sich zu bessern, was jedoch nie von langer Dauer ist, da er sich nicht kontrollieren kann und in erster Linie an der Befriedigung seiner momentan auftretenden Bedürfnisse orientiert ist. Über die *Ursachen* der Psychopathie besteht noch keine endgültige Klarheit. Einige Erkenntnisse: Man hat festgestellt, daß das →EEG-Bild bei Psychopathen von dem des normalen Menschen abweicht und einem EEG-Bild von Kindern ähnlich ist. Deshalb wird vermutet, daß Psychopathien etwas mit einer „Unreife" des Gehirns zu tun haben. Weiterhin hat man beobachtet, daß Psychopathen in viel größerem Maße als „normale" Menschen Erregungen (Erfahrungen, Erlebnisse, Beobachtungen, abwechslungsreiche Arbeit, intensive Farben, Töne u. a.) des →Nervensystems benötigen, um frisch, wach und handlungsbereit (→Aktivation) zu sein. Damit wird die Neigung von Psychopathen erklärt, häufig sehr erregende und gefährliche Situationen aufzusuchen. In solchen Situationen fühlen sie sich wohl; sie werden in reizarmer Umgebung schneller als andere ungeduldig und ruhelos. Mehrfach gesichert ist die Annahme, daß psychopathisches Verhalten mit der Unfähigkeit zusammenhängt, Vermeidungsverhalten zu lernen, das einem angepaßten Leben in der Gesellschaft dient (z. B. Rücksicht, Zurückhaltung, Verständnis für andere). Sie bilden Angstreaktionen weniger schnell und intensiv aus (→Extraversion) als „normale" Menschen und entwickeln demzufolge auch kein oder nur ein geringes „schlechtes" →Gewissen, wenn sie sich gegen die Normen verhalten. Zudem weiß man, daß beim Psychopathen, falls er ein „Gewissen" ausgebildet hat, die vor dem Vollzug einer verbotenen Handlung (z. B. einen anderen quälen) auftretende Furcht (vor Strafe) weitaus geringer ist als bei einem normalen Menschen, der sich dadurch von der unerwünschten Handlung abhalten läßt. Eine vernachlässigende Erziehung, die es versäumt, durch geduldiges Wiederholen und Üben, z. B. durch konsequentes Belohnen erwünschter und Nichtbeachten unerwünschter Verhaltensweisen, dem zur Psychopathie neigenden Kind Grundregeln menschlichen Verhaltens zu vermitteln, begünstigt das Auftreten einer Psychopathie. Gestörte Familienverhältnisse sind aber nicht nur an der Entstehung von Psychopathien mitbeteiligt, sondern generell für →psychische Störungen mitverantwortlich. *Veränderungen* psychopathischen Verhaltens: Da dem Psychopathen seine Lebensweise gefällt und er gar nicht bereit ist, sein eingefahrenes, für ihn gewinnbringendes Verhalten aufzugeben, hat nur die → Verhaltenstherapie Aussicht auf Erfolg. Sie wird eingesetzt, wenn Psychopathen die soziale Ordnung empfindlich stören und für ihre Mitmenschen zu gefährlich werden. Durch Aversionstherapie werden unerwünschte Verhaltensweisen mit Furcht und Angst besetzt, so daß sie der Psychopath in Zukunft vermeidet; gleichzeitig wird sozial erwünschtes Verhalten durch systematische Bekräftigung gefördert (→ Lernen).

Psychopathologie wurde als Teildisziplin der klinischen Psychologie und der Medizin von Karl Jaspers (1883–1969) entscheidend geprägt. Nicht das „normale" Erleben und Verhalten, sondern das „pathologische" seelische Geschehen ist Gegenstand der psychopathologischen Forschung. So untersucht die Psychopathologie abnorme Erscheinungen wie z.B. Illusionen und → Halluzinationen (Wahrnehmung), Ideenflucht und Zerfahrenheit (Denken), ekstatische Erlebnisse (Gefühle) und unterscheidet folgende psychopathische Persönlichkeitsstrukturen: asthenische (Fehlen an körperlicher und seelischer Kraft), sensitive (leicht verletzbar), anankastische (Zwangsgedanken, Übergenauigkeit), schizoide (Stumpfheit, Eigensinn, Mißtrauen), depressive (Skeptizismus, Schwermut), hyperthyme (gesteigerte Aktivität, oberflächliche Heiterkeit), haltschwache (passive Menschen ohne Ausdauer), erregbare (heftige Affektausbrüche), gemütsarme (fehlende Fähigkeit zum Mitfühlen), querulatorische (rechthaberisch, fanatisch, unbelehrbar) und hysterische (geltungssüchtig, exaltiert).

Psychopharmaka, Sammelbegriff für verschiedenartige natürliche und synthetische (künstlich hergestellt) Stoffe, die zentralnervös wirken (beeinflussen die Funktionen verschiedener Regionen des ZNS; → Nervensystem) und zu Verhaltens- und Erlebensänderungen führen. Sie werden auch *psychotrope* Substanzen genannt, weil sie psychische Prozesse, wie Bedürfnisse, → Gefühle, Lernaktivität, → Wahrnehmung u.a.m., beeinflussen.
Mit der Erforschung von Psychopharmaka beschäftigen sich viele Disziplinen:

1. *Pharmakopsychologie:* erforscht die Wirkung von Pharmaka auf das Verhalten und Erleben;
2. *Psychopharmakologie:* befaßt sich mit den physiologischen (Lebensvorgänge im Organismus betreffend) und psychischen Wirkungen von Psychopharmaka;
3. *Pharmakologie* konzentriert sich hauptsächlich auf die Erforschung physiologischer Vorgänge;
4. *Pharmakopsychiatrie* befaßt sich als Teilgebiet der → Psychiatrie mit den Behandlungsmöglichkeiten von → Neurosen (bzw. Verhaltensstörungen) und → Psychosen (Geisteskrankheiten)

durch Psychopharmaka. Behandlung und Beheben von krankhaften Erscheinungen (→Symptome) durch Psychopharmaka wird *Pharmakotherapie* genannt.

Obwohl die allgemeine Wirkung einzelner Psychopharmaka-Gruppen (siehe Übersicht) weitgehend bekannt ist, steht Pharmakopsychologie noch vor vielen, weitgehend ungelösten Fragen:

1. Welche Beziehung besteht zwischen der Wirkung einzelner Psychopharmaka und →Persönlichkeitsfaktoren? Es hat sich herausgestellt, daß dasselbe Pharmakon bei verschiedenen Personen unterschiedliche Wirkungen hervorruft. So kann es vorkommen, daß bei einer Person nach der Einnahme von Tranquilizern die erwünschte Beruhigung vor der Prüfung (Herabsetzung der →Prüfungsangst) eintritt, bei einer anderen Person jedoch unerwünschte Folgen, wie Nervosität, Fahrigkeit, Übelkeit und Schweißausbruch, Unkonzentriertheit oder sogar Schlaf, herbeigeführt werden.
2. Welche Beziehung besteht zwischen der Wirkung von Psychopharmaka und den Situationsvariablen, wie z. B. Prüfung, Lernen, Müdigkeit, Streß, Verkehrsverhalten?
3. Welche psychische und motorische (Bewegung), kurzfristige und langfristige Nebenwirkungen treten bei Einnahme von Psychopharmaka auf? Über langfristige Nebenwirkungen von Psychopharmaka ist noch wenig bekannt. Von besonderer Bedeutung sind hier Nachwirkungen von Schlafmitteln, Sucht-Gefahren (→Drogenabhängigkeit), evtl. Keimschädigung (Störung der Vererbung), bleibende extrapyramidal-motorische Schäden, wie Zittern, Krämpfe, fahrige Bewegungen, Hyper- (Bewegungsüberschuß) und Hypokinese (verminderte Bewegungsfähigkeit) u. a. m. Auch psychische Nebenwirkungen vieler Arzneimittel (Erkältungsmittel, Analgetika, Antibiotika) sind noch nicht genügend erforscht.
4. Da die Ursachen verschiedener →Psychosen und anderer →psychischer Störungen noch weitgehend unbekannt sind, ist auch die Frage der Dosierung (wieviel und wie lange) noch nicht gelöst.
5. Über den Wirkungsmechanismus der Psychopharmaka gibt es bisher nur wenige zuverlässige Erkenntnisse. Es ist nur zum Teil bekannt, welche Strukturen des →Nervensystems durch Psychopharmaka beeinflußt werden und wie die Konzentration körpereigener Substanzen (Neurohormone; →Hormone) durch synthetische Substanzen verändert wird.

Angesichts der vielen, weitgehend ungeklärten Fragen ist es offensichtlich, daß mit Psychopharmaka gegenwärtig Mißbrauch getrieben wird. Von der Einnahme von Psychopharmaka, um z. B. besser lernen zu können, muß dringend abgeraten werden. Es gibt zwar Substanzen, die Gedächtnisleistungen steigern können, jedoch weiß man nie, welche Nebenwirkungen auftreten können, wann es zu einem totalen Zusammenbruch kommt und ob die gewünschte Wirkung wegen deren Abhängigkeit von den individuellen Eigenarten und der Situation auch eintreten wird.

1. *Neuroleptika* (Reserpin, Haloperidol, Omca, Megaphen) haben bei höherer Dosierung antipsychotische Wirkung und werden bei der Behandlung von → Psychosen eingesetzt. Ihre Wirkung ist abhängig von den jeweiligen Persönlichkeitsmerkmalen, im allgemeinen führen sie jedoch zur Verminderung starker Angstzustände, → Wahnideen, → Halluzinationen. Häufig gehen Leistungsbeeinträchtigungen mit der Einnahme einher.

Übersicht über Psychopharmaka und deren Wirkungen

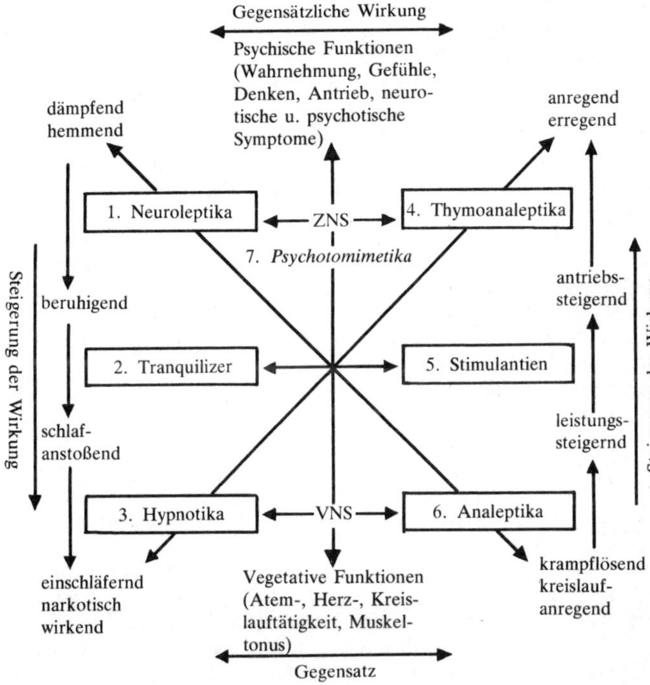

2. *Tranquilizer* (Beruhigungsmittel – auch Ataraktika, Relaxantien, Sedativa genannt), wie z. B. Valium, Librium, Miltaun, Meprobamat, werden hauptsächlich in Belastungssituationen, bei neurotischen Störungen (→ Neurosen), emotionalen Spannungen eingesetzt. Im allgemeinen wirken Tranquilizer bei niedriger oder mittlerer Dosierung leistungssteigernd, wenn die einnehmenden Personen gefühlsmäßig labil oder erregt sind, und beruhigend,

entspannend bei körperlicher und psychischer Beanspruchung sowie bei →Streß (sedierende Wirkung).
3. *Hypnotika* (*Schlafmittel,* z. B. Veronal und barbituratfreie Schlafmittel wie Valamin, Doriden, Revonal, Mogadon) erzeugen Müdigkeit und →Schlaf. Eine genaue Abgrenzung zu Sedativa und Tranquilizern ist nicht möglich. In ihrer Wirkung sind Schlafmittel nicht nur schlaferzwingend, sondern sie verkürzen auch Traumdauer und führen zu einem Schlaf, der mit dem natürlichen Schlaf nicht identisch ist. Die Einnahme von Schlafmitteln ist mit vielen Gefahren verbunden: chronischer Mißbrauch, Sucht, mangelndes Erholungsgefühl, Nervosität. Durch Alkohol wird ihre Wirkung verstärkt.
4. *Thymoanaleptika* (wegen ihrer Verwendung zur Psychotherapie von →Depressionen auch *Antidepressiva* genannt, z. B. Tofranil, Nortrilen, Surmontril, Niamid, Imipramin) haben stimmungsanhebende, antriebssteigernde, angstlösende Wirkung – meist erst nach längerer Einnahme. Stärker antriebssteigernd und schwächer stimmungshebend wirken auch sogenannte MAO-Hemmer. Sie verringern Monoamine-Abbau im Nervensystem und steigern dadurch die Bildung von entsprechenden Neurohormonen (→Hormone).
5. *Stimulantien* (auch *Excitantia, Energetika, Psychotonika* genannt, wie z. B. Pervitin, Benzendrin, Tradon, Ritalin, Preludin, Captagon) wirken belebend, aktivierend, schlafaufschiebend, leistungssteigernd. Wegen ihrer schnellen und zeitlich begrenzten Wirkung werden sie bei akuten Leistungssteigerungen und bei →Vigilanz-Aufgaben eingesetzt.
Zu hohe Dosis oder chronische Einnahme führt zu: Schlaflosigkeit, Zittrigkeit, →Sucht, psychotischen Zuständen.
6. *Analeptika* (Koffein, Effortil, Cardiazol) haben atmungs- und kreislaufanregende Wirkung.
7. *Psychotomimetika* (Halluzinogene, Phantastika, psychedelische oder bewußtseinserweiternde →Drogen, Psychodysleptika) stellen eine besondere Gruppe von Psychopharmaka dar (s. Abb.), weil sie psychoseähnliche Zustände hervorrufen (→Halluzinationen, Illusionen, →Euphorie, Angstzustände, Verlust der Kontrolle über die Gedanken, intensives Farbensehen u. a.) und somit zu den Rausch- bzw. Genußmitteln gehören. Gefahr der Sucht und →Drogenabhängigkeit. Am bekanntesten sind LSD, Meskalin und Psylocibin, die ähnliche Wirkungen hervorrufen, sich jedoch hinsichtlich der Wirkungsdauer voneinander unterscheiden.

Psychophysik. Mit dem Buch „Elemente der Psychophysik“ hat G. T. Fechner 1860 den Grundstein für eine experimentelle Untersuchung des „Leib-Seele-Problems“ gelegt und die Möglichkeit gefunden, mit physikalischen Meßmethoden die Beziehung zwischen den objektiven äußeren Reizen und den subjektiven Reaktionen zu untersuchen. Da die Messung subjektiver Empfindungen unmöglich erschien, hat G. T. Fechner schon 1860 vorgeschlagen, die „eben merklichen Unterschiede" (EMU bzw. JND = just notable differences) festzustellen, d.h. den Grad des Reizstärkenzuwachses, damit die Reizerhöhung gerade wahrgenommen (bemerkt) wird. Die eben merklichen Unterschiede werden, bezogen auf den Reizunterschied, auch *Unterschiedsschwellen* und der Reizwert, der gerade wahrgenommen wird, *absolute Reizschwelle* genannt. Unterschwellig sind danach alle Reize, die unterhalb der absoluten Reizschwelle liegen.

Als grundlegendste Erkenntnis der Psychophysik ist das Weber-Fechnersche Gesetz in die Geschichte der Psychologie eingegangen. E. H. Weber und G. T. Fechner haben festgestellt, daß die subjektive Wirkung (E) jeder Reizänderung (dR) von der Ausgangsgröße des Reizes (R) abhängt. Anders ausgedrückt: Die Reizerhöhung (dR), die einen EMU hervorruft, steht in einem konstanten Verhältnis zu dem Ausgangsreiz (R):

$$\frac{dR}{R} = K \text{ (konstant)}$$

Abgesehen von Extremwerten, gilt für alle Sinnesorgane die Beziehung: $E = k \log R$; Empfindung wächst proportional mit dem log des Reizes. S. S. Stevens konnte 1953 endgültig nachweisen, daß die subjektive Empfindung proportional mit der mit einem sinnesspezifischen Exponenten potenzierten Reizgröße wächst. Der Exponent für Lautstärke beträgt z.B. 0,67, für Licht 0,33, für Geschmack 1,3 usw. Dieses „psychophysische Grundgesetz" spielt bei der Bestimmung der Informationsleistung einzelner Sinne eine wichtige Rolle.

A. Hajos hat in den 70er Jahren den Zusammenhang zwischen dem Potenzgesetz von Stevens und dem Weber-Fechnerschen Gesetz erläutert.

Der Gegenstand der Psychophysik, nämlich die Untersuchung von Beziehung zwischen Reizen und Empfindungen wurde inzwischen um das Problem der Adaptation (Adaptationsniveautheorie von H. Helson) sowie um die Untersuchung von Einwirkungen nicht sensorischer Art erweitert. Mit Hilfe der Experimente zur „Signal-Detektions-Theorie" konnte meßtechnisch nachgewiesen werden, daß subjektive Reaktionen auf objektive Reize nicht nur ein Problem der Sinnesorgane darstellen, sondern auch von kognitiven und motivationalen Faktoren abhängig sind.

Die Adaptationsniveautheorie hat das Konzept der Reizschwelle zum Problem der individuellen Adaptation gemacht. Es hat sich gezeigt, daß es von individuellen Erfahrungen abhängt, wie Reizunterschiede subjektiv wahrgenommen werden. Individuelle Erfahrungen bestimmen, welcher Reiz zum „Anker-" oder „Standardreiz" gewählt wird.

Meßmethoden und Ergebnisse der Psychophysik haben sich als

hilfreich für die moderne Ingenieurpsychologie, Arbeitspsychologie, für → Vigilanzforschung, → Streßforschung und für die humane Gestaltung von Arbeitsplätzen erwiesen.

Psychosen (umgangssprachlich: *Geisteskrankheiten*) sind somatopsychische Störungen, deren organische und psychische Ursache meist unbekannt ist und die einen starken Abbau (bis zur Zerstörung) der → Persönlichkeit zur Folge haben. Psychotisch Kranke sind nicht in der Lage, für sich selbst zu sorgen, und es besteht die Gefahr, daß andere Personen geschädigt werden. Ob eine → Depression als psychotisch (anlagebedingt, organisch) oder neurotisch (umweltbedingt, erworben) eingeschätzt wird, hängt in vielen Fällen von der Zugehörigkeit des Kranken zu einer bestimmten Schicht ab. Überzufällig häufig wird bei Unterschichtangehörigen eine Psychose diagnostiziert und eine dementsprechende Behandlung (meist Einweisung in eine psychiatrische Klinik) eingeleitet, bei Angehörigen gehobener sozialer Schichten wird häufiger eine → Neurose festgestellt und psychotherapeutisch behandelt. Abgesehen von der Problematik, *endogene Psychosen* eindeutig zu bestimmen, werden üblicherweise zu endogenen Psychosen die → Schizophrenie, die → Manie (→ Wahn), die endogene → Depression und das → manisch-depressive Irresein gerechnet.
Exogene Psychosen werden durch Erkrankungen des → Nervensystems verursacht, die wiederum durch Stoffwechselstörungen (Stoffwechselpsychose), eine Infektion (Infektionspsychose), eine endokrine Drüsenstörung (→ Hormone; endokrine Psychose), eine Vergiftung (Intoxikationspsychose) oder durch direkte Verletzung des Gehirns (Hirntraumatische Psychose) bedingt werden können. Die auffallendsten Syndrome sind → Delirium, → Halluzinationen, verwirrtes und benommenes Verhalten bei akuten (schnell einsetzenden, meist kurzandauernden) Anfällen, Merkfähigkeitsschwäche und Affektlabilität fallen bei chronischen (sich langsam entwickelnden, oft langdauernden) Erkrankungen auf, die eine diffuse Hirnschädigung zur Folge haben. Antriebslosigkeit, → Apathie, Stimmungsentladungen, jedoch keine Gedächtnis- oder Bewußtseinsstörung kennzeichnen eine lokal begrenzte Hirnschädigung.

Psychosomatik. Die Psychosomatik ist eine Teildisziplin der Medizin und Psychologie, die sich mit organischen Krankheiten befaßt, die durch psychische Vorgänge verursacht oder zumindest mit beeinflußt werden. Man schätzt, daß 25–50% aller Kranken, die den praktischen Arzt aufsuchen, an psychosomatischen Störungen leiden, die in enger Beziehung zu emotionalen Vorgängen (→ Gefühlen) stehen. Das Auftreten von Gefühlen geht mit Veränderungen im autonomen → Nervensystem und der Drüsentätigkeit (→ Hormone) einher, die unter normalen Umständen vorübergehender

Natur sind. Steht der Mensch aber z. B. unter einer sehr intensiven oder langdauernden Belastung (Überforderung im Beruf oder in der Schule, extreme Temperaturen, Kriegssituationen usw.; → Streß), kann es zu dauernden körperlichen Störungen kommen. So treten bei Angstzuständen eine ständige Übersättigung der Magenschleimhaut (Folge: Magengeschwür), Blutdruckanstieg und Herzrhythmusstörungen auf. Es wird berichtet, daß derartige Reaktionen besonders in ausweglosen Situationen bis zum Tode führen können (z. B. im Gefangenenlager). Man spricht in diesem Zusammenhang auch von einer Notwehrreaktion des Körpers gegenüber dem Streß. Die häufigsten Psychosomatosen sind:

- Magen- und Darmstörungen, z. B. Aerophagie (Luftschlucken), Erbrechen, Magengeschwüre.
- Störungen im Herz- und Kreislaufsystem, z. B. Koronarsklerose („Managerkrankheit"), dauernde Blutdrucksteigerung. An der Entstehung dieser Krankheiten ist neben dem Dauerstreß vor allem eine ungesunde Lebensweise (fettreiche Nahrung, Rauchen usw.) beteiligt.
- Ernährungsstörungen, z. B. Anorexie, Magersucht (→ Eßstörungen). Hinter einer solchen Störung stehen oft unterdrückte aggressive Tendenzen gegenüber dem Erzieher oder die Ablehnung der eigenen Geschlechtsrolle.
- Hautstörungen, z. B. überstarkes Jucken, Kratzen, vermehrter Handschweiß. Sie treten besonders bei Störungen im emotionalen Bezug zu anderen Menschen auf (→ Kontaktstörungen).
- Atmungsstörungen, z. B. Asthma, Tuberkulose oder zu rasches, tiefes Atmen, das zu einer Empfindung von Atemnot führt.

Nicht jeder bildet in Streß-Situationen psychosomatische Störungen aus, sondern es besteht bei manchen Menschen eine besondere Veranlagung, in belastenden Situationen stärker gefühlshaft, d. h. mit entsprechenden körperlichen Vorgängen zu reagieren. Ängstliche Personen (→ Angst) mit einer ausgeprägten Neigung zu → Neurotizismus sind stärker gefährdet als emotional stabile. Weiterhin spielt die bisherige Lebensgeschichte eine Rolle. Eine sehr verwöhnende oder stark einschränkende Erziehung macht das Individuum weitgehend unfähig, mit belastenden Situationen fertig zu werden. Gefühlsreaktionen und somit psychosomatische Störungen treten besonders ausgeprägt bei Organen auf, die schon in irgendeiner Weise beeinträchtigt sind, z. B. durch eine vorhandene Infektion oder eine frühere Erkrankung (Weg des geringsten Widerstandes). Man hat ferner beobachtet, daß Menschen, die ihre Gefühle nach außen zeigen, weniger häufig psychosomatisch erkranken als solche, bei denen Emotionen sich eher innerorganisch darstellen („Wut in sich hineinfressen").
Eine Therapie von psychosomatischen Störungen muß zuallererst dafür sorgen, daß der Klient Beruhigung findet und der Streßsituation nicht länger ausgesetzt ist. Dadurch tritt oft schon eine erhebliche Verbesserung des Befindens ein. Die Entspannung kann unterstützt werden durch die ärztliche Verordnung von Be-

ruhigungsmitteln oder die Anwendung von → Entspannungstechniken. Sie haben den Vorteil, daß der Klient sie sofort und in eigener Kontrolle wieder einsetzen kann, wenn er später neuen belastenden Bedingungen ausgesetzt ist. Verbunden mit dem Erlernen des autogenen Trainings wird häufig eine Desensibilisierung (→ Verhaltenstherapie) durchgeführt, die die Angst des Klienten vor bestimmten Situationen verringert.

Psychotechnik → Arbeitspsychologie.

Psychotherapie. Von Psychotherapie spricht man,
- wenn zwischen zwei oder mehreren Personen ein Interaktions- und Kommunikationsprozeß mit dem Ziel stattfindet, dem Klienten zu helfen, seine psychischen Probleme zu beseitigen, zu mindern und seine persönliche Weiterentwicklung zu fördern;
- wenn eine klare Rollenteilung in Patient und Therapeut vorliegt und das Verhalten des Therapeuten aufgrund seiner Ausbildung bewußt geplant, systematisch und kontrolliert eingesetzt wird;
- wenn die beabsichtigte Verhaltens- und Erlebnisänderung auf der Basis wissenschaftlich gesicherter Theorien erfolgt;
- wenn die angewandten Methoden lehr- und lernbar sind.

Mit dieser eindeutigen Definition wird versucht, der Tendenz entgegenzuwirken, daß sich alle unseriösen Versuche, den Menschen zu helfen, die auf dem „Psychomarkt" auftauchen, Psychotherapie nennen dürfen.
Psychotherapie ist professionelle Hilfe. Sie wird erst dann beansprucht, wenn Freunde, Partner, Hausarzt und vielleicht auch ein Geistlicher ebensowenig helfen können wie Selbst-Hilfe-Bücher, die zu Rate gezogen werden. Wie können Psychotherapeuten Menschen in einer sehr schwierigen Situation helfen? Wodurch wird z. B. → Angst vermindert, Verhalten geändert, die Aktivität wieder gestärkt? Die Psychotherapieforschung sucht nach den Antworten auf die Frage: Bei welchen Patienten durch welche therapeutischen Methoden ein optimales Ergebnis erzielt werden kann. In der Literatur wird an erster Stelle die Effizienz einzelner Verfahren, an zweiter die Art einzelner Störungen und an dritter Stelle das Therapeutenverhalten und deren Ausbildung erörtert. Solche Erörterungen und Untersuchungen kommen ohne den Rückgriff auf die wichtigsten psychologischen Theorien nicht aus.
Zur Gliederung des Therapieangebots. Die meisten Therapiekonzepte und -methoden lassen sich nach ihrem theoretischen Hintergrund drei Hauptrichtungen zuordnen. Die *tiefenpsychologisch orientierten* Therapien stützen sich auf das Gedankengut von Freud und auf das seiner Nachfolger – auch Kritiker – wie z. B. A. Adler und C. G. Jung. Die wichtigsten Therapiekonzepte mit dem genannten theoretischen Hintergrund sind: → Psychoanalyse (S. Freud), → Analytische Therapie (C. G. Jung), → Individualthe-

rapie (A. Adler), Ichanalyse (A. Freud), Neoanalyse (H. Schultz-Hencke), →Psychodrama (J. L. Moreno) und →Transaktionsanalyse (E. Berne). Die *„verhaltensorientierten Therapien"* greifen auf die Erkenntnisse über das →Lernen (Lerntheorien) zurück. Zu ihnen zählen: *Verhaltenstherapie* (H. J. Eysenck), *Verhaltensanalyse* (B. F. Skinner), *Systematische Desensibilisierung* (J. Wolpe), *Rational-emotive Therapie* (A. Ellis), *Kognitive Verhaltenstherapie* (M. J. Mahoney) u. a. (Vgl. hierzu →Verhaltenstherapie).
Psychotherapien, die von der Ganzheit des Menschen (Leib, Geist und Seele) ausgehen, besonderes Augenmerk auf das Erleben und die Gefühle des Klienten im Hier-und-Jetzt legen, die Bedeutung zwischenmenschlicher Beziehungen betonen und in der therapeutischen Arbeit berücksichtigen, die auf tiefenpsychologisches und humanistisches Gedankengut zurückgreifen, sind u. a.: →Gesprächspsychotherapie (C. Rogers), →Gestalttherapie (F. Perls), Integrative Psychotherapie (H. Petzold), →Bioenergetik (A. Lowen), →Primärtherapie (A. Janov) und →Logotherapie (V. Frankl). Viele Therapietechniken werden einfach nach dem Medium bzw. Mittel benannt, mit dem Veränderungen des Erlebens und Verhaltens bewirkt werden, z. B. →Musiktherapie, →Spieltherapie, →Gruppentherapien und →Körpertherapien verschiedener Art, →Familientherapie, →Kommunikationstherapie und →Milieutherapie.
P. London meint, daß sich die meisten Psychotherapien in *„Einsichtstherapien"* und *„Verhaltenstherapien"* einteilen lassen. Die ersten gehen davon aus, daß eine Besserung bzw. Änderung des Verhaltens und Erlebens über die „Einsicht" in die unbewußten Motive und Konflikte zu erreichen ist, die zweiten setzen am →Symptom an, am Verhalten selbst und versuchen es zu korrigieren, bzw. zu ändern. Sicherlich angespornt durch auffallende Erfolge mit erprobten Techniken, wie der →Verhaltenstherapie, der →Psychoanalyse, der →Gesprächspsychotherapie, den →Entspannungstechniken und der Gruppentherapie, werden häufig mit ungestümem Drang neue Ansätze entwickelt, denen es zum Teil an einer sicheren wissenschaftlichen Grundlage mangelt und die kaum in der Lage sind, das Therapiegeschehen zu kontrollieren. Alle Techniken der Psychotherapie können erst dann eingesetzt werden, wenn der zukünftige Therapeut Erfahrungen über seine eigene Person sammelt (z. B. die Lehranalyse in der Psychoanalyse, Selbsterfahrungsgruppen in der Gesprächspsychotherapie-Ausbildung), damit er in einer späteren Therapie Einflüsse, die von ihm ausgehen, wie z. B. →Vorurteile und Wahrnehmungsverzerrungen, weitgehend ausschalten kann.

Pubertät →Jugendalter.

Pubertätsmagersucht →Eßstörungen.

Q R

Querschnittsuntersuchung → Methoden der Psychologie.

Rangkorrelation → Statistik.

Rational, Bezeichnung für gedachte, schlüssige, verstandesmäßige, vernünftige, kognitive Begründungen und Verhaltensweisen, im Gegensatz zu *emotionalen* (gefühlsmäßigen) und *irrationalen.*

Rauschgifte (Drogen) → Drogenabhängigkeit.

Reaktionen, umfassende Bezeichnung für Veränderungen im Organismus (physiologische Reaktionen), die auf Umweltveränderungen (Reize) oder als Begleiterscheinungen von → Gefühlen und Bedürfnissen auftreten, und für alle angeborenen und erlernten (→ Lernen) Aktivitäten oder Verhaltensweisen, die auf Reize erfolgen.
Individuen reagieren unterschiedlich stark und unterschiedlich schnell auf bestimmte Reize. Die Messung der Reaktionszeit, d. h. der Zeitspanne, die zwischen dem Einsetzen des Signals und dem Erfolgen der Reaktion vergeht (auch *Latenzzeit* genannt), wird oft bei testpsychologischen Untersuchungen für Berufseignung, aber auch für die klinische → Diagnostik verwendet.

Redundanz → Informationspsychologie.

Regelkreis → Informationspsychologie, → Feed-back, → Homöostase.

Regression, ein → Abwehrmechanismus, bei dem das Individuum in Verhaltensweisen zurückfällt, die auf einer früheren Entwicklungsstufe auftraten und längst überwunden waren. Kinder, die in den ersten Schuljahren überfordert werden, sprechen z. B. wieder eine babyhafte Sprache oder beginnen einzunässen (→ Enuresis). Eine Regression tritt besonders bei schweren → Frustrationen auf, wenn die entstandenen angstgetönten Spannungen nicht mehr reduziert werden können.

Reife. Sie umfaßt einerseits die Vollendung der körperlichen → Entwicklung, die mit etwa 24 Jahren abgeschlossen ist, und andererseits eine den normativen Erwartungen entsprechende psychische Festigung, die dann eintritt, wenn das Individuum ein stabiles Selbstbild (→Gesprächspsychotherapie) entwickeln konnte, das über existentiell bedeutsame Probleme Klarheit bringt. Es handelt sich um die Entscheidung über die Art des Zusammenlebens mit dem Partner, um berufliche und politische Zielsetzung und um das Erkennen eigener Fähigkeiten und Schwächen, ohne sie zu überschätzen oder starke →Minderwertigkeitsgefühle zu zeigen. Statt des Begriffs „menschliche Reife" wird von psychologischer Seite häufig der Terminus „soziale Reife" verwendet. Im juristischen Sinn bedeutet „Reife" sowohl Verantwortlichkeit als auch Strafmündigkeit.

Reinlichkeitserziehung. Psychologen wenden der Reinlichkeitsgewöhnung besondere Aufmerksamkeit zu, weil sie die ersten Forderungen an das Kind stellt und Lernprozesse umfaßt, die sich nachhaltig auf das gesamte spätere Verhalten und Charakterentwicklung auswirken können. Das Kind muß mit der Reinlichkeitserziehung das „Zurückhalten" (mit Unlust verbunden) und das „Hergeben" (was es selbst produziert hat) lernen, was ebenso mit Unlust verbunden ist und im Widerspruch zum Zurückhalten steht. Somit handelt es sich bei der Reinlichkeitserziehung um erste echte Charaktererziehung (Aufschub der Bedürfnisbefriedigung), als deren Folgen erwünschtes soziales Verhalten, Großzügigkeit oder Trotz, Angst, Zwangsneurosen, Pedanterie und gestörte Einstellung zur →Sexualität auftreten können. Mit der Reinlichkeitserziehung sollte man erst gegen Ende des 2. Lebensjahres anfangen. Das Kind muß folgendes lernen:
Den Drang (Reiz) richtig verstehen, der Mutter ein Zeichen geben, den Schließmuskel so lange geschlossen halten, bis es auf die Toilette gesetzt worden ist, den Schließmuskel öffnen.
Reinlichkeitserziehung soll ohne Dressur und Zwang vor sich gehen. Das Kind erst auf den vorgewärmten (damit es nicht erschrickt) Topf setzen, wenn ein Grund dazu besteht. Das Kind nicht zu lange sitzen lassen, nicht zwingen, sitzen zu bleiben, damit das Kind mit dem Topf keine Angst verbindet. Das Kind Erwachsenen oder Geschwistern beim Stuhlgang zuschauen lassen (Nachahmungslernen) und es nicht bestrafen, wenn es mit dem „Produzierten" spielt.

Reiz, umfassende Bezeichnung für Energien innerhalb oder außerhalb des Organismus, die über →Rezeptoren und das →Nervensystem psychische Vorgänge wie →Empfindung, →Wahrnehmung, →Gefühle, →Erleben usw. auslösen und mit Reaktionen des Organismus beantwortet werden. Reize (R) oder Stimuli (S), die auf den Organismus einwirken, jedoch wegen ihrer geringen Intensität nicht in der Lage sind, einen Rezeptor zu erregen, werden unterschwellig genannt (→Empfindung). Weitere Begriffsklärungen: Aversiver Reiz, z.B. Strafe, löst Angst und Vermeidungsreaktionen aus; bedingter (konditionierter) und unbedingter (unkonditionierter) Reiz, verstärkender Reiz sind wichtige Begriffe für die Erklärung des →Lernens; Reizentzug →Deprivation; Reiz-Reaktions-Modell →Methoden der Psychologie; Reizgeneralisation →Generalisation; diskriminierender Reiz →Diskriminierung.

Reiz-Reaktions-Modell →Methoden der Psychologie.

Reliabilität, *Zuverlässigkeit* psychologischer Meßinstrumente, z.B. von →Tests. →Statistik.

Religionspsychologie untersucht psychologische Aspekte des Glaubens, der Religionen bzw. der Frömmigkeit allgemein und befaßt sich nicht mit der theologischen Frage nach der Existenz und dem Wesen Gottes. Obwohl in der Geschichte der Psychologie schon viele bedeutende Philosophen und Wissenschaftler die psychologischen Probleme der Religiosität behandelt haben (Augustinus, Luther, W. Wundt, S. Freud, W. James, C. G. Jung, Würzburger Schule, J. Piaget, um nur einige zu nennen), nimmt die Religionspsychologie im Rahmen der Gesamtpsychologie noch heute eine relativ unbedeutende Stellung ein. Wichtige Impulse werden gegenwärtig vom Theologen und Psychoanalytiker Eugen Drewermann gegeben.
Die Religionspsychologie beschäftigt sich vornehmlich mit der Frage nach dem Ursprung, nach der Ursache der Religion bzw. des individuellen Glaubens, nach der Funktion, Bedeutung der Religion für das Verhalten des Menschen und ganzer Gesellschaften und mit den Arten des religiösen Erlebens.
1. Ursprung der Religion. Die Annahme, Religion sei eine Nachwirkung des Animismus (Vorstellung, daß alle Dinge beseelt seien) und des Unwissens, der Unkenntnis über die Vorgänge in der Umwelt (z.B. Ursache des Blitzes), wird gegenwärtig als falsch betrachtet. Die Fortschritte der Wissenschaften haben das Bedürfnis nach Religion nicht verringert - eher vergrößert. Auch die Vorstellung von Tiefenpsychologen (S. Freud, C. G. Jung), die Ursprünge der Religion seien eng mit dem Ödipuskomplex und mit den Archetypen verbunden, wird als zweifelhaft zurückgewiesen. Die meisten Vertreter findet die Deutung, wonach der Religion das elementare Sicherheitsbedürfnis zugrunde liegt, das durch →Angst, Versagung, Bedrohung erzeugt wird.
2. Die Funktion der Religion, die keineswegs endgültig geklärt ist, spricht für das Bedürfnis nach Zugehörigkeit zu Gleichgesinnten. Die Religion und Glaubenseinrichtungen stabilisieren die Gesellschaft und regeln die Beziehungen der Menschen untereinander,

indem sie erwünschtes Verhalten belohnen oder Belohnung versprechen, unerwünschtes Verhalten bestrafen oder Strafe androhen und Gehorsam fordern. Trotz der zeitweise negativen Rolle der Religion in der Geschichte und auch in der gegenwärtigen Politik, muß diese Funktion der Religion positiv bewertet werden. Die lebensnotwendige Sicherheit wird dem Menschen außer durch den Glauben selbst noch stärker durch Begleiterscheinungen der Religion, wie Gruppenzusammenhalt, Rituale, Zeremonien, Verehrung von Symbolen des Ewigen und Heiligen und nicht zuletzt durch die Bedeutung des Eides, vermittelt. Negative Begleiterscheinungen dieser Sicherheitsvermittlung sind Konservativismus, Gruppenegoismus und Ächtung Andersgläubiger, Glaubenskriege und auch einseitige Erziehung.
3. Das religiöse Erleben bzw. der Glaube läßt sich als → Einstellung umschreiben, bei der die affektive Komponente (Gefühle) eine bestimmende Rolle spielt. Die Überzeugung, Meinung (kognitive Komponente) erfolgt nicht aus dem Wissen, sondern aus dem Gefühlsleben. Die religiöse Haltung kann sich sowohl im Verhalten als auch im affektiven Erleben so weit steigern, daß sie Formen annimmt, die uns unter Fanatismus, Mystizismus, Askese, Märtyrertum, Ekstase (Verzückung, höchstes Lebensgefühl) bekannt sind. Die Beobachtung der Psychologen, daß das durch → Psychopharmaka und Drogen hervorgerufene Erleben dem gesteigerten religiösen Erleben gleicht oder ähnlich sei, erklärt zwar den Mechanismus und die organische Grundlage des religiösen Erlebens, nicht jedoch deren Ursache und Auswirkungen.
Die Zukunft der Religionspsychologie dürfte auf dem Gebiet der Pastoralpsychologie liegen, in der Anwendung psychologischer Erkenntnisse in der Seelsorge (→ Beratung).

Repräsentativ → Stichprobe, → Statistik.

Resozialisierung. Bei der Wiedereingliederung von Vorbestraften in die Gesellschaft handelt es sich um eine Re-Sozialisierung, um ein Verlernen bisheriger Gewohnheiten und Neuerlernen sozialer Normen, d. h. um eine Erziehung unter erschwerten Bedingungen. Die Mißerfolge der bisherigen Bemühungen um eine Um-Erziehung sind zurückzuführen auf folgende Faktoren:
1. Die Möglichkeiten einer Umerziehung sind durch gleichzeitige Bestrafung im Sinne der Gerechtigkeit, der Sühne und des Fernhaltens von der Gesellschaft stark begrenzt.
2. Das Erlernen sozialer Normen und Verhaltensweisen wird durch die bisherigen Erfahrungen, Gewohnheiten, → Eigenschaften und → Einstellungen stark behindert.
3. Die Diskriminierung und → Vorurteile gegenüber den Gefangenen bzw. Vorbestraften verstärken die bisherigen Einstellungen

und machen die angebotenen Lernhilfen wirkungslos (Teufelskreis).
4. Die Verhältnisse in den Strafanstalten (Gruppendruck, Aggression, Beziehungen zwischen Personal und Häftlingen u. a.) stehen im Widerspruch zu einer notwendigen Erziehungsatmosphäre. Es werden eher Techniken der Mißachtung der Gesetze und sozialer Normen als deren Befolgung gelernt.
Wegen der genannten Faktoren scheiterten bisher die meisten Bemühungen um eine Reform des Strafvollzugs und der Resozialisierung. Solange die erschwerenden Bedingungen der Umerziehung bestehen bleiben, wird es kaum Erfolge geben, selbst wenn folgende Reformvorschläge der Psychologen, Soziologen und Politiker auf breiterer Ebene verwirklicht würden:
1. Abbau der Diskriminierung und der Vorurteile bei der Ausbildung, am Arbeitsplatz und in der Strafanstalt;
2. Teilnahme der Gefangenen am gesellschaftlichen Leben: Strafanstalt der „offenen Tür", Wohngemeinschaften, die von Psychologen und Sozialpädagogen betreut werden, Vermittlung der Erfolgserlebnisse am Arbeitsplatz, in der Gruppe und Anerkennung bei der Befolgung sozialer Normen;
3. Bessere psychologische und pädagogische Ausbildung des Betreuungspersonals, Verbesserung der Betreuung außerhalb der Strafanstalt.
Die hier geforderte Überbrückung ist kaum realisierbar. Daher wird die Vorbeugung als die beste Resozialisierung angesehen (→ Jugendkriminalität).

Retardation beschreibt die hinter der durchschnittlichen Ausprägung bei Gleichaltrigen zurückbleibende Entwicklung psychischer oder körperlicher Merkmale. Von Retardation wird erst bei gravierenden Entwicklungsverzögerungen gesprochen (über 6 Monate Rückstand). Die Ursachen für Retardationen sind vielfältig: Krankheiten, hirnorganische Schädigungen, Milieuschädigungen, gestörte → Familie u. a. belastende Ereignisse.

Retikuläres aktivierendes System (RAS) → Nervensystem.

Retina, die → Rezeptoren im Inneren des Auges.

Rezeptor. Rezeptoren werden diejenigen Nervenzellen genannt, die bei Auftreffen bestimmter Reize → Aktionspotentiale bilden (→ Nervensystem), die dann weitergeleitet werden. Rezeptorzellen sind je nach Sinnesorgan für bestimmte Reizart (z. B. Licht) besonders empfindlich.

Ribonukleinsäure. Fadenförmige Kettenmoleküle der Ribonukleinsäure (RNS) und der Desoxyribonukleinsäure (DNS) sind verantwortlich für die Zellteilung und Organausbildung während des Wachstumsprozesses (Träger der Vererbung) und für die Speicherung von Informationen (→Gedächtnis).

Rigidität, Festhalten an →Gewohnheiten und →Einstellungen, die aufgrund geänderter Verhältnisse schon lange nicht mehr angebracht und angepaßt sind. Fordert man Versuchspersonen auf, eine Reihe von Aufgaben nach einem bestimmten Ansatz zu lösen, und schiebt dann eine Aufgabe ein, die sowohl mit dem gewohnten Vorgehen als auch mit einem Weg – der eigentlich eine viel einfachere Lösung ist – bewältigt werden kann, so bleibt man häufig bei dem alten Lösungsweg (→Perseveration); man verhält sich rigide. Nach J. P. Guilford ist Rigidität das entgegengesetzte Persönlichkeitsmerkmal von →Flexibilität.

Risikobereitschaft. Mit Risikobereitschaft, die hoch oder niedrig ausgeprägt sein kann, wird jene →Motivation bzw. jenes Verhalten beschrieben, das sich in Situationen äußert, in denen ein erstrebenswertes Ziel vorhanden ist, jedoch nicht die Gewißheit, es auch zu erreichen. Zur Risikobereitschaft gibt es zahlreiche Untersuchungen (insbesondere in der →Verkehrspsychologie), die aber noch nicht zu klären imstande waren, ob Risikobereitschaft ein allgemeines Persönlichkeitsmerkmal oder stärker situationsbedingt ist. Risikobereitschaft korreliert mit Ängstlichkeit, Alter und Art der Leistungsmotivation; häufige Mißerfolgserlebnisse sollen die Risikobereitschaft verstärken, und frühere Erfolge führen eher zu einem vorsichtigen Verhalten. Die Risikobereitschaft des einzelnen wird weiterhin erhöht, wenn er von einer →Gruppe zu unvorsichtigem Verhalten ermuntert wird.

Rolfing ist eine von Ida Rolf entwickelte Methode der →Körpertherapie, bei der der Rolfer (Therapeut) den Kopf, das Becken, die Beine und Arme des Klienten zu „richtigen" Bewegungen verschiebt und einrenkt, damit wieder ein Schwerkraftverhältnis erreicht wird, das Schmerzfreiheit ermöglicht. Man nimmt an, daß neurotisch oder unfallbedingte Haltungsfehler zu falschen Gewichtsverteilungen führen, die Leistungsminderung, Angst und andere Symptome zur Folge haben.

Rolle. Eine Rolle wird bestimmt durch einen Komplex von Verhaltenserwartungen, auch Rollenerwartungen genannt, die das Verhalten von Individuen mit bestimmten Positionen beschreiben. Die Rolle beschreibt, welches Verhalten von ihrem Träger erwartet wird. So erwartet man von einem Arzt, daß er anderen hilft, Schwerkranke auch nachts und bei schlechtem Wetter besucht, von einer Mutter und Hausfrau, daß sie die Kinder versorgt, die Wohnung sauberhält und das Essen zubereitet.

Das Verhalten muß den *Rollenerwartungen* entsprechen. Wenn man die Rollenerwartungen nicht erfüllt, riskiert man, dafür mit *Sanktionen* (Strafen) belegt zu werden: man wird gemieden, verachtet, nicht mehr gegrüßt, aus der Gruppe ausgestoßen, mit Geldbußen bestraft. Wird das erwartete Verhalten gezeigt, so erfolgen positive Sanktionen: Anerkennung, öffentliche Belobigung usw. Den Gruppenmitgliedern steht eine Vielzahl negativer und positiver Sanktionen zur Verfügung, mit denen sie andere zur Erfüllung von Rollenerwartungen zwingen.
Rollen haben den Zweck, das Verhalten der Mitglieder einer Gruppe aufeinander abzustimmen, damit Gruppenziele erreicht werden. So differenzieren sich in einer Jugendgruppe sehr schnell Rollen wie Anführer und Gefolgschaft heraus, während sie in organisierten Gruppen schon vorgegeben sind (Vorsitzender, Kassierer, Turnwart, Protokollführer). Der Mensch lebt immer innerhalb von Rollen. Wenn er aus der Rolle des Kleinkindes entwachsen ist, erlangt er die des Schulkindes, des Jugendlichen, des Lehrlings, des Familienvaters usw. Das verschafft ihm Sicherheit, da er um bestimmte Rollenerwartung weiß und sie erfüllen kann; es engt ihn aber auch ein, wenn die Rollenerwartungen nicht seinen Wünschen entsprechen (Hausfrau, die gerne berufstätig sein möchte).
Man unterscheidet zugewiesene Rollen, die durch nicht vom Individuum beeinflußbare Merkmale, wie das Geschlecht, die Herkunft oder die Rasse, bestimmt sind, und erworbene Rollen, die vom Menschen durch persönliches Bemühen erlangt werden und die auch abgelegt werden können (Arbeiter, Student, Priester, Autofahrer u. a.). Aus der *„Rollenverflechtung“,* d. h., wenn eine Rolle mehr oder weniger stark mit anderen Rollen verbunden und ohne sie nicht denkbar ist (z. B. Vater-Mutter-Kind; Vorgesetzter-Lehrer-Schüler), ergeben sich immer Schwierigkeiten *(Rollenkonflikte),* vor allem dann, wenn der Rollenträger, z. B. Lehrer, widersprüchlichen Rollenerwartungen ausgesetzt ist. Der Lehrer sollte es den Eltern, den Kollegen, den Schülern, dem Chef und auch dem Kultusminister „recht machen“, d. h., er sollte sich so verhalten, daß alle mit ihm zufrieden sind. In diesem Fall handelt es sich um einen *Intrarollenkonflikt.* Weiterhin ist ein Mensch schnell überfordert, wenn er mehreren Rollen zur gleichen Zeit gerecht werden muß, deren Erwartungen gegensätzlich sind. Das ist beispielsweise bei einem Pfarrer der Fall, der im Krieg gleichzeitig Soldaten- und Pfarrerrolle wahrnehmen muß, bei einer Studentin, die gleichzeitig Mutter, Ehefrau und Hausfrau ist *(Interrollenkonflikt).* Rollenkonflikte sind um so schwerer zu bewältigen, je geringer die Rollendistanz und je größer die Rollenkonformität ist. Unter *„Rollendistanz“* versteht man den Handlungsspielraum, der einem Rollenträger zur Verfügung steht. Je höher der Status einer → Position bzw. eines Rollenträgers, desto geringer ist die Rollen-

distanz, da jede Verhaltensweise von anderen Gruppenmitgliedern beachtet und bewertet wird (Druck der Öffentlichkeit, „Glashaus“). Identifiziert sich die Studentin stark mit ihrer Mutterrolle *(Rollenkonformität),* so leidet sie stark darunter, daß sie die Mutterrolle nicht voll erfüllen kann. In solchen Fällen kann es zur *„Rollenflucht“* kommen; um die Konfliktspannung ertragen zu können, werden → Abwehrmechanismen und neurotische Verhaltensweisen entwickelt (→ Neurose).
Als letztes befaßt sich die Rollentheorie, die das Verhalten des Menschen von Rollenerwartungen her zu beschreiben versucht, auch mit dem *„Rollenwandel“,* z. B. mit dem Wandel von Erwartungen an eine Frauenrolle und mit den Problemen, die entstehen, wenn eine Rolle unklar definiert ist. In bestimmten Phasen des Rollenwandels wissen die Rollenträger nicht, was von ihnen erwartet wird (z. B. Jugendlicher), wodurch viele soziale Spannungen und → Konflikte (Generationsproblem, Ehekrisen) entstehen.

Rückmeldung → Feed-back.

S

Sadismus → Perversionen.

Sanguiniker. Nach Hippokrates' Typenlehre ein unbeständiger, lebhafter Persönlichkeitstyp (→ Typologie).

Säuglingsalter. Als Säuglingsalter bezeichnet man das erste Lebensjahr des neugeborenen Kindes, dem in der Entwicklung des Menschen eine besondere Bedeutung zukommt. Dem Neugeborenen fehlen wesentliche Möglichkeiten der Lebensbewältigung (Sprechen, Laufen), und die ersten Wochen stellen praktisch eine Fortsetzung des embryonalen Zustandes dar. Portmann spricht deshalb auch von einer „physiologischen Frühgeburt".
Die Gehirnzellen des Neugeborenen sind voll ausgebildet, aber noch nicht funktionsfähig. Sie können sich nicht erneuern wie andere Gewebszellen, deshalb können durch Verletzungen bei der Geburt und Krankheiten im 1. Lebensjahr irreparable Schäden verursacht werden. Teile des → Nervensystems, die Atmung, Herztätigkeit, Kreislauf, Körpertemperatur und Blutzuckerspiegel regulieren, sind voll funktionsfähig. Der → sensorische Teil des Nervensystems, ist bei der Geburt weitgehend ausgebildet. Das einen Monat alte Kind kann schon zwischen verschiedenen Objekten in der Umgebung unterscheiden; es handelt sich wahrscheinlich um unscharfes Sehen, denn es kann die Augen noch nicht auf einen Punkt gerichtet halten (Akkommodation und Konvergenz; → Gesichtswahrnehmung). Es steht fest, daß Neugeborene auf laute Töne reagieren (Autogeräusche, lautes Reden). Es gibt Hinweise, daß sie auch verschiedene Tonhöhen unterscheiden können. Ebenso funktionieren schon der Temperatur-, Geschmacks-, Geruchs- und Gleichgewichtssinn. Ohne Zweifel ist das Neugeborene schmerzempfindlich, entsprechende Reaktionen sind das Verzerren des Gesichts, Schreien oder das Wegwenden des betreffenden Körperteils. Es ist lediglich zu unkontrollierten Bewegungen, wie z. B. dem Strampeln und zu Reflex- und Instinktbewegungen fähig (Sauginstinkt, Atmen, Darmentleerung). Mit der Reifung von Muskeln, Knochen und den für die Willkürbewegungen zuständigen Pyramidenbahnen entwickelt sich die Körpermotorik „cephalo-caudal", d. h. vom Kopf zu den Füßen hin. Mit einem Monat kann der Säugling den Kopf heben, mit zwei Monaten Brust und Kopf, mit drei bis vier Monaten be-

ginnt er, gezielt zu greifen, mit sieben Monaten sitzt er alleine, und mit 11 Monaten kann er, von den Eltern gehalten, gehen. Bei größeren Verzögerungen besteht die Gefahr einer körperlichen oder →geistigen Behinderung. Am Ende des ersten Lebensjahres ist auch die Sprechmuskulatur entwickelt, und das Kind spricht nach einer Zeit des Lallens das erste Wort. Erste bewußte Auseinandersetzung mit der Umwelt ist ab dem dritten Monat zu beobachten; der Säugling ergreift z. B. immer wieder eine Rassel, weil ihm offensichtlich ihr Klang oder ihre Bewegungen gefallen. Verdeckt man die Rassel, hört das Kind mit dem Spiel auf. Erst vom siebten Monat an sucht es nach dem Gegenstand, es weiß in dieser Zeit schon um die Dauerhaftigkeit und Konstanz der Gegenstände. Anfänge des kausalen Denkens kann man beobachten, wenn das Kind absichtlich eine Bewegung ausführt, um etwas Bestimmtes damit zu erreichen (z. B. den Ball wegrollen, die Gardine über sich ziehen, um sich zu verstecken). Dies wird häufig auch als beginnendes Werkzeugdenken eingestuft (→Intelligenzentwicklung).
Mit der Geburt zusammenhängend, treten beim Neugeborenen starke nicht näher einzuordnende Erregungen auf, jedoch lassen sich bald differenziert auftretende Lustgefühle (z. B. beim Saugen, Streicheln) und Unlustgefühle (z. B. beim Frieren, Wundsein) feststellen. Mit etwa drei Monaten wird die Pflegeperson mit erstem Lächeln begrüßt. Es ist eine unwichtige Streitfrage in der Psychologie, ob das Bedürfnis des Kindes nach emotionaler Zuwendung (Zärtlichkeit) angeboren ist oder nicht. Es steht eindeutig fest, daß das Kind im ersten Lebensjahr eine es ständig umsorgende Pflegeperson braucht, die es ab dem sechsten Monat erkennt und von anderen unterscheiden kann. Von dieser Zeit an hat es vor Fremden Angst („Sechs-Monats-Angst") und fühlt sich nur in der Nähe des Menschen, der es ständig betreut, wohl. Wird das Bedürfnis des Kindes nach Sicherheit durch eine enge Bindung zwischen ihm und der ständig anwesenden Pflegeperson nicht befriedigt, weil es z. B. in einem Heim lebt, in dem es an Pflegepersonal mangelt, das sich für die Kinder Zeit nehmen könnte, um mit ihnen zu sprechen, sie auf den Arm zu nehmen usw., oder die Eltern durch Berufstätigkeit überfordert sind, entstehen →psychische Störungen, die oft nicht mehr heilbar sind (→Hospitalismus). Verschiedene Entwicklungspsychologen meinen, daß Kinder, die sich im 1. Lebensjahr sicher fühlen, ein *Urvertrauen* zur Umwelt entwickeln. Immer dann, wenn sie durch die negative und unbekannte Umwelt erschreckt werden, muß eine Person da sein (meist die Mutter), die ihre Bedürfnisse nach Wärme, Nahrung, Sicherheit befriedigt hat und ihnen hilft, die aufgekommenen Angst zu überwinden. Das Kind traut sich, die Umwelt zu erforschen, ist aktiv und entwickelt ein die gesamte weitere Entwicklung und das Verhalten bestimmendes Vertrauen zur Umwelt – Urvertrauen. Der Gegensatz des

Urvertrauens, die *Urangst,* schränkt das Verhalten des Kindes stark ein, die Umwelt ist bedrohlich, das Kind zieht sich vor der Umwelt zurück (→Hospitalismus). In diesem Sinne ist es auch wichtig, daß die Pflegeperson Sicherheit ausstrahlt, ständig dasselbe Verhalten zeigt und nicht ängstlich ist. Es wird angenommen, daß das Kind z.B. beim Stillen durch das Hören der Herztöne merkt, daß es sich um die Person handelt, die ihm immer Sicherheit vermittelt (→Lernen).

Schätzverfahren (ratings), Einschätzung der Ausprägung bestimmter Merkmale oder des Verhaltens auf vorgegebenen Merkmalslisten. →Statistik, →Methoden der Psychologie. Merkmalslisten werden Ratingskalen genannt.

Schichtenlehren →Persönlichkeit.

Schizoid. Das Wort umschreibt einige Eigenschaften (von der Umwelt distanziert, verfolgt nur eigene Ziele u.a.) eines Menschen, der hinsichtlich seiner Persönlichkeit zwischen der →Schizophrenie und dem im Normalbereich existierenden Persönlichkeitstyp der Schizothymie (→Körperbautypen) einzuordnen ist. Für den Praktiker ist der Begriff der Schizoidie von geringem Wert, da keine genaue Abgrenzung zu den anderen genannten Begriffen möglich ist.

Schizophrenie. Schizophren-Kranke leben in einer Welt, die für den Außenstehenden nicht einsichtig ist, weil Kranke gleichzeitig in ihrem Wahn und in der Wirklichkeit leben. Die →Persönlichkeit ist gekennzeichnet durch starke →Depersonalisation, Denkstörungen (z.B. Abreißen eines Gedankens im Redefluß) und plötzliche, unmotivierte Gefühlseinbrüche (Angst, überschwengliche Freude). Spezielle Formen sind die →Katatonie und →Hebephrenie (Erkrankung im Jugendalter).

Schlaf, Schlafforschung. Seit 1953 N. Kleitman und E. Aserinsky entdeckt haben, daß der Schlaf kein einheitlicher psychischer Zustand ist, sondern nach einer bestimmten Rhythmik verläuft, und daß es fünf charakteristische Schlafstadien gibt, hat eine intensive Schlafforschung eingesetzt.
Die bisherige Schlafforschung brachte folgende Ergebnisse:
1. Nach den aufgezeichneten Hirnströmen (→EEG) werden fünf Schlafstadien unterschieden, die sich während der Nacht wiederholen.
2. Während der Nacht werden die Stadien 2 bis 5 vier- bis fünfmal durchlaufen, wobei das Tiefschlafstadium mit zunehmender Schlafdauer kürzer und seltener wird.
3. Wenn alle Schlafstadien durchlaufen werden, treten im leichte-

Stadium	*Charakteristische EEG-Wellen*
1. Entspannter Wachzustand	Alpha-Wellen – spontane Gedanken, entspannt
2. Einschlafen, leichtester Schlaf	Verschwinden der Alpha-Wellen und Aufkommen der langsameren Theta-Wellen – Auftreten gewisser optischer oder auch akustischer →Halluzinationen
3. Leichtschlafphase	Plötzliche Ausschläge (Sägezähne) im EEG – Tageserinnerungen
4. Mittlere Schlaftiefe	Ablösung der Theta-Wellen durch die noch langsameren Delta-Wellen
5. Phase des Tiefschlafs	Delta-Wellen. Die Phase des Tiefschlafs beträgt etwa ein Fünftel des gesamten Nachtschlafs

sten Schlaf sog. REM-Phasen auf. Charakteristisch für diese Phasen, die während einer Nacht vier- bis fünfmal auftreten, sind schnelle Augenbewegungen (Rapid Eye Movement = REM), sexuelle Erregungen, unregelmäßiges Atmen, Muskeltätigkeit. In diesen REM-Phasen, die mit der zunehmenden Schlafdauer immer länger werden (von 10 Minuten bis zu 50 Minuten) träumt der Schläfer. Obwohl es sich um den leichtesten Schlaf handelt, kann der Schläfer aus diesem Schlaf schwerer aufgeweckt werden als aus anderen Schlafstadien. Daher werden die REM-Phasen auch „paradoxer" Schlaf genannt und die Nicht-REM-Phasen „orthodoxer" Schlaf.

4. Schlafwandeln, Sprechen im Schlaf und auch Bettnässen treten immer während der Nicht-REM-Phasen auf (im orthodoxen Schlaf). Wird der Mensch am Schlaf gehindert, so treten Konzentrationsstörungen auf, nach etwa 60 Stunden Wachzustand auch →Halluzinationen (Trugwahrnehmungen) und Wahnvorstellungen. Wird der Mensch immer am Anfang der REM-Phase aufgeweckt und somit am Träumen gehindert, so wird der ausgefallene paradoxe Schlaf in nachfolgenden Nächten nachgeholt, d.h., die Phasen des orthodoxen Schlafes werden zugunsten des paradoxen verkürzt. In jedem Schlafstadium ist der Mensch in der Lage, Reize aufzunehmen und zu verarbeiten, wenn auch anders als im Wachzustand (Bedeutungsgehalt der einwirkenden Reize).

5. Diese Forschungsergebnisse zeigen, daß der Schlaf neben der reinen biologischen Funktion (Erholung) auch eine wichtige psychische Funktion erfüllt. Schlaf ist kein Zustand der Passivität. Die Rolle der psychischen Aktivität während des Schlafes ist noch nicht völlig geklärt. Da jeder Mensch eine andere Schlafkurve aufweist, erhofft die Psychologie von der Erforschung des Schlafes wichtige Informationen über Eigenarten des →Nervensystems und über individuelle Eigenschaften zu gewinnen (→Diagnostik).

6. Schlafstörungen. Viele Menschen klagen über Schlaflosigkeit und nehmen Schlaftabletten. Schlafmittel (→Psychopharmaka)

unterdrücken den paradoxen Schlaf, so kommt es nach dem Entzug der Schlafmittel zu vermehrtem paradoxen Schlaf, der sich in unruhigem Schlaf und lebhaften → Träumen (auch Angstträumen) äußert.

Schlüsselreize sind Umweltreize, die ein in der Regel angepaßtes, zielgerichtetes Instinktverhalten auslösen. → Instinkt.

Schmerz. Reaktionen des Organismus auf schädigende Reize, die mit subjektiven Empfindungen des Leidens und mit dem Gefühl der Angst verbunden sind, stellen ein Warnsystem vor Gefahren und einen Schutzmechanismus für den Körper dar. Die Schmerztoleranz, d.h. die Fähigkeit, Schmerz zu ertragen, ist individuell unterschiedlich; sie ist bei Personen, die eine Reihe von Schmerzerlebnissen hinter sich haben, gering und kann durch Ablenkung, Arbeit oder Gruppe erhöht werden. R. A. Sternbach meint, daß die mit dem Schmerz auftretenden Angst- und Unlustgefühle gelernt sind und mit der Strafe im frühen Kindesalter zusammenhängen; Angstfreiheit reduziert das körperlich bedingte Schmerzerlebnis. Je nach der sozialen und kulturellen → Norm wird der Schmerz im → Ausdruck gezeigt oder unterdrückt. Für Menschen mit sadomasochistischen Neigungen (→ Perversionen) sowie für Mystiker und Märtyrer, die glauben, durch das Leiden ihr „höchstes Ziel" zu erreichen, kann Schmerz zur Lustquelle werden.

Schocktherapie. Behandlung mit Elektroschock wurde manchmal bei schweren psychotischen Erkrankungen (→ Psychose) eingesetzt. Vor allem bei intensiven → Depressionen wurde durch eine elektrische Reizung des Nervensystems ein Krampf verursacht, der auf nicht näher geklärte Weise zu einer Erleichterung führt. Als Folgen eines Elektroschocks, die jedoch nach einer Woche abklingen, können Benommenheit, → Perseverationen, Orientierungsschwäche (Unsicherheit, wo man sich befindet, welche Jahreszeit im Moment herrscht usw.) und eine affektive Labilität (z.B. häufiges unmotiviertes Umschlagen von Lachen in Weinen) auftreten.

Schöpferisches Denken → Kreativität.

Schulberatung. Der Schulpsychologe hilft den Lehrern und Eltern bei Problemen der Einschulung, Umschulung (Schullaufbahn) und vor allem bei der Behebung von Schul- und Erziehungsschwierigkeiten. Häufig treten bei der Einschulung (→ Schulreife) und während des Schulbesuches Probleme auf, die sowohl Eltern als auch Lehrer, deren psychologisch-pädagogische Ausbildung minimal ist, überfordern. Viele Eltern überfordern ihre Kinder, erkennen die „mäßigen" Leistungen nicht an und verstärken da-

durch die Schul- und Leistungsangst ihrer Kinder. Das Kind zeigt Konzentrationsstörungen, erkrankt vor Schulaufgaben oder wird aggressiv. Lehrer sind hilflos, wenn sie Eltern hinsichtlich der weiteren Schullaufbahn beraten sollen, bestrafen Schüler, die den Unterricht „stören", aggressiv sind, und wissen nicht, daß solche Schüler häufig nur Aufmerksamkeit und Anerkennung suchen. Weil die Lehrer die Ursache des unerwünschten Verhaltens ebensowenig kennen wie die Technik der Behandlung, werden die Probleme der Schüler immer größer.
Der Schulpsychologe ermittelt die Ursachen von Schulversagen und Verhaltensstörungen und zeigt Eltern und Lehrern, wie sie im Einzelfall vorgehen sollten, testet spezifische Fähigkeiten und erstellt eine Prognose über den weiteren Schulbesuch und Berufswahl. Schulpsychologische Beratung ist besonders dann notwendig, wenn Schüler in einzelnen Fächern versagen (z. B. Mathematik), Sprachstörungen oder → Legasthenie-Symptome zeigen. In solchen Fällen werden vom Schulpsychologen Behandlungsprogramme und -techniken entwickelt.

Schuldfähigkeit → Forensische Psychologie.

Schuldgefühle können entstehen, wenn eine sozial unerwünschte Handlung begangen wurde. Sie können als Gefühle mit Selbstbestrafungstendenz aufgefaßt werden. Sie sind von der Erziehung, → Gruppe und anderen sozialen Faktoren abhängig. Das Schamgefühl beeinträchtigt das Verhalten und ist vom → Gewissen abhängig.

Schuleschwänzen. Angst vor der Schule, Kontaktschwierigkeiten in der Klasse, ständige Mißerfolge und Versagen, keine Anerkennung durch die Lehrer, übermäßiger Ehrgeiz der Eltern, Vernachlässigung (gestörte Familienverhältnisse) oder Verwöhnung führen häufig dazu, daß das Kind Angst vor der Schule entwickelt oder den schulischen Belastungen auszuweichen sucht und die Schule schwänzt. Wenn die Eltern auf Schuleschwänzen mit harten Strafen reagieren, kann es vorkommen, daß das Kind von zu Hause wegläuft. Strafen sind in solchen Fällen meist wirkungslos; man sollte vielmehr gründlich erforschen, warum das Kind die Schule geschwänzt hat oder von zu Hause weggelaufen ist. Weitere Gründe für das *Weglaufen* sind: strenge Erziehung, Vernachlässigung, gestörte → Familienverhältnisse, Außenseiterposition in der Klasse.

Schulkindalter. Als Schulkindalter bezeichnet man die Zeit zwischen dem sechsten Lebensjahr und dem Eintritt der Pubertät (→ Jugendalter), da hier die Entwicklung entscheidend durch den Besuch der Schule beeinflußt wird. Man nennt diese Zeit auch *mittlere* und *späte Kindheit.*

Der Wechsel vom Elternhaus in die Schule bedeutet besonders für jene Kinder eine Belastung, die bisher wenig Gelegenheit hatten, außerhalb des Elternhauses Erfahrungen mit anderen Menschen zu sammeln (z.B. im Kindergarten, bei befreundeten Familien, mit Nachbarskindern). Diese Kinder fühlen sich leicht in ihrer emotionalen Sicherheit bedroht. In günstigen Fällen, besonders in kleinen Klassen, ist es möglich, die Ängste des Kindes zu reduzieren. So wird aus den USA berichtet, daß der Lehrer sich über Disziplinierungstechniken der Eltern und die Anzahl der Geschwister erkundigt, um sein Erziehungsverhalten darauf abzustellen. Eltern können z. B. die Angst der Kinder verringern, wenn sie zu Hause mit dem Kind in einer zwangsfreien, entspannten Atmosphäre „Schule“ spielen. Ein freudiges Erwarten der Schule hängt u. a. davon ab, ob die Interessen des Kindes schon früh auf die Schule ausgerichtet sind (frühes Lesenlernen); ob die Eltern es vermieden haben, dem Kind mit der Schule zu drohen, oder das elterliche Verhalten ein Modell für das schulische Leben des Kindes sein kann (Umgang der Eltern mit Büchern, Schreibtischarbeit des Vaters).
Sogenannte „schulreife“ Kinder (→ Schulreife) sind in der Lage, sich eine gewisse Zeit (ca. 10 bis 20 Minuten) zu konzentrieren und sich mit anderen über bestimmte Themen zu unterhalten. Sie sind wißbegierig und wollen vom Lehrer belehrt werden, jedoch sind sie in ihrem Auffassen und → Denken an das konkret Erlebte, Anschauliche gebunden und verstehen oft nicht das Wesentliche eines Objektes, weil sie die Sache nur so sehen können, wie sie in ihrem Lebensbereich vorkommt und verwendet wird. Spricht der Lehrer z. B. über den Bau eines Hauses, so denken die einen daran, wie der Vater Zement mischt, ein Kran aufgebaut wird, viele Arbeiter kommen usw.; sie sind aber noch nicht in der Lage, den Begriff in seiner umfassenden Bedeutung zu verstehen, wie es z. B. ein Erwachsener tut. Deshalb kann man sich in den ersten Schuljahren nicht sicher sein, wie die Kinder den Unterrichtsinhalt auffassen. Erst mit neun bis zehn Jahren sind die Kinder in der Lage, das Wesentliche einer Sache und das, was sie mit anderen gemeinsam hat, zu erkennen. Unter „Haus“ verstehen sie jetzt jedes Gebäude, das ein Dach und Wände hat und in dem Menschen leben können. Sie sind jetzt in der Lage, diesem Begriff die eigenen Vorstellungen von einem Haus einzuordnen (→ Intelligenzentwicklung). Auch die Art des Lernens ändert sich beim Zehnjährigen, der nun nach sinnvollen Zusammenhängen (→ Gedächtnis) sucht, wenn er sich z. B. ein Gedicht einprägen muß, während er es vorher mechanisch auswendig lernte. Nun werden auch in der Schule Fächer wie Erdkunde und Geschichte eingeführt, die über den direkt erfahrbaren Lebensbereich des Kindes hinausgehen. Jedoch müssen sie immer noch anschaulich, d. h. real vorstellbar sein, denn erst nach dem 12. Lebensjahr ist das Kind in der Lage,

abstrakt zu denken und mit Fächern wie Physik oder Algebra etwas anzufangen. Das soziale Klima in der Schulklasse hängt weitgehend vom Verhalten des Lehrers ab. Beim sozial-integrativen Führungsstil sind die meisten Schüler zufrieden, entspannt und fühlen sich frei, weil ihnen Verständnis entgegengebracht wird und ihre Interessen berücksichtigt werden. In der Schulklasse hat das Kind Gelegenheit, andere → Konflikte als zu Hause zu erleben und zu lösen (z. B. mit Gleichaltrigen, mit Stärkeren, mit einer Gruppe). Dazu bedarf es jedoch einer weitgehenden Zurückhaltung des Lehrers. Durch häufiges Eingreifen verstärkt er das Auftreten von Streitigkeiten; sie nehmen ab, wenn er sich mehr zurückhält. Das Kind kann in der Schule oft erstmals Verantwortung übernehmen; jedoch äußert sich dies meist weniger im Sinne eigenverantwortlichen Handelns (z. B. Mitbestimmung bei der Auswahl des Lehrstoffes, beim Umfang der Hausaufgaben, in disziplinarischen Angelegenheiten) als vielmehr im Sich-Einsetzen für den ordnungsgemäßen Ablauf des Schullebens. Es erfüllt die Erwartungen des Lehrers und erledigt z. B. den Tafeldienst, führt das Klassenbuch, gießt die Blumen usw. Mit der Herausbildung dieser auf die Wünsche des Lehrers bezogenen Verantwortungsbereitschaft, hängt die Entwicklung einer bestimmten → Leistungsmotivation zusammen. Das Kind lernt, sich nur dann bei der Arbeit voll einzusetzen, wenn es vom Lehrer Beachtung (gute Noten, freundlicher Blick u. a.) erfährt. In den ersten Jahren der Grundschule sind solche Beweggründe beim Kind durchaus üblich. Um jedoch bei einem älteren eine weitgehend eigenbestimmte, aus den eigenen Interessen herrührende Lernmotivierung zu erreichen, die für eine spätere selbständige Arbeit im Beruf notwendig ist, muß es früh Gelegenheit haben, selbständig zu arbeiten und dabei Erfolgserlebnisse zu sammeln. Es ist fraglich, ob ein Kind in der Schule → Kreativität, d. h. schöpferisches Denken, entwickeln kann, da dies eine Atmosphäre erfordern würde, die weitgehend von der Verpflichtung frei ist, erfolgreich zu sein und gute Noten zu bringen.

Zusammenfassung psychologischer und pädagogischer Probleme im Schulkindalter:

Übertriebener Ehrgeiz der Eltern wirkt sich negativ aus; Spielmöglichkeiten einräumen, kein Zwang bei Hausaufgaben; nicht mehr fordern als die Schule verlangt; jede gute Leistung anerkennen und nicht erst warten, bis schlechte Leistungen kommen; Ursachen von schlechten Leistungen berücksichtigen (z. B. → Linkshändigkeit, → Legasthenie); Interessen des Kindes (Hobbys) fördern; bei → Lernstörungen Beratungsstelle aufsuchen; Kontakt mit Lehrer pflegen; dem Erzählen des Kindes über die Schule zuhören.

Schulreife. Schulreife wird als Grad körperlicher, intellektueller und sozialer Entwicklung definiert, der notwendig ist, um die von dem jeweiligen Schulsystem bzw. Lehrer gestellten Anforderungen zu bewältigen.
Die bisherige Praxis der Schulreifefeststellung durch Schulreifetests (nach Kern, Münchner und Göppinger Schulreifetest) hat sich als pädagogisch wertlos erwiesen. L. Kemmler und L. Schenk-Danzinger konnten feststellen, daß ein hoher Prozentsatz der als „schulunreif" qualifizierten Kinder ohne Schwierigkeiten und Sitzenbleiben die Grundschule durchlief, viele „schulreife" Kinder in der Grundschule versagten und die wegen der Schulunreife für ein Jahr zurückgestellten Kinder während dieser Zeit die Schulreife nicht erlangt haben und daß etwa ein Drittel von zurückgestellten Kindern in der Grundschule sitzenbleiben. Da die Schulfähigkeit vor allem das Ergebnis von Lernprozessen und nicht von Reifungsprozessen ist (wie es Kern angenommen hat), sollte das Testen der Schulreife kurz vor der Einschulung durch eine Prüfung des allgemeinen Entwicklungsstandes, durch Entwicklungs- oder →Intelligenztests mindestens ein Jahr vor dem Einschulungstermin ersetzt werden. Bei Entwicklungsrückständen müßte intensive Förderung eingesetzt werden, z. B. im Kindergarten oder Vorschule. Das Versagen in der Grundschule ist weithin keineswegs auf die Schulunfähigkeit zurückzuführen, sondern auch auf unser Schulsystem mit zu großen Klassen (es ist paradox, daß die von Kultusministerien festgelegten Höchstzahlen in der Grundschule höher liegen als in der Oberstufe und auf Forderungen, wie z. B. strikte Ordnung, langes Stillsitzen, lange Unterrichtszeiten und kurze Pausen, wenig Bewegung und Spiel, Frontalunterricht.

Score, Punktwert bzw. Zahlenwert. Aus der Anzahl gelöster Aufgaben oder →Items pro Test ergibt sich Ausgangsscore oder Rohpunktwert.

Sedativa →Psychopharmaka.

Seele →Leib-Seele-Problem.

Sekundäre Gruppe →Gruppe.

Sekundärtriebe →Motivation.

Selbst →Ich.

Selbstbeobachtung *(Introspektion),* bewußte Beobachtung eigener Erlebnisse und psychischer Vorgänge, z. B. der →Gefühle, des Denkens oder der →Wahrnehmung, wird als Methode der Datengewinnung in der modernen Psychologie (→Methoden der Psychologie) nur noch selten angewandt. Haupteinwände sind: Erlebnisse können nur schwer gleichzeitig erlebt und beobachtet werden, die gleichzeitige Beobachtung verändert das Erleben selbst, die Daten werden in eigenen Worten beschrieben, sind daher subjektiv und nicht nachprüfbar. Um zumindest die Subjektivität der Mitteilung einzuschränken, werden bei Fragestellungen, wo eine Fremdbeobachtung nicht möglich ist, den Vpn Merkmalslisten, z. B. →Fragebogen zur Selbsteinschätzung vorgelegt.

Selbstkonzept →Ich, →Gesprächspsychotherapie.

Selbstmord (Suizid). Die Zahl der Selbstmordversuche steigt in allen Ländern. Die Anzahl vollendeter Selbstmorde ist jedoch unterschiedlich hoch. Selbstmord kommt relativ häufig in Großstädten und in den Ländern Österreich, Schweiz und Schweden vor. Im Jahr werden durchschnittlich 18–25 Selbstmorde pro 100000 Einwohner verübt, und auf jeden vollendeten Selbstmord kommen 10–20 Suizidversuche. Der Selbstmord könnte auf den ersten Blick eine „vernünftige" Handlung des Menschen darstellen, der eine Bilanz seines Lebens zieht und z. B. aufgrund einer unheilbaren Krankheit oder einer aussichtslosen Kriesensituation den Tod sucht. Jedoch ist dies in seltenen Fällen die Selbstmordursache. In den meisten Fällen stellt der Suizid in seiner Endphase eine Kurzschlußhandlung dar, die dem Menschen die Möglichkeit gibt, aus Problemen zu fliehen, die nicht mehr lösbar scheinen (meist Liebes-, Ehe- und Berufsprobleme).
Spezielle Motive für Selbstmorde und -versuche sind:

- Das Individuum möchte Ruhe haben, weg von allem sein. Dieser Wunsch wird auch in der Wahl der Mittel deutlich: 85% der Selbstmorde geschehen durch Schlaf- und Betäubungsmittel.
- Der Selbstmord soll an die Menschen appellieren. Er ist eine Art Vorwurf, weil sie nicht geholfen haben. Das geht oft bis zur Erpressung („Wenn du nicht bei mir bleibst, bringe ich mich um").
- Der Mensch ist nicht in der Lage, Kontakt zu anderen zu finden (→Kontaktstörungen). Das ist besonders bei Jugendlichen (→Jugendalter) auffällig, die keine feste Bindung mehr ans Elternhaus, keinen ständigen Partner haben und deren berufliche Situation noch nicht gefestigt ist.

Zwischen dem zugrundeliegenden Motiv (z. B. Auseinandergehen einer Freundschaft) und der Handlung des Selbstmordes liegt gewöhnlich eine Zeit, in der das Individuum sich stark von anderen zurückzieht, alleine dasitzt und über die Ausweglosigkeit seiner Situation nachgrübelt (reaktive →Depression); dabei empfindet er im Grunde →Aggressionen gegenüber dem anderen (der treulosen Freundin, dem ungerechten Chef), er ist jedoch nicht in der Lage, sie zu äußern, und resigniert. Häufig flüchtet er sich in Phantasien und denkt daran, wie es den anderen geht, wenn sie ihn fin-

den, was von ihm oft in selbstquälerischer Weise als lustvoll erlebt wird.
Umgang mit Selbstmordgefährdeten. Versteckte oder offene Selbstmordandeutungen sind ernst zu nehmen. Die Andeutungen sollten keineswegs als momentanes „Niedergedrückt-Sein“ abgetan werden. In den meisten Fällen ist bei Suizidgefährdeten eine psychotherapeutische (→ Psychotherapie) angebracht, die zu einer Bereinigung des Konfliktes führen soll. Häufig wird aber eine solche Unterstützung abgelehnt („ich bin nicht verrückt“) oder auch die anonyme Hilfe der Telefonseelsorge (→ Beratung) nicht in Anspruch genommen. Dann können unter Umständen von Freunden oder Bekannten Gespräche angeknüpft werden, die ihm auch durch die damit verbundene vermehrte Zuwendung behilflich sind, zu seinem Erleben Distanz zu gewinnen. Jedoch gilt diese Empfehlung nur, wenn die → Depressionen des Suizidgefährdeten keine psychotischen Züge tragen, d. h. solange sie nicht begleitet sind von vegetativen Störungen, wie Verstopfung, Schlaflosigkeit, Appetitlosigkeit, und keine für den Außenstehenden unverständliche Wahnvorstellungen, wie z. B. Versündigungsideen, auftauchen. In diesem Fall kann dem Gefährdeten nur ein Arzt helfen, der eine medikamentöse Behandlung (meist mit Antidepressiva) durchführt.

Semantisches Differential → Polaritätsprofil.

Sensibilität (Empfindsamkeit, Feinfühligkeit, Gefühlserregbarkeit und -ansprechbarkeit) wird häufig nur im Sinne der Fähigkeit lebender Organismen verstanden, Sinnesreize zu empfinden und wahrzunehmen (sensibles Organ = reizempfindliches Organ).

Sensitiver Beziehungswahn. Manche Menschen, die sich unsicher fühlen, neigen in wahnhafter Weise (→ Wahn) dazu, sich beobachtet zu glauben, und nehmen an, daß man über sie „spreche“.

Sensorisch, → Sinne, Sinnesorgane und auch → Empfindungen betreffend. Sensorische oder sensible Nerven sind → Rezeptoren, die Reize in elektrische Potentiale umwandeln, und Nervenbahnen, die die Erregung zum Zentrum leiten.

Sensumotorik → Motorik.

Sexualerziehung. Sexual- oder Geschlechtserziehung ist streng zu unterscheiden von der bloßen *sexuellen Aufklärung* von Kindern und Jugendlichen in der Familie oder Schule. Die bloße Informationsvermittlung über den Bau und Funktion der Geschlechtsorgane, über die Verhütungsmittel und deren Anwendung und über

die sexuellen Normen ist keine Erziehung, sondern nur eine Ergänzung oder Unterstützung der Sexualerziehung.
Die Sexualerziehung ist ein Teil der Gesamterziehung und fängt mit der Geburt des Kindes an. Sexualerziehung bedeutet keineswegs nur Erziehung zur Beherrschung des Sexualtriebes und Verzicht auf Befriedigung. Es gibt kaum Anzeichen, daß das Sexualverhalten im Kindes- oder Erwachsenenalter durch den sogenannten Sexualtrieb gesteuert wird oder durch →Hormone, sondern viele Belege dafür, daß das spätere Verhalten zu gleich- oder gegengeschlechtlichen Partnern von den frühkindlichen Erfahrungen abhängt, die zur positiven oder negativen (angstbesetzten) Gefühlsbeziehung zum eigenen Körper und zur Umwelt geführt haben (Entwicklung der →Sexualität). Es wird vermutet, daß ein einmaliges Auftreten bestimmter situativer Faktoren, die im Kindesalter und in der Vorpubertät zur sexuellen Befriedigung (Lustempfindung) führen, das gesamte spätere sexuelle Verhalten beeinflussen kann (→Perversionen, →Impotenz und Vorliebe für bestimmte Partner). Voraussetzung für eine „gesunde" und „angstfreie" Sexualität im Erwachsenenalter ist das Erlernen bestimmter Fähigkeiten, Gefühle und Bedürfnisse im Kindesalter: Kontakt- und Kommunikationsfähigkeit auch mit dem anderen Geschlecht, Selbstvertrauen, Toleranz, positive →Einstellung und Wertschätzung des eigenen und des fremden Geschlechts, Verantwortung. Die Sexualerziehung wird erschwert durch die kulturellen Normen, Prüderie der Eltern, Überbetonung der →Geschlechterrolle, Unterbewertung des Körperlichen und der Geschlechtsorgane gegenüber dem „Geistigen" (Moral).
Grundsätze zur Sexualerziehung:
1. Ohne Angst und Strafen erziehen. Angst und Strafen bedeuten keine Lernhilfe und führen sehr wahrscheinlich zur negativen gefühlsmäßigen Einstellung zum eigenen oder zum fremden Geschlecht oder zur →Aggression. Das bedeutet, daß das Spielen des Kindes mit seinen Geschlechtsorganen nicht bestraft werden darf. Besser: Ablenken, ein anderes Erfolgserlebnis vermitteln.
2. Zu strenge →Reinlichkeitserziehung vermeiden und nicht mit Ekel und Abscheu oder Scham gegenüber den Ausscheidungs- oder Geschlechtsorganen erziehen.
3. Erwünschte Reaktionen des Kindes, wie Hilfsbereitschaft, Spontaneität, auch gegenüber dem anderen Geschlecht belohnen und anerkennen. Kontakt- und Kommunikationsfähigkeit sowie Verantwortung für eigene Handlungen und die positive Einstellung zum eigenen und zum anderen Geschlecht werden auf der Basis des Bekräftigungslernens (→Lernen) erworben.
4. Die kindliche Sexualität darf nicht mit Maßstäben der Erwachsenenmoral gemessen werden. Für Kinder sind verschiedene Handlungen, wie Spielen mit Geschlechtsorganen, Betrachten von „erregenden" Bildern, rein zufällig und nur informativ, solange

die Erwachsenen nicht mit übertriebenen Verboten, Erschrecken, Abscheu und Strafe reagieren.
5. Die Fragen wahrheitsgemäß und verständlich für das Kind beantworten, keine Geheimnistuerei, kein feierlicher Ton. Das Bedürfnis des Kindes, das andere Geschlecht kennenzulernen, muß in der Sexualerziehung berücksichtigt werden. Der entscheidende Faktor in der Sexualerziehung ist die Familienatmosphäre (→Familie); eine Beziehung zwischen den Eltern, die für Kinder nachahmenswert ist.

Sexualität. Unter Sexualität wird nicht nur der hetero- (zwischen verschiedenen Geschlechtern) oder homosexuelle (zwischen gleichen Geschlechtern) Geschlechtsverkehr verstanden, sondern alle spezifisch männlichen und weiblichen Verhaltensweisen, unabhängig davon, ob sie durch biologische Unterschiede, Sexualtrieb (→Triebe) oder durch soziokulturelle Faktoren verursacht wurden. →Sexualpsychologie.
In der psychologischen Literatur wird zwischen der „Physiosexualität", zu der das morphologische Geschlecht, Hormongeschlecht, Keimdrüsengeschlecht u.a. spezifisch weibliche bzw. männliche körperliche Merkmale gezählt werden und der „Psychosexualität" unterschieden. Die Psychosexualität umfaßt die eigene Sexualerfahrung, die kognitive Verarbeitung der eigenen Sexualität, das sog. „Erziehungsgeschlecht" (Folgen der Erziehung als Bub oder Mädchen), das sexuelle Interesse des Menschen an seinen Mitmenschen („Neigungsgeschlecht") und andere soziokulturelle Faktoren (z. B. Sexualmoral, Ideologie, Religiosität, erotische Modeerscheinungen), die das Erleben der Sexualität und das Sexualverhalten mitbestimmen.
Erst seit S. Freud können wir von einer wissenschaftlichen Erforschung der Sexualität sprechen, die drei charakteristische Phasen aufweist:
1. die Erforschung der Sexualentwicklung und der Bedeutung der Sexualität im Kindesalter (→Psychoanalyse);
2. empirische Erforschung des Sexualverhaltens von A. C. Kinsey und seinen Mitarbeitern, deren Ergebnisse 1954 in Deutschland veröffentlicht wurden;
3. Untersuchungen der sexuellen Erregung (→Orgasmus) und Messung physiologischer Reaktionen beim Orgasmus durch W. H. Masters und V. E. Johnson, deren Ergebnisse unter dem Titel: „Die sexuelle Reaktion" 1967 in Deutschland veröffentlicht wurden. Nach der Veröffentlichung des obengenannten Buches folgte die sogenannte „Sexwelle", die die Sexualität auf die Techniken des Sexualaktes, auf Orgasmus und auf sexuelle Befriedigung begrenzen wollte, was zu vielen negativen Folgen (sexueller Leistungszwang, Angst vor Versagen) und Mißverständnissen geführt hat.

Empirische Erforschung des Sexualverhaltens. Die außerordentliche Mannigfaltigkeit sexueller Aktivitäten führte zu vielen Vermutungen über die Häufigkeit und Form des Geschlechtsverkehrs, Unterschiede zwischen den Geschlechtern und über die Rolle des Alters bei der Ausübung des Geschlechtsverkehrs. Laut →Kinsey Report und nach den Untersuchungen deutscher Sexualwissenschaftler (H. Giese, G. Schmidt, V. Sigusch u.a.) variiert der Geschlechtsverkehr beim Menschen sehr stark (von einmal im Jahr bis zu fünfzehnmal am Tag), der Beginn des Geschlechtsverkehrs sowie Partnerwechsel scheinen stark schichtabhängig zu sein (Arbeiter und Arbeiterinnen neigen eher zum Partnerwechsel als Studenten und Studentinnen und haben ihren ersten Geschlechtsverkehr durchschnittlich etwa 4 Jahre früher). Die Aufnahme und Häufigkeit des vorehelichen und außerehelichen Geschlechtsverkehrs ist neben der Schichtzugehörigkeit auch vom Alter abhängig, wobei der voreheliche Geschlechtsverkehr im Gegensatz zum außerehelichen kaum noch als verwerflich gilt. Aber auch hier werden dem Mann mehr Rechte eingeräumt als der Frau, was zu der Prostitution und der →Doppelmoral führt. Bei den Behauptungen über die „passiv-weibliche" Rolle beim Geschlechtsverkehr und über die sexuelle „Freizügigkeit" der Jugend (Schulmädchenreport) handelt es sich um Klischeevorstellungen und →Vorurteile.

Das mit dem Geschlechtsakt zusammenhängende Lustempfinden wird in der Literatur mit dem Begriff „sexueller Reaktionszyklus" zusammengefaßt. Die Forschungsarbeiten von W. H. Masters und V. Johnson haben weltweites Aufsehen erregt, weil sie auf der unmittelbaren Beobachtung freiwilliger Probanden beruhen und mit Hilfe exakter Messungen physiologischer Reaktionen genauen Aufschluß über körperliche Vorgänge während des Geschlechtsverkehrs – über den bis dahin viele Irrmeinungen verbreitet wurden – lieferten. Die genannten Sexualwissenschaftler haben die sexuelle Erregung in vier Phasen aufgeteilt. Sie laufen bei Mann und Frau sehr ähnlich ab. In der Erregungsphase, die durch geeignete Reize eingeleitet wird, baut sich die sexuelle Spannung schnell auf. Der Zustand hoher sexueller Erregung wird Plateauphase genannt und kann länger andauern. Dauert die sexuelle Stimulation an, kommt es in der Regel zu unwillkürlichen Reaktionen wie erhöhte Muskelspannung, Atmung, Hautrötung, Blutdruckanstieg, die im Alltag Orgasmus oder Klimax genannt werden. Danach folgt die sog. Rückbildungs- oder Auflösungsphase, die zu einem entspannten Zustand führt. Ein erneuter Orgasmus ist bei den Männern während der sog. Refraktärperiode (unterschiedlich lange Zeitspanne) nicht möglich. Die Frauen können in der Regel mehrere Orgasmen in schneller Folge haben. Aus ihren Erkenntnissen haben Masters und Johnson Methoden zur Behandlung von Sexualstörungen entwickelt.

Sexuelle Störungen. Die verschiedenen Formen gestörter Sexualität werden von H. Benesch eingeteilt in Funktionsstörungen (die Funktionen der Sexualität, z. B. Erregung des Penis sind gestört), Kohabitationsstörungen (der Vollzug bis zum Orgasmus ist z. B. durch den Scheidenkrampf oder durch die vorzeitige Ejakulation gestört) und in die Kommunikationsstörungen (Angst und Schuldgefühle, sexuelle Verweigerung als Bestrafung für den Partner, unbefriedigende Nacherlebnisse, z. B. depressive Verstimmung oder Kreuzschmerzen). Andere Autoren sprechen 1. von „gehemmter sexueller Appetenz", die sich als abnorm geringes sexuelles Interesse äußert, bzw. so von den Betroffenen erlebt wird, 2. von „gehemmter sexueller Erregung", gemeint ist z. B. Impotenz bei Männern, Frigidität bei Frauen und 3. vom „gehemmten weiblichen und männlichen Orgasmus", dazu werden z. B. vorzeitige Ejakulation und Scheidenkrampf gerechnet.
Theorien zur Entstehung sexueller Störungen. Bereits die Affenversuche von H. F. Harlow haben gezeigt, daß sich menschliche Sexualität nicht auf biologische Faktoren (z. B. Sexualtrieb) reduzieren läßt und daß die Erfahrungen, Vorbildfunktion der Eltern (→ Sexualerziehung), traumatische Erlebnisse, öffentliche Meinung und die Darstellung der Sexualität in den Massenmedien und andere soziokulturelle Einflüsse eine wichtige Rolle spielen. Als erster hat S. Freud auf die Bedeutung frühkindlicher Erfahrungen für die Entwicklung einer ungestörten Sexualität bzw. für die Neurosenprophylaxe hingewiesen (→ Psychoanalyse). Masters und Johnson haben herausgefunden, daß sich sexuelle Schwierigkeiten deswegen so hartnäckig aufrechterhalten, weil einer der Partner während des Geschlechtsverkehrs die sog. „Zuschauerrolle" (passives Über-sich-ergehen-Lassen) einnimmt oder von der lähmenden Angst, zu versagen, beherrscht wird. Für Masters und Johnson sind sexuelle Störungen eigenständige Probleme, die nicht auf tiefere, verdrängte Konflikte aus der frühen Kindheit zurückzuführen sind. Sie meinen, daß es nichts gibt, „was dem sexuellen Funktionieren so abträglich ist wie Angst vor Unzulänglichkeit" und somit Leistungsangst. Lerntheoretisch orientierte Sexualwissenschaftler sehen sexuelle Störungen als Ergebnisse von Lernprozessen: Problematisch sind aversive (Strafe) Reize, z. B. bei Masturbation, gelernte Ängste, z. B. überrascht zu werden, und über sofortige Bekräftigung gelernte sexuelle Neigungen, z. B. Fetischismus.
Zusammenfassend läßt sich sagen, daß sexuelle Störungen durch ein Zusammenspiel vieler ungünstiger Faktoren bedingt sein dürften. Dies sind: Erziehungsfehler, traumatische Erlebnisse, Alkoholkonsum, physiologische Gründe, soziokulturelle Faktoren, wie z. B. Religiosität und Kommunikationsprobleme zwischen den Partnern. Hierzu schreibt P. Brügge: „Sie spürt seine Wünsche, er ihre Sperre dagegen. Sie will so nicht gewollt werden, aber kann

ihm nicht vermitteln, wie. Sie spürt, wie er leidet, und verübelt ihm die Schuldgefühle, die ihr daraus erwachsen. Er wiederum ist unsicher genug, die Ablehnung seiner sexuellen Erwartungen wie Ablehnung seiner selbst zu erleiden. Schließlich will sie ihrerseits, um da herauszukommen, mit ihm verkehren. Doch die trostlose Befriedigung, zu der sie beide dabei kommen, verstärkt nur die trennenden Abläufe in ihrem Bewußtsein."

Sexualneurosen werden → Neurosen genannt, bei denen das sexuelle Erleben und Verhalten eines Menschen beeinträchtigt ist (→ Sexualstörungen). Je mehr der Neurotiker die Aufmerksamkeit auf seine gestörte → Sexualität richtet, um so schwerer fällt es ihm, ein befriedigendes sexuelles Verhalten zu finden. Therapeutische Erfolge werden vor allem durch → Entspannungstechniken, → Verhaltenstherapie und mit dem Aufarbeiten des persönlichen Problems erzielt.

Sexualpsychologie umfaßt nicht nur das sexuelle Verhalten des Menschen, d. h. die Art und Weise, Häufigkeit und Bedeutung sexueller Aktivitäten einzelner Geschlechter und zwischen den Geschlechtern (Sexualforschung, → Kinsey Report), sondern das gesamte Verhalten und Erleben des Menschen, das mit den biologischen, psychologischen oder soziokulturellen Merkmalen der beiden Geschlechter in irgendeiner Beziehung verknüpft ist (= Psychologie der Geschlechter). Sexualpsychologie erforscht Probleme der Entwicklung der → Sexualität und der → Sexualerziehung, menschliches Sexualverhalten (→ Koitus, → Orgasmus, → Kinsey Report, → Homosexualität, → Perversionen u. a.), untersucht die Folgen der biologischen Geschlechtsunterschiede (→ Geschlechterrollen) und → Sexualstörungen (Impotenz, → Frigidität, → Sexualneurosen).

Sexualstörungen. Neben der schwersten Sexualstörung, der Unfähigkeit des Mannes, eine Erektion des Penis zu erreichen oder aufrechtzuerhalten *(Impotenz)*, gibt es noch weitere Störungen, die eine Vollendung des Geschlechtsverkehrs behindern. Die wichtigsten sind: Störungen der Ejakulation (häufig: zu frühes Samenausstoßen und Erschlaffen des Penis), Unfähigkeit, einen → Orgasmus zu erleben (Anorgasmie, → *Frigidität*), Ausbleiben sexueller Befriedigung trotz Orgasmus.
Die Sexual- und Potenzstörungen werden selten durch organische Mißbildungen verursacht, sondern meist durch psychische Faktoren: Angst vor Versagen, Hemmungen, Schuldgefühle, soziale Stellung, Konflikte, Einnahme von → Psychopharmaka und übermäßiger Alkoholgenuß und vor allem Erfahrungen während der Kindheit (Entwicklung der → Sexualität). Es wird behauptet, daß sich starkes Rauchen negativ auf die Potenz des Mannes auswirkt.

Durch psychotherapeutische Behandlung – vor allem durch die → Verhaltenstherapie – werden gute Erfolge erzielt. Bei Impotenz haben sich verschiedene → Entspannungstechniken und die strikte Anweisung, jeglichen Versuch, einen Geschlechtsverkehr aufzunehmen, zu vermeiden, als erfolgreich erwiesen.

Signifikant. In der Entscheidungsstatistik (→ Statistik) werden wissenschaftliche Ergebnisse als signifikant (bedeutend) angenommen, wenn die Wahrscheinlichkeit, daß es sich um ein Zufallsergebnis handelt, geringer ist als 5% und als sehr signifikant, wenn die „Zufallswahrscheinlichkeit" weniger als 1% beträgt, → Methoden der Psychologie.

Sinne. Eine brauchbare Definition des Begriffes „Sinne" scheint nicht möglich. In der Psychologie werden Sinne entweder mit den Sinnesorganen gleichgesetzt, oder es wird mit dem Begriff Sinne die Fähigkeit des Menschen und anderer Lebewesen bezeichnet, die Umwelt und den eigenen Körper zu erleben (Sinneserlebnisse), d. h., Informationen über die Außenwelt und über die Veränderungen im Körper zu erhalten. Sinne sind ein Vermittler zwischen der Umwelt und dem eigenen Körper (→ Nervensystem). Der gesamte Vorgang wird aufgegliedert in → Empfindung und → Wahrnehmung.
Die *Sinnesphysiologie* beschäftigt sich mit den Reaktionen der → Rezeptoren, wenn sie gereizt werden und mit der Weiterleitung von elektrischen Impulsen im → Nervensystem. Die Psychologie interessiert sich mehr für die Verarbeitung, dem bewußten Erleben und der → Wahrnehmung der durch Sinnesorgane aufgenommenen und vermittelten Informationen.
Unsere Sinnesorgane sind so aufgebaut, daß sie nur einen geringen Teil der Vorgänge in der Umwelt und im eigenen Körper aufnehmen können. Durch bestimmte technische Vorrichtungen kann die Leistungsfähigkeit der Sinnesorgane vergrößert werden (Mikroskop, Lautsprecher, Fernglas usw.). Viele aufgenommene Reize (Umweltveränderungen) werden nicht bewußt erlebt (empfunden), können jedoch trotzdem die Reaktion des Organismus beeinflussen. Die bewußt erlebten (wahrgenommenen) Reize werden unter Beeinflussung der Erfahrung (→ Lernen, → Gefühle, Bedürfnisse, → Einstellungen u. a.) verarbeitet und gedeutet (→ Sprache) und ergeben somit keine objektive, sondern eine subjektive Wirklichkeit (→ Wahrnehmung). Bei bestimmten Reizkonstellationen kann es ebenso wie bei Drogeneinfluß (→ Psychopharmaka, → Drogenabhängigkeit), bei Erkrankungen (z. B. → Psychosen), Durst usw. zu Sinnestäuschungen kommen.
Nach verschiedenen Kriterien wird die gesamte Sinnesfähigkeit des Menschen in viele Sinne aufgeteilt:

Kriterium	*Reize*	*Sinnesmodalität*	*Sinne*
1. Rezeptor-spezifität	Licht Druck, Zug Chemische Eigenschaften Wärme, Kälte	Photorezeptoren Mechano-rezeptoren Chemorezeptoren Thermorezeptoren	Auge (Lichtsinn) Hautsinne, Gleich-gewichtsinn, Gehörsinn (Ohr) Geschmacksinn, Geruchssinn Hautsinne
2. Ort: nah – fern; Körper – Umwelt	Nah: Druck, Kälte, Berührung Fern: Licht, Ton usw.	Nahsinne Fernsinne	Hautsinne, Geschmacksinn Lichtsinn, Gehör-sinn, Geruchssinn
3. Körper-eigene Reize	Schmerz, Bewegung, Druck	Propriorezeptoren	Schmerzsinn, Tiefen-sensibilität, Bewe-gungssinn, Lagesinn, Gleichgewichtsinn
4. Reiz-modalitäten	Helligkeit, Farben, Raum Töne, Vibration, usw. Zeit	Gesichtsinn Gehörsinn (Innere Uhr)	Farbensinn, Licht-sinn, Raumsinn Musiksinn, Sprach-sinn, Vibrationssinn usw. Zeitsinn
5. Grenz-Bereiche	unbekannt	unbekannt	„Sechster Sinn" (→Parapsychologie) „Siebter Sinn" (Ahnung der Gefahr)

Anmerkung: In dieser Übersicht wird nicht der Anspruch auf Vollständigkeit erhoben. Die Orientierung des Menschen in der mannigfaltigen Umwelt wird durch Zusammenspiel verschiedener Sinne ermöglicht (daher Überschneidungen). Siehe auch: →Wahrnehmung, →Gesichtswahrnehmung, →Gehörswahrnehmung, →Geschmack- und →Geruchssinn, →Hautsinne, →Empfindung.

Skalen. Bezeichnung für Bezugssysteme oder „Maßstäbe", die dem Messen psychologischer Merkmale zugrunde liegen. →Statistik.

Sodomie →Perversionen.

Somnambulismus, auch *Nacht-* oder *Schlafwandeln* bzw. *Mondsucht* genannt, ist das Wandeln oder Verrichten von Tätigkeiten in einer Art →Schlaf- oder Dämmerzustand. Abgesehen davon, daß Somnambulismus durch →Hypnose erzeugt werden kann, sind die näheren Ursachen nicht geklärt. Ein Zusammenhang mit dem

Scheinen des Mondes besteht sicher nicht, die Ursache ist im →Nervensystem zu suchen.

Soziale Wahrnehmung. Die Problematik einer Abgrenzung zwischen →Wahrnehmung und anderen psychischen Prozessen, wie Urteilen und Schlußfolgern, wird bei der sozialen Wahrnehmung, die die Wahrnehmung sozialer Merkmale beschreibt, besonders deutlich. Unter dem Begriff soziale Wahrnehmung wurden eigentlich Erkenntnisse über die Beeinflussung der Wahrnehmung durch soziale und personale (Personenwahrnehmung; →Ausdruck) Faktoren zusammengetragen. In verschiedenen Experimenten haben Psychologen festgestellt, daß soziale Einflüsse, vor allem dann, wenn die Reizanordnung mehrdeutig ist und deshalb Entscheidungsunsicherheit besteht, zur Wahrnehmungsverfälschung und -verzerrung führen. In solchen Situationen macht sich der Gruppendruck (→Konformität) besonders stark bemerkbar; individuelle Urteile werden der Gruppennorm angepaßt. Ebenso wie die →Gruppe beeinflußt auch die →Sprache die Wahrnehmung der Umwelt. Wörter, die uns geläufig und gut bekannt sind, werden schneller wahrgenommen als unbekannte. Tabu-Wörter sowie Wörter, die emotional störend und bedrohlich erlebt werden, nimmt man häufig langsamer, verzerrt oder sogar falsch wahr.
Die Meinung, →Vorurteile und Stereotype über eine Bevölkerungsgruppe, Geschlecht oder Rasse beeinflussen die Wahrnehmung der betreffenden Gruppe im Sinne der bestehenden →Einstellung und auch das Verhalten gegenüber solchen Gruppen.

Sozialpsychologie. Der Mensch ist in seinem Verhalten grundlegend auf seine Umwelt und auf den Mitmenschen bezogen. Nur über die Kontaktaufnahme mit ihnen kann er viele seiner Bedürfnisse befriedigen. Deshalb ist die →Allgemeine Psychologie, die sich mit grundlegenden Gesetzmäßigkeiten des psychischen Geschehens befaßt, immer zugleich Sozialpsychologie. Die Sozialpsychologie konzentriert sich hauptsächlich auf soziale Gegebenheiten, wobei unter „sozial" alle zwischenmenschlichen Verhaltensweisen und alle daraus entstehenden Bedingungen des Verhaltens von einzelnen Individuen verstanden werden.
Die Beeinflussung psychologischer Forschungen durch die Sozialpsychologie ist bei allen Themen zu erkennen, die das in der Gesellschaft bzw. →Gruppe stehende →Individuum betreffen (→Gefühle, →Einstellungen, →Begabung, →Konflikt, →Kriminalität, →Lernen, →Wahrnehmung sowie verschiedene Bereiche der →Angewandten Psychologie). Ein soziologischer Einfluß ist festzustellen bei Themen, die eine Strukturanalyse insbesondere von →Gruppen betreffen (→Status, →Normen, →Rolle, →Inter-

aktion, → Kommunikation). Die von der Anthropologie (Wissenschaft vom Menschen) abstammende Richtung der Sozialpsychologie beschäftigt sich mit den Einflüssen einzelner Kulturen auf die → Persönlichkeit des Menschen.
Wichtige Erkenntnisse der Sozialpsychologie werden in Artikeln abgehandelt, auf deren Stichworte hier verwiesen wurde.
Die Sozialpsychologie entwickelt eigene Methoden für die Erhebung von Daten, wie z. B. → Soziogramm, → Interview, Skalen zur Erfassung von → Einstellungen.

Soziometrie. Der von L. J. Moreno entwickelte „soziometrische Test" dient der Erfassung und Darstellung (Soziogramm) sozialer (Art und Häufigkeit der → Kommunikation und → Interaktion) und emotionaler (gefühlsmäßige Ablehnung oder Bevorzugung von bestimmten Gruppenmitgliedern) Beziehungen zwischen Gruppenmitgliedern. Aus der Auswertung der abgegebenen gegenseitigen Wahlen oder Ablehnungen ergeben sich typische Positionen, wie z. B. „Star", „Führer", „Außenseiter", „schwarzes Schaf" und „Cliquen".

Spannung. 1. Nach Ansicht der → Psychoanalyse erzeugen unterdrückte Gefühle einen inneren Zustand der Spannung und → Angst. 2. In der Medizin bezeichnet man den ständig, aber in unterschiedlichem Ausmaß vorhandenen Spannungszustand der Muskulatur als Tonus.

Spiel. Das Spiel wird gerne als Äußerung eines → Triebes betrachtet, da nicht nur alle Kinder, sondern auch Erwachsene sich spielerisch betätigen. Eine solche Einordnung besitzt jedoch kaum einen Erklärungswert. In der Vergangenheit wurde ferner das Spiel erklärt als ein Abreagieren von überschüssigen Energien (Spencer, 1855) oder als Verhalten, das der Einübung bestimmter, für das spätere Leben wichtiger Funktionen dient (Schaller, 1930). Schon K. Bühler verwies 1918 auf die Lust als die wichtigste Funktion, die das Kind durch die Erprobung seiner Fähigkeiten (Strampeln, Laufen, Fingerfertigkeit) erreicht. In neuerer Zeit versuchte H. Heckhausen (1964) an fünf Merkmalen das Wesentliche des Spiels zu verdeutlichen: 1. Die Zweckfreiheit (wird auch von anderen Autoren häufig genannt), d. h., die Tätigkeit wird nicht unter dem Zwang, ein bestimmtes Ziel zu erreichen, ausgeübt. 2. Aktivierungszirkel; der Mensch sucht manchmal Situationen und Möglichkeiten, die spannungserhöhend wirken, da ein mittlerer Grad von psychischer Erregtheit als lustvoll und angenehm erlebt wird, wenn anschließend, wie beim Spiel, eine Entspannung folgt. Ein Beispiel für diesen Zirkel wäre das Versteckspiel der Kinder (spannungserhöhendes „Sich-Verbergen", befreiendes „Sich-Freischlagen" oder „Entdeckt-Werden"). Der Ansatz von K. Bühler,

Formen des Spiels

Alter	*Art des Spiels*	*Spielobjekte*	*Lernfunktion*
0–1 Jahre	Funktionsspiel	eigener Körper, Rassel, Mobile, Greifspielzeuge	Übung von Bewegungen im 1. Lebensjahr
1–3 Jahre	Funktionsspiel (Bewegungsspiel) Fiktionsspiel (Illusionsspiel) Konstruktionsspiel	Nachziehspielzeug, Dreirad, Schlitten, Schaukelpferd alle möglichen Gegenstände und Personen Bauklötze, Fingerfarben, Filzstifte, Formensteckspiel, Sandspielzeug	Umgang mit Gegenständen, →Sensomotorik, symbolisches Denken, Sprache und Wahrnehmung
3–6 Jahre	Rollenspiel Konstruktionsspiel Funktionsspiel (Bewegungsspiel)	Puppe, Puppenzubehör, Puppenstube, Zubehör für Arzt-, Postboten-, Astronautenrolle usw. Bau- und Konstruktionsmaterial (Lego-Steine), Puzzle, Buntpapier, Schere, Knetmaterial, Tafel, Wasserfarben, einfaches Werkzeug, Drachen, Segelflugzeug Roller, Schubkarre, Seil, Schaukel, Wasserspielzeuge, Fahrrad	Lernen von →Rollen sozialer Verhaltensweisen, Regeln und Normen, →Kreativität, →Leistungsmotivation, Denken
6–10 Jahre	Regelspiele Konstruktionsspiele Rollenspiele Funktionsspiel	Gesellschaftsspiele, Kartenspiele, Sportspiele, wie Federball, elektr. Autorennbahn. Modellbaubogen- und -kasten, Werkzeug, Stempelkasten wie bei 3- bis 6jährigen, hinzu kommen Autorennbahn, Eisenbahn Roll- und Schlittschuhe, Stelzen, Balanciermöglichkeiten	Anpassung an kulturelle und soziale Anforderungen der Umwelt. Entspannung, Ausgleich zur Schule
ab 10 Jahre bis 14 Jahre	Spiele in Banden Regelspiele Konstruktionsspiele	Umgang mit Gleichaltrigen wie bei 6- bis 10jährigen wie bei 6- bis 10jährigen	wie bei 6- bis 10jährigen; Verantwortung, Hilfsbereitschaft

der das kindliche Spiel auf die Funktionslust zurückführt, trifft besonders für jene Verhaltensweisen zu, deren Erfolg nicht von vornherein abzusehen ist und bei denen ein gemäßigtes Angstgefühl als äußerst lustvoll erlebt wird (Beispiel: erster Sprung ins Wasser, das Balancieren auf einem Brett über den Bach). 3. Das Spiel ist eine handelnde Auseinandersetzung mit der realen Umwelt; es werden Umweltgegenstände verwendet, aber nur mit dem Ziel einer „spielerischen Betätigung". Daher kann man 4. vom Charakter der „Quasi-Realität" im Spiel sprechen. Heckhausens 5. Punkt, die „undifferenzierte Zielstruktur" des Spiels, scheint nicht zutreffend zu sein, da bei vielen Spielen ein eindeutiges Ziel angestrebt wird.
In allen Theorien des Spiels werden Lust, Zweckfreiheit, Abreaktion überschüssiger Energien und der Übungseffekt betont. Beobachtet man jedoch Kinder beim Spielen, so fällt sofort auf, daß das Spiel für Kinder eine „echte Arbeit" bedeutet, bei der sie bis zur Grenze ihrer Leistungsfähigkeit gehen. Ob es sich dabei um eine Nachahmung von Erwachsenen handelt oder um eine Aktivität, die durch den menschlichen Organismus bedingt ist, kann nicht eindeutig geklärt werden. Es steht jedoch fest, daß dem Kind die Möglichkeit gegeben werden muß, sich mit der Umwelt selbständig auseinanderzusetzen, aktiv zu sein, zu spielen bzw. zu „arbeiten". Seine „Arbeit" verdient in jedem Fall Anerkennung, weil das Kind bei jedem Spiel die höchste Leistung zeigt. Es hängt vom Verhalten der Erzieher ab, ob das Kind später in der Schule und im Beruf die zweckgebundene echte Arbeit mit Freude oder Unlust verrichtet.
Formen des Spiels (in Anlehnung an H. Pohle-Hauss und W. J. Schraml): siehe Abbildung S. 358.
Pädagogischer Aspekt des Spiels. Ein übermäßiger Konsum des Fernsehprogramms nimmt dem Kind die Zeit zum Spielen und läßt es apathisch werden. Es kann nur noch eingeschränkt schöpferisch spielen. Ein Kind braucht Spielzeug, das seinem Alter, seinen Interessen und Fähigkeiten entspricht, damit es nicht überfordert oder gelangweilt wird. Der „Arbeitsausschuß Gutes Spielzeug" empfiehlt, folgende Punkte zu beachten: Spielzeug soll die Phantasie anregen, viel Spielmöglichkeiten beinhalten, d.h. vielseitig verwendbar sein, Umwelterfahrungen vertiefen, bei kleinen Kindern einfache Form haben, durch Farbe die Kinder gefühlsmäßig ansprechen, in genügender Anzahl vorhanden (Bauklötze und Farben) sowie lange haltbar sein.

Spieltherapie. Kinder rücken im Spiel von der eigenen Person, besonders von den eigenen Hemmungen und Ängsten ab. Im Umgang mit Puppen, Tieren und Bausteinen geben sie viel von ihrem Erleben preis. Deshalb wurde das Spiel schon von Melanie Klein (1932) und von Anna Freud als Zugang zum Unbewußten des Kin-

des eingesetzt. Die psychoanalytisch orientierten Spieltherapeuten sehen im Spiel sowohl die Möglichkeit der Kontaktherstellung zum Kind als auch ein Mittel zur → Diagnose und zum Durchleben (symbolhaft) unbewußter Konflikte. Für Hans Zulliger besitzt das Spielen heilende Kräfte im Sinne des Abreagierens und der Entfaltung des Unbewußten.
Die klientenzentrierte Spieltherapie, durch Virginia Axline begründet, geht davon aus, daß das Spiel dem Kind die Möglichkeit zur Selbstdarstellung gibt. Der Therapeut verhält sich „nichtdirektiv“, d.h., er achtet die Fähigkeit des Kindes, mit seinen Problemen selbst fertig zu werden, beeinflußt das Kind nicht, nimmt das Kind so an, wie es ist, pflegt eine warme und freundliche Beziehung zum Kind und reflektiert die Gefühle des Kindes, damit das Kind Einsicht in sein eigenes Verhalten gewinnt.
Die therapeutische Bedeutung des Spiels kommt auch in seiner vorbeugenden Funktion zum Ausdruck. „Man sollte sich immer wieder daran erinnern, daß Spielen an sich schon eine Therapie ist“, sagte D. W. Winnicott. Im Spiel kann sinnvolle Freizeit- und Lebensgestaltung ebenso geübt werden wie Selbständigkeit, Kontaktaufnahme und andere wichtige Funktionen. Es sei noch erwähnt, daß auch Sportspiele, z.B. Tennis, Reiten, Ballspiele als therapeutisches Mittel eingesetzt werden können.

Sportpsychologie. Die Sportpsychologie untersucht die psychischen Erscheinungen im Zusammenhang mit der Sporttätigkeit, d.h. die psychologischen Faktoren, Bedingungen und Ursachen, die das Verhalten des Menschen beim Sport beeinflussen und steuern. Besonderes Interesse der Psychologie finden folgende Erscheinungen, die eng mit sportlichem Verhalten verknüpft sind:
1. Psychologische Faktoren der individuellen sportlichen Leistung, wie → Motivation, Anspruchsniveau, → Streß, → Angst, Grenzbereiche der Leistungsfähigkeit, → Persönlichkeit der Sportler.
2. Gruppensport: Probleme der → Gruppendynamik (vor allem in Wettkampfsituationen), Koordination zwischen den Leistungen der Gruppenmitglieder, das soziale Klima zwischen den Gruppenmitgliedern (z.B. psychologische Betreuung einer Fußballmannschaft) u.a.
3. Psychologische und gesellschaftliche Folgen des Sports (Wettkampfsituation) sowohl für Sportler als auch für die Zuschauer: das Verhalten in einer Menschenmenge, Identifikation mit der eigenen Mannschaft, → Aggression gegenüber Fremdgruppen, Entwicklung des Wir-Bewußtseins, das den Zusammenhalt (Integration) einer Gruppe oder sogar einer ganzen Nation fördert, Übertragen (→ Projektion) eigener Schwächen auf den Gegner, Befriedigung des Bedürfnisses nach Prestige, Anerkennung und Geltung u.a.

4. Erzieherische Wirkung des Sports: Entwicklung der →Leistungsmotivation, →Konzentration und deren Übertragung auf andere Bereiche des Verhaltens, das Erlernen von sozialen Spielregeln, der Fairneß, Kooperation, Objektivität, Übung der Sensu-→Motorik, das Erlernen sozialer Kontaktfähigkeit und sozialer →Rollen (jugendpflegerische Wirkung).
Erkenntnisse der Sportpsychologie werden bisher im Sportunterricht, bei der Betreuung von Spitzensportlern und Mannschaften angewandt.

Sprache. Die Sprache als typisch menschliches Zeichen- und Regelsystem wird von der Psychologie als verbales (sprachliches) Erleben und Verhalten erforscht. Das Sprachverhalten umfaßt folgende Aspekte: pragmatische Funktionen, semantische Probleme, syntaktische und grammatikalische Regeln und phonetisches Sprechverhalten.
1. Semantische Dimension. Die Sprache als Symbolsystem erfaßt die Wirklichkeit keineswegs so, wie sie tatsächlich ist; die Beziehung zwischen dem Symbol (Wort) und dem Objekt, das durch das Symbol ersetzt wird, ist keineswegs eindeutig. Jedes Wort oder jede Wortkombination hat viele Bedeutungen und kann je nach Situation, Lautstärke, Sprechtempo, je nach aktuellem Befinden des Sprechers (Gefühle, Bedürfnisse) viele neue Bedeutungen annehmen. Viele Wörter haben in einer Intimsphäre andere Bedeutung als in einer öffentlich vorgetragenen Rede. Neben der „denotativen" Bedeutung, die in Lexika beschrieben wird, besitzt jedes Zeichen auch eine „konnotative" Bedeutung, die emotional (angenehm–unangenehm) und wertend (gut–böse) „mitschwingt". Die konnotative Bedeutung ist abhängig von der Erfahrung, Bildung, →Gruppe, sozialen Schicht, Kultur usw. und kann zum Teil mit dem →Polaritätsprofil (semantisches Differential) gemessen werden. Sprachlich bedingte Mißverständnisse werden durch unterschiedliche konnotative Bedeutung von Begriffen zwischen Sender und Empfänger (→Kommunikation) ausgelöst.
2. Pragmatische Dimension. Die Sprache ist nicht nur ein Mittel zur →Kommunikation und →Interaktion, sondern übernimmt viele Funktionen. Sie erleichtert die Erfahrung (→Entwicklung) und Auseinandersetzung mit der Umwelt, indem wichtige Objekte, Personen, Sachverhalte mit einem Namen bezeichnet werden; sie erleichtert die Orientierung und begrenzt das Verhalten des Menschen auf die Teile der Umwelt, die für ihn wichtig sind (selektive Funktion). Die Erfahrung der Umwelt, die Weltanschauung, Sitten, Gebräuche, Moral, Lebensstil und Wertorientierung sind von der Sprache abhängig. Viele Wörter enthalten eine Handlungsanweisung, wie man mit dem Bezeichneten umgehen darf und soll; sie vermitteln dem Menschen eine „Welt mit eingebauter Gebrauchsanweisung". Diese Handlungsanweisungen,

auch „Führungsfunktion" der Sprache genannt, werden nur bei Übertreibungen, z. B. in der Werbung oder Propaganda oder politischen Agitationsreden durchschaut. Sie dient als Stabilitätsfaktor (z. B. im Jargon) verschiedener Gruppen, Ideologien, Institutionen (z. B. Kirche) und der ganzen Gesellschaft. Beim → Denken und intelligenten Verhalten (→ Intelligenz) nimmt die Sprache eine Schlüsselposition ein. Das unbeholfene Verhalten von vielen Taubstummen ist zum Teil auf die durch die fehlende Sprache bedingte Isolation zurückzuführen. Man kann bei Kindern oft beobachten, daß sie eine komplizierte Folge von Reaktionen durch lautes „Vorsagen" aufeinander abstimmen. Die Sprache spielt eine wichtige Rolle bei der Bewältigung von Spannungen, Konflikten, Bedürfnissen und Gefühlen. Es ist auf Dauer erfolgreicher, einen Konflikt sprachlich als „handgreiflich" auszutragen. Bedürfnisse und Gefühle können Mitmenschen mitgeteilt werden; leider sind die Menschen nur unzureichend in der Lage, ihre Gefühle zu beschreiben.

3. Syntaktische und phonetische Dimension. Um eine gesprochene Sprache verstehen zu können, muß man bei der Bildung von Lauten oder Lautgruppen (Phoneme) und von Sätzen bestimmte Regeln der Phonetik und Syntax berücksichtigen. Bestimmte Grundregeln sind allen Sprachen gemeinsam, spezifische Regeln für die Auswahl und Anordnung von Wörtern sind von Sprache zu Sprache unterschiedlich.

Spracherwerb. Um die Sprache zu erwerben, muß man gesunde Sprechorgane (Zunge, Kiefer, Zähne, Kehlkopf) besitzen, hören, fähig sein, die Sprache anderer nachzuahmen und durch ein normal funktionierendes → Nervensystem die Sprechbewegungen, das Wahrnehmen, Speichern und Verarbeiten von Informationen kontrollieren können. Viele Psychologen (z. B. O. H. Mowrer, B. F. Skinner) sind der Auffassung, daß die Sprache nach den gleichen Prinzipien gelernt wird wie andere Verhaltensweisen (→ Lernen); Psycholinguisten, wie z. B. N. Chomsky und E. H. Lenneberg, betonen die biologischen Faktoren: eine „echte", differenzierte Sprache besitzen nur Menschen, es gibt keine Menschengruppe ohne Sprache.

Wenn auch die aufgeführten Tatsachen dafür sprechen, daß die syntaktische und auch phonetische Dimension der Sprache durch genetische Faktoren beeinflußt wird, so sind die pragmatische und semantische Dimension der Sprache eindeutig von Umweltfaktoren abhängig. B. Bernstein, U. Oevermann u. a. konnten nachweisen, daß Kinder, die in verschiedener soziokultureller Umwelt (untere und mittlere soziale Schicht) aufwachsen, verschiedene Sprachstile verwenden. Kinder der unteren sozialen Schicht verwenden einen sogenannten „restricted code" (restringierter Sprachstil), der sich vom weitschweifigen, elaborierten Sprachstil der Mittelschichtkinder in folgenden Merkmalen unterscheidet:

geringerer Wortschatz, geringer Gebrauch von Adjektiven, einfaches Satzgefüge, Begründung und Schlußfolgerung werden oft verwechselt. Die Kinder der Unterschicht sind auch kaum in der Lage, ihre Gefühle, Bedürfnisse, Konflikte usw. so differenziert auszudrücken wie die Kinder der Mittelschicht. Da in der Schule die elaborierte Sprache verwendet wird, wirkt sich der restringierte Sprachstil als Sprachbarriere aus. Bis auf die Benachteiligung in der Schule bringt der elaborierte Sprachstil keine Vorteile bei der Bewältigung von Alltagsaufgaben. Inzwischen wird ganz allgemein ein Absinken sprachlicher Fähigkeiten beklagt, möglicherweise infolge der Computertechnik, des Telefons und des Fernsehens. Die schriftliche Sprache ist nicht mehr so „wertvoll" wie früher.

Sprach- und Sprechstörungen. Sprache und die Anwendung der Sprache im Sprechen sind im Gehirn verschieden lokalisiert, so daß Sprache bei Erwachsenen im Sinne des Sprachverständnisses und Sprechen im Sinne der Sprechmotorik als isolierte Störungen auftreten können. Im ersten Fall spricht man von der sensorischen →Aphasie, d.h. der Patient kann sprechen, das Gesprochene ist jedoch ohne Sinnzusammenhang („plappern"); im zweiten Fall von der motorischen Aphasie, d.h. trotz des erhaltenen Sprachverständnisses kann sich der Patient nicht spontan ausdrücken und auch vorgesprochene Worte nicht nachsprechen; diese Patienten wirken deshalb oft so, als wären sie debil (→Pseudodebilität), obwohl sie Umweltreize rational interpretieren können. Daneben gibt es verschiedene *Sprechstörungen,* die durch Erkrankungen oder Mißbildungen der Sprechorgane, wie z.B. Hasenscharte, Wolfsrachen, bedingt sind. Im Gegensatz zur organisch bedingten Taubstummheit gibt es psychogen bedingte Sprechstörungen, z.B. die sogenannte „Seelenstummheit", →Mutismus, d.h., trotz intakter Sprache wird nicht gesprochen; der Mutismus kann als Verhaltensstörung bei Kindern und als Symptom bei der →Schizophrenie auftreten; ebenfalls meist psychisch bedingt sind Sprechstörungen, wie →Stottern, Stammeln, Lispeln, die sprachheiltherapeutisch (Logopädie) geheilt werden können.

Spuk →Parapsychologie.

S-R-Modell (Stimulus-response-Modell) →Methoden der Psychologie.

Statistik. *I. Definition.* Allgemein wird mit dem Begriff Statistik die wissenschaftliche Beschreibung der wirtschaftlichen und gesellschaftlichen Wirklichkeit bezeichnet, z.B. Angaben über das Wirtschaftswachstum, Berufe und Schulbildung, Kriminalität und Unfälle usw. Die *beschreibende (deskriptive)* Statistik – der Öffent-

lichkeit als *„amtliche Statistik"* bekannt – spielt in der Psychologie eine relativ geringe Rolle.
Unter Statistik wird in der Psychologie wie auch in anderen Sozialwissenschaften die wissenschaftliche Verarbeitung und Analyse von empirisch gewonnenen Daten (→Beobachtung; →Methoden der Psychologie) mit mathematischen Modellen verstanden. In diesem Sinne ermöglicht die Statistik als ein Zweig der angewandten Mathematik und eine Teildisziplin der allgemeinen Methodenlehre der Psychologie, bei der Datensammlung Fehler zu vermeiden, die Daten so auszuwerten, daß auch unvollständige Informationen Urteile über die Grundgesamtheit ergeben, und durch die statistische Prüfung von *Hypothesen* (Annahmen) zu Entscheidungen zu kommen. Jede Statistik kann, wenn bestimmte Regeln nicht berücksichtigt werden, zu Fehlurteilen, falschen Entscheidungen führen oder zumindest einen falschen Eindruck vermitteln („Statistik ist die Kunst, in Zahlen zu lügen"). Die statistische Auswertung setzt das „Messen" von Merkmalen, Variablen voraus. Während die beschreibende Statistik zum großen Teil schon mit einfachem Benennen von Objekten und Merkmalen und mit der Rangordnung wie „größer–kleiner" auskommt, ist die *induktive* Statistik im allgemeinen auf ein „höheres" Datenniveau angewiesen. Die Maßstäbe, die dem Messen von veränderlichen Merkmalen zugrunde liegen, werden *„Skalen"* und die Konstruktion solcher Skalen nach bestimmten methodischen und statistischen Regeln *„Skalierung"* genannt. Von den Eigenschaften des Maßstabes, d.h. der Skala, hängt es ab, welche statistischen Auswertungen und Verfahren sinnvollerweise zur Anwendung kommen.
II. Daten- bzw. Skalenniveau. 1. *Nominalskala* bzw. *Nominalvariable* erlaubt die Klassifizierung (Einordnung in Kategorien) von Merkmalen, z.B. Geschlecht, Augenfarbe, Familienstand u.a. aufgrund ihrer Eigenschaften wie männlich–weiblich, braun–blau–grün, ledig–verheiratet–geschieden usw. Nominalvariablen werden durch graphische Darstellungen und Häufigkeiten (Anzahl des Auftretens eines Merkmals) beschrieben. Oft werden einzelne Häufigkeiten miteinander in Beziehung gesetzt, z.B. weiblich, Augenfarbe blau und geschieden. 2. *Ordinalskala* bzw. *Ordinalvariable* ermöglicht eine Rangordnung im Sinne von größer und kleiner für eine Reihe von Beobachtungen, sagt jedoch nichts über die Größenunterschiede zwischen einzelnen Stufen der Rangordnung aus. Beispiel für eine Ordinalskala sind Schulnoten, die eine Rangordnung von schulischen Leistungen ermöglichen, jedoch nichts darüber aussagen, ob der Abstand bzw. der Unterschied zwischen Leistungen, die z.B. mit der Note 3 und 4 beurteilt werden, gleich groß ist wie bei Leistungen, die mit 1 und 2 benotet werden.
3. *Intervallskala* bzw. *Intervallvariable* hat keinen echten Nullpunkt, jedoch gleiche Abstände zwischen den Skaleneinheiten,

d. h., gleichen Abständen zwischen zwei Meßwerten (Meßzahlen) entsprechen gleich große Unterschiede in der Ausprägung des so beschriebenen Merkmals. Gut konstruierte → Intelligenztests, Einstellungsskalen (→ Einstellung) und *Schätzskalen,* die z. B. der Einschätzung *(rating)* des Verhaltens von Schülern auf einer vorgegebenen Merkmalsliste dienen, liefern annähernd Intervallskalenwerte. Erreicht der Schüler A für sein störendes Verhalten den Schätzwert 30 und Schüler B 40, so ist der Abstand zwischen 30 und 40 gleich groß wie zwischen 50 und 60 für Schüler C und D. Auf die Intelligenztestwerte bezogen, heißt das, daß der Abstand zwischen → IQ-Wert 90 und 95 genauso groß ist wie zwischen IQ-Werten 105 und 110; die Aussage, daß der IQ-Wert von 120 zweimal so groß ist wie der von 60, ist jedoch nicht möglich, da ein echter Nullpunkt der Skala fehlt (wann ist die Intelligenz gleich Null?).

4. *Verhältnisskala* bzw. *Verhältnisvariable* ist eine Intervallskala mit einem echten Nullpunkt, wie dies beim Messen von Länge und Gewicht der Fall ist. Daten mit Verhältnisskalenniveau werden in der psychologischen Forschung nur selten – wenn überhaupt – erreicht.

III. Datenerhebungstechniken. Mit Hilfe von statistischen Verfahren wird entschieden, ob 1) ein Meßinstrument (z. B. → Test, Einstellungsskala, Schätzverfahren) *objektiv, zuverlässig* und *gültig* ist und 2) die Stichprobenauswahl für die Gesamtpopulation *repräsentativ* ist (in ihren wesentlichen Merkmalen der Grundgesamtheit, der Population, aus der sie ausgewählt wurde, entspricht) und welche „Stichprobenfehler" berücksichtigt werden müssen.

1. *Beurteilung von Meßinstrumenten.* Bei der Entwicklung von Meßinstrumenten, z. B. Tests, geht man im allgemeinen so vor, daß nach einer Theorie mit Hilfe logischer Überlegungen und Beobachtungen ein Test konstruiert wird (bei Intelligenztests werden verschiedene Aufgaben formuliert, die eine systematische Verhaltensbeobachtung ermöglichen, bei einer Einstellungsskala viele Feststellungen, Behauptungen, → Items, auf die Vpn zustimmend oder verneinend reagieren). Das so konstruierte Meßinstrument wird unter verschiedenen Versuchsbedingungen eingesetzt, und anschließend werden Korrelationskoeffizienten (siehe Abschnitt IV) für die Objektivität, Reliabilität und Validität berechnet. Die *Objektivität* ist gegeben, wenn viele Beurteiler (Auswerter) zu gleichen oder annähernd gleichen Ergebnissen kommen, der Korrelationskoeffizient beträgt dann annähernd 1.0, z. B. r = .98.

Die *Reliabilität* (Zuverlässigkeit) gibt darüber Aufschluß, ob ein Meßinstrument zuverlässig mißt, nicht störanfällig ist und bei gleichen Gegebenheiten auch das gleiche mißt. Es ist auch wichtig, daß ein Meßverfahren bei Wiederholung zu denselben Ergebnissen bei denselben Probanden kommt. Re-Test-Untersuchung: der Test wird nach einem bestimmten Zeitabstand wiederholt; Paral-

lelstichproben: der Test wird an gleichartigen Stichproben durchgeführt; Paralleltests: Messung mit zwei gleichartigen Testhälften bzw. mit einer großen Anzahl gleichartiger Tests, und anschließend werden zwischen den Ergebnissen Korrelationen berechnet. Reliabilität ist also ein Maß für die Exaktheit der Messung selbst, unabhängig davon, was gemessen wird. Die *Validität* (Gültigkeit) gibt Aufschluß darüber, wie gut (gültig) ein Test das mißt, was er zu messen vorgibt. Die Gültigkeit wird im allgemeinen durch den statistischen Vergleich zwischen Ergebnissen eines Meßinstruments mit anderen schon erwiesenen gültigen Kriterien für die Voraussage eines Merkmals bestimmt. So könnte es z. B. vorkommen, daß ein Test vorgibt, Aggressivität zu messen, in Wirklichkeit mißt er jedoch Anpassungsfähigkeit. Besondere Beachtung verdient die sogenannte „Augenschein-Gültigkeit" eines Tests (face-validity); es ist z. B. dem Probanden unmittelbar einleuchtend (= augenscheinlich), daß orthographische Sicherheit (Rechtschreibfähigkeit) mit einem längeren Diktat erfaßt werden kann oder daß bei der Prüfung der Fahrtauglichkeit Reaktionsprüfungen vorgenommen werden. Diese Augenschein-Gültigkeit bedeutet noch nicht, daß der Test tatsächlich valide ist; man beobachtet nur, daß sie den Pb bei der Testdurchführung motiviert, da er Sinn und Zweck des Tests unmittelbar einsehen kann.
Erfüllen die Meßinstrumente die hier genannten Kriterien, so können sie in psychologischen Untersuchungen zum Zweck der Datenerhebung angewandt werden, und es ist möglich, die Fehler, die auf das Meßinstrument zurückzuführen sind, bei der Interpretation der Ergebnisse zu berücksichtigen.
2. *Auswahl der Stichprobe und Stichprobenfehler.* Mit dem Problem der Stichprobenauswahl wurde zuerst die → Meinungsforschung konfrontiert. Da die Meinungsumfragen kostensparend und schnell durchgeführt werden mußten, kam es darauf an, aus einer relativ geringen Anzahl ausgewählter Personen gültige Schlüsse und Voraussagen auf die Meinungen und Einstellungen (z. B. Wahlverhalten) der Gesamtpopulation zu treffen. Mit Hilfe statistischer Verfahren können sogenannte Stichprobenfehler, d. h. die Abweichung der geschätzten Werte, die mit Hilfe von Stichprobenergebnissen gewonnen wurden, vom „wahren" Wert (der Population) berechnet werden. Bei der Planung von Untersuchungen und von Datenerhebungen spielt die Berechnung der Stichprobenfehler eine wichtige Rolle, da bestimmte Stichprobenfehler mit dem Umfang der Stichprobe abnehmen und die Schätzungen der Populationswerte genauer werden.
IV. Datenanalyse. Die mathematischen Modelle zur Prüfung von Hypothesen (→ Methoden der Psychologie) und zum Herbeiführen von Entscheidungen setzen zum Teil das Berechnen von *„statistischen Maßzahlen"* voraus. Die Berechnung von statistischen Maßzahlen ist wiederum abhängig vom Datenniveau (siehe Ab-

schnitt II) und von der Verteilung einzelner Merkmalsausprägungen. Die Datenanalyse ist auch besonders bedeutend für die Darstellung und Interpretation der Ergebnisse (beschreibende Statistik). Statistische Maßzahlen (Stichproben-Statistiken) sind durch mathematische Operationen aus den Meßdaten gewonnene Werte, die die Merkmalsausprägung oder die Verteilung von Häufigkeiten charakterisieren. In der Psychologie werden je nach Skalenniveau folgende Maßzahlen berechnet:

1. Nominalskala: *Häufigkeiten* (wie oft ein Merkmal beobachtet wurde) und *relative Häufigkeiten* (Prozentangaben). Beispiel: Häufigkeiten bestimmter Studienwünsche von Abiturienten.

2. Ordinalskala: *Modus,* der Meßwert, der am häufigsten vorkommt; *Median,* in der Mitte der Rangordnung liegender Wert; *Quartilabweichung,* die Differenz zwischen dem Median und dem Meßwert oberhalb und unterhalb des Medians, der die Häufigkeitsverteilung in vier gleiche Quartile (jeweils 25% der Meßwerte) aufteilt.

3. Intervall- und Verhältnisskala: Arithmetisches Mittel, Streuung (Abweichung) bzw. Standardabweichung und Korrelationen.

a) *Mittelwert, Durchschnitt* (M oder $\bar{X}$) ergibt sich aus der Summe (Σ) aller Werte (aller Zahlen), die durch die Anzahl aller Zahlen dividiert wird.

b) *Streuung:* Die *Streuungsbreite* ist die Differenz zwischen der größten und der kleinsten Maßzahl; die *Standardabweichung* oder *Varianz* (s oder σ) wird als Durchschnitt aller quadrierten Abweichungen vom Mittelwert berechnet und gibt Auskunft darüber, ob die Maßzahlen weit streuen oder eng beieinander liegen.

c) *Korrelationen.* Werden an gleichen Personen einer Stichprobe nicht nur eine, sondern zwei oder mehrere Variablen gemessen und gehen Veränderungen in einer Variablen (z. B. Gewicht) parallel zu den Veränderungen in einer zweiten Variablen (z. B. Größe), dann besteht zwischen diesen beiden Variablen eine Abhängigkeit die als Korrelation bezeichnet wird; der Grad der Abhängigkeit, wird als Korrelationskoeffizient (r) angegeben. Am häufigsten werden „Rang-Korrelationen" zwischen Ordinalvariablen und Produkt-Moment-Korrelation zwischen annähernd normal verteilten Häufigkeiten berechnet.

Es kommt in der Psychologie, wie auch in anderen Sozialwissenschaften häufig vor, daß zwischen zwei Variablen eine Beziehung besteht, die durch eine dritte unbekannte Variable verursacht wird. Ein Beispiel: Es wäre voreilig zu glauben, daß eine hohe Beziehung zwischen Geschlecht und Hochschulbildung als Ursache-Wirkung zu deuten ist, z. B. im Sinn der Hypothese „Frauen sind dümmer". Man sucht nach weiteren Variablen, die diese Beziehung verursachen könnten und untersucht die Abhängigkeit zwischen Hochschulbildung und Höhe des Einkommens, Religionszugehörigkeit, Erziehungsstile, → Einstellungen, Stadt-Land-Bevölkerung usw. Man stellt nun fest, daß es sich bei der Korrelation zwischen Geschlecht und Hochschulbildung um keine echte Abhängigkeit handelt, sondern daß die Beziehung durch verschiedene Sozialfaktoren verursacht wird.

4. Komplexere statistische Verfahren der Datenanalyse.

a) *Faktorenanalyse.* In der Psychologie werden oft pro Individuum nicht nur zwei, sondern 20 oder mehr verschiedene Variablen gemessen. Durch die Faktorenanalyse (ein rechnerisches Verfahren, das an bestimmte mathematisch-statistische Bedingungen gebunden ist) werden die berechneten Korrelationen zwischen den vielen Variablen auf wenige *Grunddimensionen* oder *Faktoren* zurückgeführt. Auf diesem Wege hat man z. B. festgestellt, daß das „intelligente" Verhalten nicht auf eine einheitliche Fähigkeit, die → Intelligenz, zurückgeführt werden kann, sondern auf mehrere „Intelligenzen", die den Abhängigkeiten (Korrelationen) zwischen den Variablen zugrunde liegen und Intelligenzfaktoren genannt werden. Der Nachteil der Faktorenanalyse liegt darin, daß ihr mathematisches Modell an Voraussetzungen gebunden ist, die in der psychologischen Forschung meistens nicht gegeben sind. Daher wird sie von vielen Wissenschaftlern nicht mehr zur Deutung von Zusammenhängen (Ursache-Wirkung), sondern nur noch als statistische Hilfe bei der anschaulichen Darstellung von Zusammenhängen zugelassen.

b) *Varianzanalyse* und Kovarianzanalyse. Meßdaten von veränderlichen Merkmalen weisen in der psychologischen Forschung meistens große Streuung (Varianz) auf. Das Verhalten mehrerer Personen, auf die gleiche Reize (unabhängige Variable) einwirken, weist große Unterschiede auf. Die Verhaltensunterschiede, die entsprechend unterschiedliche Meßdaten ergeben, werden *Verhaltensvariabilität* bzw. Verhaltens- oder *Reaktionsvarianz* genannt. Durch die Varianzanalyse wird nun der Versuch unternommen, festzustellen, welche Varianzteile auf bestimmte kontrollierte unabhängige Variablen zurückzuführen sind und ob die Streuung (Varianz) zufällig zustande kommen könnte.

Die Psychologen stehen jedoch auch vor der Frage: Welcher Anteil der Verhaltensvarianz wird durch die kontrollierte unabhängige Variable verursachet (→ Experiment) und welcher durch andere unkontrollierte Einflüsse, wie Lärm, Müdigkeit oder die Gegenwart einer attraktiven Person. Dieser Anteil wird *Fehlervarianz* und der zuerst genannte Anteil, der auf unabhängige Variable zurückzuführen ist, *echte Varianz* genannt. Durch die Kovarianzanalyse – eine Abart der Varianzanalyse – werden die Anteile der echten und der Fehlervarianz geschätzt. In diesem Sinne ist die Kovarianzanalyse eine Art statistische Kontrolle der möglichen methodischen und experimentellen Fehler. Voraussetzungen für die Varianzanalyse sind homogene Varianzen, d. h., die

Stichproben müssen derselben Grundgesamtheit entstammen, und die Daten müssen normal verteilt sein.

5. *Häufigkeitsverteilungen* von Meßwerten. Bei einer sehr großen Anzahl von Messungen treten bestimmte Meßwerte sehr häufig und andere wiederum sehr selten auf. Im Normalfall werden mittlere Meßwerte am häufigsten vorkommen und extreme Merkmalsausprägungen und deren Meßwerte sehr selten. Es wird angenommen, daß biologische, soziologische und psychologische Merkmale (Variablen), weil die Merkmalsausprägung von vielen verschiedenen Bedingungen abhängt, eine Normalverteilung ergeben, wenn man in einem Koordinatensystem auf die Abszisse (x-Achse) die Meßzahlen und auf die Ordinate (y-Achse) die Häufigkeit einträgt. Weil die *Normalverteilung* (Gaussche Kurve, Glockenkurve) symmetrisch und eingipflig ist, jedoch verschieden „steil" bzw. „breit" sein kann, wird durch den Mittelwert (μ) und die Standardabweichung (σ) die Verteilung aller Meßwerthäufigkeiten beschrieben, und man kann aufgrund des Mittelwerts und der Standardabweichung sofort angeben, wie häufig bestimmte Merkmalsausprägungen in einer bestimmten Population vorkommen und wieviel Prozent der Gesamtpopulation in einen bestimmten Bereich von Merkmalsausprägungen (z. B. Intelligenz) fallen (s. Abb.). Weil aus diesen Gründen die Normalverteilung von

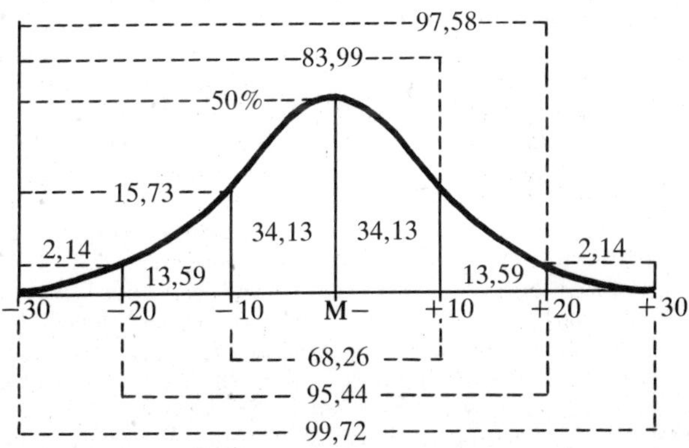

Häufigkeiten viele praktische und theoretische Vorzüge aufweist, wird in der psychologischen Forschung durch geeignete *Transformationen* (Umrechnungen) die Normalverteilung von Häufigkeiten angestrebt. Die meisten psychologischen Meßinstrumente, z. B. Intelligenztests, sind so konstruiert bzw. geeicht (*Eichung* = Normengewinnung; Berechnung von Mittelwert und Streuung an großen Stichproben), daß mit Hilfe von Tabellen die erreichten *Rohpunktwerte* (auch *Ausgangsscore* genannt, z. B. die Anzahl von gelösten Aufgaben in einem Intelligenztest) in *Standardwerte (Standardscore)* umgewandelt werden könne. Durch die Umwandlung wird die Vergleichbarkeit zwischen den Leistungen einzelner Personen erreicht. Erreicht nun ein Schüler einen Intelligenzquotienten (→ Intelligenz) von 130, so ist er gleich gut oder besser als 98% der Schüler seines Jahrgangs (nach der Normalverteilung). Die Normalverteilung von Häufigkeiten bestimmter Merkmalsausprägungen ergibt sich jedoch nur für Zufallsstichproben. Die vielfach geforderte Normalverteilung von Häufigkeiten bestimmter Notenstufen an einer Schule oder sogar in einer Schulklasse kann statistisch nicht angewandt werden, weil es sich bei der Schulklasse oder bei den Schülern einer Schule nicht um eine Zufallsstichprobe handelt und weil die Merkmalsausprägung, z. B. Leistungen im Fach Deutsch, nicht durch viele Zufallsfaktoren zustande kommen, sondern sehr stark von den pädagogischen Fähigkeiten des Lehrers abhängen. Wählt man jedoch per Zufall aus der gesamten Bundesrepublik 10000 Schüler (z.B. durch Los) und mißt ihre Leistungen im Fach Deutsch, so ergibt sich eine Normalverteilung.

Nicht alle beobachteten Häufigkeiten verteilen sich normal; vor allem für kleine Stichproben (geringe Anzahl von Personen) ergeben sich oft links- oder rechtsschiefe, mehrgipfelige, steile und flache Verteilungsformen. Nach bestimmten mathematischen Formeln können *Steilheit* und *Schiefe* berechnet und bei der weiteren statistischen Analyse von Daten sowie bei der Auslegung von Ergebnissen mitberücksichtigt werden.

Werden an gleichen Personen zwei oder mehrere verschiedene Variablen beobachtet oder werden die Messungen wiederholt, so ergeben sich *bivariate* oder *multivariate* Verteilungen. Schon am Verlauf der bivariaten Verteilung kann ein erster Eindruck über den Zusammenhang zwischen den Merkmalen gewonnen werden, bevor Korrelationskoeffizienten berechnet werden.

V. *Statistische Schätz-, Prüfverfahren und Signifikanztest.* Zwei Gründe sprechen für die besondere Bedeutung der Statistik in der Psychologie: 1) Die beobachteten Merkmale weisen große Unterschiedlichkeit auf, es handelt sich um die Merkmalsvariabilität oder -varianz, die sowohl zwischen Individuen (interindividuell) als auch innerhalb eines Individuums (intraindividuell) zu beobachten ist. 2) Die Beobachtungen und Messungen werden in der psychologischen Forschung an relativ kleinen Stichproben gemacht (ökonomische und praktische Gründe) und daher muß mit statistischen Schätz- und Prüfverfahren geprüft werden, ob die gewonnenen empirischen Ergebnisse für die gesamte Population zutreffen und ob sie „zufallsbedingt“ oder „signifikant“ sind.

Die gesamte *Entscheidungsstatistik* baut auf dem Modell der *Wahrscheinlichkeit* auf. Könnte man alle Individuen einer Grundgesamtheit beobachten, z.B. die → Intelligenz aller Medizinstudenten testen, so würden die errechneten statistischen Maßzahlen wie Mittelwert und Streuung mit Sicherheit richtig sein. Testen wir jedoch nur 50 per Los ausgewählte Medizinstudenten, so besteht die Möglichkeit, daß wir zufällig mehr Studenten mit höherem IQ ausgewählt haben, als prozentuell in der Grundgesamtheit vorhanden sind. Der an dieser Stichprobe berechnete Mittelwert würde höher sein als in der Population. Die Wissenschaftler müssen in solchen Fällen mit statistischen Methoden prüfen, wie groß die Wahrscheinlichkeit ist, daß sie zufällig Studenten mit höherem IQ ausgewählt haben bzw., allgemein ausgedrückt, daß ein Ergebnis und eine Aussage richtig ist oder falsch, weil die Wahrscheinlichkeit groß ist, daß das Ergebnis zufallsbedingt ist. Durch Stichprobenergebnisse lassen sich die Hypothesen (Annahmen) nie mit Sicherheit entscheiden, weil Stichprobenbeobachtungen immer nur Schätzungen der *Parameter* (Kennwerte) in den Populationen ergeben.

1. *Schätzverfahren.* Aus Stichprobenstatistiken werden Populationsparameter bzw. deren *Vertrauensgrenzen* für die 95% bzw. 99% Sicherheit geschätzt. Die Wahrscheinlichkeit, daß die Populationsparameter nicht in dem Vertrauensbereich (Vertrauensintervall) liegen, ist geringer als 5% bzw. 1%.

2. *Statistische Prüfverfahren* bzw. *Signifikanztests.* Verteilungsabhängige (parametrische) und verteilungsfreie (nicht-parametrische, verteilungsunabhängige) Signifikanztests, die keine bestimmte Verteilung von Häufigkeit voraussetzen und mit denen auch Meßdaten auf Nominal- und Ordinalskalenniveau geprüft werden können, dienen der Prüfung von Hypothesen und der Absicherung von Aussagen. Am häufigsten wird in der Psychologie geprüft, ob Unterschiede zwischen Mittelwerten zweier Stichproben (z. B. IQ-Mittelwerte der Stadt- und Landschüler) *„signifikant“* (gesichert) sind und die Wahrscheinlichkeit, daß es sich um Zufallsabweichungen handelt, geringer ist als 5 Prozent. Ist die Wahrscheinlichkeit für Zufallsabweichungen geringer als 1 Prozent, so werden die Ergebnisse als *„sehr signifikant“* bezeichnet. Ebensooft prüfen die Wissenschaftler, ob der Zusammenhang (die Abhängigkeit; Korrelation) zwischen zwei oder mehreren Merkmalen (Variablen), z. B. zwischen Intelligenz und Schulnoten, zufallsbedingt ist oder ob die Schulnoten mit 95% Wahrscheinlichkeit von der Intelligenz mit beeinflußt werden. Auch die Entscheidung, ob der Zusammenhang zwischen Intelligenz und Schulnoten bei Jungen signifikant von dem bei Mädchen abweicht, wird mit Hilfe statistischer Prüfverfahren getroffen, um nur einige Beispiele zu nennen.

Zusammenfassung: Weil in der Psychologie mit Stichproben gearbeitet wird und nicht die gesamte Population untersucht werden kann, muß mit Hilfe von statistischen Prüfverfahren die Wahrscheinlichkeit berechnet werden, nach der zu erwarten ist, daß die auf Stichprobenergebnissen beruhenden Aussagen richtig bzw. möglicherweise falsch sind.

Status, mit einer → Position verknüpftes Ansehen.

Stereotyp → Vorurteil.

Stichprobe ist eine nach bestimmten Kriterien ausgewählte Teilmenge (z. B. 30 oder 1000 Personen) einer Grundgesamtheit bzw. Population (alle Studenten der Psychologie, alle Lehrer, Arbeiter, Frauen eines bestimmten Alters). Damit die an der Stichprobe gewonnenen Ergebnisse auf die Population übertragbar sind, sollte die Stichprobe für die Population „repräsentativ" sein, d. h., für alle Merkmale der Population muß die gleiche Wahrscheinlichkeit bestehen, in die Stichprobe aufgenommen zu werden. Die Stichprobe stellt sozusagen ein verkleinertes Modell der Population dar, in dem möglichst alle Merkmale der Population vertreten sind. Die an einer repräsentativen Stichprobe gewonnenen Ergebnisse sind auf die gesamte Population übertragbar. In der Regel sind Zufallsstichproben (random sample), deren Einzelelemente z. B. per Los aus der Population ausgewählt worden sind, repräsentativ. → Methoden der Psychologie; → Statistik.

Stimmung, umfassende Bezeichnung für einen länger andauernden Gefühlszustand individueller Art (fröhlich, traurig, optimistisch-pessimistisch, niedergeschlagen-zuversichtlich), der eher von vergangenen Erlebnissen und Zukunftserwartungen als von aktuellen Ursachen abhängt. Die Neigung zu fröhlicher, optimistischer Stimmung hängt wahrscheinlich mit der → Vitalität zusammen und ist individuell – ebenso wie Stimmungsschwankungen – unterschiedlich ausgeprägt.

Stimulantien → Psychopharmaka.

Stottern ist eine Beeinträchtigung des Redeflusses und die häufigste Sprachstörung im Kindesalter, die manchmal auch bei Erwachsenen vorkommt. Beim tonischen („angespannten") Stottern ist ein auffallendes Verkrampfen der Atemmuskulatur und des Gesichts während des gesamten Sprechens festzustellen, während beim sog. Initialstottern der Betreffende meist nur am Anfang eines Wortes oder Satzes Schwierigkeiten hat, die restlichen Silben gelingen dann fehlerlos. Stotterer können oft ohne Mühe singen oder eine Fremdsprache sprechen. Das macht deutlich, daß diese Sprachstörung auf keiner körperlichen Krankheit oder Verletzung beruht (z. B. Schädigung der Lippen, der Zunge, des Gaumens), sondern durch das gestörte Erleben des Kindes verursacht wird. Oft findet man bei Stotterern ein gespanntes und unsicheres Verhalten gegenüber den Eltern, insbesondere gegenüber der Mutter. Meist wird das Kind mit zu hohen Leistungsansprüchen überfordert, oder die Eltern unterdrücken in überstarkem Maß die aggressiven Wünsche des Kindes (z. B. Schimpfen, Trotzen, Wütend-Sein). Durch die Reaktion von Spielkameraden oder Erwachsenen auf das Stottern des Kindes, die es verspotten, nachahmen oder ständig ermahnen, langsam zu sprechen, festigt (fixiert) sich das Stottern immer mehr, und das Kind entwickelt zusätzlich Angst, in den Kindergarten, zur Oma oder überhaupt in die Öffentlichkeit zu gehen. Deshalb sollte man das Stottern übergehen, nicht beachten. Wenn es schon zu lange andauert, gewöhnt sich das Kind an die fehlerhafte Sprechweise und behält sie auch bei einer Beseitigung ihrer Ursache bei. Deshalb ist schon frühzeitig psychotherapeutische Hilfe erforderlich, die Entspannung vermittelt (z. B. autogenes Training, → Entspannungstechniken), richtiges Sprechen trainiert (→ Verhaltenstherapie, Logopädie) oder die dem Stottern zugrunde liegenden Probleme zu lösen versucht (therapeutisches → Spiel). Im Alter von 3 bis 4 Jahren ist ein zeitweiliges Stottern ein normales Verhalten des Kindes. Es ist nicht in der Lage, so schnell zu sprechen, wie ihm die Gedanken einfallen.

Strafe, Bestrafung. Strafe als aversiver (→ Aversion) Reiz wird als Mittel (Erziehungsmittel) zur Verhaltenskontrolle bzw. zur Unterdrückung unerwünschten Verhaltens eingesetzt; die Effektivität der Strafe im Sinne des → Lernens ist stark umstritten. Viele Psychologen sind der Meinung, daß die Strafe nur ein Vermeidungsverhalten provoziert, d. h. solche Verhaltensweisen und Handlungen, die geeignet sind, die Strafe zu vermeiden und eine nur zeitweilige Unterdrückung der bestraften Reaktion zur Folge hat, ohne ein endgültiges „Verlernen“ (Löschung) zu bewirken. Weitere Argumenten gegen die Anwendung der Strafe: Unerwünschte und nicht kontrollierbare Nebenwirkungen, wie → Angst, → psychische Störungen, Passivität und somit kein Lernen neuer erwünschter Reaktionen. Wird ein Vermeidungsverhalten bestraft (z. B. ein Kind fürchtet sich vor einer Person, Tier oder Situation und zeigt aus diesem Grunde unerwünschte Vermeidungsreaktionen), so zeigt sich die Wirkung der Strafe darin, daß das Vermeidungsverhalten schneller erfolgt und nicht gelöscht wird. In solchen Situationen dürfen die Erzieher nie bestrafen oder eine Strafe androhen.

Über die Wirkung der Strafe können kaum allgemeingültige Aussagen getroffen werden; sie hängt ab:

– von der individuellen Lerngeschichte; R. M. Church meint, daß die vergangene Erfahrung häufiger und unvermeidbarer Bestrafung die Wirkung erneuter milder Strafen erhöht und intensiver herabsetzt;

– von den Eigenschaften des Organismus bzw. von → Persönlich-

keitsmerkmalen, wie → Extraversion, → Neurotizismus, → Vitalität;
- von der Art der bestraften Reaktion; es gibt Beweise, daß die Bestrafung aggressiver Verhaltensweisen mit primären aversiven Reizen (Schläge, An-den-Haaren-Ziehen, Lärm, Kälte usw.) das bestrafte Verhalten fördert;
- von der Art der Strafe, ihrer Dauer, Intensität und Häufigkeit; plötzliche intensive Strafreize sind erfolgreicher als stufenweise Steigerung der Intensität.

C. Christoph-Lemke führt in Anlehnung an N. H. Azrin und W. C. Holz folgende Bedingungen auf, die zu beachten sind, wenn die Bestrafung wirksam sein soll:

1. Die Strafe sollte so intensiv („hart") wie möglich sein und kein Fluchtverhalten erlauben. Wenn bestrafte Individuen die Intensität der Strafe durch Weglaufen, Springen usw. kontrollieren können, ist die Wirkung der Strafe nicht mehr einschätzbar.
2. Es sollte nach Möglichkeit jede unerwünschte Reaktion sofort nach deren Einsetzen bestraft werden. Die Strafe muß unmittelbar auf die Reaktion folgen.
3. Auf die Strafe dürfen keine Verstärkungen oder Belohnungen folgen.
4. Es ist darauf zu achten, daß eine andere (erwünschte) Reaktion, die zu gleich großem oder größerem Erfolg führt wie die bestrafte, zur Verfügung steht. Positive Bekräftigung (→ Lernen), die auf die unerwünschte Reaktion folgt, ist nach Möglichkeit auszuschalten und das Bedürfnis, solche Reaktionen auszuführen, zu reduzieren.

In der Erziehungspraxis können die Strafen kaum so gezielt und kontrolliert eingesetzt werden, wie dies von Azrin und Holz gefordert wird. Daher wird die Bestrafung auch weiterhin ein umstrittenes Erziehungsmittel bleiben; man sollte das Nicht-Beachten unerwünschter Reaktionen und das Verstärken erwünschter der Bestrafung vorziehen. Nebenwirkungen und paradoxe Folgen von Strafreizen können nur im klinischen Bereich durch eine systematische und sorgfältige Kontrolle (Aversionstherapie, → Verhaltenstherapie) weitgehend vermieden werden.

Streß. Es handelt sich um ein aktuelles und sehr interessantes Thema für die angewandte Psychologie und Therapie. Es geht dabei um streßfreie Gestaltung von Arbeitsplätzen, um den Zusammenhang zwischen Streß und psychischen sowie körperlichen Erkrankungen und um die Bewältigungsstrategien von Streß (Streßmanagement, Streßimmunisierung, Therapie).

Die wissenschaftliche Verwendung des Begriffs Streß deckt sich weitgehend mit der aus dem Alltag. Im Laufe der Forschung sind folgende Spezifizierungen vorgenommen worden: 1. Der bekannteste Streßforscher H. Selye bezeichnete mit Streß die „unspezifische Reaktion des Organismus auf jegliche Anforderungen". Es hat sich gezeigt, daß dieselben Reaktionen durch sehr verschiedene Ereignisse ausgelöst werden. Seine Unterscheidung zwischen *„Eustress"* (eine Situation wird als Herausforderung erlebt) und *„Distress"* (eine Situation wird als Belastung eingestuft) hat in der Streßforschung keine große Beachtung gefunden. 2. Andere Autoren benutzen den Begriff Streß als Bezeichnung für „Belastungs- und Beanspruchungssituationen" physikalischer (z.B. Hitze, Druck, Lärm) und psychischer Art (z.B. Zeitdruck, Verlust, wichtige Prüfung). Belastend können auch Unterforderung, Monotonie, Isolation wirken. Auslöser körperlicher (und auch psychischer) Reaktionen werden inzwischen nicht mehr Streß, sondern *Stressoren* (belastende Reize) genannt. 3. Im kognitiven (auch transaktional genannt) Streßmodell von R. S. Lazarus wird die Trennung zwischen Stressor und Streß wieder aufgehoben. Die Verbindung zwischen den „beiden Aspekten des Streß" gelingt über die kognitiven Prozesse der Einschätzung einer Situation. Wird eine Situation als „schädlich" (stressful) eingeschätzt, dann folgt die kognitive Bewertung hinsichtlich folgender Fragen: Handelt es sich um eine *Schädigung/Verlust* (z.B. Krankheit, Tod des Ehepartners), um eine *Bedrohung* (z.B. Angst vor möglichem Verlust, Krankheit) oder um eine *Herausforderung* (z.B. Heirat, Bergsteigen)? Nach dieser „primären Bewertung" folgt die „sekundäre", die aus der Prüfung der „Bewältigung" einer als „stressful" eingestuften Situation besteht. Bewertet werden sowohl Bewältigungsfähigkeiten als auch Bewältigungsmöglichkeiten. Die Bewältigungsstrategie, Fähigkeiten zur Streßbewältigung und der Prozeß der Streßbewältigung wurden von Lazarus *„coping"* genannt. Manche Autoren beziehen coping in die Definition des Begriffs Streß mit ein und sprechen erst dann von Streß, wenn die gewählte und eingesetzte Bewältigungsstrategie (coping) nicht zum Ziel führt und entsprechende negative emotionale Reaktionen entstehen.

Im Mittelpunkt der Streßforschung stehen folgende Fragen: Welche Situationen werden in der Regel als Stressoren erlebt? Welche kurzfristigen und langfristigen Folgen bewirken Stressoren? Welche Bewältigungsstrategien von dauerhafter Belastung stehen den Menschen zur Verfügung und/oder wie können sie erworben werden?

Seit der →Life-Event-Forschung werden *physikalische* (Schmerzreize, Lärm, Isolation, Unfälle), *psychische* (Versagen, Leistungsüberforderung, Leistungsunterforderung, Prüfungen, Verlust, Bedrohung) und *soziale* Stressoren (Konflikte, Verlust von Eltern, Freunden, soziale Ablehnung) unterschieden.

Die unmittelbaren körperlichen Reaktionen auf Stressoren hat Selye mit dem Begriff *„allgemeines Adaptationssyndrom"* zusammengefaßt. Die verschiedenen körperlichen Reaktionen (Aktivierung des vegetativen Nervensystems, Ausschüttung bestimmter Hormone, erhöhter Energieverbrauch, erhöhte Muskelspannung) werden als Widerstand, als Anpassung an die Belastungssituation verstanden. Ist die Belastung von längerer Dauer, hat das allgemeine Adaptationssyndrom negative Folgen: Verdauungsstörungen, Müdigkeit, Appetitmangel, Gefäßerweiterung und vor allem Schwächung des Immunsystems). Als Langzeiteffekte treten u.a. folgende Erkrankungen und psychische Probleme auf: Magengeschwüre, Herz-Kreislauferkrankungen, Hörsturz, generelle Erhöhung des Krankheitsrisikos, Unzufriedenheit, Depression, Leistungsschwankungen, Streit, Konflikte, allgemeine Anspannung und andere Belastungssymptome (siehe auch Diathese-Streß-Modell unter → Neurose). Für den Praktiker ist nicht nur die Frage, „was können Gestreßte tun?“, sondern auch die möglichst streßfreie Gestaltung von Arbeitsplätzen von Bedeutung. Es hat sich gezeigt, daß „neue Technologien“ (z.B. Computer) neue Belastungen mit sich bringen. Einige interessante Erkenntnisse zur Streßbewältigung: Soziale Unterstützung vermindert die Streßwirkung; Widerstandskraft bzw. Streßresistenz läßt sich durch Engagement für das, was man tut, steigern; Situationskontrolle, d.h. das Gefühl, auf die Situation Einfluß nehmen zu können, wirkt streßmindernd; „Streßmanagementprogramme“, Entspannungstechniken (z.B. Meditation), „Streßimpfung“ als eine Selbstinstruktionstechnik (→ Verhaltenstherapie) sind bei Dauerbelastung hilfreich. Da Menschen verschiedene Belastungen unterschiedlich erleben und bewerten, ist das Finden einer optimalen Streßbewältigungsstrategie eine wichtige Aufgabe der Beratung und Therapie.

Streuung. Statistische Kennzahl, mit der die Verteilung von Häufigkeiten bzw. die Abweichung der Meßwerte vom Mittelwert beschrieben wird. → Statistik.

Struktur, allgemeine Bezeichnung für komplexes „Gefüge“, dessen Einzelteile sich gegenseitig beeinflussen, voneinander abhängig sind und ein Funktionsganzes, z.B. → Persönlichkeit, → Intelligenz usw., bilden. In der Ganzheitspsychologie wird mit Struktur das dem Erleben, Verhalten und der → Wahrnehmung zugrunde liegende „Ganze“ bezeichnet. → Ganzheit.

Sublimierung, ein zweifelhafter und nur im nachhinein festgestellter → Abwehrmechanismus, der als eine Bewältigung von Triebwünschen durch analoge, ähnliche, aber gesellschaftlich akzeptable Verhaltensweisen interpretiert wird. So wird häufig das Beispiel des Kindes genannt, das gerne mit seinem Kot gespielt hat und später zum Bildhauer oder Maler wurde, oder von einem Kind, das gerne und viel aß und später ein berühmter Koch wurde. Von Ratschlägen, die manchmal Jugendlichen erteilt werden und empfehlen, sexuelle Triebregungen in „wertvollere“ intellektuelle Verhaltensweisen umzusetzen, ist wenig zu halten, da es an Hinweisen mangelt, wodurch eine Sublimierung begünstigt wird.

Sucht →Drogenabhängigkeit.

Suizid →Selbstmord.

Sündenbock. Ähnlich wie in einer therapeutischen Situation übertragen (→Psychoanalyse) einander emotional verbundene Mitglieder kleinerer →Gruppen, wie z. B. Familienmitglieder, auf die Partner oder Fremdgruppen (vor allem Minderheiten) →Gefühle, wie Neid, Mißgunst, Wut, Angst u. a., die aus enttäuschten Erlebnissen mit anderen stammen. So macht eine Mutter, die in ihrer Jugend immer hinter der intelligenteren und hübscheren Schwester zurückstehen mußte, ihre Tochter zum Sündenbock, bringt ihr Argwohn entgegen, mäkelt ohne Grund an ihr herum und ist eifersüchtig.

Symbol (→Sprache, →Tiefenpsychologie). Es wird angenommen, daß der →Ausdruck Symbole für psychische Prozesse (z. B. Gefühle) beinhaltet. Eine zitternde, brüchige Stimme soll normalerweise →Angst symbolisieren, eine gebeugte Haltung Niedergeschlagenheit usw.

Sympathikus →Nervensystem.

Symptom. Symptome sind beobachtbare „typische“ Zeichen, die auf ein dem Symptom zugrunde liegendes Erscheinungsbild (Krankheit, →psychische Störung) oder einen bestimmten Zustand hinweisen, z. B. Traurigkeit. So kann Fieber ein Symptom für eine Entzündung sein. →Stottern für unterdrückte aggressive Tendenzen gegenüber den Eltern.

Synapse →Nervensystem.

Syndrom beschreibt das Zusammentreffen einer Anzahl von →Symptomen (Symptomkomplex), die für eine Krankheit oder Störung charakteristisch sind. So besteht z. B. das →Hospitalismus-Syndrom aus folgenden Symptomen: Schaukelbewegungen, fehlender Kontakt zur Umwelt, Passivität, Daumenlutschen, Nägelbeißen und anderem.

T

Tabu → Inzest.

Täuschungen → Wahrnehmungstäuschungen.

Taylorismus → Arbeitspsychologie.

Temperament. Mit Temperament wird gegenwärtig hauptsächlich die körperliche Energie, → Vitalität und Antriebsstärke beschrieben.

Tests. Man versteht unter einem Test ein diagnostisches (→ Diagnostik) Hilfsmittel, mit dem aufgrund weniger Beobachtungsdaten auf komplexe → Fähigkeiten, wie → Intelligenz, auf → Gefühle, → Interessen, → Einstellungen und andere Merkmale der → Persönlichkeit geschlossen werden kann. Diese psychischen Merkmale entziehen sich der unmittelbaren Beobachtung, so daß – ähnlich dem Röntgenbild, nur wesentlich unschärfer – der Test ein Verhaltens- bzw. Einstellungsmuster bei dem Probanden provoziert, von dem aus auf individuelle Eigenarten geschlossen werden kann. Der Test muß unter kontrollierten und kontrollierbaren Bedingungen ablaufen. Der wesentliche Unterschied zwischen Test und Experiment, das immer einer Testkonstruktion vorausgeht, besteht darin, daß verschiedene Personen quantitativ miteinander verglichen werden können, während das Experiment mehr allgemeine Gesetzmäßigkeiten aufdeckt. Mit Hilfe der Standardisierung (Eichung, → Statistik) können experimentell gewonnene Ergebnisse zu einem Test zusammengefaßt werden, der dann erst eine Differenzierung zwischen den einzelnen Individuen zuläßt. So wird verständlich, daß der Test eine der wichtigsten Methoden in der → Differentiellen Psychologie ist, für die → Allgemeine Psychologie das Experiment. Nicht alles, was unter dem Begriff „Test“ läuft (z. B. psychologische Tests in Illustrierten o. ä.), erfüllt die Anforderungen, die von der wissenschaftlichen Psychologie an brauchbare Tests gestellt werden. Sie stellte sog. Gütekriterien auf, denen ein Test genügen muß, sollte er die Bezeichnung „Test“ verdienen; diese Kriterien sind Objektivität, Reliabilität und Validität (→ Statistik).

Einteilung der Tests

- nach Testinhalten: Leistungs- und Fähigkeitstests (z. B. → Intelligenztests), Persönlichkeitstest (z. B. → projektive Tests);
- nach Art der Durchführung: Gruppen-, Einzeltests, paper-pencil-Tests, → Fragebogen;
- nach Art der Auswertung: objektive Auswertung mit Schablonen (z. B. Konzentrationstests oder Persönlichkeitsfragebogen); globale Interpretation (Zeichentests, Thematischer Apperzeptionstest).

→ Intelligenztests, → Projektive Tests und → Fragebogen werden als die wichtigsten Testarten näher erklärt.

Thalamus → Nervensystem.

Thanatopsychologie → Todespsychologie.

Themenzentrierte Interaktion (TZI). Auf dem theoretischen Hintergrund der → Psychoanalyse und der → humanistischen Psychologie sowie unter Berücksichtigung von Erfahrungen aus der → Gruppentherapie mit gestalttherapeutischen Prinzipien (→ Gestalttherapie) entwickelte Ruth C. *Cohn* ein Konzept des „Lebendigen Lernens" in Gruppen (Schulklassen, Erwachsenenbildung, Organisationen, Betrieben). Themenzentrierte Interaktion, bekannt unter der Abkürzung TZI, gilt nach Auffassung vieler Autoren als einer der wichtigsten und vielversprechendsten Ansätze der humanistischen Pädagogik. TZI als pädagogisches und auch als therapeutisches Modell zielt auf „lebendiges", ganzheitliches (Körper-Geist-Seele; Verstand und Gefühle), schöpferisches, lustvolles Lernen. Um eine Gruppe zum lebendigen Lernen hinzuführen und das Lernen leiten zu können, braucht man eine gründliche und langjährige Ausbildung sowohl in der humanistischen Grundhaltung als auch in Methoden der Themenfindung und Themeneinführung, der Herstellung von Ganzheitlichkeit (Einbeziehung des Körpers und der Gefühle) und in Methoden des Balancierens zwischen Sache (Lernstoff), Person und Vorgängen zwischen den Menschen in einer Gruppe. Damit die TZI lehr- und lernbar wurde, hat R. Cohn ein Strukturmodell der TZI entwickelt, Postulate und Hilfsregeln formuliert und 1966 in New York das Workshop Institute for Living-Learning (WILL) gegründet. 1972 wurde in Zürich das WILL-Europa gegründet, um die Theorie und Praxis der Ausbildung von Gruppenleitern nach TZI zu organisieren.
Grundlegend für die TZI sind das anthropologische, ethische und pragmatisch-politische Axiom (existentielle, wertgebundene Aussagen). Das anthropologische Axiom besagt, daß der Mensch nur dann sinnvoll nach sich selbst fragen kann, wenn er Mitmensch und Gesellschaft, Geschichte und Natur, Erde und Universum

miteinbezieht. „Der Mensch ist eine psychobiologische Einheit und ein Teil des Universums. Er ist darum autonom und interdependent. Die Autonomie des einzelnen ist um so größer, je mehr er sich seiner Interdependenz mit allen und allem bewußt wird." Das ethische Axiom enthält die humane Wurzel der TZI: „Erfurcht gebührt allem Lebendigen und seinem Wachstum. Das Humane ist wertvoll; Inhumanes ist wertbedrohend." Im politisch-pragmatischen Axiom hat R. Cohn eindeutig herausgestellt, daß wir für unsere Situation verantwortlich sind. „Freie Entscheidung geschieht innerhalb bedingender innerer und äußerer Grenzen. Erweiterung dieser Grenzen ist möglich. (...) Bewußtsein unserer universellen Interdependenz ist die Grundlage humaner Verantwortung."

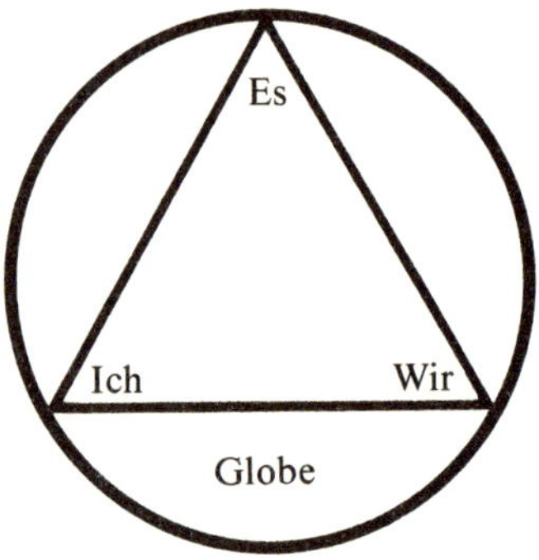

Die vier Elemente des Strukturmodells der TZI und die dazugehörigen Postulate bilden deren methodische Grundlage. Jede lernende Gruppe besteht nach R. Cohn aus vier Elementen, die man sich bildlich als die Endpunkte eines Dreiecks in einer Kugel vorstellen kann. Es sind: Das ICH (die Person mit ihren Anliegen), das WIR (die Beziehungen zwischen den Personen), das ES (das Thema, die Aufgabe) und der GLOBE (situative, soziale und andere äußere Bedingungen). Das lebendige Lernen beruht auf der Verwirklichung der dazugehörigen Postulate. *Ich-Postulat:* Sei dein eigener Chairman, sei deine eigene Leitperson. Mache dir deine innere und äußere Wirklichkeit bewußt. Benutze deine Sinne, deine Gefühle, deine gedanklichen Fähigkeiten und entscheide dich verantwortlich für dich. Ich bin verantwortlich für meine Anteilnahme und meine Handlungen, für mein Zupacken und Zurückhalten, für mein Zerstören und für meine Beiträge. *Wir-Postulat:* Die Menschen in der Gruppe interagieren miteinander, haben ein gemeinsames Anliegen. Dabei gilt: Störungen und Betroffenheiten haben Vorrang; ohne ihre Lösung wird Wachstum verhindert oder erschwert. Jeder Mensch verwirklicht sich

durch die Beziehung zu den anderen und in der Zuwendung zu der Aufgabe. Das Wir wird stärker nicht durch die Mitglieder, die sich aufgeben, sondern durch die Mitglieder, die sich eingeben. Innere und äußere Widerstände, Betroffenheiten wie Schmerz, Freude, Angst, Antipathie verhindern das Lernen.
Es-Postulat: Wie jede Sache, sei es Natur- oder Kulturprodukt, enthält das Thema ein Potential an menschlicher Intelligenz und oft auch Gemütsstärke. Das Thema ist wie ein runder, zu erkundender Raum. Er hat viele Eingangstüren. Da alle Menschen unterschiedliche Bedürfnisse und Anliegen haben, unterschiedliche Erfahrungen und Erinnerungen mit der Sache verbinden, muß jeder seinen eigenen Zugang suchen, um der Sache ihr Geheimnis zu entlocken. *Globe-Postulat:* Das Umfeld der Gruppe ist eine reale Gegebenheit und muß bei der Planung und Durchführung der Arbeit unbedingt berücksichtigt werden.
Die Axiome, Postulate und Prinzipien des TZI sind den meisten Menschen einleuchtend. Das Erlernen der grundlegenden humanen Haltung und der methodischen Werkzeuge bedarf aber vieler Kurse im Rahmen einer systematisch aufgebauten Fortbildung. Es hat sich gezeigt, daß die von R. Cohn formulierten Hilfsregeln ohne eine solche gründliche Ausbildung eher mißbraucht (mechanische und maßregelnde Anwendung) als zum persönlichen Wachstum und zum Zulassen des lebendigen Lernens gebraucht werden. Solche Hilfsregeln sind z. B. „Halte dich mit Interpretationen von anderen zurück." „Werde wach für deine Gefühle." „Vertrete dich selbst in deinen Aussagen. Dies ist leichter zu tun, wenn du ‚Ich' und nicht ‚man' sagst." „Beachte deine Körpersignale und die von anderen; gehe damit taktvoll um." „Sei authentisch und selektiv in deinen Aussagen. Mache dir bewußt, was du denkst und fühlst, und wähle aus, was du sagst und tust. Du mußt nicht alles sagen, aber was du sagst, muß echt (authentisch) sein." In solchen Hilfsregeln kommt eindeutig die Erfahrung von R. Cohn in Gruppentherapie und Gestalttherapie zum Vorschein. TZI ist anwendbar in allen Organisationen, die humanistische Ziele verfolgen. Da die vier Grundelemente gleich wichtig, gleichgewichtig sind, muß der Leiter oder Lehrer immer wieder für Balance sorgen, wenn ein Element zu „gewichtig" wird, zuviel Zeit und Raum beansprucht. Da das Thema genauso wichtig ist wie die Person und die Beziehungen zwischen den Gruppenmitgliedern, handelt es sich um ein pädagogisches Modell und nicht um eine Therapie oder Selbsterfahrungsgruppe, wenn auch die Übergänge in der Praxis fließend sind. Methodisch gesehen, ist die Beachtung der Elemente Struktur – Prozeß – Vertrauen ebenso wichtig wie die Kunst des Balancierens zwischen Ich-Thema und Wir. Themengerechte Strukturen (Gruppengröße, Gruppenbildung, Methode) fördern gute Prozesse. Je mehr ein Thema in die intime Privatsphäre greift, desto kleiner muß die Gruppe sein. Gute Prozesse

fördern Vertrauen und persönliche Befriedigung, und Vertrauen fördert wiederum informative und gewinnbringende Prozesse. Professionelles Handhaben von Gruppierungen, d.h. insbesondere das Finden, Formulieren und Einführen von Themen und der sinnvolle Gebrauch methodischer Hilfen, ist unerläßlich für das Gelingen des Lebendigen Lernens in Gruppen.

Theorie → Methoden der Psychologie.

Therapietechniken → Psychotherapie.

Tic. Kurze Muskelzuckungen im Gesicht, am Hals oder an der Schulter können zwangsartige (Zwang; → Neurose) Bewegungen sein oder als Folge von Gehirnverletzungen auftreten.

Tiefenpsychologie. Mit dem Begriff werden alle psychologischen Theorien bezeichnet, die beim Menschen ein unbewußtes verborgenes (latentes) Spiel seelischer Kräfte annehmen, das sich auf sein Erleben und Verhalten auswirkt. Im „Unbewußten" sind Triebwünsche, Vorstellungen, Wahrnehmungen, Gefühle und Ängste zu finden, die zum Teil vom Menschen unterdrückt werden, weil sie ihm peinlich und unangenehm sind (z.B. sexuelle Wünsche; → Verdrängung); andererseits können sie auch Nachwirkungen von Erlebnissen sein, die nicht bewußt erlebt wurden (z.B. ein im Gespräch überhörter Nebensatz). Durch die Annahme einer unbewußten psychischen Instanz, die in Schichtenmodellen als Tiefenperson bezeichnet wird, konnten einige menschliche Verhaltensweisen erklärt werden, die vorher als unsinnig oder verrückt bezeichnet wurden (z.B. → Träume, → Neurosen, → Wahrnehmungstäuschungen). Die unbewußten Vorgänge konnten zum Teil experimentell nachgewiesen werden. Man hat z.B. nachgewiesen, daß subliminale (unter der Bewußtseinsschwelle ablaufende) → Wahrnehmungen (im Wachzustand nicht wahrgenommene Einzelheiten eines Bildes, die direkt nach der Darbietung nicht mehr erinnerbar waren) später in Träumen wieder auftauchten. Unbewußtes kann auch aus dem Trauminhalt erschlossen werden. Auch neurotische Verhaltensweisen sind im Verständnis der Tiefenpsychologie Zeichen für Unbewußtes. So meint man, daß ein bettnässendes Kind durch sein Verhalten die Mutter an sich bindet und dadurch seinen unbewußten Wunsch nach mehr Zuneigung befriedigt.
Die bekanntesten Vertreter der Tiefenpsychologie sind ihr Begründer S. Freud, der die → Psychoanalyse entwickelte, sowie A. Adler und C. G. Jung, die mit der → Individualpsychologie bzw. → Analytischen Psychologie die Gedanken Freuds verändert übernahmen und ergänzten.

Tierpsychologie. Reine Tierpsychologie, die sich mit dem Bereich des tierischen Verhaltens befaßt, das dem menschlichen ähnlich ist, gibt es nicht mehr, bzw. sie wurde von der →Verhaltensforschung verdrängt. Kennzeichnend für die Tierpsychologie war eine allzugroße „Vermenschlichung" der Tiere, die viele unzulässige Anekdoten über „sprechende" Tiere und „intelligente" Tiere aufkommen ließ.

Todespsychologie. Sterben und Tod sind zumindest für die Psychologie kein „Tabu-Thema" mehr, denn in den 70er und 80er Jahren haben sich viele Wissenschaftler mit der „Psychologie des Todes" (auch Thanatopsychologie genannt), d.h. mit den psychologischen Fragen auseinandergesetzt, die eine Begegnung mit Tod und Sterben (Bewußtsein des eigenen Todes, Angst vor dem Sterben, Todkranke, Betreuung Sterbender und Trauernder) auslöst. Einige Erkenntnisse: Der Tod wird von jüngeren Menschen negativer beurteilt als von älteren; er wird als das Ende bisherigen Lebens, als Feind, als Beginn eines neuen Lebens, als Bestrafung, als Belohnung, als Zeit der Ruhe und Friedens begriffen. Angst vor dem Tod wird im hohen Alter schwächer, Frauen ängstigen sich mehr als Männer, Religiosität kann die Angst vor dem Tod sowohl verstärken (bei Strafandrohung) als auch abschwächen (bei Verheißung der Gnade, Beginn eines neuen Lebens). Es wird angenommen, daß die Angst vor der Begegnung mit Tod und Sterben aus Hilflosigkeit entsteht, mit Sterbenden umzugehen, und daher vor allem für Ärzte und Pflegepersonal Ausbildungsprogramme zum Umgang mit Sterbenden gefordert werden. Hohes Lebensalter und Zufriedenheit mit dem Leben begünstigen die Akzeptierung des Todes. Im allgemeinen wird angenommen, daß Sterbende bis zur Akzeptierung des Todes folgende Phasen der psychischen (emotionalen und kognitiven) Auseinandersetzung mit dem eigenen Tod durchmachen (nach E. Kübler-Ross): Nichtwahrhabenwollen (die Tatsache des bevorstehenden Todes wird ignoriert), Zorn (Hadern mit dem Schicksal, Aggressionen gegenüber Gesunden), Verhandeln, d.h., es wird der Versuch unternommen, durch Wohlverhalten das Sterben aufzuschieben, Depression (Niedergeschlagenheit, Hoffnungslosigkeit) und schließlich Zustimmung, Einwilligung, Annahme des Schicksals. Die geschilderten Phasen der psychischen Verfassung Sterbender sind bei vielen Sterbenden zu beobachten, bei einzelnen Menschen kann sich hingegen ein anderer Verlauf zeigen. Auch die Annahme, daß Tod und Sterben →Abwehrmechanismen auslösen, die zur Vermeidung der Angst durch Unbewußtmachung, Verdrängung der Begegnung mit dem Tod führen, konnte durch die Forschung vielfach belegt werden.
Es sei noch erwähnt, daß S. Freud mit der Annahme des →„Todestriebes" neben C. G. Jung, der die Akzeptierung des eigenen

Todes als einen wichtigen Teil der Individuation (→ Analytische Psychologie) ansah, als ein Vorläufer der Thanatopsychologie gilt.

Todestrieb, von S. Freud als der der → Libido entgegengesetzte Grundtrieb beschrieben, der sich im Zerstören-Wollen und anderen Formen der Destruktion bzw. der → Aggression äußert. Es handelt sich um das Streben nach Wiederherstellung des ursprünglichen unbelebten Zustandes. Später wurde der Todestrieb ganz durch den Begriff Aggressionstrieb ersetzt, dessen Existenz auch von Verhaltensforschern angenommen wird.

Tourismus und Urlaub. Aus dem Massentourismus von heute, der die ursprüngliche Funktion des Urlaubs, nämlich sich zu entspannen, erholen, abschalten und neue Kräfte schöpfen, nicht mehr erfüllt, ergeben sich für die Psychologie folgende Fragestellungen:
1. Aus welchen Gründen, Motiven, Bedürfnissen läßt sich die Reiseaktivität erklären? Als Motive werden von den Reisenden Erholung, „Tapetenwechsel", Entspannung, nette Leute treffen, Neues sehen und Bildung genannt und von den Psychologen das Bedürfnis, dem monotonen Alltag zu entfliehen, Geltungsstreben, Angeberei, Ersatzbefriedigung, Kontaktarmut, Isolierung in Großstädten, Abenteuersuche.
2. Was erwarten die Touristen, und was erleben sie tatsächlich? Wie schon bei Bedürfnissen aufgeführt, erwarten die Reisenden Erholung, und in Wirklichkeit erleben sie häufig dieselbe Monotonie wie zu Hause, Lärm, Termindruck, Langeweile, Streß. Auf der anderen Seite wird der Frage nach den sog. Urlaubsstereotypen nachgegangen, d.h. der Frage, „Was macht einen perfekten Urlaub aus?"
3. Auswirkungen des Massentourismus: Für die Reisenden keine Erholung, Spielen einer Rolle, die ihnen von den Reisebüros aufgezwungen wird, Unzufriedenheit und für die Länder, die von Touristen überfallen werden, überwiegend negative Folgen und Gefahren für die Sitten, Gebräuche und natürliche Ordnung der einheimischen Bevölkerung. In einigen Untersuchungen konnten auch negative Folgen des Tourismus sowohl für die Reisenden (Streß, Verstärkung schon vorhandener Probleme, z.B. psychosomatische Krankheiten) als auch für „Bereisten" (Einheimischen) festgestellt werden. In einem Alpendorf wurden als Folgen des Massen-Tourismus bei den Einheimischen Streß-Symptome, psychosomatische Beschwerden, Ängste, steigender Alkoholkonsum herausgefunden. Auch die Hoffnung, der Massentourismus könnte zur Völkerverständigung beitragen, geht nach Auffassung von Psychologen nicht in Erfüllung. Im Gegenteil: Es zeigt sich, daß die Begegnungen zwischen Einheimischen und Reisenden eher die bestehenden Klischees verstärken und die Spannungen erhöhen, denn zu gegensätzlich ist die Situation beider Gruppen.

Unter dem Stichwort „humanes Reisen“ werden von der Psychologie Anregungen für Reisen von Behinderten und alten Menschen angeboten. Mit dem Begriff „Animation“ werden solche psychologisch begründete Methoden und Hilfen zusammengefaßt, die geeignet erscheinen, um Kontaktbarrieren, Hemmungen, Ängste, Unfähigkeit zu spielen, Kreativitätsdefizite u. a. Probleme der Urlauber zu überwinden. In neuerer Zeit wurde auch die ökologische Problematik des Tourismus zum Diskussionspunkt. Es wird ein „kritischer Tourist“ gefordert, der einen umweltverträglichen Urlaub plant und solche Reiseformen sucht, die sowohl dem Reisenden als auch der einheimischen Bevölkerung möglichst wenige ökologische Nachteile bringen.

Tranquilizer → Psychopharmaka.

Transaktionsanalyse ist die Bezeichnung für ein von Eric Berne entwickeltes Modell, mit dessen Hilfe sich gesunde und krankmachende lebenswichtige soziale Wechselbeziehungen veranschaulichen, verstehen und behandeln lassen. Eine Transaktion besteht nach E. Berne aus einem *Transaktions-Stimulus* (Person A sagt oder tut etwas gegenüber Person B) und einer *Transaktions-Reaktion* (Person B antwortet mit einer Äußerung oder Handlung). Um krankmachende von gesunden Transaktionen unterscheiden zu können, muß man die Grundannahme von Berne akzeptieren, wonach jeder Mensch drei verschiedene Zustände in sich vereinigt: das Kindheits-Ich, das Eltern-Ich und das Erwachsenen-Ich.
Im *Kindheits-Ich* sind alle Erfahrungen und vor allem Gefühle aufgezeichnet, die das Kind in den ersten fünf Lebensjahren machte und erlebte. Zum Kindheits-Ich gehören unsere Triebe, Wünsche, Neugier, Kreativität, aber auch alle Reaktionen, die wir in den ersten fünf Lebensjahren eingesetzt haben, um mit den Anforderungen der Umwelt und der Eltern fertig zu werden. Das *Eltern-Ich* setzt sich aus dem zusammen, was das Kind in den ersten fünf Jahren an den Eltern beobachtet und erlebt hat. Im Eltern-Ich sammeln sich unkritisch alle elterlichen Vorschriften, Ermahnungen, Vorwürfe, aber auch Lob und Anerkennung (vergleichbar dem Über-Ich von Freud). Das *Erwachsenen-Ich* urteilt, denkt, legt sich seine Handlungen zurecht und berücksichtigt auch die Handlungskonsequenzen.
Die Transaktionsanalyse untersucht, welche Strukturebene des Ich in einer Kommunikationssituation aktiv bzw. angesprochen wird. Gespräche sowie Reize und Reaktionen lassen sich durch Kreise und Vektoren abbilden. Wenn die Vektoren von Reiz und Reaktion parallel verlaufen, dann spricht Berne von einer *komplementären* Kommunikation, die erfolgreich verlaufen kann. Wenn sich die Vektoren von Reiz und Reaktion im Diagramm überkreuzen, dann ist eine erfolgreiche Kommunikation zu Ende (siehe Abbildung).

Beispiel für komplementäre Kommunikation zwischen Erwachsenen-Ich und Erwachsenen-Ich (durchgezogene Linie) sowie zwischen Eltern-Ich und Kindheits-Ich (gestrichelte Linie).

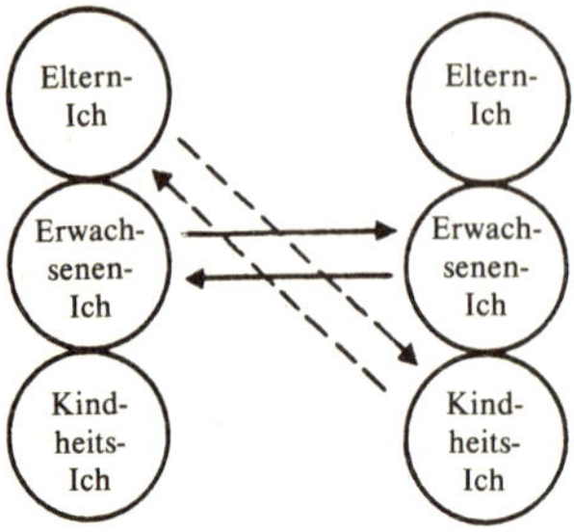

Erwachsenen-Ich zu Erwachsenen-Ich:
Reiz: „Was machst du nach dem Essen?"
Reaktion: „Ich gehe einkaufen."

Eltern-Ich zu Kindheits-Ich:
Reiz: „Du läßt alles liegen."
Reaktion: „Mich stört das überhaupt nicht."

Beispiele für überkreuzte Kommunikation

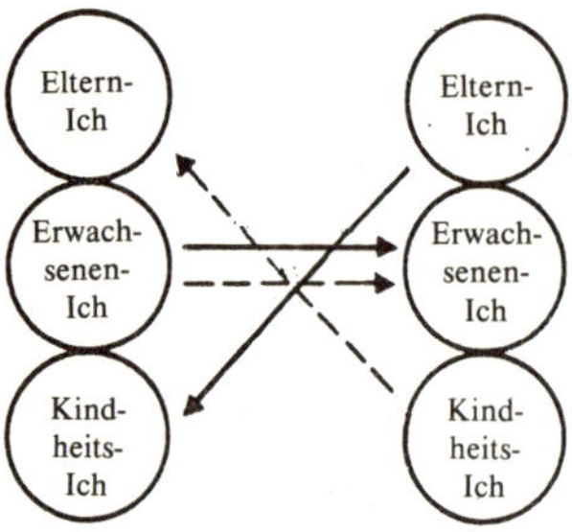

Die Antwort des Eltern-Ich:
Reiz: „Das Essen schmeckt mir heute nicht."
Reaktion: „Was auf den Tisch kommt, wird gegessen."

Die Antwort des Kindheits-Ich:
Reiz: „Warum bist du so spät gekommen?"
Reaktion: „Warum, warum? Wer fragt ist dumm."

In der Beratung und Therapie wird der Versuch unternommen, die „Skripts" (Pläne, Drehbuch), nach dem ein Neurotiker oder Psychotiker in der Partnerbeziehung „spielt" (auf Reize reagiert bzw. selbst Reize sendet), klarzulegen, zu übersetzen und zu verändern. Dabei spielt der sog. „innere Dialog" zwischen den Ich-Ebenen eine wichtige Rolle. Der innere Dialog z. B. zwischen dem Eltern-Ich und dem Kindheits-Ich beansprucht die Aufmerksamkeit voll und entfernt uns von dem Kommunikationspartner, der sich dadurch abgewertet fühlt. Es handelt sich um ein „Ausblenden" aus dem Hier-und-Jetzt in die vergangene Wirklichkeit. Die Transaktionsanalyse hilft herauszufinden, durch welche Reize der innere Dialog angeregt wird und welche Reize das Eltern-Ich und damit auch der Situation unangemessene Gefühle auslösen. Es gibt viele Therapiekonzepte, die Elemente der Transaktionsanalyse in ihr Programm aufgenommen haben. In Deutschland hat vor allem ein Mitarbeiter von Berne, Thomas A. Harris, mit seinem Buch „Ich bin o. k. – Du bist o. k." viel zur Verbreitung der Transaktionsanalyse beigetragen.

Transfer →Generalisierung.

Transsexualismus. Zwanghaftes Verlangen, dem anderen Geschlecht anzugehören, die Rolle des entgegengesetzten Geschlechts zu übernehmen. →Sexualität.

Transvestitismus ist eine abgeschwächte Form des →Transsexualismus und besteht im starken Verlangen, die Kleidung des entgegengesetzten Geschlechts zu tragen; in der Praxis trifft dies hauptsächlich für den Mann zu, der typische Frauenkleidung trägt.

Traum, Traumforschung. Es gibt kaum eine Erscheinung, die nach dem Volksglauben so viel Geheimnisse und Rätsel enthält wie der Traum. Die schon ohnehin interessante Frage, was denn Träume bedeuten könnten, wurde durch die „Traumdeutung" von Sigmund Freud noch stärker in den Mittelpunkt der Diskussion gerückt.
Nach S. Freud ist der Traum immer Erfüllung vornehmlich sexueller Triebwünsche, die unterdrückt, verdrängt wurden, weil sie unerlaubt, verpönt, verboten sind. Die verpönten Triebwünsche werden durch die „Traumarbeit" derart maskiert und verschleiert, daß sie nur schwer durchschaubar in den Trauminhalt eingehen können. Die *Traumdeutung* besteht demnach in der Demaskierung, Entschleierung der im Trauminhalt verschlüsselten Triebwünsche. Bei der Deutung des Trauminhalts sind richtige „Zufallstreffer" möglich.
Mit Hilfe der modernen Technik gelangten →Schlaf- und Traumforscher, wie N. Kleitman, E. Aserinsky, W. Dement u. a., zu den Erkenntnissen, die Träume in einem völlig neuen Licht darstellen.
1. Jeder Mensch träumt, viele können sich jedoch an ihre Träume, wenn sie aufwachen, nicht mehr erinnern. Auch diejenigen, die glauben, nie zu träumen, berichten über Träume, wenn sie während oder direkt nach der Traumphase aufgeweckt werden.
2. Der Traum läuft nicht blitzartig innerhalb weniger Sekunden ab, sondern jeder Mensch träumt bis zu fünfmal in einer Nacht, wobei die erste Traumphase etwa 10 Minuten und die letzte bis zu 40 Minuten lang dauert. Geträumt wird in der Phase des leichtesten →Schlafs, der wegen der schnellen Augenbewegungen auch REM-Schlaf oder „paradoxer" Schlaf genannt wird.
3. Träume werden von sexuellen Erregungen begleitet – auch dann, wenn es sich um keine sexuellen Träume handelt –, von Muskelspannungen, unregelmäßigem Atem und von einer Gehirnaktivität (→EEG), die sich von der während des echten →Schlafs stark unterscheidet.
4. Der Inhalt der Träume sagt nichts über die Zukunft und wahrscheinlich sehr wenig über die Vergangenheit des Träumers aus.

Der Trauminhalt wird oft durch Erlebnisse des vergangenen Tages (Tagesreste) bestimmt, wobei Wünsche, sexuelle Vorstellungen oder →Gefühle (z.B. Angst = Angst- oder Alpträume) mitverarbeitet werden können. Es steht fest, daß aktuelle Reize (z.B. Nässe, Geräusche oder Druck), die während des Schlafes auf den Schläfer einwirken, in den Traum eingebaut werden und den Trauminhalt mitbestimmen.

5. Werden die Menschen über längere Zeit hinweg am Träumen gehindert, können psychische Störungen auftreten, und außerdem wird der Traumentzug in den Erholungsnächten nachgeholt (längere Traumphasen).

6. Über die Bedeutung und Funktion der Träume können nur Hypothesen gebildet werden. Jan Oswald nimmt an, daß der REM-Schlaf und somit der Traum eine biochemische Erholungsfunktion des Gehirns darstellt, Ch. Evans meint, der Traum diene der Entlastung des Gehirns, dem Vergessen von unwichtigen Daten, und nach einer anderen Hypothese dienen der Traum und die psychische Aktivität während des REM-Schlafs der Einordnung vergangener Erlebnisse in den schon vorhandenen Erfahrungsschatz und somit der Gedächtnisbildung. Es wird angenommen, daß die aktuellen Erlebnisse im Traum mit den am weitesten zurückliegenden Erfahrungen verglichen werden – auch mit denen aus der frühen Kindheit –, an die wir uns im normalen Wachzustand nicht mehr erinnern. Dies könnte die Erklärung für die oft verblüffenden und aufregenden Trauminhalte sein.

Nach dem gegenwärtigen Stand der Forschung ist der Traum nicht nur der „Hüter des Schlafes" (S. Freud), indem aktuelle Reize während des leichtesten Schlafes in den Trauminhalt eingebaut werden, damit sie den Schläfer nicht aufwecken, dient nicht nur der Wunscherfüllung, sondern ist in vielfacher Hinsicht für das normale Funktionieren des →Nervensystems verantwortlich. Es ist sicher, daß Schaltsysteme im Zentralnervensystem (→Nervensystem) im Schlafzustand anders verlaufen als im Wachzustand.

Traumdeutung →Traum, →Analytische Psychologie.

Tremor (Zittern) entsteht aufgrund schnell wechselnder Muskelanspannungen; ist beobachtbar beim Frösteln, Erregung, starker Ermüdung, im Greisenalter (Parkinsonsche Krankheit) und bei Delirien (z.B. infolge von Alkohol-, Nikotinvergiftung).

Triebe. Diejenige →Motivation menschlichen Handelns, die aus einer Beeinträchtigung des physiologischen Gleichgewichts (→Homöostase), aus einem Zuwenig oder Zuviel an bestimmten Stoffen herrührt, wird als Triebdruck erlebt. Triebe sind primäre biogene (biologisch bedingte, angeborene) Antriebe. Die Triebenergie, Triebstärke bzw. die triebbedingte Aktivität ist in diesem

Fall an physiologische Vorgänge im Organismus, die durch → Nervensystem und → Hormone gesteuert werden, gebunden. Triebe und → Instinkte dienen primär der Lebenserhaltung; schon 1928 hat C. M. Davis festgestellt, daß Babies, wenn sie die Möglichkeit haben, zwischen verschiedenen Nahrungsangeboten zu wählen, die auswählen, die ihr Organismus braucht. Leider haben die Menschen Trink- und Essensgewohnheiten entwickelt, die das natürliche Gleichgewicht stören und schädlich sind (→ Alkoholismus, → Drogenabhängigkeit). Zu den lebenserhaltenden Triebenergien werden gerechnet:

1. *Versorgungstriebe,* das Verhalten wird durch einen Mangelzustand aktiviert. Es sind: Hunger, Durst, → Schlaf und → Traum und nach Meinung vieler Wissenschaftler auch der → Neugiertrieb.
2. *Schutztriebe* oder *Vermeidungstriebe,* die den Organismus aktivieren, um schädliche Reize zu vermeiden. Genannt werden → Schmerz, Ausscheidung und Furcht.

Der *arterhaltende Sexualtrieb* unterscheidet sich in folgenden Markmalen von anderen primären Trieben: Das menschliche Sexualverhalten läßt sich allein durch physiologische Vorgänge nicht hinreichend erklären und wird sehr stark durch sozio-kulturelle Faktoren (Erziehung, sexuelle Normen; → Sexualität) beeinflußt. Die Befriedigung des Sexualtriebes ist nicht notwendig zum Überleben, es wird nicht nur Befriedigung, sondern auch Erregung des Triebes angestrebt.

Typologie. Aus den zahlreichen Persönlichkeitsmerkmalen versucht die Typenforschung diejenigen herauszufinden, die am stärksten verhaltensbestimmend sind und typisch für eine bestimmte Anzahl von Individuen.

a) Konstruierte Typen. In der Typenforschung werden entweder von vornherein bestimmte Kategorien oder Klassen angenommen, die auf logischen Überlegungen über Verhaltensbereiche beruhen (z.B. politischer, sozialer, ästhetischer, ökonomischer Mensch nach E. Spranger), oder es werden besonders ausgeprägte, dauerhafte (konstante) Verhaltensweisen herausgestellt, die in jedem Verhaltensbereich zu beobachten sind (phlegmatisch, cholerisch, sanguinisch und melancholisch nach Galenus, s. innerer Kreis der Abb. S. 390).

b) Empirisch gewonnene Typen. Im Unterschied zu den gedanklich konstruierten Typen, die häufig unter dem Begriff „vorwissenschaftliche Typen“ zusammengefaßt werden, geht die „wissenschaftliche Typologie“ von beobachtbaren Merkmalen aus, z.B. dem Körperbau.

So beobachtete der Psychiater E. Kretschmer, daß Patienten mit der Diagnose → „Schizophrenie“ häufiger einen sog. leptosomen (schmalwüchsigen) Körperbau hatten als manisch-depressive, bei

denen häufiger der sog. pyknische (rundwüchsige) Habitus gefunden wurde. Auf der Grundlage dieser Beobachtung baute Kretschmer seine → Körperbautypologie auf.
Die statistische Analyse beobachteter Merkmalsvariabilität führte andrerseits zur Aufstellung dimensionaler Persönlichkeitstypen (s. Abb. und vgl. S. 292 nach H. J. Eysenck und R. B. Cattell). Dimensionsmodelle weisen gegenüber älteren Typologien folgende Vorzüge auf:

1. Für die Klassifikation von Menschen dienen die der Verhaltensvielfalt zugrundeliegenden Dimensionen, wie z. B. → Extraversion – Introversion;
2. Mischformen sind möglich: es gibt nur wenige Menschen, die eine Dimension in extremer Ausprägung aufweisen.
3. Die „typischen" Dimensionen können zur Einordnung vieler Verhaltenserscheinungen herangezogen werden.

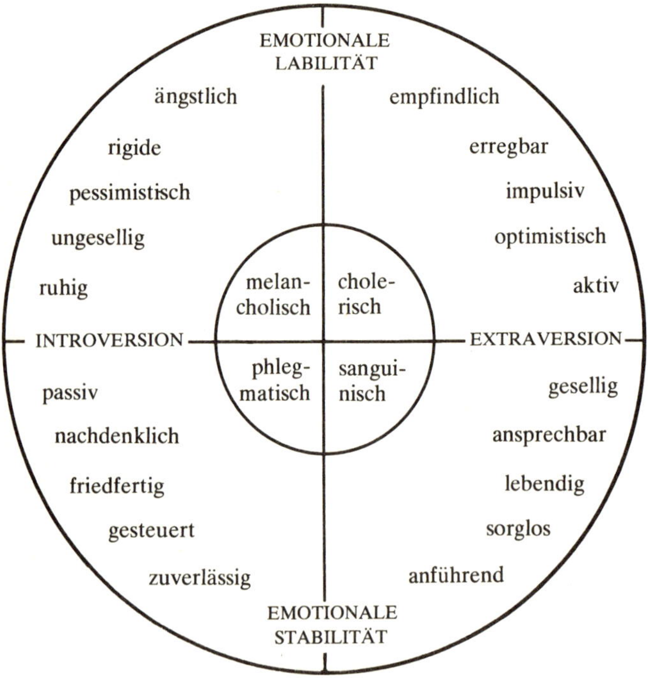

Bei allen Typologien besteht die Gefahr, daß der Blick auf die individuelle Persönlichkeitsstruktur verstellt wird. Menschen neigen allzu leicht dazu, erst einem Fremden einen bestimmten Typus zuzuschreiben und ihn später ständig mit der „Brille" des angenommenen Typus zu sehen und beurteilen. Die Typologie vereinfacht die individuellen Unterschiede zu stark, kann nur bestimmte Verhaltensweisen erklären und kommt unserem Bedürfnis, die Menschen zu „katalogisieren“, sehr entgegen. In der modernen Psychologie wird der Begriff „Typ“ auch weitgehend von dem neutraleren und anspruchsloseren Begriff Persönlichkeitsfaktor (→ Persönlichkeit) abgelöst. Es kann kaum von einem extravertierten, phlegmatischen, neurotischen oder kriminellen Menschen gesprochen werden, da sich die meisten Menschen nur in wenigen Situationen z. B. neurotisch und in den meisten vollkommen angepaßt verhalten.

U

Über-Ich → Ich; → Gewissen.

Übertragung → Psychoanalyse.

Übung. Das Wiederholen einer Handlung, Tätigkeit oder Bewegung dient der Leistungssteigerung, der Verringerung von Fehlern und der Erhöhung der Schnelligkeit, dem Erwerb neuer Verhaltensweisen und Fertigkeiten und der „Automatisierung" von Bewegungen (gut eingeübte Bewegungen können ohne bewußte Steuerung präzise und schnell ausgeführt werden). Systematische Übung wird Training genannt. Übungseffekt steigt mit dem Einlegen von Erholungspausen (längere Pausen bei längerem Wiederholen einer Tätigkeit und kürzere Pausen bei wenigen Wiederholungsvorgängen). Das Einüben einer Fertigkeit oder Verhaltensweise begünstigt das Erlernen ähnlicher Fertigkeiten *(Transfer).*

Umfragen → Meinungsforschung.

Umwelt → Anlage-Umwelt-Problem.

Unabhängige Variable → Experiment; → Methoden der Psychologie.

Unbewußtes → Tiefenpsychologie.

Unfallforschung → Verkehrspsychologie.

V

Validität, Gültigkeit von Meßinstrumenten. →Statistik.

Variable →Statistik; →Methoden der Psychologie; →Experiment.

Varianz →Statistik; →Methoden der Psychologie.

Varianzanalyse →Statistik.

Vegetatives Nervensystem →Nervensystem.

Verdrängung. Ein →Abwehrmechanismus der Angst, für den das „Vergessen", Verdrängen, Überdecken von Triebwünschen charakteristisch ist. Das Individuum ist sich des Verdrängens von Triebwünschen ins Unterbewußte nicht bewußt und leugnet hartnäckig, solche Triebwünsche jemals verspürt zu haben. Eine Verdrängung macht die Lösung des → Konflikts zwischen Trieb und Gewissen unmöglich und führt zu unangenehmen Konsequenzen, da sie häufig offene oder verdeckte →Aggressionen entstehen läßt, die sich sozialbelastend auswirken, weil sie von den Mitmenschen nicht „verstanden" werden.

Vergessen →Gedächtnis.

Verhalten, umfassende Bezeichnung für alle Aktivitäten, Vorgänge und körperlichen Reaktionen, die beobachtet oder gemessen (z.B. physiologische Vorgänge) werden können; Verhalten wird von der →Erlebnis-Aktivität abgegrenzt.

Verhaltensforschung *(Ethologie)* befaßt sich mit dem Verhalten der Tiere, mit den stammesgeschichtlich erworbenen *(Phylogenese)* und vererbten Anpassungsmechanismen und deren physiologischen Grundlagen. Sie erforscht die Auseinandersetzung der Tiere mit der Umwelt *(Umweltforschung, Ökologie)* und den Artgenossen und versucht mit Hilfe der gewonnenen Einsichten über das tierische Verhalten das menschliche Verhalten zu erklären *(Vergleichende Verhaltensforschung, Humanethologie)*. Die Verhaltensforschung erwarb ihre wissenschaftliche Anerkennung mit den Arbeiten von E. v. Holst über die Verhaltensphysiologie (organismische Grundlagen des Verhaltens), durch N. Tinbergen, der das

angeborene Verhalten von Insekten, Fischen, Vögeln und auch das soziale Verhalten von Tieren untersuchte, und durch K. Lorenz, der zusammen mit Tinbergen verschiedene Anpassungsmechanismen der Tiere erforschte und mit seinen Untersuchungen über die → Prägung bei Graugänsen weltbekannt wurde.
Den Forschungsarbeiten von Tinbergen und Lorenz hat die Verhaltensforschung auch die Klärung folgender Begriffe zu verdanken: → Instinkt, Appetenzverhalten, Schlüsselreiz, → AAM (angeborener Auslösemechanismus), Leerlaufreaktion und Übersprungshandlung. Durch die Klärung dieser Mechanismen wurde verständlich, wie die Anpassung der Tiere trotz angeborener Verhaltensweisen möglich ist.
Das Verhalten der Tiere wird weitgehend durch angeborene Tendenzen, auf bestimmte innere oder äußere Reize angepaßt zu reagieren, gesteuert, wobei → Instinkte als angeborene Tendenzen im Laufe der Stammesgeschichte erworben wurden. Angeboren ist immer nur die Reaktion und nur zum Teil auch die Reize, auf welche solche Reaktion, Endhandlung, erfolgt. *Schlüsselreize,* d.h. Reize, die eine bestimmte angeborene Reaktion auslösen (deswegen auch *Auslöser* genannt), können sowohl angeboren als auch gelernt sein. Vielfach handelt es sich bei Tieren nur um eine angeborene Bereitschaft, einen bestimmten Reiz mit einer angeborenen Reaktion zu beantworten; sie wird *angeborener Auslösemechanismus* (AAM) genannt. Wenn Schlüsselreize in einer bestimmten kritischen Phase gelernt werden, wird der Vorgang als → Prägung bezeichnet; bei Lernvorgängen außerhalb kritischer Phasen, die nach bestimmten Prinzipien erfolgen, spricht man von Konditionierung (→ Lernen). Konditionierungsversuche mit Tieren, die als erster I. P. Pawlow, später B. F. Skinner u.a. durchgeführt haben, führten zu der Erkenntnis, daß dem → Lernen von Verhaltensweisen bei Mensch und Tier weitgehend dieselben Mechanismen zugrunde liegen. Diese Tatsache und die Evolutionstheorie von C. Darwin ermutigten manche Verhaltensforscher, von ähnlichen Verhaltensmustern bei Tier und Mensch auf gleiche Grundmechanismen zu schließen. So glaubt z.B. K. Lorenz, aus seinen Beobachtungen über → Aggression unter Tieren einen Aggressionstrieb (angeborenen) beim Menschen nachgewiesen zu haben, von Pflegeverhalten bei Tieren auf angeborenes mütterliches Verhalten beim Menschen, das durch „Kindchenschema" ausgelöst wird, schließen zu können, und meint, daß vor allem soziales Verhalten des Menschen in weit höherem Maße von angeborenen Komponenten bestimmt wird, als dies allgemein angenommen wird. Diese methodisch unzulässige Verallgemeinerung (→ Methoden der Psychologie) wird von seinem Schüler I. Eibl-Eibesfeldt fortgesetzt. Eibl-Eibesfeldt behauptet u.a., aufgrund der beobachteten Ähnlichkeit im Ausdrucksverhalten (→ Ausdruck) zwischen Tieren, Naturvölkern und zivilisierten Menschen, angeborene

(„vorprogrammierte") Wahrnehmungsmechanismen, ethische und soziale Normen nachgewiesen zu haben. Die fragwürdigen Verallgemeinerungen werden von Psychologen scharf kritisiert.

Verhaltenstherapie. Behandlungsverfahren, die sich auf Erkenntnisse über das → Lernen stützen, werden Verhaltenstherapie (VT) genannt. Verhaltenstherapeuten erklären → psychische Störungen – vor allem alle → Neurosenformen – als fehlerhaft vollzogene Anpassungsleistungen des Individuums. Da unangepaßtes Verhalten gelernt ist, spielen die Bedingungen des vergangenen Lernens (Ursachen) keine Rolle mehr. Es kommt darauf an, durch gezielte Lernhilfen die vorhandene Störung abzubauen (= Symptombehandlung). Diese Annahme der VT ist umstritten, und moderne, vor allem kognitiv orientierte Methoden der VT beziehen deshalb das Problem der Verursachung in die Therapie mit ein. Dem Abbau unerwünschter *(Beseitigungsverfahren)* und dem Aufbau erwünschter Verhaltensweisen *(Aneignungsverfahren),* dem Angstaushalten-lernen (Konfrontationsverfahren) und dem mehrdimensionalen Angehen der psychischen Störung *(kognitive und andere Verfahren)* geht immer eine genaue Verhaltensanalyse voraus. Nach D. Schulte umfaßt die Verhaltensanalyse 1. eine genaue *Klärung der Symptome* (Was geht dem problematischen Verhalten voraus? Welche Vorgänge im Körper sind wichtig? Welche vergangenen und aktuellen Bedingungen der isolierten Symptome sind bekannt?), 2. die *Findung der Therapieziele* (z. B.: Sind Lebensbedingungen zu ändern? Ist die Bedeutung der Symptome zu ändern? Welche Folgen müssen nach der Änderung der Symptome bewältigt werden? Wo kann direkt eingegriffen werden?) und 3. die *Planung der Therapie* (Methode, Messung, einzelne Schritte, Erfolgsbeobachtung ...).
Als Begründer der VT gilt J. B. Watson, der im Anschluß an seine Experimente mit dem „kleinen Albert" (Konditionierung der Angstreaktion gegenüber Mäusen) mit einigen Mitarbeitern Verfahren zum Angstabbau entwickelte. An zweiter Stelle ist B. F. Skinner zu nennen, der erstmals die Bezeichnung Verhaltenstherapie benutzte. H. J. Eysenck hat im Maudsley Hospital in London die Entstehung und Behandlung von psychischen Störungen nach lerntheoretischen Prinzipien erörtert und danach die Praxis der Behandlung organisiert. J. Wolpe gilt als Begründer der Systematischen Desensibilisierung. Damit ist schon angedeutet, daß zunächst vor allem sog. Beseitigungsverfahren entwickelt wurden. In der *Desensibilisierung* stellt sich der Klient in einem tief entspannten Zustand (→ Entspannungstechniken) den Reiz, der eine Angstreaktion auslöst (z. B. eine Spinne bei der Spinnenphobie), in verschiedenen Intensitätsgraden vor oder nimmt ihn wirklich wahr. Es wird mit einem Reiz begonnen, der keine oder nur ge-

ringe Angst auslöst (Photo einer kleinen Spinne). Derselbe Vorgang wird mit Reizen wiederholt, die vor der Behandlung immer intensivere Ängste (Vorstellung einer Spinne im Zimmer bis zum Nacherleben einer fetten, schwarzen Spinne, die sich auf dem Gesicht bewegt) hervorgerufen haben. Der Klient verbindet mit den angenehmen Empfindungen der Entspannung die angstauslösenden Reize, wodurch sie allmählich ihre ursprüngliche Signalwirkung verlieren. Es ist bei diesem Vorgehen darauf zu achten, daß stets das Entspanntsein überwiegt, da sonst die angstbesetzten Vorstellungen ihren Signalcharakter auf die Entspannung übertragen würden und der Klient in der Folge Angst vor der Therapie entwickelt. Zu diesem Zweck wird vor der Behandlung eine Angstbzw. Reizhierarchie aufgestellt, die von Reizen, die geringste Angstreaktionen auslösen, ausgeht und bei Reizen, die stärkste Angstreaktionen hervorrufen, endet. Bei eng begrenzten →psychischen Störungen, wie bei →Tics, Arbeitsstörungen, Angst- und Zwangs- →Neurosen, werden mit der Verhaltenstherapie die besten Erfolge erzielt. Eine Verhaltenstherapie dauert in der Regel sehr viel kürzere Zeit als andere Techniken, deshalb wird sie ebenso gerne bei sehr dringlichen Beschwerden, wie z.B. →Prüfungsängsten, eingesetzt. Jedoch braucht man auch hier ungefähr einen Zeitraum von drei Monaten, um Erfolg zu haben.
Die Techniken, welche die Konsequenzen des Verhaltens so verändern, daß ein erwünschtes Verhalten aufgebaut wird, berücksichtigen die Forschungsergebnisse zum operanten Konditionieren (→Lernen). Es handelt sich um sog. *„Aneignungsverfahren"*. Die Methode des *Shaping* (Verhaltensformung) wird außer bei der Behandlung von Neurosen in der psychiatrischen Klinik auch in der Erziehung des Kleinkindes (Reinlichkeitserziehung) verwendet. Man formt Verhaltensweisen aus, indem schon kleinste Schritte des erwünschten Verhaltens verstärkt werden, damit letztlich ein komplexer Ablauf entsteht. Autistische Kinder (→Autismus), die überhaupt nie sprachen, wurden anfangs jedesmal mit Süßigkeiten belohnt, wenn sie überhaupt einen Laut äußerten, dann für Laute, die sie dem Therapeuten nachsprachen, und später für das Unterscheiden und Nachahmen von zwei verschiedenen Lauten. Schließlich waren die Kinder in der Lage, alle vorgesprochenen Laute nachzuahmen, worauf dann eine Spracherziehung aufbauen konnte. Durch die Verstärkung solcher Verhaltensweisen, die mit dem unerwünschten Verhalten unvereinbar (inkompatibel) sind, läßt sich die ethisch problematische *Aversionstherapie* (Einsatz von aversiven, schmerzhaften, angstauslösenden Reizen als Strafe), deren unerwünschte Folgen nicht absehbar sind, umgehen.
Der Trend der Verhaltenstherapie geht in die Richtung der Integration kognitiver Prozesse. Einige solcher Verfahren sind: *Rational-emotive Therapie* von A. Ellis (die irrationalen Denkmuster,

Bewertungen und Interpretationen, die unerwünschte Gefühle produzieren, werden erkennbar gemacht und vom Klienten modifiziert), *Selbstinstruktionstraining* von D. W. Meichenbaum (der Klient übt, trainiert Selbstanweisung, Streßimpfung, problemlösendes Denken), die *kognitive Therapie* der Depression von A. T. Beck (der Klient soll seine negativen Gedanken aufgeben, lernt unangemessene Gedanken erkennen und erfährt deren schädigende Wirkung, entwickelt kognitive Neueinschätzung), das *Gedankenstoppen* von A. Bain (durch lautes „Stopp"-Rufen unterbricht der Therapeut unerwünschte Gedankenkette) und *Selbstsicherheitstraining* von R. Ullrich de Muynck (Selbstunsicherheit als eine Selbsteinstellung wird mit verschiedenen Methoden abgebaut).
H. Benesch zählt 45 verschiedene VT-Verfahren auf. Hier konnten nur die wichtigsten erwähnt werden. Es ist ein Trend in doppelter Hinsicht zu beobachten. Einerseits wird die VT kritisiert, von den Krankenkassen nicht anerkannt, andererseits werden VT-Verfahren in neue Bereiche (Schule, Gemeinde, Selbsthilfegruppen) eingeführt.

Verkaufspsychologie, zusammenfassende Bezeichnung für die →Markt- und →Werbepsychologie.

Verkehrspsychologie befaßt sich mit psychologischen Problemen aller Verkehrsbereiche, wobei Hauptgewicht der Forschung und Anwendung psychologischer Erkenntnisse auf dem motorisierten Straßenverkehr liegt. Die Verkehrspsychologie ist inzwischen neben der Verkehrsmedizin, Verkehrstechnik und dem Verkehrsrecht eine der wichtigsten Teildisziplinen der Wissenschaft vom Verkehr geworden.
Beim Verkehr handelt es sich um mitmenschliche Beziehungen und Begegnungen auf Verkehrswegen und beim Verkehrsverhalten um *soziales Verhalten,* das nicht nur von anderen Verkehrsteilnehmern abhängt, sondern auch durch Verkehrsregeln, Verkehrsmittel und Straßengestaltung und Eigenschaften des Verkehrsteilnehmers weitgehend mitbestimmt wird. Für die Psychologie gilt es, die sozialen Beziehungen zwischen den Verkehrsteilnehmern (auch Fußgänger) zu erforschen und Möglichkeiten aufzuzeigen, wie Konflikte (Unfälle) vermieden werden können und ein reibungsloser Ablauf des Verkehrsgeschehens garantiert wird.
Im Mittelpunkt der bisherigen verkehrspsychologischen Forschung standen folgende Fragen:
1. *Die Orientierung des Menschen im Verkehr:* Nach W. Lejeune ist ein hoher Teil der Unfälle auf menschliches Versagen zurückzuführen. Aus diesem Grunde konzentrierte man sich lange Zeit auf die Untersuchung jener psychischen Fähigkeiten, Fertigkeiten, Kenntnisse und Charaktereigenschaften, die unbedingt not-

wendig sind, um den Anforderungen des modernen Straßenverkehrs gewachsen zu sein. Es wurden viele nützliche Erkenntnisse festgestellt über die Orientierung im Straßenverkehr durch Gesichtssinn, Gehörsinn und Hautsinne bei verschiedenen Geschwindigkeiten, in verschiedenen Situationen (z. B. Tag- und Nachtfahrt) und auf verschiedenen Altersstufen. Es gilt: Neben optischen sind auch akustische und durch Hautsinne (Druck, Wärme, Gewichtsverlagerung u. a.) wahrgenommene Signale sehr wichtig. Bei akustischen Signalen ist die Gefahr des Erschreckens und als Folge die spontaner und nicht angepaßter Muskelreaktionen sehr groß.

Bei der optischen Wahrnehmung spielt die Erfahrung die wichtigste Rolle, vor allem beim schnellen Fahren. Bei höheren Geschwindigkeiten ist der Fahrer gewöhnlich nicht mehr in der Lage, das Randgeschehen voll zu beobachten, das Gesichtsfeld wird stark eingeengt (bei einer Geschwindigkeit von 100 km etwa 45 °). In Zukunft wird es wichtig sein, nicht direkt beobachtbare Gefahren und nicht einsehbare Straßenabschnitte durch bessere Voranzeigen anzukündigen. Besondere Beachtung hat das Alter als eine Einflußgröße auf das Fahrverhalten gefunden. Die inzwischen erwiesene höhere Unfallquote der Altersgruppen bis 23 Jahre wird durch mangelnde Erfahrung und zum Teil durch unangemessene Gefühle, Motive und Einstellungen erklärt. Die Fahrtauglichkeit älterer Fahrer wird durch Leistungsminderung oder -ausfälle, Reaktionsverzögerungen und Orientierungsschwäche erheblich gemindert, jedoch zum Teil durch größere Erfahrung wiederum ausgeglichen.

2. *Anpassung des Menschen an den Verkehr.* Es hat sich herausgestellt, daß für das verkehrsangepaßte Verhalten die →Intelligenz nur eine sehr geringe Rolle spielt. Wichtiger scheinen Persönlichkeitseigenschaften, wie Zuverlässigkeit, innere Ausgewogenheit, Gefühlsstabilität, Kooperationsbereitschaft, Selbstkritik, Meiden des Risikos und richtiges Einschätzen eigener Fähigkeiten, zu sein. Personen, die häufig Unfälle verursachen, weisen häufig Störungen im Bereich familiärer Bindungen auf, geringe Bildung und häufiges Versagen im Erwerbsleben und außerdem eine mangelhafte Anpassung an die normativen Forderungen der Umwelt (sozial unangepaßt und verunsichert). Wiederholte Mißerfolge in praktischen Führerscheinprüfungen und häufiges Verursachen von Verkehrsunfällen kann auf dieselben leistungspsychologischen Mängel zurückgeführt werden, und zwar auf erhöhte Erregung und Unsicherheit (Ängstlichkeit), verlangsamtes Reaktionstempo. Unauffälliges bzw. angepaßtes Verhalten im Straßenverkehr setzt vor allem soziale Konformität voraus.

W. D. Oswald stellt aufgrund seiner umfangreichen Untersuchungen fest, daß zum Führen von Kraftfahrzeugen jeder geeignet ist, der im Leistungsbereich über „Minimalausstattungen“ verfügt,

„sich weitgehend sozial konform verhält und weder durch Minderbegabung noch durch gravierende organische Mängel auffällt".

3. *Fahrbahngestaltung, Schilder und Zeichen und Anpassung der Bedienungselemente an den Menschen.* Auf die visuelle Gestaltung von Verkehrswegen lassen sich die wichtigsten Erkenntnisse der Wahrnehmungspsychologie (Gestaltwahrnehmung, →Gesichtswahrnehmung) anwenden. Die sog. optische Führung (z. B. durch Leitlinien) spielt dabei eine besonders wichtige Rolle. Der Fahrer soll – vor allem auf „freien Strecken"

- geführt werden, statt sich aktiv orientieren zu müssen. Die Gestaltung von Schildern und Zeichen (Form und Farbe) wurde inzwischen eingehend untersucht und deren „Lesbarkeit" überprüft. Es wird jedoch immer wieder gegen eine psychologisch sinnvolle Aufstellung von Schildern verstoßen:
- übermäßige Häufigkeit von Schildern,
- mangelndes Abheben vom Hintergrund,
- Irreführung durch paradoxe Schilderkombination,
- unnötiges Aufstellen der Schilder.

Neben der Überforderung des Fahrers bewirken solche Verstöße auf lange Sicht auch den Unwillen, die Verkehrszeichen zu befolgen.

4. *Trunkenheit am Steuer, Ermüdung und Medikamentenbeeinflussung.* Am folgenschwersten wird das Fahrverhalten zweifellos durch Trunkenheit am Steuer beeinflußt. Unter Alkoholeinfluß kommt es neben Leistungsabfällen (Reaktionsverzögerung) vor allem zu Fehleinschätzungen eigener Fähigkeiten und der aktuellen Verkehrssituation (alkoholbedingte Verkehrsunfälle in Kurven). Hier wird von den Psychologen vor allem die Frage untersucht, warum sich Personen mit eingeschränkter Fahrtauglichkeit überhaupt ans Steuer setzen und das Fahrzeug in Betrieb nehmen. Analoge Probleme bestehen auch bei Medikamentenbeeinflussung wie auch bei sehr starken →Affekten. Die Ermüdung wird durch monotone Geräusche, Unlust des Fahrers (man will nicht dorthin, wohin man fährt), Dunkelheit und Wärme im Fahrzeug besonders schnell herbeigeführt. Prokop meint, daß die ersten Ermüdungserscheinungen (Gähnen, Trockenheit im Mund, Durst u. a.) im Verlauf der dritten bis achten Fahrstunde auftreten. Der Zeitpunkt läßt sich hinauszögern, wenn die Fahrt häufig unterbrochen wird. Das Autoradio und das Gespräch mit dem Beifahrer bedeuten eine wertvolle Hilfe (vermindern Monotonie). Durch mehr Sauerstoff und Kälte kann man sich vor Ermüdung schützen. Hier gilt dasselbe wie für die sog. „Ernüchterungsmittel" (z. B. Kaffee).

5. *Fahrtauglichkeit.* Verkehrspsychologen müssen in Deutschland häufig Fahrtauglichkeitsgutachten erstellen. Technische Überwachungsvereine (TÜV) stellen Psychologen ein, die bei Psycholo-

gisch-Medizinischen Untersuchungen (PMU) von Berufsfahrern und Prüfungsversagern mitwirken und auf Antrag (z. B. der Landratsämter) Gutachten über Fahrtauglichkeit erstellen. Obwohl für die Beurteilung der Fahrtauglichkeit viele Tests entwickelt wurden, kann das künftige Verkehrsverhalten nur schwer vorausgesagt werden. Hauptsächlich biographische Daten über soziale Auffälligkeiten ermöglichen eine einigermaßen zuverlässige Prognose des Fahrverhaltens.

6. *Verkehrserziehung*. Psychologische Probleme der Verkehrserziehung wurden bisher zu wenig beachtet. Die sehr hohe Zahl von Schulkinder- und ganz allgemein Fußgängerunfällen hat 1990 zur Verschärfung der Straßenverkehrsordnung geführt und das öffentliche Interesse auf die Verkehrserziehung gelenkt.

Inzwischen haben Psychologen die Wirksamkeit von verschiedenen Aufklärungsmethoden (Fernsehspots, Zeitungsanzeigen usw.) und die Didaktik der Verkehrserziehung in den Schulen untersucht.

Wichtige Erkenntnisse:

- Eingefahrene Gewohnheiten der Kraftfahrer können nur sehr schwer abgebaut werden;
- Fußgänger – vor allem Ausländer – verfügen über ein sehr geringes Wissen über Verkehrsregeln;
- bei der Verkehrserziehung in der Schule kommt es auf das Erlernen von sozialen Verhaltensweisen und weniger auf Wissenserwerb an;
- neben Aufklärung, Ausbildung und Information erscheint Entspannung der Atmosphäre im Verkehr als eine entscheidende Voraussetzung für ein richtiges, d. h. vom Wissen statt von Gefühlen bestimmtes Verkehrsverhalten. Starke Motivationen, wie Eile, Ungeduld, Risikofreude, Rechthaberei, Konkurrenzdenken, verursachen häufig ein Verkehrsverhalten wider „besseres Wissen";
- Personen, die schon häufig Unfälle verursacht haben, sollten dazu verpflichtet werden, an Trainings- und Ausbildungskursen teilzunehmen. Es hat sich herausgestellt, daß Kursteilnehmer nach dem Kurs weit weniger Unfälle verursachen als vor dem Kurs. In den USA sind sog. „driver clinics" eingerichtet worden, die Unfäller wieder an den Verkehr anpassen.
- Bei der Verkehrsaufklärung ist besonders darauf zu achten, daß sich Bild und Ton ergänzen, daß Lernziele je nach Zielgruppe richtig ausgewählt werden, daß der Sinn einer Verhaltensweise aufgezeigt wird und Beweggründe für richtiges Verhalten. Zeitungsanzeigen haben sich bisher als wenig effektiv erwiesen. Themen der Verkehrssicherheit „verkaufen sich" vom Standpunkt des Journalisten her noch immer sehr schlecht.

Vermeidungsverhalten → Lernen.

Verstärkung →Lernen, →Bekräftigung.

Versuchsperson (Abkürzung Vp und für Versuchspersonen Vpn) wird jede Person genannt, die unter kontrollierten Bedingungen (z. B. in einem →Experiment) beobachtet wird.

Vigilanz →Arbeitspsychologie.

Vitalität, die (Lebens-)Energie, die ein Mensch in den verschiedenen psychischen Bereichen (Bewegungen, Körperhaltung, →Wahrnehmung, Fühlen, Sprechen u. a.) äußert (vitalstark – vitalschwach).

Vorpubertät →Jugendalter.

Vorstellung, Bezeichnung für bewußtes „Wiederhervorrufen" („Sich-Vorstellen") von Wahrnehmungs- und Gedächtnisinhalten. Der Anschauungscharakter (die Lebendigkeit) von Vorstellungen, besonders von →Phantasie-Vorstellungen, ist individuell unterschiedlich und kann durch Einnahme bestimmter →Psychopharmaka (→Drogenabhängigkeit) gesteigert werden.

Vorurteile. Man spricht von Vorurteilen, wenn sachlich inadäquate pauschale Meinungen (entweder zu positiv oder zu negativ) durch hinzukommende Informationen kaum geändert werden und das Individuum strikt bei seinem alten Urteil bleibt. Begriffe „Vorurteil" und „Stereotyp" werden in wissenschaftlichen Untersuchungen häufig gleichbedeutend (synonym) verwendet und definiert. In psychologischen Abhandlungen ist jedoch eine gewisse Differenzierung zu beobachten. Unter *Vorurteil* versteht man weitgehend eine freundliche oder feindliche Meinung über andere Personen, Objekte oder Sachverhalte; mit *Stereotypen* werden schablonenhafte Beurteilungen, vereinfachte Verallgemeinerungen bzw. Klischeevorstellungen über eine eigene oder fremde Gruppen und Völker bezeichnet. Diese Gruppen- und ethnischen Stereotype sind meist nur gegenüber Minderheiten feindlich getönt (emotionale Komponente), oft handelt es sich jedoch nur um vereinfachte Konzepte (weder feindselig noch freundlich), die von einer großen Gruppe oder vom ganzen Volk als wahr angenommen werden. So sind Juden schlau, gewinnsüchtig, geizig, Neger abergläubisch, faul, dumm, leichtsinnig; über Juden als Minderheit und Neger als Rasse werden feindliche Stereotype aufgestellt, die Gruppen abgewertet und mit Aggressionen belegt. Dagegen sind Engländer und Deutsche fleißig, intelligent und Italiener künstlerisch, leidenschaftlich und impulsiv. Diese Klischeevorstellungen beinhalten keine feindliche oder freundliche Kompo-

nente. Außerdem werden Stereotype immer wieder durch Massenkommunikationsmittel wiedergegeben.
Vorurteile treten als → Einstellungen nie isoliert auf, sondern sind mit der gesamten Persönlichkeit verflochten (→ Autoritäre Persönlichkeit). Stereotype können isoliert auftreten und von anderen Einstellungen der Person unabhängig sein. Sowohl Stereotype wie Vorurteile bestimmen das Verhalten und werden schon in der Kindheit gelernt.

W

Wahn *(Paranoia)*, eine →Psychose, für die psychische Erlebnisse wie Ideen, Überzeugungen und Vorstellungen charakteristisch sind, die keine äußere Ursache und keinen Realitätsbezug haben („falsch sind") und durch Aufführen von Beweisen nicht korrigiert werden können. Der paranoische Wahn ist im Gegensatz zum schizophrenen Wahn (paranoid) einfühlbar, d. h., dieselben Ideen können in stark abgeschwächter Form auch mal beim Normalen vorkommen. Wichtigste Formen sind: der *Beziehungswahn,* bei dem zufällige Vorkommnisse auf die eigene Person bezogen werden, der Kranke fühlt sich ständig betroffen, belächelt, beschämt, wird verlegen, der *Größenwahn,* bei dem der Kranke sich in höchsten Positionen erlebt (König, Gott) und der *Verfolgungswahn,* bei dem sich der Kranke ständig am Leben bedroht fühlt.

Wahrnehmung. *I. Allgemeine Vorbemerkungen.* Wahrnehmung stellt die Grundlage jedes psychischen Geschehens dar; sie ist auf der einen Seite an Sinnesempfindungen gebunden (physiologischer Aspekt der Wahrnehmung), andererseits wird sie durch Erfahrungen und Erwartungshaltungen modifiziert (psychologischer Aspekt der Wahrnehmung – social perception). Man unterscheidet zwischen Wahrnehmung, →Empfindung und →Vorstellung: Empfindungen (sowohl die zentralnervösen Erregungen des →Nervensystems als auch gleichzeitig ablaufende emotionale Empfindungen) bilden die Grundlage für die Wahrnehmung, von der wiederum die Vorstellungen abhängen.
II. Definition. Die Wahrnehmung wird allgemein als Prozeß und Ergebnis der Informationsgewinnung über die Außenwelt definiert (Abb. s. S. 404).
Aus der schematischen Darstellung wird ersichtlich, daß auch der Hintergrund eine Rolle spielt (→Wahrnehmungstäuschungen, Kontrastphänomene, soziale Wahrnehmung), daß aufgrund der Beschaffenheit der Sinnesorgane nur ein kleiner Ausschnitt der Umwelt wahrgenommen wird, daß die Informationen durch die Erfahrung, Gedächtnis, Gefühle und andere Faktoren verändert (modifiziert) werden und daß das auf die Wahrnehmung folgende Verhalten (z. B. Vermeiden von bestimmten Situationen) eine erneute Selektion und Verfälschung der Wirklichkeit herbeiführen kann.

Schematische Darstellung der Wahrnehmungsvorgänge

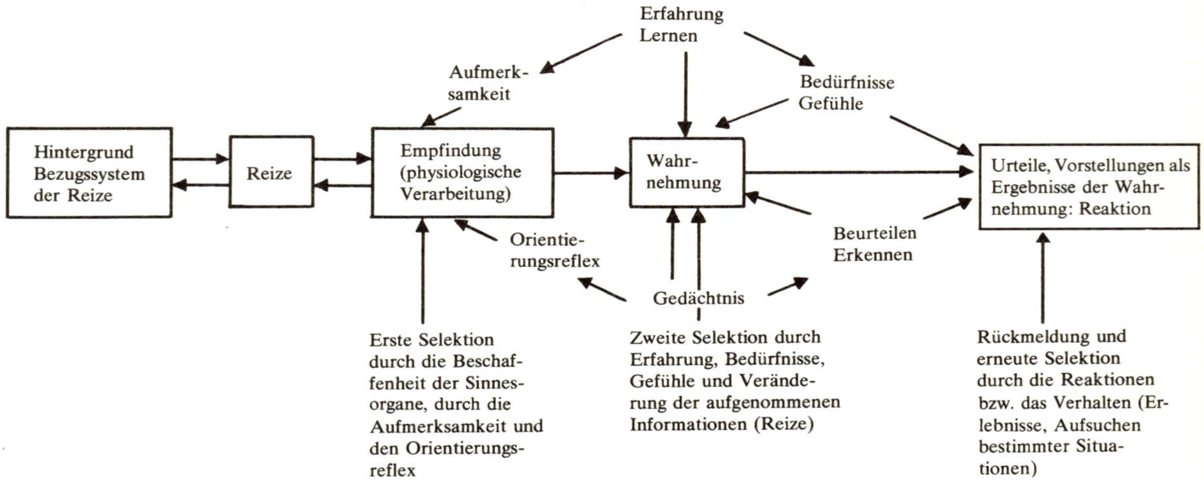

III. Einige Ergebnisse der Wahrnehmungsforschung. In der Geschichte der Wahrnehmungsforschung wurden nacheinander Schwerpunkte auf einzelne Faktoren, die an der Wahrnehmung beteiligt sind, gelegt und gründlich erforscht. Die gewonnenen Erkenntnisse führten dann jeweils zum Aufstellen einer neuen Wahrnehmungstheorie.

Die bisherigen Bemühungen der Wahrnehmungsforschung brachten einige wichtige Erkenntnisse (im einzelnen wird auf die in der Übersicht aufgeführten Stichwort-Artikel verwiesen) und führten zu verschiedenen theoretischen Ansätzen:

1. Die Wahrnehmung vermittelt keine objektive Wirklichkeit, sondern eine subjektive Welt; wir nehmen das wahr, was unseren Bedürfnissen, Erfahrungen, Erwartungen entspricht und nicht die objektiv gegebenen Reize.

Übersicht über die Wahrnehmungsforschung

Forschungs-schwerpunkt	Sinne	Soziale Merkmale	Differentielle Psychologie	Funktionen
Teilbereiche der Forschung	↗Gesichtswahrnehmung ↗Gehörswahrnehmung ↗Geruchswahrnehmung ↗Hautwahrnehmung ↗Gestalt-Wahrnehmung	↗Soziale Wahrnehmung	Person-Wahrnehmung (→Ausdruck)	Bedeutung der Erfahrung, Gefühle, Bedürfnisse usw.
Spezielle Probleme und Erkenntnisse	↗Wahrnehmungstäuschungen, gestalthafte Organisation der Wahrnehmung	↗Konformität, ↗Sprache, Gesetzmäßigkeiten der Wahrnehmung von sozialen Merkmalen	↗Ausdruck, systematische Fehler bei der Personwahrnehmung	Entwicklung der Wahrnehmung (Erfahrung), Wahrnehmungsabwehr u.a.m.

2. Die Wahrnehmung hängt zum Teil von angeborenen Organisationsprozessen (→Gestalt, →Wahrnehmungstäuschungen) und der Beschaffenheit der Sinnesorgane und äußeren Umständen ab und zum Teil von →Lernen, Erfahrung, aktuellem Zustand des Individuums (Bedürfnisse), von seinen Erwartungen.

3. Die Verfälschung und Verzerrung der objektiven Wirklichkeit durch die Wahrnehmung wird in der sozialen und Person-Wahrnehmung besonders deutlich. Es wird entsprechend den eigenen

→ Einstellungen, den sozialen und kulturellen → Normen, der beherrschten Sprache wahrgenommen; → Vorurteile, Klischeevorstellungen und Gruppendruck führen zu weiteren Verfälschungen.

Wahrnehmungstäuschungen *(Sinnestäuschungen).* Als Wahrnehmungstäuschungen werden Wahrnehmungsinhalte, bewußte Erlebnisse bezeichnet, die von der objektiv gegebenen Wirklichkeit (z. B. eine Reizkonstellation) abweichen, jedoch als Erlebnis, als Wahrnehmung der „gegenwärtig" vorhandenen Umgebung empfunden werden. Vorstellungen (Illusion) und Gedanken, die auf Vergangenheit oder Zukunft gerichtet sind, sind auch dann keine Wahrnehmungstäuschungen, wenn sie der Wirklichkeit nicht entsprechen. Unter den Wahrnehmungstäuschungen sind vor allem die „geometrisch-optischen Täuschungen" bekannt. Die Tatsache, daß wir trotz des „Besser-Wissens" der Täuschung immer wieder unterliegen, ist ein wichtiges Merkmal von Wahrnehmungstäuschungen. Die ältere Bezeichnung „Sinnestäuschungen" wird für die oben definierten Erscheinungen nicht mehr verwendet, weil es sich um keine Täuschungen der Sinnesorgane oder → Sinne handelt und der abweichende Wahrnehmungsinhalt erst durch die zentrale Verarbreitung (→ Wahrnehmung) zustande kommt.
Klassifikation von Wahrnehmungstäuschungen:
1. Zu den Täuschungen, die ohne entsprechende Außenreize entstehen oder starke Fehldeutung der Wirklichkeit darstellen, werden gerechnet: *Halluzinationen,* lebhafte Wahrnehmungsinhalte, die durch → Psychopharmaka, Ausnahmezustände, wie Durst, Hunger oder Isolation, hervorgerufen werden und für → Psychosen wie Schizophrenie charakteristisch sind (Nicht-Vorhandenes wird wahrgenommen).
2. *Bewegungstäuschungen,* wie Bewegung der Landschaft im fahrenden Auto, des Brückenpfeilers bei fließendem Wasser, des Mondes am bewölkten Himmel, die als „Rollentausch" bezeichnet werden könnten, und Scheinbewegungen, die entstehen, wenn z. B. zwei Lichtpunkte in kurzer Entfernung hintereinander aufleuchten oder ruhende Objekte kurz hintereinander dargeboten werden (Phi-Phänomen).
3. Die (geometrisch-)*optischen Täuschungen,* für die geringe Abweichungen des Wahrnehmungsinhalts von der Vorlage charakteristisch sind.

Beispiele für optische Täuschungen:
a) Amessche Räume (der Bezugsrahmen, d. h., der Raum ist nicht quadratisch)

Ames' Raum: Bei einäugiger Betrachtung durch ein Guckloch wird die Raumverzerrung nicht bemerkt („Erfahrung"); die Eltern erscheinen als Zwerge und ihr Kind als Riese.

b) Perspektive und Entfernung (der letzte Mann wird wegen der Perspektive und der angenommenen größeren Entfernung größer gesehen)

Die vier Männer sind gleich groß.
Weil wir aber, durch die perspektivischen Linien, die rechten weiter hinten sehen, kommen sie uns größer vor.

(Zeichnung aus „Psychologie, die uns angeht", Bertelsmann Lexikon-Verlag).

c) Kontrast-Täuschungen (das Gefäß in der dunklen Umgebung erscheint heller, von kleineren Kreisen umzäumter Kreis größer)

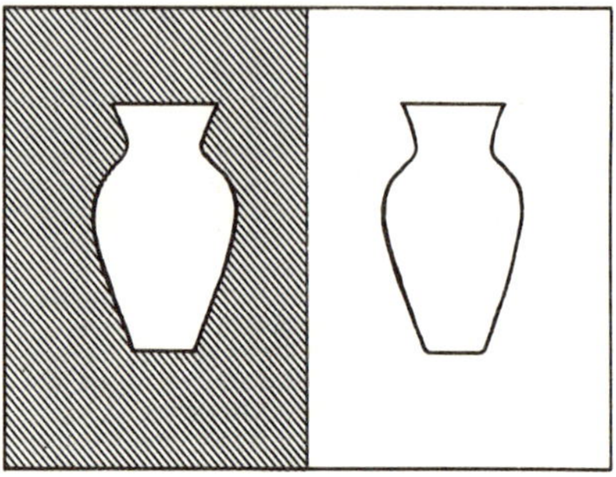

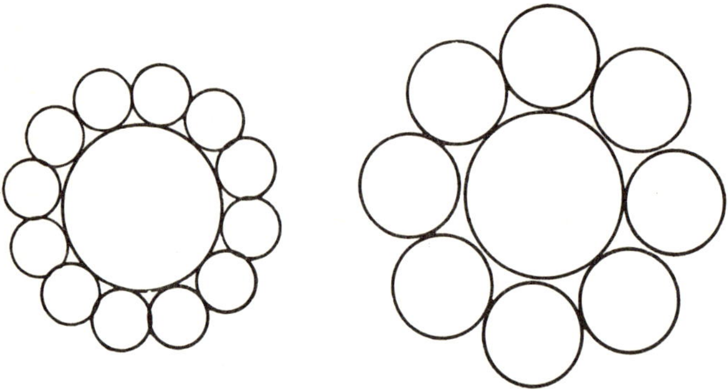

d) Beispiele für geometrisch-optische Täuschungen:

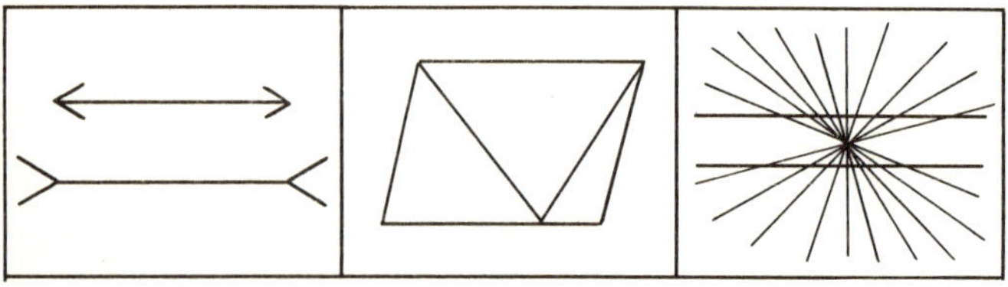

Müller-Lyersche T. Heringsche T. Sandersche T.

Die unter a), b) und c) aufgeführten Täuschungen haben zweifelsohne eine gewisse funktionale Bedeutung, indem sie im täglichen Leben eine realistischere Wahrnehmung der Umwelt ermöglichen, als sie durch die Sinnesorgane vermittelt wird. Auch bei diesen Wahrnehmungstäuschungen zeigt sich die große Bedeutung des →Lernens, der Gefühle, Bedürfnisse und →Einstellungen. Im Amesschen Raum wird z. B. die eigene Ehefrau oder Freundin normal gesehen und der Raum verzerrt (Hony-Phänomen).
Die unter c) und d) aufgeführten Täuschungen waren ursprünglich hauptsächlich für Forschungszwecke interessant; unter anderem haben mit ihrer Hilfe Gestaltpsychologen (→Gestalt) den ganzheitlichen Charakter der Wahrnehmung bewiesen. Sie verdeutlichen, daß man durch geschickte Anordnung des Umfeldes den Menschen täuschen kann. Man kann, je nach Bedarf, ein Objekt größer oder kleiner erscheinen lassen (z. B. in der Werbung).

Weber-Fechnersches-Gesetz →Empfindung, →Psychophysik.

Wechselwirkung →Leib-Seele-Problem.

Weglaufen. Das Weglaufen von zu Hause und vom Erzieher ist ein Symptom, das man häufig bei Kindern beobachtet, die in den ersten Lebensmonaten – oder auch später – keine ausreichende emotionale Zuwendung erfahren und deshalb kein Gefühl der Sicherheit und des Vertrauens im Zusammenhang mit ihrem Zuhause und bestimmten Personen kennengelernt haben. Für sie stellt die „Fremde" keine Bedrohung oder Gefährdung dar (es ist ja ähnlich wie zu Hause), und ein Weglaufen bringt insofern keine Nachteile mit sich. Es ist eine Suche der Kinder nach Ersatzbefriedigungen, die sie finden, wenn sie neue Freunde kennenlernen, mit denen sie zusammen z. B. in Heuschobern übernachten, fischen usw. Das Weglaufen wird begünstigt durch eine wechselhafte „Kalt-Warm"-Erziehung, die das Kind einmal sehr einengt und ein anderes Mal alles gewährt. Auf diese Weise ist es dem Kind nicht möglich, bestimmte Regeln im menschlichen Zusammenleben zu erkennen und zu übernehmen (Rücksichtnahme, rechtzeitiges Nachhausekommen u. a.).

Wehrpsychologie. Die komplizierten Führungs- und Waffensysteme erfordern Einsatz von psychologischen Erkenntnissen und von Psychologen in folgenden Bereichen:
1. Eignungsuntersuchungen und Auswahl von Spezialisten für das Bedienen komplizierter Waffensysteme und für die Übernahme von Führungsaufgaben;
2. Entwicklung von optimalen Ausbildungsmethoden;
3. Untersuchungen zur Anpassung komplizierter Waffen an

menschliche Leistungsfähigkeit, z. B. Steuerung von U-Booten oder Flugzeugen;
4. Untersuchung sozialpsychologischer Probleme in einer Streitkraft (Führung, Gruppenbezeichnungen, Motivierung usw.).

Werbepsychologie. Die Erkenntnisse der Psychologie haben die Werbung, d.h. die Kunst zu überreden, Erwartungen, →Einstellungen und Meinungen zu beeinflussen und das menschliche Verhalten zu lenken, stark verändert. Produkte und Firmen werden nicht mehr angepriesen, es wird vielmehr versucht, ein positives Image der Produkte herzustellen, die Erwartungen, Gefühle und Vorstellungen der Konsumenten zu erfüllen (angenehme Atmosphäre, Attraktivität, exotische Frucht, typisch deutsch usw.), Bedürfnisse zu wecken und bestehende Bedürfnisse, Hemmungen und Konflikte zu verstärken (Mundgeruch, Schuldgefühle beim Gebrauch falschen Waschmittels, Bedürfnis nach Anerkennung, Gefühl der Isolierung usw.) und durch Kauf Befriedigung zu suggerieren.
Der Ausgangspunkt der Werbepsychologie war die sogenannte *Reklamepsychologie* nach 1920, die hauptsächlich in Laboruntersuchungen die Wirksamkeit gedruckter Anzeigen und Graphiken erforscht hat, wobei die Gestaltgesetze (→Gestalt) sehr stark berücksichtigt wurden. Später wurden in der Werbung die Annahmen der →Tiefenpsychologie über die verhaltenssteuernde Wirkung des Unbewußten berücksichtigt, was zur Anwendung der sogenannten unterschwelligen Wahrnehmung (subliminale Wahrnehmung: Reize und Informationen werden nicht bewußt erlebt) und verschiedener Symbole für die verborgenen Bedürfnisse und Gefühle (die „geheimen Verführer"; V. Packard) führte. Dies war auch der Ausgangspunkt für die gegenwärtige Motivforschung (→Marktpsychologie) als Grundlage jeder Werbung, wobei die Erkenntnis, daß die →Wahrnehmung weniger von der Reizkonstellation und stärker von den Bedürfnissen und Gefühlen des Empfängers abhängt, die entscheidende Rolle spielt.
Die moderne Werbepsychologie umfaßt drei große Aufgabenbereiche:
1. Die *kommerzielle Werbung, Reklame,* Beeinflussung von Konsumenten und deren Kaufverhalten. Dabei geht man im allgemeinen so vor: a) Erforschung der Bedürfnisse der potentiellen Käufer (Zielgruppe); b) Festlegen des Werbethemas und die Wahl des Werbemotivs; c) Gestaltung des Werbetextes, damit er Aufforderungscharakter besitzt (Aufmerksamkeit erweckt), sich des →Lernens nach dem Prinzip der klassischen Konditionierung bedient (gleichzeitig mit dem Produkt wird ein Reiz dargeboten, der natürliche Reaktionen auslöst, Bedürfnisse anspricht und Befriedigung verspricht bzw. Vertrauen erweckt); d) Durchführung der Werbeaktion und Kontrolle der Werbewirksamkeit.

2. *Public relations,* Öffentlichkeitsarbeit, die ein positives Image (→Marktpsychologie) eines Betriebes oder eines Politikers aufbauen soll. Techniken sind: Prestigepropaganda (Ruf des Unternehmens), Veröffentlichungen von Bilanzen, Spenden für wohltätige Zwecke, Empfang von hohen Persönlichkeiten, Tage der „offenen Tür", Verbreitung von Informationen über sogenannte „Meinungsmacher" (opinion leaders, Personen, die populär sind, z. B. Sportler, und hohes soziales Prestige besitzen), Zusammenarbeit mit den Massenmedien und persönliche Begegnung.
3. *Politische Propaganda:* Wahlkampf, Gegenpropaganda, die an die Ehre und positive (Freiheit, Gerechtigkeit ...) sowie negative soziale Werte (Angst, Unsicherheit, Mißbrauch der Macht ...) der Zielgruppe appelliert, Agitationspropaganda, die auf der Unzufriedenheit und den Ansprüchen der Zielgruppe aufbaut (politische Außenseiter), und Integrationspropaganda, die größeren Zusammenhalt der eigenen Gruppe durch Schaffung von Feindgruppen zum Ziel hat und sich am „Sündenbockmechanismus" orientiert (→Politische Psychologie).
Hinsichtlich der Wirksamkeit der Werbung bestehen viele →Vorurteile. Die Menschen sind nicht so leicht manipulierbar (beeinflußbar), wie das häufig angenommen wird. Die einmal gelernten →Einstellungen, →Gefühle, Bedürfnisse, →Vorurteile und somit das gesamte Verhalten - auch Kaufverhalten - sind sehr widerstandsfähig und können durch Massenmedien nur schwer geändert werden. Die Tatsache, daß in unserer Gesellschaft mehr konsumiert wird, als es zur Lebenserhaltung notwendig ist, ist gewiß nicht auf die Bemühungen der Werbung zurückzuführen. Nicht, daß gekauft wird, sondern welche Wahl zwischen etwa gleichwertigen Produkten getroffen wird, ist z. T. eine Funktion der Werbung.

Wertorientierung, allgemeine Bezeichnung für das Verhalten und für →Einstellungen (Haltungen), die sich auf soziale →Normen und moralische (→Moral) Werte beziehen.

Wille, Bezeichnung für eine angenommene „Fähigkeit" des Menschen, sich bewußt für ein Verhalten zu entscheiden und ein Ziel anzustreben. Die Willensaktivität wird zu den kognitiven Fähigkeiten gerechnet (Willenshandlung im Gegensatz zur emotionalen Reaktion) und im Sinne der Fähigkeit zur Selbstdisziplinierung verstanden. In der älteren Psychologie oft benutzt, wird dieser Begriff heute durch den der →Motivation ersetzt.

Wirtschaftspsychologie. Die Anwendung psychologischer Erkenntnisse in der Wirtschaft wird aufgegliedert in die Psychologie der Produktion, die →Arbeits-, →Betriebs- und →Organisationspsychologie umfaßt, und in die Psychologie des Konsumverhaltens (Verbraucher-Psychologie) mit den beiden wichtigsten Bereichen der psychologischen Marktforschung und Werbung (→ Marktpsychologie und → Werbepsychologie). Für die Arbeits- und Betriebspsychologie wird oft die Bezeichnung *Industriepsychologie* gebraucht und für die Markt- und Werbepsychologie der Begriff *Verkaufspsychologie*.

Y Z

Yoga → Entspannungstechniken.

Zeitwahrnehmung. Die nicht anschauliche Dimension Zeit kann nur an der Anzahl und Dauer der Erlebnisse, Gefühle und Erfahrungen subjektiv geschätzt bzw. wahrgenommen werden. Für die Zeit gibt es weder ein Sinnesorgan noch die adäquaten → Reize; trotzdem wird von einem Zeitsinn (→ Sinne) gesprochen. In der Psychologie wird zwischen „subjektiver Zeitschätzung", „Zeiterleben" und „Zeitverhalten" unterschieden. Durch die Erkenntnis der Wissenschaftler, daß das *Zeitverhalten,* d.h. das Herstellen und mehr oder weniger genaues Einhalten bestimmter Zeitabstände im → Schlaf und unter → Hypnose genauer ist als im Wachzustand, wurde die Annahme einer „inneren Uhr" bestätigt. Es wird angenommen, daß das Funktionieren der inneren Uhr an physiologische Vorgänge im Körper gebunden ist. Diese Annahme wird außerdem durch die Erkenntnis bestärkt, daß die Einnahme bestimmter → Psychopharmaka sowohl das Zeitverhalten als auch das Zeitschätzen beeinflußt. Bei entsprechendem Training ist es möglich, eine bestimmte Zeitspanne im Schlaf genau einzuhalten und zu dem – vor dem Einschlafen – festgelegten Zeitpunkt aufzuwachen. Das Zeiterleben und die subjektive Zeitschätzung sind stärker von der Erfahrung (Alter), Gefühlen, Bedürfnissen, Erwartungen, Art der Erlebnisse u.a. abhängig. Unter *Zeiterleben* wird das bewußte Erfassen zeitlicher Abstände wie „kurz" oder „lang" und zeitlicher Aufeinanderfolge, wie Vergangenheit, Gegenwart und Zukunft, verstanden. Außer der kürzesten wahrnehmbaren Zeitdauer („Moment") und der *„psychischen Präsenzzeit",* die von 0,5 bis etwa 7 Sekunden dauert, ist das Zeiterleben von Gedächtnisleistungen abhängig. Kinder sind erst ab 8 Jahren in der Lage, die zeitliche Reihenfolge über längere Zeitspannen hinweg richtig anzugehen.
Durch Vergleiche zwischen der „objektiven" Zeituhr und „subjektiven" Schätzungen der verstrichenen Zeit wird die Genauigkeit der Zeitwahrnehmung *(subjektive Zeitschätzung)* gemessen. Die zeitliche Überschätzung ist häufiger bei Frauen, bei spannender Erwartung und Langeweile sowie bei verschiedenen krankhaften Störungen (z.B. bei → Depression) beobachtbar. Eine Unterschätzung der verstrichenen Zeit tritt normalerweise bei angenehmen

Erlebnissen, in Kleingruppen, bei abwechslungsreicher Arbeit und bei Einnahme von Tranquilizern (→ Psychopharmaka) auf.

Zentralnervensystem (ZNS) → Nervensystem.

Zeugentüchtigkeit → Forensische Psychologie.

Zufallsstichprobe → Methoden der Psychologie.

Zurechnungsfähigkeit → Forensische Psychologie.

Zuverlässigkeit (Reliabilität) → Statistik.

Zwangsneurosen → Neurose.

Zwillingsforschung → Anlage-Umwelt-Problem.

Zyklothym → Körperbautypen.

Literaturverzeichnis

Die Zusammenstellung soll dem Leser die Möglichkeit geben, sich in kurzer Zeit einen Überblick über die wichtigste deutschsprachige Literatur in der Psychologie zu verschaffen. Es war daher notwendig, auch Bücher und Zeitschriften anzuführen, die in den Artikeln dieses Lexikons keine Berücksichtigung fanden.

Psychologie im Überblick

Einführungen

Alterhoff, G. u.a.: Psychologie. Ein Grundkurs mit Arbeitshilfen. München 1985 (Taschenbuch).

Benesch, H.: dtv-Atlas zur Psychologie, 2 Bände München 1987 (Taschenbuch).

Bochow, R.: Moderne Psychologie für Lehrende und Lernende, Wien 1978.

Bondy, C.: Einführung in die Psychologie. Frankfurt 1986 (Taschenbuch).

Bühler, Ch.: Psychologie im Leben unserer Zeit. München 1971 (Taschenbuch).

Dörner, D. u. Selg, H. (Hrsg.): Psychologie. Stuttgart 1985.

Heil, K. D.: Programmierte Einführung in die Psychologie. Reinbek 1975 (Taschenbuch).

Laucken, U.: Denkformen der Psychologie. Bern 1989.

Laucken, U. u. Schick, A.: Einführung in das Studium der Psychologie. Stuttgart 1978.

Lück, H. E., Rippe, H. J., Timaeus, E.: Einführung in die Psychologie. Leverkusen ²1986.

Nolting, H.-P. u. Paulus, P.: Psychologie lernen. München, Weinheim 1985.

Rexilius, G. u. Grubitzsch, S. (Hrsg.): Psychologie. Ein Grundkurs. Reinbek 1987 (Taschenbuch).

Rogge, K. E. (Hrsg.): Steckbrief der Psychologie. Heidelberg ⁴1983 (Taschenbuch).

Schulte, H. J. (Hrsg.): Psychologie für Nichtpsychologen. Stuttgart ⁶1986.

Schwartz, S.: Wie Pawlow auf den Hund kam. Die 5 klassischen Experimente der Psychologie. Weinheim 1989.

Uhlich, D.: Einführung in die Psychologie. Stuttgart 1989.

Wawrinowski, U.: Grundkurs Psychologie. München 1986.

Wendt, D.: Allgemeine Psychologie. Stuttgart 1988.

Wilhelm, H.: Studienführer der Psychologie. Ismaning 1989.

Zimbardo, P. G.: Psychologie. Berlin ⁴1983.

Vertiefte Darstellungen

Herkner, W.: Psychologie. Berlin 1986.

Lindsay, P. H. u. Norman, D. A.: Einführung in die Psychologie. Berlin 1981.

Es gibt eine kleinere mehrbändige Gesamtdarstellung:
Krech, D. u. Crutchfield, R. S. u. a.: Grundlagen der Psychologie. (Bearbeiter und Herausgeber der deutschen Ausgaben: Helmut Benesch), 8 Bände, München, Weinheim 1985.
1: Theoretische Grundlagen und Entwicklungspsychologie;
2: Wahrnehmungspsychologie;
3: Lern- und Gedächtnispsychologie;
4: Kognitionspsychologie;
5: Motivations- und Emotionspsychologie;
6: Persönlichkeitspsychologie und Psychotherapie;
7: Sozialpsychologie;
8: Angewandte Psychologie (von H. Benesch für die deutsche Ausgabe verfaßt).

Die beiden großen Darstellungen sind:
(1): Das *Handbuch der Psychologie* in 12 Bänden erschienen in Göttingen seit 1959:
1: Allgemeine Psychologie: 1/1 Hlb. Wahrnehmung und Bewußtsein.
1/2: Lernen und Denken;
2: Motivation;
3: Entwicklungspsychologie;
4: Persönlichkeitsforschung, Persönlichkeitstheorie;
5: Ausdruckspsychologie;
6: Psychologische Diagnostik;
7: Sozialpsychologie, 2 Bde.;
8: Klinische Psychologie, 2 Bde.;
9: Betriebspsychologie;
10: Pädagogische Psychologie;
11: Forensische Psychologie;
12: Marktpsychologie.
(2): Diese Bände spiegeln vorwiegend die Akademische Psychologie wider, sie wurden von deren führenden Vertretern verfaßt.

(2): Die andere große Enzyklopädie: *Die Psychologie des 20. Jahrhunderts,* im Kindler Verlag, seit 1976 erschienen, versucht einerseits diese akademische Tradition, andererseits aber stärker auch Außenseiterrichtungen, u. a. psychoanalytischer Art, darzustellen.
Während die erste Enzyklopädie ein durchgängiges sehr hohes Niveau und akademischen Stil hat, wechselt Stil und Anspruch der Kindler-Enzyklopädie sehr stark. Sie beinhaltet auch für den Laien sehr viele interessante Teilartikel.
1: Die Europäische Tradition: Tendenzen, Schulen, Entwicklungslinien;
2: Freud und die Folgen: Band 1;
3: Freud und die Folgen: Band 2;
4: Pawlow und die Folgen: von der klassischen Konditionierung bis zur Verhaltenstherapie;
5: Binet und die Folgen: Testverfahren, Persönlichkeitsforschung;
6: Lorenz und die Folgen: Tierpsychologie, Verhaltensforschung, physiologische Psychologie;
7: Piaget und die Folgen: Entwicklungspsychologie, Denkpsychologie, Genetische Psychologie;
8: Lewin und die Folgen: Sozialpsychologie, Gruppendynamik, Gruppentherapie;
9: Ergebnisse für die Medizin, 1. Bd.: Psychosomatik.
10: Ergebnisse für die Medizin, 2 Bd.: Psychiatrie.

11: Konsequenzen für die Pädagogik, 1. Bd.: Entwicklungsmöglichkeit erzieherischer Modelle.
12: Konsequenzen für die Pädagogik, 2. Bd.: Entwicklungsstörungen therapeutischer Modelle.
13: Anwendungen im Berufsleben: Arbeits-, Wirtschafts- und Verkehrspsychologie.
14: Auswirkungen auf die Kriminologie: Delinquenz und Gesellschaft.
15: Transzendenz, Imagination und Kreativität: Religion, Parapsychologie, Literatur und Kunst. Registerband: Namensregister, Sachregister.

Z.Z. ist eine neue Enzyklopädie als Nachfolgeprojekt des *Handbuches der Psychologie* im Entstehen: Die *Enzyklopädie der Psychologie,* die auf 88 Bände angelegt ist. Es liegen jedoch erst ca. 10 Bände vor, vorwiegend über methodische Aspekte, und 5 Bände aus der Wirtschafts-, Organisations- u. Arbeitspsychologie. Des weiteren 3 Bände aus dem Bereich von Motivation und Emotion.

Geschichte der Psychologie

Ash, M. G. u. Geuter, U. (Hrsg.): Geschichte der deutschen Psychologie im 20. Jahrhundert. Opladen 1985.
Lück, H. E. u.a. (Hrsg.): Geschichte der Psychologie. Stuttgart 1984.
Pongratz, L. J.: Problemgeschichte der Psychologie. Frankfurt a.M. 1984 (Taschenbuch).
Kritische Darstellungen:
Maikowski, R. u.a.: Psychologie und ihre Praxis. Frankfurt a.M. 1976 (Taschenbuch).
Geuter, U.: Die Professionalisierung der deutschen Psychologie im Nationalsozialismus. Frankfurt a.M. 1984.
Einen bibliographischen Überblick über die Psychologie liefert:
Wilhelm, H.: Informationshandbuch Psychologie. Frankfurt a.M. 1987 (Taschenbuch).

Methoden

Faverge, J.-M.: Mathematisch-statistische Methoden in der Psychologie. Bern 1980.
Gould, S. J. G.: Der falsch vermessene Mensch. Stuttgart 1983.
Kriz, J. u. Lisch, R.: Methoden-Lexikon für Mediziner, Psychologen, Soziologen. München, Weinheim 1988.
Lamnek, S.: Qualitative Sozialforschung, 2 Bde. München, Weinheim 1988/89.
Rauchfleisch, U.: Testpsychologie. Göttingen 1980.
Sarris, U.: Experimentalpsychologisches Praktikum, 4 Bde. Weinheim 1985.
Sprung, C. u. H.: Grundlagen der Methodologie und Methodik der Psychologie. Berlin (Ost) 1984.
Selg, H. u. Bauer, W.: Forschungsmethoden der Psychologie. München [3]1976 (Taschenbuch).
Wottawa, H.: Psychologische Methodenlehre. München [3]1985.
Wottawa, H.: Strategien und Modelle in der Psychologie. München, Weinheim 1984.

Lexika

Arnold, W. u. Eysenck, H. J. u. a. (Hrsg.): Lexikon der Psychologie. 3 Bände in Kass. Freiburg 1986 (Taschenbuch).

Asanger, R. u. Wenninger, G. (Hrsg.): Handwörterbuch der Psychologie. München, Weinheim 1988.

Bornemann, E.: Lexikon der Sexualität. München 1986 (Taschenbuch).

Clauß, G. u. a. (Hrsg.): Wörterbuch der Psychologie. Köln 1986.

Dorsch, F. (Hrsg.): Psychologisches Wörterbuch. Bern [11]1987.

Fröhlich, W. D.: dtv-Wörterbuch zur Psychologie. München [15]1987 (Taschenbuch).

Grubitzsch, S., Rexilius, G.: Psychologische Grundbegriffe, Reinbek 1987 (Taschenbuch).

Haas, R.: Wörterbuch der Psychologie und Psychiatrie (ein Wörterbuch i. e. S.: deutsch-englisch u. englisch-deutsch). Göttingen 1980, 1987.

Immelmann, K.: Wörterbuch der Verhaltensforschung. Hamburg, Berlin 1982.

Kriz, J. u. Lisch, R.: Methoden-Lexikon für Mediziner, Psychologen, Soziologen. München, Weinheim 1988.

Theorien und Schulen der Psychologie, Wissenschaftstheorie

Hermann, T.: Die Psychologie der Forschungsprogramme. Göttingen 1976.

Herzog, W.: Modell und Theorien der Psychologie. Göttingen 1982.

Kruse, L. u. Kumpf, M.: Psychologische Grundlagenforschung: Ethik und Recht. Bern 1981.

Neel, A. F.: Handbuch psychologischer Theorien. Frankfurt a. M. 1983 (Taschenbuch).

Quitman, H.: Humanistische Psychologie. Göttingen 1985.

Völker, U. (Hrsg.): Humanistische Psychologie. Weinheim 1980.

Allgemeine Psychologie

Gesamtdarstellungen

Heckhausen, H.: Allgemeine Psychologie in Experimenten. Göttingen 1969.

Lüer, G. (Hrsg.): Allgemeine experimentelle Psychologie. Stuttgart 1987.

Spada, H. u. a. (Hrsg.): Lehrbuch der Allgemeinen Psychologie. Bern (i. Vorb.).

Wahrnehmung

Arnheim, R.: Kunst und Sehen: eine Psychologie des schöpferischen Auges. Berlin 1978.

Gibson, J. J.: Wahrnehmung und Umwelt. München, Weinheim 1982.

Gregory, R. L.: Auge und Gehirn. Frankfurt a. M. 1972.

Guski, R.: Wahrnehmung. Stuttgart 1989.

Hajos, A.: Wahrnehmungspsychologie. Stuttgart 1972.

Murch, C. M. u. Woodworth, G. L.: Wahrnehmung. Stuttgart 1978.

Rock, I.: Wahrnehmung. Heidelberg 1985.

Schober, H. u. Rentschler, I.: Das Bild als Schein der Wirklichkeit. Optische Täuschungen in der Wissenschaft und Kunst. München 1972.

Stadler, M. u. a.: Psychologie der Wahrnehmung. München 1975.

Vernon, D.: Wahrnehmung und Erfahrung. Köln 1974.

Wittling, W.: Einführung in die Psychologie der Wahrnehmung. Hamburg 1976.

Weitere Literatur s. die Einzelbände der Gesamtdarstellungen.

Kognitionspsychologie

Anderson, J. R.: Kognitive Psychologie. Heidelberg 1988.
Gardner, H.: Dem Denken auf der Spur. Der Weg der Kognitionswissenschaft. Stuttgart 1989.
Mandl, H. u. Spada, H.: Wissenspsychologie. München 1988.
Neisser, U.: Kognitive Psychologie. Stuttgart 1984.
Neumann, O. (Hrsg.): Perspektiven der Kognitionspsychologie. Berlin 1985.
Posner, M.: Kognitive Psychologie. München 1976.
Wimmer, H. u. Perner, J.: Kognitionspsychologie. Stuttgart 1979.
Weitere Literatur s. die Einzelbände der Gesamtdarstellungen.

Motivationspsychologie

Heckhausen, H.: Motivation und Handeln. Berlin 1989.
Herber, H.-J.: Motivationspsychologie. Stuttgart 1976 (Taschenbuch).
Hilke, R. u. Kempf, W. (Hrsg.): Aggression. Bern 1982.
Keller, J. A.: Grundlagen der Motivation. München, Berlin, Wien 1981.
Schmalt, H. D.: Motivationspsychologie. Stuttgart 1986 (Taschenbuch).
Schneider, K. u. Schmalt, H. D.: Motivation. Stuttgart 1981.
Weitere Literatur s. die Einzelbände der Gesamtdarstellungen.

Emotionspsychologie

Euler, A. u. Mandl, H. (Hrsg.): Emotionspsychologie. München, Berlin, Wien 1983.
Izard, C. E.: Die Emotion des Menschen. Weinheim, Basel 1981.
Mandl, H. u. Huber, G. L. (Hrsg.): Emotion und Kognition. München 1983.
Schelp, T. u. Kemmler, L.: Emotion und Psychotherapie. Bern 1988.
Scherer, K. R. (Hrsg.): Psychologie der Emotion. Enzyklopädie der Psychologie. Göttingen 1989.
Weitere Literatur s. die Einzelbände der Gesamtdarstellungen.

Lernen und Gedächtnis

Arbinger, R.: Gedächtnis. Darmstadt 1984.
Baddeley, A. D.: Die Psychologie des Gedächtnisses. Stuttgart 1979.
Bergius, R.: Psychologie des Lernens. Stuttgart 1972.
Bredenkamp, J. u. Wippich, W.: Lern- und Gedächtnispsychologie. 2 Bde. Stuttgart 1977.
Foppa, K.: Lernen, Gedächtnis, Verhalten. Köln 1968.
Haseloff, O. W. u. Jorswieck, E.: Psychologie des Lernens. Berlin 1971.
Jüttner, K.: Gedächtnis. München 1979.
Kintsch, W.: Gedächtnis und Kognition. Berlin 1982.
Rahmann, H. u. Rahmann, M.: Das Gedächtnis. Neurobiologische Grundlagen. Berlin 1988.
Steiner, G.: Lernen. Bern 1988.
Wender, K. F. u. a.: Modelle des menschlichen Gedächtnisses. Stuttgart 1980.
Weitere Literatur s. die Einzelbände der Gesamtdarstellungen.

Denken und Wissen

Dörner, D.: Problemlösen als Informationsverarbeitung. Stuttgart 1979.
Dörner D. u.a. (Hrsg.): Lohhausen. Vom Umgang mit Unbestimmtheit und Komplexität. Bern 1983.
Foppa, K. u. Groner, R. (Hrsg.): Kognitive Strukturen und ihre Entwicklung. Bern 1981.
Gerke, P. R.: Wie denkt der Mensch? Informationstechnik und Gehirn. Berlin 1987.
Graumann, C.F. (Hrsg.): Denken. Köln 1965.
Hofmann, J.: Die Welt der Begriffe. Weinheim, Basel 1986.
Hussy, W.: Denkpsychologie. 2 Bde. Stuttgart 1984.
Kluwe, R.: Wissen und Denken. Stuttgart 1979.
Weitere Literatur s. die Einzelbände der Gesamtdarstellungen.

Physiologische und Biologische Psychologie, Neuropsychologie

Birbaumer, N. u. Schmidt, R. F.: Biologische Psychologie. Berlin 1989.
Beaumont, J. G.: Einführung in die Neuropsychologie. München, Weinheim 1989.
Bösel, R.: Biopsychologie der Emotion. Berlin 1986.
Bösel, R.: Physiologische Psychologie. Berlin 1986.
Changeux, J.-P.: Der neuronale Mensch. Reinbek 1984.
Immelmann, K. u.a.: Psychobiologie. München, Weinheim 1988.
Mecacci, L.: Das einzigartige Gehirn. Frankfurt a.M. 1986.
Poeck, K. (Hrsg.): Klinische Neuropsychologie. Stuttgart 1982.
Sacks, O.: Der Mann, der seine Frau mit einem Hut verwechselte. Reinbek 1987.
Schandry, R.: Lehrbuch der Psychophysiologie. München, Weinheim 1988.
Steller, M.: Psychophysiologische Aussagebeurteilung. Wissenschaftliche Grundlagen und Anwendungsmöglichkeiten der „Lügendetektion". Göttingen 1987.
Wais, M.: Neuropsychologie der rechten Hemisphäre. Stuttgart 1982.

Entwicklungspsychologie

Bettelheim, B.: Kinder brauchen Märchen. München 1985.
Buggle, F.: Die Entwicklungspsychologie Jean Piagets. München 1985 (Taschenbuch).
Greenspan, S. J. und N. T.: Das Erwachen der Gefühle. München 1985.
Hetzer, H. u.a.: Angewandte Entwicklungspsychologie des Kindes- und Jugendalters. Heidelberg 1979 (Taschenbuch).
Kagan, J.: Die Natur des Kindes. München [2]1987
Kübler-Ross, E.: Interviews mit Sterbenden, Frankfurt [14]1987 (Taschenbuch).
Kübler-Ross, E.: Was können wir noch tun? Antworten auf Fragen nach Sterben und Tod. Heidelberg [14]1987 (Taschenbuch).
Lehr, U. u. Thomae, H. (Hrsg.): Formen seelischen Alterns. Stuttgart 1987.
Lempp, R. (Hrsg.): Adoleszenz. Bern 1981.
Mietzel, G.: Wege in die Entwicklungspsychologie. München, Weinheim 1989.
Mussen, P.: Einführung in die Entwicklungspsychologie. München [6]1986.
Nickel, H.: Entwicklungspsychologie des Kindes- und Jugendalters.
Bd. 1: Allgemeine Grundlagen. Die Entwicklung bis zum Schuleintritt. München [4]1982.
Bd. 2. Schulkind und Jugendlicher, München [3]1981.

Nickel, H. u., Schmidt, U.: Vom Kleinkind zum Schulkind. Eine entwicklungspsychologische Einführung. München ²1982.
Oerter, R.: Moderne Entwicklungspsychologie. Donauwörth ²⁰1984.
Oerter, R. u. Montada, L.: Entwicklungspsychologie. München, Weinheim ²1987.
Piaget, J.: Das moralische Urteil beim Kinde. München 1986 (Taschenbuch).
Piaget, J.: Die Psychologie des Kindes. München (o.J.) (Taschenbuch).
Piaget, J.: Gesammelte Werke, unter Mitwirkung von B. Inhelder und A. Szeminska, Stuttgart ab 1975.
Thomas, K.: Abriß der Entwicklungspsychologie. Freiburg 1979 (Taschenbuch).
Schenk-Danzinger, L.: Entwicklung, Sozialisation, Erziehung, 2 Bde. Stuttgart 1988.
Tausch, A. M. u. R.: Sanftes Sterben, Reinbek 1985.
Zulliger, H.: Die Angst unserer Kinder. Frankfurt a.M. 1989 (Taschenbuch).

Klinische Psychologie und Psychiatrie

Klinische Psychologie allgemein

Baumann, U. u.a. (Hrsg.): Klinische Psychologie. Trends in Forschung und Praxis. Bd. 1–6. Bern 1978–84.
Bastine, R.: Klinische Psychologie, Bd. 1. Stuttgart 1984.
Becker, P. u. Minsel, B.: Psychologie der seelischen Gesundheit. 2 Bde. Göttingen 1986.
Benesch, H.: Wörterbuch zur Klinischen Psychologie. München 1981 (Taschenbuch).
Bergold, J. u. Jaeggi, E. (Hrsg.): Veränderter Alltag und Klinische Psychologie, Tübingen 1987.
Biehl, E. u. Jaeggi, E. u.a.: Neue Konzepte der Klinischen Psychologie und Psychotherapie. Tübingen 1982.
Davison, G. C. u. Neale, J. M.: Klinische Psychologie. München, Weinheim ³1988.
Fiedler, P. A. u. Franke, A. u.a.: Herausforderungen und Grenzen der Klinischen Psychologie. Tübingen 1982.
Pongratz, L. J.: Lehrbuch der Klinischen Psychologie. Göttingen ²1975.
Schraml, W. J.: Abriß der Klinischen Psychologie. München ³1978 (Taschenbuch).
Wittchen, H.-U. u. Fichter, M. M.: Psychotherapie in der Bundesrepublik. München, Weinheim 1980.
Wittling, W. (Hrsg.): Handbuch der Klinischen Psychologie, 6 Bde. Hamburg 1980.
Bd. 1: Methoden der klinisch-psychologischen Diagnostik.
Bd. 2: Psychotherapeutische Interventionsmethoden.
Bd. 3: Verhaltensstörungen.
Weitere Literatur s. Einzelbände der Gesamtdarstellungen.

Psychotherapie allgemein

Baumann, U. (Hrsg.): Indikation zur Psychotherapie. München, Weinheim 1981.
Battegay, R. u. Trenkel, A. (Hrsg.): Die therapeutische Beziehung unter dem Aspekt verschiedener psychotherapeutischer Schulen. Bern 1978.
Bernhardt, J. A.: Humor in der Psychotherapie. München, Weinheim 1985.

Corsini, R. J. (Hrsg.): Handbuch der Psychotherapie, 2 Bde. München, Weinheim [2]1987.
Hemminger, H. u. Becker, V.: Wenn Therapien schaden. Reinbek 1985.
Kraiker, C. u. Peter, B. (Hrsg.): Psychotherapieführer. München 1983.
Kriz, J.: Grundkonzepte der Psychotherapie. München, Weinheim 1985.
Linden, M. u. Hautzinger, M. (Hrsg.): Psychotherapie-Manual. Berlin 1981.
Maurer, Y. (Hrsg.): Bedeutende Psychotherapieformen der Gegenwart. Stuttgart 1985.
Pongratz, L. J. (Hrsg.): Psychotherapie in Selbstdarstellung. Bern 1973.
Revenstorf, D.: Psychotherapeutische Verfahren, 4 Bde. München, Berlin, Wien ab 1982.
Schmidbauer, W.: Die hilflosen Helfer. Reinbek 1977.
Toman, W. u. Egg, R. (Hrsg.): Psychotherapie – ein Handbuch. 2 Bde. Stuttgart 1985.
Wienand, M. W.: Psychotherapie, Recht und Ethik. München, Weinheim 1982.
Welche Therapie? Thema: Psychotherapie heute. Stuttgart [2]1989.
Weitere Literatur s. Einzelbände der Gesamtdarstellungen.

Psychiatrie

Barz, H. (Hrsg.): Praktische Psychiatrie. Ein Lehrbuch für psychiatrisches Pflegepersonal. Bern 1983.
Blasius, D.: Der verwaltete Wahnsinn. Eine Sozialgeschichte des Irrenhauses. Frankfurt 1980.
Dörner, K.: Bürger und Irre. Zur Sozialgeschichte und Wissenschaftssoziologie der Psychiatrie. Frankfurt 1975.
Dörner, K. u. Plog, U.: Irren ist menschlich. Bonn 1986.
Peters, U. H.: Wörterbuch der Psychiatrie in der Medizinischen Psychologie. München, Berlin, Wien 1988.
Rothschild, B.: Achtung – Psychiater. Wahrheiten über das Kuckucksnest. München, Weinheim 1982.
Schepherd, M. (Hrsg.): Psychiater über Psychiatrie. München, Weinheim 1985.
Tölle, R.: Psychiatrie. Berlin 1988.
Weitbrecht, H. J.: Psychiatrie im Grundriß. Berlin 1984.
Weitere Literatur s. Einzelbände der Gesamtdarstellungen.

Psychische Störungen, allgemeine Übersichten

Barz, H.: Psychopathologie und ihre psychologischen Grundlagen. Bern 1986.
Berner, P.: Psychiatrische Systematik. Bern 1982.
Bräutigam, W.: Reaktionen, Neurosen, abnorme Persönlichkeiten. Frankfurt 1985.
ruBrown, M.: Seelische Krankheiten. Eschborn 1987.
Diagnostisches und statistisches Manual psychischer Störungen. BSM-III-R (deutsche Bearbeitung und Einführung: Wittchen, H.-U. u. a.). Weinheim, Basel 1989.
Degkwitz, R. u. Helmchen, H. u. a. (Hrsg.): Diagnoseschlüssel und Glossar psychiatrischer Krankheiten. Berlin [5]1980.
Revenstorf, D.: Psychotherapeutische Verfahren, 5 Bde. Stuttgart 1982 (Taschenbücher).
Scharfetter, C.: Allgemeine Psychopathologie. Stuttgart 1986.
Weitere Literatur s. Einzelbände der Gesamtdarstellungen.

Biermann, R. u. Biermann, G.: Die Angst unserer Kinder im Atomzeitalter. Frankfurt a. M. 1988 (Taschenbuch).
Biermann, G. (Hrsg.): Handbuch der Kinderpsychiatrie. Frankfurt a. M. 1988 (Taschenbuch).
Bornemann, E.: Das Geschlechtsleben des Kindes. München 1988.
Dolto, F.: Psychoanalyse und Kinderheilkunde. Frankfurt 1989 (Taschenbuch).
Innerhofer, P. u. a. (Hrsg.): Psychische Auffälligkeiten und Probleme im Schulalter. Wien 1988.
Dührssen, A.: Psychogene Erkrankungen bei Kindern und Jugendlichen. Göttingen [14]1988.
Franke, U. (Hrsg.): Aggressive und hyperaktive Kinder in der Therapie. Berlin 1988.
Gruen, A.: Der frühe Abschied. Eine Deutung des plötzlichen Kindstodes. München 1988.
Harbauer, H. u. a.: Kinder- und Jugendpsychiatrie. Köln [3]1984.
Innerhofer, P. u. Klicpera, C.: Die Welt des frühkindlichen Autismus. München 1988.
Kriz, J.: Grundkonzepte der Psychotherapie. Weinheim, Basel 1985.
Merkens, L.: Aggressivität im Kindes- und Jugendalter. München 1989.
Miller, A.: Das verbannte Wissen. Frankfurt a. M. 1988 (Taschenbuch).
Nissen, G. (Hrsg.): Allgemeine Therapie psychiatrischer Erkrankungen im Kindes- und Jugendalter. Bern 1988.
Remschmidt, H. u. Schmidt, M. (Hrsg.): Kinder- und Jugendpsychiatrie in Klinik und Praxis. 3 Bde. Stuttgart (ab 1985).
Schneider-Henn, K.: Die hungrigen Töchter. Eßstörungen bei jungen Mädchen. München 1988.
Steinhausen, H.-C.: Psychische Störungen bei Kindern und Jugendlichen. München, Berlin, Wien 1988.
Tustin, F.: Autistische Zustände bei Kindern. Stuttgart 1989.
Watson, H. u. Schröder, M. (Hrsg.): Die Schriften der Anna Freud, 10 Bde. in Kassette. Frankfurt a. M. 1987 (Taschenbuch).
Wing, J. K. (Hrsg.): Frühkindlicher Autismus. Weinheim, Basel [3]1987.
Zauner, J. u. Biermann, G. (Hrsg.): Klinische Psychosomatik von Kindern und Jugendlichen. München 1986.

Literatur zu den wichtigsten Therapierichtungen

Psychoanalytische Therapien

Adler, A.: Das Werk von Alfred Adler ist fast komplett im Fischer-Taschenbuch-Verlag (Frankfurt a. M.) erschienen.
Anzieu, D.: Freuds Selbstanalyse, 2 Bde. München 1989.
Brenner, C.: Grundzüge der Psychoanalyse, Frankfurt a. M. 1988 (Taschenbuch).
Cohn, R. C.: Von der Psychoanalyse zur themenzentrierten Interaktion. Stuttgart 1988.
Eagle, M. N.: Neuere Entwicklungen in der Psychoanalyse. München 1988.
Elhardt, S.: Tiefenpsychologie. München 1988 (Taschenbuch).
Erikson, E. H.: Der vollständige Lebenszyklus. Frankfurt a. M. 1988 (Taschenbuch).

Eschenbach, U. (Hrsg.): Die Behandlung in der analytischen Psychologie C. G. Jungs, 3 Bde. Bonn ab 1986.
Eschenröder, C. T.: Hier irrte Freud. München, Weinheim ²1986.
Fenichel, O.: Psychoanalytische Neurosenlehre, 3 Bde. Frankfurt a. M. 1983.
Freud, S.: Studienausgabe. 12 Bde. Frankfurt a. M. 1982 (Taschenbuch).
Freud, S.: Werkausgabe in 2 Bänden. Herausgegeben und mit Kommentaren versehen von Anna Freud und Ilse Grubrich-Simitis. Frankfurt a. M. 1978.
Fromm, E.: Gesamtausgabe in 10 Bänden. Stuttgart 1989.
Greenson, R. R.: Technik und Praxis der Psychoanalyse. Stuttgart ⁴1981.
Jung, C. G.: Gesammelte Werke in 19 Bänden. Stuttgart seit 1983.
Kutter, P.: Moderne Psychoanalyse. München 1989.
Loch, W. u. Kutter, P. (Hrsg.): Die Krankheitslehre der Psychoanalyse. Wien 1989.
Moser, T.: Der Psychoanalytiker als sprechende Attrappe. Frankfurt a. M. 1986 (Taschenbuch).
Nitzschke, B. (Hrsg.): Freud und die Akademische Psychologie. Weinheim, Basel 1989.
Schmidt, R. (Hrsg.): Individualpsychologie Alfred Adlers. Frankfurt a. M. 1989 (Taschenbuch).
Thomä, H. u. Kächele, H.: Lehrbuch der psychoanalytischen Therapie. 2 Bde. Berlin 1985, 1988.
Wolf, E. S. u. a.: Selbstpsychologie. München 1989.

Verhaltenstherapie

Adameit, H. u. Heidrich, W. u. a.: Grundkurs Verhaltensmodifikation. München, Weinheim 1983.
Bäumler, G. u. Brengelmann, J. C. (Hrsg.): Verhalten und Verhaltensmodifikation im Sport. München 1987.
Beck, A. T. u. Rush, A. J. u. a.: Kognitive Therapie der Depression. München, Weinheim 1986.
Deutsche Gesellschaft für Verhaltenstherapie (Hrsg.): Verhaltenstherapie. Theorien und Methoden. Tübingen 1986.
Eysenck, H. J. (Hrsg.): Verhaltenstherapeutische Fallstudien. Salzburg 1979.
Fliegel, S. u. a. (Hrsg.): Verhaltenstherapeutische Standardmethoden. München, Weinheim 1989.
Jaeggi, E.: Kognitive Verhaltenstherapie. München, Weinheim 1979.
Lazarus, A. A.: Multimodale Verhaltenstherapie. Eschborn 1978.
Mahoney, M. J.: Kognitive Verhaltenstherapie. München 1979.
Reinecker, H. (Hrsg.): Aversionstherapie. Salzburg 1981.
Reinecker, H.: Grundlagen der Verhaltenstherapie. München, Weinheim 1987.
Schorr, A.: Verhaltenstherapie. Ihre Geschichte von Anfängen bis zur Gegenwart. München, Weinheim 1984.
Westmeyer, H. u. Hofmann, N. (Hrsg.): Verhaltenstherapie. Hamburg 1977.

Gesprächspsychotherapie

Biermann-Ratjen, E. u. a. (Hrsg.): Gesprächspsychotherapie. Stuttgart ⁵1989.
Bommert, H.: Grundlagen der Gesprächspsychotherapie. Stuttgart ⁴1987.
Rogers, C. R.: Die klientenzentrierte Gesprächspsychotherapie. Frankfurt a. M. 1987 (Taschenbuch).

Rogers, C. R.: Therapeut und Klient. Frankfurt a. M. 1988 (Taschenbuch).
Tausch, R. u. Tausch, A.-M.: Gesprächspsychotherapie. Göttingen 1981.
Weinberger, S.: Klientzentrierte Gesprächsführung. Weinheim, Basel [3]1987.

Gruppentherapie

Eckert, J. u. Biermann-Ratjen, E.-M.: Stationäre Gruppenpsychotherapie. Berlin 1985.
Esser, U. u. Sander, K. (Hrsg.): Personenzentrierte Gruppenarbeit. Eschborn 1988.
Foulkes, S. H.: Gruppenanalytische Psychotherapie. Frankfurt 1986 (Taschenbuch).
Kutter, P. (Hrsg.): Methoden und Theorien der Gruppenpsychotherapie. Stuttgart 1985.
Langmaack, B. u. Braune-Krickau, M.: Wie die Gruppe laufen lernt. München, Weinheim 1987.
Leutz, G.: Das klassische Psychodrama nach J. L. Moreno. Berlin 1987.
Luft, J.: Einführung in die Gruppendynamik. Frankfurt a. M. 1989 (Taschenbuch).
Moreno, J.: Gruppenpsychotherapie und Psychodrama. Stuttgart [3]1988.
Schütz, K. V.: Gruppenforschung und Gruppenarbeit. Stuttgart 1987.
Yablonsky, L.: Psychodrama. Stuttgart [2]1986.
Yalom, I. D.: Theorie und Praxis der Gruppenpsychotherapie. München 1989.

Entspannungs-, psychoregulative Verfahren

Araotz, D. L.: Die neue Hypnose. Göttingen 1989.
Bernstein, D. A. u. Borkovec, T. D.: Entspannungs-Training. München [4]1987.
Bongartz, W.: Hypnose. Zürich 1988 (Taschenbuch).
Brenner, H.: Autogenes Training – Schritt für Schritt. Humboldt (Taschenbuch) o. J.
Eberlein, G.: Autogenes Training für Fortgeschrittene. Düsseldorf [2]1988 (Taschenbuch).
Erickson, M. H. u. Rossi, E. L.: Hypnotherapie. München 1981.
Jovanovic, U. J.: Methodik und Theorie der Hypnose. Frankfurt 1988.
Kruse, W.: Einführung in das autogene Training mit Kindern. Köln 1980.
Ohm, D.: Entspannungstraining und Hypnose bei Patienten mit koronarer Herzkrankheit in der stationären Rehabilitation. Regensburg 1987.

Ehe- und Familientherapie

Baumgart, H.: Liebe, Treue und Eifersucht. Reinbek 1988 (Taschenbuch).
Bonorden, H.: Mann wird Vater. München 1989.
Botwin, I. C.: Männer, die nicht treu sein können. Hamburg 1989.
Brunner, E. J.: Grundfragen der Familientherapie. Berlin 1986.
Büer, F. u. Hörmann, G. (Hrsg.): Familie und Familientherapie. Stuttgart 1988.
Büttner, C. u. Nicklas, H. u. a.: Wenn Liebe zuschlägt. München 1988 (Taschenbuch).
Cierpka, M. u. Nordmann, E. (Hrsg.): Wie normal ist die Normalfamilie. München 1988.
Friedl, I.: Stieffamilien. München 1988.

Gloger-Tippelt, G.: Schwangerschaft und erste Geburt: Psychologische Veränderungen der Eltern. Stuttgart 1988.
Gordon, T.: Familienkonferenz in der Praxis. Reinbek 1989 (Taschenbuch).
Gullo, S. u. Church, C.: Wir haben uns getrennt – und was jetzt? München 1989.
Lazarus, A. A.: Fallstricke der Liebe. 24 Irrtümer über das Leben zu zweit. Stuttgart [3]1989.
Norwood, R.: Wenn Frauen zu sehr lieben. Reinbek 1986.
Pflüger, P. M. (Hrsg.): Das Paar – Mythos und Wirklichkeit. Stuttgart 1988.
Reiter, L. u.a. (Hrsg.): Von der Familientherapie zur systemischen Perspektive. Berlin 1988.
Simon, F. B. u. Stierlin, H.: Die Sprache der Familientherapie. Stuttgart 1984.
Wieck, W.: Männer lassen lieben. Frankfurt a.M. 1990 (Taschenbuch).
Willi, J.: Ko-Evolution. Die Kunst gemeinsamen Wachsens. Reinbek 1989 (Taschenbuch).
Viorst, J.: Mut zur Trennung. München 1989 (Taschenbuch).

Literatur zu wichtigen und häufigen Störungen

Schizophrenie

Arieti, S.: Schizophrenie. München 1985.
Benedetti, G.: Todeslandschaften der Seele. Göttingen 1983.
Katschnig, H.: Die andere Seite der Schizophrenie. München, Weinheim 1989.
Sarbin, T. R. u. Mancuso, J. C.: Schizophrenie. Medizinische Diagnose oder moralisches Urteil? München 1982.
Scharfetter, C.: Schizophrene Menschen. München, Weinheim 1986.
Sheehan, S.: Ich bin nicht da, wo ihr mich sucht. Die Geschichte einer Schizophrenie. Zürich 1987.
Sechehaye, M.: Tagebuch einer Schizophrenen. Frankfurt a.M. 1973.
Süllwold, L. u. Herrlich, J.: Psychologische Behandlung schizophren Erkrankter. Stuttgart 1989.

Depressionen

Baker, D. u. Nester, E.: Zurück ins Leben. Die Geschichte einer Depression. Gießen 1988.
Beckerle, M.: Depression. Leben mit dem Gesicht zur Wand. Erfahrungen von Frauen. Frankfurt a.M. 1989 (Taschenbuch).
Bowlby, J.: Verlust, Trauer und Depression. Frankfurt a.M. 1983 (Taschenbuch).
Brunstein, J. R.: Hilflosigkeit, Depression und Handlungskontrolle. Göttingen 1989.
Flach, F.: Depression als Lebenschance. Reinbeck 1978 (Taschenbuch).
Goldmann-Posch, U.: Tagebuch einer Depression. München 1987 (Taschenbuch).
Jacobson, E.: Depression. Frankfurt a.M. 1977.
de Jong, R. u.a. (Hrsg.): Verhaltensmodifikation bei Depression. München, Weinheim 1980.
Sulz, S. K. (Hrsg.): Verständnis und Therapie der Depression. München 1986.
Tellenbach, H.: Melancholie. Berlin 1961.

Sucht

Arnold, W. u.a. (Hrsg.): Suchtkrankheiten. Berlin 1988.
Eisenburg, J. (Hrsg.): Sucht. Ein Massenphänomen als Alarmsignal. Düsseldorf 1988.
Ferguson, T.: Das Gesundheitsbuch für Raucher. Reinbek 1989 (Taschenbuch).
Feuerlein, W. (Hrsg.): Therapieverläufe bei Drogenabhängigkeit: Kann es eine Lehrmeinung geben? Tutzing 1989.
Scheiblich, W. (Hrsg.): Rauch – Ekstase – Kreativität. Freiburg 1987.
Schlüter-Dupont, L.: Alkoholismus. Stuttgart 1989.
Schmidbauer, W. u. von Scheidt, J.: Handbuch der Rauschdrogen. München [5]1988 (Taschenbuch).
Schneider, R.: Die Suchtfibel. München 1988 (Taschenbuch).
Sünder, H.: Die Drogenszene. Stoff, Sprache, Recht, Therapie, Chancen, Adressen, Fälle. München 1987.
Wahl, C. (Hrsg.): Spielsucht. Göttingen 1988.

Angst

Butollo, W.: Chronische Angst. München, Weinheim 1979.
Davidson, P. O.: Angst, Depression und Schmerz. München 1988.
Flöttmann, H. B.: Angst. Stuttgart 1989.
Fröhlich, W. D.: Angst. München 1982 (Taschenbuch).
Riemann, F.: Grundformen der Angst. München 1985.
Strian, F.: Angst. Berlin 1983.
Tausch, A.-M.: Gespräche gegen die Angst. Reinbek 1981
Ullrich de Mynck, R. u. Ullrich, R.: Einübung von Selbstvertrauen und sozialer Kompetenz (3 Bde.). München ab 1982.

Zwang

Benedetti, G.: Psychodynamik der Zwangsneurose. Darmstadt 1978.
Hoffmann, S. O.: Die Zwangsneurose. In: Peters, U. (Hrsg.): Die Psychologie des 20. Jahrhunderts, Bd. 10, 2. Hlb. (Psychiatrie). München 1980.
Kallinke, D. u.a. (Hrsg.): Die Behandlung von Zwängen. München, Weinheim 1979.
Quint, H.: Über die Zwangsneurose. Göttingen 1970.

Pädagogische Psychologie

Ausubel, D. P. u.a.: Psychologie des Unterrichts, 2 Bde. Weinheim, Basel [2]1980.
Belschner, W. u.a.: Verhaltenstherapie in Erziehung und Unterricht, Bd. 2. Stuttgart 1980.
Beyer, G.: So lernen Schüler leichter. Bonn 1985 (Taschenbuch).
Dreikurs, R.: Psychologie im Klassenzimmer. Stuttgart [9]1980.
Fengler, J., Jansen, G. (Hrsg.): Heilpädagogische Psychologie. Stuttgart 1987.
Fittkau, B. u.a.: Kommunikations- und Verhaltenstraining. Für Erziehung, Unterricht und Ausbildung. Heidelberg [2]1977 (Taschenbuch).
Funk-Kolleg: Pädagogische Psychologie, Bde. 1 und 2. Frankfurt a.M. [15]1988, [11]1986 (Taschenbuch).
Furth, H. G.: Piaget für Lehrer. Frankfurt a.M. 1983 (Taschenbuch).

Gage, N. L., Berliner, D. C.: Pädagogische Psychologie. München, Weinheim [4]1986.
Gordon, T.: Lehrer-Schüler-Konferenz. München 1989 (Taschenbuch).
Hobmair, H. (Hrsg.): Pädagogik. Köln, München 1989.
Kindlers „Psychologie des 20. Jahrhunderts", Psychologie und Erziehung. München, Weinheim 1986.
Kohnstamm, R.: Praktische Psychologie des Schulkindes. Bern 1988.
Liebel, H.J., Ziegler, G.: Psychologisches Grundwissen für pädagogische Berufe. München, Weinheim 1984.
Metzig, W., Schuster, M.: Lernen zu lernen. Berlin 1982.
Mietzel, G.: Psychologie in Unterricht und Erziehung. [3]1986.
Müller, R. G.: Psychologie für Lehrer. Orientierungs- und Arbeitshilfen für den Schulalltag. Frankfurt 1983.
Seiffge-Krenke, I.: Handbuch Psychologieunterricht. Schwann 1981.
Bd. 1: Theoretische Grundlagen.
Bd. 2: Erprobung und Anwendung.
Tausch, R. und A.-M.: Erziehungspsychologie. Begegnung von Person zu Person. Göttingen [9]1979.
Vopel, K. W.: Interaktionsspiele für Kinder. Affektives Lernen für Acht- bis Zwölfjährige (4 Bde.). Hamburg ab 1977.
Weitemann, B. u.a.: Pädagogische Psychologie. München, Weinheim 1986.
Wiest, U.: Schulpsychologie. München 1978 (Taschenbuch).

Persönlichkeitspsychologie

Amelang, M., Bartussek, D.: Brennpunkte der Persönlichkeitsforschung. Göttingen 1984.
Eysenck, H. J. und M. W.: Persönlichkeit und Individualität. München, Weinheim 1987.
Haubl, R. u.a.: Struktur und Dynamik der Person. Opladen, Wiesbaden 1986.
Herrmann, T., Lantermann, E. D.: Persönlichkeitspsychologie. München, Weinheim 1985.
Herrmann, T.: Lehrbuch der empirischen Persönlichkeitsforschung. Göttingen [4]1984.
Petzold, H. (Hrsg.): Wege zum Menschen, 2 Bde. Paderborn 1987.
Rogers, C. R.: Entwicklung der Persönlichkeit. Stuttgart [4]1982.
Roth, E.: Persönlichkeitspsychologie, München [6]1981 (Taschenbuch).
Waszkewitz, B.: Grundlagen und Praxis der Persönlichkeitspsychologie. Eschborn 1987.

Praktische Psychologie

Angermeier, W. F.: Psychologie für den Alltag. München 1985 (Taschenbuch).
Baumann, S.: Praxis der Sportpsychologie. München, Wien 1986 (München).
Blake, R., Mouton, J. S.: Verhaltenspsychologie im Betrieb. München 1986.
Bodmer, W.: Zur Psychologie der Kriminalität. Bern 1980.
Böckmann, W.: Wer Leistung fordert, muß Sinn bieten. Bern 1984.
Bruhn, H. u.a.: Musikpsychologie. München, Weinheim 1985.
Crisand, E.: Psychologie der Gesprächsführung. Heidelberg [2]1986.
Eberspächer, H.: Sportpsychologie. Reinbek 1981 (Taschenbuch).
Frese, M. (Hrsg.): Streß im Büro. Bern 1981.

Frieling, E., Sonntag, K.: Lehrbuch Arbeitspsychologie. Bern 1987.
Füllgrabe, U.: Kriminalpsychologie. Göttingen 1982.
Gross, W.: Hinter jeder Sucht ist eine Sehnsucht. Freiburg [3]1987 (Taschenbuch).
Haeberle, E. J.: Die Sexualität. Berlin [2]1986.
Heineken, E., Habermann, T.: Lernpsychologie für den beruflichen Alltag. Heidelberg 1985.
Hoyos, C. Graf, Kroeber-Riel, W. u.a.: Wirtschaftspsychologie in Grundbegriffen. München, Weinheim [2]1987.
Kindlers „Psychologie des 20. Jahrhunderts", Arbeit und Beruf, 2 Bde. München, Weinheim 1983.
Kindlers „Psychologie des 20. Jahrhunderts", Kriminalität und abweichendes Verhalten, 2 Bde. München, Weinheim 1983.
König, H. (Hrsg.): Politische Psychologie heute. Opladen, Wiesbaden 1988.
Langner, R. (Hrsg.): Psychologie der Literatur. München, Weinheim 1986.
Mogel, H.: Ökopsychologie. München 1984 (Taschenbuch).
Pohlmeier, H.: Selbstmord und Selbstmordverhütung. München, Berlin, Wien 1983.
Röder, K.-H., Minich, I.: Psychologie des Überlebens. Stuttgart 1987.
Rosenstiel, L. von: Grundlagen der Organisationspsychologie. Stuttgart [2]1987.
Rosenstiel, L. von, Neumann, P.: Einführung in die Markt- und Werbepsychologie. Darmstadt 1982.
Rosenstiel, L. von u.a.: Organisationspsychologie. München [7]1988 (Taschenbuch).
Sahihi, A., Baumann, H. D.: Die Weismacher. Werbung und ihre Sprache. Weinheim 1987.
Schmale, H.: Psychologie der Arbeit. Stuttgart 1983.
Schulz von Thun, F.: Miteinander reden – Störungen und Klärungen. Reinbek 1981 (Taschenbuch).
Thomas, A. (Hrsg.): Sportpsychologie. Ein Handbuch in Schlüsselbegriffen. München, Weinheim 1982.
Watson, P.: Psycho-Krieg. Möglichkeiten, Macht und Mißbrauch der Militärpsychologie. Frankfurt a.M. 1985 (Taschenbuch).
Zapotoczky, H. G., Nutzinger, D. O.: Psychologie am Krankenbett. München, Weinheim 1986.

Sozialpsychologie

Antons, K.: Praxis der Gruppendynamik. Göttingen [4]1976.
Bierhoff, H. W.: Sozialpsychologie. Stuttgart [2]1988.
Bierhoff, H.-W., Montada, L. (Hrsg.): Altruismus – Bedingungen der Hilfsbereitschaft. Göttingen 1986.
Bornewasser, M.: Einführung in die Sozialpsychologie. Heidelberg [3]1986 (Taschenbuch).
Brandstätter, H.: Sozialpsychologie. München 1983 (Taschenbuch).
Dannecker, M.: Das Drama der Sexualität. Athenäum 1987.
Flade, A.: Wohnen, psychologisch betrachtet. Bern 1987.
Forgas, J. P.: Sozialpsychologie. Eine Einführung in die Psychologie der sozialen Interaktion. München, Weinheim 1987.
Frey, D., Irle, M. (Hrsg.): Theorien der Sozialpsychologie.
Bd. 1: Kognitive Theorien. Bern 1984.
Bd. 2: Gruppen- und Lerntheorien. Bern 1985.
Bd. 3: Motivations- und Informationsverarbeitungstheorien. Bern 1985.

Frey, D.. Greif, S.: Sozialpsychologie. München, Weinheim ²1987.
Fthenakis, W. E.: Väter. München, Weinheim 1985.
Bd. 1: Zur Psychologie der Vater-Kind-Beziehung.
Bd. 2: Zur Vater-Kind-Beziehung in verschiedenen Familienstrukturen .
Gordon, T.: Familienkonferenz. München 1989 (Taschenbuch).
Haisch, J. (Hrsg.): Angewandte Sozialpsychologie. Bern 1983.
Herkner, W.: Einführung in die Sozialpsychologie. Bern ⁴1986.
Irle, M.: Lehrbuch der Sozialpsychologie. Göttingen 1975.
Kagelmann, H. J., Wenninger, G. (Hrsg.): Medienpsychologie. München, Weinheim 1982.
Langmaak, B., Braune-Krickau, M.: Wie die Gruppe laufen lernt. München, Weinheim ²1987.
Masters, W. H., Johnson, V. E.: Liebe und Sexualität, Frankfurt a. M. 1987.
Milgram, S.: Das Milgram-Experiment. Zur Gehorsamsbereitschaft gegenüber Autorität. Reinbek 1982 (Taschenbuch).
Psychologie heute-redaktion: Familien-Bande. Weinheim, Basel 1986.
Richter, H. E.: Die Gruppe. Reinbek 1978 (Taschenbuch).
Schultz-Gambard, J. (Hrsg.): Angewandte Sozialpsychologie. München, Weinheim 1987.
Secord, P. F., Backman, C. W.: Sozialpsychologie. Eschborn ⁴1983.
Watzlawick, P., Weakland, J. H.: Interaktion. Bern 1980.
West, S. G.: Wicklung, R. A.: Einführung in sozialpsychologisches Denken. Weinheim, Basel 1985.
Zilbergeld, B.: Männliche Sexualität. Berlin ¹²1987.

Zeitschriften

Im deutschsprachigen Raum beschäftigen sich zahlreiche Zeitschriften ausschließlich mit psychologischen Themen. Die meisten Veröffentlichungen konzentrieren sich dabei auf bestimmte Teilgebiete bzw. Richtungen. Das breiteste Spektrum bietet wohl „Psychologie Heute", die vor allem den interessierten Laien anspricht.

Analytische Psychologie. Zeitschrift für Analytische Psychologie und ihre Grenzgebiete. Germering.
Diagnostica. Zeitschrift für Psychologische Diagnostik und Differentielle Psychologie. Göttingen.
Dynamische Psychiatrie. Internationale Zeitschrift für Psychiatrie und Psychoanalyse. Berlin.
Familiendynamik. Interdisziplinäre Zeitschrift für Praxis und Forschung. Stuttgart.
Gruppendynamik. Zeitschrift für angewandte Sozialwissenschaft. Stuttgart.
Humanistische Psychologie. Zeitschrift der Deutschen Gesellschaft für Humanistische Psychologie. Eschweiler.
Integrative Therapie. Zeitschrift für Verfahren der Humanistischen Psychologie und Pädagogik. Paderborn.
Praxis der Kinderpsychologie und Kinderpsychiatrie. Ergebnisse aus Psychoanalyse, Psychologie und Familientherapie. Göttingen.
Psyche. Zeitschrift für Psychoanalyse und ihre Anwendung. Stuttgart.
Psychologie Heute. Das Bild des Menschen. Weinheim.
Psychologie in Erziehung und Unterricht. Zeitschrift für Forschung und Praxis. Mit Beiträgen zur Erziehungs- und Schulberatung. München.

Psychologie und Praxis. Zeitschrift für Arbeits- und Organisationspsychologie. Göttingen.
Psychologische Beiträge. Vierteljahreszeitschrift für alle Gebiete der Psychologie.
Psychologische Rundschau. Offizielles Organ der Deutschen Gesellschaft für Psychologie. Göttingen.
psychosozial. Zeitschrift für Analyse, Prävention und Therapie psychosozialer Konflikte und Krankheiten. Reinbek.
Zeitschrift für Differentielle und Diagnostische Psychologie. Weinheim.
Zeitschrift für Entwicklungspsychologie und Pädagogische Psychologie. Göttingen.
Zeitschrift für Individualpsychologie. München.
Zeitschrift für Klinische Psychologie, Forschung und Praxis. Göttingen.
Zeitschrift für Pädagogische Psychologie. Bern.
Zeitschrift für Parapsychologie und Grenzgebiete der Psychologie. Freiburg.
Zeitschrift für Psychologie mit Zeitschrift für angewandte Psychologie. Leipzig.
Zeitschrift für Sozialpsychologie. Bern.

Sachregister

Artikel = **(halbfett)**, Verweisungen = (normal). Die Pfeile (→) verweisen auf Artikel innerhalb des Taschenwörterbuches.

Sinnvoll leben

C. G. Jung
Ein großer Psychologe im Gespräch
Interviews, Reden Begegnungen
Band 4346

Mario Jacoby/Verena Kast/
Ingrid Riedel
Das Böse im Märchen
Band 4287

Verena Kast
Sich einlassen und loslassen
Neue Lebensmöglichkeiten bei Trauer und Trennung
Band 4888

Marina Schnurre/
Renate Kreibich-Fischer
Ich will fliegen, leben, tanzen
Zwei Frauen arbeiten mit Krebskranken
Band 4066

Werner Rautenberg/
Rüdiger Rogoll
Werde, der du werden kannst
Persönlichkeitsentfaltung durch Transaktionsanalyse
Band 4062

Rüdiger Rogoll
Nimm dich, wie du bist
Wie man mit sich einig werden kann
Band 4046

Elisabeth Lukas
Auch dein Leben hat Sinn
Logotherapeutische Wege zur Gesundung
Vorwort von Viktor E. Frankl
Band 4011

Christine Swientek
Mit 40 depressiv, mit 70 um die Welt
Wie Frauen älter werden
Band 4010

Richard Lamerton
Sterbenden Freund sein
Helfen in der letzten Lebensphase
Vorwort von Paul Türks
Band 4004

Verena Kast
Loslassen und sich selber finden
Die Ablösung von den Kindern
Band 4910

HERDER spektrum